迎接人民币的新时代

RMB

INTERNATIONALIZATION & PRODUCTS INNOVATION

人民币
国际化和产品创新

—— 第十版 ——

（下）

张光平　谭梓杨 ◎ 著

中国金融出版社

目 录

下 册

27 日元国际化过程中的经验和教训 549
- 27.1 日元占国际可识别储备货币比重的演变 550
- 27.2 日元的贸易结算功能 551
- 27.3 人民币跨境贸易结算与日元贸易结算比较 554
- 27.4 日本国际资产和净资产及国际比较 555
- 27.5 中日两国国际资产和净资产相关比较 559
- 27.6 日本外汇管制的逐步开放 563
- 27.7 日本资本项目开放的主要类型 564
- 27.8 日本推动日元国际化概述 565
- 27.9 日本金融体系改革的基础性工作 567
- 27.10 日本场内外衍生产品交易 568
- 27.11 经济低迷期日元国际化变化及原因浅探 572
- 27.12 安倍经济学及效果 574
- 27.13 日元国际化程度在日本经济低迷期的变化 575
- 27.14 中日经贸金融合作前景广阔 576
- 27.15 小结 578

28 货币国际化的利弊 582
- 28.1 影响货币国际价值的主要因素 582
- 28.2 货币国际化的国内益处 584
- 28.3 货币国际化的国际益处 586
- 28.4 货币国际化的成本和不利因素 587
- 28.5 铸币税的相关研究介绍 590

28.6 主要国家和地区铸币税率 …………………………………………… 592
28.7 美元国际铸币税 …………………………………………………… 594
28.8 我国货币政策面临的"困境" ……………………………………… 597
28.9 人民币跨境贸易结算对我国外汇储备的影响估算 ………………… 600
28.10 主要国家和地区货币当局资产负债表简介和比较 ………………… 602
28.11 中国人民银行资产结构及问题 …………………………………… 605
28.12 小结 ……………………………………………………………… 607

第六篇 人民币国际化的现状

29 离岸人民币中心的现状和未来发展 …………………………………… 613
29.1 人民币清算协议安排在境外人民币中心的分布 …………………… 613
29.2 香港人民币中心的领头作用 ……………………………………… 614
29.3 伦敦离岸人民币市场的发展 ……………………………………… 620
29.4 新加坡离岸人民币市场的发展 …………………………………… 622
29.5 亚太地区其他人民币中心的发展 ………………………………… 623
29.6 欧洲人民币中心的发展 …………………………………………… 628
29.7 美国人民币中心的发展 …………………………………………… 632
29.8 其他境外人民币中心的发展 ……………………………………… 633
29.9 人民币存款和支付占比在境外人民币中心间的分布及排名 ……… 634
29.10 人民币合格境外机构投资者（RQFII）额度和获准额度
  在境外人民币中心的分布 ………………………………………… 636
29.11 境外人民币中心排名与合格境外机构投资者获准金额分布的
  关系 ………………………………………………………………… 640
29.12 离岸人民币市场发展中存在的问题 ……………………………… 643
29.13 人民币跨境支付系统对人民币国际化的推动作用 ……………… 644
29.14 银联人民币跨境支付系统对人民币国际化的推动作用 ………… 645
29.15 小结 ……………………………………………………………… 646

30 离岸人民币市场 …………………………………………………………… 648
30.1 离岸人民币债券市场 ……………………………………………… 648
30.2 主要货币在国际债券市场的规模及比较 ………………………… 654
30.3 人民币国际债券市场的规模和境内外机构债券市场的合作 ……… 656

30.4	离岸人民币外汇即期汇率和波动率	658
30.5	离岸市场人民币外汇现货/即期市场的流动性	661
30.6	离岸人民币外汇衍生品市场的流动性	663
30.7	境外人民币外汇市场日均成交金额	665
30.8	境内外人民币外汇市场比较及问题	667
30.9	境外人民币外汇交易金额在主要境外人民币中心的分布	668
30.10	国际清算银行境外人民币外汇日均成交金额数据的水分	671
30.11	人民币在主要境外中心的排名变化	672
30.12	境内外人民币汇率和远期汇率的相互引导关系	675
30.13	境外人民币中心的动力和今后的发展趋势	675
30.14	离岸人民币资本市场的发展需求	677
30.15	小结	677

31 主要经济体境外资产规模及国际比较和银行国际化比较 — 679

31.1	主要经济体和银行跨境资产及负债分布	679
31.2	主要经济体银行业跨境资产和负债的货币分布	682
31.3	中日跨境资产和负债相关比较和启示	684
31.4	主要国际跨国企业国际资产暨销售分布	685
31.5	近年来我国境外资产和银行业资产的国际占比及排名	687
31.6	近年来全球主要银行国际化水平比较	688
31.7	近年来我国主要银行国际化的进展	689
31.8	中国银行境外布局和境外业务的发展简介	692
31.9	我国银行业"走出去"存在的主要问题	693
31.10	我国银行业国际化展望	694
31.11	小结	695

32 人民币国际化现状 — 697

32.1	人民币国际化的简单回顾	697
32.2	人民币在离岸市场使用的基本情况	698
32.3	人民币在境外交易的情况介绍	700
32.4	人民币与其他货币的直接交易	702
32.5	2014年以来境内人民币外汇交易概览	707

32.6 离岸市场人民币计价基金和其他人民币计价产品 ……… 708
32.7 人民币资本项目开放的进展 ……… 710
32.8 货币互换协议在人民币国际化过程中的作用 ……… 713
32.9 2010年以来境内人民币外汇市场概况 ……… 716
32.10 2019年人民币国际化的排名 ……… 718
32.11 近年来人民币国际化程度全球排名 ……… 721
32.12 2020年主要国际货币全球外汇交易占比及排名 ……… 723
32.13 小结 ……… 725
附录 张光平和马钧（2015）更新内容 ……… 726

第七篇 人民币国际化的相关重要政策和制度保障

33 国家治理与货币国际化程度之间的关系 ……… 741
33.1 党中央高度重视国家治理体系和治理能力现代化 ……… 742
33.2 国家治理的概念 ……… 743
33.3 主要国家和地区的国家治理水平比较 ……… 744
33.4 主要经济体治理主要指标的变化和比较 ……… 749
33.5 国家治理水平与国内产值和人均产值之间的关系 ……… 752
33.6 货币国际化程度与其经济母体治理水平间的关系 ……… 753
33.7 国家治理水平与其他相关指标之间的关系介绍 ……… 754
33.8 我国贯彻"四个全面"的显著成就 ……… 754
33.9 国家治理与疫情控制的关系 ……… 756
33.10 科技自主度与治理及其子指标的关系 ……… 759
33.11 国家治理影响力 ……… 760
33.12 国家治理影响力的全球分布 ……… 763
33.13 加快推进国家治理体系和治理能力现代化，加速人民币国际化 ……… 764
33.14 世界银行全球治理模型及数据的问题和局限性 ……… 765
33.15 建立我国国家治理监测和评估体系的重要性和紧迫性 ……… 766
33.16 新时代创造国家治理世界奇迹 ……… 767
33.17 与国家治理水平相适应的人民币国际化水平 ……… 767
33.18 小结 ……… 768

34 亚投行对人民币国际化的推动作用 ... 770
- 34.1 亚投行设立背景及成员国简介 ... 770
- 34.2 亚投行的签约成员国和意向成员国介绍和分布 ... 770
- 34.3 亚投行和亚洲发展银行的目标、股本结构和国际合作等 ... 773
- 34.4 亚投行成立以来的业绩 ... 774
- 34.5 "金砖五国"人口和经济相关比较 ... 775
- 34.6 "金砖五国"在国际货币基金组织和世界银行的份额及投票权 ... 777
- 34.7 "金砖五国"合作进展 ... 777
- 34.8 亚投行需要互补互动的新力量 ... 779
- 34.9 推进国家治理现代化对亚投行和金砖银行成功运营的重要性 ... 780
- 34.10 小结 ... 780

35 "一带一路"倡议实施和人民币国际化的相互关系 ... 782
- 35.1 "一带一路"的概念和"一带一路"倡议的提出 ... 782
- 35.2 "一带一路"沿线国家和地区人口和经济规模分布 ... 783
- 35.3 "一带一路"的国际影响力和意义 ... 785
- 35.4 相关国家和国际组织对"一带一路"倡议的响应 ... 788
- 35.5 广泛合作是"一带一路"必要的基础 ... 790
- 35.6 提高与"一带一路"国家经贸合作是提升人民币国际化程度的关键 ... 791
- 35.7 中欧互利共赢合作是"一带一路"倡议的重要支柱 ... 792
- 35.8 "一带一路"倡议与人民币国际化推动的互动关系 ... 793
- 35.9 "一带一路"沿线人民币使用障碍 ... 794
- 35.10 小结 ... 795

36 上海自贸区对上海金融中心建设及对人民币国际化的推动作用 ... 797
- 36.1 主要国家和地区跨境资产分布 ... 797
- 36.2 在不同国家或地区的跨境资产与这些国家或地区跨境资产差额 ... 799
- 36.3 国际金融中心排名与全球外汇中心排名的关系 ... 800
- 36.4 中国境内金融中心城市排名及与香港和新加坡的比较 ... 802
- 36.5 上海国际金融中心的目标定位 ... 803
- 36.6 全球经济特区简介 ... 803

36.7	上海自贸区发展对上海国际金融中心建设的推动作用	806
36.8	其他自贸区试点情况	809
36.9	标本兼治推动营商环境的提高	811
36.10	加强合作推动上海国际金融中心建设	813
36.11	主要国际外汇交易中心排名的变化	815
36.12	中国两大国际金融中心交相辉映和人民币的作用	817
36.13	上海营商环境的境内外比较	818
36.14	上海国际金融中心地位与人民币国际化水平同上一层楼	822
36.15	上海国际金融中心地位提升的预判	822
36.16	小结	823

第八篇　人民币国际化今后的发展

37 资本市场是科技创新的必要助推器 …… 827

37.1	全球股市市值分布	827
37.2	主要国家和地区证券化程度比较	829
37.3	全球股市成交金额分布和换手率比较	830
37.4	纳斯达克市场的奇迹	832
37.5	境外上市企业和境外上市股票交易分布	833
37.6	全球主要国家和地区持有美国股票净额分布	837
37.7	基金业的持续发展是股市持续增长的重要保障	840
37.8	缺盈利数据企业进入全球前2500家研发最多企业名单的企业在主要国家和地区的分布及启示	842
37.9	近年来全球负收益企业进入全球最多研发投资企业数分布	848
37.10	无收益和负收益率企业与正收益率企业总研发投资全球占比差额及启示	850
37.11	无收益数据企业和负收益企业研发投资的行业分布及启示	851
37.12	主要国家和地区研发最多企业总研发投资的变化趋势研判	854
37.13	主要货币发行体研发最多企业数及总研发投资变化趋势研判	855
37.14	主要国际货币发行体科技对美国的依赖度	857
37.15	全球疫情加速科技板块市值比重提高及对中国的启示	858
37.16	小结	862

38 科技国际化与货币国际化高度相互支持的关系探讨 ……… 863
- 38.1 科技国际化与货币国际化之间的关系 ……… 863
- 38.2 科技国际化与货币国际化之间的关系重估 ……… 867
- 38.3 货币国际化的最佳度量 ……… 870
- 38.4 主要货币国际化与其发行体科技国际化高估和低估的评判结果 ……… 874
- 38.5 科技国际化对货币国际化影响的实证结果 ……… 875
- 38.6 货币国际化对科技国际化影响的实证结果 ……… 876
- 38.7 货币国际化与科技国际化相互影响比较及启示 ……… 877
- 38.8 科技国际化和货币国际化相互影响定量分析 ……… 880
- 38.9 最佳货币国际化度量相应的科技与货币相互影响度结果 ……… 881
- 38.10 美国科技国际化与美元国际化的关系及启示 ……… 882
- 38.11 海外美资企业在美国科技国际化和美元国际化中的特殊作用 ……… 882
- 38.12 全球研发投入最多的企业全球范围内收购兼并活动及启示 ……… 884
- 38.13 小结 ……… 887

39 货币自主度与货币国际化、科技自主度和科技国际化之间的关系 ……… 907
- 39.1 影响货币自主能力的因素探讨 ……… 907
- 39.2 货币自主的相关概念 ……… 908
- 39.3 货币自主能力的定义和度量 ……… 909
- 39.4 相对于最佳货币国际化度量的货币自主度 ……… 911
- 39.5 货币自主度与科技自主度的关系 ……… 912
- 39.6 货币自主度与科技自主度相互影响程度 ……… 915
- 39.7 货币自主度与货币国际化的关系 ……… 918
- 39.8 科技自主度和科技国际化相互影响程度分析 ……… 919
- 39.9 科技和货币两对国际化和两对自主度间的相互影响小结 ……… 921
- 39.10 主要国际货币发行体资产相互支持对货币自主度的反映 ……… 922
- 39.11 主要国际货币发行体债券和股权相互持有与科研投入的关系 ……… 925
- 39.12 小结 ……… 928

40 全球化和"去全球化"的度量及趋势研判 ……… 929
- 40.1 全球对外直接投资规模的变化代表全球化的规模和趋势 ……… 930

40.2	主要发达国家对外直接投资协调性简析	933
40.3	主要发展中国家直接投资累计流入分布及启示	934
40.4	全球前100家非金融跨国企业资产和销售金额分布	935
40.5	全球跨境收购兼并对全球化的反映	939
40.6	全球货物贸易链分布变化简析	943
40.7	全球货物贸易链变化和中国在全球货物贸易链中的地位	950
40.8	全球科技产业链的分布变化及启示	950
40.9	全球服务业和加工贸易业跨境收购兼并相关分布及启示	951
40.10	美资企业在境外的经营数据分布及问题	952
40.11	美资企业在美国境外服务贸易的重要地位及变化	956
40.12	美资企业在美国境外货物贸易地位及变化	960
40.13	境内外美国在全球贸易的地位和影响	969
40.14	外资在华资产规模估算	974
40.15	"去"向何方	977
40.16	美资企业在中国大陆资产和研发估算	977
40.17	全球化进程的正反考量	979
40.18	小结	981

41 华为国际化对人民币国际化的启示 … 983

41.1	做强做实国内市场	983
41.2	走向国际	985
41.3	与3Com合作和收购失败及启示	990
41.4	华为国际化总结果	991
41.5	移动通信技术的升级和我国的参与及启示	992
41.6	5G简介和应用潜力	993
41.7	5G技术专利的企业及国家和地区分布	994
41.8	全球5G标准	995
41.9	全球5G五大设备商性能和其他相关比较	997
41.10	5G技术在全球采纳	999
41.11	引领出口创汇	1000
41.12	华为精神和制度保障	1001
41.13	5G技术的广泛应用是展现综合实力的竞争	1003

- 41.14　5G 广泛应用的法律保障 ··· 1009
- 41.15　华为的不足和困境 ··· 1010
- 41.16　走出困境的战略选择 ··· 1013
- 41.17　华为国际化对人民币国际化的启示 ································· 1015
- 41.18　小结 ··· 1017

42　人民币国际化未来趋势和市场发展 ·· 1020
- 42.1　风险管理工具和场所的必要性 ·· 1020
- 42.2　场内外市场协调稳步发展 ·· 1021
- 42.3　利率市场化的有序推动及其影响 ······································ 1021
- 42.4　境内人民币外汇市场开放的最新举措 ································· 1024
- 42.5　全球主要货币经济母体产值全球占比变化预判 ······················· 1025
- 42.6　主要货币发行体未来科技自主度预判 ································· 1028
- 42.7　货币国际化预测的新方法 ·· 1032
- 42.8　未来全球主要货币国际化水平变迁预判 ······························ 1035
- 42.9　主要国际货币国际地位变迁的历史回顾 ······························ 1038
- 42.10　国际化货币圈迹象及未来变迁思考 ·································· 1043
- 42.11　境内外市场协调发展 ·· 1047
- 42.12　今后境内外汇市场的发展 ··· 1048
- 42.13　外汇市场场外其他市场的发展潜力 ·································· 1049
- 42.14　跨境资金流动监测监控的必要性 ···································· 1049
- 42.15　国际货币基金组织对跨境资金流动的监控态度 ····················· 1052
- 42.16　建立我国跨境资金预警和监测体系 ·································· 1053
- 42.17　全球知识产权使用费顺差中科技和货币贡献度简析 ················ 1056
- 42.18　小结 ·· 1063

致谢 ·· 1067

27　日元国际化过程中的经验和教训

英镑国际化进程与大英帝国的兴衰基本一致，美元国际化进程始于1913年第一次世界大战前美联储的设立，欧元是于1991年前十多个欧洲发达国家的货币统合而成（我们在第六篇会专门介绍英镑、美元和欧元国际化的简单历程及对人民币国际化的启示）。人民币国际化的进程难以与以上三个主要国际货币直接比较，相应的经验也难以直接借鉴，但日元的国际化过程为人民币国际化提供了难得的借鉴意义。

20世纪90年代前，日本主要考虑日元国际化对其直接融资体系的影响而未积极推动日元国际化，错失了当时日元国际化的良好时机。20世纪90年代日本泡沫破灭后由于日元贬值、国内大量不良资产和经济总体持续低迷等原因，再积极推动日元国际化的时机却远不如90年代前。尽管如此，三十年来日本境外资产持续提高，建成了一个规模相当于全球第四大经济体的"海外日本"，这个"海外日本"在国际金融和外汇市场上仍然发挥着重要的作用。因此，我们应该客观地评价日本泡沫破灭后并非是失落的三十年，而在很大程度日本成功地在海外再建了另外一个"日本经济"。

从多种指标来看，日元国际化不算成功，但也并非不少学者认为的失败。数据显示，1995年到2007年，日元作为全球外汇储备金额与英镑的比例从3.20倍持续下降到了0.66，尽管2007年到2019年，相应的比例略有回升，但2008年到2019年，该比例季均仅为0.95，与日本相对于英国的经贸国际地位很不相称；1995年到2007年，日元在全球外汇市场成交金额与英镑的比例从2.66倍持续下降到了1.16，尽管2007年到2013年，相应的比例回升到了1.95，但2013年到2019年，该比例又略降到了1.31，与日本相对于英国的经贸国际地位也不够一致。尽管日元国际储备地位相对于英镑很不相称，但日元仍然保持了明显高于英镑的全球第三大货币的地位。这些数据显示，2008年国际金融危机后日元重回到了与日本经贸规模和境外资产规模较为相应的国际地位，日本推动日元国际化的相关政策虽然不够成功，但也不算失败，需要我们认真学习和借鉴相关做法。

货币国际化是一个相当复杂而漫长的过程，因为涉及国家或地区政治经济体制发展状态、科技自主程度、贸易增长势头和货币政策等诸多宏观领域，与相应货币当局贸易结算、资本项目开放、资本市场发展和监管等方面的政策也有密不可分的联系。由于各个国家的经济金融体系、市场结构和监管框架不同，推动资本项目自由化的步骤和顺序也应该有所不同。尽管如此，别国在资本项目自由化和货币国际化过程中的经验和教训也值得我们学习和借鉴。1964年之前几年，为了迎接东京奥运会，日本启动了包括新干线在内的一系列大型项目，对推动日本经济发挥了重要作用。1968年，日本取代了当时的西德成为全球第二大经济体，并保持此地位42年之久。日本成为第二大经济体之后几年的时间内，日元也成了国际主要储备货币之一。第二次世界大战后，日本从经常项目到资本项目开始逐渐自由化，为此后日元成为主要国际货币做了数十年的准备。

要发挥后发优势，就必须将建设一线国际金融中心的目标与其他战略目标相适应，按照科学有效的路线图和时间表有序推进。在日本的发展过程中，东京形成了成为一线国际金融中心的许多必要特征但并不俱全，推进速度不够快，直到支撑第二次世界大战后日本高速崛起的经济基础逆转，这些特征依然没有成熟。最主要的失败原因是日元没有成为主要的国际周转货币（McKay，2013），日本大量外流资金主要投资在其他主要货币计价的资产而非日元计价资产、日本在很大程度上没有发挥好为日元资产提供流动性的"世界银行"角色（Tavlas和Ozeki，1992）。亚洲金融危机对日本冲击很大，危机后尽管日本努力推动日元国际化但因泡沫破灭而力不从心，然而2008年的国际金融危机后日元又奇迹般地重回与日本国际地位相适应的地位。

本章的目的是介绍日本推动日元贸易结算和资本项目自由化、资本市场发展和日元国际化等主要历程，从而为人民币国际化和人民币产品创新提供一定的借鉴。

27.1　日元占国际可识别储备货币比重的演变

实际上，日元占国际储备货币的比重从1999年就已经步入了下降通道。表27-1给出了1970—2019年日元占国际可识别储备货币比重的变化及1995年以来日元占全球外汇储备比重。从表27-1我们可以看出，1977—1985年，日元占国际可识别储备货币的比重持续上升到了7.5%，经历了几年的震荡期后，1991年达到8.7%的历史最高水平；之后二十几年处于下滑的趋势，2009年降至2.9%的历史最低水平；2010—2012年日元占比持续提高，但2012—2014年又回落到了3.55%的低位；2014—2019年持续回升到了5.89%，2020年6月末略降到了5.81%，显示美国推出量化宽松政策后日元储备作用明显回升。

表 27-1　日元占国际可识别储备货币的比重（1970—2019 年）

年份	占比（%）	年份	占比（%）	占比2（%）	年份	占比（%）	占比2（%）
1970	0.00	1991	8.70	—	2006	3.46	2.19
1975	0.50	1992	7.70	—	2007	3.18	1.95
1977	2.50	1993	7.70	—	2008	3.47	1.99
1978	3.30	1994	7.90	—	2009	2.90	1.63
1979	3.60	1995	6.77	5.04	2010	3.66	2.04
1980	4.40	1996	6.71	5.26	2011	3.61	2.00
1981	4.20	1997	5.77	4.55	2012	4.09	2.27
1982	4.70	1998	6.24	4.87	2013	3.82	2.03
1983	4.90	1999	6.37	4.94	2014	3.55	2.08
1984	5.70	2000	6.06	4.76	2015	3.75	2.55
1985	7.50	2001	5.05	3.86	2016	3.96	3.11
1986	6.90	2002	4.94	3.69	2017	4.90	4.29
1987	6.90	2003	4.42	3.25	2018	5.20	4.88
1988	7.00	2004	4.28	3.03	2019	5.89	5.52
1989	7.30	2005	3.96	2.61	2020*	5.81	5.45
1990	8.10						

数据来源：1970—1994 年数据来自 IMF Annual Report；1994 年之后的数据根据 IMF 网站 www.imf.org；占比1 指国际货币基金组织公布的 1995 年以来日元储备资产占全球可识别外汇储备比重；占比2 指国际货币基金组织公布的 1995 年以来日元储备资产占全球外汇储备比重；2020 年数据为 2020 年 6 月末数据。

1997 年东亚金融危机爆发后日本政府采取了多种措施推动日元国际化进程，但是由于日本经济多年处于低迷状态，日元国际化程度不升反降。下文我们将专门介绍日本从 20 世纪 70 年代开始在推动贸易及资本项目自由化和日元国际化等方面的主要措施。

27.2　日元的贸易结算功能

国际货币最基本的功能之一是国际贸易结算。日本从 20 世纪 60 年代后期就开始推动日元在国际贸易中的结算功能，直到 70 年代初，日元的贸易结算功能才逐渐显现。

27.2.1　日元的贸易结算

表 27-2 给出了 1970—1998 年日元在日本进出口贸易中的结算比例。该表显示，1970 年，日元在日本进出口贸易中结算的比例相当低，分别仅有 0.3% 和 0.9%。到了 1980 年，虽然日元占进口结算的比例仅仅上升到了 2.4%，但是在

出口结算中所占的比例却迅速上升到了29.4%。1980—1985年，日元占出口结算的比例进一步上升到了39.3%的历史高位，之后保持在30%到40%的范围内。1980—1998年，日元在进口结算中的比例虽然也有了较高的增长，但是仍然远远低于相应时期在出口结算中所占的比例，仅相当于日元占出口结算比例的一半左右。

表27–2　　　　　　日元在日本国际贸易中的结算占比　　　　　单位：%

年份	出口至				进口自			
	世界	美国	欧盟	东南亚	世界	美国	欧盟	东南亚
1970	0.9	—	—	—	0.3	—	—	—
1975	17.5	—	—	—	0.9	—	—	—
1980	29.4	—	—	—	2.4	—	—	—
1985	39.3	19.7	51.3	47.3	7.3	9.2	27.3	11.5
1987	33.4	15.0	44.0	41.1	10.6	11.6	26.9	19.4
1988	34.3	16.4	43.9	41.2	13.3	10	26.9	17.5
1989	34.7	16.4	42.2	43.5	14.1	10.2	27.7	19.5
1990	37.5	16.2	42.1	48.9	14.6	11.6	26.9	19.4
1991	39.4	16.5	42.0	50.8	15.6	11.2	31.4	21.6
1992	40.1	16.6	40.3	52.3	17.0	13.8	31.7	23.8
1993	39.9	18.0	41.0	52.5	20.9	13.8	45.0	25.7
1994	39.7	19.4	40.9	49.0	19.2	13.3	38.6	23.6
1995	37.6	17.5	37.2	44.7	22.7	21.5	44.8	26.2
1996	35.2	15.9	36.1	46.3	20.6	16.4	46.1	24.0
1997	35.8	16.6	34.3	47.0	22.6	22.0	49.3	25.0
1998	36.0	15.7	34.9	48.4	21.8	16.9	44.3	26.7

数据来源：ICSEAD Working Paper：The International Use of The Japanese Yen：The Case of Japan's Trade with East Asia。

表27–2给出的数据为20世纪末的数据，与近年来的情况相差不大，因为近年来日元结算的部分约占日本出口的40%、进口的20%（福本智之，2012）。因此，日元结算的日本出口和进口比重在近二十年来几乎没有多少变化。我们在第20章介绍人民币跨境贸易结算时比较了两种货币结算的比例及其进程，下文还将进行相关比较。

27.2.2　日元结算在进出口方面的区别

日元的贸易结算在不同区域有着显著的区别，这些区别对人民币贸易结算也应该有一定的借鉴意义。表27–2显示，日元在与东南亚出口贸易结算中的比例最高，1985—1998年保持在50%左右的水平。日元在与欧盟的出口贸易结算中占比略微低于东南亚，1985—1998 年保持在 40% 左右。与美国的出口贸易中，日元结算比例在三个区域中最低，表明美元的强势难以撼动。

日元在进口结算方面显著低于出口结算比例，这主要是由于日本的进口大多为能源和原材料等基础产品，这些产品的定价多以美元或者其他货币为主。进口结算在三个区域的比重也有着明显的区别，欧盟最高，东南亚次之，美国最低。

日元贸易结算与德国马克有很大的不同，德国贸易结算在西欧和其他发达国家中比较普遍，而日本除自身在对外贸易中采用日元结算外，很少有其他国家间的贸易采用日元结算（国家发展改革委外事司，中国经济导刊，2004 年 3 月）。

27.2.3 日元贸易结算与其他主要发达国家的比较

表 27-3 给出了 1980—1997 年日本、美国、英国、德国、法国和意大利这 6 个主要发达国家利用本国货币来结算其进出口贸易的比重。从表 27-3 可以看出，日本在进出口贸易结算中利用本币的比例在 6 个国家中最低。即使在日本经济泡沫破灭之前的 20 世纪 80 年代后期，日元在其贸易结算中的比例也明显低于其他 5 个发达国家，这表明日元贸易结算的地位在发达国家中仍然较低。

表 27-3　主要发达国家利用本币结算其进出口贸易的比重比较　　单位：%

出口	1980 年	1988 年	1995 年	1997 年
日本	29.4	34.3	36.0	35.8
美国	97.0	96.0	—	—
英国	76.0	57.0		
德国	82.3	81.5	74.8	
法国	62.5	58.5	—	49.2
意大利	36.0	—		38.0
进口	1980 年	1988 年	1995 年	1997 年
日本	2.4	13.3	22.7	22.6
美国	85.0	85.0		
英国	38.0	40.0		
德国	43.0	52.6	51.5	
法国	33.1	48.9		46.6
意大利	18.0	—		38.1

数据来源：Ministry of International Trade and Industry (MITI): Statistics on Export Confirmation (Yushutu Kakuninn Toukei) and Statistics on Import Report (Yunyuu Houkaku Toukei)。

表 27-4 给出了相关国家近年来出口贸易的主要结算货币。从该表我们可以看出，日本出口贸易用美元结算的比例显著高于德国、法国和英国，同时用日元本

币结算的出口额也显著低于前三个欧洲国家。日本用美元结算其出口贸易的比例却显著低于澳大利亚、南非、加拿大、韩国和巴基斯坦，同时日本用本币结算其出口贸易的比重也皆高于后面这些国家。这些数据表明，日本在21世纪用本币结算贸易的比重仍然显著低于欧洲主要发达国家，但同时显著高于其他国家。

表27-4　　　　　　出口贸易中各种结算货币所占比重　　　　　　单位：%

国家	德国	法国	英国	日本	澳大利亚	南非	加拿大	韩国	巴基斯坦
欧元	57.7	49.5	21.0	8.5	0.9	17.0	—	4.9	4.0
美元	26.6	37.9	27.8	51.2	67.4	52.0	70.0	85.5	91.4
本币	57.7	49.5	49.0	36.3	28.8	25.0	23.0	9.2	4.6

注：其中德国的数据是2002—2004年的平均值，法国、日本、澳大利亚、韩国数据是1999—2003年的平均值，英国是1999—2002年的平均值，南非为2003年数据，巴基斯坦为2001—2003年的平均值，加拿大为2001年数据。

27.2.4　日元贸易结算比例较低的原因分析

以日元进行贸易结算比例较低的主要原因是国际贸易中习惯使用美元和英镑等主要货币，除此之外，还有其他一些重要的原因。首先，选择哪种货币作为贸易结算货币，主要取决于哪种货币对冲汇率风险的成本较低，而货币对冲的成本取决于该种货币的汇率对冲工具，如外汇远期、期货、期权或者掉期的市场流动性。其次，日本的大多数贸易是由一些大型贸易公司主导的，这些大型的贸易公司比它们的贸易伙伴在控制汇率风险方面更有经验。最后，还有一个原因可能是日本生产商的货币偏好，为了维持生产水平的相对稳定，它们在出口结算中通过选用和进口时相同的结算货币来减少由于汇率波动而导致的外需波动。详细解释日元结算比例较低的原因超出了本章的范围，有兴趣的读者可以参考Taguchi（1982）和Tavlas和Ozeki（1991）。

另外，表27-3给出的20世纪80年代和90年代日元结算比例较低的另外一个主要原因是当时日本科技自主度仍然较低所致。第21章和第22章相关数据显示，1980年到1991年，日本科技自主度才从20.83%提高到了32.14%；1991年到2000年又提高到了48.16%，但仍不到相对自主的50%（2003年才首次超过相对自主50%到52.72%，知识产权使用费也首次从逆差变为顺差）。表27-3给出的20世纪80年代到90年代日元结算比例略增的结果与上文介绍的同期日本科技自主能力持续提高的结果一致，也与第20.3节第3点"异质性高"或"有技术含量"的商品通常以出口国货币结算的结果一致。

27.3　人民币跨境贸易结算与日元贸易结算比较

比较表20-13给出的近年来人民币跨境贸易结算数据与表27-2给出的日

元贸易结算数据可以直接看出，2009年下半至2011年底的两年半时间内，人民币跨境进口结算占同年中国进口占比达到了8.5%，与1986年日元进口结算水平相当。2013年人民币跨境进口结算占同年我国进口占比达到了23.4%，超过了日元20%略多的进口结算比重。换句话说，人民币进口结算最初4年多的时间就达到了日元进口结算前二十年的结果，而人民币进口结算最初不到5年多的时间就超过了日元三十多年进口结算的比重，显示人民币跨境贸易结算的显著成绩。但是，人民币出口结算却进展缓慢。表20-13显示，2014年底和2015年底人民币跨境出口结算占同期我国出口占比分别达到了18.9%和23.7%，仅相当于表27-2中日元20世纪70年代后半叶出口结算比重，表明人民币出口结算进展比日元要缓慢得多。缓慢的原因主要是截至2017年，中国科技自主年均还不到10%，2017年以来年均仍远低于20%（图22-2），与日本1997年开始科技自主度就超过20%并持续显著增长有着显著的落差。

日元用了二十几年的时间，结算的出口和进口比重分别稳定在了40%和20%上下的水平，之后二十几年仍然保持在这些比重的水平上下没有多少变化（福本智之，2012）。表20-13中2010年到2015年人民币出口结算占比从0.6%持续提高到了26.2%历史峰值的结果与图22-2给出的同期中国科技自主度从5.99%略降到4.69%的结果不够一致；2015年到2016年，中国科技自主度几乎没有变化，但人民币出口结算比重却从26.2%大幅下降到了14.5%，两者关系也不够一致，表明2016年前国内人民币出口结算主要受境外市场影；2017年到2019年，人民币出口结算比重从13.7%持续提高到17.8%，与同期中国科技自主度稳步提高较为一致。今后人民币出口结算比重也将随着中国科技自主度的提高而提升。

27.4 日本国际资产和净资产及国际比较

作为全球主要经济体、主要出口国和外汇储备大国，日本二十几年来在境外积累了大量的国际资产，而且多年来保持了全球最大国际净资产国家的位置。本节简单介绍日本国际资产和净资产及与我国的比较。

27.4.1 日本境外资产和净资产介绍

表27-5给出了1996—2019年日本国际投资金额及相关比例。该表显示，日本国际净资产从1999年仅相当于日本当年国内生产总值的16.3%持续上升到了2014年68.3%的历史高位；2000年前日本国际净头寸持续保持在1万亿美元左右；2000—2007年和2010年持续显著增长到分别首次突破2万亿美元和3万亿美元大关，2012年创下3.75万亿美元的历史高位；由于日本境外净资产量大

等原因，2008年国际金融危机爆发后的几年，日元对美元显著升值，导致2008—2012年日本境外净资产持续上升；由于2012年底安倍政府上台以来实行的货币政策使得2013年以来日元对美元显著贬值，导致2012年以来日本国际净资产从2012年的历史高峰持续下降到了2.94万亿美元。

表27-5 日本国际总资产、总负债、净资产及相关比例（1996—2019年）

资产类型 年份	总资产（万亿日元）	总资产/GDP比例（%）	总负债（万亿日元）	总负债/GDP比例（%）	净资产（万亿日元）	净资产/GDP比例（%）	净资产（万亿美元）	总负债/总资产比例（%）	净资产/总资产比例（%）
1996	302.8	57.6	199.5	37.9	103.4	19.7	1.0	65.9	34.1
1997	346.8	64.9	222.2	41.6	124.6	23.3	1.0	64.1	35.9
1998	337.1	63.9	203.8	38.6	133.3	25.2	1.0	60.5	39.5
1999	303.9	58.5	219.1	42.2	84.7	16.3	0.7	72.1	27.9
2000	341.5	64.8	208.5	39.6	133.0	25.3	1.2	61.0	39.0
2001	380.1	72.7	200.8	38.4	179.3	34.3	1.5	52.8	47.2
2002	366.5	71.0	191.2	37.0	175.3	34.0	1.4	52.2	47.8
2003	386.3	74.9	213.4	41.4	172.8	33.5	1.5	55.3	44.7
2004	434.4	83.2	248.6	47.7	185.8	35.7	1.7	57.2	42.8
2005	506.7	96.7	326.0	62.2	180.7	34.5	1.6	64.3	35.7
2006	558.7	106.0	343.7	65.2	215.1	40.8	1.8	61.5	38.5
2007	611.1	114.9	360.8	67.9	250.2	47.1	2.1	59.1	40.9
2008	520.1	99.9	294.2	56.5	225.9	43.4	2.2	56.6	43.4
2009	556.0	113.6	287.7	58.8	268.2	54.8	2.9	51.8	48.2
2010	561.4	112.2	305.5	61.1	255.9	51.1	2.9	54.4	45.6
2011	583.1	118.7	317.4	64.6	265.7	54.1	3.3	54.4	45.6
2012	658.9	133.1	359.6	72.7	299.3	60.5	3.8	54.6	45.4
2013	797.7	158.5	472.0	93.8	325.7	64.7	3.3	59.2	40.8
2014	930.5	181.1	579.4	112.7	351.1	68.3	3.3	62.3	37.7
2015	938.4	176.6	611.2	115.0	327.2	61.6	2.7	65.1	34.9
2016	986.3	184.2	650.0	121.4	336.3	62.8	3.1	65.9	34.1
2017	1013.4	185.6	684.1	125.3	329.3	60.3	2.9	67.5	32.5
2018	1018.0	186.2	676.6	123.7	341.5	62.4	3.1	66.5	33.5
2019	1097.7	198.2	733.2	132.4	364.5	65.8	3.3	66.8	33.2
1999—2004年年均复合增长率（%）	7.41		2.55		17.00		18.19		
2004—2007年年均复合增长率（%）	12.05		13.22		10.43		7.34		
2007—2013年年均复合增长率（%）	4.54		4.58		4.49		7.81		
2013—2019年年均复合增长率（%）	5.47		7.62		1.89		0.04		

数据来源：日本国际总资产、总负债、净资产数据来自日本财务省网站（www.mof.og.jp）；GDP数据来自日本内阁府（https：www.cao.go.jp）；日元对美元汇率为国际清算银行提供的该货币对年内平均汇率。

表 27-5 显示，1996—2018 年的 24 年，以日元计价的日本国际净资产的年均复合增长率为 5.39%，而以美元计价的国际净资产的年均复合增长率为 5.38%，两者仅差 0.01%，分别比相应的总资产年均复合增长率低 0.12% 和 0.13%；2004—2007 年国际金融危机之前 3 年，以日元和美元计价的日本国际净资产的年均增长率分别高达 10.4% 和 7.3%，表明国际金融危机前日本国际投资净资产增长显著；2007—2013 年国际金融危机之后的 6 年，以日元和美元计价的日本国际净资产的年均增长率分别为 4.5% 和 7.8%，2013—2019 年前者年均增幅增长了 1.9%，而后者仅有 0.04%，表明安倍政府上台以来由于日本货币政策日元兑美元贬值日本国际投资净资产增速明显放缓。

27.4.2 日本境外资产与主要国家 GDP 的比较

比较表 27-5 中日本国际净资产和主要经济体经济规模，我们发现 2012 年日本境外净资产 3.75 万亿美元超过当年全球第四大经济体德国的 GDP 3.53 万亿美元，而随后日本境外净资产规模持续低于德国 GDP 水平；2009—2018 年，除 2015 年外，日本境外净资产超过了全球第五大经济体英国的 GDP，2019 年超过当年第五大经济体印度 GDP，保持相当于全球第五大经济体，显示日本境外净资产的规模及在全球金融体系的影响力。2012—2019 年日本境外净资产与日本 GDP 比例平均高于 60%，接近"再造一个日本"的战略目标。如果没有 2013 年以来日元贬值，日本境外净资产早在 2013 年就超过了德国 GDP，相当于全球第四大经济体，"再造一个日本"的目标会更接近实现。这些数据有力地说明，前二十多年对日本来说并非是失去的二十多年，而是再造了一个相当于全球第五大经济体的境外一个日本。这个"海外日本"在国际金融市场发挥着重要的作用。

27.4.3 日本境外资产和净资产的国际排名

截至 2019 年末，日本连续 28 年成为全球外汇最大的净资产国。表 27-6 给出了 2019 年全球前 20 大经济体和其他主要经济体境外总资产、总负债和净资产数据。表 27-6 显示，2019 年日本全球净资产 3.34 万亿美元，遥遥领先；德国和中国净资产分别为 2.75 万亿美元和 2.12 万亿美元，分别排名第 2 位和第 3 位；中国香港净资产也高达 1.56 万亿美元，排名第 4 位；挪威、新加坡、瑞士、荷兰、加拿大和沙特阿拉伯的境外净资产分别在 6000 多亿美元到 9000 多亿美元，分别排名在第 5 到第 10 位；韩国、俄罗斯、丹麦、比利时和以色列净资产在 1000 亿~5000 亿美元，排名在第 11 到第 15 位；阿根廷、瑞典、奥地利、卢森堡和南非等国净资产在 100 亿~300 亿美元，排名在第 16 到第 20 位；美国境外净资产高达 -11.05 万亿美元，排名最后；西班牙境外净资产略超 -1.04 万亿美元，排名倒数第 2 位；欧元区净资产排名前 5 位的德国、荷兰、比利时、奥地利和卢森堡五国总净资产高达 3.90 万亿美元，高于日本；而葡萄牙、希腊、法国、爱尔兰和西班牙五国净资产为负资产，总计 -2.90 万亿美元。

表 27-6　全球前 20 大经济体和其他主要经济体国际总资产、
　　　　　总负债和净资产及总资产与 GDP 比例（2019 年）　　单位：亿美元

国家或地区	总资产	总负债	净资产	总资产与GDP比例	国家或地区	总资产	总负债	净资产	总资产与GDP比例
欧元区（前五位）	368837	329869	38968	6.34	阿根廷	3988	2845	1144	0.90
日本	100585	67193	33393	1.98	奥地利	10161	9729	432	2.28
德国	106292	78823	27470	2.75	芬兰	9036	8996	39	3.35
中国	77145	55905	21240	0.52	马来西亚	4070	4257	-188	1.12
中国香港	56196	40565	15631	15.37	欧元区	609143	600770	8373	4.56
挪威	18887	8992	9895	4.68	欧元区（后五位）	186808	215768	-28960	3.77
新加坡	42237	33277	8960	11.35	意大利	33058	33392	-334	1.65
瑞士	54379	45992	8387	7.72	希腊	2510	5702	-3191	1.20
沙特	11597	4852	6745	1.46	印度尼西亚	3734	7129	-3394	0.33
荷兰	104971	96779	8192	11.57	英国	146149	153490	-7341	5.16
加拿大	44330	36583	7746	2.55	印度	6981	11283	-4302	0.24
俄罗斯	15135	11548	3587	0.89	土耳其	2523	6043	-3520	0.33
韩国	16994	11988	5006	1.03	爱尔兰	71088	77799	-6711	17.84
比利时	23800	21289	2511	4.49	法国	84422	90674	-6253	3.11
丹麦	12366	9649	2717	3.56	墨西哥	6114	12636	-6523	0.49
以色列	4978	3355	1623	1.26	澳大利亚	21107	27479	-6372	1.52
瑞典	16561	15428	1132	3.12	巴西	8925	16244	-7319	0.49
卢森堡	123613	123250	363	173.83	西班牙	24818	35220	-10402	1.78
南非	4939	4620	319	1.41	美国	291528	402033	-110505	1.36

数据来源：国际货币基金组织网站 2020 年公布的 2019 年年度数据。

27.4.4　境外资产与 GDP 比例及含义

不同国家和地区境外资产与 GDP 比例在一定程度上反映其国际化程度或本币国际化程度。表 27-6 显示，2019 年卢森堡境外资产与 GDP 比例高达 177.98，排名位于全球前列；其次为爱尔兰、中国香港、新加坡和荷兰，比例分别高达 18.47、15.07、11.64 以及 11.63，显示出该地的国际化程度较高；再次为瑞士、英国、比利时和挪威比例在 4~8，排名在第 6 到第 9 位；中国比例为 0.55，高于巴西、土耳其、墨西哥、印度尼西亚和印度，排名倒数第 6 位，显示出我国境外资产需要显著提高。

27.5 中日两国国际资产和净资产相关比较

近年来诸多境内外媒体报道了我国经济总量、外汇储备、美国政府债券持有量、贸易规模等方面超过日本，显示我国经贸等方面的巨大成就。实际上，反映一国真正实力的是其境外净资产总额。2014 年以来全球几乎所有的货币皆对美元出现贬值的同时，日元却多次显示对美元升值的主要原因就是日本高额的境外净资产额，而该方面我国与日本仍然有相当大的距离。日本境外资产管理的很多方面值得我国学习和借鉴，这里我们简单比较两国境外资产和净资产规模及其在 GDP 中的比重。

表 27-6 也显示，2019 年日德两国国际净资产排名全球前列，资产分别为同年国内产值的 1.95 倍和 2.75 倍，净资产与国内产值比例分别高达 64.8% 和 71.1%；中国大陆国际净资产排名第 3 位，总资产和净资产与 GDP 比例分别仅为 0.55 倍和 15.0%；英国、中国香港、新加坡、比利时和卢森堡这样的国际和地区金融中心国际资产与 GDP 比例分别高达 5.33、15.07、11.64、4.60 和 177.98，显示国际资产在金融中心中的重要地位；美国作为全球最大的经济体，2019 年国际资产与 GDP 比例仅为 1.36 倍，净资产高达 11.05 万亿美元，与美国同年 GDP 比例高达 51.54%。表 27-6 的数据也显示，无论总资产与 GDP 比例，还是净资产与 GDP 比例，我国大陆都与主要发达经济体和主要货币母体有相当的差距。

27.5.1 中日两国国际资产和净资产规模比较

表 27-7 给出了 2004—2019 年我国境外总资产、总负债、总净资产及相关比例。表 27-7 显示，2019 年底我国境外总资产为 7.71 万亿美元，与当年 GDP 比例为 54.6%，显著低于表 27-5 中日本 20 年前 1996 年的水平；同年我国境外净资产总额 2.12 万亿美元，仅相当于日本 2006 年的水平，相差 13 年；如果以国际资产净头寸与相应国内生产总值的比例看，2008 年我国国际净资产与 GDP 比例达到了 30.2% 的历史高位，低于表 27-5 给出的日本 2000 年和 2001 年间的水平，相差 8 年左右；2008 年以来我国国际净资产与 GDP 的比例不仅没有提高，反而下降到了 2019 年的 15.0%，与我国 2005 年的比例 15.2% 相当，且显著低于表 27-5 中日本 20 年前 1996 年的水平。2010 年我国国内生产总值首次超过了日本，但同年我国国际净资产总额 1.48 万亿美元仅略超日本同年国

际净资产总额 2.92 万亿美元的一半；2019 年我国境外净资产 2.12 万亿美元，仅相当于同年日本国际净资产 3.34 万亿美元的六成。这些数据表明虽然我国经贸规模显著超过了日本，但国际资产各种参数显示我国与日本仍有 10~20 年的差距。

表 27-7 中国国际总资产、总负债、净资产及相关比例（2004—2019 年）

单位：亿美元，%

年份	总资产	总资产/GDP 比例	总负债	总负债/GDP 比例	净资产	净资产/GDP 比例	总负债/总资产比例
2004	9291	47.7	6929	35.5	2362	12.1	74.6
2005	12233	53.4	8716	38.1	3517	15.4	71.3
2006	16905	61.4	11741	42.6	5163	18.7	69.5
2007	24162	68.0	14741	41.5	9421	26.5	61.0
2008	29567	64.6	15666	34.2	13901	30.4	53.0
2009	34369	67.5	21381	42.0	12988	25.5	62.2
2010	41189	68.3	26406	43.8	14783	24.5	64.1
2011	47345	63.2	32089	42.8	15256	20.4	67.8
2012	52132	61.0	35382	41.4	16750	19.6	67.9
2013	59861	62.2	41770	43.4	18091	18.8	69.8
2014	64383	61.2	48355	45.9	16028	15.2	75.1
2015	61558	55.4	44830	40.3	16728	15.1	72.8
2016	65070	58.0	45567	40.6	19504	17.4	70.0
2017	71488	58.3	50481	41.2	21007	17.1	70.6
2018	74049	53.5	52588	38.0	21461	15.5	71.0
2019	77145	52.4	55905	37.9	21240	14.4	72.5
2004—2007 年年均增长率	37.52		28.62		58.59		
2007—2013 年年均增长率	16.32		18.96		11.49		
2013—2019 年年均增长率	4.32		4.98		2.71		

数据来源：总资产、总负债和净资产数据来自国家外汇管理局网站 www.safe.gov.cn；GDP 数据来自国际货币基金组织 2020 年公布的 2004—2019 年年度数据。

27.5.2　两国境外资产杠杆程度比较

不仅我国国际净资产规模和相关占比等皆与日本有明显差距，表 27-5 和表 27-7 显示，早在 2004 年我国境外投资负债率，即总负债与总资产比重就远超了日本，而且 2004—2019 年的 15 年，我国境外投资负债率年均 68.3%，明显超过日本同期平均比率 60.4%；2008—2019 年我国境外负债年均增长了

12.3%，比日本同期的增长率 4.0% 高出 8.3%；2016 年我国境外资产负债率比例回落到了 70.0%，但 2017 年又回升到了 70.6%，到 2019 年更是上升到 72.5%，比同期日本比例 66.8% 高出 5.7%。高负债率意味着高成本和高风险。在我国当前国际利率和外汇等风险管理水平仍有待显著提高的情况下，这也是我国境外投资效率不高的一个重要原因。

27.5.3 两国境外投资效率比较

国际资产和净资产规模及相关比例可以从一定侧面反映一国的国际金融实力，但是这些数据还只是表层的数据。反映一国国际投资水平，与其他投资一样，应该是投资的回报率。可惜我们难以获得各国国际投资头寸数据中每年不同资产收益或升值的数据，因此难以准确地计算出各国国际投资的回报率。尽管如此，我们尝试间接地估算出不同国家每年国际投资的"回报率"，计算方法和结果如表 27-8 所示。

表 27-8　中日两国国际总资产和净资产年度"回报率"比较　　　　单位：%

资产类型 计价货币 年份	日本国际 总资产回报率		日本国际 净资产回报率		中国国际 总资产回报率	中国国际 净资产回报率
	日元计价	美元计价	日元计价	美元计价	美元计价	美元计价
1997	7.01	2.89	20.54	8.46		
1998	2.50	-0.40	6.97	-1.12		
1999	-14.40	-10.64	-36.42	-26.91		
2000	15.90	18.35	57.02	65.79		
2001	13.53	7.62	34.73	19.57		
2002	-1.04	-2.41	-2.20	-5.12		
2003	-0.68	3.07	-1.42	6.41		
2004	3.36	6.82	7.51	15.23		
2005	-1.17	-1.94	-2.74	-4.53	12.43	48.88
2006	6.79	4.55	19.03	12.76	13.46	46.83
2007	6.29	5.73	16.34	14.89	25.18	82.45
2008	-3.98	1.14	-9.72	2.79	18.54	47.55
2009	8.14	13.60	18.74	31.31	-3.08	-6.56
2010	-2.22	0.84	-4.60	1.75	5.22	13.82
2011	1.75	6.51	3.84	14.27	1.15	3.20
2012	5.76	5.72	12.63	12.56	3.16	9.79

续表

资产类型 \ 计价货币 \ 年份	日本国际总资产回报率		日本国际净资产回报率		中国国际总资产回报率	中国国际净资产回报率
	日元计价	美元计价	日元计价	美元计价	美元计价	美元计价
2013	4.01	-5.04	8.83	-11.09	2.57	8.01
2014	3.18	-0.23	7.79	-0.56	-3.45	-11.40
2015	-2.57	-7.00	-6.81	-18.56	1.09	4.37
2016	0.97	5.07	2.79	14.54	4.51	16.59
2017	-0.71	-1.76	-2.08	-5.17	2.31	7.71
2018	1.20	1.72	3.69	5.30	0.63	2.16
2019	2.27	2.76	6.76	8.22	-0.30	-1.03
1996—2004 年年均增长率	3.27	3.16	10.84	10.29		
2004—2007 年年均增长率	3.97	2.78	10.87	7.71	17.02	59.39
2007—2013 年年均增长率	2.24	3.80	4.95	8.60	4.59	12.63
2013—2019 年年均增长率	0.72	0.09	2.02	0.63	0.80	3.07

数据来源：利用表 27-5 和表 27-7 给出的日中两国不同年份的总资产和净资产数据，我们可以将一年净资产与前一年净资产差额当做该国一年内国际投资的"净回报"，用该"净回报"分别除以前一年的总资产和净资产即可获得该年国际投资的总资产回报率和净资产回报率。

表 27-8 显示，受东亚金融危机的影响，1997—1999 年，日本境外总资产和净资产"回报率"创下了历史最低，显著低于 2008 年受国际金融危机的影响下该年日本相应的回报率；2004—2007 年，日本国际投资年均资产回报率为 2.78%，同期净资产年均回报率为 7.71%，表明日本在吸取东亚金融危机教训后，至 2008 年国际金融危机前国际投资相当稳健；同期我国国际资产和净资产年均回报率分别高达 17.02% 和 59.39%，高于日本相应的回报率；但是，2007—2013 年，以美元计价的日本国际资产和净资产年均"回报率"分别为 3.80% 和 8.60%，而同期我国以美元计价的国际资产和净资产年均回报率却分别为 4.59% 和 12.63%；2013—2019 年以美元计价的日本国际资产和净资产年均"回报率"分别为 0.09% 和 0.63%，而同期我国以美元计价的国际资产和净资产年均回报率却分别为 0.80% 和 3.07%，显示出国际金融危机后两国国际投资效率有趋近之势，但仍有明显差异。

27.5.4 近年来中日两国境外净资产变化比较

表 27-7 和表 27-5 显示，2013—2019 年，中日两国以美元计价的境外净资产年均分别上升了 2.71% 和 0.04%；2016—2017 年分别为上升了 7.71% 和下

降 5.17%，从另外一个方面显示出两国近年来境外资产管理水平的巨大差距。

27.5.5 中日境外资产分布比较

日本央行公布的数据显示，日本近年来境外资产有八成左右是民间或私人持有，公共部门仅占两成左右，表明日本境外投资巨大部分是由非公共部门的民间投资和企业完成的，而我国境外投资的巨大部分是由国有企业或者国有银行完成的，效率有待提高。

27.6 日本外汇管制的逐步开放

1949 年和 1950 年，日本分别制定了《外汇和外贸控制法》和《外资监管法》，对贸易和资本项目有着严格的管制，这些管制延续了几十年。此后，随着日本国际收支平衡的逐步稳定，日本在经常项目和资本项目方面逐步开始实施。

27.6.1 日本外汇管制放开的步骤

在经常项目放开方面，日本首先放开了进口限制。日本经常项目自由度从 1960 年的 42% 迅速上升到了 1963 年的 92%，到 1963 年仅有 192 种产品进口还受到限制。1964 年，日本接受了国际货币基金组织第 8 条款，经常项目进一步放开，当时仅有包括大米在内的 66 种产品进口受到限制，但是日本人出国旅游携带的外汇数额仍受到严格的限制。直到 20 世纪 90 年代后期，日本人出国携带外汇的上限才扩大到 500 万日元（相当于 5 万美元）。

日本资本项目外汇管制的放开实际上是从 20 世纪 70 年代开始的。1980 年，新的《外汇和外贸控制法》或称《外汇法》通过。1980 年通过的《外汇法》将 1949 年和 1950 年分别通过的《外汇和外贸控制法》和《外资监管法》合二为一，该法一改从前严格管制的态度，完全开放了经常项目，而对资本项目还保留着一定程度的限制。1997 年 5 月，日本对《外汇法》再次做出重大修改，包括废除资本交易的事前汇报体系以及实行事后的事实报告制等。此时，日本资本项目的开放已经达到了很高的程度。

27.6.2 日本外汇管制放开的特点

日本外汇管制的放开有如下几个特点。首先，对资本流入进行控制。直到 20 世纪 70 年代，日本政府一直努力将外债减少到最小。保护国内工业不受外来控制是日本多年来对待外资的首要考虑，因此，日本很长时间内将技术专利的购买或转让放在比外来直接投资更为重要的位置。日本在 1964 年放开了经常项目的控制，但直到 1980 年，外商直接投资才开始逐渐放开。所以，二十世纪五六十年代日本经济的高速增长并没有依赖外商直接投资，而主要是通过充分使用国内银行体系内的高储蓄来实现的。其次，资本的流入和流出大多通过银行来实现，达到一定标准的外资银行也被批准开展业务，这些银行向日本中央银行定期报告，这样不仅保持了较好的国际支付平衡数据，而且易对资金流动进行监管。最后，国际资金流动的自由化与日本国内金融控制的放松在很大程度上保持了同步，这样就避免了国内外市场出现套利空间。这些逐步放开的做法对我国当前人民币国际化仍有很强的借鉴意义。

27.7 日本资本项目开放的主要类型

由于资本项目开放对金融系统的稳定既有正面作用，也可能产生一定的负面效应，因此，各国对资本项目的开放多持谨慎态度。上文简单介绍了日本外汇管制的开放，并对日本资本项目开放做了描述，但是还不够详细。本节主要介绍日本资本项目开放的具体领域，从而使我们可以更清楚地看出日本资本项目开放的进程和特点。

27.7.1 外汇体系和授权外汇银行体系

从1949—1971年，日本一直维持着1美元兑360日元的固定汇率体系。在1973年实行浮动汇率体系之前，固定汇率体系（1美元兑308日元）恢复过一段较短的时间。从1973—1998年的25年，日元对美元汇率曾出现大幅度波动，但总体上日元保持了对美元的升值趋势。1984年日本外汇市场取消了实施多年的远期外汇交易中真实贸易需求的交易原则。在此之前，日本政府一直强调外汇银行的国际活动对国内市场的影响要降到最低，因此，日本外汇远期交易必须以对冲为唯一目的。授权外汇银行必须向监管当局按时汇报跨境交易业务，这是日本外汇监控最主要的工具之一。

银行对外汇净头寸（每日即期和远期总额度）监管到现在仍然有效，这在发达国家中都是很少见的。1986年设立的东京离岸市场也有将在岸和离岸交易分割进行的要求。授权外汇银行必须将其涉外业务事前通知并事后汇报给日本中央银行，并对业务提供相关数据，为监管监控提供服务。

27.7.2 证券投资

虽然1950年设立的《外资监管法》允许非居民投资日本证券，但是对此却有限制，比如行业限制和投资份额限制等，直到1980年，外国投资者才可通过指定日本证券公司投资日本证券。日本投资外国证券始于1970年，外国投资者可以在日本发行日元债券（武士债券），起初只有主权国家或国际机构才能以非居民身份在东京发行此种债券。1979年,外国私人公司也可在日本发行日元债券。1984年,外国私人公司被批准可以在日本之外发行日元债券,当然,发行公司在信用评级和财务状况方面要达到一定的条件。1970年,国内投资者可通过共同基金投资境外证券,之后经过了几轮的自由化发展。到1980年,国内投资者通过指定证券公司投资境外证券也完全放开了。

27.7.3　对外直接投资

日本公司的对外直接投资(OFDI)均设有上限,直至近年才逐渐放宽。1980年,银行和证券公司在进行直接境外投资时,除渔业、珍珠养殖业、皮革、皮革生产加工、纺织行业加工处理、武器生产、毒品生产等特殊行业外,其他行业的境外投资原则上要求在一日之内处理完毕。《外资监管法》于1950年开始实施,然而在经济高速发展时期,日本对待外商直接投资的态度主要是以技术为目的,非居民投资或收购日本证券要受行业和非居民投资日本证券的双重限制。

27.7.4　紧急状态监管

紧急状态监管是指在特殊条件下对资本账户交易的监管办法。这些特殊条件包括维持支付平衡困难,日元汇率大幅度波动,或者境外市场对日本境内金融和资本市场产生严重的负面影响等。资本项目开放是一个相当复杂的问题,比如居民境外借贷、涉外交易、外汇交易、居民和非居民其他交易等技术性设计都超出了本章的范围,这里不再细述。

27.8　日本推动日元国际化概述

上文我们简单介绍了日本在外汇、资本项目等方面逐步开放的过程,这些内容实际上都是为日元国际化做准备。由于涉及诸多方面的内容,我们在本节只对这些主要内容进行一个系统的罗列。表27-9给出了1949年以来日元国际化相关的主要事件。

表27-9　1949年以来日元资本项目开放和日元国际化的主要事件

1949年	取消赔偿制度和价格控制,统一了1美元兑360日元的汇率,出口自由
1964年	经常项目开放
20世纪60年代后期	放宽直接投资
20世纪70年代初期	发展回购市场,外资银行进入日本,日本银行进入国外,储蓄利率灵活
1973年	采纳浮动汇率体系

续表

1977年		停止政府债券定价支持系统，国内债券市场迅速发展
1979年		引进大额协议存款
1980年	12月	全面修订《外汇及外贸控制法》，原则上建立了一个自由贸易的法律环境
1983年	11月	成立美日货币委员会
1984年	4月	取消了外汇期货交易的真实需求原则，仅外汇远期交易还保留着基于进出口真实需求的交易原则
	5月	美日货币委员会发布了题为《金融自由化和日元国际化的现状及前景》的报告
	6月	取消外币资金兑换为日元的限制（过去曾对外汇即期交易的头寸进行监管），放开对本国居民的短期欧洲日元贷款
	12月	欧洲日元债券主要管理人的职位向国外机构放开
1985年	3月	外汇及其他交易理事会发布了题为《日元国际化》的报告
	4月	取消了本国机构发行欧洲日元债券的预提所得税
	9月	签署《广场协议》
1986年	4月	放宽了国外机构发行欧洲日元债券的资格要求，而通过信用评级来决定机构的发行资格
	5月	部分修订了《外汇及外贸控制法》，建立海外市场
1987年	2月	签署《卢浮宫协议》
	6月	发布《金融及资本市场自由化和国际化的展望》
	7月	放宽了本国机构发行欧洲日元债券的资格要求，而通过信用评级体系来决定发行资格
	11月	取消了对非本国居民持有欧洲日元商业票据的限制
1989年	4月	东京国际金融期货交易所成立
	5月	放开了对本国居民的中长期欧洲日元贷款
	6月	进一步放宽了对国外机构发行欧洲日元债券的资格要求（不参考信用评级），取消了非本国居民持有欧洲日元债券的限制（针对待偿期小于4年的欧洲日元债券）
	7月	放宽本国居民持有海外市场的外币存款的限制（个人投资账户总额小于或等于500万日元不再需要审批）
1990年	7月	放宽本国居民持有海外市场的外币存款的限制（企业和个人组合投资账户总额小于或等于3000万日元不再需要审批）
1993年	4月	取消财政部颁发的关于禁止日本银行海外下属机构成为日本企业海外公开发行证券主要管理人的行政指导准则（该项准则作为市场剧烈波动的应对措施有效期为5年）
	7月	完全取消外国机构发行欧洲日元债券的资格限制

续表

1994年	1月	放松了本国机构发行外币债券和外国机构发行武士债券的资格要求。取消主权欧洲日元债券的回购限制
	7月	放开发行以日元计价的外国债券的资格要求
1995年	4月	简化了对外国居民发行欧洲日元债券和本国债券的审批和报告程序
	8月	取消了国外机构对已发行欧洲日元债券的回购限制
1996年	1月	取消国外机构发行本国债券的资格限制
	4月	本国机构发行的欧洲日元债券的回购期限从90天缩短至40天。取消发行欧洲日元商业票据的限制（将欧洲日元商业票据带入日本国内的限制也同时被取消）
1997年	5月	修改后的《外汇及外贸控制法》颁布
	6月	金融系统研究委员会提交了题为《关于日本金融市场的改革》的报告，证券交易委员会发布了题为《全面改革的证券市场》一文
1998年	4月	修改后的《外汇及外贸控制法》开始执行
		取消本国机构回购发行的欧洲日元债券的限制
	6月	《金融系统改革方案》颁布
	12月	《金融系统改革方案》开始执行
1999—2004年		引进国际会计标准

资料来源：日本大藏省网站和 Mitsuhiro Fukao [8] 的表2。

表27-9表明，虽然美日货币委员会早在1984年就发布了题为《金融自由化和日元国际化的现状及前景》的报告，而且外汇及其他交易理事会也在1985年发布了题为《日元国际化》的报告，但实际上，日本在20世纪八九十年代十多年的时间内依然对日元国际化采取了相对谨慎的态度。其中主要原因是20世纪80年代末日本泡沫经济破灭后，日本政府一直忙于处理大量呆坏账及遗留的经济金融问题。直到90年代后期，特别是东南亚金融危机爆发之后，日本才真正意识到推动日元国际化可以扩大日元在东亚的影响，降低区域市场风险从而确保日本经济和金融市场的稳定。然而，日本关于日元国际化的提议在美国和国际货币基金组织的反对下不得不放弃，再加上当时日本经济的低迷已经持续将近十年的时间，日本自身也力不从心。内外因素导致日元国际化进程最终不了了之。

27.9 日本金融体系改革的基础性工作

为了有效地推动日元国际化，日本政府采取了一系列的重要措施。这里我们主要强调日本政府关于金融市场环境和基础建设所做的改善。

27.9.1 提升短期政府债券的流动性

提升短期政府债券的流动性从而使境外投资者容易进入该市场是日本政府 1999 年在金融改革方面的重要举措之一。短期政府债券流动性的提高可以使境内外投资者使用无风险政府债券来管理日元资产。1999 年 4 月日本推出了短期日元债券竞价体系。

27.9.2 日元收益率曲线的构建

建立和完善利率曲线是整个金融体系最基本的工作之一，因为金融资产的定价离不开基于市场价格的利率曲线。为了完善政府债券的期限结构从而构建平滑可靠的利率曲线，日本于 2000 年 3 月之前分别推出了 1 年期、5 年期和 30 年期的政府债券。

27.9.3 所得税减免

为了提升政府债券的流动性，日本 1999 年免去了政府债券利息收入所得税，并于 1999 年 3 月 31 日免去了证券交易税和所得税。这些措施对提升日本政府债券的流动性确实发挥了一定的作用。

27.10 日本场内外衍生产品交易

总体来讲，日本交易所交易市场（场内市场）和银行间市场或者柜台交易衍生产品市场（场外市场）与欧美发达市场相比都有相当大的差距，本节我们介绍日本场内外市场的活跃程度。

27.10.1 日本场内衍生产品交易

日本有组织的商品期货市场大阪堂岛大米会所早在 1730 年（Schaede，1989）就开始交易，比 1848 年美国芝加哥期货交易所还早一个多世纪。尽管如此，近代日本期货行业的发展，甚至在其经济高速增长时期也不尽如人意，显示日本没有重视市场的发展和市场功能的发挥。金融期货从 20 世纪 80 年代中期才开始在日本交易，比美国晚了十几年。下文以日本外汇期货和股票指数期货为例，简单介绍日本场内衍生产品市场的发展。

27.10.1.1 日本外汇和其他衍生产品市场的发展

1972 年芝加哥商业交易所在全球首次推出外汇期货时就率先推出了日元对美元期货。1989 年日本国内的外汇期货在刚成立的东京金融期货交易所推出，比美国晚了 17 年，且流动性一直低于美国。芝加哥商业交易所的日元期货交易活跃，而日本境内日元对美元期货的活跃程度却非常低，从2003—2005年底总成交量仅为800手。

由于交易量极低，2006年东京金融期货交易所停止了日元对美元的期货交易。至此，全球日元期货交易完全转移到了美国芝加哥商业交易所。

27.10.1.2 日本利率期货和期权市场的发展

如其他日本场内金融衍生产品一样，日本利率期货推出时间比美国等主要发达国家和地区要晚很多。以日本长期国债期货为例，1983年日本东京证券交易所推出了长期国债期货，但是长期以来交易不够活跃。2014年4月该交易所重新推出相似的产品以提高市场流动性。根据东京证券交易所网站公布的日本国债期货数据和国际清算银行公布的相应的全球总数据，2008—2019年，日本利率期货成交量占世界比重从1.9%下降到了0.81%，而相应的年底持仓量世界占比仅为0.21%上下，表明市场很不活跃。相应交易所利率期权更不活跃，2010—2013年日本国债期权成交量占全球比重保持在0.2%左右的低位，持仓量占比则更低，2010—2012年占比从0.015%下降到了0.001%，虽然2013年提高到了0.04%，到2019年已经下降到0.01%。另外，2014—2019年，日元场内交易的衍生产品全球占比保持在0.55%左右的低位，全球排名第7，比下文介绍的场外市场排名更低。如上数据与日本经济和债券的世界占比相差几个数量级，表明日本长期以来场内利率衍生产品不够活跃的同时，场内外市场互联互通的格局远未形成。

27.10.1.3 日本股票指数期货和期权市场的发展

日本股票指数期货的发展总体比外汇期货和国债期货市场的发展要好很多。股票指数期货最早于1982年在美国推出，之后新加坡成为最具有创新动力的区域金融中心。日本鉴于自身市场规模有限，于1986年推出了基于日经225指数的期货，而且相当成功。由于当时日本政府担心现金交割股票指数期货可能带来风险，因此，开创了全球第一个用股票交割股指期货的先例，但是以失败告终。1987年大阪股票交易所也推出了基于50只股票的股指期货，但也以失败而告终。在新加坡期货交易所推出日本股票指数期货两年之后，1988年9月日本在大阪也推出了以现金交割的日经225股指期货。在日经股票指数期货推出早期，新加坡期货交易所的流动性还比较低，后来由于日本自己犯下的种种错误，新加坡期货交易所的日经股指期货的活跃程度显著超过大阪股票交易所。1990年1月至1993年8月，大阪股票交易所连续四次提升了股票指数期货的保证金，而同期新加坡期货交易所则连续五次降低了保证金，导致前者比后者的保证金比例高出一倍以上。除保证金外，新加坡期货交易所的佣金和交易费也低于日本交易所，所以在短短几个星期内日经指数期货的主要市场参与者就从日本大阪转向了新加坡，导致前者市场流动性严重不足。这种情况一直延续到了20世纪90年代后期,日本政府才采取措施解决其问题。

根据世界交易所联盟公布的数据,2014—2020年上半年日本股指期货成交金额的全球占比从6.56%增长到了7.66%,略高于2020年6月日本股市市值世界占比6.47%,显示近年来日本股指期货市场的良好发展。日本股指期货和期权的全球占比虽然离日本经贸和股市市值世界占比还有距离,但却比上述介绍的日元外汇和利率相关产品交易的世界占比要高出很多。

27.10.2 日本场外衍生产品市场

国际金融市场实际上是场内外市场互通、互联、互补、互助的互动关系。场外市场不够活跃,场内市场也难以活跃。同时场外市场没有场内市场对冲等方面的支持也难以活跃起来。在上文介绍了日本场内市场后,我们下文介绍日本场外金融市场的发展。

27.10.2.1 日元外汇衍生产品

外汇衍生产品主要在场外的银行间市场交易。2007年和2010年日元即期和远期交易占比略高于全球水平,而掉期交易占比却显著低于国际水平;2013年日元即期交易占比高达49.7%,比国际即期交易占比38.3%高出11.4%的同时,日元远期和掉期交易占比为10.0%和27.0%,分别比全球相应的远期和掉期占比12.7%和41.7%低2.7%和14.7%;2016年日元即期和掉期交易占比虽然显著下降和上升到了36.1%和41.8%,但分别仍明显高于和低于相应的国际占比32.5%和46.8%;2019年日元即期和掉期交易占比虽分别下降到了32.50%和46.53%,但仍分别与同年全球市场相应的占比30.13%和48.56%有两个百分点的差距,显示日元外汇衍生产品市场仍与其他前四大货币有一定的差距。

27.10.2.2 日元利率衍生产品

1998—2013年,日元银行利率衍生产品日均成交金额全球占比从10.29%持续下降了2/3以上至2.99%,首次低于澳大利亚元利率日均成交额,排名也首次从世界第4位下降到了第5位;2016年占比虽比2013年略回升到了3.11%,但是与排名第4位的澳大利亚元占比3.79%的差距拉大到了0.68%;至2019年12月,日元利率衍生品的成交金额全球占比已下降至不足1%,表明近20年来日元银行间利率衍生产品总体下降的趋势(世界交易所联盟2019年数据)。

27.10.2.3 日本黄金期货市场

表8-5显示,2003年日本东京商品交易所黄金期货成交金额为3558.0亿美元,占全球黄金期货市场比重高达41.1%,排名第2;而2019年下降到了

4151.5亿美元，排名先后被上海期货交易所和印度大宗商品交易所超过而跌落至第四，2019年东京商品交易所成交金额占比仅为2.54%。

27.10.3 东京离岸市场的发展

1985年10月日本外汇和其他交易委员会同意于1986年建立东京离岸市场，以推动日元的国际化进程。1986年6月，日本大藏省公布了东京离岸市场账户操作的指导意见，指导意见明确指出：银行离岸账户不能将5%以上的账户用于在岸业务，流向在岸的资金必须接受对在岸资金同样的存款保证金要求；在岸资金同样不能自由流入离岸市场；离岸账户管理必须符合严格的注册等相关要求，严防离岸市场和在岸市场之间的资金流动。外资银行对东京离岸市场的监管要求有诸多意见，由于企业税和个人税仍然保留，相对于新加坡和中国香港这样的离岸市场，这些规定对境外企业的吸引力略显不足，甚至相对于纽约离岸市场免除市税和州税的措施，东京离岸市场的优惠条件也稍逊一筹。外资银行还抱怨东京离岸市场对离岸和在岸之间资金流动的监管过于严格。总之，由于这些严格的监管，东京离岸市场对于扩大日元国际化并没有起到应有的作用。

自由贸易区必须有在外汇和资本项目等方面比区外更为灵活的相关政策，与离岸市场有很大的相似性。上述东京离岸市场监管过严没有产生预期效果的例子和东南亚金融危机前后泰国离岸市场监管过松从而导致跨境资金监管不力的例子表明，把握好放松监管的度至关重要。东京离岸市场和泰国离岸市场开放和监管的经验和教训对中国（上海）自由贸易试验区有着非常重要的借鉴意义，我们在第36章还会进一步讨论。

27.10.4 东京/日本国际金融中心的排名

国际清算银行的数据显示，1995—2010年，日本不仅保持了全球第三和亚洲最大的外汇交易中心，而且其外汇日均成交金额远超排名第四的其他中心，但是2010年日本全球第3位和亚洲最大的外汇交易中心地位首次被新加坡取代，排位下降到了全球第4位和亚洲第2位，2016年又被香港取代，成为全球第5位和亚洲第3位的外汇交易中心，这表明日本在全球外汇市场的地位下降到了与其经贸和境外资产全球排名很不相称的水平，也表明东京国际金融中心地位的持续下降；2017年东京虽然保持了全球第5大国际金融中心的地位，但是其评估得分与排名第6位和第7位的上海和多伦多接近，在2018年和2019年的最新评估中，东京已经被上海超越，跌落至全球第6大国际金融中心的地位（表36-2），显示出近十年来东京国际金融中心地位被持续超越的态势（结果来自2019年伦敦金融城委托英国咨询公司Z/Yen集团制作和发布的全球范围内的主要金融中心的金融竞争力评价结果）。

27.11 经济低迷期日元国际化变化及原因浅探

上文显示日元国际化过程中的很多失误在近二十多年来日本进入经济低迷前就已经发生。然而,二十多年来日元国际化程度却与日本经济低迷密切相关。在本章结束之前我们本节简单介绍二十多年来日本经济低迷的主要表现及对日元国际化程度的影响。

27.11.1 股市泡沫破灭

图27-1给出了1989年10月到2020年6月日经225指数变化情况。该图显示,1989年12月29日,日经指数创下历史最高之后急速下滑是日本经济泡沫破裂的最主要标志之一。1989年12月29日日经指数收盘创下38915.87点的历史最高纪录;从1989年底的历史高位经过十多年到2003年4月28日下滑到了7607.9点,比峰值累计下滑了80.5%;2003年4月28日至2007年7月9日,日经指数持续回升到了18262.0点,比1989年底的历史高位累计下滑了53.1%,不到高峰时的一半;2007年7月至2009年3月10日又持续下降到了7054.98点的历史最低位,比1989年底的历史高位下滑了71.9%;2009—2012年第四季度徘徊在平均不到10000点的水平,显示出金融危机后多年日本股市没有多少起色,下文将进一步介绍2012—2020年6月的情况。

图27-1 日经225指数(1989年10月至2020年6月)

(数据来源:Wind资讯)

27.11.2 房地产泡沫破灭

日本经济泡沫破裂的另外一个主要标志是日本房地产市场泡沫的破灭。日本房地产指数1982—1990年持续显著增长至历史最高峰,但是1990—1992年急剧下滑,到2002年3月日本房地产指数下滑到1990年高峰时的1/5左右,与股票市场低谷时下降的幅度相当。房地产市场泡沫的破灭使得日本大量金融财富化为乌有的同时,导致日本银行业在接下来的十多年忙于处置不良资产,难以对经济复苏作出应有的贡献。

27.11.3 一系列的刺激政策连续失效导致债台高筑

20世纪90年代初日本股市和楼市泡沫相继破灭后的二十多年来,日本各届政府连续出台了一系列的减税和刺激计划,力图使日本经济重回增长轨道。这些刺激计划不再一一列举,而刺激的结果却使日本债台高筑。图27-2给出了1980—2019年日本政府总债务与GDP比例。

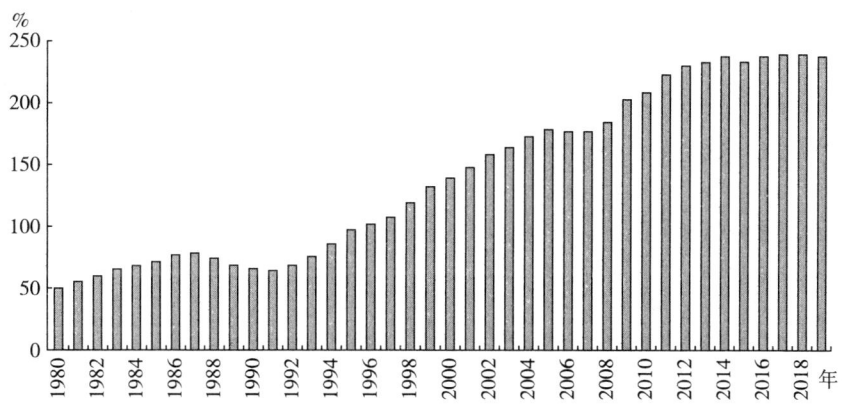

图27-2　日本政府总债务与GDP比例(1980—2019年)

(数据来源:2019年10月国际货币基金组织网站www.imf.org公布的数据)

图27-2显示,1980—1991年日本股市和楼市泡沫破灭前,日本政府总债务与GDP比例保持在67%左右的水平,而1991—2005年,日本政府总债务与GDP比例从63.5%持续直线上升到了176.8%,15年内累计提高了113.3%,年均增幅为7.55%;2005—2007年两年持续略微下降,累计降幅仅为1.4%,而2007—2014年重回快速增长轨道,7年累计提高了60.7%,年均增幅8.67%,超过了1991—2005年的年均增幅;2015年日本政府总债务与GDP比例出现了金融危机后第一次下降,从2014年的236.1%略降到了231.3%;然而2017年和2018年日本政府总债务与GDP的比例又分别增长了2.0%和0.6%,成为仅略低于2013年和2014年高峰后的第三高峰,显著超过希腊、意大利和葡萄牙3个国家全球排名第2位到第4位的比例181.9%、131.5%和125.6%,也显著超过发展中经济体比例最高的黎巴嫩相应的比例152.8%,为美国相应比例的1.3倍。

2007—2019 年,日本政府总债务分别高达 7.9 万亿~12.2 万亿美元,即使减去表 27-5 给出的这些年日本海外净资产,2007—2019 年日本政府总债务与 GDP 比例也从 128.3% 提高到了 171.7%,过高的政府债务负担极大地降低了财政政策的灵活性,而且宏观风险随之显著增大,为今后可能的日债危机埋下了伏笔。日本二十多年来持续刺激经济效果有限,而且仍屡败屡试,确实值得我们深思。

27.12 安倍经济学及效果

2012 年底,日本首相安倍晋三上台后加速实施一系列新的经济政策,其中最引人注目的就是宽松货币政策通过加速日元贬值以刺激日本出口,同时刺激日本物价上升从而使日本摆脱多年来通货紧缩的状态,最终摆脱二十多年经济低迷的状态以重振日本经济。总体来说,虽然安倍经济学未达到其目标,但是实施近八年还是取得了明显的成绩,得到了日本民众的支持。

27.12.1 日本经济增长情况

2013—2019 年的 6 年日本实际 GDP 连年增长,而且年均增长率为 0.87% (数据来源:日本内阁府),比 2008—2012 年的 5 年年均增长率 -0.02% 高出 0.89%,也比 1991—2012 年的 22 年年均增长率 0.81% 高出 0.60%。

27.12.2 日本通胀情况

日本泡沫破灭后困扰日本经济最大的问题是通货紧缩:1991—2017 年的 27 年中有 18 年日本处于通货紧缩状态,即名义 GDP 增速低于真实 GDP 增速。2013 年日本 GDP 通胀指数(本币名义 GDP 年均增长率与固定价格 GDP 年均增长率差,数据同上)从 2012 年的 -0.99% 提高到了 -0.52%,2014 年和 2015 年分别提高到了 1.58% 和 2.06%(1992 年以来的最高水平),首次达到了日本央行 2% 的通胀目标,显示安倍政府执政前三年的明显业绩;但是 2016 年通胀指数又下降到了 0.26%,2017 年再次重回 -0.39% 的通缩状态,2018 年 1 月回升至 1.5% 的近几年高点,但随后又震荡下行至 2019 年 12 月的 0.8%,2020 年受全球新冠肺炎疫情影响更是在 11 月下跌到 -0.9%,创下 2013 年以来的新低,离日本央行 2% 的通胀目标渐行渐远。

27.12.3 日本贸易逆差占 GDP 比例变化情况

世贸组织公布的季度数据显示,从 2012 年 7 月至 2015 年 9 月,日本对外贸易出现了 39 个月的持续逆差;2012—2014 年日本贸易逆差占 GDP 的比重从

1.45%持续增长到了2.78%的高位，2015年逆差占比首次回落到了0.53%，2016年和2017年连续两年贸易顺差与GDP比例分别为0.75%、0.54%，贸易对GDP的贡献有限。2018年，日本再度转为贸易逆差，与GDP占比为0.79%，2019年贸易逆差进一步扩大。因此，通过日元贬值刺激出口的效果并不明显。

27.12.4　日本股市亮点

安倍经济学最大的亮点为2012年11月以来日本股市的持续上涨的态势。图27-1的数据显示，2012—2013年，日经225指数猛增长了56.7%到16291.3点；2013—2016年增长幅度明显放缓，年增长率分别为7.1%、9.1%和0.4%，3年年均复合增长率仅为5.5%，但却显著超过日本经济的增长幅度；2016—2018年日经指数经历震荡，增长了4.7%；2019年仅上半年就上涨了6.3%，站稳21000点大关。2012—2019年日本股市年均复合增长率高达13.5%，提升了国际投资者和日本消费者对日本经济的信心，支撑了近年来日本经济的缓慢复苏。

实际上，日本央行通过信托基金和信托财产指数挂钩的交易所交易基金（ETF）持有日本上市公司的股票对日本股市回升发挥了重要的支撑作用。2008—2014年，日本央行持有的该两类资产占日本央行资产比重平均仅为1.4%，然而2014年至2020年6月30日，该比例从1.7%持续提高到了5.15%（根据日本央行网站www.boj.or.jp公布的历年日本央行资产负债表数据计算得出）；日本央行通过购买ETF目前已经成为40%以上日本上市公司的第一大股东，对日本证券业复苏、消费提升和经济增长发挥了重要的作用，值得我国借鉴。

27.13　日元国际化程度在日本经济低迷期的变化

表27-1显示，日元占国际储备货币的比重在1980—1983年的4年间略高于4%，然而1985年日元在"广场协议"签订之后加速升值，日元占国际储备货币的比重比1984年显著上升了1.8%到7.5%的高位，之后稳步升值到了1991年的历史最高峰8.7%，正好分别是日本股票市场和房地产市场泡沫破裂后的一两年。从1991年日元占国际储备货币比重的最高峰后的近20多年内，日元占国际储备货币比重持续下降到2009年2.90%历史最低水平，不到高峰时期比重的一半；然而2013年以来日元在全球外汇储备中的比重持续明显回升的态势与6年多来日本经济持续复苏有密不可分的关系。

2013年以来日本经济持续复苏的主要原因之一是日本股市的回升，而日本股市的回升却与美国投资者的投资密不可分。美国财政部公布的2011年以来美国投资者投资全球各个国家和地区股票数据显示，2012年底到2019年底美国投资者持有的日本股票市值从4300亿美元增长了1.16倍到9302亿美元，同期日本日经指数增长了1.76倍，增幅显著高于同期美国持有的其他国家和地区股票增幅排名第二和第三的印度和欧元区市值累计增幅1.40倍和1.14倍，显示美国投资对日本股市和经济复苏有明显的贡献，进而对日元国际地位回升有明显的贡献。另外，同期美国投资者投资日本、印度和欧元区债券金额分别增长了1.80倍、3.35倍和0.28倍，同样显示美国投资对日本和印度同期经济增长的贡献。这些数据也在一定程度上反映出美元、欧元和日元这前三大国际货币相互支持的态势。

27.14 中日经贸金融合作前景广阔

第21章和第22章已经从科技自主和科技国际化等方面显现出了日本在全球仅次于美国和德国的全球第三科技大国地位（2013年到2017年，日本知识产权使用费年均净出口金额177.6亿美元，低于同期德国年均净出口197.8亿美元，而且同期日本科技自主度也略低于德国）。由于日本对中国在货币国际化和经贸合作之间的独特关系及日本经验对中国的借鉴意义，本节着重讨论日本科技发展的相关细节以对我国科技发展提供借鉴。

27.14.1 日本四十多年来知识产权使用费变化及启示

表21-4给出的主要国家知识产权使用费进出口数据时间跨度较短，我们难以看出日本几十年来科技进步和追赶美国的步伐进程。

1977年到2002年，日本知识产权使用费仍处于逆产状态，1979年日本科技自主度才首次超过20%到20.13%，与我国2020年上半年相当；1979年到1993年日本科技自主度首次超过三分之一到34.95%，年均增幅1.06%；1993年到2003年的十年，日本知识产权使用费首次达到了顺差的程度，科技自主度首次超过50%到52.72%，年均增幅1.78%，为日本科技高速发展的十年；2003年到2015年日本科技自主度达到了历史峰值68.17%（年均增幅回落到了1.29%），仅低于同年美国和德国的自主度75.96%和70.42%；2015年到2019年，日本科技自主度回落到了64.09%，年均下降了1.02%，表明近年来日本科技自主度出现了四十多年来首次受阻的现象。

1978年到2018年日本科技自主度累计增长了48.38%，年均增幅1.21%。日本四十几年来科技自主度的变化的趋势和路径对中国今后十几年以至几十年的发展有着重要的启示作用，我们在本书最后一章展望今后人民币国际化进程时会用到相关数据。

27.14.2　日本在科学领域的成就

科学是技术的基础，没有扎实的自然科学基础，技术发明也难以持续和牢固。在自然科学领域，日本是仅次于美国的科研大国。从第二次世界大战结束后的汤川秀树，到2018年的本庶佑，日本已经出现了26名诺贝尔奖获得者。以京都大学、东京大学为代表，日本国立大学培养了一大批推动人类社会发展的科学家，为日本建立国家科技优势打下了扎实的基础。

27.14.3　日本在半导体等领域的成就

日本企业非常重视技术的长期积累，对很多传统的日本企业来说，技术积累是比人才更重要的技术创新因素。2016年，汤森路透评选出的《2015全球创新企业百强》榜单里，日本以40家企业高居榜首，力压美国的35家。当前电子制造技术的基础是半导体技术，而日本一直将半导体产业定位于国家的支柱产业。无论是政府还是企业，一刻也没有停止过半导体技术相关研究开发的投入，因此，日本企业在这一领域拥有世界领先水平的研发能力、产品化能力和足够的技术积累。在世界半导体市场上，日本企业的占有率曾达到52%，引发了当年的日美半导体摩擦。进入21世纪后，日本各大综合电器企业进行了大规模的改革，包括大规模裁员和将半导体业务剥离重组，将半导体的研发和生产重点放到了用于信息家电等附加价值更高的系统LSI（大规模集成电路）的研究和开发上，同时也将目光瞄准了下一代的半导体制造技术。

27.14.4　日本制造业的优势

日本是世界上最高水平的电子制造业"高水平材料、零部件产业集群"。无论是产业上游的材料技术、原材料加工水平，中游的精密加工技术、材料、零部件、制造设备，还是下游的最终产品制造技术，日本企业都是世界制造业的最高水平。支撑大企业的无数中小企业经过几十年的生存竞争和对技术的不懈追求，形成了很多仅此一家的产品。这种电子产品的制造环境在世界上是绝无仅有的。电子产品领域，其制造设备、材料及零部件等保持了很高份额，如光刻机的份额达到34%、硅晶圆的产量占世界份额的53%等（新思界产业研究中心，2018）。

日本传统的区位优势依然发挥作用。日本区位条件包括：海岸线曲折，多优良港口，海上运输便利，便于向国外进口原料与燃料，也便于向国外出口工业制成品。这些条件也为日本的科技领域和零部件制造优势提供了坚实的基础。

日本科技制造业之所以能够长期保持世界领先水平并与追赶者始终保持一定产品层次上的差距，最根本原因在于其具有雄厚的制造业基础，同时也和企业自身的努力、长期技术积累和政府的大力支持分不开（陈庭翰，2017）。

27.14.5 日本知识产权相关不足

尽管日本从2003年以来保持了知识产权使用费净出口国，但是日本近年来仍然在计算机和信息服务领域服务贸易保持逆差，特别在著作权相关特需费方面也保持逆差的状态。

27.14.6 中日科技的差距简析

日本著名商业周刊杂志《东洋经济》曾经发表了一份名为《中日50领域的企业实力彻底对决》的报告，认为中国在某些领域已经超过日本，但大多数领域我们跟日本保持持平或者落后于日本。中国制造业大而不强，究其原因，工业基础企业仍是"阿喀琉斯之踵"（朱文浩，2019）。我国在科技和基础产业方面仍有很多需要向日本学习的地方。特别是1978年日本科技自主度从19.31%（略高于2020年中国科技自主度）持续提高到2003年首次超过相对自主度50%，进而持续提高到2015年68.17%的峰值的路径对中国有着重要的参考和借鉴作用。另外，日本几十年来科技自主度持续稳步提高的相关经验和做法更需要我国学习和借鉴。

27.15 小结

本章简单介绍了日元贸易结算和资本项目的开放，特别是推动日元国际化的主要进程和内容。日本从20世纪70年代开始逐步推动日元国际化的种种举措，为人民币国际化提供了很好的借鉴。第一，要"克服作为后来者的劣势"并将其转换为后发优势，"就必须将建设一线国际金融中心的目标凌驾于其他竞争目标之上，这样才能及时地采取必要的中间步骤"。而这些必要的中间步骤就是2012年中央经济工作会议的核心内容之一，也是我们要努力研究和探讨的深化金融改革的路线图和时间表的重要组成部分。第二，以注重科技含量和技术转移的态度吸引外资的同时，持续提高自主科技创新能力对我国经济结构转型至关重要。有选择且更有效地利用外资，可以使国内高储蓄发挥更大的作用以促进经济增长。第三，在推动货币国际化过程中，金融市场的基础建设一定要搞好，光靠市场难以持续健康发展。第四，迅速推动人民币外贸结算，为人民币成为主要国际储备货币打好基础。第五，各项改革政策要有一定的次序，内外金融改革要做到协调和配合。第六，离岸市场账户一定要做到与在岸市场账户的有效分离，从而将境内外市场有效分离。第七，日本境外投资经验值得我们继续学习，提高境外投资风险管理、提高境外投资效率使得我国境外资产和净资产与 GDP 的比例重回持续增长的态势。第八，涉外业务的批准、核实和必要的数据整理一定要做到位，为跨境业务和资金监管做好必要的准备。第九，高度重视跨境交易的跟踪和监控。第十，日本央行十多年来通过信托基金和信托财产指数挂钩的交易所交易基金（ETF）持有日本上市公司的股票对日本股市的支撑非常值得我国借鉴。当然，还有其他很多地方值得我们借鉴，这里不再一一列举。

　　日本有诸多值得我国学习和借鉴的地方，然而在我们仔细分析日元国际化进程及效果的时候，我们也发现不少应该吸取的教训。第一，日本重贸易轻金融市场的策略使得日本金融开放相对滞后，重视国债的财政功能却忽视其金融功能和市场。第二，金融国际化，特别是资本项目自由化相对较晚。在 20 世纪 90 年代末，在其泡沫经济破灭近十年后才大力推动日元国际化，很大程度上错失了日元国际化的最佳时机。第三，政府干预打压日元升值，将日元对美元汇率保持在一定的范围内，这种做法在当时主要是出于对日本出口的考虑，但是对日元价值及其国际储备功能有很大的负面效应。第四，缺乏战略性规划。虽然美日货币委员会早在 20 世纪中期就提出了日元国际化，但是在日本经济占美国经济比例高达 50% 上下的 20 世纪 80 年代后期和 90 年代前期，日本却没有积极采取行动。只是到了 90 年代后期，日本泡沫经济破灭影响显著的时候，日本政府才不得不被动地开始考虑采取积极措施改革金融体系以摆脱陷入困境的金融系统。1997 年东南亚金融危机爆发之后，日本进一步加速了日元国际化，更印证了如上判断——日本推动日元国际化缺乏战略规划。第五，理论研究缺乏，不能为指导和协调与日元国际化相关的各项政策提供支持。政府干预打压日元升值以促进出口与日元国际储备功能的发挥相矛盾，这表明日本虽然在很大程度上做到了日元国际化相关内外政策的协调，但整体上还是缺乏研究和战略性部署，这导致各项政策之间出现矛盾的状况持续多年都没能得到及时调整和解决。第六，对金融市场功能的发挥重视不够。日本外汇和股票市场的衍生产品不仅推出时间较晚，而且之后也不够成功，外汇和资本市场的发展也远跟不上英美等其他主要发达国家，各项指标离日本经贸的国际地位相差巨大，金融市场功能发挥不够；另外巨大的日本境外资产和净资产主要以美元和欧元定价，对日元国际化未发挥应有的作用。虽然经过了多年的发展，境内场内外人民币市场都有了一定的发展并取得了可喜的成绩，但是本书第二篇的数据显示，当前境内外人民币市场，特别是境内场内外人民币市场的流动性仍然过低，与我国经贸的国际地位仍然有数量级的差距。没有足够的市场流动性，就难以夺回人民币的定价权。而本币定价权都不在自己手里的货币实际上仍是主要货币的依附品，没有资格成为真正的国际货币。所以，提高境内人民币市场流动性是夺回人民币定价权的必需条件。

为了成功地实现货币国际化,既要从容谨慎,减小资本项目开放给国内金融市场的冲击,又要稳扎稳打,逐渐做好经济转轨期资本项目开放的必要准备。笔者早在拙作《人民币衍生产品》第二版(2008年)中用一章的篇幅讨论过日元在"广场协议"前后急剧升值对我国的启示,本章我们主要探讨日元国际化对人民币国际化的启示。实际上日本还有很多值得我们研究和借鉴之处,比如在经济显著增长和资产高速升值的情况下如何采取适度的金融紧缩政策,从而使金融体系和经济体系回到适度平稳增长的态势;在房地产和股市价位达到过高水平时如何使之"软着陆";特别是房地产市场泡沫破裂后如何处理不良资产相关问题值得我们学习和借鉴;在人口红利消失后如何采取财政政策延缓人口红利对经济增长的负面影响;如何在经济高速增长或中高速增长时期做好养老和退休金体系的建设等方面皆有重要的经验和教训值得我国借鉴和吸取,皆对我国有"千金难买"的价值。我们如何开发和利用好这种价值,同时还能够超越这种价值是非常重要的。

我们对日本的看法要有客观的评判。多年来国内媒体诸多宣传日本失落的二十年的结论不够准确,二十多年来日本经济确实增长乏力,但日本境外净资产多年来连冠全球第一,在日本外建立了一个与全球第四大经济体相当的"境外日本",对世界经济和金融市场仍然发挥着重要的作用。虽然近三十年日本经济增长乏力,但日本科技自主能力有了巨大的飞跃,对"境外日本"的发展有着巨大的贡献。将表27-3中日本境外净资产和日本国内产值相加,二十多年来境内外日本"产值"并非低迷乏力,2012年总额高达9.66万亿美元,为同年德国产值的3.9倍;如扣除自2012年以来日本低日元政策对日本境外资产的影响(以1996年到2012年境外日本净资产年均增幅8.41%的六成即5%估算),那么2019年境内外日本"产值"超过10万亿美元,为1996年日本国内产值4.83万亿美元的2.1倍。尽管安倍经济学大多目标未能达到,但由于日本股市和经济的表现,安倍成为日本近代历史上任期最长的首相。日本在制造产业,特别在元器件领域仍然在全球有着领先的地位,值得我们学习和借鉴。多看别人的长处的同时会发现自己的不足,进而可以改进自己才能提升自己的实力。日本仍然有很多值得我们学习的地方,通过学习和合作,两国经济和金融可望都有更好的发展。

参考文献

[1] McKay, Huw. 东京为何最终未能取得一线国际金融中心地位:失败原因与上海可借鉴的经验教训, Westpac Bank, Australia, 2013.

[2] 潘英丽、胡永泰、杰弗里·萨克斯、钱军辉主编. 十字路口的金融体

系：国际经验与中国选择 [M]. 北京：中国金融出版社，2013.

[3] 国家发展改革委外事司. 日元资本项目对外开放的历程和启示 [J]. 中国经济导刊，2004（3）.

[4] 陈庭翰，2017，《21世纪日本制造业企业竞争战略调整研究》.

[5] 新思界产业研究中心，2018，《2018—2022年光刻机行业深度市场调研及投资策略建议报告》.

[6] 福本智之. 人民币国际化尚需时日 [N]. 东洋经济，2012-04-21.

[7] Masunaga, Rei: The Deregulation Process of Foreign Exchange Control in Capital Transactions in Post-war Japan, 1997.

[8] Maziad, Samar and Joong Shik Kang, "RMB Internationalization: Onshore/Offshore Links", IMF Working Paper, May 2012, WP/12/133.

[9] Shaede, Ulrike: "Forwards and Futures in Tokugawa-Period Japan: A New Perspective on the Dojima Rice Market", Journal of Banking and Finance, Vol. 13, pp. 487–513, 1989.

[10] Shinji Fukukawa: "Development of the Japanese Big Bang and its Impact", Dentsu Institute for Human Studies, 1997.

[11] Taguchi, Hiroo: A Survey on the International Use of the Yen, BIS Working Paper, No. 6. Basle: Bank for International Settlements, July, 1982.

[12] Tavlas, George S. and Yuzuru Ozeki: "The Japanese Yen as an International Currency", IMF Working Paper WP/91/2. Washington, D. C.: International Monetary Fund, January, 1991.

[13] Tavlas, George S. and Yuzuru Ozeki, 1992: "The Internationalization of Currencies: An Appraisal of the Japanese Yen", Occasional Paper 90. Washington, D. C.: International Monetary Fund, January, 1992.

[14] Mitsuhiro Fukao, "Capital account liberalisation: the Japanese experience and implications for China", BIS Papers No. 15, http://www.bis.org/publ/bppdf/bispap15h.pdf.

28 货币国际化的利弊

前面我们分别对国际贸易及结算、国际外汇储备资产和货币的国际化度量进行了简析,并对日元国际化过程进行了简单的回顾。本章将介绍货币国际价值的主要影响因素,进而讨论货币国际化的利弊。

28.1 影响货币国际价值的主要因素

影响货币国际价值的因素众多,本节和下面几节主要参考 Chinn 和 Frankel (2008) 及 Chen、Feng 和 Shu (2009) 的结果,有兴趣的读者可以参考相关文献。

28.1.1 经济和贸易规模

由于货币是经济的"衍生产品",经贸规模当然是影响货币最主要的因素。货币发行国(地区)的经济、贸易和金融市场规模在全球的地位是货币能否成为国际货币的天然条件。经贸规模是决定对该国或地区货币结算需求的最重要因素之一。以经济和贸易规模衡量,美国仍然是世界上最大的经济体,其次是欧元区,第三是中国。一个国家或地区的经济规模及增长率,是其货币需求的重要决定因素,也是决定其货币国际价值的最重要因素之一。此外,一个国家或地区的贸易规模也是决定其货币国际价值的另一重要因素。一个国家或地区的对外贸易额越大,对其货币的结算需求越大,其货币的国际价值也将相应提高。诚然,经贸规模是货币国际地位最主要的决定因素之一,但研究表明,货币的国际使用程度并没有与其经济规模保持严格的正向线性关系。

28.1.2 金融市场

金融市场的发达程度是决定货币国际价值的又一重要因素。要成为国际货币,货币发行国(地区)的金融市场不仅要自由开放,而且还需要有一定的深度和广度。长期以来,纽约和伦敦的金融市场因美元和英镑的国际地位受益匪浅,同时金融市场在维持美元和英镑的国际地位中扮演着十分重要的角色。而欧元或之前的德国马克就没有与其金融市场形成如此顺畅的良性循环,因此,美元与英镑的国际地位一直难以撼动,而欧元的国际地位的提升却比较缓慢。金融市场的各个组成部分,股票、债券、外汇等市场的深度和广度皆对该国货币的国际地位有重要影响,外汇市场的活跃程度是衡量货币国际地位最重要的一个指标。

28.1.3 货币价值的信心

对于某种货币的信心实际上是对该货币币值稳定的预期。对一种货币价值的信心来自该货币价值的稳定性，特别是该货币发行国通货膨胀的温和程度。20世纪70年代，日本、德国和瑞士货币当局保持了比美国更低的通货膨胀水平，对于这些国家货币国际地位的提升有着明显的正面作用。20世纪80年代，美国通货膨胀率的平均值和均方差皆高于以上三个国家，同时低于英国、法国、意大利等其他发达国家。尽管20世纪90年代美国通货膨胀温和，但是当时人们对于通货膨胀的关注程度已经明显下降。如今影响美元国际地位最重要的负面因素是美国巨大的国内和国际债务。即使美联储未试图运用通货膨胀来稀释美国债务，美国巨额的双赤字依然是美元走弱的关注点。因此，除通货膨胀水平外，对于货币价值的信心受到相应国家或地区贸易和财政盈余状况以及国际收支状况的影响。

28.1.4 货币关联性使用的习惯

一个使用某种货币进行贸易结算的外贸商会进行以该种货币结算的金融交易；如果投资者用某种货币进行金融交易结算，自然而然会进行该种货币的外汇交易。因此，货币的贸易结算需求、金融交易及结算的需求和外汇交易需求是相互关联、相互影响的。

28.1.5 历史惯性

货币存在价值的重要条件是人们的使用。货币的历史地位，或者该货币在历史上的使用惯性对其国际价值有重大的影响。正如语言的使用一样，我们可以创造出比现在通用的英语、法语或者西班牙语更加优美的语言，但是不管这种语言多么优美、多么简洁，依然无法撼动目前国际通用语的地位。很多学者对国际货币的适用性做过研究（Krugman，1984）。研究表明，货币国际地位决定因素较小的变化不会对其在国际储备货币中的比重产生立竿见影的影响，其影响往往在之后很长一段时间才表现出来。

英镑近百年来国际化功能的演变是货币历史惯性的最好案例。国际数据显示［1900年吉尔里—哈米斯元（Geary-Khamis dollar）统计］，美国GDP早在1872年就首次超过英国，成为世界最大的经济体。然而经过了两次世界大战，美元仍然没有取代英镑成为全球最主要的储备货币，1950年全球外汇储备中英镑储备资产仍然高达55%，朝鲜战争的爆发才使得美元资产在国际储备资产的占比迅速提升。这些数据显示，虽然实体经济是货币价值的重要支撑，然而货币的国际储备功能受诸多经济外其他因素的影响，值得我们关注。货币国际价值的影响因素众多，这些不是本书的研究重点。但是，在人民币国际化的进程中，我们应该充分地学习和借鉴国外几十年甚至几百年来货币国际化的经验和教训。唯有如此，我们才能在人民币国际化的过程中少走弯路。

28.2 货币国际化的国内益处

货币国际化对于货币发行国或地区来说存在很多好处，否则，历史上也不会有如此多的国家或地区耗费巨大的资源和精力推动其货币的国际化。在推动人民币国际化的过程中，我们应该了解并分析货币国际化真正的利弊何在。货币国际化的益处可以分为国内益处和国际益处两部分。本节首先介绍国内益处。

28.2.1 降低本国外汇结算成本和交易成本

一种货币的国际化既是用之结算的结果，同时又推动该货币在结算中更广泛地运用。这是因为一种货币若广泛运用于结算，自然而然地就成为国际货币。另外，随着货币国际化程度的提高，该货币在结算领域被人们接受的程度将逐步地扩大。对于本国企业利用本币进行结算的成本将大幅降低，对于本国之外的企业，由于规模效应，结算的成本也会下降。2011年12月25日，人民银行公布了"中日加强合作发展金融市场"的内容，其中涉及促进人民币与日元在两国跨境交易中的使用，包括便利人民币与日元在贸易结算中的使用，以降低两国进出口商的汇率风险与交易成本（人民银行网站）。据日本共同社报道称，由于目前没有确定日元与人民币汇率的机制，因此采用以"日元对美元""美元对人民币"的汇率进行计算的交叉汇率。但随着美元汇率波动产生损失的风险很大，且兑换手续费也高。2011年，中国和日本贸易额达3449亿美元，而因为要采用美元，导致中日给美国央行交付巨额手续费。而如果人民币和日元直接兑换，预计中日贸易每年将节省30亿美元费用（"人民币直兑日元6月开闸企业国际贸易成本将降"，中国新闻网，2012年5月29日）。然而2012年以来两国间经贸合作未能如期开展，表明货币国际化的推动除节省成本的互利因素外其他因素也会占据上风。

另外，随着货币国际化程度的提高，该货币与越来越多的其他货币可以直接兑换和交易，减少了通过其他主要货币兑换的中间环节，因而可显著降低外汇兑换和交易成本。

28.2.2 减少外汇储备从而降低外汇储备持有成本

当本币国际化后，在对外贸易及各种交易中本币支付和结算的比例会显著增加，特别是当本币成为国际储备货币以后，货币发行国可以减少外汇储备的持有量，从而减少为管理巨额外汇储备产生的成本。

28.2.3 降低外汇交易风险

对于国际化程度较高的经济体，外汇风险是贸易和金融交易中最主要的风险之一。货币的国际化程度越高，其用于贸易结算的比例也就越高，本国的对外贸易受国际外汇市场波动的影响就越小，本国经济被动地受国际外汇市场的影响程度也会越低。随着本国货币国际化程度的提高，在国际外汇市场上该货币产品的深度和广度也会得到相应的提高，外汇风险的管理和对冲将变得更加便利。

28.2.4 有利于货币发行国金融市场的发展，提升本国金融机构效率

欧元推出以来的实证结果表明（Papaioannou 和 Porte，2008），货币的国际化与其本币国内金融市场的发展，特别是在降低交易成本和提高融资效率等方面，有着显著的相互促进作用。欧元的使用对欧洲股票和债券市场有着积极的影响。境内金融市场交易成本的降低，特别是融资效率的提高对于境内企业融资，进一步发挥资本市场的功能有着积极的意义。资本市场效率的提高，对于境内产业的升级和更新换代有着重大意义。

28.2.5 提升本国金融机构的国际竞争力

本币国际化程度的提高，可以有效地提升本币在国际金融市场的结算比例，同时提升本币在国际外汇市场中的流动性，因而以本币计价的国际债券也会随之增加，与此同时，境内资本市场的发展水平和创新能力也会得到显著的提升，凭借本币的优势，境内金融机构拓展国际业务将具有优势，国际竞争力会得到相应的增强。在国际竞争能力提升的同时，境内金融机构开展国际收购兼并等服务的空间也会显著增大。

28.2.6 流动性溢价

所谓流动性溢价就是指在其他因素完全相同的情况下，流动性高的资产价格比相应流动性较低的资产价格高出的部分。随着本币国际化程度的提升，本币所在国外汇和资本市场的流动性也会随之提升，从而出现流动性溢价。这个结论在欧元推出后的几年里得到了证明。欧元推出后不久，发行欧元债的国家不断增加，欧元在国际债市的流动性也显著上升，因而欧元区国家的借贷成本随之下降，这种现象体现了欧元流动性的溢价。

28.2.7 降低本国货币政策的被动性

随着本币的国际化，货币发行国的货币政策将获得更多的主动性。2003—2007 年，我国货币政策被动受美国货币政策影响巨大，国际金融危机后美联储四次量化宽松政策的实施对我国货币政策也产生了巨大的影响，我们下文会专门讨论此问题。

28.2.8 国际金融中心的地位

随着本币的国际化，货币发行国的资本项目将逐渐开放，国内资本和金融市场将逐渐完善，市场的深度和广度将不断扩展。这对于货币发行国建立国际金融中心是一个难得的机会。没有人民币的国际化，上海国际金融中心建设将难以有效推进。上海国际金融中心的建设将与人民币国际化的进程齐头并进，或者说上海国际金融中心的建设在很大程度上取决于人民币国际化推进的步伐。在人民币国际化的过程中，国内外汇和资本市场的逐步完善也是关键的内容。由于货币的国际化是一个复杂而漫长的过程，国际金融中心的建设也不可能一蹴而就。日本早在 1996 年就计划到 2001 年将东京建成与纽约和伦敦相当的国际金融中心，但是由于日元国际化进一步推进不理想，虽然日本从 20 世纪 60 年代末到 2009 年保持了世界第二大经济体的地位，但截至目前东京在国际金融市场中的地位不仅与纽约和伦敦存在着巨大的差距，而且 2013 年也把多年来亚洲最大的外汇交易中心的位置拱手交给了新加坡；不仅如此，2016 年日本将亚洲第二大外汇交易中心的位置又让给了中国香港，成为亚洲第三和全球第五大外汇交易中心，2019 年日本外汇日均成交金额进一步下降到了不到中国香港和新加坡的六成，与日本在全球经贸地位很不相称。

28.3 货币国际化的国际益处

上文我们主要介绍了货币国际化对本国的益处，本节我们简单介绍货币国际化对本国在国际市场上的益处。

28.3.1 提高国际货币体系的稳定性

全球性金融危机的爆发使得更多国家越来越明显地认识到当前国际货币体系存在严重问题。历史的惯性和美国的国际地位成就了美元独大的现实，但是由于美国多年来的双赤字和积累至今的巨额债务，在这次国际金融危机爆发后多年世界对美元的担忧还在加深。欧元的成功推出及其在国际储备货币占比的稳定上升表明欧元代表欧洲作为主要的国际货币地位已经基本形成，国际储备货币的分散化对国际货币体系的稳定发挥了一定的作用。日元曾经有潜力成为代表亚洲的主要国际货币,但正如我们在上一章介绍的那样,日元的国际化并没有人们预想的那样成功。上文显示决定货币国际价值最主要的因素之一是货币发行国的经济规模及贸易规模在世界经济中的比重。世界主要经济体的货币国际化将对国际货币体系的稳定起到积极的作用。由于日本经济在世界经济中的比重不断下降的趋势已经确定,因而日元今后也难以成为代表亚洲的主要货币。已成为全球第二大经济体的中国,今后几十年在世界经济中的比重还会不断上升,人民币的国际化将是一个必然的趋势。人民币国际化的稳步推进对国际货币体系的稳定将产生深远的影响。

28.3.2 提升地区经济稳定性

研究显示,东南亚金融危机爆发后不久,亚洲货币与美元的相关性有所减弱,同时与日元的相关性有所上升。然而,如上所述,日本经济的持续低迷及今后在亚洲和世界经济地位的下降趋势使得日元国际化难以进一步推进。因此,日元对亚洲地区的影响力将难以进一步上升。随着中国经济的稳步增长,中国经济在亚洲经济的地位和影响力将持续上升,人民币国际化也将对亚洲经贸的稳定和发展起到积极作用。亚洲经济的稳步发展对中国经济也将产生日益深远的影响。

28.3.3 "分享"国际铸币税

"铸币税"或"铸币利差"是一国政府财政收入的重要来源之一。铸币税可以被看作是政府创造货币的价值与其制作成本的差额。开放经济条件下的国际铸币税是国际货币体系是否具有长期稳定性和相容性的决定性因素之一。封闭经济条件下一国发行货币抽取的铸币税完全归该国中央政府所有,因此不存在铸币税分配的问题。在开放经济条件下,一国货币能够流出国外,因而该国中央政府事实上能够对使用本国货币的外国居民和非居民征收铸币税。事实上,国际铸币税的分配问题与国际货币体系中的深层次矛盾密切相关。因此,铸币税的分配成为国际货币体系的一个重大议题。大英帝国之前与其殖民地分享铸币税(Humpage,2002),欧洲中央银行根据人口和GNP的加权计算的比例向欧元区各国分配铸币税(Stevens,1999)。由于铸币税涉及内容相对较多,我们下文专门将相关内容作为单独一节来介绍。

28.4 货币国际化的成本和不利因素

上文我们简单介绍了货币国际化对货币发行国在国内外的好处。世界上没有免费的午餐,任何益处的获得都是有代价和成本的,货币国际化也不例外。

本节我们简单介绍货币国际化的成本和不利因素。

28.4.1 影响汇率政策的灵活性

随着货币国际化进程的推进,相应的汇率形成机制也逐渐向国际化的方向调整,汇率也应对货币发行国经济和国际市场有更灵敏的反应。这样,货币发行国的汇率政策也将受到货币国际化进程的影响。换句话说,汇率政策的完善是货币国际化的一个重要组成部分。

28.4.2 对资本项目的逐渐开放提出新的要求

货币国际化实际上是相应的资本项目逐渐放松管制的过程,真正的国际化意味着资本项目的完全开放。第二次世界大战之后国际金融市场的发展经验表明,资本项目的开放应该有一个合理的节奏,否则国际资金的流动将会对本国金融市场以致整个经济带来巨大的冲击,甚至导致金融和经济危机大爆发,使得多年的经济发展成果毁于一旦。东南亚金融危机对东亚国家和地区的冲击就是绝好的例子。但是,资本项目的开放并不是完全的"洪水猛兽",只要坚持逐渐开放、协调国内外相应的政策、保持与国内金融市场发展一定的适应度,资本项目的逐渐开放将会对国内市场的逐渐完善,进一步发挥金融市场对实体经济发展的促进作用产生积极的影响。

资本项目每放开一个领域,资金的跨境流动就会增加一个渠道。在资本项目逐渐放开的几年甚至十几年的时间内,对已经放开和即将逐步放开的渠道要实施有效的监测和监管,换句话说,对于跨境流动的资金要有必要的"堤坝"和相应的"闸门"。这样对"水量"的流入和流出才能做到心中有数,在水位较高时适度开闸放水,在水位较低时酌情关闸截流,从而有效地防范国际资金的流动给国内市场带来的冲击,保证经济和金融市场稳步、持续、健康的发展,最终实现货币国际化的目标。

28.4.3 "特里芬难题"风险

"特里芬难题"是指任何一个国家的货币如果充当国际货币,则必然在货币的币值稳定方面处于两难境地。一方面,随着世界经济的发展,各国持有的国际货币增加,这就要求该国通过国际收支逆差来实现,这就必然会导致该货币贬值。另一方面,作为国际货币又必须要求货币币值比较稳定,而不能持续逆差。这就使充当国际货币的国家处于左右为难的困境,这就是"特里芬难题"。"特里芬难题"是由美国耶鲁大学教授特里芬(Triffin, 1960)在《黄金与美元危机——未来可兑换性》一书中提出的观点。要摆脱两难困境不容易,对国际货币发行国的货币政策、财政政策、金融政策等提出了很高的要求。

28.4.4 对国内货币政策造成一定影响

当一种货币进入国际化进程，该货币在国际间的计价、支付和储备功能将逐渐增强，因此，国际上对该货币的需求量将会逐渐上升，从而货币需求因素中增加了国际因素，所以，国内货币发行将增加一个考虑的因素，货币政策的制定和操作的难度将显著增加。国际化启动初期，在国际因素影响仍然较小的情况下注重积累货币政策经验，这样才能在国际因素逐渐增强时更加容易适应经济环境的变化。

28.4.5 对国内资本市场发展的影响

随着货币国际化程度的提高，特别是资本项目的逐渐放开，母国股票市场也会逐渐对境外投资者开放，这样境外资金对母国资本市场，特别是股票市场的影响将逐步显现。除股票市场外，债券市场的规模和流动性也是资本市场非常重要的内容。境内资本市场的改革和发展应该与货币国际化的步伐相一致，并逐渐开放和提高市场效率。缺乏一个有效的资本市场，货币国际化的程度也会受到相应的限制。

28.4.6 对国内经济政策产生的影响

在货币没有区域化、国际化的情况下，不管中央银行投放多少基础货币，它都只是在货币发行国境内流通。而当货币区域化和国际化启动以后，便有部分货币在境外流通，这部分流出境外的货币虽然暂时对境内物价不产生作用，但由于其准确数据难以被掌握，数量增减也难以为货币当局所控制，这就必然会增加中央银行对货币供应量调控的难度。特别是如上介绍的"堤坝"和"闸门"还没有牢固建成并发挥作用之前，中央银行很难准确把握对货币供应量的调控方向和力度。货币国际化对母国经济持续增长也可能会产生某种负面效应。

我国是一个人口众多、就业压力长期存在的国家，为了缓解就业压力、保持经济快速增长，必须在刺激内需的同时不断拓展外需。人民币国际化的最终目标是成为国际储备货币之一。作为国际储备货币，人民币必须能够为其他国家提供国际清偿力，这就要求我国的国际收支必须保持逆差，否则其他国家将难以储备人民币资产。而国际收支长期保持逆差则意味着出口减少和进口增加，其结果必然会是外需的减少和国内部分市场的丧失，这对增加国内就业、保持国内经济持续快速增长可能会产生一定的负面效应。

28.4.7 区域和全球经济金融稳定的责任

国际货币在享有诸多特权和便利的同时，国际货币发行当局对区域、全球经济和金融体系的稳定也负有相应的责任。因此，在货币国际化程度逐渐提高的过程中，该货币母国对区域或国际经济和金融体系稳定的责任也会随之上升，否则该货币的国际信誉将受到影响。稳定区域或全球经济和金融体系是一个相当艰巨的任务，货币当局不仅要有驾驭母国经济和金融市场的能力，同时还必须逐渐积累影响和调整区域、全球经济和金融体系的经验。

总之，货币的国际化，特别是与之相对应的资本项目开放，使得货币母国可以更加便利地参与国际经济和金融市场，同时国际资金也会更加方便地进入母国的金融市场。因此，货币国际化必须与货币发行国的经济和金融改革同时推进，这意味着货币国际化会对国内经济金融改革、市场发展和政策协调等方面产生极其深刻的影响。

28.4.8　增大跨境资金流动风险及监管难度

国际货币由于其可兑换性使得国际资金可以容易地在境内外自由流动。大幅度的跨境资金流入和撤离对包括主要发达国家在内的世界各个国家和地区都有巨大的影响。十几年前发生的东南亚金融危机是跨境资金流动影响非常好的案例。美联储前主席伯南克2011年2月18日在法兰西银行午餐会的演讲（Bernanke，2011）和他提交给巴黎召开的法国央行会议的报告（Bernanke等，2011）中指出，2003—2007年国际资金大量流入美国购买美国政府债券和按揭证券化证券，导致美国利率下降，是美国金融危机爆发的重要原因之一。即使美国这个世界最大的经济体和最大的金融市场对跨境资金监管不到位也会给经济和金融体系带来巨大的冲击，因而跨境资金监管对其他国家，特别是对新兴市场国家更具挑战性。第13章介绍和分析境外人民币无本金交割远期市场的结果表明，境外人民币升值导致相当多的资金流入我国，而近年来人民币贬值导致资金撤离我国。今后随着人民币资本项目的逐渐放开，每放开一个项目，跨境资金流动就多一个渠道，跨境资金的流动和监管难度一定会随之逐渐增加，有效监管的要求和难度也将随之提升。

28.5　铸币税的相关研究介绍

铸币税涉及铸币成本、基础货币及变化、支付的形式、税收和税率、通货膨胀、货币的机会成本、名义利率等广泛的领域。国外学者早在两百年前（Thorntn，1802）就开始关注并研究该问题。

28.5.1　国外铸币税方面的研究

Bresiani–Turroni（1937）、Friedman（1971）、Sargent和Wallace（1981）

等在该领域作出了重要的贡献。McKinnon（1969）和 Grubel（1969）讨论指出竞争会使国际铸币税支付到零。Cohen（1971）研究了英镑作为主要国际货币的功能，并指出在其研究时间段内（1965—1969 年）英镑在国际市场实际上的垄断地位被美元的竞争所取代。几十年来，国外该领域文献较多，这里难以一一介绍，有兴趣的读者可以参考 Buiter（2007）、Nolivos 和 Vuletin（2010）。McGrattan 和 Prescott（2003）的研究表明短期美国政府债券为市场提供流动性，因此，市场估值过高，显示短期美国政府债券的国外持有者给美国政府支付铸币税；Gourinchas 和 Rey（2005）的实证研究表明后布雷顿森林体系期间（1973—2004 年）美国资产平均回报与相应的美国债务的回报的差额 3.32% 显著高于 1952—2004 年的差额 2.11%，超过 1% 的额外回报表明后布雷顿森林体系前期国外购买美国债券使得美国债券的回报明显下降，显示国外给美国支付了可观的铸币税。在对 Gourinchas 和 Rey（2005）研究模型进行了扩展的基础上，Eden（2006）表明如果用现金支付来定义"狭义"的铸币税，那么美国债券的国外持有者支付给美国政府的铸币税为美国年度 GDP 的 0.2%；如果用"广义"的包括现金支付来定义铸币税，那么美国债券的国外持有者支付给美国政府的铸币税为美国年度 GDP 的 0.7%；Click（1998）和 Gros（1993）的研究表明 20 世纪 70 年代到 90 年代，铸币税占 GDP 的比例在西欧国家基本上在 0.5%。Humpage（2002）的研究表明，1990—2000 年 10 个拉美国家的铸币税占其国内生产总值的平均比例仅有几个百分点，比例最高的三个国家——智利、巴西和乌拉圭的平均比例分别仅为 5.6%、4.2% 和 4.2%。利用日本数据，Miyakoshi（2008）研究显示政府社会福利的功能与铸币收入"厌恶"的假设相一致的程度在 21 世纪比 20 世纪 90 年代更加显著。

28.5.2　欧元铸币税方面的研究和分享

欧元铸币税方面的研究达到了很高的水平。Gros（1993）研究了欧元铸币税在欧盟国家分配、物价稳定和金融市场整合的财政含义等，Sinn 和 Feist（1997）给出了基于欧元区国际经济占比和人口占比分享欧元铸币税的具体方法；Feist（2001）研究了铸币税对新加入欧元区国家的分配方法。这些方法的技术设计和实施对我们研究该问题有很好的借鉴意义。

28.5.3　国内铸币税方面的研究

国内学者近二十年前就开始关注并研究铸币税。姜波克（1994）和谢平（1994）早在二十年前就开始研究铸币税。谢平（1994）对中国政府 1986—1993 年的铸币税收入的计算结果表明这一时期内中央政府每年的货币发行收入平均为 GNP 的 5.4%。当时的铸币税收入主要运用在对金融机构的贷款、财政透支和借款、专项贷款、有价证券及外汇储备占款等方面。陈雨露等（2005）认为非居民持有的国际货币有两种形式：一种是现钞形式，另一种表现为中央银行所拥有的该货币储备资产。其中，非居民现钞持有比例较为有限，大多是居民所持货币流出而形成的。作为一国官方国际储备的国外央行拥有的储备资产，大多投资于货币发行国的银行体系、债券市场等，因此，可以通过国际货币发行国金融体系中的他国银行持有的储备资产扣除通货膨胀因素，计算得到一国货币（美元）的国际铸币税。用此方法，陈雨露等（2005）得出截至2002年末，美元国际化而产生的名义国际铸币收益高达 6782 亿美元。褚华（2009）对 2030 年人民币国际铸币税进行了估算。

当前的国际货币体系实际上是一个美元主导下的中心—外围构架。美国通过输出美元获得了实际资源的注入，此外这些输出的美元往往又通过购买美国国债的方式流回美国国内（何帆、张明，2005）。钟伟（2004）估算美国政府从第二次世界大战到2003年累计获得的国际铸币税的收益在 2 万亿美元左右。当前已经有一些中、南美洲国家实施了美元化。这些美元化国家政府本身丧失了征收铸币税的权力，而不得不向美联储支付大量的铸币税。因此，这些国家已经向美国提出，要求美国向美元化国家转移部分铸币税，此外还要求美联储货币政策委员会给美元化国家的代表提供席位，从而使这些国家能够对美元利率的制定施加影响。当然，美国不会轻易将铸币税的好处与别国分享，更不会轻易让渡部分货币政策制定权。因此，美国政府对美元区铸币税分配问题保持一种暧昧的冷处理态度，从而客观上造成了美元区铸币税分配问题进展缓慢（张明，2005）。所以对于国际化程度很高的大经济体，其货币的国际化将减少该经济体向其他国际货币发行国支付铸币税，或者说减少其因使用外币引起的财富流失，为利用境外资金开辟一条新的渠道，同时也增加自身货币的铸币税在国际铸币税总额中的比重。这也从另外一个角度说明了国际化程度很高的大国经济体推进货币国际化的必要性。

28.6　主要国家和地区铸币税率

国际货币基金组织 2005 年 9 月公布的一篇研究报告（Aisen 和 Veiga，2005），对全球 144 个国家和地区 1960—1999 年铸币税及影响铸币税的政治稳定性、经济结构、制度等因素进行了系统的研究。Aisen 和 Veiga（2005）采用了铸币税/GDP 比例和铸币税/政府支出比率两种方法研究铸币税。表 28-1 给出了主要国家和地区铸币税的比率。

28 货币国际化的利弊

表 28－1　　48 个主要国家和地区的铸币税率　　单位：%

国家/地区	铸币税/GDP 比例	铸币税/政府支出比例	国家/地区	铸币税/GDP 比例	铸币税/政府支出比例
澳大利亚	0.4	2.2	日本	0.9	8.4
奥地利	0.5	2.0	韩国	1.4	10.0
阿根廷	6.0	120.3	卢森堡	0.3	1.5
孟加拉国	0.9		马来西亚	1.8	6.3
比利时	0.5	1.9	蒙古国	3.9	19.7
玻利维亚	2.6	48.1	墨西哥	2.2	23.5
巴西	3.6	24.7	荷兰	0.4	0.4
加拿大	0.3	2.1	新西兰	0.1	0.6
智利	6.9	28.3	挪威	0.5	2.0
中国	6.3	47.4	巴基斯坦	1.9	12.6
中国香港	0.7		菲律宾	1.0	7.4
哥伦比亚	1.9	5.9	波兰	5.0	6.7
埃及	3.9	12.9	葡萄牙	1.4	7.5
芬兰	0.2	0.8	罗马尼亚	3.1	7.6
法国	0.4	1.7	俄罗斯		18.5
德国	0.4	1.9	新加坡	1.6	6.6
希腊	2.4	12.0	南非	0.7	2.7
匈牙利	2.5	5.2	西班牙	1.1	7.8
印度	3.2	19.9	瑞典	0.5	1.5
印度尼西亚	1.6	8.1	瑞士	0.9	11.0
爱尔兰	0.8	2.8	泰国	1.0	6.8
伊朗	3.2	19.9	土耳其	3.1	17.9
以色列	8.6	17.3	英国	0.4	1.3
意大利	0.7	4.0	美国	0.3	2.1

数据来源：Aisen 和 Veiga（2005）的表 1，第 14 页。

表 28-1 给出的 48 个国家和地区铸币税/GDP 比率差别很大，其中 20 个发达国家的平均比率仅为 0.47%，其他 28 个国家和地区的平均比率高达 2.92%；比率超过 3% 的国家有 12 个；比率不低于 6% 的有 4 个国家，分别为以色列、智利、中国和阿根廷，比率分别为 8.6%、6.9%、6.3% 和 6.0%。由于国际铸币税的分配问题与国际货币体系中的深层次矛盾密切相关，因此，该问题不仅是一个学术问题，而且成为国际货币体系改革中的一个国际政治问题。由于问题的复杂性和主要国际货币的发行国不愿意别国准确了解其国际铸币税的获取额度，导致国外学术界的实证研究也相对缺乏。国内该领域的研究更显不足。

我们应该学习和借鉴欧元区铸币税的计算方法，加强这方面的研究，从而不仅能准确掌握我国向主要国际货币发行国/地区每年缴纳的铸币税的额度及变化，而且还能掌握随着人民币国际化程度的提升我国向这些国家/地区铸币税缴纳减少的程度，从而做到心中有数。

28.7 美元国际铸币税

虽然上文我们获得了一些美元国际铸币税研究的实证结果，但是这些结果不够使我们对美元国际铸币税规模有直观的和系统的把握。本节估算美元铸币税来估算我国"缴纳"的美元铸币税。

28.7.1 美元国际铸币税的简单估算

系统研究该问题超出了本章的范围，这里我们利用上文 Eden（2006）、Cohen（1971）、Aisen 和 Veiga（2005）的研究结果简单估算 1951—2019 年美元国际铸币税，结果如表 28-2 所示。

表 28-2 显示，1951—2019 年的 69 年内美元国际铸币税总额在 8943 亿美元［对应 Eden（2006）美国 GDP 0.2% 的"狭义"结果］到 3.13 万亿美元（对应 0.7% 的"广义"结果）；表 28-2 中美元铸币税/GDP 0.3% 是利用 Aisen 和 Veiga（2005）的结果，相应的 1951—2019 年的 69 年内美元国际铸币税总额在 1.34 万亿美元。

钟伟（2004）的研究结果：第二次世界大战以来的美元国际铸币税总额在 2 万亿美元左右［表 28-2 为 1951—2019 年，起点比钟伟（2004）研究的时间少 5 年，而截止时间比钟伟（2004）研究的时间多 17 年］，与表 28-2 中"广义"结果相近；上文陈雨露等（2005）截至 2002 年末的研究结果相当于表 28-2 中"美元国际铸币税 0.4%"的结果。我们下文利用该结果估计近年来中国支付的美元国际铸币税规模。

表 28-2　　　　1951—2019 年美元国际铸币税的规模估算　　　　单位：亿美元

年份	美国GDP	美元国际铸币税率 0.2%	美元国际铸币税率 0.3%	美元国际铸币税率 0.7%	年份	美国GDP	美元国际铸币税率 0.2%	美元国际铸币税率 0.3%	美元国际铸币税率 0.7%
1951	3393	3.4	5.1	11.9	1986	45901	91.8	137.7	321.3
1952	3583	3.6	5.4	12.5	1987	48702	97.4	146.1	340.9
1953	3793	3.8	5.7	13.3	1988	52526	105.1	157.6	367.7
1954	3804	3.8	5.7	13.3	1989	56577	113.2	169.7	396.0
1955	4147	4.1	6.2	14.5	1990	59796	119.6	179.4	418.6
1956	4374	4.4	6.6	15.3	1991	61741	123.5	185.2	432.2
1957	4611	4.6	6.9	16.1	1992	65393	130.8	196.2	457.8
1958	4672	4.7	7.0	16.4	1993	68787	137.6	206.4	481.5
1959	5066	5.1	7.6	17.7	1994	73088	146.2	219.3	511.6
1960	5264	5.3	7.9	18.4	1995	76641	153.3	229.9	536.5
1961	5448	5.4	8.2	19.1	1996	81002	162.0	243.0	567.0
1962	5857	5.9	8.8	20.5	1997	86085	172.2	258.3	602.6
1963	6178	6.2	9.3	21.6	1998	90892	181.8	272.7	636.2
1964	6636	6.6	10.0	23.2	1999	96606	193.2	289.8	676.2
1965	7191	14.4	21.6	50.3	2000	102848	205.7	308.5	719.9
1966	7877	15.8	23.6	55.1	2001	106218	212.4	318.7	743.5
1967	8324	16.6	25.0	58.3	2002	109775	219.6	329.3	768.4
1968	9098	18.2	27.3	63.7	2003	115107	230.2	345.3	805.7
1969	9844	19.7	29.5	68.9	2004	122749	245.5	368.2	859.2
1970	10383	20.8	31.1	72.7	2005	130937	261.9	392.8	916.6
1971	11268	22.5	33.8	78.9	2006	138559	277.1	415.7	969.9
1972	12379	24.8	37.1	86.7	2007	144776	289.6	434.3	1013.4
1973	13823	27.6	41.5	96.8	2008	147186	294.4	441.6	1030.3
1974	14995	30.0	45.0	105.0	2009	144187	288.4	432.6	1009.3
1975	16377	32.8	49.1	114.6	2010	149644	299.3	448.9	1047.5
1976	18246	36.5	54.7	127.7	2011	155179	310.4	465.5	1086.3
1977	20301	40.6	60.9	142.1	2012	161553	323.1	484.7	1130.9
1978	22938	45.9	68.8	160.6	2013	166915	333.8	500.7	1168.4
1979	25622	51.2	76.9	179.4	2014	174276	348.6	522.8	1219.9
1980	28625	57.3	85.9	200.4	2015	181207	362.4	543.6	1268.5
1981	32110	64.2	96.3	224.8	2016	186245	372.5	558.7	1303.7
1982	33450	66.9	100.4	234.2	2017	193906	387.8	581.7	1357.3
1983	36381	72.8	109.1	254.7	2018	205130	410.3	615.4	1435.9
1984	40407	80.8	121.2	282.8	2019	214395	428.8	643.2	1500.8
1985	43468	86.9	130.4	304.3					

数据来源：1951—1979 年美国 GDP 数据来自 www.usgovernmentspending.com；由于 Cohen（1971）表明 1965—1969 年美元取代了英镑在国际货币市场的垄断地位，而 Aisen 和 Veiga（2005）显示 1960—1999 年美元铸币税/GDP 比率为 0.3%；为了估算保守些，在估算 1951—1959 年的美元国际铸币税时仅用 Eden（2006）结果税率的一半。

28.7.2 中国"缴纳"的美元国际铸币税估算

研究文献较少提及中国支付的美元国际铸币税。由于中国是全球美元储备资产最大的持有国,中国缴纳的美元铸币税也应该最多。上文提到陈雨露等(2005)认为可以通过国际货币发行国金融体系中的他国银行持有的储备资产扣除通货膨胀因素,计算得到一国货币的国际铸币税。上文已述,准确计算国际铸币税比较困难,这里我们利用陈雨露等(2005)的方法和表28-2给出的美元国际铸币税的总额来简单估算我国2000年以来的美元国际铸币税额。表28-3给出了相应的结果。

表28-3　　2000年以来中国美元国际铸币税额估算　　单位:%,亿美元

年份	中国占全球美元资产比重	美元国际铸币税率 0.2%	美元国际铸币税率 0.25%	美元国际铸币税率 0.3%
2000	10.8	22.2	27.7	33.2
2001	12.2	25.8	32.3	38.8
2002	13.3	29.2	36.6	43.9
2003	16.6	38.2	47.8	57.3
2004	18.9	46.3	57.9	69.4
2005	22.4	58.6	73.3	88.0
2006	30.1	83.5	104.3	125.2
2007	36.4	105.4	131.7	158.1
2008	39.9	117.5	146.9	176.3
2009	48.9	140.9	176.1	211.3
2010	48.2	144.3	180.4	216.5
2011	51.3	159.4	199.2	239.0
2012	47.6	153.9	192.4	230.8
2013	49.0	163.4	204.3	245.1
2014	51.5	179.6	224.5	269.3
2015	42.3	153.1	191.4	229.7
2016	30.8	114.6	143.3	171.9
2017	25.0	97.0	121.2	145.5
2018	28.0	114.9	143.6	172.3
2019	28.1	120.3	150.4	180.5
累计		2068.1	2585.3	3102.1

数据来源:表24-2和表28-2;表中中国持有美元储备资产占比是根据我国可识别外汇储备资产中美元储备资产占比与全球美元储备资产占全球可识别储备资产比例相同的假设计算得出的,国际可识别外汇储备资产和美元储备资产来自国际货币基金组织网站 Currency Composition of Official Foreign Exchange Reserves(COFER)数据。

表28-3显示，2000—2004年，我国持有的美元储备资产比例较低，支付的美元国际铸币税较低，每年仅有几十亿美元；然而2005—2014年，我国持有的美元储备资产比例达美元国际储备资产的两成到一半以上，我国支付的美元国际铸币税显著上升到100亿美元以上；2014年以来，我国持有的美元资产比重明显下降，支付的美元国际铸币税也随之下降。以美国铸币税0.2%的假设，2000—2019年中国支付的美元国际铸币税高达2068.1亿美元；而用国际货币基金组织Aisen和Veiga（2005）美元铸币税率0.3%的结果，那么中国支付的美元国际铸币税额更高，19年累计高达3102.1亿美元。

28.8 我国货币政策面临的"困境"

我们在第13章介绍和简析了境外人民币无本金交割远期市场及其反映出的人民币升值和贬值的重要信息。实际上我们在《人民币衍生产品》第四版对影响境外人民币无本金交割远期汇率的中美基础因素做了系统的实证研究，并专门研究了近十年来在人民币升值、贬值预期的影响下，跨境资金流入和撤离我国的实证研究。这些研究为我们探讨近十年来我国货币政策受美国货币政策的影响程度提供了很好的依据（见图28-1）。

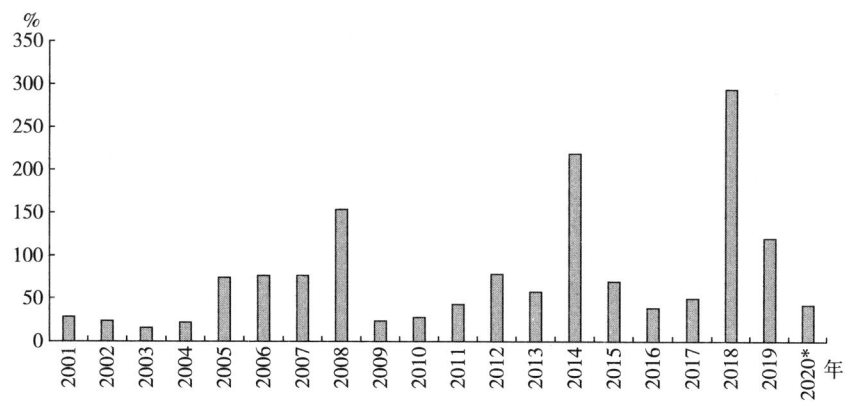

图28-1　贸易顺差与同年我国狭义货币（M_1）增量比例

（数据来源：货币发行数据来自中国人民银行网站 www.pbc.gov.cn，贸易顺差数据来自商务部网站和海关总署网站。2020年数据为截至2020年6月底数据）

28.8.1　对货币政策的影响

货币政策对任何国家经贸和金融市场的稳健有效运行至关重要。货币政策涉及面很广，这里我们简单介绍我国贸易顺差对我国货币发行的影响。由于

2002—2007年国际金融危机之前的6年人民币升值的预期持续上升，出口企业绝大多数结汇而持有人民币，这样贸易顺差的大幅度增长实际上带动了我国货币的发行。图28-1给出了2002—2020年我国贸易顺差折合人民币占同年我国狭义货币（M_1）增量的比例。

图28-1清楚地显示，2002—2004年，年度贸易顺差折合人民币与同年我国狭义货币增幅的比例分别为22.9%、15.8%和22.5%，三年平均仅为20.4%，表明2005年汇改之前贸易顺差对我国货币发行影响还有限；但是2005—2007年，年度贸易顺差折合人民币与同年我国狭义货币增幅的比例分别高达74.1%、75.9%和76.7%，三年平均达75.5%，超过七成，表明2005年汇改之后相当比重的"热钱"通过经常项目流入我国（张光平，2016，第53章），导致我国贸易顺差"超高速"增长，从而影响我国货币发行；由于2008年国内狭义货币增幅比2007年增幅下降了48.3%，而同期贸易顺差却增长了13.9%，导致该年贸易顺差折合人民币与同年我国狭义货币增幅的比例创下历史高峰152.3%；2009年国内狭义货币比2008年增幅增长了303.2%，同期贸易顺差却下降了34.2%，导致2009年贸易顺差折合人民币与同年我国狭义货币增幅的比例猛降到了24.3%，不到2008年的1/6；2009—2012年，狭义货币持续三年下降，贸易顺差与狭义货币增幅比例持续回升了77.4%，略超国际金融危机前2007年的水平；2013年回落到了56.2%的较为合理的水平；而2014年狭义货币增量同比下降了62.4%到1.08万亿元人民币，为2002年以来增幅最低，贸易顺差同比却增长了47.2%，导致该年贸易顺差与狭义货币增幅达到了218.5%的历史高位（比2008年还高出66.2%）；由于2015年狭义货币增幅同比增长了近4倍的同时，贸易顺差增长了65.2%，贸易顺差与狭义货币增幅的比例下降到了69.6%；2016年和2017年分别下降到了39.1%和49.8%；2018年由于M_1增速的迅速放缓以及顺差缩窄，该比例放大至294.4%，2019年M_1增速有所回升，该比例降至123.7%，2020年上半年进一步降至41.67%。

国际金融危机前三年仅贸易顺差就导致国内超过七成的狭义货币的发行，2008年竟超过我国货币发行48.8%，表明国际金融危机前跨境贸易对我国货币发行影响的程度；国际金融危机后，特别是2010—2013年比例似乎回到了较为合理的水平，但是2014年和2015年上半年比例再创新高，表明贸易顺差对我国货币发行仍然有重要的影响，国内货币发行的被动局面未有多少变化。中国人民银行前行长周小川几年前在回答记者问题时将我们如上分析表达得更为形象简洁：近年来，存款准备金率工具的使用主要和外汇储备增加或减少所产生的对冲要求有关，因此，绝大多数情况下，存款准备金率的调整并不是表明货币政策是松或者是紧（《回放：央行就货币政策及金融改革问题答记者问》，人民网，2012年3月12日）。

28.8.2 外汇储备的影响

人民币升值、贬值预期是跨境资金流入和撤离我国的主要动力之一,而人民币升值、贬值预期的内因是我国经贸和金融因国内外因素增长幅度的变化,外因是美国量化宽松相关的货币政策。美国量化宽松政策稀释美元,人民币对美元的升值预期就高,流入我国的资金就多,我国外汇储备就增长得快;美国量化宽松退出,美元稀释速度降低,人民币对美元的升值预期就减缓以致出现了贬值的预期,外汇储备出现了持续的下降。图 28-2 给出了 2001—2020 年第二季度我国外汇储备变化额。

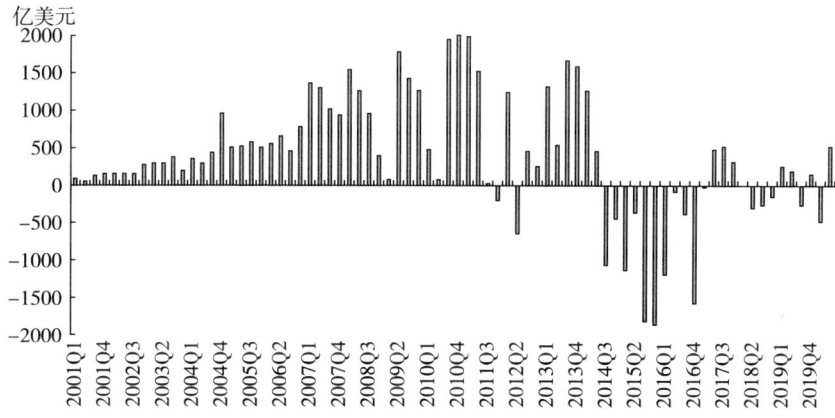

图 28-2 2001—2020 年第二季度我国外汇储备变化额

(数据来源:中国人民银行网站 www.pbc.gov.cn)

图 28-2 显示,2005—2006 年,我国外汇储备季度增幅从 100 多亿美元持续增长到了 700 多亿美元;2007 年第一季度增幅首次超过了 1300 亿美元,2008 年第一季度增幅首次超过了 1500 亿美元,达到了国际金融危机前的最高增幅;从 2008 年第一季度到 2009 年第一季度,增幅持续直线式下降到了接近零的低位(2002 年第一季度以后的最低位),表明国际金融危机对人民币升值、贬值的影响,进而影响到了我国外汇储备;2009 年 3 月下旬美联储宣布第一次量化宽松政策,对我国外汇储备产生了巨大的影响,2009 年第二季度我国外汇储备增幅又创新的历史高位,达到接近 1800 亿美元的高位,2009 年第三季度和第四季度增幅仍然保持在 1200 亿美元以上;由于美元第一次量化宽松政策到 2009 年底结束,2010 年前两个季度我国外汇储备增幅重新回到了相当低的水平;从 2010 年第三季度开始美联储计划实施第二次量化宽松政策并于 2010 年第三季度到 2011 年 6 月底实施了该计划,2010 年第三季度到 2011 年第一季度,我国外汇储备增幅再创新高,连续三个季度接近 2000 亿美元,超过了之前的历史纪录。与第一

轮量化宽松政策执行之后半年相似，第二轮量化宽松政策结束后的两个季度，即2011年第三季度和第四季度，增幅再次大幅度下降，2011年第四季度甚至出现了1999年以来的首季度下降。资金流入的增长导致我国流动性泛滥、投资的冲动、物价的上涨等问题趋向严重，同样资金撤离对国内经济产生冲击，表明我国经济和金融受美国货币政策的影响程度。

图28-2也显示，随着2014年美国退出量化宽松政策，2014年第三季度到2016年第一季度我国外汇储备出现了连续7个季度的持续下降，累计下降了7806.3亿美元；2006年第二季度虽然出现了7个季度后的首次回升，但是2016年后两个季度又分别下降了1367.9亿美元和1558.7亿美元，降幅皆超过了前面七个季度平均降幅1115.2亿美元，显示资金撤离导致外汇储备下降对我国货币政策产生了明显的影响；2017年第二季度以来我国季度外汇储备持续小幅回升；2018年第二季度开始的中美贸易摩擦对我国对外贸易造成了一定的影响，外汇储备开始了连续3个季度的下跌，直到2019年上半年贸易摩擦有所缓和之后才止跌回升。

28.8.3　存款准备金和利率的影响

国际金融危机前后大量跨境资金的流入给我国流动性控制带来了挑战。为了控制流动性，中国人民银行2003—2008年上半年20多次提高存款准备金率，累计提升幅度超过10%；国际金融危机之后人民银行又数次提高存款准备金率，使存款准备金率接近20%的高位。2013年以来我国经济进入换挡转型期，经济下行压力持续加大，然而多年来过高的非常态存款准备金率已经常态化，导致利率过高难下，进而导致企业成本居高不下，这从另外一个侧面显示我国货币和利率政策独立性的下降。

28.9　人民币跨境贸易结算对我国外汇储备的影响估算

随着人民币跨境贸易的增加，我国外汇储备增长的方式已经发生较大的变化。这是因为，用人民币进口结算相应的进口金额本来需要用等额美元来进口，而用人民币结算的进口用人民币就可以不用外汇了，因此用人民币结算的进口导致我国外汇储备间接增长；同样用人民币出口结算相应的出口金额本来会创汇等额美元进来，而用人民币结算的出口用人民币就可以了，导致我国外汇储备间接下降；人民币结算的进口和出口差额即为由于人民币跨境贸易结算导致我国外汇储备的增长额。利用表20-13给出的2010—2019年由于人民币跨境贸易结算相应占比，我们可以计算出人民币出口和进口结算额导致的外汇储备变化额及与同年总外汇储备变化额,图 28-3 给出了相应的结算。

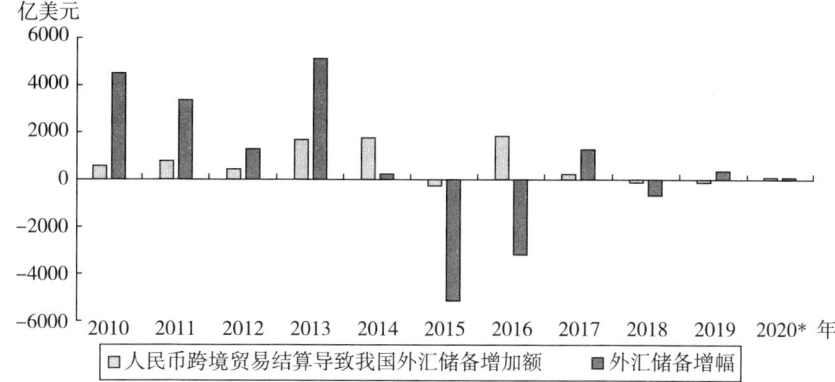

**图 28-3　由于人民币跨境贸易结算导致我国外汇储备增加额与
同年我国外汇储备总额变化的比较（2010—2020 年第二季度）**

（数据来源：根据表 20-13 给出的结果计算得出人民币跨境贸易结算导致外汇储备增加的
人民币金额,进而以同期人民币对美元的平均汇率折算得出,计算方法参见第 20 章）

图 28-3 显示,2010 年人民币跨境贸易结算占比较低,同时当年进出口贸易额也较小,导致相应的外汇储备增幅仅有 28.8 亿美元,占当年我国外汇储备总增加额的 0.6%；随着人民币跨境贸易结算比例的提高,2011 年和 2012 年人民币跨境贸易导致我国外汇储备增长额提高到了 100 多亿美元,占当年我国外汇储备增加额比重也分别提高到了 3.5% 和 10.1%；2013 年由于跨境人民币结算导致的外汇储备增加额高达 691.3 亿美元,占同年外汇储备总增加额的 13.6%；如果没有人民币跨境结算的贡献,2013 年我国外汇储备应该仅为 4405.9 亿美元,而不会达到 5097 亿美元的历史高位；2014 年由于人民币跨境贸易结算导致我国外汇储备增幅创下历史纪录 1114.4 亿美元,比当年我国外汇储备总增加额 217 亿美元高出 5.13 倍,表明 2014 年如果没有跨境人民币贸易结算导致的外汇储备增幅,那么该年我国外汇储备不会增加 217 亿美元,而会下降 897.3 亿美元。

值得关注的是,图 28-3 显示,随着人民币对美元贬值压力的出现,跨境人民币贸易结算显著减缓,2015 年和 2016 年由于人民币跨境贸易结算导致我国外汇储备增幅分别下降了 319.9 亿美元和增长 1045.9 亿美元；如果没有这些外汇储备的变化,2015 年和 2016 年我国外汇储备分别会下降 5446.5 亿美元和 4244.3 亿美元,显示跨境人民币贸易结算对我国外汇储备的变化发挥了一定的作用。2018 年,在中美贸易摩擦的影响下,跨境人民币贸易结算量仍有显著回升,但进出口的均衡导致其对外汇储备的影响不大。随着今后人民币跨境贸易结算比重的回升，人民币跨境贸易结算对我国外汇储备和货币政策还会产生更加显著的影响。

28.10 主要国家和地区货币当局资产负债表简介和比较

各国央行资产负债表中资产分布显示货币当局发行货币持有不同领域资产的程度即为对不同领域的支持程度。本节简单介绍美国和日本央行资产结构及变化，从而我们可以清楚地看出该两个央行为应对国内外市场变化和对经济发展所发挥的重要作用。

28.10.1 美联储资产结构及启示

美国是全球最大的经济体，美元是全球垄断性货币，美联储的货币政策对全球经贸和金融市场发挥着举足轻重的作用。表28-4给出了2008年以来相关时间美联储的主要资产结构。

28.10.1.1 美联储通过购买按揭债券等解救金融危机的细节

表28-4显示，2008年9月金融危机爆发前，美联储没有持有任何联邦机构债券和按揭支持债券；然而2008年9月中旬金融危机爆发后，从10月初开始到2009年3月美联储宣布量化宽松政策之前，美联储就开始持有100多亿美元的联邦机构债券；从2009年4月量化宽松政策实施起到2009年11月下旬，美联储持续增持联邦机构债券，达到1550美元的历史高位；2009年11月下旬到2018年7月25日，美联储持有的联邦机构债券下降到了仅仅20亿美元；2009年4月美联储开始实施量化宽松政策到2015年量化宽松政策退出，美联储一直在增持按揭支持债券；到2017年10月25日，美联储持有的按揭支持债券达到了17706亿美元的历史高位。这些数据详细描述了美联储解救金融危机的主要过程。

表28-4　　　　　　2008年以来美联储资产结构　　　　单位：亿美元，%

时间	联邦政府债券	联邦机构债券	按揭支持债券	外汇资产	总资产	总负债	政府债券占比	外币资产占比
2008-05-28	4911	0	0	620	9058	8653	54.22	6.85
2008-06-25	4788	0	0	620	8942	8538	53.54	6.93
2008-07-30	4792	0	0	620	9185	8782	52.17	6.75
2008-08-27	4796	0	0	670	9090	8682	52.77	7.37
2008-10-01	4766	145	0	2864	14987	14574	31.80	19.11
2008-10-29	4765	136	0	4989	19707	19303	24.18	25.31
2008-11-26	4764	122	0	4754	21091	20662	22.59	22.54

续表

时间	联邦政府债券	联邦机构债券	按揭支持债券	外汇资产	总资产	总负债	政府债券占比	外币资产占比
2009-04-29	5490	682	3662	2495	20681	20213	26.55	12.06
2009-05-27	6001	798	4276	1816	20817	20367	28.83	8.73
2009-06-24	6532	966	4672	1194	20273	19794	32.22	5.89
2009-07-29	6958	1059	5429	877	20031	19535	34.73	4.38
2009-08-26	7449	1174	6229	602	20782	20276	35.84	2.90
2009-09-30	7692	1312	6924	568	21442	20931	35.87	2.65
2009-10-28	7746	1416	7741	329	21647	21122	35.78	1.52
2009-11-25	7765	1551	8521	258	22096	21568	35.14	1.17
2011-12-28	16721	1040	8373	998	29285	28747	57.10	3.41
2012-01-25	16615	1015	8356	1032	29219	28681	56.87	3.53
2012-03-28	16649	965	8368	651	28805	28260	57.80	2.26
2012-07-25	16514	910	8534	272	28488	27941	57.97	0.96
2012-10-31	16453	819	8520	129	28248	27700	58.25	0.46
2013-07-24	19700	665	12609	15	35746	35195	55.11	0.04
2014-07-30	24203	421	16744	1	44066	43503	54.92	0.00
2015-10-28	24618	341	17441	1	44893	44307	54.84	0.00
2016-10-26	24635	185	17358	35	44543	44141	55.31	0.08
2017-10-25	24657	68	17706	0	44611	44199	55.27	0.00
2018-07-25	23599	24	17095	1	42777	42388	55.17	0.00
2018-12-26	22407	24	16371	42	40756	40365	54.98	0.10
2019-12-25	23289	23	14200	37	41656	41271	55.91	0.09
2020-07-29	42936	23	19334	1175	69490	69102	61.79	1.69

数据来源：美联储网站：www.federalreserve.gov；外汇资产是美联储与其他货币当局签订的美元与其他货币的货币互换市值。

28.10.1.2　美联储持有的外币资产及占比

表28-4显示，金融危机前，美联储仅持有600多亿美元的外币资产，占其资产比重仅在7%左右；为了应对金融危机，2008年10月美联储持有的外币资产增长了6倍多，占资产比重达到了25.31%的历史高位；而2008年10月到2009年11月，美联储持有的外币资产持续下降到了仅260亿美元，占其资产比重也下降到了1.17%；虽然2011年12月和2012年1月美联储持有的外币资产重回1000亿美元左右，但是2012年1月以来该类资产额持续下降到了不到5亿美元，占比还不到0.01%。有美元这个垄断地位的本币，美联储几乎不需要任何其他货币。

28.10.1.3　美联储的其他主要功能

表28-4显示，除2008年10月到2010年金融危机后两年多的时间外，美

联储持有的联邦政府债券一直超过美联储资产一半以上,显示美联储对联邦政府融资的支持。另外,美联储为银行和其他金融机构贷款、抵押证券贷款、证券化资产相关贷款对美国商业银行、证券公司等机构提供必要的支持,以维护金融市场稳定发展。受2020年新冠肺炎疫情全球大流行影响,美联储于2020年4月向市场无限制注入资金以维持流动性,截至2020年7月末,美联储资产规模扩大到近7万亿美元,所持有的联邦政府债券较2019年末翻了近一倍,占比高达61.79%;按揭支持证券扩大到19334亿美元;外汇资产规模也急剧扩张到了1175亿美元,达到近十年来的最高水平。

28.10.2 日本央行资产结构及启示

日本是全球第四大经济体,而且近年来日本境外净资产仅次于德国的全球第五大经济体,日本在全球经贸和金融系统中仍有着重要的影响力。本节简单介绍近十年来日本央行资产结构及对日本经贸和金融体系的重要作用。表28-5给出了2008年以来日本央行的主要资产结构。

表28-5　　　　2008年以来日本央行的主要资产结构　　单位:千亿日元,%

年份	政府债券	贷款	交易所交易基金信托	房地产投资信托和股票投资信托	外币资产	其他	总资产	政府债券占比	信托资产占比	外币资产占比	总资产与GDP占比
2008	631.3	257.7	0.0	12.7	172.9	153.4	1228	51.41	1.03	14.08	23.58
2009	719.9	325.0	0.0	13.4	54.8	111.9	1225	58.77	1.09	4.47	25.03
2010	767.4	436.6	0.1	15.1	52.5	15.4	1287	59.62	1.18	4.08	25.72
2011	902.0	395.6	8.3	15.3	61.0	48.0	1430	63.06	1.65	4.27	29.10
2012	1136.8	306.8	14.7	15.2	48.5	61.6	1584	71.78	1.89	3.06	32.00
2013	1814.0	269.2	25.0	15.0	53.1	65.7	2242	80.91	1.78	2.37	44.55
2014	2504.4	317.1	38.5	15.3	60.3	66.6	3002	83.42	1.79	2.01	58.42
2015	3250.0	364.6	69.0	16.2	66.3	66.3	3831	84.83	2.22	1.70	72.10
2016	4105.0	397.7	111.4	15.8	67.8	67.7	4765	86.15	2.67	1.42	88.98
2017	4406.7	485.3	172.4	15.1	67.5	67.3	5214	84.51	3.59	1.29	95.52
2018	4675.6	462.0	235.5	14.1	67.6	66.1	5521	84.69	4.52	1.22	100.96
2019	4813.4	486.6	282.5	13.3	67.0	67.5	5731	84.00	5.16	1.17	103.49
2020*	5091.7	718.6	327.6	12.9	235.7	102.9	6489	78.46	5.25	3.63	

数据来源:根据日本央行网站www.boj.jp的数据计算得出。2020*数据为截至2020年6月底数据。

28.10.2.1 日本央行的主要功能

表 28-5 显示，2008—2016 年，日本央行资产中日本政府债券占比从 51.41% 持续提高到了 86.15% 的历史高位，2017—2019 年，占比虽略有下降，但仍保持在 84% 以上。很高的政府债券占比表明为日本政府融资是日本央行的头等大事。另外，日本央行资产与日本国内生产总值比例也从 23.58% 提高到了 103.49%，成为全球主要经济体中比例最高的国家。日本央行总资产与 GDP 比例全球最高是日本政府债务与 GDP 比例最高的直接结果。

28.10.2.2 日本央行的其他功能

表 28-5 显示，除日本政府债券外，日本央行资产规模最大的另外两类资产分别为银行业和证券业的资产（交易所交易基金为主的三类信托相关资产）。2008—2019 年，前者占比从 21.0% 下降到了 8.5%，而后者却从 1.0% 提高到了 5.16%，表明日本央行除政府融资这个最大的功能外，维护银行业和证券业稳步发展也是其重要的功能。

28.10.2.3 日本央行的外币资产

表 28-5 也显示，除 2008 年金融危机爆发当年日本央行持有的外币资产占比高达 14.08% 外，2009—2019 年外币资产占日本央行资产比重从 4.47% 持续下降到了 1.17% 的历史低位，显示出外币资产对日本货币发行的影响微乎其微。

28.10.3 美日两国央行功能的比较

美日两国政府总债务皆超过了国内生产总值，因此，服务政府债券发行是美日两国央行的重中之重。由于近年来美国政府债券有 4 万亿美元左右由全球其他国家政府作为外汇储备资产持有，美联储持有的美国政府债券比境外其他政府持有的总额略高，因此美联储持有的美国政府债券占其总资产比例比日本央行要低很多；而日本政府债券主要由日本央行和企业持有，因此日本央行债券占比要比美联储高出很多。另外，美日两国央行货币发行皆以国内经济、银行体系和证券体系稳定发展为依据，外币资产占比皆微乎其微。

28.11 中国人民银行资产结构及问题

表 28-6 给出了 1999—2020 年中国人民银行的资产结构。表 28-6 显示，1999—2008 年，人民银行资产与我国 GDP 比例从 39.0% 持续提高到了 64.8%，而从 2008—2018 年却持续下降到了 41.4%，与 1999 年基本持平；2019 年该比例跌破 40% 到 37.5%。近年来人民银行资产与 GDP 比例为 40% 左右，介于美国的 20% 和日本的近 100% 之间。不过人民银行资产规模超过了 5 万亿美元，长期维持全球最大的央行地位。但受 2020 年新冠肺炎疫情全球大流行影响，美联储

无限制向市场注入流动性,截至2020年7月底其资产规模超过7万亿美元,远超中国人民银行5万亿美元的资产规模。

表28-6　　　　　　　　中国人民银行资产结构　　　　单位:亿元人民币,%

年份 资产	1999	2000	2003	2006	2008	2011	2013	2015	2017	2018	2019	2020*
国外资产	14459	15583	31142	85773	162544	237898	272234	253831	221164	217648	218639	218333
外汇	14061	14815	29842	84361	149624	232389	264270	248538	214788	212557	212317	211742
货币黄金	12	12	337	337	337	670	670	2330	2541	2570	2856	2856
其他国外资产	385	756	963	1075	12582	4839	7294	2964	3834	2522	3466	3734
对政府债权	1583	1583	2901	2856	16196	15400	15313	15313	15274	15250	15250	15250
其他存款性公司	15374	13519	10619	6517	8433	10248	13148	26626	102230	111517	117749	111619
其他金融性公司	3833	8600	7256	21950	11853	10644	8907	6657	5987	4643	4623	4747
非金融性部门	102	110	206	66	44	25	25	72	102	28	0	0
其他资产	0	0	8516	11413	8027	6763	7652	15339	18174	23406	14869	13982
总资产	35350	37813	62004	128575	207096	280978	317279	317837	362932	372492	371130	363931
外汇资产占比	40.9	41.2	50.2	66.7	78.5	84.7	85.8	79.9	60.9	57.0	57.2	58.2
总资产/GDP	39.0	37.7	45.1	58.6	64.8	57.4	53.3	46.4	43.9	41.4	37.5	—

数据来源:中国人民银行网站:www.pbc.gov.cn。

28.11.1　中国人民银行资产结构及问题

表28-6显示,1999—2013年,外汇资产占人民银行资产比重从40.9%增长了一倍多到85.8%,显示2014年美国退出量化宽松政策前10年,人民银行货币发行主要以流入我国的外资资金为基础;虽然2013—2018年外币资产占比持续下降到了57%,但是这些年该比例的下降不是人民银行货币发行政策的改变,而是因为美国退出量化宽松政策后我国外汇储备下降和缓增所致,该政策如不改变,人民币就难有独立性,更成不了主要国际货币。

28.11.2　中国人民银行其他功能

与美日央行主要服务本国政府债券发行的功能不同的是,人民银行持有的中央政府债券占比仅保持在4%略高的低位,人民银行对国内地方政府债和其他债券持有的更少。除外币资产外,人民银行持有商业银行资产对国内商业银行的支持较高,但对包括证券和保险在内的其他金融机构和非金融机构支持很有效,借鉴日本央行通过交易所交易基金等支持国内股票市场的稳定发展从而对扩大消费增长很有潜力。

28.12 小结

本章在简要介绍影响国际货币价值主要因素的基础上，着重分析了货币国际化对货币发行国在国内外的益处及其成本。货币国际化是一个非常复杂的过程，涉及国内经济结构的重大调整和金融市场的逐渐改革。对于国际化程度高的大国经济，货币国际化是势在必行的，因为若不推进其货币的国际化，该国不仅必须向其他主要国际货币发行国支付数目可观的铸币税，还要被动地受国际经济和金融市场波动的巨大冲击和影响。因此，在中国成为世界第二大经济体的情况下，逐步推进人民币国际化已经是时不我待。人民币国际化的进程将是十年以至更长时间内的任务，我们应该对人民币国际化进行战略性的研究，从而制定出人民币国际化的战略规划。我们将在后续的两个章节对此进行论述。

人民币升值、贬值预期诚然是跨境资金流入和撤离我国的重要信息，但是还不是跨境资金流动的最初动力源头。真正的动力源实际上是我国经济增长趋势和美国的货币政策。当美国货币政策宽松时，美元被稀释，人民币对美元的升值预期就上升，流入资金池子的"水"源就多，就有大量的资金流入我国，对我国的外汇储备、物价指数、货币政策、投资等产生重大影响；相反，美国退出了量化宽松政策而且美国经济恢复预期提高的同时，我国经济下行压力不减，人民币对美元贬值压力提高，资金就撤离我国，境外人民币储蓄也会随之下降。当然我们不能忽略近十年来人民币升值、贬值预期的国内内因：我国经济持续增长预期是人民币升值预期产生的内因。内外因共同作用才能产生效果。虽然我们不能用具体的数量来估算内外因在不同时期哪个更加重要，上文给出的数据不得不使我们明确美国货币政策对我国经贸和金融体系产生的重大影响，或者说，表明我国人民币货币政策的相对被动性。

我国货币政策多年来的困境主要源于人民银行主要以外汇资产为基础货币发行的基础。这种自我束缚的做法十多年前并不显得有多大的问题，然而在我国经贸地位显著提升并对全球经济增长贡献显著超过了其他主要经济体的当前，特别是国际社会对人民币成为主要国际货币积极支持的时候，这种自我束缚的做法就捆住了自己的手脚，同时也未能为国内资本市场和经济发展作出应有的贡献。只有持续提高我国科技的能力并对我国货币发行体系进行及时的改革，逐步摆脱国内外汇市场对美元的过度依赖和人民币货币发行对美元的依赖，人民币才会更好地发挥自身的独立性，人民币才能成为主要国际货币之一。

参考文献

[1] 陈雨露，王芳，杨明. 作为国家竞争战略的货币国际化 [J]. 经济研

究，2005（2）：35-44.

［2］褚华. 人民币国际化研究［D］. 复旦大学博士学位论文，2009.

［3］何帆，张明. 国际货币体系不稳定中的美元霸权因素［J］. 财经问题研究，2005（7）.

［4］姜波克. 人民币国际化问题探讨［J］. 经济纵横，1994（5）：30-32.

［5］谢平. 中国转轨经济的通货膨胀和货币控制［J］. 天津金融月刊，1994（9）.

［6］余永定. 中国不能走财政赤字货币化的道路——关于铸币税的几点看法［J］. 金融研究，1999（7）.

［7］张光平. 人民币衍生产品（第四版）［M］. 北京：中国金融出版社，2016.

［8］张明. 铸币税的定义、计算和分配［D］. 中国社会科学院国际金融研究中心工作论文，2005，No. 72.

［9］钟伟，闻一. 崛起中的人民币：如何改写21世纪国际货币格局［J］. 学术月刊，2004（10）.

［10］Aisen, Ari and Francisco Jose Veiga, 2005, The Political Economy of Seigniorage, IMF Working Paper, Monetary and Financial Systems Department, Prepared by Ari Aisen and Francisco Jose Veigal, Authorized for distribution by David S. Hoelscher, September 2005.

［11］Bailey, M. (1956), "The welfare cost of inflationary finance", Journal of Political Economy 64: 93-110.

［12］Buiter, William H., 2007, Seigniorage, NBER Working Paper Series, Working Paper 12919, http://www.nber.org/papers/w12919.

［13］Chinn, Menzie, and Jeffrey Frankel, "Why the Euro Will Rival the Dollar", University of Wisconsin and Harvard University.

［14］Click, R. W., 1998, "Seignioragein a cross-section countries", Journal of Money, Credit and Banking 30 (2): 154-171.

［15］Cohen, Benjamin J., 1971, The Seignorage gain of an international currency: an empirical test, Quarterly Journal of Economics, 494-507.

［16］Eden, Benjamin, 2006, Vanderbilt University and The University of Haifa, Economics, VU station B #351819 2301 Vanderbilt Place, Nashville, TN 37235-1819, E-mail: beneden@Vanderbilt.edu.

［17］Feist, Holger, 2001, "The Enlargement of the European Union and the Redistribution of Seigniorage Wealth," CESifo Working Paper Series (Working Paper No. 48).

[18] Friedman, M., 1971, "Government Revenue from inflation", Journal of Political Economy, Vol. 79, No. 4, pp. 846 – 856.

[19] Gourinchas Pierre – Olivier and Helene Rey. "From World Banker to World Venture Capitalist: US External Adjustment and The Exorbitant Privilege", NBER WP 11563, August 2005.

[20] Gros, Daniel, 1993, Seigniorage and EMU, The Fiscal Implications of Price Stability and Financial Market Integration, European Journal of Political Economy, 9, pp. 581 – 601.

[21] Gros, Daniel, 2004, "Profiting from the Euro? Seigniorage Gains from Euro Area Accession", Journal of Common Market Studies, Vol. 42, No. 4, pp. 795 – 813, November 2004.

[22] Grubel Herbert G., 1969, "The Distribution of Seigniorage from International Liquidity Creation", in Robert A. Mundell and Alexander K.

[23] Swoboda, eds., Monetary Problems of the International Economy (Chicago: University of Chicago Press).

[24] Humpage, Owen F., 2002, "An Incentive – Compatible Suggestion for Seigniorage Sharing with Dollarizing Countries", Policy Discussion Papers No. 4, Federal Reserve Bank of Cleveland.

[25] Krugman, Paul, 1984, "The International Role of the Dollar: Theory and Prospect", in John Bilson and Richard Marston (eds.), Exchange Rate Theory and Practice, Chicago: University of Chicago Press, 261 – 278.

[26] McGrattan Ellen R. and Prescott Edward C. "Average Debt and Equity Returns: Puzzling?", American Economic Review, Papers and Proceedings, May 2003, Vol. 93, No. 2, pp. 392 – 397.

[27] McKinnon, Ronald I. 1969, Private and Official International Money: The Case of the Dollar, Princeton Essays in International Finance No. 74 (Princeton: International Finance Section).

[28] Marty A. L., 1976, "A note on the welfare cost of money creation", Journal of Monetary Economics 2: 121 – 124.

[29] Miyakoshi, Tatsuyoshi, 2008, "Seigniorage Revenue or Consumer Revenue? Theoretical and Empirical Evidences", Osaka University, March 2008.

[30] Nolivos, Roberto Delhy and Guillermo Vuletin, 2010, "The role of central bank independence on optimal taxation and seigniorage," October, 2010, http://ssrn.com/abstract = 1885389.

[31] Papaioannou, Elias, and Richard Porte, 2008, "Costs and benefits of run-

ning an international currency", Economic Papers 348, Economic and Financial affairs, European Commission.

[32] Reserve Bank of Australia, 1997, "Measuring Profits from Currency Issue", Reserve Bank of Australia Bulletin.

[33] Sargent, Thomas J. and Neil Wallace, 1981, "Some unpleasant monetarist arithmetic", Federa Reserve Bank of Minneapolis Quarterly Review, 5 (3): pp. 1 – 17.

[34] Sinn H – W., and H. Feist, 1997, "Eurowinners and Eurolosers: The Distribution of Seigniorage Wealth in EMU", European Journal of Political Economy, 13, pp. 665 – 689.

[35] Stevens, Edward J., 1999, "The Euro", Federal Reserve Bank of Cleveland, Economic Commentary (January 1, 1999).

[36] Thornton H., 1802, An Enquiry into the Nature and Effects of the Paper Credit of Great Britain.

[37] Triffin, Robert, 1960, Gold and the Dollar Crisis: The future of convertibility, Yale University Press.

第六篇　人民币国际化的现状

在第五篇介绍了货币国际支付功能、储蓄功能、货币国际化的度量等问题，以及对日元国际化进程及货币国际化的利弊进行简单介绍后，本篇介绍人民币国际化的现状。人民币国际化涉及诸多领域，第29章介绍境外人民币市场的发展和存在的问题；第30章介绍近年来遍及海外的二十多个境外人民币中心的发展和分布等相关情况；第31章介绍金融危机以来主要国家和地区境外资产和银行业资产分布情况，进而展示全球主要银行的国际化水平，最后介绍近年来主要中资银行境外人民币资产、利润与资产占比情况，并与其他主要国际银行进行简单的比较，从而使我们了解中资银行境外业务与其他主要国际银行的差距；第32章介绍和分析近年来人民币国际化的进展。

29 离岸人民币中心的现状和未来发展

香港地区是我国设立最早,也是最重要的境外人民币中心,近年来其他离岸人民币中心也在世界各地蓬勃发展起来,成为人民币国际化的重要推动力量。本章的主要目的是介绍遍布全球的二十多个境外人民币中心近年来的发展情况和今后的发展趋势,从而为我们判断今后人民币国际化的走势提供依据。

29.1 人民币清算协议安排在境外人民币中心的分布

人民币清算是境外人民币业务的基础。2010年7月中国人民银行首次与香港人民币业务清算行中国银行(香港)有限公司在香港签署了新修订的《香港银行人民币业务的清算协议》后,中国人民银行与三十多个国家和地区分别签订了类似的人民币业务清算协议,为这些国家和地区人民币中心的建立和发展打下了基础。表29-1给出了境外人民币中心人民币清算安排的时间。

表29-1　　　　　　境外人民币清算银行及启动时间一览表

国家或地区	清算行	清算银行	日期
中国香港	香港人民币业务清算行	中国银行(香港)有限公司	2011-11-04
中国澳门	澳门人民币业务清算行	中国银行澳门分行	2012-09-24
中国台湾	台湾人民币业务清算行	中国银行台北分行	2012-12-11
新加坡	新加坡人民币业务清算行	中国工商银行新加坡分行	2013-02-08
英国	伦敦人民币业务清算行	中国建设银行(伦敦)有限公司	2014-06-18
德国	法兰克福人民币业务清算行	中国银行法兰克福分行	2014-06-19
韩国	首尔人民币业务清算行	交通银行首尔分行	2014-07-04
法国	巴黎人民币业务清算行	中国银行巴黎分行	2014-09-15
卢森堡	卢森堡人民币业务清算行	中国工商银行卢森堡分行	2014-09-16
卡塔尔	多哈人民币业务清算行	中国工商银行多哈分行	2014-11-04
加拿大	多伦多人民币业务清算行	中国工商银行(加拿大)有限公司	2014-11-09

续表

国家或地区	清算行	清算银行	日期
澳大利亚	悉尼人民币业务清算行	中国银行悉尼分行	2014-11-18
马来西亚	吉隆坡人民币业务清算行	中国银行（马来西亚）有限公司	2015-01-05
泰国	曼谷人民币业务清算行	中国工商银行（泰国）有限公司	2015-01-06
智利	智利人民币业务清算行	中国建设银行智利分行	2015-05-25
匈牙利	匈牙利人民币业务清算行	中国银行匈牙利分行	2015-06-28
南非	南非人民币业务清算行	中国银行约翰内斯堡分行	2015-07-07
阿根廷	阿根廷人民币业务清算行	中国工商银行（阿根廷）股份有限公司	2015-09-18
赞比亚	赞比亚人民币业务清算行	中国银行赞比亚分行	2015-09-30
瑞士	瑞士人民币清算银行	中国建设银行苏黎世分行	2015-11-30
美国	美国人民币清算银行	中国银行纽约分行	2016-09-21
俄罗斯	俄罗斯人民币清算银行	中国工商银行（莫斯科）分行	2016-09-23
阿联酋	阿联酋人民币清算银行	中国农业银行迪拜分行	2016-12-09
美国	美国人民币清算银行	美国摩根大通银行	2018-02-13
日本	日本人民币清算银行	中国银行东京分行	2019-04-17
日本	日本人民币清算银行	三菱日联银行	2019-06-27
菲律宾	菲律宾人民币清算银行	中国银行马尼拉分行	2019-09-17

资料来源：新华社中国金融信息网《人民币国际化月报》，2018年8月7日，第65期及最新的新闻。

表29-1显示，中国银行在境外27个人民币清算银行中占有13个，工商银行有7个，建设银行有3个，交通银行和农业银行各有1个，另外非中资的境外人民币清算行是美国摩根大通银行和三菱日联银行。随着境外人民币需求的增加，今后几年境外清算行将进一步增加，对推动境外人民币中心的发展发挥重要的作用。除境外储蓄和清算业务外，境外人民币债券业务是境外人民币中心的主要业务。中国人民银行2015年6月3日发布通知称，已获准进入银行间债券市场的境外人民币业务清算行和境外参加银行可开展债券回购交易，包括债券质押式回购交易和债券买断式回购交易。

29.2 香港人民币中心的领头作用

香港是境外最早的人民币中心，而且多年来保持了境外最大的人民币中心的地位。储蓄是最基本且简单的金融服务，为其他金融服务的基础。2004年以前，流入香港的人民币就高达数百亿元甚至上千亿元。由于缺乏官方统计，不同学者对2004年前流入人民币金额有着不同的测算，有兴趣的读者请参考《人民币汇率制度与人民币国际化》（李靖：上海财经大学学报，2009年第2期）。

为了便于内地与香港特别行政区之间的经贸和人员往来，引导在香港的人民币有序回流，经国务院批准，中国人民银行最初为在香港办理个人人民币存款、兑换、银行卡和汇款业务的有关银行提供了清算安排。2003年11月18日，中国人民银行公布了《关于为香港银行办理个人人民币业务提供清算安排的公告》，该公告为香港人民币业务的开展打下了基础。

29.2.1 人民币存款规模的变化

表29-2给出了2004年2月香港银行体系开办人民币存款业务以来每个季度的人民币存款额及同比变化率。从表29-2可以看出，从2004年至2008年6月，香港人民币存款持续增长，在国际金融危机前达到高峰776.4亿元；而从2008年金融危机爆发后到2009年3月，存款额持续下降至531.1亿元；2009—2014年香港人民币存款重现高速增长，并于2014年底达到了10035.6亿元的历史纪录，5年年均复合增长率高达74.1%，这一方面是由于境内人民币跨境贸易试点推动了香港人民币存款的大幅增长，另一方面也是美国量化宽松政策推出令美元对全球主要货币下跌，人民币升值令持有人民币的信心增加；然而随着2015年人民币汇改及美国退出量化宽松政策，人民币兑美元贬值压力显现，与此同时，中国监管部门加强打击虚假贸易、跨境套利导致内地与香港地区的跨境人民币结算量大幅下降，香港人民币存款总体呈现下降的趋势，到2017年3月下降到了5072.7亿元，几乎是2014年底峰值的一半。虽然2017年第二季度以来，随着人民币汇率企稳，香港人民币存款呈现回升态势，但是回升幅度相对较小。

表29-2　　　　香港银行体系人民币季度存款额及分布　　　　单位：亿元人民币

时间	活期及储蓄存款	定期存款	总计	活期及储蓄存款占比	定期存款占比	总计同比变化	持牌银行数（家）
2004-02	7.0	1.9	9.0	78.7%	21.3%		32
2004-03	21.0	23.0	43.9	47.7%	52.3%		36
2004-06	28.5	39.5	68.0	41.9%	58.1%		39
2004-09	31.4	45.3	76.7	40.9%	59.1%		38
2004-12	54.2	67.1	121.3	44.7%	55.3%		38
2005-03	64.4	85.4	149.8	43.0%	57.0%	240.9%	38
2005-06	93.6	115.4	209.0	44.8%	55.2%	207.2%	39

续表

时间	活期及储蓄存款	定期存款	总计	活期及储蓄存款占比	定期存款占比	总计同比变化	持牌银行数（家）
2005-09	102.2	124.3	226.4	45.1%	54.9%	195.3%	38
2005-12	106.2	119.7	225.9	47.0%	53.0%	86.2%	38
2006-03	106.8	117.8	224.6	47.6%	52.4%	50.0%	39
2006-06	112.9	114.3	227.1	49.7%	50.3%	8.7%	39
2006-09	113.6	112.6	226.2	50.2%	49.8%	-0.1%	40
2006-12	122.3	111.8	234.0	52.2%	47.8%	3.6%	38
2007-03	136.4	116.0	252.4	54.1%	45.9%	12.4%	38
2007-06	172.3	103.9	276.2	62.4%	37.6%	21.6%	38
2007-09	184.6	90.5	275.0	67.1%	32.9%	21.6%	37
2007-12	225.4	108.6	334.0	67.5%	32.5%	42.7%	37
2008-03	393.6	182.2	575.9	68.4%	31.6%	128.2%	40
2008-06	512.4	264.0	776.4	66.0%	34.0%	181.1%	40
2008-09	475.1	224.4	699.5	67.9%	32.1%	154.3%	40
2008-12	381.2	179.4	560.6	68.0%	32.0%	67.8%	39
2009-03	351.7	179.4	531.1	66.2%	33.8%	-7.8%	39
2009-06	359.2	184.6	543.8	66.1%	33.9%	-30.0%	40
2009-09	405.6	176.2	581.7	69.7%	30.3%	-16.8%	44
2009-12	406.6	220.6	627.2	64.8%	35.2%	11.9%	60
2010-03	446.1	261.5	707.5	63.0%	37.0%	33.2%	73
2010-06	524.3	372.8	897.0	58.4%	41.6%	65.0%	77
2010-09	719.5	773.8	1493.3	48.2%	51.8%	156.7%	92
2010-12	1175.7	1973.7	3149.4	37.3%	62.7%	402.1%	111
2011-03	1374.5	3139.7	4514.2	30.4%	69.6%	538.0%	118
2011-06	1803.5	3732.6	5536.0	32.6%	67.4%	517.2%	128
2011-09	1915.3	4307.1	6222.4	30.8%	69.2%	316.7%	131
2011-12	1764.0	4121.3	5885.3	30.0%	70.0%	86.9%	133
2012-03	1567.9	3975.3	5543.2	28.3%	71.7%	22.8%	135
2012-06	1366.2	4210.9	5577.1	24.5%	75.5%	0.7%	133
2012-09	1190.0	4267.0	5457.0	21.8%	78.2%	-12.3%	136
2012-12	1235.4	4794.5	6030.0	20.5%	79.5%	2.5%	139

续表

时间	活期及储蓄存款	定期存款	总计	活期及储蓄存款占比	定期存款占比	总计同比变化	持牌银行数（家）
2013-03	1443.1	5237.4	6680.6	21.6%	78.4%	20.5%	140
2013-06	1275.1	5704.5	6979.6	18.3%	81.7%	25.1%	140
2013-09	1352.2	5948.0	7300.2	18.5%	81.5%	33.8%	143
2013-12	1510.6	7094.2	8604.7	17.6%	82.4%	42.7%	146
2014-03	1670.8	7778.3	9449.1	17.7%	82.3%	41.4%	147
2014-06	1507.0	7752.2	9259.1	16.3%	83.7%	32.7%	148
2014-09	1443.1	8001.7	9444.7	15.3%	84.7%	29.4%	149
2014-12	1769.7	8265.9	10035.6	17.6%	82.4%	16.6%	149
2015-03	1574.4	7945.5	9519.9	16.5%	83.5%	0.7%	147
2015-06	1804.5	8124.8	9929.2	18.2%	81.8%	7.2%	146
2015-09	1658.5	7295.2	8953.7	18.5%	81.5%	-5.2%	145
2015-12	1609.1	6902.0	8511.1	18.9%	81.1%	-15.2%	145
2016-03	1871.2	5723.0	7594.3	24.6%	75.4%	-20.2%	145
2016-06	2042.8	5072.7	7115.5	28.7%	71.3%	-28.3%	146
2016-09	2018.3	4636.7	6655.0	30.3%	69.7%	-25.7%	145
2016-12	1355.2	4111.9	5467.1	24.8%	75.2%	-35.8%	144
2017-03	1311.0	3761.7	5072.7	25.8%	74.2%	-33.2%	141
2017-06	1425.2	3835.6	5260.8	27.1%	72.9%	-26.1%	140
2017-09	1533.7	3821.0	5354.7	28.6%	71.4%	-19.5%	137
2017-12	1597.0	3994.4	5591.4	28.6%	71.4%	2.3%	137
2018-03	1595.1	3948.1	5543.2	28.8%	71.2%	9.3%	136
2018-06	1670.2	4175.0	5845.2	28.6%	71.4%	11.1%	137
2018-09	1811.2	4192.1	6003.3	30.2%	69.8%	12.1%	137
2018-12	1944.3	4205.9	6150.2	31.6%	68.4%	10.0%	136
2019-03	2101.6	3920.8	6022.4	34.9%	65.1%	8.6%	136
2019-06	2145.4	3897.0	6042.4	35.5%	64.5%	3.4%	136
2019-09	2073.4	4161.1	6234.4	33.3%	66.7%	3.9%	136
2019-12	2239.8	4082.2	6322.1	35.4%	64.6%	2.8%	138
2020-03	2606.3	4035.2	6641.5	39.2%	60.8%	10.3%	140

数据来源：根据香港金融管理局网站 www.hkma.gov.hk 公布的数据计算得出。

29.2.2 香港人民币存款变化与境外人民币升/贬值的关系

表29-2给出的2004—2020年第一季度相关人民币存款数据在很大程度上反映出境外人民币升值和贬值的预期：人民币升值预期高的时候，香港人民币的存款增长率就高；而人民币贬值预期出现时，人民币存款就会萎缩。反映此关系最明显的是2008年9月到2009年3月的金融危机阶段及2015年6月到2017年3月的人民币汇改阶段，人民币贬值令香港的人民币存款明显下降，而在2009年3月到2014年底，人民币升值及跨境人民币结算共同促进了人民币存款的高速增长。

29.2.3 香港活期和定期人民币存款比较

2006年9月至2010年第二季度末的四年多时间里，香港人民币活期存款额显著超过定期存款额（此段时间内总活期存款占总存款比重超过六成），而2010年第三季度末以来，活期存款增幅显著低于定期存款的增幅，活期存款到2014年9月底降到了最低水平15.3%，之后持续回升到了2020年3月的39.2%，仍然显著低于定期存款水平。

29.2.4 香港经营人民币业务持牌银行

2004年2月至2009年6月的五年多时间内，香港可以经营人民币业务的持牌银行数保持在30~40家，没有显著的变化；而2009年6月之后迅速增加，到2014年12月，持牌银行数达到峰值149家，与同期香港人民币存款达到历史高位一致；2015年下半年至2019年第二季度，在香港人民币存款下降的同时，在港经营人民币的持牌银行数也下降到了136家。截至2020年3月，经营人民币业务的认可机构为140家。

29.2.5 香港人民币存款额度占香港其他货币存款比重

表29-2给出的2004年底香港人民币存款额121.3亿元实际上仅占香港港元存款、外币存款和总存款的0.57%、0.62%和0.29%；2011年这些占比分别提高到了19.40%、18.83%和9.56%，到2014年底又进一步提高到了26.09%、23.75%和12.43%；然而2014—2017年，香港人民币存款额占以上相应比重持续下降到了10.34%、10.69%和5.26%，回落到了不到2014年底一半的水平且比2011年1月还略低；2020年3月末相应的比重分别略升到了10.55%、10.51%和5.26%，仍不到2014年底一半且总体仍低于2011年1月末的水平，显示2014年以来人民币贬值环境下在港人民币储蓄相对于港元和其他外币规模

有了显著的回落，下降的幅度与同期香港人民币存款加上香港人民币大额存单总额降幅相当。

29.2.6 香港人民币存款占内地人民币存款比重

利用表29-2给出的香港人民币存款总额和人民银行网站公布的同期内地人民币总存款数据，我们可以容易地算出不同时期香港人民币存款总额与内地人民币总存款额比例。结果显示，2006—2009年，香港人民币存款总额与内地人民币总存款额比例分别仅为0.07%到0.10%，2010—2014年该比例快速增长到了0.86%；而2015—2019年该比例又持续下降到了0.33%，显示近年来香港人民币总储蓄与内地人民币总存款比例持续下降到了不到2014年底四成的水平。

29.2.7 香港人民币大额可转换存单及其发展

随着香港人民币存款的增长和企业跨境人民币贷款等应用的逐步扩展，人民币大额可转换存单（Certificate of Deposit, CD）业务也从2010年下半年开始在港启动。2010年7月6日中信国际（中信银行在港子公司）在港发行了首个人民币大额可转换存单（"First Offshore RMB Certificate of Deposit issued in HK"，新华网英文网站 English.xinhuanet.com，2010年7月6日）。根据香港金管局公布的数据，2010—2012年，香港人民币大额可转换存单总额从68亿元达到了1173亿元人民币（Chan，2013）；2013年底，人民币大额可转换存单累计存量提高到了1925亿元的历史高位，2014年底又下降到了1547亿元；2015年底增长到了1593亿元，然而2017年底下降到了593亿元（香港金管局2017年年报），不到2013年底高峰值的1/3；截至2019年底，这一数字下降到了258亿元，仅为峰值的14%。

29.2.8 香港人民币贷款规模

根据香港金管局公布的数据，2011—2015年香港人民币贷款从308亿元增长到了2974亿元人民币（HKMA 2015年年报），占同年相关人民币存款金额比重从5.2%上升至34.9%；而2016年和2017年香港人民币贷款分别下降到了2948亿元和1445亿元人民币，与人民币存款比例分别为53.92%和25.8%；到2018年底，香港人民币贷款余额仅为1056亿元，较2015年的峰值下跌了64.5%，与人民币存款比例仅为17.17%。2019年香港人民币贷款余额回升至1537亿元。近年来香港人民币贷款业务与存款业务呈现出不同的变化趋势（人民币贷款从2016年才显著下降，而2017年一年就比上年下降了一半多）。

29.2.9　香港人民币跨境支付占比的变化

香港是境外最早的人民币中心，也是境外人民币清算安排最早的人民币中心，2011年香港占人民币跨境支付比重曾经高达86%；然而随着其他境外人民币中心的逐步崛起，香港占跨境人民币支付的比重出现了下降的趋势，2012年香港占跨境人民币支付比重下降到了80%上下；2013年和2016年10月则几度跌破70%的水平，之后稳步回升，到2020年6月已经达到75.07%的水准，香港境外人民币支付的龙头地位仍未有变化。

29.3　伦敦离岸人民币市场的发展

表29-1显示，英国是境外第五个有人民币清算安排的境外人民币中心。但由于伦敦多年来保持了全球最大的外汇交易中心地位和英国对境外人民币业务积极推动的态度，近年来伦敦在跨境人民币支付方面快速跃升为仅次于香港的最大境外人民币支付中心。

29.3.1　两国政府互动与合作

中英经济财金对话依照中英两国总理（首相）于2008年达成的共识而建立，是一种双边经济、财政和金融领域的对话机制，分别于2008年4月、2009年5月、2010年11月、2011年9月、2013年10月、2014年9月、2015年9月、2016年11月、2017年12月和2019年6月举行了10次对话，为中国与其他国家此类双边关系中少见，对中英两国双边关系和两国经济金融发展起到了良好的推动作用。2015年8月以来，第七轮中英两国战略对话、中英两国高级别人文交流机制第三次会议和第七次中英两国经济财金对话先后举行。在北京举行的中英两国第七次经济财金对话中，英国财政大臣奥斯本表示，英国要成为中国在西方最好的合作伙伴（中国网络电视台，2015年10月14日）。2016年11月第八次中英经济财金对话取得了可喜的成绩，双方同意建立"中英面向21世纪全球全面战略伙伴关系"，在贸易与投资、金融服务、基础设施和能源及产业战略等领域进行合作。在金融服务领域，双方肯定中方首次在中国境外发行30亿元离岸人民币主权债券和50亿元短期央行票据取得成功。双方欢迎各类市场主体积极考虑在伦敦发行人民币债券，增加人民币流动性、产品和服务，从而促进离岸人民币市场发展（新华社伦敦11月11日电　第八次中英经济财金对话政策成果）。

早在2013年6月，中英两国就签订了2000亿元的人民币外汇互换协议，2015年10月中英两国人民币外汇互换协议金额又提高到了3500亿元，是与我国签订该类协议最早的西方主要国家。2013年10月英国财政大臣访华，伦敦获得了人民币境外合格投资者（RQFII）800亿元的额度。此前仅有中国香港拥有RQFII额度，英国成为亚洲之外第一个获得RQFII额度的国家。截至2020年5月末，英国已经获得累计484.84亿元的人民币合格境外机构投资者批准额度，为西方国家中获批的最大额度的国家。2014年10月14日英国首只人民币国债的成功发售为伦敦人民币中心又增添了新的亮点，为主要发达国家首次发行人民币国债，将带动其他境外人民币中心人民币业务向深度和广度发展，为人民币成为国际储备货币迈开了坚实的一步。2015年3月，英国率先宣布将加入亚投行，成为西方主要国家中第一个加入的国家，为其他西方国家加入亚投行发挥了很好的带头作用。

29.3.2 伦敦人民币中心的建立和发展

伦敦很早就开始密切关注人民币这一未来新的国际货币的崛起。早在2012年4月，伦敦金融城正式宣布启动人民币离岸中心建设。人民币要成为真正意义上的国际货币，首先必须要在全世界范围内得到使用，而伦敦作为全球最主要的外汇中心，我们可以借助这一外汇中心为中国实现这一目标。2014年3月31日，中国人民银行与英格兰银行签署了在伦敦建立人民币清算安排的合作备忘录，同年6月18日中国人民银行授权建设银行伦敦分行作为伦敦人民币结算银行，成为境外有中国人民银行授权的我国主要跨境人民币结算银行的第五家，也是欧洲首个离岸人民币中心，为伦敦人民币中心注入了新的活力和动力。

虽然伦敦人民币业务起步比新加坡晚，但伦敦在全球人民币离岸市场的份额增长强劲，正逐渐成为该市场的重要组成部分。环球同业银行金融电讯协会（SWIFT）数据显示，英国人民币支付金额2012年12月首次超过了新加坡成为中国香港以外最大的人民币中心，虽然2013年英国的位置被新加坡重新夺回，但2016年初以来伦敦仍保持着境外香港外最大的人民币支付中心的地位。

2014年8月中国建设银行与伦敦证券交易所签订了战略合作协议，积极谋求产品创新等合作。2015年3月25日，欧洲第一只人民币RQFII货币市场交易所基金正式在伦交所挂牌交易。这是中国建设银行2014年6月获批担任英国首家人民币清算银行后欧洲离岸人民币业务的又一重大突破（"英国首只人民币货币市场交易所基金挂牌交易"，新华网，2015年3月26日）。

2019年6月17日，沪伦通正式启动交易，沪伦通的启动不仅将推动境内券商开展跨境证券业务，还将促进资本市场的双向开放，拓宽国际化水平。

29.4　新加坡离岸人民币市场的发展

新加坡多年前就开始积极准备和推动境外人民币业务的发展。作为推动新加坡境外人民币的重要举措之一，中国人民银行早在2010年7月就与新加坡金管局签订了金额高达1500亿元人民币的货币互换协议，两国货币当局又于2013年3月将之前签订的互换协议金额扩大到了3000亿元人民币，金额仅次于中国香港、韩国、英国和欧元区的金额。表29-1显示，2013年2月8日，中国人民银行宣布中国工商银行新加坡分行为新加坡人民币清算银行，使新加坡成为境外第四个有人民币清算行的人民币中心。2013年5月27日，新加坡离岸人民币清算服务正式启动，新加坡的人民币银行服务也于同日正式启动。

新加坡人民币中心近年来人民币存款也有了持续较快的增长。图29-1给出了新加坡金管局公布的截至2020年3月新加坡人民币存款额。图29-1显示，2012年6月至2014年12月，新加坡人民币存款持续增长，然而自2015年6月以来，新加坡人民币存款呈现整体下降的趋势，但新加坡仍保持了仅次于中国香港和台湾地区两大境外人民币中心外第三大人民币存款中心的地位。

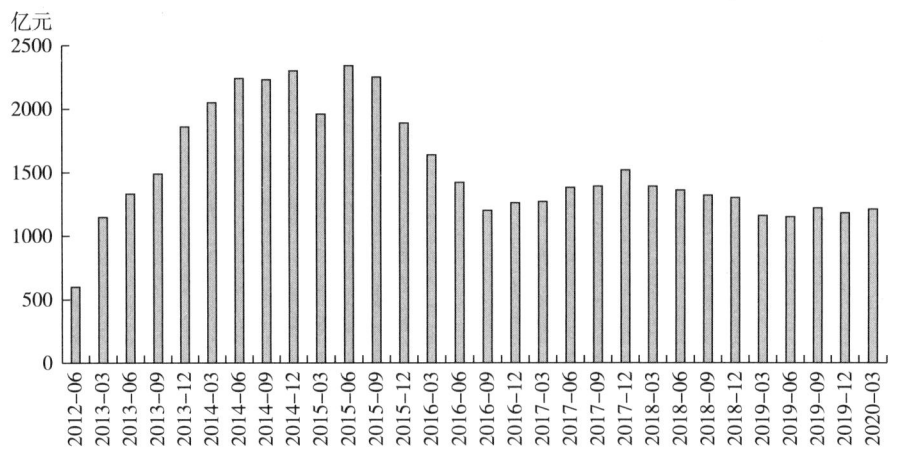

图29-1　新加坡人民币储蓄额

（数据来源：新加坡金融管理局网站 www.mas.sg.gov）

2013年新加坡首次超过日本成为亚洲最大的外汇交易中心，2016年以来新加坡人民币支付业务保持了仅次于中国香港和英国后的第三大境外人民币支付中心的地位。作为全球第三、亚太最大的外汇交易中心和东南亚最大的贸易和金融中心，新加坡在今后亚太地区人民币国际化推动过程中将发挥重要的作用。

29.5 亚太地区其他人民币中心的发展

亚太地区是我国贸易最主要的地区，自然成为近年来人民币境外使用最活跃的地区。在介绍了中国香港和新加坡两大亚太境外人民币中心后，本节将介绍亚太地区其他主要人民币中心业务发展情况。

29.5.1 韩国人民币中心的发展

韩国早在2008年12月就与我国签订金额高达1800亿元人民币的外汇互换协议，成为国际金融危机后与我国签订外汇互换协议最早的国家之一；2011年10月两国货币当局将之前签订的人民币外汇互换协议增加到3600亿元人民币，金额仅次于中国香港5000亿元人民币互换协议，显示两国合作的积极性和力度。根据环球同业银行金融电讯协会（SWIFT）2014年7月公布的数据，2013年6月至2014年6月韩国人民币支付金额增长了563%，占中国香港外所有人民币中心支付额的2.5%，成为中国香港外人民币外汇中心中第八大人民币中心，显示一年间韩国人民币业务高速增长的态势。尽管韩国与我国签订人民币互换协议最早，而且签署的金额仅次于中国香港，但是韩国人民币中心几年前相对其他亚太地区人民币中心却发展相对缓慢。2015年10月，中国人民银行将韩国人民币合格境外投资者（RQFII）额度提高到了1200亿元人民币，截至2020年5月31日，韩国机构累计获批RQFII总额达731.87亿元。

2017年4月，韩国占中国香港外境外人民币支付比重达到了12.82%，超过了美国和中国台湾地区，成为境外第四大人民币支付中心，而且截至2019年6月末韩国仍保持了该位置；然而2019年6月以来，韩国人民币支付占比持续回落，到2020年10月，韩国相应占比不仅低于美国和中国台湾地区，而且低于法国和澳大利亚。在近年来两国因萨德影响环境下，韩国人民币支付可观增长显示两国今后合作的潜力。由于中韩两国密切的经贸关系，相信韩国人民币支付占比不久会恢复到一年前相当的地位。

29.5.2 中国台湾地区人民币市场的发展

虽然中国大陆与台湾两岸金融合作比香港晚，但却比其他很多国家和地区要早很多。早在2008年6月就有14家金融机构正式核准办理人民币现钞买卖业务，台湾金融监管当局逐步取消了对银行等金融机构的人民币业务限制；2011年7月开放国际金融业务分行（OBU）及海外分行办理人民币业务，2012年8月《海峡两岸货币清算合作备忘录》签署，两岸金融合作加强，人民币业务管制松绑，人民币金融创新受到鼓励，台湾人民币离岸市场发展迅速。2013年2

月6日,中国人民银行宣布中国银行台北分行为人民币清算银行,使台湾成为境外第三个有人民币清算行的人民币中心。2013年2月,台湾启动外汇指定银行(DBU)开办人民币业务,随后进一步放开人民币金融衍生品业务管制,人民币业务种类及服务对象大幅拓展,为岛内人民币业务规模的迅速增长奠定了良好的基础。2013年5月24日,台湾金融监管当局与中国银行台北分行签署货币清算协议后,台湾人民币业务正式启动。2012年1月,台湾人民币存款仅65.98亿元,而到2014年2月,人民币存款共为2470.51亿元,同比增长约533%。

图29-2给出了2012年1月以来台湾人民币中心人民币存款金额。从2012年1月到2015年6月,台湾人民币中心的人民币存款稳步增长并达到了峰值3382.2亿元,之后出现了一定的回落,这与表29-1给出的香港人民币存款和图29-1给出的新加坡人民币存款变化趋势相似。截至2020年6月,中国台湾的人民币存款总额仍达到了2411.73亿元,保持了仅次于中国香港的境外第二大人民币存款中心的地位。

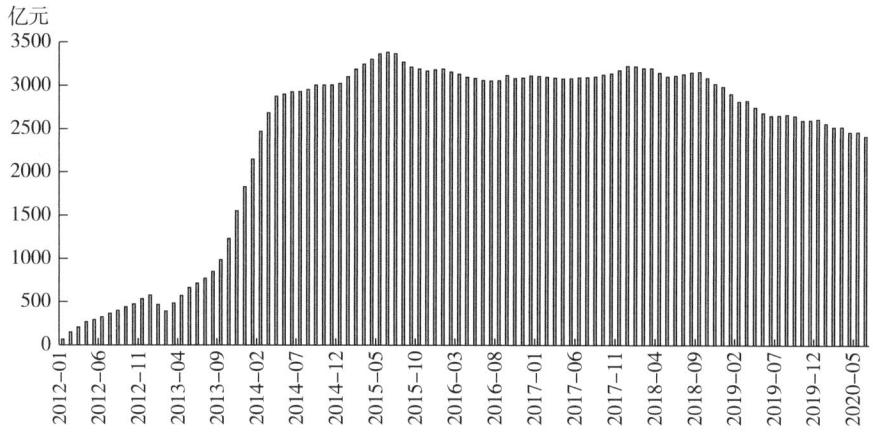

图29-2 台湾人民币中心人民币存款额

(数据来源:台湾地区货币政策主管机关网站 www.cbc.gov.tw)

环球同业银行金融电讯协会(SWIFT)2013年3月发布的"人民币追踪"显示,中国台湾过去6个月的人民币支付额增加120%,超越美国及澳大利亚,跳升三级成为第四大人民币离岸中心(全球当时共有136个人民币支付的国家和地区)。环球同业银行金融电讯协会2015年8月发布的数据显示,中国台湾2015年7月人民币支付占比保持其2014年1月第四的排名,仅次于新加坡、英国和美国;然而该协会2015年12月发布的数据显示,2015年11月中国台湾人民币中心人民币支付占比在低于英国和新加坡的同时,却首次低于韩国,同时却超过美国,仍然保持境外中国香港外第四大人民币中心的地位;2016年8月,台湾人民币支付占比重新超过韩国，保持了香港外境外第四大人民币支付的地位；截至2020年6月，台湾人民币支付占比达到2.12%，重新落后于韩国，为除香港外境外第五大人民币支付中心；2019年8月到2020年10月，中国台湾保持了仅低于中国香港外英国、新加坡和美国后第四大人民币支付中心地位，显示两岸金融合作的良好优势。

29.5.3　澳大利亚离岸人民币中心的发展

澳大利亚多年来保持了我国第八大贸易伙伴地位，近年来与我国贸易增速较高。为了加强两国经贸和金融合作，中澳两国早在2012年3月就签订了2000亿元人民币互换协议，澳大利亚成为与我国签署人民币互换协议最早的发达国家之一。经过一段时间的准备，澳大利亚人民币业务有了较快的增长。根据环球同业银行金融电讯协会（SWIFT）2013年1月8日发布的数据，经过一段不够活跃期后，2012年8~11月澳大利亚人民币支付金额迅速增长，从之前全球第12位上升到了第4位（除中国香港外）；截至2014年4月末，澳大利亚人民币支付总额比之前一年增长了2.5倍；2014年6月澳大利亚人民币支付占中国香港外总额的4.8%，成为继新加坡、英国、美国、中国台湾和法国后的第六大人民币中心，截至2015年7月末澳大利亚保持了中国香港外境外第六大人民币中心的地位；2015年11月澳大利亚人民币中心人民币支付占比从2015年7月的4.0%下降到了3.4%，在境外中国香港外人民币中心的排名从第六位下降到了第八位；而截至2020年6月末，澳大利亚人民币清算占比保持了第七的地位。

29.5.4　马来西亚人民币中心的发展

马来西亚近年来与我国贸易增长迅速，两国其他方面的合作也较为密切。2013年马来西亚与我国贸易总额首次超过1000亿美元大关，成为我国继澳大利亚后第九大贸易伙伴。马来西亚早在2009年2月就与我国签订了金额为800亿元人民币的外汇互换协议，为马来西亚推动人民币业务打下了一定的基础。另外，人民币除与四大主要国际货币和港元直接交易外，马来西亚林吉特是人民币与其他货币交易最早的货币，自2010年8月19日起，国家外汇管理局公布人民币对林吉特汇率中间价，成为第六种在国内挂牌交易的货币，为相关交易和结算提供支持。

根据环球同业银行金融电讯协会（SWIFT）2012年9月公布的数据，2012年8月马来西亚人民币支付金额仅次于伦敦和新加坡，为当时除中国香港外境外第三大人民币中心，显示马来西亚人民币中心前期较为活跃；2014年6月马来西亚人民币支付金额在中国香港外人民币中心的占比为2.1%，成为香港外境外第十大人民币中心，2015年7月马来西亚保持了中国香港外境外第十大人民币中心的地位；而 2016 年 8 月以来马来西亚人民币清算占比却排在前 14 名之后，显示近年来马来西亚人民币业务发展较慢，仍有较大的增长空间。

29.5.5　中国澳门和蒙古国人民币中心

中国澳门虽然经济规模较小，与大陆贸易量也不大，但是澳门人民币中心的发展却较为迅速。早于 2009 年 12 月，中国银行澳门分行就被指定为澳门人民币清算行，使澳门成为继中国香港后境外第二个有人民币清算行的人民币中心。根据环球同业银行金融电讯协会（SWIFT）2012 年 9 月公布的数据，2012 年 8 月澳门人民币支付金额排名第 5 位（除香港外），高于当时中国台湾的第 8 位；2015 年 7 月中国澳门人民币中心人民币支付境外占比 1.3%，与马来西亚和日本并列第 10 位；2015 年 11 月中国澳门人民币中心人民币支付境外占比略增到 1.4%，在中国香港外的境外人民币中心排名低于排名第 9 位的日本和排名第 10 位的卢森堡，排名第 11 位；2017 年 1 月澳门排名进一步下降到了第 12 位，而自 2018 年 1 月以来澳门人民币中心人民币支付占比排名均在第 12 位之后。2020 年 6 月末，澳门该排名重新回到了第 10 位；2020 年 9 月和 10 月，澳门人民币结算排名分别提升到了第 8 位和第 7 位。

除中国澳门外，蒙古国人民币中心早期的发展相对于其经济规模来说较为迅速。蒙古国早在 2011 年 5 月 6 日就与我国签订了 50 亿元的人民币外汇互换协议，2012 年 3 月协议金额提高到了 100 亿元。根据环球同业银行金融电讯协会 2012 年 9 月公布的数据，截至 2012 年 8 月蒙古国人民币支付金额排名第 7 位（除中国香港外），高于当时中国台湾的第 8 排名，显示出蒙古国人民币支付业务前期的较快增长。由于该国人民币中心最近两年来人民币业务增长低于其他境外中心，2014 年 6 月和 2015 年 7 月排名均在 10 名以后，2016 年以来排名在第 14 位之后。

29.5.6　日本人民币中心

虽然早在 2011 年 12 月中日两国政府就达成了"中日加强合作发展金融市场"（"中日加强合作发展金融市场"，人民银行网站，2011 年 12 月 25 日），但是此后两国迟迟未签订人民币互换协议，也未有人民币清算安排协议签订。直到 2018 年 10 月 26 日，中国人民银行与日本银行签署了中日双边本币互换协议，协议规模为 2000 亿元人民币，有效期 3 年。同时，人民银行授权中国银行东京分行担任日本人民币业务清算行；2019 年 6 月 27 日，中国人民银行授权日本三菱日联银行担任日本人民币业务清算行。至此，人民币在日本清算业务将进一步拓展，促进双边贸易和投资便利化。2012 年 9 月日本人民币支付占比排名境外人民币中心第 9 位（SWIFT，2012 年 10 月）；2015 年 7 月日本支付的境外人民币占比仍高达1.3%，与中国澳门和马来西亚并列第10位；2015年11月日本人民币中心人民币支付境外占比增长了一倍多到2.7%，在中国香港外的境外人民币中心排名回升到了第9位；至2020年6月到10月，日本仍然占据中国香港外境外人民币支付的第8位。

自2007年中国大陆首次超过美国成为日本最大的贸易伙伴以来，中国保持了日本最大贸易伙伴地位。中日两国贸易额远超中澳，因此日本人民币支付有望随着《区域全面经济伙伴关系协定》（RCEP）的实施而显著提高。

29.5.7 卡塔尔和阿联酋人民币中心

早在2014年11月3日，中国人民银行就与卡塔尔央行签署了规模为350亿元人民币的双边本币互换协议。与此同时，双方还签署了在多哈建立人民币清算安排的合作备忘录，并同意将人民币合格境外机构投资者（RQFII）试点地区扩大到卡塔尔，初期投资额度为300亿元人民币（"中卡两国金融合作迈出新步伐"，人民银行网站，2015年12月14日）。表29-1显示，2014年11月4日，中国人民银行就与卡塔尔签署了人民币清算协议。卡塔尔人民币中心在2015年4月14日举行了启动仪式，成为中东地区第一个人民币中心。根据环球同业银行金融电讯协会2016年1月公布的数据，2015年卡塔尔与中国内地和香港地区间的支付金额60%为人民币支付，比2014年增长了247%。卡塔尔人民币中心将对整个中东地区人民币业务的推动发挥重要的带头作用。

阿联酋早在2012年1月就与中国人民银行签署了规模为350亿元人民币的双边本币互换协议，然而阿联酋人民币中心的建立比卡塔尔稍晚一些。2015年12月14日，中国人民银行与阿联酋中央银行续签了双边本币互换协议，互换规模维持350亿元人民币，有效期三年。同日，双方签署了在阿联酋建立人民币清算安排的合作备忘录，并同意将人民币合格境外机构投资者（RQFII）试点地区扩大到阿联酋，投资额度为500亿元人民币（"中国和阿联酋两国金融合作迈出新步伐"，2015年12月14日）。虽然阿联酋人民币合格境外机构投资者（RQFII）试点协议安排比卡塔尔晚了近一年时间，但是批准额度却超过卡塔尔150亿元人民币。2016年12月9日，阿联酋人民币清算银行指定为中国农业银行迪拜分行，标志着阿联酋人民币清算中心的建立。根据环球同业银行金融电讯协会2016年1月公布的数据，2015年，在阿联酋对中国内地和香港的付款中，人民币占74%，与2014年相比增加52%，成为中东地区人民币支付增长仅次于卡塔尔的国家；2014年8月和2015年8月到2016年8月阿联酋人民币支付分别增长了210.8%和44.6%，显示阿联酋近年来人民币支付的快速增长。由于阿联酋多年来保持了我国在中东仅次于沙特阿拉伯的第二贸易国的地位，今后阿联酋人民币中心对整个中东人民币业务的推动将发挥重要的引领作用。

29.5.8 亚太地区其他人民币中心

除上文介绍的亚太地区人民币中心外，泰国、菲律宾、印度尼西亚和越南等国家近年来也得到了不同程度的发展。特别是菲律宾，2012年4月到2015年4月该国与我国内地和香港支付人民币占比从53%提高到了73%；同期印度尼西亚、泰国和越南占比分别从7%、13%和6%提高到了26%、25%和14%，显示这些国家三年内人民币支付增长迅速。然而这些东南亚国家在整个境外人民币跨境支付中的占比却相对较小，仍然有着巨大的增长空间。

29.6 欧洲人民币中心的发展

除上文介绍的英国人民币中心外，近年来欧洲也成为除亚太地区外人民币中心最多的地区。欧洲央行于2013年10月与中国人民银行签署了金额高达3500亿元的人民币外汇互换协议，金额仅次于中国人民银行与中国香港、韩国签署的人民币互换协议金额。欧央行与中国人民银行人民币外汇互换协议的签订显示欧元区对推动人民币业务的积极态度，为欧元区人民币的开展打下了较好的基础。

29.6.1 法国人民币中心的发展

法国8年多来一直排名欧洲大陆人民币中心之首。根据环球同业银行金融电讯协会2012年4月公布的数据，2012年3月之后的一年，法国人民币支付金额同比增长了249%，使得法国2013年3月成为当时除中国香港外境外仅次于英国、新加坡和中国台湾后的第四大人民币中心；2015年7月法国成为境外人民币第七大人民币中心，占境外人民币支付比重1.1%；2015年6月到2016年12月，法国保持了境外第七大人民币支付中心地位，2017年1月以来法国保持境外第六大人民币支付中心的位置；2014年3月26日，《中华人民共和国和法兰西共和国联合声明》宣布"分配给法国800亿元人民币合格境外机构投资者（RQFII）额度"（新华网巴黎，2014年3月27日）。截至2020年5月31日，法国有七家金融机构累计获批240亿元人民币的RQFII额度，为欧洲第二大获得RQFII额度的国家。2014年6月28日，中国人民银行与法兰西银行签署了在巴黎建立人民币清算安排的合作备忘录，随后巴黎人民币业务清算行将很快确定。

多年来法国GDP世界占比比德国低1%以上，表26-3显示，1998—2004年法国外汇交易占比也比德国低1%以上，然而从2007年开始法国外汇交易占比却开始超过德国，而且2013年和2016年法国外汇交易占比分别超过德国占比的1.18%和0.98%。仔细观察表26-3我们会发现，2001—2013年法国外汇交易的世界占比基本保持在2.8%上下的水平，而同期德国的占比却下降了3.7%，显示国际金融危机后两国在国际外汇市场上的表现明显有差异，同时也在很大程度上给出了法国在人民币外汇市场上积极进取的姿态。相信今后多年法国将继续引领整个欧洲大陆人民币业务的发展。

29.6.2 德国人民币中心

德国虽为欧洲最大经济体，但是德国在全球外汇市场的交易占比却从2001年的5.4%持续下降到了2013年的1.7%，虽然2016年回升到了1.8%，整体下降的趋势仍未改变，表明世界第四大经济体确实是重视经贸科技而对外汇市场的重视程度有待提高。根据环球同业银行金融电讯协会2013年6月公布的数据，2013年4月和5月德国人民币支付金额同比增长了71%，使得德国成为中国香港外第八大境外人民币中心，而且在2014年6月提高到了第七的地位；2015年7月德国人民币支付排名略升到了第8位，2015年11月占比比2015年7月增长了一倍多到4.1%，首次超过法国占比3.7%，在中国香港外境外人民币中心排名上升到了第6位，然而2016年9月排名回落到了第9位；2016年12月到2018年4月德国人民币跨境支付占比低于澳大利亚和日本，保持了境外第10大人民币支付中心地位；截至2020年6月，德国人民币支付仅次于日本，为境外第9大人民币支付中心。

德国多年来保持为我国在欧洲最大的贸易伙伴。2014年3月28日，中国人民银行与德意志联邦银行签署了在法兰克福建立人民币清算安排的合作备忘录，之后中国人民银行确定了人民银行法兰克福分行为法兰克福人民币业务清算行。截至2020年5月31日，德国仅有3家机构获得了总额仅为105.43亿元人民币的RQFII金额，不到法国的一半，显示我国与德国间的金融合作有待显著加强。

29.6.3 卢森堡人民币中心的发展

作为欧洲重要的金融中心，虽然卢森堡GDP规模较小，且与我国贸易占整个欧洲的比重也较低，但是该国与我国金融合作的力度却相对较高。表29-1显示，早在2014年9月，卢森堡中央银行就与中国人民银行签订了人民币清算协议并指定工商银行卢森堡分行作为卢森堡人民币清算银行。根据环球同业银行金融电讯协会2013年8月公布的数据，截至2013年7月末，卢森堡人民币支付金额同比增长了86%，成为当时继法国后欧元区第二大人民币中心（法国排名第六、卢森堡排名第八）；2013年7月卢森堡与中国内地和香港间的支付超过58%是以人民币支付，而2012年7月相应的比例仅有42%；2014年6月卢森堡人民币支付占比排在中国香港外境外第九大人民币中心；2015年7月卢森堡人民币支付占比与德国并列第8位；2016年8月，卢森堡人民币支付占比排名下降到了第 11 位，截至 2019 年 6 月，卢森堡人民币支付排名再降一位至第 12 位。卢森堡人口和经济规模虽小，但是截至 2020 年 5 月 31 日，卢森堡有 7 家机构总共获得 151.87 亿元人民币的 RQFII 金额，超过了德国相应的总金额（即使减去中国工商银行和中国银行在卢森堡申请的共 50 亿元 RQFII 金额，其他 5 家获批总额 101.87 亿元人民币也与德国相应的 105.43 亿元金额相当）、加拿大和瑞士相应的 RQFII 总金额，显示卢森堡人民币中心的地位。

29.6.4　欧元区其他人民币中心

除上述三个欧元区人民币中心外，欧洲还有其他人民币中心。比利时人民币中心起步较早，2012 年 1 月比利时人民币支付金额排名中国香港外境外继新加坡、英国、美国、法国和卢森堡后第六大人民币中心和欧元区第三大人民币中心，显示出比利时在早期人民币业务方面的进展。由于其他境外中心人民币中心业务发展更快，特别是德国人民币中心近年来发展速度超过比利时，比利时 2014 年成为欧元区仅次于德国的第四大人民币中心，2015 年 7 月比利时人民币跨境支付占比排名在 12 位之后，2016 年 8 月排名第 14 位；2017 年比利时人民币支付占比超过了中国澳门和卢森堡，排名上升到了第 11 位；截至 2020 年 6 月，比利时人民币支付排名第 14 名。虽然比利时至今未与我国有人民币清算安排，也非人民币合格境外机构投资者试点国家，而且也不是亚投行的发起成员国，比利时能够取得境外人民币排名第 13 位实在不易。

荷兰近年来 GDP 仅相当于英国的 1/3 左右，但是荷兰与我国的贸易额保持在我国在欧洲第 2 或第 3 大贸易伙伴的地位。荷兰人民币中心起步相对较晚，至今仍未与我国有人民币清算安排，但是 2015 年 7 月荷兰人民币中心人民币跨境支付占比 0.3%，排名中国香港外第 13 位，占比超过了比利时；2015 年 11 月荷兰人民币中心人民币跨境支付占比提高到了 1.4%，排名也相应地提高，与中国澳门并列排名中国香港外境外人民币中心第 11 位；2016 年 8 月排名在香港外境外人民币支付第 13 位；截至 2020 年 6 月，排名保持在第 14 位。由于中荷两国贸易规模可观，荷兰人民币中心占比今后会显著提高，在全球人民币中心的排名也会进一步提升。

29.6.5　欧元区总人民币支付与其他主要人民币中心的比较

在上文介绍欧元区 5 个主要人民币中心的情况后，我们可以容易地将欧元区人民币支付相加从而获得欧元区总体支付结果。表 29-3 给出的数据显示，2012 年 1 月到 2013 年 6 月前，欧元区人民币中心从两个增加到了 5 个，总比重从 8.9% 提高到了 15.3%，相当于英国和新加坡外境外第三大人民币中心；2014 年 6 月，欧元区总支付占中国香港外人民币中心支付比重下降到了 10.2%，低于美国人民币中心比重的10.8%，相当于境外第四大人民币中心；2015年6月，欧元区总支付占中国香港外人民币支付比重回升到10.3%，低于中国台湾占比，成为相当于境外第四大人民币中心；2016年6月，欧元区总支付占中国香港外人民币中心支付比重回升到了12.8%，超过美国和中国台湾占比，重回中国香港外第三大人民币中心的地位；2017年6月，欧元区总占比总体保持在伦敦、新加坡和韩国之后，排名第4位。2019年6月后，欧元区总占比已经超过了新加坡和美国，占据除中国香港外第二大人民币中心的位置。

29.6.6 俄罗斯人民币中心的发展

中国是仅次于欧洲的俄罗斯第二大贸易伙伴，自2010年11月22日起，国家外汇管理局就开始公布人民币对卢布汇率中间价，成为继马来西亚林吉特交易之后第七种在国内挂牌交易的货币。俄罗斯外贸银行在中国的分行已经在提供俄罗斯卢布和人民币贷款，这对中俄双边贸易至关重要。2014年10月13日，中国人民银行与俄罗斯联邦中央银行签署了规模为1500亿元人民币的双边本币互换协议，旨在便利双边贸易及直接投资，促进两国经济发展（中国人民银行网站）。尽管近年来关于中俄两国经贸合作的报道很多，而且俄罗斯与我国外汇直接交易也早在2010年就已启动，但是俄罗斯人民币清算安排却较晚。2016年9月，俄罗斯人民币清算安排落定，中国工商银行作为俄罗斯人民币清算行。2016年12月，俄罗斯人民币跨境支付占中国香港外比重0.35%，排名香港外第17位，2018年2月和4月，俄罗斯人民币支付占中国香港外比重提高到了1.16%和1.08%，排名提高到了第11位，显示2018年以来俄罗斯人民币中心发展较快。但是截至2020年6月，俄罗斯人民币支付的排名重回14名以外。

29.6.7 瑞士人民币中心

2014年7月21日，瑞士央行与中国人民银行签订了1500亿元人民币的货币互换协议，为中瑞两国经贸往来及瑞士离岸人民币资金池提供流动性支持。2015年1月，中国人民银行宣布将人民币合格境外机构投资者试点地区扩大到瑞士，投资额度为500亿元人民币，为海外投资者在瑞士投资中国资本市场创造了条件，也扩大了外资投资人民币的渠道。表29-1显示，2015年11月中国建设银行已经获得瑞士银行业营业执照，作为瑞士人民币清算行，可以在苏黎世设立分行并开展人民币清算业务（"财经观察：人民币国际化将在瑞士迈出新步伐"，中央政府门户网站：www.gov.cn，2015年10月20日）。2016年12月瑞士人民币支付占中国香港外比重0.35%，排名第16位。

29.6.8 其他欧洲人民币中心

早在2013年9月，匈牙利就与中国人民银行签订了100亿元人民币的外汇互换协议，显示该国对开展人民币业务的积极性。2015年6月27日，中国人民银行与匈牙利央行签署在匈牙利建立人民币清算安排的合作备忘录。2015年6月28日，中国人民银行授权中国银行担任匈牙利人民币清算行，这是中东欧地区首个人民币清算行，使得匈牙利成为东欧第一个有人民币清算安排的人民币中心。中国人民银行同时宣布将人民币合格境外机构投资者试点地区扩大到匈牙利，投资额度为500亿元人民币，额度与澳大利亚、瑞士和加拿大相同。中国已成为匈牙利在欧洲以外的最大贸易伙伴，匈牙利是中国在中东欧地区最大的投资对象国。建立人民币清算机制，将会进一步降低双方经贸成本，丰富投融资选择，也为两国深化合作开辟了新的空间（"中国银行匈牙利分行人民币清算中心启动仪式在布达佩斯举行"，中国经济网，2015年10月14日）。

29.7 美国人民币中心的发展

作为全球最大的经济体，美国至今仍未与我国签订人民币外汇互换协议，人民币清算安排在2016年9月也落定不久。尽管如此，2012年1月，美国支付的人民币金额仅占中国内地和香港外的其他人民币中心支付总额的5.6%，为香港外仅次于新加坡和伦敦的第三大人民币中心；2012年11月，美国支付的人民币金额仅占中国香港外的其他人民币中心支付总额的6.6%，12月相应占比却下降到了4.1%，在中国内地和香港外的境外人民币中心排名降到了第6位。《华尔街日报》2014年7月10日发表题为《美国企业青睐人民币结算》的报道称，美国公司使用人民币结算的贸易规模正在达到创纪录的水平。环球同业银行金融电讯协会提供的数据显示，从2013年4月到2014年4月的一年，美国人民币支付金额增长了327%，成为中国香港外新加坡和伦敦后第三大人民币中心，并保持此排名到2014年12月；虽然2017年4月到2018年2月，韩国人民币中心支付占比超过了美国，而2018年4月到12月，美国占比排名重新超过了中国台湾地区和韩国，重回中国香港、伦敦和新加坡后的第4位；2020年6月，美国占比再度落后于韩国，为除香港外第4位；2020年9月和10月，美国人民币支付占比持续超过韩国，保持中国香港、英国和新加坡后第4大人民币支付中心地位。

中国人民银行2016年6月8日宣布，与美国联邦储备委员会已于近日签署了在美国建立人民币清算安排的合作备忘录（"中美签署在美国建立人民币清算安排合作备忘录"，中国新闻网，2016年6月8日），表29-1显示2016年9月中国人民银行指定中国银行纽约分行为美国人民币清算行。美国人民币清算行的落实对美国人民币跨境支付和其他人民币业务的发展将产生重要的推动作用；2018年2月13日，美国摩根大通银行获得中国人民银行和美国监管当局的批准，成为美国第二家人民币清算银行，也是境外 27 个人民币清算银行中唯二非中资清算银行。随着人民币国际化在亚太地区和欧洲的推动，市场化力量会推动人民币在美国的应用，美国人民币全球跨境支付占比会显著提高，美国有望成为人民币境外的主要中心之一。

29.8 其他境外人民币中心的发展

29.8.1 加拿大人民币中心的发展

2014 年 11 月 8 日中国人民银行及加拿大总理办公室先后发布声明称，加拿大将建立北美首个人民币离岸中心。中国与加拿大同意采取多项措施，在贸易、商业以及投资领域增加使用人民币，推进加拿大人民币市场的稳定和健康发展；同日，加拿大与中国两国央行签署了规模为 2000 亿元人民币的双边本币互换协议。声明还称，中加双方签署了在加拿大建立人民币清算安排的合作备忘录，并同意将人民币合格境外机构投资者（RQFII）试点地区扩大到加拿大，初期投资额度为 500 亿元人民币（"北美首个人民币离岸中心落户加拿大 中加 2000 亿元互换协议签署"，http://wallstreetcn.com，2014 年 11 月 9 日）。

加拿大人民币交易中心于 2015 年 3 月 23 日正式成立，中国工商银行加拿大子公司将担任人民币业务清算行，中心将为西方企业从事人民币交易提供便利，多国企业将可借此通过加拿大银行进行人民币交易（"Ontario home to first renminbi trading hub in the Americas"，China Daily，2015 年 3 月 25 日）。2015 年 11 月加拿大人民币中心人民币跨境支付占比提高到了 1.0%，排名超过了马来西亚等中心，在中国香港外境外人民币中心排名第 13 位，显示加拿大人民币中心推出半年多就取得了可喜的成绩；2016 年 8 月，加拿大人民币支付排名又降到第 14 位之后；2016 年 12 月和 2017 年 12 月，加拿大人民币支付重回第 13 位和第 11 位；截至 2020 年 6 月，加拿大人民币支付维持在第 12 位。作为全球第 10 大经济体，加拿大人民币中心的启动和发展不仅会推动加拿大人民币业务的发展，而且对整个北美洲人民币业务的开展将产生一定的带动作用。

29.8.2 智利人民币中心的发展

在 2015 年 5 月访问智利期间，李克强总理会见记者时透露，两国将签订货币互换协议（2015 年 5 月 25 日中智两国签订了 220 亿元人民币的货币互换协议），并于 2015 年 5 月 25 日由中国建设银行作为智利人民币清算行。同时，智利也将成为拉美地区第一个获得 500 亿元人民币合格境外机构投资者（RQFII）额度的国家，但是截至 2020 年 5 月末，智利仍未获批任何 RQFII 金额。智利人民币中心的启动对整个拉丁美洲人民币业务的推动产生一定的示范效应。

29.8.3 南非人民币中心的发展

南非多年来是我国在非洲最大的贸易伙伴。南非经济虽然世界排名第33位,然而南非金融体系相对绝大多数发展中国家更为开放而且有一定的国际影响。表26-9到表26-12显示,南非兰特国际化程度不仅位居"金砖五国"之首,而且还超过很多发达国家和地区货币和绝大多数发展中国家货币。2015年7月8日,中国人民银行发布公告称,根据《中国人民银行与南非储备银行合作备忘录》(中国人民银行网站)相关内容,中国人民银行决定授权中国银行约翰内斯堡分行担任南非人民币业务清算行("人民币离岸中心再下一城 清算行落子南非",一财网,徐燕燕,2015年7月9日)。环球同业银行金融电讯协会提供的数据显示,南非人民币支付在2016年7月前的12个月内增长了65%,而在之前的两年内增长了112%,使得南非从2014年7月人民币支付排名第30位提高到了第24位。中非两国在经贸和金融方面合作空间巨大,南非人民币中心将对整个非洲人民币业务的推进发挥重要的示范作用。

29.9 人民币存款和支付占比在境外人民币中心间的分布及排名

29.9.1 人民币存款在主要境外人民币中心间的分布

中国香港、中国台湾和新加坡为境外人民币三大存款中心。其他境外人民币中心人民币存款金额相对如上三大人民币中心很低,这里不再详细介绍。

29.9.2 境外人民币中心人民币跨境支付占比比较

环球同业银行金融电讯协会的数据显示,香港外其他人民币中心占境外人民币支付比重从2012年1~8月保持在14%;从2012年8月到2016年8月持续上升到了29.7%;然而2016年8月到2018年4月,香港外人民币中心支付总占比却回落到了25%左右,截至2020年6月,该占比为24.93%,显示出2012—2016年香港外的其他境外人民币中心在整个境外人民币结算中的作用逐步提高,而近年来却呈明显回落的态势。表29-3给出了2012年1月至2020年6月香港外其他主要境外人民币中心占全球人民币跨境支付占比变化。

29 离岸人民币中心的现状和未来发展

表29-3 香港外境外其他人民币中心人民币支付占比和排名变化（2012年1月到2020年6月）

单位：%

时间 国家和地区	2012年1月	2012年12月	2013年6月	2014年6月	2015年6月	2015年12月	2016年6月	2016年12月	2017年6月	2017年12月	2018年6月	2018年12月	2019年6月	2019年12月	2020年6月
英国	23.7	28.3	30.9	22.5	17.9	20.8	23.9	25.4	21.1	23.0	23.6	24.7	25.3	25.9	26.4
新加坡	32.7	22.7	16.5	28.4	28.6	20.8	18.1	17.0	18.9	18.1	17.4	18.7	12.4	12.7	13.1
美国	5.6	4.1	8.5	10.8	9.9	10.8	11.3	13.2	10.6	10.6	9.7	10.5	10.7	10.3	11.7
韩国			1.0	2.4	9.5	8.8	9.3	6.8	14.0	12.3	10.4	5.7	11.8	10.6	9.1
中国台湾	5.0	7.2	10.3	9.3	11.1	13.2	10.9	11.8	10.2	9.0	9.2	8.9	10.0	8.9	8.5
法国			8.1	5.4	4.6	4.8	4.5	5.8	6.0	6.4	5.9	6.8	5.9	5.5	6.2
澳大利亚		8.2	3.4	4.8	3.8	4.0	3.0	4.0	3.9	4.2	4.7	5.6	5.4	4.8	4.5
日本				2.5	1.5	2.4	2.8	3.3	3.2		3.1	3.3	3.0	3.9	3.5
德国			3.4		1.9	2.0	2.6	2.1	2.8	2.8	3.7	4.2	3.2	3.2	3.2
中国澳门					1.5		2.1		0.7	1.0	1.1		1.9	2.2	2.4
卢森堡	3.9	4.3	3.8	2.3	2.7	2.4	1.9	1.7	1.5	1.4	2.7	2.0	1.5	1.8	1.7
加拿大						1.6	2.0	1.3	1.1	0.9	1.2	1.4	1.6	1.6	1.5
比利时						2.4	2.0	1.6	1.2		1.4	1.1	1.1	1.7	1.4
荷兰					1.1	1.2	1.7	1.2	1.1		0.9		1.3	1.5	1.0
俄罗斯										0.5		0.8			
欧元区	8.9	11.5	15.3	10.2	10.3	12.8	12.8	12.6	12.6	10.6	14.6	14.1	13.0	13.7	13.4

数据来源：根据环球同业银行金融电讯协会不同时期公布的数据整理和计算得出，占比为香港外离岸人民币中心占香港外总额比重。

29.9.3 中国香港外主要人民币中心支付占比排名

虽然有超过一百多个国家和地区与我国内地和香港有人民币支付业务,但绝大多数国家和地区人民币支付金额还较小,香港和其他十几大境外人民币中心人民币支付占比超过了人民币总支付比重九成以上。表 29-3 显示,2012 年 12 月,英国获得了中国香港外人民币支付第一的位置,而 2014 年 3 月至 2015 年 6 月,新加坡排名重新夺回了第一的位置,2014 年 6 月至 2015 年 6 月,新加坡人民币支付占中国香港外人民币总支付比重持续超过伦敦,保持了香港外最大的人民币支付中心位置;然而 2015 年 11 月伦敦重新夺回了中国香港外境外人民币支付的头把交椅,而且 2016 年 7 月以来伦敦保持了香港外境外最大的人民币支付中心,显示伦敦和新加坡近年来争夺境外人民币中心的剧烈竞争,但是这些中心近年来的排名趋于稳定;除伦敦和新加坡,美国和中国台湾两中心交替为中国香港外第三和第四中心,韩国近年来排名第五上下;其他中心排名稍后,这里不再细述。

29.10 人民币合格境外机构投资者(RQFII)额度和获准额度在境外人民币中心的分布

不同境外人民币合格境外机构投资者(RQFII)的人民币额度是其开展境外人民币业务的基础,也是衡量境外人民币中心的另外一个重要的指标。上文简单介绍了一些境外人民币中心 RQFII 的额度,这里我们系统地介绍和比较不同境外人民币中心获得的 RQFII 总额度及已经获批的额度。表 29-4 给出了主要境外人民币中心获得 RQFII 总额度和截至 2020 年 5 月 31 日获批的累计额度。

表 29-4 境外人民币中心获得 RQFII 总额度及已获批的额度比较
(截至 2020 年 5 月 31 日) 单位:亿元人民币,%

国家和地区	批准总额度	累计获批额度	累计批准额度占比
中国香港	5000	3651.57	73.03
美国	2500	391.70	15.67
日本	2000	90.00	4.50
韩国	1200	731.87	60.99
新加坡	1000	782.55	78.26
英国	800	484.84	60.61
法国	800	240.00	30.00

续表

国家和地区	批准总额度	累计获批额度	累计批准额度占比
德国	800	105.43	13.18
澳大利亚	500	320.06	64.01
卢森堡	500	151.87	30.37
瑞士	500	96.00	19.20
加拿大	500	86.53	17.31
泰国	500	21.00	4.20
爱尔兰	500	18.50	3.70
马来西亚	500	16.00	3.20
荷兰	500	0.00	0.00
匈牙利	500	0.00	0.00
智利	500	0.00	0.00
阿联酋	500	0.00	0.00
卡塔尔	300	0.00	0.00
国际货币基金组织	—	42.00	—
总计	19900	7229.92	36.33
欧元区	3100	515.80	16.64

数据来源：批准总额度数据来自中国人民银行网站，累计获批额度为截至2020年5月31日获批的额度数据来自国家外汇管理局网站。

29.10.1 以注册地机构统计的 RQFII 数据

表 29-4 显示，中国香港获得的 RQFII 总额度最高为 5000 亿元人民币，而且这些年额度已经用了 73.03%；美国获得的额度仅次于中国香港为 2500 亿元人民币，但截至 2020 年 5 月 31 日，仅共获批 391.70 亿元人民币的额度，占美国总额度的 15.67%；韩国获得的额度仅次于中国香港、美国和日本，高达 1200 亿元人民币，获准额度也高达 731.87 亿元，仅次于中国香港和新加坡排名第 3 位，启动率高达 60.99%，仅次于新加坡的 78.26%、香港的 73.03% 和澳大利亚的 64.01%；新加坡累计获准额度高达 782.55 亿元，仅次于香港排名第 2 位；英国、法国和德国的额度皆为 800 亿元，但英国、法国和德国累计获准额度分别为 484.84 亿元、240.00 亿元和 105.43 亿元，启动率分别为 60.61%、30.00% 和 13.18%；卢森堡、加拿大、瑞士、马来西亚和泰国获准额度皆为 500

亿元，而累计获准额度分别为 151.87 亿元、86.53 亿元、96.00 亿元、16.00 亿元和 21.00 亿元，启动率分别为 30.37%、17.31%、19.20%、3.20% 和 4.20%；欧元区法国、德国、卢森堡、荷兰和爱尔兰五个中心总计获准额度高达 3100 亿元，仅次于中国香港和美国，但累计获准额度仅为 515.80 亿元，启动率仅为 16.64%；智利、匈牙利和阿联酋皆获得 500 亿元的总额度，卡塔尔获 300 亿元的总额度，然而该 4 个人民币中心仍未获得批准额度。表 29-4 给出的不同中心使用 RQFII 额度或利用率在很大程度上反映出其推动人民币业务的积极性，也反映其人民币业务的活跃程度，与表 29-3 给出的相应的人民币支付占比排名相当。

29.10.2 以人民币合格境外机构投资者（RQFII）所在国家和地区区分的 RQFII 额度分布

表 29-4 给出的不同国家和地区的 RQFII 额度分布实际上是以投资者注册地来区分的，在很大程度上显示这些国家或地区对人民币国际化的支持程度。但是，这种区分有一定的局限性。比如，表 29-4 给出的澳大利亚的 320.06 亿元 RQFII 分别为领航投资澳洲有限公司（Vanguard Investment Australia Ltd.）、范达投资有限公司（VanEck Investments Limited）和罗素投资管理（澳大利亚）有限公司（Russell Investment Management Limited）三家公司获准的澳大利亚 RQFII 额度，而该三家公司实际上都是美国的基金公司。利用澳大利亚的 RQFII 额度，看上去是澳大利亚对人民币国际化的支持，实际上却是美国基金业对人民币国际化的支持。按照投资者所在国家和地区重新划分，我们会得到新的 RQFII 分布，并结合我国对外证券投资数据结果如表 29-5 所示。

表 29-5　RQFII 额度在不同国家和地区的分布及对应的中国对相应地区的证券投资数据

按国家和地区划分 RQFII 额度（亿元人民币）			中国对外证券投资资产（分国家/地区，亿美元）					
国家和地区	累计批准额度	额度占比	合计	股本证券	债务证券	长期	短期	占总额比例
中国内地	3312.5	45.8%						
美国	1426.8	19.7%	1628.3	939.5	688.8	664.0	24.7	25.2%
韩国	749.9	10.4%	73.0	18.6	54.4	10.6	43.8	1.1%
英国	370.7	5.1%	218.0	112.3	105.8	81.4	24.4	3.4%
法国	313.0	4.3%	86.1	43.0	43.1	41.2	1.9	1.3%
瑞士	214.0	3.0%	44.5	39.8	4.7	4.6	0.2	0.7%
日本	187.4	2.6%	136.7	80.8	55.9	22.8	33.2	2.1%
新加坡	183.7	2.5%	74.9	11.7	63.2	42.8	20.4	1.2%

续表

按国家和地区划分RQFII额度（亿元人民币）			中国对外证券投资资产（分国家/地区，亿美元）					
国家和地区	累计批准额度	额度占比	合计	股本证券	债务证券	长期	短期	占总额比例
德国	120.0	1.7%	125.7	36.3	89.5	87.1	2.3	1.9%
加拿大	101.5	1.4%	47.0	27.1	19.8	19.8	0.0	0.7%
中国香港	64.0	0.9%	2264.3	1660.7	603.6	516.5	87.0	35.1%
意大利	50.0	0.7%	24.1	16.7	7.4	7.4	0.0	0.4%
国际组织	42.0	0.6%	29.2	0.0	29.2	28.7	0.5	0.5%
荷兰	30.0	0.4%	39.6	22.9	16.7	15.6	1.2	0.6%
泰国	21.0	0.3%	6.9	3.4	3.5	2.6	0.8	0.1%
卢森堡	16.9	0.2%	127.1	90.9	36.1	26.3	9.8	2.0%
澳大利亚	15.0	0.2%	76.6	35.5	41.1	30.9	10.3	1.2%
中国台湾	11.6	0.2%	11.5	6.2	5.3	2.2	3.0	0.2%
合计	7229.9	100.0%	中国对外证券投资总额6460亿美元					
欧元区	529.9	7.3%	402.5	209.7	192.7	177.5	15.2	6.2%

数据来源：根据国家外汇管理局公布的截至2020年5月31日获准额度及投资者所在国家和地区统计计算得出；中外合资基金获准的额度归属以控股公司所在国计算；由于有些投资者，特别是在港注册的有些投资者所在国家或地区不易确认，因此表中的结果可能有些误差，中国对外证券投资数据取自外管局网站公布的2019年末数据。

表29-5的结果与表29-4的结果有着显著的差异：在港大多RQFII是内地的投资者，因为内地投资者通过香港这个主要的境外人民币中心进行人民币相关投资活动，内地在港RQFII投资者获批金额超过香港总获批金额的七成以上，内地总RQFII金额占全球总RQFII获批金额四成以上的结果显示内地机构投资者是人民币国际化的主要推动者。与此同时，内地对港的证券投资金额也占了总额的三成以上，显示出内地与香港之间金融市场的密切关系。

29.10.3 美国基金是人民币国际化的重要推动者

从2011年人民币合格境外机构投资者（RQFII）试点开始到2016年底，RQFII获批额度主要分布在中国香港、韩国、新加坡、欧元区、英国和澳大利亚等几个主要境外人民币中心。2016年6月上旬，时任中国人民银行副行长易纲在中美战略经济对话吹风会上表示，中方决定给美方2500亿元人民币RQFII投资额度。然而到2017年2月，美国才有第一家投资者贝莱德基金顾问公司申请获批了110亿元的RQFII额度；2017年9月和11月美国Acadian资产管理有限责任公司和贝莱德机构信托公司分别获批了16亿元和40亿元人民币的RQFII金额；2018 年第二季度美国 WisdomTree 资产管理公司获批了 12.2 亿元人民币 RQFII 额度。这些数据显示，截至 2018 年第二季度末，美国基金对 RQFII 热情有限。但是，2018 年第三季度，美国桥水投资公司、道富环球投资资产管理有限公司和道富环球投资信托公司分别获批了 26 亿元、44 亿元和 50 亿元，合计 120 亿元人民币的 RQFII 额度，占该季度全球总 RQFII 增量 181 亿元的 66.3%，显著超过了同期英国、中国香港和爱尔兰三个人民币中心合计增量 86 亿元。2018 年第三季度在人民币对美元累计贬值 3.6% 的环境下，美国基金显著增持 RQFII 额度明显显示出对人民币的支持。截至 2020 年 5 月底，美国投资者累计获批额度占比达到近 20%，显示美国投资者对境外人民币业务和对人民币国际化的支持力度显著。而中国对外证券投资有 25.2% 投向美国，比例之高亦反映了中美金融经济之间的紧密联系和默契关系。另外值得注意的是，截至 2019 年 6 月底，已经有 425 家美国机构投资者进入中国债券市场，占比 23%，位列第一，然后是中国香港和新加坡。

29.10.4　其他国家和地区投资者获批的 RQFII 额度简析

表 29-5 显示，韩国获批的总 RQFII 金额仅次于我国境内和美国，占总额比重超过一成，显示韩国投资者对人民币国际化的支持度很高；英国、法国、瑞士、日本和新加坡投资者获批的人民币金额占比在 2%~5%，显示这些人民币中心对人民币国际化的支持力度。表 29-5 给出的 2020 年 5 月末瑞士投资者获批的总 RQFII 金额高达 214 亿元人民币，比表 25-4 给出的 96 亿元高出两倍（这是由于瑞士联合银行通过中国香港、新加坡和韩国注册的机构获得的 RQFII 额度所致），显示瑞士投资者对人民币国际化的支持；德国和加拿大获批金额也皆超过表 29-4 给出的总金额，原因同上。作为区域金融中心，卢森堡与新加坡和中国香港相似，以外来金融机构为主，表 29-5 给出的卢森堡总获批 RQFII 金额显著低于表 29-4 给出的总金额。值得注意的是，中国台湾在表 29-4 中没有获批金额，表 29-5 给出的获批金额是通过其他人民币中心注册的机构而得出的。

29.11　境外人民币中心排名与合格境外机构投资者获准金额分布的关系

不同国家和地区机构申请我国合格境外机构投资者（QFII）的数量和金额也在很大程度上反映出这些国家和地区对我国资本市场发展的兴趣。表 29-6 给出了截至 2020 年 5 月 31 日 QFII 获批额度在不同国家和地区的分布。

表 29-6 合格境外机构投资者（QFII）获批金额在不同境外人民币中心的分布 单位：家，亿美元，%

国家或地区	获批机构数	机构数占比	累计获批额度	累计获批额度占比
中国香港	72	24.41	260.63	22.42
英国	25	8.47	115.59	9.94
中国台湾	37	12.54	108.61	9.34
美国	43	14.58	101.4	8.72
新加坡	22	7.46	79.2	6.81
韩国	16	5.42	77.48	6.66
中国澳门	1	0.34	50	4.30
阿联酋	1	0.34	50	4.30
加拿大	9	3.05	41.55	3.57
瑞士	9	3.05	38.25	3.29
法国	7	2.37	36.75	3.16
日本	15	5.08	34.99	3.01
澳大利亚	5	1.69	33.2	2.86
挪威	1	0.34	25	2.15
马来西亚	3	1.02	20.6	1.77
科威特	1	0.34	20	1.72
德国	4	1.36	14.2	1.22
葡萄牙	2	0.68	12	1.03
卡塔尔	1	0.34	10	0.86
荷兰	4	1.36	8.31	0.71
卢森堡	4	1.36	4	0.34
泰国	2	0.68	4	0.34
国际组织	1	0.34	2.8	0.24
瑞典	3	1.02	2.31	0.20
立陶宛	1	0.34	2.3	0.20
比利时	1	0.34	2.1	0.18
文莱	1	0.34	2	0.17
爱尔兰	1	0.34	2	0.17
南非	1	0.34	1.5	0.13
西班牙	1	0.34	1	0.09
意大利	1	0.34	0.83	0.07
欧元区	26	8.81	83.49	7.18
合计	295	100.00	1162.6	100.00

数据来源：根据国家外汇管理局公布的截至 2020 年 5 月 31 日获准额度和机构注册地统计计算得出。

29.11.1　QFII 在不同人民币中心的分布

表 29 – 6 显示，中国香港获准境外机构投资者金额名列前茅，占总金额比重接近 1/4，显示香港特区在我国金融对外开放中的重要地位；英国获准 QFII 金额仅次于香港，占比略低于一成；中国台湾投资者申请 QFII 而获准总金额略低于英国，与台湾人民币中心境外人民币储蓄排名第二位一致，显示台湾与大陆的密切关系；美国、韩国和新加坡投资者申请的总 QFII 金额分别排名第 4 位到第 6 位，占比在 7% 上下；中国澳门、阿联酋、加拿大、瑞士、法国、日本、澳大利亚和挪威分别获批的总 QFII 金额分别排名第 7 位到第 14 位，占比在 2% ~ 5%；法国和德国等 10 个欧元区国家总 QFII 获准额度占比 8.81%，略超过美国，显示欧元区 QFII 获准额度正在不断提高。另外，日本获批的 QFII 总金额不到 35 亿美元，不到英国的 1/3，与日本经贸和境外资产规模的国际地位很不相称，显示中日金融合作仍有巨大的潜力。

29.11.2　不同国家和地区 QFII 和 RQFII 额度的比较

表 29 – 6 显示，除中国台湾地区外，其他人民币中心获得 QFII 额度的占比和排名基本与表 29 – 5 给出的 RQFII 金额的占比和排名相当，显示不同境外人民币中心对国内资本市场的兴趣与其对人民币的兴趣基本一致。

29.11.3　QFII 托管银行相关信息的启示

表 29 – 6 给出的 QFII 相应的托管银行的信息也有重要的含义。表 29 – 6 的数据显示，295 个 QFII 机构中汇丰银行、中国工商银行、花旗银行、中国建设银行和中国银行分别托管了 99 家、51 家、42 家、32 家和 25 家机构；另外，渣打银行和德意志银行各自托管了 11 家，中国农业银行和交通银行分别托管了 10 家，兴业银行、民生银行和中信银行分别托管了 2 家、1 家和 1 家；汇丰、花旗、渣打和德意志四家外资银行总托管机构 163 家，占总机构数的 55.3%，显示该四家外资银行在国内资本市场的重要影响力。

另外，295 个 QFII 机构中汇丰银行、花旗银行、中国工商银行、中国建设银行和中国银行托管的金额分别为 429.06 亿美元、191.93 亿美元、148.81 亿美元、119.73 亿美元和 102.78 亿美元；另外，交通银行、渣打银行和德意志银行三家银行分别托管金额 34.25 亿美元、51.68 亿美元和 28.02 亿美元，中国农业银行、兴业银行和中信银行分别托管了 48.14 亿美元、7 亿美元和 1 亿美元；汇丰、花旗、渣打和德意志四家外资银行总托管机构金额为 700.69 亿美元，占总金额比重高达 60.3%。

汇丰、花旗、渣打和德意志四家外资银行在 QFII 托管机构总数和总金额数超过了境内五大行和两个股份制银行总计数,表明在与境外机构投资者合作方面外资银行有其优势。

29.12 离岸人民币市场发展中存在的问题

境外人民币中心发展的同时也存在诸多的问题。本节简单介绍境外人民币中心存在的问题。

29.12.1 境外人民币中心有待完善的方面

中国境外人民币中心在几年内从无到有,而且已经遍布全球。在如此短的时间内较快发展,存在问题也在所难免。目前较为全面反映各中心人民币业务规模的唯一数据源是环球同业银行金融电讯协会每月公布的人民币支付数据和相关人民币贸易融资数据,而各中心人民币储蓄、交易等相关数据却难以获得。相信随着境外人民币中心的进一步发展和逐渐成熟,这些基础数据将会逐渐全面并及时公布。

29.12.2 境外人民币业务与我国贸易分布不够均衡

首先,上文介绍了我国与主要发展中国家,即"金砖国家"的俄罗斯的贸易和金融合作虽然起步较早,但是人民币在俄罗斯的进展较慢;其次,我国与巴西虽然早在2013年3月就签署了1900亿元人民币的外汇互换协议,而且巴西是我国在南美最大的贸易伙伴,然而人民币贸易结算等业务在巴西的进展却相对缓慢。再次,"金砖银行"和新开发银行的主要发起国家印度,至今仍未与我国签订人民币货币互换协议,印度人民币业务开展较慢。最后,人民币中心至今仍未在意大利和西班牙这两大欧元区国家开展,与该两国合作对提高我国与欧元区整体的合作程度相当重要。

29.12.3 业务仍相对简单

上文显示,包括香港在内的境外人民币中心的主要业务是与人民币贸易结算相关的人民币支付和人民币储蓄等简单业务,2015—2017年香港这个最大的人民币中心的人民币贷款额也仅达到了存款额的1/4到1/3的水平,2018年甚至跌破了1/5的水平,2019年稍有回升至1/4的水平。境外人民币市场的深度和广度急需提高。

中央银行批准境外人民币业务清算行和参加行可开展中国银行间债券市场的境外回购交易,打通了两地银行间债券市场。主权机构、多边机构也有可能选择伦敦发行系列人民币债券。随着境外人民币业务的发展,境外中心人民币业务和产品将逐渐丰富和活跃，我们将在第36章进一步探讨相关问题。

29.13 人民币跨境支付系统对人民币国际化的推动作用

2015年10月8日，人民币跨境支付系统（一期）成功上线运行。人民币跨境支付系统（CIPS）为境内外金融机构人民币跨境和离岸业务提供资金清算、结算服务，是重要的金融基础设施。该系统按计划分两期建设，一期工程便于跨境人民币业务处理，支持跨境货物贸易和服务贸易结算、跨境直接投资、跨境融资和跨境个人汇款等业务。其主要功能特点包括：一是CIPS（一期）采用实时全额结算方式处理客户汇款和金融机构汇款业务。二是各直接参与者一点接入，集中清算业务，缩短清算路径，提高清算效率。三是采用国际通用ISO 20022报文标准，便于参与者跨境业务直通处理。四是运行时间覆盖欧洲、亚洲、非洲、大洋洲等人民币业务主要时区。五是为境内直接参与者提供专线接入方式。

为培育公平竞争的市场环境，中国人民银行发布了《人民币跨境支付系统业务暂行规则》，规定了参与者准入条件、账户管理要求和业务处理要求等，为CIPS稳定运行奠定制度基础。同时，推动成立了跨境银行间支付清算（上海）有限责任公司，负责独立运营CIPS。该公司接受人民银行的监督和管理。CIPS首批直接参与机构包括中国国内五大行和招商银行、浦发银行、中国民生银行、兴业银行、平安银行和华夏银行共六家股份制银行及汇丰银行、花旗银行、渣打银行、星展银行、德意志银行、法国巴黎银行、澳大利亚和新西兰银行和东亚银行共8家外资银行在中国国内的法人银行。此外，同步上线的间接参与者包括位于亚洲、欧洲、大洋洲、非洲等地区的38家境内银行和138家境外银行。

经过充分论证和研究，在境内有关商业银行的密切配合和支持下，中国人民银行于2012年启动建设CIPS。CIPS的建成运行是我国金融市场基础设施建设的又一里程碑事件，标志着人民币国内支付和国际支付统筹兼顾的现代化支付体系建设取得重要进展。作为重要的金融基础设施，CIPS符合《金融市场基础设施原则》等国际监管要求，对促进人民币国际化进程将起到重要支撑作用［本节内容直接引用《人民币国际化重要里程碑人民币跨境支付系统（一期）成功上线运行》，人民银行网站，2015年10月8日］。

2018年3月26日，CIPS二期投产试运行，10家中外资银行同步试点上线，进一步提高人民币跨境资金的清算、结算效率（新华网，2018年3月26日）；截至2019年12月底，CIPS共有33家境内外直接参与者，903家境内外间接参与者，实际业务范围已延伸到167个国家和地区。中国人民银行网站公布的

《2019年支付体系运行总体情况》显示，2019年，人民币跨境支付系统处理业务188.43万笔，金额33.93万亿元，同比分别增长30.64%和28.28%。人民币跨境支付体系的不断提升为进一步推动人民币在全球的使用，为其成为真正的全球货币铺平道路。

2019年1月16日，环球同业银行金融电讯协会（SWIFT）还与跨境清算公司（CIPS运营机构）签署了合作意向书，以进一步深化双方在跨境支付业务发展方面的合作。SWIFT将在北京设立外商独资企业，为中国用户提供本地化的服务。在华独资机构成立后，SWIFT将加入中国支付清算协会并由中国人民银行依法进行监督管理。SWIFT由全球约2400家银行共同所有，服务于全球11000多家银行和金融机构，截至2019年1月16日，我国目前已有141家中资银行加入SWIFT GPI（Global Payment Initiative，全球支付倡议），这些银行的跨境支付量占到所有中资银行跨境支付量的97%以上。

29.14 银联人民币跨境支付系统对人民币国际化的推动作用

中国银联是中国银行卡联合组织，通过银联跨行交易清算系统，实现商业银行系统间的互联互通和资源共享，保证银行卡跨行、跨地区和跨境的使用。中国银联已与境内外数百家机构展开广泛合作，银联网络遍布中国城乡，并已延伸至亚洲、欧洲、美洲、大洋洲、非洲等160个国家和地区。中国银联在拓展跨境业务的同时，发挥网络、产品和技术优势，积极参与境外市场金融基础设施建设，以此创新业务拓展模式，加速银联卡业务本地化进程。银联芯片卡标准成为泰国银行业的行业标准，银联与泰国主要银行合作建立的本地转接网络TPN（Thai Payment Network）业已上线，银联还参与建成了老挝国家银行卡支付系统（"银联技术标准走出去再获新进展"，金融时报，2016年10月13日）。

2016年10月12日，中国银联与六家国际机构签署了合作协议，这六家国际机构包括：泰国银行间交易管理交易所NITMX、新加坡星网电子付款私人有限公司NETS、印度尼西亚ATM转接机构Rintis、菲律宾同业银行网络BancNet、马来西亚电子支付系统MEPS、韩国金融电信与清算协会KFTC。签约对市场各方具有重要意义：一是标志着银联与境外支付行业的合作，从业务合作升级到产品、标准的全面合作；二是满足了这些市场支付产业从磁条卡向芯片卡升级的需求，并为未来非接支付、移动支付、钱包类产品等银联创新产品在境外的推广打下基础，拓展了合作空间；三是银联借助"一带一路"倡议实施等中外合作的东风，通过推广支付清算基础设施、技术标准等，有助于提升中国支付产业的国际竞争力（同上）。实际上，如上涉及东盟全部五个创始成员国和其他东盟国家，显示中国银联在信用卡支付技术和业务方面已经达到了可喜的水平，对人民币国际化在东盟以至其他地区的推动发挥了积极的推动作用。

29.15 小结

本章介绍了 7 年来包括香港在内的境外二十多个人民币中心的发展情况。各种数据显示，近年来境外人民币支付业务有了迅速的发展，遍及亚欧美非四大洲的二十几个人民币中心业务呈现良好的较快发展势头，特别是 2015 年 8 月在人民币对美元持续贬值而且预期贬值显著的环境下，人民币跨境支付的全球占比达到了 2.79%，首次超过日元占比 2.76%，成为全球第四大支付货币，境外人民币支付业务仍呈现可喜的发展势头，显示国际市场对人民币和我国经贸及今后发展的信心。然而 2015 年 8 月以来，人民币跨境支付占全球跨境支付比重总体呈现下降的态势，排名回落到了低于加拿大元的第六位，显示人民币贬值对人民币境外支付的显著影响。截至 2020 年 6 月，人民币跨境支付的全球占比达到了 1.76%，为第五大支付货币。

境外人民币接受的程度与我国贸易的全球分布还很不平衡，特别是印度这个亚洲第三大经济体和南亚最大经济体，巴西这个全球第九大经济体和拉美最大经济体，意大利和西班牙两个主要欧元区国家，及墨西哥、土耳其和沙特阿拉伯等主要发展中国家人民币中心至今尚未建立，人民币跨境支付增长潜力巨大。相信再过几年境外人民币支付的分布也会更加均衡，人民币的国际化程度也会随之持续提升。

参考文献

[1] 李婧. 人民币区域化对中国经济的影响与对策 [M]. 北京：中国金融出版社，2009：57-58.

[2] 陆婷. 台湾人民币离岸市场的现状、问题和前景 [D]. 中国社会科学院世界经济和政治研究所国际金融研究中心，论文 2014W13，2014.

[3] 罗布特·米肯尼，刘健恒. 人民币的崛起——国际地位及影响 [M]. 北京：中信出版社，2013.

[4] 张光平. 人民币国际化和产品创新（第七版）[M]. 北京：中国金融出版社，2017.

[5] Chan, Norman T. L., 2013, "Development of Offshore Renminbi Business in Hong Kong: Review and Outlook", 21 February 2013.

[6] Chan, Norman T. L., 2014, Hong Kong as Offshore Renminbi Centre-Past and Prospects.

[7] Yue, Eddie, 2012, "Hong Kong – Challenges and Opportunities Ahead", Deputy Chief Executive, Hong Kong Monetary Authority (Speech at the Hong Kong Institute of Bankers Annual Conference 2012 "The Year of Transformation – Heading into a New Era") 13 September 2012.

[8] Yue, Eddie, 2013, "The Development and Future of the Offshore Renminbi Market", Deputy Chief Executive, Hong Kong Monetary Authority (Keynote address at Euromoney Global Offshore RMB Funding Forum 2013), 8 May 2013.

[9] Hong Kong Monetary Authority, 2014, "Briefing to the Legislative Council, Panel on Financial Affairs", 5 May 2014, www.hkma.gov.

30 离岸人民币市场

离岸市场是货币实现国际化的重要组成部分，而且在目前的实际操作中对于绝大多数主要国际货币来说离岸市场都是相较于国内市场更为重要的组成部分。2010年7月19日，中国人民银行与香港人民币业务清算行中国银行（香港）有限公司在香港签署了新修订的《香港银行人民币业务的清算协议》，为香港离岸人民币市场的启动做好了铺垫。2010年8月17日，《中国人民银行关于境外人民币清算行等三类机构运用人民币投资银行间债券市场试点有关事宜的通知》发布，允许相关境外机构进入国内银行间债券市场投资试点。该通知的发布标志着境外人民币市场的正式启动。2017年7月，在中国人民银行及香港金融管理局的共同推动下香港与内地开展了"债券通"，初期先开通"北向通"，即境外投资者通过内地与香港债券市场基础设施的互联互通，投资于内地银行间债券市场，未来将实施研究拓展至"南向通"。"债券通"是国内债市开放的重要里程碑，市场参与规模稳步增长，到2020年6月底，共有2012家来自33个国家和地区的境外机构参与，日均成交量达211亿元人民币。在人民币国际化的大背景下，国家为提高人民币的国际流通和结算地位，在人民币资本项下未完全实现可兑换的条件下开展离岸人民币交易和贸易结算是非常必要的。发展人民币贸易结算需要解决境外人民币的流通和交易问题，使企业可以根据自身头寸融入融出人民币，这就需要发展离岸人民币市场，使境外人民币可以在境外的人民币离岸市场上进行交易。

30.1 离岸人民币债券市场

一个国家债券市场的海外参与程度包括海外投资者对该国债券的持有存量是其货币国际化程度的重要反映，人民币境外债券的发行和交易自然成为境内外关注的重点之一。2007年1月11日中国人民银行宣布：内地金融机构经批准可以在香港发行人民币金融债券，人民银行将为此项业务提供相应的清算安排。内地金融机构通过在香港发行人民币金融债券，不仅增加了香港金融市场内的债券发行主体和债券币种，还有助于在港银行扩大其资产业务范围，增加香港居民及企业的人民币投资选择。表30-1列举了2007年至今离岸人民币债券市场的重大事件。

表 30-1　　2007 年以来离岸人民币债券市场的重大事件

时间	事件
2020 年 3 月	中国人民银行通过香港金管局在香港发行 2020 年第三期中央银行票据，发行量为 100 亿元
2020 年 2 月	中国人民银行通过香港金管局在香港发行 2020 年第一期和第二期中央银行票据，发行总量为 300 亿元
2019 年 12 月	中国人民银行成功在香港发行 100 亿元人民币央行票据
2019 年 11 月	首单同时于香港和澳门的离岸人民币债券由渣打牵头发行
2019 年 11 月	中国人民银行在香港发行 300 亿元人民币央行票据
2019 年 9 月	国家财政部在香港发行 45 亿元人民币国债
2019 年 8 月	中国人民银行在香港发行 300 亿元人民币央行票据
2019 年 6 月	中国人民银行在香港发行 300 亿元人民币央行票据
2019 年 6 月	国家财政部在香港发行 50 亿元人民币国债
2019 年 5 月	中国人民银行在香港发行 200 亿元人民币央行票据
2019 年 2 月	中国人民银行在香港发行 200 亿元人民币央行票据
2018 年 11 月	中国央行通过香港金管局在香港发行 3 个月、1 年期央行票据各 100 亿元
2018 年 9 月	中国农业发展银行在香港发行 12 亿元人民币固息债券
2018 年 2 月	中国银行在境外成功完成 40 亿元人民币债券发行定价，亦是人民币市场上最大单笔发行
2016 年 5 月	中国财政部在伦敦发行 30 亿元人民币国债
2014 年 6 月	国际金融公司在伦敦发行首批 5 亿元的绿色金融债券
2014 年 6 月	汇丰银行、渣打银行在新加坡交易所发行共计 15 亿元人民币债券
2013 年 6 月	安硕在港交所推出亚洲首只离岸人民币债券 ETF
2013 年 3 月	台湾中国信托商业银行在台发行 10 亿元人民币债券，台湾离岸人民币债市启动
2012 年 4 月	汇丰银行在伦敦首次发行 20 亿元人民币债券，伦敦离岸人民币债市启动
2010 年 7 月	合和公路发行 13.8 亿元的 2 年期债券，为中国非金融企业首单离岸人民币债券
2007 年 7 月	国开行首次在香港发行第一只离岸人民币债券

资料来源：根据中国人民银行官网，财政部官网，国开行官网，中国银行官网及新浪财经等渠道信息整理得出。

30.1.1　监管环境

2007 年 1 月 14 日，《中国人民银行公告〔2007〕第 3 号》（以下简称《公告》）发布，首次规定境内金融机构经批准可在香港发行人民币债券。随后，中国人民银行与国家发展和改革委员会于 2007 年 6 月 8 日联合发布了《境内金融机构赴香港特别行政区发行人民币债券管理暂行办法》（以下简称《办法》）。《公告》和《办法》为境内机构境外发行人民币债券提供了政策依据。2010 年 2 月 11 日，香港金融管理局发布了《香港人民币业务的监管原则及操作安排的诠释》，首次从香港监管机构的角度对在香港发行人民币债券的相关事宜作出了解释。由此，两地对在港发行人民币债券有了政策依据，为该市场的发展打下了基础。

2013年7月10日，中国人民银行出台《关于简化跨境人民币业务流程和完善有关政策的通知》，对经常项下人民币结算、银行卡人民币账户跨境清算、境内非金融机构人民币境外放款、境内非金融机构境外发行人民币债券、境内非金融机构对外提供人民币担保、境内代理行对境外参加行人民币账户融资等跨境人民币业务政策进行了较大力度完善，对进一步推动跨境人民币业务发挥了积极作用。

30.1.2 境内银行类机构赴港发行人民币债券的情况

2007年6月27日至7月6日，国家开发银行在香港发行了第一只境外人民币债券，发售对象为机构及个人投资者，期限2年，票面年利率为3%。债券发行量最高不超过50亿元人民币，其中零售债券最低发行量约为10亿元人民币，个人投资者最低认购额为2万元人民币。此次发行吸引的总申购金额超过140亿元人民币，接近发行额的3倍，显示出香港市场对此项业务的热情。国开行发行首笔人民币境外债券后，中国进出口银行、境内大型商业银行和其他金融机构分别获准在中国香港、伦敦和卢森堡等地发行人民币债券。2018年2月中国银行在境外成功完成40亿元离岸人民币债券发行定价。本次债券以中国银行澳门分行为发行主体，品种为固定利率，期限为1年和3年，并在香港联合交易所挂牌上市。2018年9月中国农业发展银行在香港发行2年期固息人民币债券，债券规模为12亿元人民币。

30.1.3 发行人民币债券的境外机构

2009年6月19日，汇丰银行（中国）和东亚银行（中国）获准在香港发行人民币债券，这是首批在香港发行人民币债券的本地注册外资银行。此后发债主体逐渐扩展至港澳公司（合和基建与银河娱乐）、红筹公司（中国重汽）、跨国公司（麦当劳与卡特彼勒）、外国银行（澳新银行与俄罗斯外贸银行）。2011年2月10日，由工银国际与台湾永丰证券担任联席主承销商和账簿管理人的永丰余开曼群岛公司3亿元人民币债券在香港成功发行，标志着台资企业在香港成功发行首只人民币债券。2019年11月，渣打银行作为联席全球协调人，成功定价发行首单由非金融机构类企业发行、同时于澳门和香港两地上市的离岸人民币债券。

除中国香港外，伦敦也成为境外人民币债券发行的重要中心。例如汇丰银行早在2012年4月就于伦敦发行了20亿元三年期的人民币债券，之后澳新银行等国外银行也在伦敦发行了人民币债券。2015年6月24日，日本国内首只以人民币计价的公司债券由三菱东京日联银行正式发行,面向银行、保险公司等日本国内机构投资者,用于帮助在华日本企业筹集人民币。

汇丰香港和中银香港2015年9月29日在我国银行间债券市场各自发行了10亿元人民币金融债券,这是国际性商业银行首次获准在银行间债券市场发行人民币债券。国际性商业银行首发"熊猫债券",即由境外机构在中国发行的人民币计价的债券,成为全球发行人拓展人民币融资渠道的探路之举。

30.1.4 国际机构的人民币债券发行

亚洲开发银行于2009年12月初发行了十年期10亿元人民币债券,2009年12月8日起息,2019年12月8日到期。这是国际机构进行的首笔此类交易,凸显了亚洲开发银行对人民币债券市场的支持。2011年1月14日,世界银行在香港发行了5亿元两年期人民币债券,为2011年首单人民币债券发行,信用等级为AAA级。这是世界银行首次发行人民币债券,具有标志性意义。国际金融公司于2014年6月在伦敦发行了5亿元三年期人民币绿色债券,收益率为2%。新开发银行(金砖银行)于2016年7月首次在中国银行间债券市场发行了规模为30亿元人民币的绿色金融债券,2018年5月28日在上海召开的第三届理事会年会上新开发银行表示今年内还将再发行50亿元人民币债券,部分或为绿色金融债券。2019年2月25日,新开发银行再次在中国银行间债券市场发行了30亿元人民币债券。2020年7月,新开发银行在中国银行间市场发行了20亿元规模的5年期人民币债券。

30.1.5 "点心债券"和"熊猫债券"

离岸市场人民币债券起步良好,预计今后仍将持续稳步发展。除继续推进离岸人民币债券("点心债券")的市场建设外,为进一步促进人民币国际化,中国政府还有必要继续扩大"熊猫债券"(即外国机构与企业在中国发行人民币债券)的发行规模。"点心债券"是"走出去","熊猫债券"是"引进来"。预计在未来相当长时间里,"点心债券"与"熊猫债券"将成为推动人民币国际化的"双引擎"。

30.1.6 香港人民币债券的发行金额和存额

根据香港金管局年报,2013—2014年,在香港发行的人民币债券从1166亿元增长了69%到1970亿元人民币,呈增长态势;2015—2016年发行总额分别下降到了750亿元和528亿元人民币(香港金管局未公布2017年香港人民币债券发行总额),2018年人民币债券发行额延续之前的趋势,继续下行至419亿元人民币;2011—2014年,香港人民币债券余额从1667亿元增长到了3810亿元,年均复合增长率高达31.7%,而2014—2019年却持续下降到了1686亿元,累计降幅达55.7%,显示近年来香港人民币债券发行和余额皆出现了显著的下降。

30.1.7 香港人民币利率衍生产品的成交金额

第29章介绍了几年来境外人民币相关储蓄和贷款的变化,上文介绍了近年来香港人民币债券发行和存量,与这些市场密切相关的是香港人民币利率衍生产品市场。根据香港金管局和香港财资市场公会网站(www.tma.gov.hk)公布的数据显示,2016年4月、2017年4月、2018年4月和2019年4月香港人民币利率衍生产品日均成交金额分别为62亿美元、46亿美元、44亿美元和127亿美元,显示几年来相关人民币利率衍生产品市场持续略降的趋势,比同期香港人民币存款、贷款和债券发行下降的幅度略低。

30.1.8 香港中央结算系统托管及结算的人民币债务余额

香港中央结算有限公司从2011年开始公布每月在该公司托管和结算不同期限的人民币、美元和其他外币债务工具未偿还总额和成交金额数据,这些数据在一定程度上反映出人民币在香港市场的地位。表30-2给出了2011—2020年上半年香港中央结算有限公司公布的人民币、美元、港元和其他货币一年以下至七年以上的固定利率和浮动利率债券总金额。

表30-2 香港中央结算系统托管及结算的人民币、美元、港元和其他货币的所有债务工具余额(2011—2020年)

单位:亿美元,%

货币 年份	人民币	美元	港元	其他货币	合计	人民币占比
年底余额							
2011	331.0	68.3	312.6	10.5	722.3	45.8
2012	504.1	135.7	407.7	4.2	1051.7	47.9
2013	630.6	162.5	413.5	8.8	1215.3	51.9
2014	654.2	161.6	426.1	13.0	1254.9	52.1
2015	537.0	188.3	463.9	12.7	1202.0	44.7
2016	400.7	231.6	522.0	14.7	1169.0	34.3
2017	300.9	278.2	498.7	14.4	1092.2	27.6
2018	238.6	219.3	534.1	15.6	1007.7	23.7
2019	291.4	210.3	550.2	25.0	1076.9	27.1
2020*	278.8	223.3	567.8	20.0	1090.0	25.6

续表

年份\货币	人民币	美元	港元	其他货币	合计	人民币占比
年成交金额						
2011	616.9	214.2	311.6	24.7	1167.4	52.8
2012	884.4	283.1	505.4	11.0	1683.9	52.5
2013	1035.1	280.0	414.2	16.2	1745.6	59.3
2014	1188.9	264.1	413.9	12.0	1878.9	63.3
2015	679.0	271.5	429.7	2.7	1382.8	49.1
2016	512.6	413.0	543.1	23.1	1491.7	34.4
2017	313.9	504.2	661.6	32.2	1511.9	20.8
2018	238.0	333.8	633.4	20.5	1225.8	19.4
2019	335.3	355.1	570.5	18.3	1279.2	26.2
2020*	166.2	187.0	329.8	3.6	686.6	24.2

数据来源：香港金管局网站 www.hkma.gov.hk，2020 年数据为上半年数据。

表 30-2 显示，2011—2014 年，香港中央结算系统托管及结算的人民币债务工具未偿还总额持续增长至 654.2 亿美元的高位，占整个市场比重的一半多；而 2014 年以来却持续下降，2018 年末人民币总额 238.6 亿美元，仅占总额的 23.7%，到 2019 年则有所反弹，回升至 291.4 亿美元，占比达到 27.1%；2011—2015 年，人民币未偿还债券工具余额持续超过港元、美元和其他币种的余额，而 2016 年以来人民币金额保持了低于港元而略高于美元的水平；2011—2014 年，人民币债务工具成交金额持续增长到了 1188.9 亿美元，占整个市场比重六成多，而 2015—2018 年，相应的成交金额持续显著下降到了港元和美元之后，占比仅为 19.4%，显示出近年来人民币作为债务工具的萎缩；2019 年，人民币债券工具成交金额大幅回升，但仍次于美元债务工具成交金额居于第 3 位。

30.1.9 香港人民币货币市场及国际比较

货币市场是指期限在一年以内的金融资产交易的市场。香港货币市场规模较小，表 30-3（包括了香港期限一年以内人民币和其他货币债务工具的托管/结算余额）为我们了解香港人民币货币市场提供了必要的素材。表 30-3 相应的期限在一年以内的各种货币债务工具数据显示，2012—2015 年，香港人民币短期债券金额超过港元和美元相应的金额，为香港最活跃的货币市场货币，然而 2016—2018 年人民币短期债券金额先后被港元和美元超过，成为香港货币市场港元和美元后排名第三的货币。但是至 2019 年，人民币再次反超美元，仅次于港元。

表30-3　香港中央结算系统托管的1年及1年以下期限的人民币、美元、港元和其他货币的所有债务工具余额（2011—2020年）

单位：亿美元，%

年份 \ 货币	人民币	美元	港元	其他货币	合计	人民币占比
年底余额						
2011	108.2	49.5	140.3	8.9	306.9	35.2
2012	205.4	110.8	177.1	2.3	495.6	41.4
2013	341.3	120.7	155.9	2.0	620.0	55.1
2014	265.0	126.7	159.0	0.3	551.0	48.1
2015	222.1	146.2	197.9	4.7	570.8	38.9
2016	197.8	136.7	231.1	11.0	576.6	34.3
2017	119.8	178.3	232.0	11.9	542.0	22.1
2018	125.1	140.1	214.1	4.6	483.8	25.9
2019	180.4	145.0	191.2	14.1	530.6	34.0
2020*	189.4	152.9	240.4	12.2	594.9	31.8

数据来源：香港金管局网站 www.hkma.gov.hk，2020年数据为上半年数据。

30.2　主要货币在国际债券市场的规模及比较

不同货币在国际债券市场的发行量、存量和流动性在一定程度上也反映该货币的国际化程度。本节将简单介绍主要国际货币国际债券发行规模、占比和排名，帮助理解不同货币在国际债券市场的作用，进而了解人民币国际债券在全球的地位。

30.2.1　欧元和美元在国际债券市场的规模和占比比较

在欧元推出后的第5年，即2003年，以欧元发行的浮动利率、固定利率和股权相关的国际债券总额首次超过了以美元发行的相应的国际债券存量，2003—2014年的12年欧元国际债券存量持续超过了美元的国际债券存量，显示了欧元在国际债券市场上的重要地位。表30-4给出了2007—2019年15种主要货币的国际债券存量。表30-4显示，2015年开始美元国际债券存额超过了欧元，并在2019年扩大到8.7个百分点的优势，表明金融危机后欧元在国际债券市场上也受到了美元的猛烈冲击。

值得关注的是，表30-4、表26-1和表32-7的相关结果显示，2016年前，美元债券在全球国际债券市场的比重显著低于美元在全球外汇市场的比重，同时欧元债券在全球国际债券中的占比却显著高于其在国际外汇市场的比重；然而2016年以来，美元债券在全球国际债券中的比重显著超过美元在全球外汇市场的比重，而同期欧元在全球国际债券中的地位却迅速下降。

表30-4　　　　　主要货币国际债券存量比较　　　　单位：亿美元，%

年份 货币	2007	2009	2011	2013	2015	2017	2018	2019	2028	2048
美元	56796	62265	69051	81738	92113	106727	111443	117376	213198	803151
欧元	88077	103079	95802	101059	80709	92937	92692	95656	95493	95130
英镑	18559	21743	20216	22025	20057	19629	19107	20910	21719	23631
日元	6118	6931	7593	4946	3999	4261	4443	4513	2514	685
澳大利亚元	2212	2470	3187	2921	2573	2853	2578	2592	2054	1224
瑞士法郎	3195	3788	3924	3606	2589	2095	1913	1897	837	136
加拿大元	2598	2775	3130	2630	1463	1419	1267	1420	583	81
瑞典克朗	493	692	1031	1323	1011	1030	1038	1167	1342	1831
港元	812	705	655	634	693	895	1080	1127	2076	8070
人民币	52	115	391	895	1250	1023	1073	966	2671	25634
挪威克朗	289	512	863	963	594	583	565	736	614	411
新加坡元	256	283	353	405	415	430	391	398	454	609
墨西哥比索	209	164	197	326	266	260	304	390	839	4613
新西兰元	560	442	366	422	425	417	372	321	277	200
巴西雷亚尔	245	245	464	479	296	280	245	206	83	11
总额	180471	206210	207224	224372	208452	234838	238512	249672	344754	965416
前7种货币加人民币占比	98.4	98.5	98.1	98.0	98.2	98.3	98.3	98.3	98.4	98.4
美元占比	31.5	30.2	33.3	36.4	44.2	45.4	46.7	47.0	61.8	83.2
欧元占比	48.8	50.0	46.2	45.0	38.7	39.6	38.9	38.3	27.7	9.9
欧元占比与美元占比差	17.3	19.8	12.9	8.6	-5.5	-5.9	-7.9	-8.7	-34.1	-73.3
人民币排名	15	15	12	10	8	9	9	10	4	3

数据来源：国际清算银行网站 www.bis.org；2028年和2048年数据及排名根据2011—2019年年均复合增长率估算得出。

30.2.2 其他主要国际货币在国际债券市场的规模和占比比较

表30-2显示,尽管英镑国际债券与欧元和美元国际债券有很大的差距,但是仍比其他主要国际货币高出很多,十多年来保持着名副其实的第三大国际债券发行货币;日元、澳大利亚元、瑞士法郎和加拿大元排名从第4位到第7位。2001—2019年这前7大国际货币加人民币国际债券发行货币占全球国际债券发行总比保持在接近99%的高位,比表26-1给出的这些货币同期在全球外汇交易平均占比85%还要高出很多,显示主要国际货币在国际债券市场的地位比其在国际外汇市场总体地位更为重要,凸显出国际债券市场被主要国际货币垄断的情况。

30.2.3 其他国家和地区货币在国际债券市场的规模和占比比较

表30-4显示,瑞典克朗、港元和挪威克朗近年来保持了全球第8、第9和第11大国际债券发行货币的地位;新加坡元、墨西哥比索、新西兰元和巴西雷亚尔的国际债券存量分别排名第12位到第15位。

30.3 人民币国际债券市场的规模和境内外机构债券市场的合作

30.3.1 人民币国际债券市场的规模及占比比较

由于国际清算银行公布的2013年第一季度国际债券存量数据中还没有人民币债券发行的数据,本书第四版相应的表格中没有人民币国际债券的数据。值得高兴的是,表30-4的数据显示,2007—2015年人民币在全球国际债券市场排名从第15位持续提高到了第8位;但是2015—2019年,受美国退出量化宽松政策影响,人民币国际债券存量累计下降了22.8%,排名也回落到港元之后到第10位,成为人民币国际化主要指标排名最低的领域。

30.3.2 2025年人民币国际债券市场的规模及占比估算

如果以表30-4给出的2011—2019年年均复合变化率估算(该段时间人民币国际债券存量年均复合增长率高达11.97%,为前15位货币增幅最高的货币),到2028年末人民币国际债券金额将达到2671亿美元,成为第4大国际债券发行货币;到2048年人民币国际债券存量将达到25634亿美元,然而这些时间点及其相应的排名皆比表41-1给出的人民币成为全球第四大货币和第三大货币的时间分别晚3年和22年，显示人民币国际债券确实是人民币国际化进展最慢的领域。

但是目前中国的金融市场正在加大对外开放的步伐和力度，历史数据对这些新的政策因素难以反映。如果从中国市场本身巨大的体量和需求来看，考虑到2019年以来我国加快了资本项目的开放速度，外部资金稳定流入我国的债券市场和股票市场，预计未来人民币国际债券与美元、欧元共同占据全球主要货币国际债券存量前三的位置应该在2030年前后，与表30-4给出的时间相比会提前很多。这也反过来印证了采取组合措施深化国内改革以确保国内资本市场对外开放对人民币国际化进程持续快速提高的迫切性。

30.3.3　中央银行允许境外央行类机构进入银行间外汇市场

中国人民银行允许境外央行类机构可通过人民银行代理、中国银行间外汇市场会员代理以及直接成为中国银行间外汇市场境外会员的三种途径中的一种或多种进入中国银行间外汇市场，开展包括即期、远期、掉期和期权在内的各品种外汇交易，这将有助于境外人民币债券交易和规模的增长。

2017年1月，国家外汇管理局签发《关于进一步推进外汇管理改革完善真实合规性审核的通知》（汇发〔2017〕3号），既便利了银行间债券市场境外机构投资者管理外汇风险，也是推动债券市场和外汇市场对外开放的改革举措。境外投资者可以在境外人民币市场进行外汇风险管理，并且随着境内外汇市场深度逐步提高，境外投资者可以有条件支持参与境内外汇市场，可在债券和外汇市场进行综合管理。2017年7月，中国人民银行与香港金融管理局发布公告，决定批准香港与内地"债券通"上线。其中，"北向通"于2017年7月3日上线试运行。截至2020年6月，债券通日均成交量达211亿元，单月总成交量达4221亿元。这对活跃境内外人民币债券市场和外汇市场都有积极意义。

30.3.4　多家境外机构获准进入中国银行间债券市场

据中国人民银行的数据显示，截至2020年6月末，共有456家包括境外中央银行或货币当局、国际金融机构、主权财富基金、境外商业银行、非银行类金融机构、金融机构产品类投资者的投资管理人等在内的境外机构获准进入银行间债券市场，其中中央银行类机构69家，商业类机构387家（直接入市）。此外，还有561家境外机构投资者通过"债券通"渠道进入中国银行间债券市场。境外机构进入境内银行间债券市场不仅会活跃境内债券市场，而且对推动境内外人民币债券市场联动和境外人民币债券规模的增加，都有积极的意义。

30.3.5　放宽境外机构获准进入中国银行间债券市场的新举措

2016年5月6日，中国人民银行公告〔2016〕第8号对境内法人类合格机构投资者和非法人类合格机构投资者进入银行间债券市场放宽了限制。该公告明确指出，包括但不限于商业银行、信托公司、企业集团财务公司、证券公司、基金管理公司、期货公司、保险公司等经金融监管部门许可的境内法人类合格机构投资者和包括但不限于证券投资基金、银行理财产品、信托计划等机构投资者均可进入银行间债券市场。保险产品，经基金业协会备案的私募投资基金，住房公积金，社会保障基金，企业年金，养老基金，慈善基金等非法人类合格机构投资者应按规定通过电子化方式向中国人民银行上海总部备案，在中国人民银行认可的登记托管结算机构和交易平台办理开户、联网手续，合格机构投资者完成备案、开户、联网手续后，即成为银行间债券市场的参与者。该公告对活跃国内债券市场和促进境外人民币债券市场的发展发挥了很好的作用。

30.3.6　"债券通"——内地与香港债券市场互联互通合作

债券通的"北向通"于2017年7月3日正式运行，境外投资者可通过债券通直接投资内地银行间债券市场。香港特区行政长官林郑月娥在2018年7月3日的债券通周年论坛上表示："债券通是深化内地与香港资本市场互联互通的重要里程碑。这是内地第一次允许符合资格的境外投资者通过内地与境外债券市场的基建连接，投资于内地银行间债券市场。债券通的北向交易自启动以来运作畅顺，印证了香港作为国际金融中心，在内地金融市场对外开放方面继续发挥着独特和重要的作用。"

根据债券通公司的数据，截至2020年6月底，一共有2012家境外机构获得中央银行备案开展投资业务，涵盖33个国家和地区。全球前100家顶级资产管理公司中的72家完成备案入市。根据中国债券信息网的数据，截至2020年6月，境外机构持有银行间债券市场债券总额达21960亿元人民币，占整个银行间债券市场持仓量的3.2%。

30.4　离岸人民币外汇即期汇率和波动率

2010年7月境外人民币外汇市场正式开始运营交易。国际外汇市场交易人民币外汇的交易符号为人民币英文单词 Chinese Yuan 的缩写 CNY，而在香港离岸市场上交易的人民币外汇符号为 CNH。有些人可能认为 CNH 中的"H"字母是英文 Hong Kong 的第一个字母，而香港业内人士却解释为汉字"海外"的汉语拼音 Haiwai 的第一个字母（罗布特·米肯尼和刘健恒，2013）。两种解释都有一定的道理，而后者更能代表境外人民币汇率的含义。

30.4.1 香港人民币对美元基准汇率

2010 年 8 月，离岸美元对人民币现货即期（USDCNH SPOT）交易正式在香港启动。经过多年实践，香港离岸美元对人民币即期市场具有较好的流动性、市场报价较为连续。随着人民币国际结算地位的提高，伦敦、新加坡等离岸中心也越来越多地参与到离岸人民币交易中。2011 年 6 月香港财资市场公会（The Treasury Markets Association）推出了美元对人民币（香港）即期汇率形成机制［TMA's Spot USD/CNY（HK）Fixing］，成为香港离岸市场美元对人民币即期汇率的基准。该基准是从 15 家指定银行提供的中间报价中剔除两个最高及两个最低报价，再以平均数定出。该基准汇率的推出不仅对离岸人民币即期市场，而且对离岸人民币远期、期货等其他人民币外汇市场也有很大的参考意义。

30.4.2 离岸和国内人民币对美元即期汇率的比较

境外人民币市场从 2010 年推出以来，在境内外人民币外汇市场发挥着重要的作用。图 30-1 给出了 2010 年 8 月 23 日到 2020 年 8 月 31 日境内外人民币对美元的汇率差。

图 30-1　境内外人民币即期汇率点差

［数据来源：根据彭博数据计算 10000×（离岸人民币汇率－境内人民币汇率差额）得出］

图 30-1 显示，在 2010 年 8 月 23 日到 10 月 18 日离岸人民币市场推出初期，离岸人民币汇率比境内相应汇率低 1116~1791 点，反映当时离岸市场人民币升值预期较强，境内外汇率差异巨大；2010 年 10 月到 12 月，两者间差异显著缩小；2011 年初到 9 月中旬，两者间差异大多时间保持在 -300 点到 0；2011 年 9 月下旬，离岸人民币汇率比国内相应汇率高出 1000 点左右，反映当时离岸市场人民币贬值预期；2011 年 11 月到 2015 年 8 月初两者间的差距出现缩小的趋势；然而 2015 年 8 月上旬以来，两者间的差异再次扩大，接近 2010 年第三季度的程度。

为了提高市场流动性，2013 年 4 月 25 日，香港金管局宣布放松对人民币净头寸和流动性比率的要求。香港授权机构不再需要保持最低的美元对人民币净头寸，可将美元对人民币作为普通外币对进行管理。与此同时，香港金管局宣布取消此前于 2012 年 2 月 9 日和 2012 年 6 月 14 日颁布的人民币流动资产比率的要求。此举大大提高了人民币在香港的流动性，为人民币的国际化和自由兑换做了重要铺垫。

2015 年 8 月 11 日，中国人民银行发布公告称，为增强人民币对美元汇率中间价的市场化程度和基准性，决定完善人民币对美元汇率中间价报价。自 2015 年 8 月 11 日起，做市商在每日银行间外汇市场开盘前，参考上日银行间外汇市场收盘汇率，综合考虑外汇供求情况以及国际主要货币汇率变化向中国外汇交易中心提供中间价报价，中国人民银行授权中国外汇交易中心公布当日人民币中间价。2015 年 8 月 11 日银行间外汇市场人民币汇率中间价为：1 美元兑人民币 6.2298 元，较上一交易日大涨 1136 个基点，人民币对美元汇率中间价贬值 1.8%。由此引发境内汇率和离岸汇率市场大幅波动，当周人民币境内汇率和离岸汇率分别贬值 2000 个和 2500 个基点左右，两者的汇率差额也拉宽至 500 个基点。2015 年全年人民币对美元汇率贬值 4.7%；进入 2016 年，境内人民币在美元升值的大背景下，继续对美元贬值，2016 年前 11 个月累计贬值 5.7%，同期境外人民币对美元累计贬值 5.8%。2016 年初以来境内外汇差基本稳定在 ±500 个基点的范围内。

30.4.3 离岸市场人民币即期汇率波动性比较

外汇市场很重要的参数之一是波动率。用图 30-1 给出的数据计算可知，2010 年 10 月到 2015 年 3 月，离岸市场人民币即期汇率的波动率绝大多数时间高于境内人民币即期汇率的波动率，前者平均比后者高出 31.2%。较高的市场波动率是离岸人民币市场活跃的重要原因。2015 年 4 月至 6 月，境外汇率与境内汇率的波动率较为接近，而 2015 年 7 月以后境外汇率的波动率重新加大，7 月至今离岸汇率较境内汇率平均波动率高出 118.2%，显示在中央银行改革汇率中间价定价前,离岸市场对人民币汇率的分歧逐渐加大,汇率波动率大幅提高。

30.5 离岸市场人民币外汇现货/即期市场的流动性

银行间市场通常较难有系统的统计数据,对于起步不久的离岸人民币市场更是如此。第26章显示,反映货币国际化的最简洁而且准确的指标是其在全球外汇市场的流动性,因此我们用很大的精力挖掘各种数据判断境外人民币市场流动性,目的是要找到合理数据,进而判断人民币国际化提高的准确程度。

30.5.1 香港特区人民币外汇即期日均成交金额

根据香港金管局公布的2010年4月到2019年4月香港人民币外汇日均成交金额数据,2010年4月到2013年4月,香港人民币外汇即期交易日均成交金额从15.7亿美元猛增到了72.3亿美元,年均增幅高达66.4%;2013年4月到2016年4月又增长到了180.8亿美元,年均增幅减缓到了35.7%,2016年4月到2020年4月,人民币多年的升值周期结束,人民币即期日均成交额逐年下降至100亿美元左右,2020年4月受疫情影响下降至78.7亿美元。表30-5给出了2010年4月以来相关人民币外汇即期日均成交金额数据显示,2015年10月香港人民币外汇即期日均成交金额就被伦敦超过,2020年4月被新加坡超过,是境外人民币外汇即期市场仅次于伦敦的第三大中心。

30.5.2 伦敦人民币外汇即期日均成交金额

伦敦外汇联合常务委员会(FXJSC)于2008年开始公布伦敦市场每年4月和10月人民币外汇即期市场日均成交金额数据。表30-5给出了2010年4月到2019年10月人民币外汇即期市场日均成交金额。表30-5显示,2010年10月到2016年10月,伦敦人民币外汇即期日均成交金额增长了23倍到194.0亿美元,年均复合增长率高达69.8%;2015年10月伦敦人民币外汇即期日均成交金额177.4亿美元,首次超过了同期香港日均成交金额162.7亿美元,成为最活跃的境外人民币外汇即期市场;2016年4月到2019年4月又累计增长了91.1%到354.4亿美元,超过香港市场日均成交金额103.3亿美元近3倍,2020年受新冠肺炎疫情影响,日均成交量回落至215亿美元,仍超过香港市场的日均成交量2倍,显示出伦敦人民币外汇市场的重要性。

表30-5 境外主要人民币中心人民币外汇现货/即期市场日均成交金额

单位：亿美元，%

时间 \ 市场	伦敦	中国香港	新加坡	纽约	东京	境外合计
2010-04	6.1	15.7	18.9		0.3	41.0
2010-10	8.1	25.1	20.3			53.5
2011-04	10.1	34.6	21.7		0.3	66.7
2011-10	15.2	44.0	23.1			82.3
2012-04	13.0	53.4	24.6		0.6	91.6
2012-10	17.4	62.9	26.0		2.8	109.0
2013-04	33.5	72.3	27.4		3.4	136.6
2013-10	36.8	90.4	36.0		3.9	167.0
2014-04	94.0	108.4	44.5		5.3	252.3
2014-10	121.5	126.5	53.1		8.3	309.4
2015-04	140.8	144.6	61.7		8.6	355.7
2015-10	177.4	162.7	70.3		21.2	431.6
2016-04	185.5	180.8	78.9	14.2	10.5	469.8
2016-10	194.0	167.9	81.5	20.0	18.5	481.8
2017-04	136.1	123.3	96.3	14.3	10.5	380.5
2017-10	282.4	107.5	89.4	27.6	14.8	521.7
2018-04	314.9	131.0	88.3	37.4	21.3	592.9
2018-10	305.8	119.2	91.4	44.2	18.3	578.9
2019-04	354.4	103.3	94.4	55.1	19.1	626.3
2019-10	257.6	87.5	68.0	37.4	22.4	472.9
2020-04	215.0	78.7	105.7	37.8	25.1	462.3
2010年	7.1	20.4	19.6		0.2	47.3
2011年	12.7	39.3	22.2		0.2	74.5
2012年	15.2	58.1	25.3		1.7	100.3
2013年	35.2	81.3	31.7		3.7	151.8
2014年	107.8	117.5	48.8		6.8	280.9
2015年	159.1	153.6	66.0		14.9	393.7
2016年	189.7	174.3	80.2	17.1	14.5	475.8
2017年	209.2	115.4	92.9	20.9	12.7	451.1
2018年	310.3	125.1	89.9	40.8	19.8	585.9
2019年	306.0	95.4	81.2	46.2	20.8	549.6
2020年	215.0	78.7	105.7	37.8	25.1	462.3
2010年到2020年平均复合增长率	42.8	17.5	18.8	27.8	55.7	27.4

数据来源：同表13-2；年度数据为当年4月数据；纽约年均复合增长率为2016年4月至2020年4月的年均复合增长率。

表 30-5 的数据也显示，2013—2016 年 10 月，新加坡人民币外汇即期日均成交金额保持在香港一半上下的水平，为境外第三大人民币外汇即期市场；2016 年 10 月至 2020 年 4 月，新加坡人民币外汇即期日均成交量逐渐接近并反超香港；2016—2020 年 4 月纽约人民币外汇即期市场增长较快，但日均成交金额不及新加坡 1/2；2010—2020 年东京人民币外汇即期日均成交金额年均复合增长率最高达 155.7%，2018—2019 年 4 月则增长缓慢，2020 年 4 月日均成交金额增至 25.1 亿美元，大幅拉近了与纽约市场的差距；2010—2020 年境外五个人民币中心人民币外汇即期总日均成交金额年均复合增长率 27.4%，超过了香港和新加坡的年均复合增长率。

30.5.3　全球人民币外汇即期日均成交金额

根据国际清算银行公布的 2010 年 4 月到 2019 年 4 月数据，2010 年、2013 年、2016 年 4 月和 2019 年 4 月全球人民币外汇即期日均成交金额（net-gross）分别为 98.2 亿美元、379.1 亿美元、826.8 亿美元和 1220.9 亿美元；减去同期境内人民币外汇即期日均成交金额可得同期境外总人民币外汇即期日均成交金额分别为 53.7 亿美元、92.1 亿美元、509.4 亿美元和 750.8 亿美元，分别比表 30-5 给出的同期境外五个主要人民币中心总人民币外汇即期日均成交金额高出 12.7 亿美元、-44.5 亿美元、39.6 亿美元和 -85.7 亿美元，分别占国际清算银行公布的全球人民币外汇即期日均成交金额的 12.9%、-11.7%、4.8% 和 -7.0%，显示国际清算银行公布的数据有明显的问题，我们将在第 32 章对此进行详细讨论。

30.6　离岸人民币外汇衍生品市场的流动性

我们在第 13 章、第 15 章和第 16 章分别介绍了境外人民币外汇远期、外汇掉期、货币掉期和外汇期权市场近年来的发展和日均成交金额。将这些章节的结果数据相加即可获得近年来境外人民币外汇衍生产品的日均成交金额，表 30-6 给出了相应的结果。

表 30-6　境外人民币外汇衍生品市场日均成交金额　　单位：亿美元，%

时间＼市场	伦敦	中国香港	新加坡	美国	日本	境外合计
2010-04	61.9	93.4	59.6		0.8	215.6
2010-10	74.9	148.2	84.8			307.9
2011-04	81.6	203.1	110.1		3.2	398.0

续表

时间 \ 市场	伦敦	中国香港	新加坡	美国	日本	境外合计
2011-10	100.7	257.9	135.4			494.0
2012-04	106.6	312.7	160.7		2.3	582.3
2012-10	92.9	367.6	186.0		3.5	649.9
2013-04	157.9	422.4	211.3		2.9	794.4
2013-10	145.8	450.4	233.8		4.6	834.6
2014-04	263.2	478.3	256.3		8.1	1006.0
2014-10	221.7	506.3	278.9		9.9	1016.7
2015-04	275.6	534.3	301.4		12.8	1124.1
2015-10	251.2	562.2	323.9		19.8	1157.2
2016-04	214.1	590.2	346.5	56.6	15.3	1222.7
2016-10	208.7	629.8	333.0	51.8	11.2	1234.6
2017-04	207.3	669.5	319.6	42.5	8.4	1247.2
2017-10	251.3	709.1	306.2	39.5	8.6	1314.7
2018-04	307.3	748.8	292.7	32.8	9.9	1391.5
2018-10	422.9	788.4	279.3	53.7	15.6	1559.9
2019-04	428.4	828.1	265.8	55.9	13.0	1591.2
2019-10	333.1	867.7	252.4	48.1	18.1	1519.4
2020-04	326.8	726.8	169.1	44.5	11.7	1278.8
2010年	68.4	120.8	72.2		0.4	261.8
2011年	91.2	230.5	122.8		1.6	446.0
2012年	99.7	340.2	173.3		2.9	616.1
2013年	151.8	436.4	222.5		3.8	814.5
2014年	242.4	492.3	267.6		9.0	1011.3
2015年	263.4	548.2	312.7		16.3	1140.6
2016年	211.4	610.0	339.8	54.2	13.3	1228.6
2017年	229.3	689.3	312.9	41.0	8.5	1280.9
2018年	365.1	768.6	286.0	43.3	12.8	1475.7
2019年	380.8	847.9	259.1	52.0	15.6	1555.3
2020年	326.8	726.8	169.1	44.5	11.7	1278.8
2010年到2020年平均复合增长率	18.1	22.8	11.0	-5.8	30.8	19.5

数据来源：将表13-2、表15-1、表15-2和表16-1的数据相加而得；年度数据为当年4月数据；美国年均复合增长率为2016—2020年的年均复合增长率。

表30-6显示，2010—2020年，伦敦人民币外汇衍生产品日均成交金额年均复合增长率分别高达18.1%，略低于同期香港人民币外汇衍生产品日均成交

金额年均复合增长率22.8%高出4.7个百分点,在境外人民币外汇衍生产品市场排名第2位;2010—2020年香港人民币外汇衍生产品日均成交金额年均复合增长率为22.8%,复合增长率排在境外5个人民币市场中第2位,但是香港市场功能日均成交金额最大,高于排名第2位和第3位的伦敦和新加坡;2010—2020年,新加坡人民币外汇衍生产品日均成交金额年均复合增长率仅为11.0%,日均成交金额次于中国香港和伦敦,排名第3位;2016—2019年美国人民币外汇衍生产品日均成交金额年均下降了-5.8%,日均成交金额高于日本,排名第4位。2020年4月,受全球新冠肺炎疫情影响,境外人民币外汇衍生品日均成交金额略有下降,共计1278.8亿美元。

30.7 境外人民币外汇市场日均成交金额

30.7.1 香港特区公布的香港人民币外汇日均成交金额

香港是安排最早的境外人民币清算中心,也是境外人民币外汇交易最活跃的中心。虽然表30-5显示,2016年4月以来,香港失去了境外人民币外汇即期的头把交椅,然而香港仍保持了包括人民币外汇即期和外汇衍生产品在内的人民币外汇交易的最活跃市场,表30-7给出了相关结果。

30.7.2 新加坡金管局公布的新加坡人民币外汇日均成交金额

2013年以来,新加坡保持了亚太地区最大外汇交易中心的地位,也是仅晚于港、澳和台的境外第四个有人民币清算安排的境外人民币中心。根据新加坡金融监管局2020年公布的数据,受新冠肺炎疫情影响,2020年4月相比2016年同期新加坡人民币外汇日均成交金额从425.3亿美元到274.8亿美元,人民币在新加坡外汇市场的排名从第6位下跌到了第7位,3年增幅仅0.1%,显示出近年来新加坡人民币外汇市场发展停滞的态势;然而表30-7显示,2014年4月以来,新加坡人民币外汇日均成交金额被伦敦超过,成为次于香港和伦敦的境外第三大人民币交易中心。

30.7.3 伦敦人民币外汇日均成交金额

表30-7给出了2010年4月以来伦敦和其他主要境外人民币中心人民币外汇日均成交金额。2010—2020年,伦敦人民币外汇日均成交金额年均复合增长率23.1%,仅次于日本年均复合增长率42.1%,比同期香港年均复合增长率22.1%高出1.0%;2017年10月,伦敦人民币外汇日均成交金额533.6亿美元,

再次超过了同期新加坡日均成交金额 425.5 亿美元,成为仅次于香港的境外第二大人民币外汇交易中心。表 30-7 显示,2010 年 4 月(香港人民币清算安排宣布之前)伦敦已经拥有 68.0 亿美元的人民币外汇日均成交金额,这令人感到费解,表明伦敦外汇联合常务委员会的数据可能也存在误差。

表 30-7　主要境外人民币中心人民币外汇市场日均成交金额比较

单位:亿美元,%

时间＼市场	伦敦	香港	新加坡	纽约	东京	境外合计
2010-04	68.0	109.1	78.5		1.1	256.6
2010-10	83.0	173.3	105.2			361.5
2011-04	91.7	237.6	131.9		3.5	464.7
2011-10	115.9	301.9	158.6			576.4
2012-04	119.6	366.2	185.2		2.9	673.9
2012-10	110.3	430.4	211.9		6.3	758.9
2013-04	191.4	494.7	238.6		6.3	931.0
2013-10	182.6	540.7	269.8		8.5	1001.6
2014-04	357.2	586.8	300.9		13.4	1258.2
2014-10	343.2	632.8	332.0		18.2	1326.2
2015-04	416.5	678.8	363.1		21.4	1479.8
2015-10	428.6	724.9	394.2		41.0	1588.8
2016-04	399.6	770.9	425.3	70.8	25.8	1692.5
2016-10	402.7	797.5	414.5	71.9	29.7	1716.4
2017-04	343.4	792.8	415.9	56.8	18.9	1627.7
2017-10	533.6	816.6	395.6	67.1	23.4	1836.3
2018-04	622.2	879.7	381.0	70.2	31.2	1984.4
2018-10	728.7	907.6	370.7	97.9	33.9	2138.8
2019-04	782.8	931.4	360.2	111.0	32.1	2217.6
2019-10	590.7	955.2	320.4	85.4	40.5	1992.3
2020-04	541.8	805.5	274.8	82.3	36.8	1741.1
2010 年	75.5	141.2	91.8		0.6	309.0
2011 年	103.8	269.7	145.2		1.8	520.5
2012 年	114.9	398.3	198.6		4.6	716.4
2013 年	187.0	517.7	254.2		7.4	966.3
2014 年	350.2	609.8	316.4		15.8	1292.2
2015 年	422.6	701.9	378.7		31.2	1534.3

续表

时间 \ 市场	伦敦	香港	新加坡	纽约	东京	境外合计
2016 年	401.1	784.3	419.9	71.3	27.8	1704.4
2017 年	438.5	804.7	405.8	61.9	21.2	1732.0
2018 年	675.4	893.7	375.9	84.1	32.6	2061.6
2019 年	686.8	943.3	340.3	98.2	36.3	2104.9
2020 年	541.8	805.5	274.8	82.3	36.8	1741.1
2010 年到 2020 年平均复合增长率	23.1	22.1	13.4	3.8	42.1	21.1

数据来源：表 30-5 和表 30-6 数据相加得出。

30.8 境内外人民币外汇市场比较及问题

表 30-8 给出了 2010—2020 年主要境外人民币外汇市场日均成交金额及与境内市场的比较。

表 30-8　　　　境内外人民币中心日均成交金额比较　　　单位：亿美元，%

人民币中心 \ 年份	2010	2013	2016	2017	2018	2019	2020
境内	272.9	488.4	748.0	881.2	1109.3	1346.5	1096.3
中国香港	109.1	494.7	770.9	792.8	879.7	931.4	805.5
新加坡	78.5	238.6	425.3	415.9	381.0	360.2	274.8
英国伦敦	68.0	191.4	399.6	343.4	622.2	782.8	541.8
美国			70.8	56.8	70.2	111.0	82.3
日本	1.1	6.3	25.8	18.9	31.2	32.1	36.8
境外合计	256.6	931.0	1692.5	1627.7	1984.4	2217.5	1741.1
境内外合计	529.5	1419.4	2440.5	2508.9	3093.7	3564.1	2837.4
境外/国内	94.0	190.6	226.3	184.7	178.9	164.7	158.8

数据来源：中国香港、新加坡、英国伦敦、美国和日本数据来自其货币当局网站；境内数据来自国家外汇管理局网站；各地年度数据为当年 4 月日均成交金额。

30.8.1　境内外人民币外汇市场的比较

表 30-8 显示，2010 年 4 月境外人民币外汇市场还未起步，但是中国香港、新加坡、英国伦敦和日本已经有了人民币外汇交易的统计数据，这四个人民币

中心当时的人民币外汇日均成交总额已经达到256.6亿美元，为同期境内人民币日均成交金额的94.0%；在2010年境外人民币市场起步半年前，且人民币跨境贸易结算仍不很活跃时，境外人民币外汇市场如此活跃可能存在问题。根据表30-8的数据计算可得，2010—2013年境外人民币市场高速增长，2013年4月仅香港人民币外汇日均成交金额494.7亿美元就超过境内的日均成交金额488.4亿美元；2013年4月，中国香港、英国伦敦、新加坡和日本四个境外人民币市场总外汇日均成交金额931.0亿美元，比境内相应的日均成交金额高出90.6%；2016年上述四个境外人民币中心加上纽约的人民币交易日均成交金额达1692.5亿美元，比境内748.0亿美元高出126.3%；2016—2018年，境外五个主要人民币中心人民币总日均成交金额上升了17.2%，境外五个人民币中心人民币总日均成交金额与境内比例下降到了178.9%。2019年境内外人民币日均成交额较2018年稳步增长，其中中国内地、中国香港和英国伦敦的增速分别为21.4%、10.4%和25.8%，可以说是旗鼓相当，日本则保持了2.9%的较低增速，新加坡的人民币日均成交金额增长陷入停滞。值得一提的是美国增速达到58.0%，显示美国人民币市场正在蓬勃发展，境外日均成交与境内日均成交的比例则继续下滑到164.7%。2020年，受全球新冠肺炎疫情影响，除日本外的各地区交易量均略有下滑，境外日均成交与境内日均成交的比例则进一步下滑到158.8%。

30.8.2　境外人民币外汇增幅比较数据的明显问题

比较表30-8给出的2010—2019年境内外人民币中心的人民币外汇交易数据和国际清算银行每三年公布的全球人民币外汇交易数据，我们发现仅这些主要境外人民币中心人民币外汇交易数据加上境内人民币外汇交易数据分别超过了国际清算银行公布数据的15.1%、11.2%和19.6%，显示出这些主要境外人民币中心公布的人民币外汇数据存在一定程度的水分。我们下文会专门探讨这些水分的程度。

30.9　境外人民币外汇交易金额在主要境外人民币中心的分布

我们在第29章介绍了二十多个境外人民币中心及主要境外人民币跨境支付比重，本节将简单介绍境外主要人民币中心人民币外汇交易的分布。

30.9.1　2013—2019年人民币外汇交易的全球分布

表30-9给出了2013年4月到2019年4月国际清算银行公布的人民币外汇交易在全球27个国家和地区的分布。比较表30-8和表30-9的数据，我们发

现两个表中2013年4月至2019年4月中国香港和新加坡的数据完全一致；而表30-9中2019年4月美国人民币外汇日均成交金额298.6亿美元比表30-8给出的纽约的111.0亿美元高出一倍多。如此大的偏差让人难以理解；表30-9给出2016年4月和2019年4月英国人民币外汇日均成交金额分别比表30-8给出的同期数据高出2.1%和38.1%，高出的程度可观。因此，表30-9中的数据可能存在严重的问题。

表30-9 人民币外汇日均成交金额在全球27个国家和地区的分布 单位：亿美元

时间和变化	2013年4月		2016年4月		2019年4月		2013年到2019年变化	
国家或地区	成交金额	占比(%)	成交金额	占比(%)	成交金额	占比(%)	增加金额	年均增长幅度(%)
中国香港	494.7	33.5	770.9	30.2	1076.2	29.8	581.4	13.8
中国大陆	335.2	22.7	553.5	21.7	1012.3	28.0	677.1	20.2
新加坡	238.6	16.2	425.3	16.7	425.7	11.8	187.0	10.1
英国	242.8	16.5	391.5	15.3	566.7	15.7	323.9	15.2
美国	86.2	5.8	242.4	9.5	298.6	8.3	212.4	23.0
中国台湾	25.7	1.7	39.9	1.6	36.5	1.0	10.8	6.0
日本	6.8	0.5	28.2	1.1	32.2	0.9	25.4	29.7
韩国	2.0	0.1	26.4	1.0	31.2	0.9	29.3	58.2
澳大利亚	9.2	0.6	21.6	0.8	22.2	0.6	13.0	15.8
德国	4.9	0.3	15.8	0.6	8.1	0.2	3.2	8.7
法国	11.9	0.8	10.4	0.4	19.3	0.5	7.3	8.3
瑞士	2.9	0.2	6.8	0.3	44.4	1.2	41.6	58.0
加拿大	0.4	0.0	6.1	0.2	9.8	0.3	9.4	68.5
马来西亚	1.5	0.1	2.3	0.1	2.4	0.1	1.0	8.8
荷兰	3.9	0.3	1.6	0.1	12.0	0.3	8.0	20.4
卢森堡	3.7	0.3	1.3	0.1	1.9	0.1	-1.8	-10.8
俄罗斯	0.2	0.0	1.2	0.0	2.3	0.1	2.1	49.7
印度尼西亚	0.0	0.0	1.1	0.0	1.0	0.0	1.0	107.5
巴西	0.1	0.0	0.9	0.0	0.8	0.0	0.7	45.1
泰国	1.6	0.1	0.8	0.0	1.8	0.0	0.2	2.2
意大利	0.1	0.0	0.8	0.0	1.6	0.0	1.5	68.8
瑞典	0.1	0.0	0.8	0.0	0.0	0.0	-0.1	-31.2
西班牙	1.0	0.1	0.7	0.0	0.8	0.0	-0.3	-4.6
比利时	1.3	0.1	0.3	0.0	0.5	0.0	-0.8	-14.3
菲律宾	0.0	0.0	0.2	0.0	0.4	0.0	0.4	87.7
印度	0.0	0.0	0.2	0.0	0.4	0.0	0.4	96.1
南非	0.0	0.0	0.2	0.0	1.0	0.0	1.0	69.5

续表

时间和变化	2013年4月		2016年4月		2019年4月		2013年到2019年变化	
国家或地区	成交金额	占比（%）	成交金额	占比（%）	成交金额	占比（%）	增加金额	年均增长幅度（%）
其他	0.8	0.1	0.6	0.0	3.7	0.1	3.0	30.0
合计	1475.7	100.0	2551.9	100.0	3613.9	100.0	2138.2	16.1
总计	1195.6	81.0	2020.7	79.2	2850.3	78.9	1654.7	15.6
中国大陆*	488.4	31.0	748.0	29.0	1346.5	33.9	858.1	18.4
英国*	191.4	12.1	399.6	15.5	782.8	19.7	591.5	26.5
美国*	—	—	70.8	2.7	111.0	2.8	111.0	16.2
日本*	6.3	0.4	25.8	1.0	32.1	0.8	25.8	31.2
合计*	1577.0	100.0	2580.4	100.0	3976.6	100.0	2399.6	16.7

数据来源：国际清算银行公布的2013年4月，2016年4月，2019年4月全球外汇市场国家与货币"净-总"（Net-Gross）日均成交金额数据；合计数据为国际清算银行公布的全球人民币外汇总日均成交金额；总计数据为2013年、2016年、2019年国际清算银行公布的全球外汇市场4月日均"净-净"（Net-Net）数据；中国大陆*、美国*、英国*、日本*为表30-8相应数据，合计*为中国大陆*、美国*、英国*、日本*与其余地区数据之和。

30.9.2 2019年境外人民币外汇交易金额分布简介

表30-9显示，中国香港占比虽略降到了29.87%，但仍然独占鳌头；英国超越了新加坡，成为了境外第二大人民币交易中心，新加坡则退至第3位；美国、瑞士、中国台湾、日本、韩国、澳大利亚、法国和荷兰分别为境外第四到第十一大人民币交易中心；德国从2016年的第9位跌落至第13位，其他国家和地区人民币外汇日均成交金额较低，不到10亿美元，在此不做细述。

30.9.3 2013—2019年境外人民币外汇交易的显著变化

表30-9显示，加拿大、韩国和瑞士同期年均增长幅度分别达到68.5%、58.2%和58.0%，使得加拿大、韩国和瑞士从2013年的第18位、第13位和第12位分别提高到了2019年的第12位、第8位和第5位；另外，日本、美国、荷兰和澳大利亚的人民币外汇交易日均成交金额同期平均增长幅度也分别达到了29.7%、23.0%、20.4%和15.8%的高速增长；中国香港、英国和新加坡这三大境外人民币中心六年年均增长率分别为13.8%、15.2%和10.1%，皆低于同期全球年均增长幅度6.7%，显示这三大中心基数较高，增速下降的自然趋势。除了上述大多国家和地区人民币外汇交易显著增长外，瑞典、比利时、卢森堡和西班牙这4个国家的人民币外汇市场却出现了不同程度的下降，年均降幅分别为31.2%、14.3%、10.8%和4.6%。

30.9.4 国际清算银行数据的问题

表 30-9 给出的境内人民币外汇日均成交金额分别比外汇局公布的季度数据计算出的这三年数据（表 30-9 中中国大陆*）低 153.2 亿美元、194.5 亿美元和 334.2 亿美元，相差三成左右，误差不可忽视；2013 年 4 月、2016 年 4 月和 2019 年 4 月全球人民币外汇日均成交金额合计分别比表 26-1 给出的全球总人民币日均成交金额高出 280.06 亿美元、531.29 亿美元和 762.85 亿美元。这些明显的差异不仅会导致我们对不同境外人民币中心近年来的发展产生误判，而更重要的是会导致我们对近年来人民币国际化的总体进展出现误判。

30.10 国际清算银行境外人民币外汇日均成交金额数据的水分

2013 年出版的本书第四版已经注意到了国际清算银行公布的当年全球人民币外汇日均成交金额数据存在一定水分及导致当年人民币排名过高问题，且本书前几版利用了当时可以获得的几乎所有境内外相关数据对国际清算银行公布的人民币外汇交易数据的水分进行了分析和估算。这里我们利用国际清算银行和其他监管当局公布的 2010—2019 年人民币外汇交易数据，进一步估算 2010—2019 年国际清算银行人民币数据的水分程度，从而让我们对近年来人民币国际化程度的推进有更为准确的把握。

30.10.1 2010 年国际清算银行数据

表 30-8 显示，2010 年 4 月，香港离岸人民币市场尚未启动，然而中国香港、新加坡和伦敦人民币外汇市场日均成交金额就已分别高达 109.1 亿美元、78.5 亿美元和 68.0 亿美元，加上同期境内人民币外汇市场日均成交金额 272.9 亿美元和日本人民币日均成交金额 1.1 亿美元（见表 30-8），比国际清算银行公布的同期境内外人民币外汇市场日均成交金额 423.6 亿美元高 25.0%；然而香港于 2010 年 7 月才签署了香港人民币清算新协议，所以 2010 年 4 月香港人民币外汇市场日均成交金额应该有限，且当时伦敦的人民币资金规模应该更为有限，伦敦 68.0 亿美元的人民币日均成交金额令人难以置信。

30.10.2 国际清算银行 2013 年 4 月的人民币外汇交易数据的合理估算

由于很多境外人民币中心希望提高自己在人民币市场中的地位，夸大人民币市场成交数据即可达到目的。国际货币结算支付功能、计价功能和储备三大功能中，近年来人民币在跨境结算支付方面取得了最显著的进展，而计价功能和储备功能却进展相对缓慢。表 20-2 相应的数据显示，2013 年 4 月人民币跨境支付世界占比仅为 0.69%，全球排名也仅为第 13 位。所以，2013 年 4 月以外汇占比度量的人民币国际化整体排名不会高达表 26-1 给出的第 9 位，整体排名不可能比跨境支付排名高出 4 位。

表 26-1 显示，2016 年 4 月人民币外汇交易全球占比为 4.0%，全球排名为第 8 位，比表 20-2 给出的同期人民币全球跨境支付排名第 6 低了两位；2013 年 4 月，境外人民币市场发展的程度应该不如 2016 年，2013 年 4 月人民币全球跨境支付排名第 13 位，那么 2013 年 4 月人民币在全球外汇市场的成交金额占比最高排名第 15 位应该较为合适，相应的人民币日均成交金额应该在同期排名第 15 位的土耳其里拉日均成交金额 706.6 亿美元和同期排名第 14 位的新加坡元日均成交金额 747.4 亿美元之间，占国际清算银行公布的 2013 年 4 月全球人民币外汇日均成交金额 1195.6 亿美元的 59.10% 到 62.51%，显示 2013 年国际清算银行公布的该年 4 月全球人民币外汇日均成交金额的水分应该在 37.49% 到 40.90%。

30.10.3 国际清算银行 2016 年 4 月和 2019 年 4 月的人民币外汇交易数据的问题

表 26-1 显示，2016 年和 2019 年国际清算银行公布的 4 月人民币外汇日均成交金额为 2020.2 亿美元和 2841.9 亿美元，全球占比 4.0% 和 4.3%，排名第 8 位，比图 20-1 给出的同期人民币国际化程度最大的人民币跨境支付在 2016 年 4 月全球第 6 位和 2019 年 4 月全球第 5 位低了 2 位和 3 位，显示国际清算银行公布的 2016 年 4 月境内外人民币外汇日均成交金额数据比较合理，而 2019 年 4 月的数据则偏差较大，其主要原因在于国际清算银行对部分地区的人民币外汇成交金额统计偏低，本书第 32 章将会具体分析，经调整后，人民币 2019 年的实际排名应在加拿大元之上，位列第 6 位。

30.11 人民币在主要境外中心的排名变化

30.11.1 香港市场

香港金管局和香港财资市场公会公布的数据显示，2010 年 4 月到 2013 年 4 月，人民币在香港外汇市场日均成交金额从 108 亿美元和排名第 7 位提高到了 491 亿美元和仅次于美元和港元排名第 3 位；2016 年 4 月又提高到了 767 亿美元和仅次于美元和日元排名第 3 位；2017 年 4 月略降到了 757 亿美元，成交金额占比16.8%分别低于美元、日元和港元的占比79.1%、21.5%和17.0%，排名也降到了美元、日元和港元后的第4位；2018年10月，香港人民币外汇成交金额占比19.5%超过日元和港元占比19.0%和18.4%，成为仅次于美元的第二货币，但与同期美元占比95.7%有巨大的差距；2019年4月和10月，人民币占比16.9%超过日元占比15.8%，但却低于港元占比23.0%，重回美元和港元后第3位；2020年4月占比17.7%重新超过港元占比17.5%和日元占比15.8%，重回仅次于美元的第2大货币，但与同期美元高达95.2%的占比仍有巨大的差距。随着中国大陆经贸的持续稳健增长，今后多年人民币保持仅次于美元的第二大货币地位，而且与美元的差距也会逐步缩小。

30.11.2 新加坡市场

根据新加坡金管局公布的2013年4月和2016年4月主要货币在新加坡外汇市场日均成交金额数据，2013年人民币日均成交金额在新加坡排名从仅次于美元、日元、欧元、澳大利亚元、英镑和新加坡元的第7位提高到了2016年4月的仅次于美元、日元、欧元、澳大利亚元和英镑的第6位，而且2013—2016年新加坡人民币外汇日均成交金额累计增幅78%，超过了其他所有货币相应的增幅，显示人民币在新加坡市场的活跃度；2017年10月到2018年6月的9个月里，人民币在新加坡外汇市场分别有3个月排名第6位，5个月排名第7位和2018年3月排名第8位，9个月月均排名第7位；2018年7月到2018年12月的6个月里，人民币在新加坡外汇市场分别有4个月排名第6位，2018年7月和9月分别排名第5位和第7位，6个月月均排名第6位；2019年1月到2019年12月的12个月里，人民币有7个月排名第6位，另外分别在2019年1月和2月分别排名第5位和第7位，另外两个月排名第8位，2019年8月排名最高为第4位（分别仅次于美元、欧元和日元），12个月月均排名第6位；2020年1月到6月的6个月里，人民币分别有4个月和两个月分别排名第6位和第7位，6个月月均排名第6位，与同期排名第5位的澳大利亚元月均占比差从2019年7月到2019年12月的3.25%缩小到了1.70%，但与排名第4位的新加坡元月均占比仍有较大的差距（根据新加坡金管局公布的2017年10月以来的月度外汇市场数据计算得出）。随着中国与东盟贸易的持续较快增长，人民币有望在2021年超过澳大利亚元，成为新加坡市场第五大交易货币。

30.11.3 伦敦市场

表30-7显示，2017年10月以来，伦敦人民币日均成交金额超过了新加坡，成为境外第二大人民币交易中心。2010年4月到2013年4月，伦敦人民币外汇日均成交金额从第18位提高到了第16位；而2016年4月提高到了第

10 位；2017 年 4 月回落到了第 11 位，2017 年 10 月和 2018 年 4 月重回到了第 8 位，而且 2019 年 4 月保持了第 8 位；2019 年 10 月排名略回第 9 位；2020 年 4 月重回第 8 位。因此，2018 年 4 月以来，人民币大多时间保持了伦敦第 8 大交易货币的地位，与人民币全球排名相近，但离排名第 6~7 位的澳大利亚元和加拿大元占比仍有较大的差距。随着中国经贸地位的持续提升，特别是中国科技自主能力的持续提升，人民币在伦敦这个全球最大外汇交易中心的地位也将持续提升。

30.11.4 日本市场

根据东京外汇市场委员会公布的数据，2010 年 4 月到 2013 年 4 月，人民币在日本外汇市场日均成交金额排名从第 13 位提高到了第 12 位；2016 年 4 月进一步提高到了第 10 位；2017 年 4 月和 2018 年 4 月略降并保持在第 11 位；2019 年 4 月略降到了第 12 位，而 2020 年 4 月又回升到了第 10 位，显示近年来人民币在东京外汇市场排名总体没有多大的变化。

30.11.5 美国市场

根据纽联储公布的数据，2016 年 4 月，人民币在纽约外汇市场日均成交金额排名第 15 位；2017 年 4 月和 2018 年 4 月回落到了第 17 位，2018 年 10 月提高到了第 14 位；2019 年 4 月到 2020 年 4 月提升并保持在第 13 位，表明人民币在美国外汇市场排名持续略升的良好态势。第 29.7 给出的 2020 年 9~10 月美国人民币支付占比重超韩国相关数据表明，近期美国人民币交易进一步活跃，人民币有望在 2021 年前后分别超过挪威克朗、瑞典克朗和巴西雷亚尔，成为美国外汇市场第 10 大交易货币。

30.11.6 人民币在境外外汇市场排名小结

总体来看，近年来人民币在香港排名最高达仅次于美元的第 2~3 位，远高于人民币在全球外汇市场第 7 位上下的排名；人民币在新加坡排名第 6 位略高于人民币在全球外汇市场第 7 位上下的排名；人民币在伦敦第 8 位左右的排名与人民币在全球外汇市场排名相当；人民币在日本市场第 10 位左右的排名略低于人民币在全球外汇市场第 7 位上下的排名；而人民币在美国第 13 位的排名则显著略低于人民币在全球外汇市场的排名，表明人民币在东亚排名最高，在欧洲次之，而在美国为主的美洲最低。这些结果的平均排名与第 32 章根据 2019 年以来人民币在全球主要人民币中心的外汇交易日均金额得出的近年来人民币国际化的准确排名较为接近。

30.12 境内外人民币汇率和远期汇率的相互引导关系

比较第 4 章和第 13 章境内外人民币远期汇率的变化，我们可以发现，由于境内人民币外汇远期结售汇市场流动性较低以及境内人民币汇率和利率市场化程度有待提高，在 2002 年境外人民币升值压力产生后一年左右的时间内，境外人民币升值压力就通过人民币远期结售汇市场传到了境内。张光平（2016）对十多年来境内外人民币汇率和远期汇率进行了实证研究。研究结果显示，2010 年境外人民币外汇市场建立之前，境外人民币无本金交割汇率一直是影响境内人民币外汇远期汇率的主要因素；2010—2013 年，境外人民币可交割市场仍然处于初期阶段，流动性相对较低，境外人民币无本金交割远期仍然在境外人民币外汇市场发挥着重要的定价作用；然而 2013 年以来，随着境外人民币可交割远期市场取代无本金交割市场、成为境外人民币外汇市场的主流，境外人民币可交割远期的定价功能超过了相应的人民币无本金交割远期，成为境外人民币外汇远期的主要定价工具。有兴趣的读者可以参考张光平（2016），这里不做多述。

由于境内人民币外汇远期市场流动性比境外人民币可交割远期市场要低很多，因此境内人民币外汇远期的定价功能仍远低于境外市场。只有境内市场流动性达到或超过境外，人民币外汇市场的定价权才能真正回到境内。

30.13 境外人民币中心的动力和今后的发展趋势

随着境外人民币市场的持续发展，发展境外人民币存贷业务外的其他更多的产品和服务将是境外人民币市场的方向。要使离岸市场人民币中介服务变得更为普遍，特别是使非中国居民更愿意借贷人民币，还有很多方面的工作需要准备，市场效率需要通过创新和不同市场参与者更为积极地参与加以提高，境外人民币市场的深度和广度也需不断开拓。

30.13.1 境外人民币中心发展的动力源泉

近年来境外人民币业务得到了快速发展的最主要的原因为：第一，政府努力推动。从 2008 年国际金融危机爆发不久开始，中国人民银行就开始与韩国和中国香港等亚太地区、欧洲和南美洲二十多个国家和地区签署了总额超过 3 万亿元人民币外汇互换协议，对这些国家和地区人民币业务的开展打下了一定的基础，同时中国人民银行放宽了外汇管制方面的一些限制，对境外人民币业务的推动也必不可少;第二,中国人民银行还与诸多国家和地区的货币当局签署了人民币清算协议并及时指定了清算银行,为这些国家和地区的人民币业务的顺利开展做好了必要的准备;第三,中国人民银行和国家外汇管理局为人民币回流及时推出了人民币合格境内机构投资者机制,为人民币回流打开了通道;第四,中国人民银行与香港金管局及其他国家间经过多年的努力建立了人民币流动的技术相关基础建设平台和系统,为境外人民币业务的开展提供了必要技术支持;第五,香港金管局几年来在世界各地做了大量的人民币相关路演等推广、推介、宣传和培训工作,对世界各地的人民币业务的推动发挥了重要的作用;第六,香港金管局建立起了与世界各地人民币中心人民币流动的技术平台和系统,为世界各地人民币业务的开展提供了必要技术保障;第七,中国银行、中国工商银行、中国建设银行等国内大型银行抓住人民币国际化战略机遇和商业机会,积极推动境外人民币业务,特别是人民币清算功能,为人民币业务的顺利推动发挥了积极的作用;第八,境内外企业主动增加在境外使用人民币的意愿也是人民币相关业务在境外增长的基础。还有很多其他方面的因素,这里就不一一列举了。

30.13.2　香港中心向其他境外人民币中心的辐射功能

香港占人民币跨境支付的比重仍然高达近八成,所有其他境外人民币中心仍然难以与香港比肩;香港人民币存款显著超过其他境外人民币中心;香港保持了境外人民币交易最活跃市场的地位,而且2013—2016年相关人民币外汇日均成交金额保持了高于国内的水平。2010年香港对境外人民币应付和应收款项分别为196亿元和109亿元人民币,而2011年分别增长到了1217亿元和1214亿元人民币,2013年进一步增长到了1660亿元和1645亿元人民币,2014年又分别增长到了1452亿元和1933亿元人民币;然而2015年分别下降到了1057亿元和1321亿元,2016年进一步回落到了690亿元和916亿元;尽管2017年回升到了878亿元和1328亿元,仍然达不到2015年的水平,显示出2015年前后香港人民币应收应付款项大幅度上升和明显回落的态势。2017年到2019年,应收应付款项进一步下滑至839亿元和982亿元。2020年,香港人民币应收应付款项回升到1026亿元和1072亿元,但仍未能超过2013年的高点。

30.13.3　离岸人民币产品将更加丰富

在资本账户限制不断放开的条件下,一至两年内离岸人民币产品会出现快速增加。特别是跨境资本流动渠道大大拓宽,例如沪港通、深港通中港基金互认、债券通等,在保有一定程度风险可控的前提下,可以打通境内外资本市场,实现人民币全球范围内有序循环,使人民币"走得出","回得来"。离岸人民币资本市场今后还会有新的模式和产品出现，市场将更加丰富和活跃。

30.14 离岸人民币资本市场的发展需求

离岸人民币市场的进一步发展需要离岸人民币资本市场的率先发展。目前香港"点心债"市场有了可喜的发展，然而仍需要发行机构和投资者双双拓宽渠道。另外，债券期限和种类需要增加，以满足发行者融资的要求和投资者的需求。同时，财政部定期发行境外人民币债券也会对境外人民币基准利率曲线的形成发挥积极作用（Yue，2013）。

建立合资交易所也可以进一步发展离岸人民币市场。根据协议，合资公司将定名为"中欧国际交易所股份有限公司"，上交所、中金所和德意志交易所集团将按40%、20%和40%的比例分别持有新公司股权。合资公司的主要职能是研发和上市交易以离岸人民币计价的证券和衍生产品。新公司在德国法兰克福注册，于2015年11月11日正式成立。

30.15 小结

境外人民币市场于近年来获得了快速的发展，成为推动人民币国际化的主要力量。境外人民币市场的快速发展与国内经贸的持续增长和金融开放密不可分，香港金管局一系列放松人民币相关监管的举措对活跃香港人民币市场也功不可没。人民币相关监管限制的逐渐取消使人民币相关业务的监管与其他币种的监管接轨，对在港银行开展人民币相关业务提供了更多的空间和灵活性（Chan，2013）。

人民币的可兑换性及境内金融市场的深度和流动性是境外人民币市场持续发展的基础。近几年来境内人民币外汇市场也出现了可喜的持续增长态势，对人民币国际化作出了应有的贡献。预计境外人民币市场的发展在今后多年内将会在很大程度上继续带动并倒逼境内人民币外汇市场和资本市场的发展，从而推动整个境内外人民币市场的发展，最终形成境内外互动发展的良好态势，共同推动人民币国际化的进程。

参考文献

[1] 张光平．人民币衍生产品（第四版）[M]．北京：中国金融出版社，2016．

[2] 伦敦金融城经济发展部．伦敦：人民币业务中心．2012.4，www．cityo-

flondon. gov. uk/economicresearch.

［3］伦敦金融城经济发展部．伦敦人民币业务数据发布 2012 年 1 月至 6 月．2013.1，www. cityoflondon. gov. uk/economicresearch.

［4］伦敦金融城经济发展部．伦敦人民币业务数据发布 2012 年 1 月至 12 月．2013.6，www. cityoflondon. gov. uk/economicresearch.

［5］伦敦金融城经济发展部．伦敦人民币业务数据发布 2013 年 1 月至 6 月．2014.1，www. cityoflondon. gov. uk/economicresearch.

［6］伦敦金融城经济发展部．伦敦人民币业务数据发布 2013 年 1 月至 12 月．2014.6，www. cityoflondon. gov. uk/economicresearch.

［7］罗布特·米肯尼，刘健恒．人民币的崛起——国际地位及影响［M］．北京：中信出版社，2013．

［8］China/HK：The allure of Dim Sum bonds, DBS Group Research, 31 March 2011, www. bsrvresearch. com.

［9］CNH：Eclipsing the NDF Market, DBS Group Research, 4 February, 2013, www. bsrvresearch. com.

［10］CNH：Singapore and Taiwan style, DBS Group Research, 19 February, 2013, www. bsrvresearch. com.

［11］CNH：Qianhai to offer CNH Trust Products, DBS Group Research, 16 May 2013, www. bsrvresearch. com.

［12］Chan, Norman T. L., 2013, Development of Offshore Renminbi Business in Hong Kong：Review and Outlook, 21 February 2013, Hong Kong Monetary Authority, http：//www. hkma. gov. hk.

［13］Chan, Norman T. L., 2013, Remarks by Norman T. L. Chan, Chief Executive of the Hong Kong Monetary Authority, 25 April 2013.

［14］Chan, Norman T. L., 2014, Opening Remarks at the Second Hong Kong-Australia RMB Trade and Investment Dialogue, 22 May 2014, Hong Kong Monetary Authority.

［15］Yue, Eddie, 2013, Welcome remarks at the Third Meeting of the Hong Kong-London RMB Forum, Acting Chief Executive, Hong Kong Monetary Authority, 26 September 2013.

［16］Hong Kong Monetary Authority, 2014, Briefing to the Legislative Council, Panel on Financial Affairs, 5 May 2014, www. hkma. gov.

31 主要经济体境外资产规模及国际比较和银行国际化比较

不同国家和地区跨境资产的规模,特别是净资产规模是其综合国力的重要体现,也是推动其货币国际化的重要支撑;另外,全球跨境资产的货币构成实际上是货币国际化程度的另外一种很好的度量。本章主要介绍主要国家和地区全球跨境资产分布和货币分布,进而介绍近年来我国境外资产和银行业境外资产的增长情况并与其他国家进行比较,从而了解我国银行业在推动人民币国际化和"一带一路"倡议实施方面的差距和潜力。

31.1 主要经济体和银行跨境资产及负债分布

一个国家的境外资产,特别是其境外净资产规模是其综合国力的体现,同时也是其货币国际化的基础。没有一定的综合国力,任何国家的货币也难以达到一定的国际化水平。表 31 – 1 给出了 2007—2019 年主要国家和地区境外资产规模和全球占比。

表 31 – 1   主要国家和地区境外资产、负债和权益在全球的分布

单位:万亿美元,%

全球跨境资产在主要国家和地区的分布													
年份 国家或地区	2007	2008	2009	2010	2011	2012	2013	2014	2015	2016	2017	2018	2019
美国	3.10	3.62	3.39	3.80	4.13	3.24	2.96	3.04	2.99	3.05	3.27	3.34	3.52
欧元区	16.61	15.07	14.49	12.70	11.38	10.99	10.75	10.45	9.20	8.96	9.72	9.54	9.90
英国	3.40	3.24	3.23	3.86	4.02	3.59	3.15	2.93	2.63	2.44	2.69	2.87	3.10
日本	2.67	2.89	3.01	3.41	3.66	4.02	4.09	3.96	4.13	4.44	4.59	4.65	4.93
瑞士	3.70	2.50	2.16	2.12	2.13	2.04	2.24	2.18	1.89	1.75	1.90	1.85	2.01
中国									1.45	1.73	1.98	2.18	2.22
加拿大	0.69	0.68	0.77	0.84	0.90	1.03	0.95	0.97	0.98	1.00	1.11	1.23	1.53
瑞典	0.58	0.60	0.61	0.80	0.98	0.98	0.95	0.94	0.76	0.67	0.65	0.37	0.37
澳大利亚	0.24	0.29	0.30	0.37	0.48	0.50	0.48	0.56	0.57	0.57	0.60	0.62	0.66
中国台湾	0.17	0.15	0.17	0.19	0.20	0.22	0.26	0.29	0.30	0.31	0.33	0.32	0.37

续表

全球跨境资产在主要国家和地区的分布

年份 国家或地区	2007	2008	2009	2010	2011	2012	2013	2014	2015	2016	2017	2018	2019
韩国	0.09	0.10	0.10	0.11	0.12	0.12	0.14	0.15	0.16	0.17	0.18	0.18	0.19
新加坡	0.11	0.11	0.11	0.12	0.16	0.15	0.20	0.21	0.20	0.23	0.26	0.27	0.27
中国香港	0.04	0.04	0.04	0.04	0.04	0.04	0.05	0.04	0.04	0.04	0.05	0.05	0.06
比利时	1.36	1.01	0.55	0.44	0.48	0.48	0.45	0.41	0.32	0.29	0.25	0.23	0.24
卢森堡	0.24	0.21	0.18	0.16	0.08	0.05	0.05	0.06	0.06	0.06	0.06	0.06	0.07
全球合计	32.91	30.64	29.52	29.76	29.80	28.85	28.48	28.19	27.13	27.08	29.25	29.29	31.00
全球银行业	20.97	19.63	18.69	18.79	18.82	16.90	16.41	15.96	14.69	14.46	15.46	15.05	15.43
银行业/全球合计	63.73	64.06	63.32	63.16	63.15	58.57	57.63	56.62	54.14	53.41	52.85	51.37	49.77

全球跨境负债在主要国家和地区的分布

年份 国家或地区	2007	2008	2009	2010	2011	2012	2013	2014	2015	2016	2017	2018	2019
美国	3.94	4.43	4.07	4.43	4.72	3.84	3.69	3.85	3.60	3.54	3.77	3.77	3.97
欧元区	14.74	13.16	12.59	11.66	10.47	9.77	9.67	9.39	8.30	8.20	8.79	8.81	8.89
英国	3.31	3.05	3.00	3.48	3.74	3.30	2.84	2.85	2.61	2.48	2.81	2.92	3.09
日本	1.13	1.41	1.38	1.60	1.86	2.00	2.14	1.91	1.97	2.07	2.15	2.20	2.16
瑞士	3.52	2.65	2.27	2.20	2.18	2.01	2.05	2.04	1.80	1.72	1.74	1.70	1.84
中国									1.40	1.57	1.89	1.99	2.03
加拿大	0.54	0.52	0.59	0.63	0.71	0.73	0.72	0.82	0.79	0.82	0.89	0.97	1.14
瑞典	0.61	0.61	0.70	0.90	1.14	0.90	0.87	0.84	0.64	0.55	0.57	0.30	0.28
澳大利亚	0.47	0.47	0.58	0.68	0.79	0.84	0.81	0.85	0.84	0.83	0.85	0.85	0.86
中国台湾	0.07	0.08	0.08	0.09	0.10	0.11	0.14	0.16	0.18	0.18	0.20	0.21	0.21
韩国	0.13	0.13	0.14	0.14	0.15	0.15	0.16	0.16	0.16	0.16	0.15	0.17	0.18
新加坡	0.08	0.08	0.08	0.11	0.14	0.13	0.18	0.20	0.21	0.23	0.28	0.29	0.30
中国香港	0.04	0.04	0.03	0.04	0.04	0.04	0.04	0.04	0.04	0.04	0.04	0.05	0.04
比利时	1.27	0.87	0.54	0.49	0.51	0.46	0.44	0.41	0.32	0.30	0.26	0.23	0.21
卢森堡	0.16	0.14	0.13	0.10	0.04	0.03	0.03	0.03	0.03	0.03	0.03	0.03	0.04
全球合计	29.07	26.83	25.45	26.17	26.38	25.76	25.43	25.89	24.76	24.57	26.53	26.52	27.40
全球银行业	20.01	18.18	17.29	17.48	17.44	15.88	14.98	14.87	14.07	13.77	14.45	14.30	14.59
银行业/全球合计	68.83	67.79	67.93	66.82	66.12	61.64	58.89	57.41	56.81	56.07	54.47	53.94	53.26

续表

全球跨境权益在主要国家和地区的分布													
国家或地区 \ 年份	2007	2008	2009	2010	2011	2012	2013	2014	2015	2016	2017	2018	2019
美国	-0.84	-0.81	-0.68	-0.63	-0.59	-0.60	-0.73	-0.81	-0.60	-0.50	-0.50	-0.43	-0.45
欧元区	1.87	1.91	1.89	1.04	0.90	1.21	1.08	1.06	0.90	0.76	0.93	0.73	1.01
英国	0.09	0.19	0.23	0.38	0.28	0.29	0.31	0.08	0.02	-0.04	-0.12	-0.04	0.01
日本	1.54	1.48	1.62	1.82	1.80	2.03	1.95	2.05	2.16	2.36	2.44	2.45	2.77
瑞士	0.17	-0.14	-0.12	-0.08	-0.05	0.03	0.06	0.14	0.04	0.16	0.15	0.18	
中国									0.05	0.16	0.10	0.19	0.19
加拿大	0.14	0.16	0.18	0.21	0.19	0.29	0.22	0.15	0.19	0.18	0.21	0.27	0.39
瑞典	-0.03	-0.01	-0.09	-0.10	-0.16	0.08	0.10	0.10	0.12	0.12	0.08	0.06	0.09
澳大利亚	-0.23	-0.19	-0.28	-0.32	-0.31	-0.33	-0.32	-0.30	-0.28	-0.26	-0.25	-0.23	-0.21
中国台湾	0.10	0.07	0.09	0.10	0.09	0.11	0.12	0.12	0.12	0.12	0.13	0.11	0.16
韩国	-0.05	-0.03	-0.04	-0.03	-0.03	-0.03	-0.03	-0.01	-0.01	0.01	0.03	0.01	0.01
新加坡	0.02	0.03	0.03	0.03	0.03	0.01	0.01	0.01	0.01	0.00	-0.02	-0.02	-0.03
中国香港	0.01	0.00	0.01	0.01	0.01	0.02	0.02	0.01	0.01	0.01	0.01	0.01	
比利时	0.09	0.15	0.01	-0.04	-0.03	0.02	0.00	0.00	-0.01	-0.01	-0.01	0.00	0.03
卢森堡	0.08	0.07	0.05	0.05					0.03	0.03	0.03	0.03	0.03
全球合计	3.84	3.81	4.07	3.59	3.42	3.09	3.05	2.30	2.37	2.51	2.72	2.77	3.60
全球银行业	0.96	1.44	1.40	1.31	1.38	1.02	1.44	1.09	0.62	0.69	1.01	0.74	0.83
银行业/全球合计	25.11	37.85	34.47	36.49	40.26	32.96	47.07	47.61	26.18	27.44	37.06	26.76	23.20
全球跨境杠杆率	8.57	8.03	7.26	8.29	8.71	9.34	9.33	12.28	11.47	10.77	10.74	10.57	8.62
全球银行业跨境杠杆率	21.76	13.60	13.34	14.34	13.67	16.60	11.43	14.60	23.71	20.97	15.31	20.30	18.49

数据来源：根据国际清算银行网站 www.bis.org 给出的数据计算得出。

31.1.1 全球银行业跨境资产和负债占全球比重及相关比较

表31-1 的数据显示，2007—2018 年，全球银行业跨境资产占全球各个行业跨境资产比重从六成多持续下降到了五成多，2019 年更是跌破五成，累计下降了一成多，但全球银行业跨境资产仍占支配比重，显示全球银行业在全球金融市场中的重要地位；同期全球银行业跨境负债占全球的比重持续高于资产占比，然而全球银行业跨境权益（总资产与总负债的差额）平均不到全球1/3，显

示出全球银行业境外投资经营的效率比银行业外的其他领域确有差距；另外，2015年以来，全球各个行业杠杆（总资产与总权益比率）保持在略高于10的水平，而同期全球银行业跨境杠杆显著高于所有行业。

31.1.2　主要经济体境外资产和负债规模比较

表31-1显示，2007—2019年，欧元区跨境资产和负债皆从超过10万亿美元持续下降到了10万亿美元之下的水平，仍遥遥领先于其他主要经济体；金融危机以来在欧元区、英国和瑞士跨境资产和负债皆持续下降的同时，日本跨境资产和负债却持续显著增长，近年来日本跨境资产规模仅次于欧元区，成为跨境资产最多的国家，而负债方面则排在欧元区、美国和英国之后；美国跨境资产小幅上升的同时，负债却小幅下降，资产规模和负债规模分别排名第3位和第2位；金融危机以来瑞士跨境资产和负债皆保持了6%以上的年均降幅，国际排名显著下降，跨境资产和负债皆排名全球第6位，显示金融危机对瑞士的冲击巨大；2017年中国跨境资产和负债皆首次超过瑞士排名第5位。以上数据显示，除瑞士外，主要国家和地区银行业跨境资产和负债排名基本与表24-1给出的其货币在全球外汇市场的排名相当，说明货币在全球外汇市场的表现是有其母国跨境资产和负债作为支撑的。其他国家和地区跨境资产和负债规模较低，我们在第36章还会介绍这些跨境资产相对较小的"金融中心"的功能。

31.1.3　主要经济体跨境净资产规模比较

表31-1显示，虽然2007—2019年欧元区跨境总资产从日本的6.2倍下降到了2.0倍，但是其跨境净资产却从日本的1.2倍下降到了36.5%，显示金融危机后日本在全球投资的巨大成功和欧元区的相对萎缩。值得关注的是，日本境外净资产从2007年占全球40.1%大幅度提高到了2016年的94.0%，虽然2016—2019年占比略降到了76.9%，但占比比2007年增长了近1倍，显示出日本在全球跨境资产领域的巨大优势。

31.2　主要经济体银行业跨境资产和负债的货币分布

与表31-1相对应，国际清算银行定期公布全球银行业境外资产和负债中不同货币的占比情况，表32-2给出了2007—2019年主要国际货币在全球境外资产和负债中的占比及与国际货币基金组织公布的同期全球外汇储备中的占比比较。

表 31-2 主要国际货币在全球银行业境外资产和负债中的占比及
与国际货币基金组织公布的全球外汇储备占比比较　　单位:%

年份	2007	2008	2009	2010	2011	2012	2013	2014	2015	2016	2017	2018	2019
不同货币在全球跨境资产和负债中的占比													
美元	41.70	43.05	43.04	44.74	45.67	42.90	44.31	45.58	47.33	48.65	46.89	46.66	46.30
欧元	35.11	35.70	35.64	32.85	32.19	33.14	31.59	29.85	26.91	26.23	27.44	27.76	27.29
日元	3.99	4.67	3.70	4.28	4.40	4.23	3.96	3.93	4.00	4.38	4.12	4.46	4.37
英镑	7.93	6.12	6.01	5.39	4.59	5.16	5.08	4.97	5.12	4.46	4.51	4.49	4.59
瑞士法郎	1.52	1.57	1.45	1.49	1.66	1.57	1.97	1.75	1.66	1.48	1.42	1.25	1.52
其他货币	5.57	5.14	5.92	6.51	6.65	7.70	7.93	8.82	9.68	9.53	10.17	10.05	10.41
不可识别资产	4.18	3.74	4.24	4.74	4.85	5.31	5.17	5.10	5.30	5.28	5.44	5.33	5.52
不同货币在全球外汇储备中的占比													
美元	39.27	36.53	34.88	34.63	34.67	34.17	32.60	38.18	44.58	51.29	54.81	57.92	57.04
欧元	16.07	15.02	15.55	14.33	13.52	13.37	12.88	12.43	12.98	15.02	17.62	19.39	19.28
日元	1.95	1.99	1.63	2.04	2.00	2.27	2.03	2.08	2.55	3.11	4.29	4.88	5.34
英镑	2.97	2.42	2.39	2.19	2.12	2.25	2.12	2.17	3.20	3.40	3.96	4.15	4.33
瑞士法郎	0.10	0.08	0.06	0.07	0.10	0.12	0.14	0.14	0.18	0.13	0.16	0.13	0.15
其他货币	1.13	1.26	1.62	2.38	2.95	3.39	3.43	3.59	4.32	5.53	6.54	7.34	7.54
不可识别资产	38.52	42.71	43.87	44.37	44.70	44.44	46.80	41.41	32.19	21.53	12.61	6.20	6.34
不同货币全球跨境资产和负债占比与全球外汇储备占比差额													
美元	2.43	6.52	8.16	10.11	11.00	8.73	11.71	7.40	2.74	-2.64	-7.92	-11.25	-10.74
欧元	19.04	20.68	20.09	18.52	18.67	19.77	18.71	17.43	13.92	11.22	9.82	8.37	8.02
日元	2.03	2.68	2.07	2.24	2.40	1.96	1.92	1.86	1.46	1.27	-0.16	-0.42	-0.96
英镑	4.97	3.71	3.63	3.19	2.46	2.91	2.95	2.80	1.92	1.06	0.55	0.35	0.26
瑞士法郎	1.43	1.49	1.38	1.42	1.62	1.45	1.83	1.61	1.48	1.35	1.27	1.12	1.37
其他货币	4.44	3.88	4.30	4.13	3.70	4.31	4.50	5.22	5.36	4.00	3.63	2.71	2.87
不可识别资产	-34.34	-38.97	-39.63	-39.62	-39.86	-39.13	-41.63	-36.32	-26.89	-16.25	-7.18	-0.87	-0.82

数据来源:根据国际清算银行网站 www.bis.org 公布的全球境外资产和负债的货币构成数据计算得出和国际货币基金组织网站 www.imf.org 公布的相应的全球外汇储备数据计算得出。

表31-2显示,2008年国际金融危机爆发后,美元在全球跨境资产和负债的占比不仅没有降低,反而持续提高到了2016年48.65%的历史高位,2007—2016年累计提高了6.95%;而金融危机爆发后欧元在全球跨境资产和负债中的比重总体下降到了2016年的历史低位26.23%,2007—2016年累计下降了8.88%;2007—2016年,日元在全球跨境资产和负债中的占比总体略有提高的同时,英镑占比却明显下降;2007—2017年包括加拿大元、澳大利亚元和人民币在内的其他货币在全球跨境资产和负债中的占比从5.57%显著提高到了10.17%;不可识别资产占全球跨境资产和负债比重从4.18%略增到了5.44%;2016—2019年,美元在全球跨境资产和负债的占比下降了2.35%的同时,欧元占比却提升了1.06%。

表31-2的数据显示,2007—2019年,美元、欧元、日元、英镑和瑞士法郎在全球跨境资产和负债中的排名与其在全球外汇储备中的占比排名相当,前者皆略高于后者,唯有欧元在全球跨境资产和负债中的占比显著超过其在全球外汇储备中的占比。这些数据显示,不同主要国际货币在全球跨境资产和负债中的占比在很大程度上反映其在全球外汇储备中的占比。换句话说,不同货币在全球跨境资产和负债中的地位是其全球外汇储备地位的基础和支持。

31.3 中日跨境资产和负债相关比较和启示

第27章的结果显示,虽然我国经贸规模数年前就超过了日本,且我国外汇储备也同样显著超过了日本,但是我国国际投资头寸和净头寸离日本仍有较大差距。由于中日两国有较大的可比性,而且日元国际化对人民币国际化有诸多的参考和借鉴意义,本节我们简单介绍我国跨境资产和银行跨境资产与日本的差距。

31.3.1 中日两国跨境资产和净资产与GDP比例的比较

利用表31-1给出的2007—2019年日本跨境资产和净资产数据和国际货币基金组织公布的同期日本GDP数据,我们可以计算出2007—2015年,日本跨境资产与GDP比重从59.2%提高到了94.1%,2016年降到了90.1%,而2017年又回升到了94.5%,到2018年底,则略微下降到93.5%,2019年达到历史最高水平95.6%;同期日本跨境净资产与GDP比重从34.1%提高到了49.3%,2016年略降到了48.0%,而2017年又回升到了50.2%,在2019年底比重达到53.7%,为历史最高水平。而2015—2019年我国跨境资产与GDP比例分别仅从13.0%略增到了15.7%,同期我国境外净资产与GDP比例从0.5%略增到了

1.3%，与日本有着巨大的差距。

31.3.2　中日两国在美国、新加坡和中国香港资产相关比较和启示

国际清算银行的数据显示，2019年底日本银行业在美国的资产总额1.24万亿美元，略低于英国银行业的在美资产1.25万亿美元，然而2019年底日本在美国的净资产8017亿美元却比英国在美净资产2139亿美元高出2.7倍，为在美外资净资产最多的国家；同期日本银行业在新加坡的资产总额1102亿美元排名第2位，仅次于中国香港银行业在新加坡资产1151亿美元，比新加坡美资和英资银行资产之和低454亿美元；日本银行业在中国香港的资产总额1267亿美元也排名第1位，比在港排名第2位和第3位的英资和美资资产总和1473亿美元略低出206亿美元，显示日本在美国、新加坡和中国香港这些全球前四大金融中心的三大中心的银行资产皆排名前两位（在英国的日本资产2873亿美元低于美国、法国、德国和荷兰在英资产量，排名第5位）。另外，日本在澳大利亚银行业资产974亿美元，也排名首位。中国在如上国家和地区的资产数据仍然缺失，因此不能直接比较，但中国在这些国家和地区总资产与日本总体应该仍有显著的差距。

31.3.3　中日两国在中国香港、新加坡和澳大利亚资产规模的启示

日本银行业在新加坡、中国香港和澳大利亚银行资产排名外资首位及在美国银行业排名外资首位的事实对人民币国际化和"一带一路"倡议实施很有启发。为了"一带一路"倡议实施和人民币国际化的有效推动，我国银行业资产需要在新加坡、中国香港和澳大利亚排名前列，而且在英国和欧元区也应该排名前列。加强中日合作对"一带一路"倡议实施和人民币国际化皆有积极的意义。

31.4　主要国际跨国企业国际资产暨销售分布

根据联合国贸易和发展会议（UNCTAD）最新发布的《2020年世界投资报告》（*World Investment Report* 2020），我们可以清晰地看到全球100强跨国公司和发展中国家及转型经济体100强跨国公司的国际化程度，表31-3给出了相关结果。

表31-3   2017—2019年全球及发展中国家和
转型经济体非金融类跨国公司100强国际化统计

	全球100强跨国公司			发展中国家和转型经济体的100强跨国公司				
	2017[a]	2018[a]	2017—2018变化（%）	2019[b]	2018—2019变化（%）	2017[a]	2018	变化（%）
资产（十亿美元）								
海外	9139	9335	2.1	9535	2.1	2434	2581	6.1
国内	6625	6710	1.3	6819	1.6	5726	5430	-5.2
总计	15763	16045	1.8	16354	1.9	8160	8011	-1.8
海外资产占比（%）	58.0	58.2	0.2	58.3	0.1	29.8	32.2	2.4
销售（十亿美元）								
海外	5366	5916	10.3	5796	-2	2224	2559	15.1
国内	3539	3919	10.8	3870	-1.3	2576	2751	6.8
总计	8904	9836	10.5	9666	-1.7	4800	5311	10.6
海外销售占比（%）	60.3	60.1	-0.1	60.0	-0.2	46.3	48.2	1.8
员工数（千人）								
海外	9750	9604	-1.5	9466	-1.4	4691	4693	5.8
国内	9536	8548	-10.4	9049	5.9	9118	9248	1.4
总计	19286	18152	-5.9	18515	2	13808	14211	2.9
海外员工数占比（%）	50.6	52.9	2.4	51.1	-1.8	34.0	33.0	-0.9

数据来源：UNCTAD（联合国贸易和发展会议）《2020年世界投资报告》和《2019年世界投资报告》），http://unctadstat.unctad.org/EN/；数据依据基准年4月1日至下一年3月31日期间报告的财政年度业绩。发展中国家和转型经济体100强跨国公司的2018年完整数据尚未公布。标注a为修正数据，标注b为原始数据。

31.4.1 全球主要跨国公司境外资产和销售占比

如表30-3所示，全球100强跨国公司无论在海外资产还是海外销售近三年来均维持在六成左右，而海外员工数则维持在五成左右，显示顶尖跨国公司的全球视野和国际化思维；而来自发展中国家和转型经济体的100强跨国公司其国际化程度明显没有那么高，海外资产占比仅32.2%，海外员工数2018年占比仅为33.0%，不过其海外销售仍然达到了48.2%。虽然发展中国家和转型经济体的100强跨国公司海外资产和海外员工数比例远远不及全球100强的数字高，但是其销售额占比倒没有差距那么大，显示出海外市场对发展中国家和转型经济体跨国公司的重要程度。

值得注意的是，全球100强跨国公司的平均国际化水平在2018年减少了。海外销售占比和海外员工数占比分别下降了0.2个和1.8个百分点。这是由于新进的中国企业（中化集团、国家电网、中国五矿集团）通过国内的并购动作扩张了其在国内资产和经营占比，此外还有一些跨国公司对部分海外业务进行剥离所造成的。

31.4.2 发展中国家和转型经济体跨国公司及全球比较

来自发展中国家和转型经济体的前100家跨国公司在2017—2018年海外资产增长6.1%，而国内资产则下降5.2%，总体资产规模则下降1.8%。海外销售增长率为国内销售增长率的2倍多。海外员工总数则增加5.8%，而国内员工数仅增长1.4%。它们的国内员工数量明显高于同期的全球100强企业，但它们的海外资产、销售和员工数仍远远落后于全球100强企业。对于这两组（全球和发展中）排名前100位的公司来说，海外销售增速远远高于海外资产和员工数的增长，这也印证了无形资产、轻资产运营和非股权形式的国际生产正在变得越来越重要。表31-3的数据也显示，发展中国家和转型经济体的大型跨国公司境外总资产和销售增速明显超过全球100强跨国公司，但其境外总资产却与全球100强跨国公司有着巨大的差距。

31.4.3 全球100强跨国公司资产和销售点额地区分布

利用根据联合国贸易和发展会议（UNCTAD）最新发布的《2020年世界投资报告》（*World Investment Report* 2020）给出的2019年全球100强非金融跨国公司总资产和总销售的境内外数据，我们可以计算出2019年这100家跨国公司分别有36家、19家、13家、9家、5家和9家分别为欧盟、美国、英国、日本、瑞士和中国6个国家和地区的公司，该6个国家和地区的100家跨国公司境外总资产分别为3.34万亿美元、1.61万亿美元、1.60万亿美元、1.22万亿美元、0.42万亿美元和0.70万亿美元，分别占该6个国家和地区境外总资产的24.4%、45.7%、51.7%、24.7%、20.7%和31.4%，显示我国非金融跨国企业国际化程度美国和英国，但高于欧盟、日本和瑞士。

31.5 近年来我国境外资产和银行业资产的国际占比及排名

31.5.1 近年来我国境外资产的国际占比及排名

表31-1显示，2017年，我国境外资产和负债规模首次超过瑞士，排名全球第5位；2015—2016年境外净资产也从521亿美元提高到了1630亿美元，仅次于日本、欧元区和加拿大，显示近年来我国境外净资产增长迅速；然而2017

年我国境外净资产却略降到了952亿美元，至2018年回升至1903亿美元，首次超过瑞士，仅次于日本、欧元区和加拿大，全球排名第4位。

31.5.2　近年来我国银行业境外资产的国际占比及排名

国际清算银行的数据显示，2015—2019年，我国银行业境外资产从7917亿美元增长到了11587亿美元，占同期我国总境外资产比重则从54.4%下降到52.3%，占同期全球银行业跨境资产比重从5.39%上升到了7.51%，显示近年来我国银行业"走出去"步伐加速，国际化程度也有所提高。

31.6　近年来全球主要银行国际化水平比较

全球贸易国际化是全球金融国际化的主要基础，是由主要国际银行推动的。更具体来说，主要国际金融中心和主要国际货币也主要是由主要国际银行推动的。上文介绍了近11年来主要国家和地区跨境资产和银行业跨境资产，本节简单介绍近年来全球主要银行的国际化程度比较和排名。本节的主要结果引用贲圣林等（2016和2018）。

31.6.1　主要国际银行境外资产规模和占比排名

银行的国际化程度最主要是由其境外资产规模及占其总资产比重来衡量的。贲圣林等（2018）的结果显示，2016年全球境外资产规模排名前10位的银行分别为汇丰银行、德意志银行、西班牙国际银行、日本三菱银行、中国银行、美国摩根大通银行、荷兰国际银行、瑞士信贷、意大利联合信贷和日本瑞穗银行（美国花旗银行、富国银行及英国巴克莱银行2016年数据缺失，故不参与资产排名），其中欧洲银行占前10位的6位；而以境外资产占总资产比例来衡量，渣打银行、西班牙国际、北欧联合、瑞士信贷、荷兰国际、德意志银行、瑞银集团、汇丰银行和日本三菱银行（前9大皆为欧洲银行），这些银行境外资产占比从39.5%到83.9%，中国银行占比27.9%，排名第23位。这些结果显示，欧洲银行业的国际化程度不仅显著高于国内银行，而且显著高于美国银行和日本银行。

31.6.2　主要国际银行境外营收和盈利规模及占比和排名

银行境外营业收入或盈利及占比是其国际化更好的度量。贲圣林（2018）认为，2016年全球境外营收排名前10位的银行分别为汇丰银行、西班牙国际银行、花旗银行、巴黎银行、摩根大通银行、瑞银集团、德意志银行、三菱银行、中国银行和巴克莱银行（美国富国银行2016年数据缺失，故不参与资产排名），同样欧洲银行占前10位的6位；而以境外营收占比来衡量，全球排名前10位的银行分别为渣打银行、西班牙国际、瑞银集团、北欧联合、汇丰银行、巴黎银行、德意志银行、法国兴业、荷兰银行和瑞士信贷皆为欧洲银行，这些银行境外营收占比58.5%到87.9%，中国银行相应占比25.0%，排名第30位。这些结果显示，以营收规模和占比衡量，欧洲银行业的国际化程度比以境外资产规模和占比更高。

境外利润规模和占比比境外营收规模和占比能更好地反映不同银行国际化程度。2016年全球利润占比排名前10位的银行分别为汇丰银行、瑞士信贷、渣打银行、西班牙国际、北欧银行、法国兴业、荷兰银行、法农信贷、三菱银行和花旗银行（前8位皆为欧洲银行），其中排名第4位到第10位银行境外利润占比从53.2%到96.4%，而排名前3位银行占比从116.8%到195.2%，显示前三大银行在其国内皆亏损，境外为其主要的利润来源。2016年国内境外利润占比最高的中国银行境外利润占比36.6%，排名第20位。

31.6.3 主要国际银行国际化指标排名

除上文介绍的境外资产和占比与境外营收和占比及境外盈利和占比外，银行境外存款规模、贷款规模和营业网点等占比也是银行国际化程度的重要显现[有兴趣的读者可参考贲圣林（2018）相关结果]。贲圣林（2016）提出了基于银行境外资产占比、境外客户存款占比、境外客户贷款占比、境外营收占比、境外利润占比、机构所在国家数量、境外分支机构占比和境外员工占比共八个子指标的银行国际化指标，对银行国际化程度进行更全面的度量。贲圣林（2018）研究显示，2016年全球国际化程度排名前12位的除排名第7位的美国花旗银行外皆为欧洲银行；排名第13位到第20位的加拿大、日本和新加坡各有2家银行，另外美国和法国各有1家银行；国内排名最高的中国银行排名第21位，其次工商银行和建设银行排名分别为第30位和第39位（请参考附录相关详细排名和国际化指标），显示我国银行业国际水平不仅与欧美银行有显著差距，而且离加拿大和新加坡银行也有显著的差距。

31.7 近年来我国主要银行国际化的进展

上文介绍了我国银行业"走出去"的整体情况。本节简单介绍近年来我国主要银行"走出去"的情况。表31-4给出了2013—2019年我国主要银行境外总资产、境外贷款余额、境外税前利润和境外税前利润与境外资产的比例。

31.7.1 主要银行境外资产情况

表31-4显示，中国银行是我国银行业境外资产最多的银行，是我国银行

业"走出去"的领头银行,与表31-1给出的中国银行在境外人民币清算功能最多的银行结果一致。中国银行境外资产占我国银行业境外资产的比重保持在一半左右的比例,但是比例却持续下降;工商银行近年来境外资产增幅平均超过了中国银行,2016年工行占我国银行业境外资产比重首次超过了1/5;2019年建设银行和农业银行境外资产分别排名第3位和第4位;交通银行境外资产在五大行中排名最后。

表31-4　　我国主要银行境外总资产、境外贷款余额、境外税前利润和境外税前利润与境外资产的比例

单位：亿美元,%

银行\年份	2013	2014	2015	2016	2017	2018	2019
境外总资产							
工商银行	2623.3	3136.9	3773.8	4511.8	5175.9	5384.8	5692.6
建设银行	1200.4	1528.9	1770.3	2402.2	2641.6	2469.0	2469.7
农业银行	580.8	853.7	1097.9	1093.1	1222.7	1329.7	1701.6
中国银行	6308.0	6831.8	6991.8	7307.3	8333.3	9043.5	9001.6
交通银行	852.7	1009.2	1079.9	1233.8	1476.3	1557.9	1668.6
中信银行	280.6	326.0	369.7	411.5	471.1	493.3	485.2
招商银行	163.3	207.4	219.0	255.5	305.8	349.8	342.6
广发银行	36.7	36.3	35.1	29.6	29.0	32.3	40.0
合计	12045.8	13930.2	15337.5	17244.8	19655.7	20660.3	21401.7
银行业总资产	248248.6	281640.0	306987.5	334803.5	386281.4	380880.8	415702.7
占银行业比重	4.9	4.9	5.0	5.2	5.1	5.4	5.1
境外贷款余额							
工商银行	1081.2	1309.8	1440.6	1758.7	2163.6	2075.9	
建设银行	882.6	921.6	1055.3	1294.1	1532.7	1292.9	
农业银行	508.0	648.3	687.8	635.1	589.6	567.4	
中国银行	3068.1	3036.6	2957.7	3085.9	3512.9	3652.8	
交通银行	458.0	452.7	502.6	554.1	645.7	518.2	
中信银行	152.8	190.6	214.6	244.2	254.3	260.8	
招商银行	83.7	113.6	89.0	142.9	167.6	179.7	
广发银行	25.2	19.7	22.7	18.0	20.6	18.3	
合计	6259.6	6692.9	6970.3	7733.0	8887.0	8566.0	

续表

年份 银行	2013	2014	2015	2016	2017	2018	2019
境外税前利润							
工商银行	22.3	30.2	31.7	32.5	39.2	41.2	49.8
建设银行	6.4	10.4	8.2	9.8	18.6	15.0	8.2
农业银行	3.6	5.2	6.0	2.8	5.0	6.6	14.8
中国银行	66.6	86.6	87.8	122.3	101.9	99.5	105.3
交通银行	6.3	8.5	9.3	8.8	10.6	11.5	13.0
中信银行	3.4	4.6	3.4	4.0	5.7	4.8	4.8
招商银行	1.5	3.4	2.8	2.2	3.2	4.4	3.9
广发银行	0.3	0.4	0.4	0.2	-0.1	0.4	0.3
合计	110.4	149.3	149.6	182.6	184.1	183.4	200.0
境外税前利润/境外资产							
工商银行	0.85	0.96	0.84	0.72	0.76	0.76	0.88
建设银行	0.53	0.68	0.46	0.41	0.70	0.61	0.33
农业银行	0.62	0.61	0.55	0.26	0.41	0.50	0.87
中国银行	1.06	1.27	1.26	1.67	1.22	1.10	1.17
交通银行	0.74	0.84	0.86	0.71	0.72	0.74	0.78
中信银行	1.21	1.41	0.92	0.97	1.21	0.97	0.99
招商银行	0.92	1.64	1.28	0.86	1.05	1.26	1.13
广发银行	0.82	1.10	1.14	0.68	-0.34	1.24	0.77
合计	0.92	1.07	0.98	1.06	0.94	0.89	0.93

数据来源：根据各家银行年报整理得出。

31.7.2 我国主要银行境外资产占全国银行业资产比重

表31-4显示，2013—2019年，我国银行业境外资产占我国银行业总资产比重从4.9%持续提高到5.1%，显示出2013年以来我国银行业"走出去"的步伐稳健。

31.7.3 我国主要银行境外盈利情况

表31-4显示，2013—2019年，我国银行业境外税前利润与境外资产比例（即资产回报率ROA）持续维持在1%附近，不仅低于这些银行在国内的资产回报率，而且也低于主要国际银行的资产回报率，显示我国主要银行境外经营仍

处于初期阶段，经营效率有待显著提高。

31.7.4 我国银行业"走出去"情况简介

利用表31-4给出的2013—2019年工商银行、建设银行、农业银行、交通银行和招商银行境外总资产金额，我们可以计算出年均复合增长率分别为13.8%、12.8%、19.6%、11.8%和13.1%，均保持了两位数的增长，中信银行和中国银行年均复合增长率为9.6%和7.5%，显示出我国主要银行境外发展的可喜势头。

31.8 中国银行境外布局和境外业务的发展简介

中国银行是我国银行业"走出去"的领头羊，其境外资产和利润等在整个中资银行中排名遥遥领先，而且在国际银行业都有一定的地位。本节简单介绍中国银行境外经营情况及国际排名等。

31.8.1 中国银行近十年来的境外布局和发展

到2000年末，中国银行海外机构由1978年的20家发展到559家，分布在中国港、澳地区和世界五大洲的22个国家，资产总额达到1551亿美元，占中国银行资产总额的42%。截至2007年底，海外机构进一步发展到689家，分布在全球28个国家与地区，资产总额合人民币13955亿元，占中国银行资产总额的23%，实现利润合人民币262亿元，占中国银行当年利润的42%（贲圣林和俞洁芳，2016）。

31.8.2 中国银行近年来境外经营情况

截至2016年末，中国银行海外机构资产总额达到7307亿美元，在集团资产中的占比达到26%；实现税前利润122亿美元，同比增长39%，贡献度达到36%。实际上，中国银行海外机构（包括港澳台）税前利润在全集团利润额中的占比曾一度达到37.72%（2006年）和42.25%（2007年）；但在2008年国际金融危机的重创下，海外利润贡献度迅速跌落至8.09%，此后数年，进入逐渐回升的态势。2013年以来，中国银行海外资产和利润增长开始明显提速。2012年末，海外资产约3.1万亿元，到了2016年末，这一数值已超过5万亿元；海外税前利润也逐年扩大，2013—2016年从66.5亿美元持续增长到了122.0亿美元，占全集团盈利比重从19.37%提高到了36.3%，而2016—2017年境外税前利润却下降到了102.4亿美元，占比下降到了29.5%（表31-4及中国银行年报）。2018—2019年，境外税前利润分别为99.5亿美元和105.3亿美元，占比则提高到了27.3%和29.3%。

31.8.3 中国银行境外资产和利润等国家排名

根据贲圣林等（2018）的研究结果，2016 年中国银行境外资产、存款和贷款分别排名全球第 5 位、第 6 位和第 7 位，而这些指标占全行比重分别排名第 23 位、第 24 位和第 27 位；境外营业收入和利润分别排名全球第 9 位和第 2 位，而该两项指标占全行比重排名却仅为第 30 位和第 20 位。这些数据显示，按照银行业资产和利润等指标规模，中国银行可进入全球前十大行之列，然而以这些指标占全行比重来衡量，中国银行全部排名在第 20 位或者更后。贲圣林等（2018）以不同银行境外资产、存款、贷款、营收、利润、境外网点、员工等八个子指标加权之比例来衡量银行的总体国际化程度，2016 年中国银行排名第 21 位（请参见本章附表），显示我国国际化程度最高的银行国际化程度还在 20 位之后。

31.8.4 我国其他主要银行国际化排名

贲圣林等（2018）的结果显示，以银行国际化参数来衡量，除中国银行外，2016 年工行、建行、交行和农行分别排名第 30 位、第 39 位、第 40 位和第 43 位；中信银行、上海浦发银行、招商银行、光大银行和广发银行分别排名第 44 位、第 46 位到第 49 位。虽然我国其他主要银行国际化排名较低，但是近年来国际化排名上升的速度较其他外资银行要快，显示近年来我国银行国际化的步伐较快，但是我国银行业整体国际化水平离我国经贸的国际地位和人民币国际化的国际水平仍有显著的差距。

31.9 我国银行业"走出去"存在的主要问题

贲圣林和俞洁芳（2016）对中资银行近年来"走出去"的成绩和问题进行了很好的总结和评述。主要成绩我们在上文已经进行了概述，这里不再重复。本节简单介绍我国银行业"走出去"面临的问题，从而使得我们对中资银行继续"走出去"的步伐有合理的判断。

31.9.1 我国银行业国际化水平与发达国家仍有着巨大的差距

贲圣林等（2018）研究显示，2016 年我国五大行合并的 BII 指数仅为 8.90，股份制银行合并的 BII 指数为 2.70，而同期 16 家主要外资银行（请参见本章附表）平均 BII 指数为 53.65，为五大行平均水平的 6 倍和股份制商业银行的合并水平的 19.9 倍，显示我国银行业国际化水平与主要外资银行仍然有着巨大的差距。

31.9.2 风险事件应对能力急需提高

贲圣林和俞洁芳（2016）罗列并分析了2000年以来我国银行业"走出去"的风险事件（请参见贲圣林和俞洁芳2016，5.2节和表5-4）。这些风险事件涉及市场风险如民生银行并购美国联合银行的失败案例和国家开发银行购入巴克莱银行3.1%股份在一年内亏损50%的案例，操作风险如中国银行纽约分行骗贷案例被罚1000万美元等。关于这些案例的详细介绍和分析，请参见贲圣林和俞洁芳（2016）。"短短十多年内中资银行'走出去'风险事件频发，造成的损失巨大，实为可惜。"

31.9.3 境外合法合规意识和能力有待加强

除上文介绍的我国银行境外风险案例涉及的市场风险和操作风险外，我国银行境外涉及的法律风险和合规风险也不容忽视。工商银行马德里分行诉讼案涉及所在国家的政治、文化差异而产生的法律风险问题；另外中国农业银行纽约分行违反美国反洗钱法规被罚两亿多美元的案例也是我国银行面临境外法律风险的另一重要案例——"美国纽约州金融服务部（DFS）2016年11月4日发布通告称，中国农业银行纽约分行因违反反洗钱法规，将处以2.15亿美元罚金并被要求设置一个独立的第三方监管进行整顿""中国农行在美涉嫌洗钱被纽约州罚2.15亿美元"（外汇新闻，2016年11月7日）。2.15亿美元的罚款相当于农行2015年整个境外利润的1/3。

除以上风险和问题外，我国银行业境外经营还面临着其他的问题和风险。据统计，2008年国际金融危机后，美国监管当局对多家美资金融机构进行了处罚，累计处罚金额超过1000亿美元，而且也对多家外国金融机构进行了处罚，累计处罚金额超过400亿美元，我国几家银行也在处罚之列。随着我国企业和银行"走出去"和深度和广度的提高，我国境外资产总额和净资产总额将会显著增加，境外市场风险管理、信用风险管理、国别风险管理和合规管理将成为越来越重要的问题。这些风险的管理水平的提高需要我国银行业加强对外派高管和其他工作人员的专业技能培训外，还要加强当地法律法规等方面的培训。

31.10 我国银行业国际化展望

人民币成功入篮对人民币国际化提出了更高的要求。人民币要达到超过日元在全球外汇储备占比和排名，我国银行业境外资产也应该接近或超过日本境外资产占日本银行业的20%上下的比重。如果以2018年底我国银行业资产规模和年底汇率计算，20%的银行业总资产高达3.03万亿美元，比表31-1给出的

2018年末我国境外资产高出40.9%，显示我国跨境资产需要有持续显著的增长才能满足人民币国际化的需要。不仅我国跨境资产今后需要持续显著的增长，我国跨境净资产也需要有相应的显著增长，才能对人民币的定价权和人民币国际化提供必要的支持。

31.11 小结

我国企业和银行业"走出去"近年来取得了可喜的成绩，然而我国境外资产和净资产、人民币跨境资产和净资产与人民币在国际货币基金组织一篮子货币中的占比排名仍有显著的差距，离我国经贸的国际地位有更大的差距。

如果以银行总资产、总负债和总权益或总股本等排名，我国主要银行多年来已经排名世界前列。但是，如果以境外资产或负债，境外资产净值或境外盈利占比等各项指标来衡量，我国银行没有一家进入全球前20位，与推动人民币国际化和"一带一路"倡议实施的要求差距巨大。

为了"一带一路"倡议实施和人民币国际化的持续推动，我国银行业资产应该在新加坡、中国香港和澳大利亚排名前列，而且在英国和欧元区也应该排名前列。由于我国银行业国际化程度提高有待时日，而人民币国际化和"一带一路"倡议的实施却时不我待，加强与国际化程度最高的西欧银行业密切合作成为推动人民币国际化和"一带一路"倡议实施的必由之路，第33章将进一步探讨相关问题。

参考文献

[1] 贲圣林，俞洁芳. 中资银行国际化报告 [M]. 北京：中国金融出版社，2016.

[2] 贲圣林，俞洁芳，顾月，等. 百舸争流：驰骋国际市场的中外资银行 [M]. 杭州：浙江大学出版社，2018.

附表　全球银行2016年银行国际化指数（BII）排名

排名	中文名	英文名	国家	指数
1	渣打银行	Standard Chartered	英国	67.46
2	西班牙国际银行	Santander	西班牙	56.36
3	汇丰银行	HSBC	英国	55.37
4	瑞士联合银行	UBS	瑞士	54.71
5	德国德意志银行	Deutsche Bank	德国	54.47
6	瑞典北欧联合银行	Nordea	瑞典	52.16

续表

排名	中文名	英文名	国家	指数
7	美国花旗银行	Citigroup	美国	51.77
8	瑞士瑞信银行	Credit Suisse	瑞士	51.38
9	荷兰国际银行	ING Group	荷兰	49.97
10	法国兴业银行	Societe Generale	法国	42.93
11	法国巴黎银行	BNP Paribas	法国	40.18
12	联合信贷银行	UniCredit Group	意大利	39.92
13	丰业银行	Bank of Nova Scotia	加拿大	39.01
14	日本三菱日联金融集团	Mitsubishi UFJ FG	日本	36.69
15	华侨银行	Overseas–Chinese Banking Corporation	新加坡	31.82
16	高盛银行	Goldman Sachs	美国	31.59
17	农业信贷集团	Credit Agricole Group	法国	31.07
18	蒙特利尔银行	Bank of Mongtreal	加拿大	30.35
19	大华银行	United Overseas Bank	新加坡	30.03
20	日本瑞穗金融集团	Mizuho FG	日本	27.79
21	中国银行	Bank of China	中国	26.62
22	摩根大通银行	JP Morgan Chase	美国	25.95
23	星展银行	Development Bank of Singapore	新加坡	25.61
24	摩根士丹利	Morgan Stanley	美国	23.00
25	纽约梅隆银行	Bank of New York Mellon	美国	20.63
26	南非标准银行	Standard Bank of South Africa	南非	20.62
27	法国BPCE银行集团	Groupe BPCE	法国	20.39
28	巴罗达银行	Bank of Baroda	印度	18.14
29	俄罗斯外贸银行	Vneshtorbank	俄罗斯	17.45
30	中国工商银行	ICBC	中国	15.96
31	印度银行	Bank of India	印度	15.18
32	美国银行	Bank of America	美国	15.08
33	澳大利亚联邦银行	Commonwealth Bank of Australia	澳大利亚	14.25
34	俄罗斯联邦储蓄银行	Sberbank	俄罗斯	13.35
35	莱利银行	Nedbank	南非	12.17
36	第一兰特银行	FirstRand	南非	11.51
37	印度国家银行	State Bank of India	印度	11.46
38	苏格兰皇家银行	Royal Bank of Scotland	英国	8.51
39	中国建设银行	China Construction Bank	中国	8.25
40	交通银行	Bank of Communications	中国	8.12

数据来源：贲圣林等（2018）。

32 人民币国际化现状

有步骤地推动人民币国际化已经成为我国经济、贸易和金融等领域发展的必由之路，也是"一带一路"倡议实施和人类命运共同体构建的基础。只有稳步推动人民币国际化，才可能减少主要储备货币发行国对我国货币政策的影响和束缚，进而才可能在国际金融领域逐步获得与我国经济贸易规模相应的影响力，我国经济和货币政策才能获得更大的主动性，"一带一路"倡议才能更好地推进实施。前面的章节介绍了境外人民币应用和市场，本章运用境内外市场数据，系统地介绍2016年以来人民币国际化发展的进程。

32.1 人民币国际化的简单回顾

人民币在2004年以前从未在我国以外的国家和地区应用或流通过，因此，任何的境外应用都需要探讨和开拓。香港金融管理局早在2001年11月就向中国人民银行提出了在港开展个人人民币业务的想法，相关实质性的讨论也于2002年2月就开始了。2003年3月爆发的重症急性呼吸综合征（SARS）在一定程度上延缓了相关讨论。2003年6月，香港金融管理局与中国人民银行就人民币在港应用达成了共识，同年11月国务院批准了人民币个人业务在港的开展。经过了三个月左右的准备，在港银行于2004年2月25日开始提供个人人民币存款、外汇兑换、储蓄卡和信用卡等业务（Chan，2014）。

20世纪90年代以来，我国与世界经济的融合程度不断提高，进出口贸易占国内生产总值的比例从30%上下的水平上升到了2006年前后超过63.5%的高位；受国际金融危机的影响，2009年我国贸易依存度回落到了43.1%，2010年虽回升到了49.0%，但2010—2016年持续下降到了32.8%的水平，为1998年以来最低；2017年略增长到了34.2%。我国外汇管理体制改革也逐步向前推进，并于1996年12月1日起正式接受国际货币基金组织协定中第8条第2款、第3款和第4款等的义务规定，实现人民币经常项目下的可自由兑换。1997年亚洲金融危机爆发之后，国际经济学界对国际资本流动可能带来的风险进行了深刻的反思，认为当新兴市场遭受投机性冲击时，资本管制会暂时起到"防火墙"的作用，我国也对人民币自由兑换采取了更为慎重的态度。国际金融危机爆发以来，特别是美国退出几轮量化宽松政策后，跨境资本流动对很多发展中国家的经济和金融产生了严重的冲击。

32.2 人民币在离岸市场使用的基本情况

改革开放以来,香港一直是我国与世界连接的纽带,是外来直接投资最主要的来源地,同时也是内地最主要的贸易伙伴之一。根据商务部外商投资统计,到2016年,我国外商直接投资总额中仍然有65%来自香港。由于香港的特殊地位,特别是2004年1月1日开始实施了《内地与香港关于建立更紧密经贸关系的安排》(CEPA)以来,香港自然成为了最活跃的离岸人民币市场。香港作为东亚地区主要的金融中心之一,凭借着其与内地的紧密联系,在今后人民币国际化的进程中将会继续发挥重要作用。

32.2.1 相关政策的推进和演变

2003年底,经国务院批准,中国人民银行同意为香港个人人民币业务提供结算安排。人民币业务于2004年1月18日在香港正式推出,香港商铺及自动柜员机开始接受内地银行发行的扣账卡及信用卡。自2004年2月25日起,香港银行可为客户提供人民币存款、兑换及汇款服务。自2004年4月30日起,香港银行可发行人民币扣账卡及信用卡,供香港居民在内地使用。

2005年11月1日,中国人民银行发布公告,宣布为扩大香港银行办理人民币业务提供平盘及清算安排的范围,同时为完善现有人民币业务,进一步拓展香港人民币业务,采取五项措施:(1)中国人民银行深圳市中心支行接受香港人民币业务清算行的存款;(2)放宽人民币与港元兑换业务提供平盘服务的有关要求:个人人民币现钞兑换的限额由每人每次不超过等值6000元人民币提高至每人每次不超过等值20000元人民币,为其持有的人民币现钞提供兑换服务的香港指定商户的范围扩大至包括在港提供交通、通信、医疗及教育服务等行业的商户,指定商户可将其在参加行存款账户的人民币存款单兑换成港元;(3)具有个人人民币业务经营资格的内地银行接受经由香港居民个人人民币汇款的最高限额,由每人每天50000元人民币提高至每人每天80000元人民币;(4)清算行为香港居民个人签发的人民币支票提供清算服务,香港居民个人可用人民币支票在每个账户每天80000元人民币的限额内支付在广东省的消费性支出,该人民币支票不得转让;(5)取消香港银行发行人民币卡每张最高授信10万元人民币的限额。2010年7月19日中国人民银行与香港人民币业务清算行中国银行(香港)有限公司在香港签署了新修订的《香港银行人民币业务的清算协议》。当日中国人民银行还与香港金融管理局就扩大人民币贸易结算的安排,签订了补充合作备忘录,修订后的协议放宽了对人民币兑换、机构开户等不涉及跨境资金流动的限制,从而刺激离岸人民币市场的需求,促进市场供需自我循环,为香港离岸人民币市场的启动打下了必要的基础。到 2014 年 11 月,香港金融管理局正式取消香港本地居民每人每日 20000 元人民币的兑换限制。

32.2.2 汇款

随着客户减少现金携带而改为使用汇款服务将资金汇至内地,汇款业务开始稳步增长。2010 年香港金融管理局发布的信息显示,香港居民可将人民币汇到内地银行开设的同名账户,每天每户上限为 80000 元人民币;自 2009 年 7 月起,企业可以利用人民币支票在不同银行开设的账户之间进行资金调拨以汇集人民币资金做贸易结算之用。而汇款则只限于境外企业与内地试点企业进行双向汇款,参与行可以在香港进行资金调拨服务,但只限于同一企业在不同银行开设的账户之间调拨;2011 年,香港居民可将人民币汇到内地银行开设的同名账户,每天每户上限为 80000 元人民币。对于支票方式的款项由香港参加行人民币支票账户持有人签发的人民币支票可以在香港及内地使用;到 2014 年 11 月,个人和企业相互之间可以通过银行自由进行人民币资金的支付和转账。

随着跨境人民币贸易结算等业务的迅速增长,香港与港外银行收付款额度也随之快速增长。根据香港金融管理局公布的数据,香港银行业境外人民币业务收付金额从 2010 年的 196 亿元和 109 亿元及差额 87 亿元增长到了 2013 年的 1645 亿元和 1660 亿元及差额 -15 亿元;2014 年进一步增长到了 1933 亿元和 1145 亿元及差额 481 亿元,显示香港作为全球最大的人民币中心在全球人民币资金流的辐射作用持续增大;然而由于"8·11"人民币汇率改革,如上数据 2015 年分别下降到了 1057 亿元和 1321 亿元,差额 -274 亿元;2016 年进一步分别下降到了 916 亿元和 690 亿元,差额 226 亿元;随着人民币汇率的趋于稳定,2017 年分别回升到了 1328 亿元和 878 亿元,差额进一步扩大到了 450 亿元。

32.2.3 信用卡境外消费额的快速增长

银联卡境外消费在一定程度上也反映了人民币在国际上运用的情况。2012—2014 年,境内银联卡在境外交易额从 3634 亿元增长到了 5203 亿元,2012—2014 年年增长率分别为 25.5% 和 14.1%;另外 2013—2014 年银联在境外发行的银联卡在境外交易额从 50.8 亿元增长到了 64.2 亿元,增幅 26.4%;2015 年,我国居民境外刷卡支出 1330 亿美元(国家外汇管理局 2016 年 3 月 31 日公布),相当于 8282 亿元人民币(以 2015 年人民币对美元平均汇率 6.2269 折算得出);2016 年境内个人持银行卡境外刷卡金额比 2015 年略降到了 1091 亿美元。尽管 2017 年境内银行卡在境外刷卡笔数从 2016 年的 1.44 亿笔略降到了 1.24 亿笔，但刷卡金额却略增到了 1146 亿美元。2018 年到 2020 年，受美中贸易摩擦和全球疫情的影响，居民境外旅游受到不同程度的影响，境外消费自然也受到一定程度的影响而下降。

32.2.4 香港人民币即时结算系统日均交易增长迅猛后略有回调

香港人民币结算系统于 2006 年 3 月在香港推出，以提升银行同业交易的结算效率。2007 年 6 月，金管局对该系统进行升级，成为全面的人民币即时支付结算系统（RTGS）。人民币 RTGS 系统由中国银行（香港）有限公司担任清算行，香港银行同业结算有限公司则负责系统运作事务。自 2007 年 6 月起，人民币 RTGS 系统连同港元、美元及欧元 RTGS 系统以及债务工具中央结算系统（CMU 系统）从原有的专用操作平台转至环球同业银行金融电讯协会系统的开放式平台。近年来香港人民币即时支付结算系统每日平均交易额持续上升，成为境外人民币市场活跃度的一个重要指标。2010 年香港人民币 RTGS 日均成交金额 50 亿元人民币，2012—2013 年，香港人民币 RTGS 日均成交金额从 2137 亿元增长到了 3954 亿元人民币，增幅为 85%；2014 年和 2015 年，分别增长到了 7341 亿元和 9470 亿元人民币；2016 年日均成交金额略降到了 8636 亿元，2017 年又回升到了 9036 亿元，2018 年则又增加到 10101 亿元，2019 年再次提升至 11339 亿元（香港金融管理局历年年报），显示出香港近年来人民币市场的活跃度。

32.3 人民币在境外交易的情况介绍

32.3.1 境外人民币支付情况

2010 年境外人民币市场启动后不久，华尔街日报就做了预测："可能只需要几年的时间，中国进出口额中有 20% 到 30% 就会以人民币而不是美元进行结算"；"不久以后，人民币交易量会与日元交易量匹敌，成为继美元和欧元之后交易第三活跃的货币"（《人民币离岸交易大幅度增长》，《华尔街日报》网站，2010 年 12 月 14 日）。第 20 章介绍的人民币跨境贸易结算及占比数据显示，2015 年人民币跨境贸易结算达到了 26.8%，2016—2017 年则分别下降到 21.1% 和 15.7%，2018 年和 2019 年分别回升到了 16.8% 和 19.1%；2015 年 8 月，人民币首次超过日元成为全球第四大跨境支付货币；2016—2019 年人民币保持在第 6 位到第 5 位的水平；2020 年 9 月，人民币跨境支付排名全球第 5

位，占比1.97%，离同期排名第4位和第3位的日元和英镑占比3.43%和7.04%仍有较大差距（根据环球同业银行金融电讯协会（SWIFT）公布的相关数据。

32.3.2 境外人民币证券产品

2011年4月29日，香港首只以人民币计价的证券产品——汇贤房地产信托基金在香港交易所挂牌交易。作为香港首只以人民币计价的证券产品，汇贤被香港业界认为是人民币业务的"试金石"，将促进香港人民币证券业的发展。

2012年10月29日，香港首只人民币交易股本证券——合和公路基建有限公司配售的人民币交易股份在香港交易所上市买卖，这是首只在境外上市的人民币交易股本证券，并为香港交易所首只双柜台股本证券。香港交易所行政总裁李小加表示，首只在境外上市的人民币交易股本证券在香港交易所登场，也是香港交易所首只双柜台股本证券，两者都是发展人民币产品的重要里程碑，更可加强香港作为领先的人民币离岸中心的地位。李小加表示，人民币交易股本证券将是人民币交易的债券、交易所买卖基金、房地产投资信托基金及可交收人民币货币期货以外，又一重要产品类别。李小加预计，随着人民币越趋国际化，投资者对人民币产品的兴趣将与日俱增，相信更多的以人民币计价的证券产品今后会在香港推出交易。

中国香港南方东英资产管理公司与英国交易所交易型开放式指数基金（ETF）提供者索斯2014年1月9日宣布，由二者共同推出的交易型开放式指数基金（ETF）当天在伦敦证交所正式挂牌交易。这只名为"南方Source富时中国A50 UCITS ETF"的ETF基金是欧洲交易市场上的首只人民币合格境外机构投资者（RQFII）ETF基金，为欧洲投资者进入中国A股市场提供了新渠道。2015年3月25日，欧洲第一只人民币RQFII货币市场交易所基金（ETF）正式在伦敦交易所挂牌交易，该只基金由建银国际资产管理有限公司（建银资产管理）担当基金管理人角色。

32.3.3 "欧洲美元"市场的简单介绍

离岸市场人民币业务的发展时间还较短，然而它与存在半个世纪而且已经相当成熟的欧洲美元市场有着很大的相似性。比较这两个市场对今后离岸人民币市场的发展有重要的借鉴意义。

由于美国资本项目控制和税务方面相关的限制，欧洲美元从20世纪60年代初期开始迅速增长。欧洲美元市场不受美国联邦储备银行利率监管和美国税务等方面的限制，以伦敦为中心的欧洲美元市场不仅可以提供比美国国内更低的贷款利率，而且可以为境外美元储蓄提供比美国国内更高的储蓄利率。虽然到20世纪80年代和90年代，美国资本项目管制和税务条款进一步放宽，但欧洲美元市场依然得到了相当程度的发展。伦敦银行间美元利率迄今为止已经成为国际上和美国国内企业贷款的基准利率。截至2008年底，离岸市场美元债券总额达到8.396万亿美元，达到同期境内外美元债券总金额27.43万亿美元的30.6%（渣打银行特别报道，Special Report，2010）。

2017年末，美元国际债规模达到了10.78万亿美元，比同期全球美元储备金额6.28万亿美元高出七成多。欧洲美元市场的成功有诸多因素，但是最主要的原因之一是美国政府从来没有对境外美元在美国结算有过任何阻挠。换句话说，离岸欧洲美元市场上的机构可以自由地与美国境内机构清算相关交易。在能够自由与在岸市场清算各种头寸的基础上，离岸银行就可以根据自身的需要建立外汇的买卖头寸，对美元境内外外汇市场的协调发展发挥了重要作用（渣打银行特别报道，Special Report，2010）。

32.4 人民币与其他货币的直接交易

货币与其他货币直接交易的程度越高，交易成本就越低，其国际化程度就越高。从2006年1月4日起，中国人民银行授权中国外汇交易中心于每个工作日上午9时15分对外公布当日人民币对美元、欧元、日元和港元汇率中间价，作为当日银行间即期外汇市场（含OTC方式和撮合方式）以及银行柜台交易汇率的中间价。人民币除与美元、欧元、日元、英镑这四大国际储备货币及港元交易外，从2010年起，人民币分别开始与马来西亚林吉特、俄罗斯卢布、澳大利亚元、加拿大元和欧元等货币开展直接交易。这里我们简单介绍一下人民币与这些货币的直接外汇交易。

32.4.1 人民币与马来西亚林吉特交易的起步

虽然近年来经济规模仅为印度尼西亚1/3多些，但是马来西亚是我国在东盟最主要的贸易伙伴之一，2013年我国与马来西亚贸易首次超过1000亿美元。因此，马来西亚林吉特是人民币与其他货币交易最早的货币之一，成为第六种在国内挂牌交易的货币。自2010年8月19日起，国家外汇管理局公布人民币对林吉特汇率中间价，为交易和结算提供支持。人民币对林吉特汇率中间价采取间接标价法，即100元人民币折合多少林吉特。2014—2017年人民币对林吉特在国内外汇市场交易总金额从12亿元持续增长到了38亿元人民币；2018年成交金额略降至35亿元，在所有货币交易量中的占比仅为0.01%；2019年成交金额下降至26.4亿元，2020年上半年成交金额仅为2.53亿元。

32.4.2 人民币与俄罗斯卢布交易的起步

自2010年11月22日起,国家外汇管理局公布人民币对卢布汇率中间价。人民币对卢布汇率中间价采取间接标价法,即100元人民币折合多少卢布。同年11月24日,时任国务院总理温家宝和俄罗斯总理普京宣布,双方决定用本国货币实现双边贸易结算。这是继境内外汇市场启动人民币对美元、港元、日元、欧元、英镑和马来西亚林吉特交易之后,第七种在境内挂牌交易的货币。人民币与卢布的交易是我国与其他主要发展中国家第一个直接交易的货币。数据显示,2014—2017年,俄罗斯卢布对人民币在境内外汇市场成交金额从255亿元人民币下降到了98亿元,排名从第9位下降到了第12位(见表32-1);2018年成交金额增至148.3亿元,排名回落到第13位;2019年成交金额明显下降到134.1亿元,排名略升至第11位;2020年上半年成交金额为72.7亿元,排名提高到了第8位。在中俄两国合作紧密的背景下,俄罗斯卢布对人民币在境内外汇市场仍有较大的发展空间。

32.4.3 人民币与澳大利亚元和加拿大元交易的起步

2013年到2019年,加拿大经济从世界排名第8位略降到了第9位,同期澳大利亚排名从第12位下降到了第14位;表26-1显示2013年到2019年加拿大元和澳大利亚元在国际外汇市场交易额分别排名第6位和第5位。这些数据表明,加拿大元和澳大利亚元在国际外汇市场和外汇储备中的地位显著高于它们相应的经济在世界经济中的排名,显示这两种货币在国际金融市场中的重要作用。自2011年11月28日起,国家外汇管理局公布人民币对澳大利亚元、加拿大元汇率中间价,人民币与澳大利亚元和加拿大元交易正式启动。数据显示,2014—2018年,加拿大元对人民币在境内外汇市场成交金额从14亿元(增长了40.5倍)到581亿元人民币,成为同期增幅最大的外币,排名从第10位提高到了第6位,2019年成交金额为290.3亿元,排名下降到了第8位;2020年上半年成交金额为46.7亿元,排名进一步下降到了第10位。2014年到2018年,澳大利亚元对人民币在境内外汇市场成交金额却从1486亿元下降到了879亿元人民币,累计降幅高达40.85%,排名保持在第5位;2019年成交金额为659亿元,排名下降至第7位;2020年上半年成交金额达到228.1亿元,排名保持第5位。人民币与加拿大元和澳大利亚元的直接交易会加强我国与两国经贸和投资等领域的合作,对提升人民币国际化有重要的意义。

32.4.4 人民币与日元直接交易

2012年5月29日,经中国人民银行授权,中国外汇交易中心宣布完善银行间外汇市场人民币对日元的交易方式，发展人民币对日元直接交易。中日两国皆为世界主要经济体和贸易体，在经贸、金融、外汇等领域的合作不仅对两国贸易成本降低、国际竞争力提高并对两国货币国际化程度提高等诸多方面有非常积极的意义，而且对亚太地区以致全球都将发挥积极的作用。数据显示，2014—2018 年，日元对人民币在境内外汇市场成交金额呈逐年下降趋势，从 4511 亿元下降到了 2784 亿元人民币，降幅为 38.28%，排名从 2014 年仅次于美元的第 2 位下降到了低于美元和欧元的第 3 位；2019 年，日元对人民币成交金额为 3550 亿元，排名保持不变；2020 年上半年，成交额为 1010.5 亿元，排名第 3 位未变。

32.4.5　人民币与英镑直接交易

2014 年 6 月 18 日，经中国人民银行授权，中国外汇交易中心宣布在银行间外汇市场开展人民币对英镑直接交易。在遵循市场原则的基础上开展人民币对英镑直接交易，这是中英两国共同推动双边经贸关系进一步向前发展的重要举措。开展人民币对英镑直接交易，有利于形成人民币对英镑直接汇率，降低经济主体汇兑成本，促进人民币与英镑在双边贸易和投资中的使用，有利于加强两国金融合作，支持中英之间不断发展的经济金融关系。尽管英镑与人民币直接交易启动，但是 2014—2016 年，英镑对人民币在境内外汇市场成交金额却从 1377 亿元下降到了 490 亿元人民币，降幅高达 64.42%；2017—2018 年成交金额从 523.4 亿元略降到了 516.3 亿元，排名从 2014 年的第 6 位下降到了 2018 年的第 8 位；2019 年成交金额回升到了 776.8 亿元，排名回升至第 6 位；2020 年上半年成交额为 125.6 亿元，排名回落到了第 8 位。这些结果与第 30 章介绍的人民币在伦敦市场持续明显增长的态势形成了巨大的反差，表明境内外人民币市场协调性有待显著提高。

32.4.6　人民币与欧元直接交易

2014 年 9 月，经中国人民银行授权，中国外汇交易中心宣布在银行间外汇市场开展人民币对欧元直接交易。在遵循市场原则的基础上开展人民币对欧元直接交易，这是中欧共同推动双边经贸关系进一步向前发展的重要举措。欧元区是我国重要的贸易伙伴，开展人民币对欧元直接交易，有利于形成人民币对欧元直接汇率，降低经济主体汇兑成本，促进人民币与欧元在双边贸易和投资中的使用，有利于加强中欧金融合作，支持中欧之间不断发展的经济金融关系。2014 年欧元对人民币在国内外汇市场成交金额就达到 3155 亿元人民币，占境内外汇市场成交金额的 1.24%，排名仅次于美元和日元；2015—2018 年欧元对人民币外汇交易金额分别增长到 4257 亿元、4598 亿元、5805 亿元和7547亿元人民币,超过了日元,在境内人民币外汇市场仅次于美元,2019年成交量达13638亿元,排名保持在仅次于美元的第2位;2020年上半年成交量达到6028亿元,排名未变。表26-1显示,2001—2016年,欧元在全球外汇市场成交金额占比超过三成,而表32-1显示2019年欧元对人民币外汇成交金额占境内人民币外汇市场成交金额比例仅为2.5%,不到2016年欧元全球外汇市场欧元成交金额占比31.3%的8%,显示欧元在境内人民币外汇市场有着巨大的增长空间。

32.4.7 人民币与新加坡元直接交易

新加坡是全球第三大、亚洲最大的外汇交易中心,东盟主要的贸易和金融中心,而且新加坡也是除中国香港外离岸最大的人民币中心,人民币与新加坡元直接兑换将有利于新加坡人民币中心的发展并有利于我国与东盟的经贸和金融合作。2014年10月27日,在江苏省苏州市举行的中国—新加坡双边合作联合委员会第十一次会议上,张高丽副总理宣布将于10月28日在银行间外汇市场开展人民币对新加坡元直接交易。在遵循市场原则的基础上开展人民币对新加坡元直接交易,这是中新两国共同推动双边经贸关系进一步向前发展的重要举措。

相对于其他外币,新加坡元对人民币在国内外汇市场直接交易启动较晚,但是2014年新加坡元对人民币在国内人民币外汇市场成交金额就高达838亿元人民币,排名第7位;2015年新加坡元对人民币在境内外汇市场成交金额猛增了353.6%到3801亿元,超过了同年日元和港元对人民币外汇成交金额,成为当年境内外汇市场美元和欧元后第三大外币,而2016—2018年成交金额出现了明显的回落,从1088亿元人民币下降到554亿元人民币,排名下降到第7位;2019年,成交金额上升至1332亿元人民币,排名上升至第5位。2020年上半年成交金额为330.6亿元,排名保持在第5位。如上新加坡元在国内外汇即期交易金额排名与第30章介绍的人民币在新加坡市场排名第6的结果相近,表明中新两地外汇市场协调性优于中英两市。

32.4.8 人民币对新西兰元即期竞价交易

中国外汇交易中心于2015年1月12日起推出人民币对新西兰元即期竞价交易。人民币对新西兰元即期竞价交易采用集中清算制度,由上海清算所集中进行资金清算。人民币对新西兰元直接交易做市商连续提供买、卖双向报价,为市场提供流动性,竞价流动性限额为500万新西兰元。新西兰元在境内外汇市场直接交易启动更晚,但是2014年新西兰元对人民币在境内人民币外汇市场成交金额就高达281亿元人民币,高于同年俄罗斯卢布在境内外汇市场成交金额

255 亿元，在境内人民币外汇市场排名第 8 位；2014 年到 2018 年，新西兰元对人民币在境内人民币外汇市场成交金额经历了下降再回升的过程，2018 年成交金额为 196 亿元人民币，降幅为 30.25%，排名下降到第 11 位；2019 年，成交金额为 140 亿元人民币，排名保持在第 10 位。2020 年上半年成交金额为 27.1 亿元，排名进一步下降到了第 12 位。

32.4.9　人民币与瑞士法郎直接交易

2015 年 11 月 9 日，经中国人民银行授权，中国外汇交易中心宣布在银行间外汇市场开展人民币对瑞士法郎直接交易。在遵循市场原则的基础上开展人民币对瑞士法郎直接交易。2015 年和 2016 年瑞士法郎对人民币在境内人民币外汇市场成交金额分别为 149 亿元和 180 亿元，排名第 10 位；2017 年略降到了 160 亿元，排名保持在第 10 位；2018 年增长至 296 亿元人民币，排名略升至第 9 位；2019 年成交金额则萎缩至 73 亿元，排名进一步下降到第 13 位；2020 年上半年成交金额为 14.6 亿元，排名保持第 13 位。表 22-6 显示，瑞士是与中国科技相关度最高的主要欧洲科技发达国家，两国经贸合作的潜能使得瑞士法郎在国内外汇市场增长潜力显著。

32.4.10　人民币与南非兰特直接交易

南非多年来是我国在非洲最大的贸易伙伴，也是金砖五国唯一的非洲国家。表 26-9 到表 26-12 显示，南非兰特不仅是金砖国家货币国际化程度最高的货币，而且其国际化程度甚至超过很多发达经济体的货币。2016 年 6 月 17 日，经中国人民银行授权，中国外汇交易中心宣布在银行间外汇市场开展人民币对南非兰特直接交易。2017 年兰特对人民币外汇成交金额为 9.8 亿元人民币，排名第 17 位，2018 年成交金额降至 6 亿元人民币，排名第 20 位；2019 年成交金额继续下降为 1 亿元人民币，排名降为第 23 位；2020 年上半年成交金额萎缩到 0.94 亿元，排名略升至第 20 位。

32.4.11　人民币与韩元直接交易

2014 年 12 月 1 日韩中两国银行间韩元对人民币直接交易在韩国正式启动，这是韩国离岸人民币市场发展中具有标志性意义的事件。韩国新韩银行、友利银行、企业银行、产业银行、渣打银行、花旗银行及中国的交通银行、工商银行、汇丰银行等银行的韩国分行被指定为银行间外汇市场韩元对人民币直接交易做市商。2016 年 6 月 24 日，经中国人民银行授权，中国外汇交易中心宣布在银行间外汇市场开展人民币对韩元直接交易。2016—2017 年，境内韩元对人民币外汇成交金额从 313 亿元提高到了 394 亿元，排名第 8 位；2018 年韩元兑人民币外汇成交金额下降至218亿元，排名下降至第10位；2019年成交金额进一步下降到115亿元人民币，排名继续下降至第12位；2020年上半年成交金额又萎缩到29亿元，排名略升到第11位。

32.4.12 人民币与沙特里亚尔和阿联酋迪拉姆直接交易

经人民银行授权，2016年9月26日中国外汇交易中心开始在银行间市场开展人民币对沙特阿拉伯里亚尔和人民币对阿联酋迪拉姆直接交易。沙特阿拉伯是中东最大的经济体，2015年沙特阿拉伯在世界经济排名第20位，而且多年来是我国在西亚最快的贸易伙伴；阿联酋经济规模虽然较小，但仍然是我国在西亚仅次于沙特阿拉伯的贸易伙伴，而且阿联酋近年来是世界上金融开放和改革步伐最快的国家。人民币对沙特阿拉伯里亚尔和阿联酋迪拉姆直接交易将降低两对货币间的交易成本，对推动我国与西亚国家的合作和"一带一路"倡议具有重要意义。2016—2017年，境内沙特阿拉伯里亚尔和阿联酋迪拉姆对人民币外汇成交金额分别从0.47亿元和0.57亿元增长为7.69亿元和1.02亿元；2018年更是大幅增长至74.41亿元和85.89亿元人民币；2019年，成交金额上升至26.42亿元和10.88亿元人民币，排名为第14位和第16位；2020年上半年成交金额分别为8.02亿元和6.31亿元，排名为第15位和第16位。

除了以上与人民币直接交易的货币外，截至2020年6月，境内外汇市场人民币还可直接与匈牙利福林、波兰兹罗提、丹麦克朗、瑞典克朗、挪威克朗、土耳其里拉、墨西哥比索和泰铢等货币直接交易。然而这些货币在国内外汇市场成交量较低，需要一定的时间来培育和开发相关市场。

32.5 2014年以来境内人民币外汇交易概览

表32-1给出了2014年以来境内人民币即期外汇交易的基本情况。2014—2020年上半年，美元对人民币保持了境内第一大货币对的地位，交易量对全市场的占比截至2020年上半年，达到了96.40%，较2014年增长了2.23个百分点；欧元对人民币作为第二大货币对，截至2020年上半年，交易量占比仅2.50%；值得注意的是，2019年交易量占比较2014年增长的，除了欧元和美元以外，还有加拿大元和泰铢，其中加拿大元同期增长了0.05个百分点，加拿大元对人民币为境内第八大货币对，泰铢同期增长了0.02个百分点。

表 32-1　　国内人民币外汇交易情况　　单位：亿元人民币，%

货币	2014	占比	2015	占比	2016	占比	2017	占比	2018	占比	2019	占比	2020*	占比	2014—2019年占比变化
美元	239942	94.2	290645	94.9	382615	96.8	417442	96.7	491907	96.8	525157	95.8	232664	96.4	1.63
欧元	3155	1.2	4257	1.4	4598	1.2	5805	1.3	7547	1.5	13638	2.5	6028	2.5	1.25
日元	4511	1.8	3370	1.1	3275	0.8	3009	0.7	2784	0.5	3550	0.6	1011	0.4	-1.12
港元	2931	1.2	1750	0.6	1493	0.4	2304	0.5	1920	0.4	1920	0.4	580	0.2	-0.80
澳大利亚元	1486	0.6	1005	0.3	793	0.2	1019	0.2	879	0.2	659	0.1	228	0.1	-0.46
加拿大元	14	0.0	128	0.0	252	0.1	543	0.1	581	0.1	290	0.1	47	0.0	0.05
英镑	1377	0.5	780	0.3	490	0.1	523	0.1	516	0.1	777	0.1	126	0.1	-0.40
韩元					313	0.1	394	0.1	218	0.0	115	0.0	29	0.0	-0.06
新西兰元	281	0.1	169	0.1	138	0.0	218	0.1	196	0.0	140	0.0	27	0.0	-0.08
瑞士法郎			149	0.0	180	0.0	160	0.0	296	0.1	73	0.0	15	0.0	-0.04
新加坡元	838	0.3	3801	1.2	1088	0.3	129	0.0	554	0.1	1332	0.2	331	0.1	-0.09
卢布	255	0.1	225	0.1	118	0.0	98	0.0	148	0.0	134	0.0	73	0.0	-0.08
瑞典克朗							47	0.0	100	0.0	37	0.0	9	0.0	0.00
马来西亚林吉特	12	0.0	15	0.0	34	0.0	38	0.0	35	0.0	26	0.0	3	0.0	0.00
泰铢									181	0.0	282	0.1	173	0.1	0.02
丹麦克朗							28	0.0	47	0.0	15	0.0	2	0.0	0.00
挪威克朗							12	0.0	21	0.0	9	0.0	1	0.0	0.00
南非兰特					9	0.0	10	0.0	6	0.0	1	0.0			0.00
其他							10	0.0	179	0.0	41	0.0	18	0.0	0.01
总计	254802	100.0	306294	100.0	395399	100.0	431790	100.0	508115	100.0	548195	100.0	241361	100.0	

数据来源：2014 年第四季度到 2020 年第二季度中国货币政策执行报告；瑞士法郎、韩元、南非兰特、瑞典克朗、丹麦克朗、挪威克朗和泰铢七种货币 2014 年的数据缺乏，这些货币占比变化分别是其 2015 年、2016 年、2016 年、2017 年、2017 年、2017 年和 2018 年到 2019 年的占比变化。

32.6　离岸市场人民币计价基金和其他人民币计价产品

32.6.1　离岸市场人民币计价基金的发展

随着人民币跨境贸易结算的迅速推进，境外离岸人民币基金也在 2010 年下半年逐渐获得越来越多的关注。2010 年 8 月 31 日，海通香港推出了境外首只人民币计价基金——海通环球人民币收益基金。该基金上限为 50 亿元人民币，截至 2017 年 2 月 28 日，该基金的总资产价值约为 5.26 亿元人民币。除海通环球基金外，已经发行的离岸人民币计价基金包括恒生银行发行的恒生人民币债券基金（公募债券基金）（2010 年 2 月规模约为 3 亿元），工银亚洲发行的工银亚洲环球人民币定息基金（公募债券基金）和建银国际发行的建银国际人民币收益基金（公募债券基金）。除这些公募债券基金外，国信香港、施罗德和瑞银等拟计划发行离岸人民币计价的私募股权基金和其他私募基金。资产规模约 40 亿美元的 Pharo Management 计划成立首只人民币计价的对冲基金。

除此之外，汇丰全球资产管理公司（HSBC Global Asset Management）、联博有限公司（Alliance Bernstein）、Amundi、巴克莱（Barclays）、法国巴黎银行（BNP Paribas）、宏利（Manulife）以及德盛安联资产管理公司（Allianz Global Investors）相继推出了各自的人民币债券基金。

2012 年 2 月 15 日，全球首只人民币黄金 ETF（交易所交易基金）在港挂牌交易，为香港的离岸人民币资金提供了一条新出路。该基金由恒生银行推出，回报以人民币计价，目的是为在港人民币提供新的投资选择，使在港人民币留在香港，不用流回内地。

除香港人民币计价基金外，台湾人民币计价基金也迅速发展。台湾首档人民币计价基金——复华伞形人民币基金 2013 年 4 月初获主管机关审核通过，募集资金总额从 200 亿元人民币上升为 280 亿元人民币。

对冲基金经理格里芬（Kenneth C. Griffin）麾下的 Citadel LLC 成为首家根据试点计划完成人民币募资的外国公司。据上海市政府 2014 年 5 月 21 日发布的声明，总部位于芝加哥的 Citadel 现在可以将所募人民币换汇成美元进行投资。2013 年 9 月，中国外汇监管机构授予 Citadel 和另外五家境外对冲基金合格境内有限合伙人制度（Qualified Domestic Limited Partner Program，QDLP）资格，每家募资额度为 5000 万美元。该试点计划允许中国高净值群体通过境外对冲基金投资海外市场。

2015 年 5 月 22 日证监会新闻发言人邓舸宣布，中国证监会与香港证监会就开展内地与香港基金互认工作正式签署《中国证券监督管理委员会与香港证券及期货事务监察委员会关于内地与香港基金互认安排的监管合作备忘录》，同时发布《香港互认基金管理暂行规定》，自 2015 年 7 月 1 日起施行。证监会称，基金互认有利于吸引境外资金进入内地资本市场，将拓宽跨境投资渠道，提升两地市场竞争力，为两地监管机构共同建立基金监管标准奠定基础，也为两地投资者提供更加多元化的投资产品。

32.6.2 人民币计价功能在大宗商品方面取得突破

2012 年 11 月 29 日香港交易所收购伦敦金属交易所（LME）获得英国金融服务管理局（FSA）批准，2014 年 12 月推出了以人民币计价的首批伦敦铝、伦敦锌及伦敦铜三个期货小型合约。2015年7月28日伦敦金属交易所宣布接受人民币作为抵押品，这是中国在进军伦敦大宗商品市场上的里程碑事件，为该交易所今后推出人民币计价产品打下了基础，未来期待有更多人民币计价产品在该交易所推出。

2018年3月26日，人民币计价的原油期货在上海期货交易所子公司上海国际能源交易中心挂牌交易。原油期货在开放路径、税收管理、外汇管理、保税交割及跨境监管合作等方面积累的经验可逐步拓展到铁矿石、有色金属等其他成熟的商品期货品种，进而推动我国人民币计价商品期货市场全面开放。

32.7 人民币资本项目开放的进展

人民币国际化战略的表述最早可以追溯至2003年党的十六届三中全会，会议提出要在有效防范风险的前提下，有选择、分步骤地放宽对跨境资本交易活动的限制，逐步实现资本项目可兑换，加快推进与港澳地区货物贸易的人民币结算试点。党的十八大报告将"逐步实现人民币资本项目可兑换"作为今后金融改革的目标之一；党的十八届三中全会决定又明确指出要"加快实现人民币资本项目可兑换"。十多年来，我国资本项目开放和可兑换方面取得了一系列重要进展，本节主要介绍在资本项目开放方面的进展。

32.7.1 资本项目有序开放

"十一五"期间，人民币资本项目开放取得了显著进展。第一，拓宽对外投资金融渠道。2006年4月，实行合格境内机构投资者（QDII）制度，有序拓宽境内机构和个人对外金融投资渠道。

第二，有序扩大境内证券市场开放。在2002年引入合格境外机构投资者（QFII）制度的基础上，自2007年以来，先后数次提高QFII总额度和单家QFII投资额度，鼓励境外中长期投资者在境内进行证券投资（易纲，2011）。根据国家外汇管理局网站公布的数据，截至2020年7月31日，国家共批准152家QDII机构，获批额度共计1039.83亿美元；截至2020年5月28日，共批准295家QFII机构，获批额度共计1162.59亿美元。为了拓宽流入香港的人民币的投资渠道，2011年12月16日，证监会、人民银行和国家外汇管理局联合发布了《基金管理公司、证券公司人民币合格境外机构投资者境内证券投资试点办法》，为人民币合格境外机构投资者（RQFII）的试点打下了基础。截至2020年5月28日，总共批准RQFII机构总数为230家，累计批准资金总额7229.92亿元人民币，折合1047.9亿美元，相当于QFII总授权额度的九成多。自2019年9月18日起，国家外汇管理局正式取消QFII/RQFII额度限制，具体包括：其一，取消QFII和RQFII投资总额度；其二，取消单家境外机构投资者额度备案和审批；

其三，取消 RQFII 试点国家和地区限制，标志着人民币国际化的进一步深入。

第三，深化境内外资本市场融合，实施内地与香港和伦敦股票市场交易互联互通机制。2014 年 11 月 17 日，上海交易所与香港联交所股票交易互联互通机制（以下简称沪港通）正式启动。这是资本市场对外开放的一项重大制度创新，开启了跨境证券投资的一种新模式。通过特定的技术和跨境结算安排，内地与香港投资者可以直接买卖对方交易所上市的股票。2016 年 12 月 5 日，深港通正式开通，并与沪港通一道取消了双向总额度控制。2018 年 4 月，将沪港通、深港通每日额度扩大 4 倍，分别为 520 亿元和 420 亿元。2018 年 8 月 31 日，证监会就沪伦通存托凭证业务监管规则公开征求意见，明确了沪伦通中国存托凭证（CDR）发行审核制度、CDR 跨境转换制度安排等。《监管规定》就沪伦通东、西向业务涉及发行上市、跨境转换、持续监管要求、监管执法、投资者保护等事项作出重要的原则性规定。2018 年 10 月 12 日，该监管规定正式发布，和征求意见稿相比，最终的落地稿在境内上市公司在境外发行存托凭证（GDR）后的限制兑回期、境外基础证券发行人在境内发行存托凭证（CDR）后实施配股等进行了完善。2019 年 6 月 17 日，沪伦通正式启动交易，沪伦通的启动不仅将推动境内券商开展跨境证券业务，还将促进资本市场的双向开放，拓宽国际化水平。

第四，银行间债券市场实现全面开放，吸引境外机构参与境内金融交易。自 2010 年起，境外央行或货币当局、港澳地区人民币清算行、境外跨境贸易人民币结算参加行等"三类机构"，经批准可在核准（后改为备案）额度内投资银行间债券市场，开启了境内债券市场对外开放的步伐。2016 年 5 月，向境外投资者全面开放银行间债券市场，不设行政许可和单家机构限额或总限额。境外机构投资者资金汇出/汇入无须核准，投资银行间债券市场不设锁定期、汇出比例和额度限制，仅保留备案和外汇登记要求，大大便利了境外机构投资者投资银行间债券市场。2017 年 7 月正式开通的"债券通"业务进一步促进了内地与香港资本市场的深化融合，也有助于为境外投资者提供更加便利的投资渠道，稳步推进我国金融市场对外开放进程。截至 2020 年 6 月，境外机构在银行间债券市场持有的人民币债券规模共达 21960.11 亿元人民币。

32.7.2 资本项下人民币跨境结算和直接投资业务

2007 年，中国人民银行会同国家发展改革委等部门决定允许符合条件的境内金融机构赴香港发行人民币债券。2010 年，人民银行开展了人民币对外直接投资、对外放款、对外担保等跨境资本项目业务试点。2011 年 1 月 13 日，人民银行公布了《境外直接投资人民币结算试点管理办法》。根据该办法，跨境贸易人民币结算试点地区的银行和企业可开展境外直接投资人民币结算试点。这意味着 2010 年 10 月底在新疆先行试点的境外直接投资人民币结算得以推广。

2010 年，各试点地区共办理人民币跨境投融资交易 386 笔，金额 701.7 亿元；2011—2016 年，银行累计办理对外直接投资人民币结算业务分别为 201.5 亿元、292 亿元、856.1 亿元、1865.6 亿元、7362 亿元和 10619 亿元；同期外商直接投资人民币结算业务额分别为 907.2 亿元、2510 亿元、4481.3 亿元、8620.2 亿元、15871 亿元和 13988 亿元，显示人民币直接投资结算业务持续增长的同时，除 2016 年以外，外商直接投资人民币结算业务量也同步增长；2017 年，资本项目下人民币收付金额合计达到了 4.83 万亿元；2018 年资本项目人民币跨境收付金额合计 10.74 万亿元，比 2017 年合计金额增长了 122.4%，显示 2017 年以来人民币资本项目下业务重新恢复增长，而且增幅显著。2019 年资本项目下人民币跨境首付金额为 13.6 万亿元，同比增长 26.7%。

32.7.3 按国际货币基金组织分类项目开放情况

截至 2011 年初，按照国际货币基金组织划分的 7 大类共 40 项资本项目交易中，我国实施严格管制的主要是跨境金融衍生工具交易等，其他项目已实现一定程度的可兑换，人民币资本项目可兑换程度明显提高。而随着国内银行间债券市场的不断开放，对于债券市场投资标的的外汇风险对冲工具正在全面放开，境外投资者可以灵活地运用外汇衍生品工具进行风险规避，这在极大程度上推进了资本项目下的开放（易纲，2011）。

当然，我国资本项目完全可兑换需要具备诸多条件，包括宏观经济是否具有稳定的基础，国内的金融体系是否完备，企业和金融机构的风险管理意识和管理能力是否具备，国际收支格局是否稳定，国内宏观调控的路径和手段是否基本成熟，跨境资金流动是否能够被有效监控等。

32.7.4 强制结售汇制度退出历史舞台

1996 年 12 月，我国宣布实现经常项目可兑换，对经常项目对外支付和转移不予限制，但企业出口等外汇收入原则上仍应卖给指定银行。2002 年，账户限额为企业上年度经常项目外汇收入的 20%。2004 年，提高到 30% 或 50%。2005 年，进一步提高到 50% 或 80%。2006 年，改变之前仅按收入核定限额的方法，按照企业上年度经常项目外汇收入的 80% 与经常项目外汇支出的 50% 之和核定限额，企业可保留的外汇限额进一步提高。2007 年，取消账户限额管理，允许企业根据经营需要自主保留外汇。2008 年，修订后的《外汇管理条例》明确企业和个人可以按规定保留外汇或者将外汇卖给银行。2009 年以来，为进一步促进贸易投资便利化，提高政策透明度，外汇管理部门大力开展法规清理，涉及强制结售汇的规范性文件被宣布废止、失效或修订。目前，强制结售汇政策法规均已失去效力，实践中不再执行。

32.7.5　资本项目开放与货币国际化

国际货币基金组织（IMF），特别是美国政府多次强调资本的自由流动是人民币成为 IMF 特别提款权一篮子货币的必要条件。这种说法有其道理，但实际上也有些强词夺理，因为它与其他货币成为一篮子货币时的要求大相径庭。表 27-9 显示，日本资本项目完全放开是在 1998 年 12 月《金融系统改革方案》开始实施以后，表 27-1 显示早在 1975 年日元就占据国际可识别外汇储备资产的 0.5%，1977—1978 年日元占当时国际可识别储备资产的份额分别提高到了 2.5% 和 3.3%，1980 年进而超过了 4%。实际上，早在 1974 年 7 月到 1980 年 12 月，日元就成为 IMF 特别提款权一篮子货币之一而且权重高达 7.5%。换而言之，日元成为 IMF 特别提款权一篮子货币的时间比其资本项目完全开放早了 24 年。虽然时过境迁，但是国际货币基金组织在这个问题上不应使用双重标准。

32.7.6　我国资本项目开放的时间表

多年来境内外广泛关注人民币资本项目开放的进程和时间表，而主管部门从未有过相关表态。人民网 2012 年 2 月 27 日发表了《央行首次公开资本项目开放路径称条件基本成熟》的文章。该文引用了《经济参考报》介绍中国人民银行调查统计司盛松成领衔的课题组撰写的一份报告，明确指出中国加快资本账户开放的条件基本成熟，并将整个过程分为短期、中期、长期三个阶段。短期安排（1~3 年），放松有真实交易背景的直接投资管制，鼓励企业"走出去"。直接投资本身较为稳定，受经济波动的影响较小；中期安排（3~5 年），放松有真实贸易背景的商业信贷管制，助推人民币国际化；长期安排（5~10 年），加强金融市场建设，先开放流入后开放流出，依次审慎开放不动产、股票及债券交易，逐步以价格型管理替代数量型管制。这是中央银行首次以官方报告的形式，描绘出中国资本市场开放的较为明确的路径图，并给出相对具体的时间表。

2015 年 11 月初公布的《中共中央关于制定国民经济和社会发展第十三个五年规划的建议》中明确提出扩大金融业双向开放，有序推动人民币资本项目可兑换，推动人民币加入特别提款权（SDR），成为可兑换、可自由使用的货币。2016 年 10 月 1 日，人民币正式加入特别提款权（SDR）。与此同时，自 2014 年起，沪港通、深港通、债券通陆续启动，标志着我们国家股票市场和债券市场在走向开放的道路上迈开了坚实的脚步，也是我国资本项目有序开放的一个缩影。

32.8　货币互换协议在人民币国际化过程中的作用

在人民币资本项目尚未完全开放的情况下，中国与其他国家或地区签订双边本币互换协议，有利于推广人民币跨境贸易结算和人民币投资，便于双边贸易和投资，维护金融稳定，是人民币国际化重要的一步。

32.8.1　人民币与外币货币互换协议概览

自2008年以来，中国人民银行已与中国香港、马来西亚、韩国、新加坡、澳大利亚、巴西、英国、欧元区、瑞士、俄罗斯和加拿大等40个国家和地区的央行及货币当局签署了货币互换协议，总金额超过了3万亿元人民币。表32-2给出了这些互换协议签署的时间、人民币金额和截至2020年6月30日的协议存续状态。

表32-2　　　人民银行与其他国家和地区货币当局签署的
人民币货币互换一览表　　　　　单位：亿元人民币

签订日期	国家/地区	协议金额	协议存续状态	签订日期	国家/地区	协议金额	协议存续状态
2019-12-05	中国澳门	300	/	2017-11-02	卡塔尔	350	续签
2019-10-25	欧元区	3500	续签	2017-10-11	韩国	3600	续签
2019-05-13	新加坡	3000	续签	2017-07-21	瑞士	1500	续签
2018-12-10	乌克兰	150	续签	2017-07-18	阿根廷	700	续签
2018-11-19	印度尼西亚	2000	续签	2017-07-06	蒙古国	150	续签
2018-11-12	英国	3500	续签	2017-05-19	新西兰	250	失效
2018-10-26	日本	2000	续签	2016-12-21	冰岛	35	失效
2018-08-20	马来西亚	1800	续签	2016-12-06	埃及	180	失效
2018-05-28	哈萨克斯坦	70	续签	2016-09-12	匈牙利	100	失效
2018-05-25	智利	220	续签	2016-06-17	塞尔维亚	15	失效
2018-05-24	巴基斯坦	200	续签	2016-05-11	摩洛哥	100	失效
2018-05-03	尼日利亚	150	/	2015-12-14	阿联酋	350	失效
2018-04-27	白俄罗斯	150	续签	2015-09-26	土耳其	120	失效
2018-04-11	南非	300	续签	2015-09-03	塔吉克斯坦	30	失效
2018-04-03	阿尔巴尼亚	20	续签	2015-05-15	乌克兰	150	失效
2018-03-30	澳大利亚	2000	续签	2015-03-25	亚美尼亚	10	失效
2017-12-22	泰国	700	续签	2015-03-18	苏里南	10	失效
2017-11-22	中国香港	4000	续签	2014-09-16	斯里兰卡	100	失效
2017-11-22	俄罗斯	1500	续签	2013-03-26	巴西	1900	失效
2017-11-08	加拿大	2000	续签	2011-04-19	乌兹别克斯坦	7	失效
有效协议合计		33860	100.00				
亚太地区		20170	59.57				
欧洲		10320	30.48				
美洲		2920	8.62				
非洲		450	1.33				
发达经济体		25400	75.01				
发展中国家和地区		8460	24.99				

数据来源：根据中国人民银行网站公布的数据整理得出。

32.8.2 人民币货币互换协议的区域分布特点

表32-2显示,与我国签订人民币互换协议的主要国家和地区集中在亚太地区,该区域签署金额占总协议金额的59.6%,欧洲和美洲则分别占比30.5%和8.6%,这与所在地区离岸人民币中心的活跃程度和对人民币的接受度看起来密切相关。另外,与我国签订人民币货币互换协议的发达经济体占比略超过3/4,而与发展中国家总占比不到1/4,与我国近年来双边贸易的分布状况存在一定的差异。

32.8.3 人民币在货币互换协议中的运用情况

表32-2给出的大多数互换协议中的资金在协议签订初期并没有被使用。以韩国为例,早在2009年4月20日,韩国央行就与中国人民银行签订了面额为1800亿元人民币的互换协议,2011年10月26日两国又将之前的互换协议扩大了一倍到3600亿元人民币。在很长一段时间里,韩国央行从未启用过货币互换资金。2013年1月,韩国央行首次动用了货币互换中的人民币,向韩国外换银行贷款6200万元人民币。2014年5月30日,中国人民银行使用中韩本币互换协议下4亿韩元(约合240万元人民币)资金支持企业贸易融资。这是中国人民银行首次在双边本币互换协议下动用对方货币。

根据人民银行历年货币政策执行报告中的数据,2016年末和2017年末,与我国签订货币互换协议的货币当局分别动用人民币余额221.49亿元和221.50亿元,同期人民银行分别动用外币11.18亿美元和16.14亿美元;2018年末,与我国签订货币互换协议的货币当局动用人民币余额327.86亿元,人民银行动用外币余额为4.71亿美元;2019年境外货币当局动用人民币余额为329.22亿元,中国人民银行动用外币余额为3.23亿美元。近年来人民币货币互换协议动用金额出现了可喜的增长态势,但是动用金额占总签约金额比例仍仅略超一个百分点,对推动人民币境外使用仍有待发挥更大的作用。如果动用金额占总签约金额达到一成到一半的水平,人民币货币互换对推动人民币国际化将会发挥应有的作用。

32.8.4 人民币货币互换协议签订与离岸人民币中心的关系

从表32-2的不同国家和地区与我国签订人民币互换协议的时间和金额与表26-3的不同境外人民币中心境外人民币支付比重中可以看出,与我国签署人民币货币互换协议规模大且时间较早的国家或地区相应的人民币支付比例就高,而离岸人民币中心如中国香港、新加坡、英国伦敦和韩国,其货币互换的金额均超过了3000亿元人民币。

32.9 2010年以来境内人民币外汇市场概况

第26章利用国际清算银行公布的数据提出的度量货币国际化程度的方法并对2007—2019年主要货币的国际化程度进行了计算和比较。本节利用同样的方法和更新的数据,计算出2010年以来境内人民币日均成交金额,从而反映境内人民币外汇市场的情况。

32.9.1 境内人民币外汇市场近年来交易情况

表32-3给出了2010—2020年上半年我国人民币外汇市场交易量数据。

表32-3　　　　　境内人民币外汇交易额分布　　　　　单位:亿美元

市场	人民币即期		人民币远期交易		人民币外汇掉期	人民币货币掉期	人民币外汇期权		人民币外汇总交易额	人民币外汇半年日均交易额
时间	银行间	银行对客户	银行间	银行对客户	银行间	银行间	银行间	银行对客户		
2010H1	15466.4	10375.0	54.9		6305.5				32201.8	272.9
2010H2	14986.0	12571.0	272.5		6692.9				34522.4	278.4
2011H1	17508.0	13024.0	1159.0		7926.0	57.5	3.2	2.3	39680.0	333.4
2011H2	18030.0	15252.0	987.0		9784.0	85.5	6.9	6.4	44151.8	353.2
2012H1	17300.0	14606.0	645.0	1731.0	11400.0	128.0	14.4	59.1	45883.5	395.5
2012H2	16300.0	15944.0	221.0	1910.0	13800.0	203.0	22.7	225.9	48626.6	385.9
2013H1	19089.5	16844.0	72.3	2891.0	15173.4	282.6	39.4	312.0	54704.3	488.4
2013H2	21910.5	18113.0	251.4	2830.2	18834.1	516.9	178.1	202.2	62836.3	502.7
2014H1	20700.0	17409.0	259.0	3163.1	20400.0	980.0	132.0	233.0	63276.1	531.7
2014H2	20500.0	19250.0	270.0	2503.7	24500.0	1288.0	1354.7	396.0	70062.4	560.5
2015H1	20629.4	15676.2	172.7	2510.5	31000.0	1702.4	1207.6	650.0	73548.9	618.1
2015H2	27993.8	18302.3	199.3	2067.1	52514.0	816.7	1679.8	509.2	104082.3	846.6
2016H1	25317.9	14595.4	441.5	1083.5	44268.0	627.9	1836.6	841.9	89012.8	748.0
2016H2	33951.0	14489.8	1087.5	1170.6	55781.8	617.0	5634.2	1236.9	113969.3	919.1
2017H1	29024.8	14924.1	404.1	1290.5	55600.6	2030.3	1593.2	1214.6	104862.9	881.2
2017H2	34954.8	15990.2	629.6	1934.8	78566.1	693.7	2119.3	1093.9	135982.3	1123.8
2018H1	32530.1	16545.3	384.4	2893.9	75505.6	583.4	2460.9	1097.3	132000.0	1109.3
2018H2	43802.0	17769.8	490.9	1649.5	89116.9	965.3	3650.2	1265.2	158709.8	1279.9
2019H1	40023.6	16402.8	427.9	1503.3	89005.6	818.4	3183.8	1336.5	152701.9	1294.1
2019H2	39350.1	17784.7	331.6	1543.6	74778.3	726.3	2628.2	1351.7	138494.6	1099.2
2020H1	34305.7	16768.9	513.1	1703.6	73531.5	1297.7	2270.2	1334.2	131724.9	1116.3

数据来源:2011—2014年数据根据中国人民银行货币政策执行报告和中国货币网(chinamoney.com.cn)数据计算得出,2010年的数据根据2011年同比数据计算得出;2015—2020年数据根据国家外汇管理局公布的月度外汇交易数据计算得出;由于2015年以来国家外汇管理局外汇数据中仅有外汇掉期和货币掉期总数,2015年以来货币掉期数据来自中国人民银行货币政策执行报告,而货币掉期数据从国家外汇管理局公布的外汇掉期和货币掉期总数中减去外汇掉期而得。

表 26-1 给出了国际清算银行每三年公布的全球外汇市场数据，是每三年 4 月的日均成交金额，伦敦、纽约、新加坡、香港和东京五大国际外汇中心的半年度数据与国际清算银行的公布方式相类似，公布每年 4 月和 10 月的日均成交金额。虽然国家外汇管理局从 2015 年以来持续公布境内外汇市场的月度成交金额，但是境内 4 月和 10 月公众假日较多，以每年 4 月和 10 月总成交金额和相应的工作日数计算出的日均成交金额与国际市场相应的日均成交金额难以直接进行比较，而境内半年度的日均成交金额却有更好的稳定性和可比性。因此，我们以表 32-3 中上半年和下半年日均数据与国际数据中的 4 月和 10 月数据相对应更为合适。

表 32-3 显示，2010 年上半年到 2016 年上半年，境内外汇市场有了可喜的发展，日均成交金额从 272.9 亿美元（增长了 1.74 倍）到 748.0 亿美元，年均复合增长率高达 18.3%，比同期全球外汇市场年均复合增长率 4.1% 高出三倍多；2016 年上半年到 2019 年上半年，境内外汇市场日均成交金额从 748.0 亿美元增长到 1294.1 亿美元，年均复合增长率为 20.0%，比同期境外人民币日均成交金额年均复合增长率 12.9% 高出 8.1%，也比同期全球前 8 大货币在全球 9 大外汇中心总外汇日均成交金额年均复合增长率 -2.0% 高出 22%，显示境内人民币外汇市场截至 2019 年上半年前持续高速增长的良好态势；然而 2020 年上半年境内外汇市场同比和环比分别下降了 13.74% 和 4.89%，表明贸易摩擦和疫情双重因素对国内外汇市场影响显著，也是 2020 年人民币国际化地位不升反降的重要原因。

表 32-3 中 2010 年、2013 年、2016 年和 2019 年上半年境内外汇市场日均交易额分别为 272.9 亿美元、488.4 亿美元、748.0 亿美元和 1294.1 亿美元，分别占该同年 4 月全球外汇市场日均交易额比重的 0.69%、0.91%、1.48% 和 1.96%，占比虽然持续提高，但仍然较低。

32.9.2 2010 年以来国内人民币外汇市场交易额的产品分布

利用表 32-3 给出的国内人民币外汇交易的数据，我们可以计算出 2010 年以来国内人民币外汇即期、远期、掉期和期权交易额占总交易额的比重，表 32-4 给出了相应的结果。从表中可以看出，2010 年以来，人民币外汇即期交易占比持续下降，2015 年上半年开始即期交易金额占比首次低于 50%，并在 2017 年下半年首次低于 40%，这与国际市场即期交易的占比非常接近；外汇掉期交易占比持续提高；外汇期权交易在经历了市场发展初期的增长后，2017 年开始占比有所下降，维持在 3% 以下，于 2018 年下半年才回到 3% 以上的水平，与国际市场同类占比相比，仍有一定的差距；而人民币外汇远期市场在 2015 年下半年出现了明显的萎缩，相信这与 2015 年的"8·11"汇改存在一定的关联。

表32-4　　　　　国内各人民币外汇产品成交占比　　　　　单位：%

时间＼类型	外汇即期交易	外汇远期交易	外汇掉期交易	货币掉期	外汇期权
2010H1	80.2	0.2	19.6		
2010H2	79.8	0.8	19.4		
2011H1	76.9	2.9	20.0	0.1	0.0
2011H2	75.4	2.2	22.2	0.2	0.0
2012H1	69.5	5.2	24.8	0.3	0.2
2012H2	66.3	4.4	28.4	0.4	0.5
2013H1	65.7	5.4	27.7	0.5	0.6
2013H2	63.7	4.9	30.0	0.8	0.6
2014H1	60.2	5.4	32.2	1.5	0.6
2014H2	56.7	4.0	35.0	1.8	2.5
2015H1	49.4	3.6	42.1	2.3	2.5
2015H2	44.5	2.2	50.5	0.8	2.1
2016H1	44.8	1.7	49.7	0.7	3.0
2016H2	42.5	2.0	48.9	0.5	6.0
2017H1	41.9	1.6	53.0	1.9	2.7
2017H2	37.5	1.9	57.8	0.5	2.4
2018H1	37.2	2.5	57.2	0.4	2.7
2018H2	38.8	1.3	56.2	0.6	3.1
2019H1	37.0	1.3	58.3	0.5	3.0
2019H2	41.3	1.4	54.0	0.5	2.9
2020H1	38.8	1.7	55.8	1.0	2.7

数据来源：根据表32-3的数据计算得出。

32.10　2019年人民币国际化的排名

表26-1给出的国际清算银行2019年9月公布的2019年4月全球主要货币外汇日均成交金额数据显示，虽然2013年4月到2019年4月人民币外汇日均成交金额全球占比从2.23%提高到了4.31%，同期人民币外汇交易日均成交金额年均复合增长率15.2%，比该表前七大货币同期年均复合增长率最高的加拿大

元 5.2% 高出 2 倍多,然而 2013—2016 年人民币日均成交金额占比排名从第 9 位提高到了 2016 年的第 8 位,而 2016—2019 年保持了全球第 8 的地位却没有变化。表 20-2 相应的数据显示,人民币跨境清算全球占比 2013 年 4 月的排名仅为第 13 位,而表 26-1 显示同期人民币外汇交易占比排名却高达第 9 位,两者排名相差 4 位;2016 年 4 月人民币跨境结算占比国际排名第 6 位,而同期人民币交易占比排名第 8 位,两者相差 2 位;2019 年 4 月人民币跨境支付占比排名第 5 位,而同期人民币交易占比排名第 8 位,两者相差 3 位,而且表 24-2 显示,2016—2019 年第一季度末人民币在全球外汇储备中的占比从 1.1% 和排名第 7 位提高到了 2.0% 和排名第 5 位,显示出 2019 年人民币跨境支付和储备皆比 2016 年有了显著的提高,但交易排名却与 2016 年没有变化。2013—2019 年,境内外人民币外汇市场不断活跃和成熟,人民币跨境支付排名与交易排名之间的差异应该越来越小,而两者间排名差异也应该越来越小。这些数据皆显示出 2019 年人民币国际第 8 位的排名显然有问题。

32.10.1 国际清算银行数据明显低于国内人民币外汇日均成交金额

国际清算银行最新数据显示,2019 年 4 月国内人民币外汇交易日均成交金额仅为 1012.3 亿美元,比同期 2019 年 4 月境内人民币日均成交金额 1346.5 亿美元低 334.2 亿美元,相当于压低了国内 2019 年 4 月人民币外汇日均成交金额的 24.8%,明显表明国际清算银行大幅度压低人民币外汇交易的做法以使人民币国际化排名难以提高。

32.10.2 国际清算银行和英国数据的显著差异及严重问题

表 32-5 给出了 2019 年 9 月国际清算银行(BIS)公布的 2019 年 4 月主要货币在英国的外汇日均成交金额和 2019 年 7 月英格兰银行旗下的伦敦外汇联合常务委员会(FXJSC)公布的 2019 年 4 月 18 种主要货币在英国的外汇日均成交金额及比较。表 32-5 显示,BIS 公布的 18 种货币除人民币外其他 17 种货币同期在英国的外汇日均成交金额皆比 FXJSC 高出 5% 到 38% 不等,唯独人民币外汇日均成交金额比 FXJSC 低 29%,这已经显示了 BIS 对人民币"情"有独钟;仔细观察表 32-6 的数据,我们发现 BIS 数据比 FXJSC 数据高出程度最高的前八大货币是加拿大元和澳大利亚元,分别高出了 38% 和 35%;大幅度压低人民币的同时大幅度提高加拿大元和澳大利亚元,为达到该两种货币外汇成交金额超过人民币的目的明显。

表32－5 国际清算银行（BIS）和伦敦外汇联合常务委员会（FXJSC）公布的主要货币外汇日均成交金额及比较（2019年4月）

单位：亿美元

货币	美元	欧元	日元	英镑	澳大利亚元	加拿大元	瑞士法郎	人民币	瑞典克朗
BIS数据	32015.3	12869.3	5523.2	5926.8	2328.0	1620.5	1743.7	566.7	828.3
FXJSC数据	25579.1	10603.2	4086.9	4772.9	1714.8	1171.8	1429.0	800.2	685.9
BIS/FXJSC	1.25	1.21	1.35	1.24	1.36	1.38	1.22	0.71	1.21
货币	挪威克朗	新西兰元	韩元	新加坡元	南非盾	墨西哥比索	俄罗斯卢布	巴西雷亚尔	波兰兹罗提
BIS数据	702.7	706.6	531.7	467.3	445.4	539.4	298.7	341.1	234.5
FXJSC数据	600.2	514.4	428.7	371.5	343.0	314.4	285.8	257.2	200.1
BIS/FXJSC	1.17	1.37	1.24	1.26	1.30	1.72	1.05	1.33	1.17

数据来源：BIS网站和FXJSC网站。

32.10.3 英国人民币外汇交易的合理水平

上文介绍了BIS最新数据打压人民币的同时显著提高加拿大元和澳大利亚元的问题。实际上，利用表32－5的数据和BIS相应的数据，BIS公布的2019年4月人民币之外的英国外汇日均成交金额比FXJSC公布的数据高出24.6%。以24.6%的增幅和FXJSC公布的2019年4月的人民币外汇交易数据，我们可计算出BIS相应的合理的英国人民币外汇日均成交金额为996.9亿美元，比BIS公布的566.7亿美元，两者相差430.2亿美元。实际上，上文估算出的2019年4月人民币在英国外汇日均成交金额996.9亿美元与伦敦金融城和中国人民银行欧洲代表处2019年8月8日联合发布的《伦敦人民币业务季报》中2019年第一季度伦敦人民币日均交易量超过780亿英镑（新华社，2019年8月8日）非常接近，也进一步证明了上文我们估算出的2019年4月英国人民币外汇日均成交金额的合理性。

32.10.4 2019年人民币全球排名及合理性

用上文估算出的2019年4月英国合理的人民币外汇日均成交金额和国内人民币外汇日均成交金额取代BIS数据中国内人民币和英国人民币日均成交金额，我们可以计算出2019年4月人民币日均成交金额分别为同期加拿大元日均成交金额的1.035倍，以该比例乘以2019年BIS数据中加拿大元在全球外汇市场成交金额占比分别为5.216%，该比例略超加拿大元占比5.038%，为全球第六大国际货币。2019年4月人民币外汇交易全球排名第6位，比同期人民币全球支付占比和全球外汇储备排名第5位略低1位，表明以上2013—2019年人民币跨境结算占比排名与人民币外汇交易排名相差更小,显然更为合理。

32.11 近年来人民币国际化程度全球排名

32.11.1 非公布年份全球外汇市场日均成交金额估算

由于国际清算银行每3年才公布一次全球外汇市场的日均成交金额数据,每两个3年间的两年相应的外汇日均成交金额难以准确地估算出来。鉴于此,通常有两种方法进行模拟计算:一种是对每两个3年间两个年份之间的数据进行线性差值,另一种方法是计算出两个3年间的年均复合增长率,并假设该年均复合增长率即为前一个公布数据基础上后两年的年均增长率,通过起始年份的数据与复合增长率一起计算出当中年份的数据。本书第四版及之前的版本就是运用第二种方法,也就是用复合增长率法进行拟合计算的。

张光平和马钧(2015)用两个公布年份日均成交金额、上半年外汇衍生产品存量金额和非公布年份上半年外汇衍生产品存量金额信息,估算出两个公布年份间非公布年份上半年日均成交金额。张光平和马钧(2015)的结果显示,2008年上半年和2009年上半年全球外汇市场日均成交金额分别为4.428万亿美元和3.530万亿美元,分别比用年均复合增长率法估算出的结果3.527万亿美元和3.743万亿美元高出0.901万亿美元和-0.213万亿美元,前者比后者分别高出25.5%和-5.7%。2008年上半年,金融危机尚未爆发,当时的日均成交金额应该比2007年更高,而金融危机爆发后的2009年上半年日均成交金额应该比按年均复合增长率方法更低。运用了国际外汇市场衍生产品上半年的存量金额数据之后,新方法的结果比我们之前的简单方法更为准确,而且与市场变化的直观逻辑更为一致。这些更为准确的全球市场估算结果使得我们对不同年份人民币国际化进展的判断也更为准确。由于该方法技术性较强,具体的细节在附录中展开(附录给出了近年来的相关更新结果),这里不作赘述。下文我们将使用该方法估算人民币外汇市场2011年、2012年、2014年、2015年、2017年和2018年的结果。同理,我们也可以估算出美元、欧元、日元、英镑、瑞士法郎和加拿大元上述年份上半年外汇日均成交金额,附表32-1和附表32-2给出了相应的更新结果,为我们评估这些年人民币国际化的程度提供更加精确的必要信息。

32.11.2 近年来主要国际货币全球外汇交易占比及排名

根据表32-3给出的近年来境内人民币外汇市场成交金额数据、第30章给出的近年来境外人民币外汇市场日均成交金额数据和附表32-1和附表32-2给出的非公布年份美元、欧元、日元、英镑、瑞士法郎和加拿大元日均成交金额估算结果，我们可计算出近年来人民币外汇交易的市场份额，表32-6给出了相应的结果。

表32-6 主要货币外汇市场日均成交额占比和人民币排名（2007年到2019年） 单位:%，位

货币\年份	2007	2010	2013	2014	2015	2016	2017	2018	2019
美元	85.60	84.86	87.04	80.70	76.30	87.58	87.28	92.35	88.30
欧元	37.04	39.05	33.41	32.90	32.30	31.39	31.67	34.21	32.28
日元	17.25	18.99	23.05	17.90	17.40	21.62	18.11	17.42	16.81
英镑	14.87	12.88	11.82	12.40	12.30	12.80	12.71	12.99	12.79
澳大利亚元	6.62	7.59	8.64	8.10	7.50	6.88	6.84	6.81	6.77
加拿大元	4.29	5.28	4.56	3.70	3.80	5.14	5.08	4.85	5.03
瑞士法郎	6.82	6.31	5.16	5.20	4.90	4.80	5.09	4.96	4.96
人民币	0.45	0.86	2.23	2.80	3.40	3.99	4.10	4.21	4.32
瑞典克朗	2.70	2.19	1.76	1.90	2.10	2.22	2.16	2.09	2.03
墨西哥比索	1.31	1.26	2.53	2.40	2.30	1.92	1.85	1.79	1.72
新西兰元	1.90	1.59	1.96	2.00	2.00	2.05	2.06	2.07	2.07
新加坡元	1.17	1.42	1.40	1.50	1.70	1.81	1.81	1.81	1.81
港元	2.70	2.37	1.45	1.50	1.60	1.73	2.33	2.93	3.53
挪威克朗	2.10	1.32	1.44	1.50	1.60	1.67	1.71	1.76	1.80
韩元	1.16	1.52	1.20	1.30	1.50	1.65	1.77	1.88	2.00
土耳其新里拉	0.18	0.74	1.32	1.30	1.40	1.44	1.32	1.20	1.08
印度卢比	0.71	0.95	0.99	1.00	1.10	1.14	1.34	1.53	1.72
俄罗斯卢布	0.75	0.90	1.60	1.40	1.30	1.15	1.13	1.11	1.09
巴西雷亚尔	0.39	0.69	1.10	1.00	1.00	1.00	1.02	1.05	1.07
南非兰特	0.91	0.72	1.11	1.10	1.00	0.97	1.01	1.05	1.09
人民币*	0.45	0.86	2.23	2.80	3.40	3.97	4.93	5.57	5.22
人民币（国内）	0.39	0.69	0.91	1.01	1.20	1.42	1.42	1.74	2.04
人民币*排名	20	17	9	8	8	8	8	6	6
人民币（国内）排名	22	21	20	20	17	16	15	15	12
境外人民币*/国内交易比例	15.38	24.64	145.05	177.23	183.33	179.58	247.18	220.11	155.88

数据来源：国际清算银行2016年和2019年主要货币全球市场占比为国际清算银行2019年12月更新的2016年4月和2019年4月的数据和之前每三年4月的外汇日均成交金额占比；2011年、2012年、2014年、2015年、2017年和2018年美元、欧元、日元、英镑、瑞士法郎和加拿大元占比来自附表32-2；相应年份其他货币的数据按照2010年和2013年、2013年和2016年及2016年和2019年两年占比的线性插值法计算得出；2017—2019年国内人民币日均成交金额全球占比以国家外汇管理局公布的当年4月人民币外汇市场总成交金额和附表32-1估算出的当年4月全球外汇市场日均成交金额计算出得出。

从表 32-6 的结果可以看出，人民币早在 2018 年就成为了全球第 6 大交易货币；2016 年到 2018 年，人民币交易全球占比与澳大利亚元占比差距从 2.91% 持续下降到了 1.24%，然而 2019 年又提高到了 1.55%；2016 年到 2018 年，人民币外汇日均成交金额仍低于加拿大元和瑞士法郎，而 2018 年人民币日均成交金额分别比该两货币日均成交金额占比高出 0.72% 和 0.61%，2019 年分别高出 0.19% 和 0.26%，显示出 2018—2019 年人民币保持了前期第 6 大国际货币的地位。

32.12 2020 年主要国际货币全球外汇交易占比及排名

32.12.1 前八大货币在主要外汇市场半年度变化

上文给出了近年来全球主要货币国际化排名变化，但是由于国际清算银行下一次全球外汇市场数据要等到 2022 年下半年才能公布，本章附录估算 2020 年上半年全球外汇市场日均成交金额所依赖的 2020 年上半年底全球外汇衍生产品市场存额数据也要等到 2020 年底前才能报告，这样我们判断 2020 年上半年全球主要货币国际化排名变化就遇到了数据困难。但是，我们从第八版开始利用全球前八大外汇市场每半年度的外汇日均成交金额对判断国际清算银行每三年公布全球外汇市场数据间的年份全球外汇市场的走势很有用处。

继伦敦和东京 2008 年开始公布包括人民币在内的每年 4 月和 10 月外汇市场数据后，2016 年 4 月新加坡金管局和纽联储也开始公布包括人民币在内的 4 月和 10 月外汇市场日均成交数据，香港财资市场公会（www.tma.org.hk）从 2017 年 10 月开始公布香港市场包括人民币在内的每年 4 月和 10 月外汇市场日均成交数据，加上澳大利亚和加拿大相应的半年度数据和表 32-3 给出的国内外汇市场数据，2016 年到 2019 年这 8 个全球外汇市场占全球外汇市场日均成交金额比重从 83.93% 略降到了 83.83%，为我们较为准确地分析和判断 2020 年上半年（4 月）人民币国际化的进展提供了较为可靠的依据。表 32-7 给出了 2019 年 4 月以来全球八大外汇中心主要货币每半年外汇日均成交金额数据。

表 32-7 显示，2019 年 4 月，人民币在八个主要外汇市场的总外汇交易日均成交金额就超过了加拿大元和瑞士法郎，成为排名全球第 6 位的位货币，再次"部分"验证了 2019 年 4 月人民币超过加拿大元和瑞士法郎，与表 26-1 给出的修正的国际清算银行人民币交易占比排名结果一致；2020 年 4 月，人民币在八大外汇市场日均成交金额 3087.2 亿美元，略低于瑞士法郎和澳大利亚元 3516.6 亿美元和 3380.8 亿美元，但比加拿大元日均成交金额 2761.9 亿美元高

出 325.3 亿美元，表明 2020 年人民币国际排名从 2019 年的第六位回落到了第七位。

表 32-7 全球前 8 大国际货币在 8 个主要外汇市场半年日均成交金额及相关变化率比较（2019 年 4 月到 2020 年 4 月）

单位：亿美元，%

时间 货币	2019 年 4 月	2019 年 10 月	2020 年 4 月	2019 年 4 月到 2019 年 10 月变化	2019 年 10 月到 2020 年 4 月变化	2019 年 4 月到 2020 年 4 月变化
美元	48802.2	48281.0	43042.1	(1.1)	(10.9)	(11.8)
欧元	15788.1	17535.3	13832.1	11.1	(21.1)	(12.4)
日元	10509.2	10505.2	10306.8	(0.0)	(1.9)	(1.9)
英镑	6812.7	8110.6	5786.1	19.1	(28.7)	(15.1)
澳大利亚元	3865.9	3817.4	3380.8	(1.3)	(11.4)	(12.5)
人民币	3787.5	3010.6	3087.2	(20.5)	2.5	(18.5)
加拿大元	2810.7	3087.2	2761.9	9.8	(10.5)	(1.7)
瑞士法郎	3318.1	3663.0	3516.6	10.4	(4.0)	6.0
合计	95694.4	98010.4	85713.6	2.4	(12.5)	(10.4)
国内人民币	1346.5	1041.7	1096.3	(22.6)	5.2	(18.6)
境外人民币	2441.1	1968.9	1990.9	(19.3)	1.1	(18.4)
境外人民币/国内人民币	2.81	2.89	2.82	0.91	0.49	1.00

数据来源：根据伦敦外汇联合常务委员会 London Foreign Exchange Joint Standing Committee（FXJSC）网站（www.bankofengland.co.uk）、纽联储网站（www.newyorkfed.org/fxc）、新加坡和澳大利亚数据根据新加坡外汇市场委员会网站（www.sfemc.org）、香港财资市场公会网站（www.tma.org.hk）、东京外汇市场委员会网站（www.fxcomtky.com）、澳大利亚外汇委员会网站（afxc.rba.gov.au）、加拿大外汇委员会网站（www.cfec.ca）和国家外汇管理局网站（www.safe.org.cn）八大外汇市场公布的前八大国际货币半年度外汇市场数据汇总相加计算得出；新加坡金管局公布的半年度报告没有人民币、加拿大元和瑞士法郎等日均交易数据明细，表 32-7 中该三种货币在新加坡的软件成交金额以新加坡金管局公布的每月主要货币占新加坡外汇市场总交易占比估算得出；澳大利亚外汇委员会也没有人民币日均成交金额明细数据，表 32-7 中人民币数据以 2016 年 4 月到 2019 年 4 月澳大利亚人民币外汇日均成交金额 21.6 亿美元到 22.3 亿美元半年度复合增长率 0.50% 估算得出；2020 年 4 月瑞士法郎在瑞士日均成交金额以国际清算银行 2019 年公布的当年 4 月日均成交金额 921.53 亿美元，表 32-7 中 2019 年 4 月到 2020 年 4 月瑞士法郎在伦敦、纽约、新加坡、香港、东京、加拿大和澳大利亚总日均成交金额增幅 9.16% 的三分之一，即 3.05% 的增幅估算得出，该增幅与本章附表 32-2 估算出的 2017 年到 2019 年瑞士法郎全球日均成交金额增幅 3.37% 相当较为合理。

32.12.2 前八大货币在八大外汇市场半年度变化

表 32-7 显示，2019 年到 2020 年，八大国际货币除瑞士法郎日均成交金额

略有上升外，其他七大货币日均成交金额皆有不同程度的下降，八大货币总日均成交金额下降了10.4%，而且人民币日均成交金额降幅最高为18.5%，另外英镑、澳大利亚元、欧元和美元降幅也皆高于八大货币总降幅10.4%。这些结果反映出2020年上半年全球外汇市场受贸易摩擦和新冠肺炎疫情双重影响的结果。

32.12.3 境内外人民币外汇市场变化及原因

表32-7显示，2019年4月到2020年4月，境内外人民币外汇日均成交金额降幅18.5%，为前八大国际货币最高的结果令人疑惑。但是，仔细观察表32-7的结果，我们发现2019年4月到2019年10月，国内人民币外汇日均成交金额降幅高达22.6%，为同期美元和澳大利亚元降幅1.1%和1.3%的20倍左右，而且同期欧元、英镑、瑞士法郎和加拿大元外汇日均成交金额不仅没有下降，而且平均以超过10%的增速增长。2019年4月到2019年10月境内外人民币外汇市场活跃度明显受其间美国两次发起对中国出口产品增加关税所致人民币兑美元显著贬值，显示科技自主度不够高导致贸易自主度不够高，进而导致人民币市场自主度不够高的连锁反应。2019年10月到2020年4月，虽然国内人民币外汇市场日均成交金额有所回升，但是2019年4月到2020年4月人民币外汇市场日均成交金额仍下降18.6%，显著高于其他货币的降幅。

表32-7给出的2019年4月到2020年4月美元和人民币外汇日均成交金额变化率，两者降幅的巨大差异因为基数相差巨大所致。对美中同样贸易摩擦，2019年4月到2020年4月国内人民币外汇市场日均成交金额下降了250.2亿美元，而同期美国美元外汇日均成交金额却仅下降了200.2亿美元，其中美国美元与人民币外汇日均成交金额仅下降了28.7亿美元。这些日均成交金额量的变化比同比变化率相差小很多，但美中贸易摩擦对国内外汇市场的影响仍然明显高于对美国美元的影响，显示科技自主度对贸易自主度，进而对外汇市场的影响显著。

32.13 小结

2017年以来香港外汇市场半年度数据的公布和境外其他主要外汇市场相应数据使得我们对近年来人民币国际化进程的把握有了更可靠的市场依据，也为我们更好地预测今后人民币的走势提供了必要的支撑。本章数据显示，2016—2019年人民币国际化程度从全球排名第8位提高到了第6位，成绩显著。特别是在近年来人民币对美元贬值导致人民币跨境支付、境外人民币储蓄、人民币国际债发行等指标徘徊不前的情况下，境内外人民币外汇市场仍然保持了可观的增长，人民币国际化的成绩更为难得。人民币在全球外汇市场活跃度明显提高说明国际外汇市场对人民币的接纳度仍在不断提高，近年来境外人民币国际化环境明显改善。充分利用好良好的国际环境，加上国内全面深化改革的内因，人民币国际化有望重回2015年之前的稳健推进态势，并有效推动"一带一路"倡议的实施。

但是，受美中贸易摩擦的明显影响，2019年下半年国内外汇市场比2019年上半年显著下降，降幅为全球最高尽管2020年上半年比2019年下半年有所回升，但仍比2019年上半年明显下降，降幅仍超过其他主要货币，表明由于国内科技自主度不够导致贸易自主度受限，进而导致人民币贬值环境下人民币跨境结算和相关衍生产品交易下降，最终导致国内人民币外汇市场不增反降。这些结果显示，只有努力提高我国科技自主能力，才能提高贸易自主度和人民币结算比重等，进而才能有效持续推动人民币国际化。

人民币国际化是一个相对较长的进程，外国的经验虽然可供参考和借鉴，但是结合我国现状稳步推动人民币国际化仍然需要我们在很多领域探索前行。探索不可少，必须循序渐进，有计划、有步骤、有秩序地推进，换句话说，推动人民币国际化应该有路线图和时间表。推动人民币国际化主要应该以国内中长期战略发展和国民生活水平稳步持续提高为目标和出发点，以持续加速科技自主能力提升为主要着力点，但是也应该与亚洲地区经济、贸易和金融市场发展和稳定相联系，同时还应该着眼于国际货币和金融体系改革与世界和平发展相联系。我们应该在我国科技、经贸和世界经贸今后发展的科学判断基础上，探索出人民币国际化的路线图和时间表及相应实施细节，并根据国内外经济、贸易和市场变化做适度必要调整。相信人民币国际化程度在今后几年将会随着我国科技自主度的提高取得更加显著的成果，逐渐接近以至达到与我国经贸国际相当的地位，从而为"一带一路"建设等提供必要的国际化本币支撑。

附录　张光平和马钧（2015）更新内容

由于货币的外汇交易总量是货币所有国际化应用的集中表现，而且货币外汇交易数据有定期统一的国际数据，货币在国际外汇市场交易占比是其国际化程度的最好量度（张光平，2014）。然而遗憾的是，不同货币在全球外汇市场上的成交金额数据仅由国际清算银行公布，而该机构国际外汇成交数据每三年才公布一次。这样对于三年间两个年度，即非公布年份的国际外汇市场日均成交数据我们只能利用简单的线性插值方法或者两个公布年份间年均复合增长率来估算（张光平，2014）。这些方法虽然简单易行，但是却没有充分利用非公布年份的国际外汇衍生产品市场存量数据信息，因此估算的结果有进一步提高的空间。

本文的目的是在国际清算银行每三年公布的国际外汇日均成交数据的基础上，利用非公布年份上半年外汇衍生产品存量数据，估算出非公布年份全球市场外汇衍生产品日均成交金额，进而估算出非公布年份全球外汇市场日均成交金额及主要国际货币外汇日均成交金额。有了这些非公布年份全球外汇市场和主要国际货币外汇日均成交金额更为精确的估算结果，我们就可计算出这些年份不同货币在全球外汇交易占比的更为精确的估算，进而对不同年份人民币国际化程度进展有更好的判断和把握。

1. 公布年份国际外汇衍生产品市场换手率

虽然国际清算银行每三年才公布一次当年 4 月全球外汇市场日均成交金额数据，但是该机构却每半年公布全球外汇衍生产品市场留存金额数据。多年来国际外汇衍生产品交易为全球外汇市场的主要内容，而且外汇衍生产品留存金额相当于交易所公布的场内衍生产品的持仓量。国际清算银行公布的每三年 4 月的全球外汇衍生产品市场日均成交金额可以被看作相应年度上半年的外汇衍生产品日均成交金额，这样我们可以容易地计算出这些公布年份上半年全球外汇衍生产品总成交金额（每半年平均 125 个工作日，这样上半年的外汇市场衍生产品成交额可以 4 月日均成交金额的 125 倍来估算）。这些年份上半年的成交金额除以相应上半年的总外汇衍生产品留存金额即可获得这些年份上半年的全球外汇衍生产品市场换手率。附图 32 – 1 给出了 1998 年上半年到 2019 年上半年全球外汇衍生产品市场八个公布年份上半年的换手率。

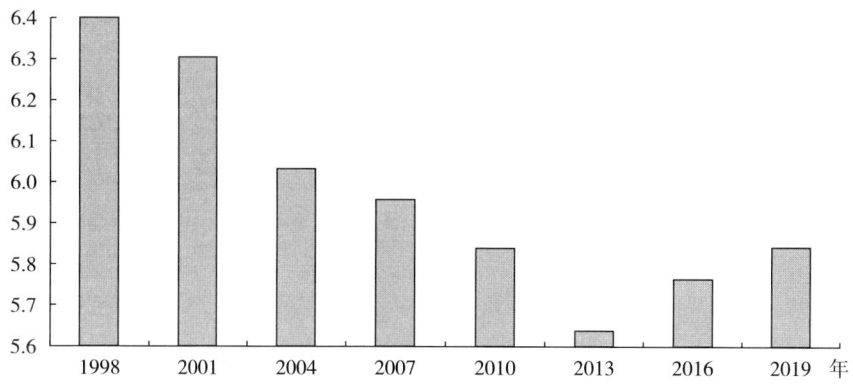

附图 32 – 1　全球外汇衍生产品市场上半年换手率
（成交金额与上半年留存额比例）

［数据来源：根据国际清算银行 www.big.org1998 年到 2019 年的调查汇总数据
(Triennial Central Bank Survey Global foreign exchange market turnover)
和该银行公布的每半年全球外汇衍生产品存额数据计算得出。］

附图 32-1 显示，虽然 2007 年到 2010 年这段时间内爆发了多年少见的国际金融危机，但是每隔三年的八大货币上半年全球外汇市场衍生产品换手率却保持相对稳步的变化，并未出现明显的异动。这些相对平稳的换手率为我们估算非公布年份上半年外汇衍生产品市场换手率提供了较好的依据。

2. 非公布年份全球外汇衍生产品市场日均成交金额估算

由于公布年份国际外汇衍生产品市场换手率持续稳步下降，我们可以利用这些公布年份上半年的外汇衍生产品市场换手率和线性差值法计算出其中两个非公布年份（如 2013 年和 2016 年两个公布年份间的 2014 年和 2015 年和 2016 年和 2019 年两个公布年份间的 2017 年和 2018 年）上半年的外汇衍生产品市场换手率，进而利用这些非公布年份上半年的换手率和相应的上半年全球外汇衍生产品留存金额推算出这些非公布年份上半年外汇衍生产品日均成交金额，附表 32-1 给出了相应的结果。

附表 32-1 全球外汇市场衍生产品和外汇日均成交金额估算结果
（1998—2019 年） 单位：万亿美元

年份	上半年底存量额	公布年份上半年底换手率	上半年底换手率	上半年外汇衍生产品日均成交金额	公布年份4月即期占总外汇交易比例	4月即期占总外汇交易比例	上半年即期日均成交金额	4月总外汇日均成交金额	年均增长率方法估算出的4月总外汇日均成交金额	新估算方法估算结果与年增长率估算方法差异
1998	18.7	6.40	6.40	0.96	37.2%	37.2%	0.57	1.527	1.527	0.0%
1999	14.9		6.37	0.76		35.2%	0.41	1.172	1.424	-17.7%
2000	15.5		6.34	0.79		33.2%	0.39	1.176	1.328	-11.5%
2001	16.9	6.31	6.31	0.85	31.2%	31.2%	0.39	1.239	1.239	0.0%
2002	18.1		6.21	0.90		31.6%	0.42	1.314	1.437	-8.6%
2003	22.1		6.12	1.08		32.1%	0.51	1.593	1.667	-4.4%
2004	27.0	6.03	6.03	1.30	32.6%	32.6%	0.63	1.934	1.934	0.0%
2005	31.1		6.01	1.49		31.8%	0.70	2.192	2.317	-5.4%
2006	38.1		5.98	1.83		31.0%	0.82	2.646	2.775	-4.6%
2007	48.6	5.96	5.96	2.32	30.2%	30.2%	1.01	3.324	3.324	0.0%
2008	63.0		5.92	2.98		32.6%	1.45	4.428	3.527	25.5%
2009	48.7		5.88	2.29		35.1%	1.24	3.530	3.743	-5.7%

续表

年份	上半年底存量额	公布年份上半年底换手率	上半年换手率	上半年外汇衍生产品日均成交金额	公布年份4月即期占总外汇交易比例	4月即期占总外汇交易比例	上半年即期日均成交金额	4月总外汇日均成交金额	年均增长率方法估算出的4月总外汇日均成交金额	新估算方法估算结果与年增长率估算方法差异
2010	53.2	5.84	5.84	2.48	37.5%	37.5%	1.49	3.972	3.972	0.0%
2011	64.7		5.77	2.99		37.7%	1.81	4.800	4.385	9.5%
2012	66.7		5.71	3.04		38.0%	1.87	4.910	4.841	1.4%
2013	73.1	5.64	5.64	3.30	38.3%	38.3%	2.05	5.344	5.344	0.0%
2014	75.0		5.68	3.41		38.6%	1.95	5.362	5.251	2.1%
2015	73.6		5.72	3.37		38.8%	1.78	5.146	5.159	-0.2%
2016	74.0	5.77	5.77	3.41	32.6%	32.6%	1.65	5.068	5.068	0.0%
2017	88.4		5.79	4.10		30.7%	1.91	6.007	5.533	8.6%
2018	95.8		5.82	4.46		28.1%	2.00	6.459	6.041	6.9%
2019	98.6	5.84	5.84	4.61	30.1%	30.1%	1.99	6.595	6.595	0.0%

数据来源：全球上半年外汇市场衍生产品留存数据来自国际清算银行网站，www.bis.org；上半年换手率根据国际清算银行每三年公布的4月全球外汇衍生产品日均成交金额和相应的半年的全球外汇市场衍生产品留存数据计算得出（假设4月日均成交金额为上半年日均成交金额）；非公布年份上半年换手率是利用两个公布年份换手率线性差值计算得出；公布年份外汇即期日均成交金额占总外汇日均成交金额比重根据国际清算银行每三年公布的4月全球外汇不同产品日均成交金额数据计算得出；外汇即期日均成交金额FXSpot根据外汇即期交易占总外汇交易比重a和外汇衍生产品日均成交金额FXD的计算公式FXSpot = a×FXD/(1-a)计算得出。

3. 非公布年份国际外汇市场日均成交金额估算

有了非公布年份全球外汇衍生产品市场日均成交金额估算结果而没有相应的全球外汇市场即期日均成交金额，我们还是难以获得相应的全球外汇市场总日均成交金额。然而利用国际清算银行1998年以来公布的每三年4月全球外汇市场即期日均成交金额和衍生产品日均成交金额，我们可以计算出1998年4月到2016年每隔三年4月全球外汇市场即期日均成交金额占总外汇日均成交金额比例，同样利用两个邻近的公布年份占总外汇日均成交金额比例和线性差值法，我们可以获得其中两个非公布年份外汇即期日均成交额占总外汇日均成交金额比例。有了非公布年份外汇即期日均成交金额占总外汇日均成交金额比例a和相应年份外汇衍生产品的日均成交金额FXD，我们就可计算出这些年份外汇即期日均成交金额 FXSpot。

因为 a = FXSpot/(FXSpot + FXD),所以 FXSpot = a×(FXD/(1 - a)),进而获得这些年份上半年总外汇市场日均成交金额(FXSpot + FXD),即这些非公布年份4月全球外汇市场日均成交金额,估算结果如附表32 - 1所示。

附表32 - 1显示,利用国际清算银行公布的国际外汇市场日均成交金额与半年的存量数据方法估算出的非公布年份国际外汇市场日均成交金额与之前利用每三年年均增长法估算出的结果有较大的差异。具体来说,附表32 - 1显示,传统的年均增长率法估算出的非公布年份日均成交金额没有利用非公布年份外汇市场衍生产品留存信息而仅假设两个公布年间交易增长保持相同的年均增长率,因此估算结果较为平滑,而新的方法却有较大幅度的波动。虽然新方法估算结果波动较大,然而其结果却离实际应该更加接近:附表32 - 1显示,2008年上半年金融危机仍未爆发,利用上半年国际外汇市场衍生产品留存数据估算出的国际外汇市场日均成交金额4.428万亿美元,比以年均增长率法估算的结果3.527万亿美元高出9011亿美元,前者高出后者25.5%;利用同样的方法我们可以估算出2009年上半年国际外汇市场日均成交金额3.530万亿美元,比以年均增长率法估算出3.743万亿美元低2130亿美元,前者低于后者5.7%。

如上结果显示,利用全球外汇衍生产品数据的新方法估算出的结果比以年均增长率方法估算的结果与金融危机爆发前后的市场活跃度变化更为一致。所以,利用公布年份数据和每上半年全球外汇衍生产品留存数据估算的非公布年份外汇市场日均成交结果比传统的年均增长率估算出的非公布年份年均外汇日均成交结果更能反映非公布年份市场变化,因此更为准确可靠。

4. 主要国际货币非公布年份全球外汇市场日均成交金额估算

有了附表32 -1给出的非公布年份全球外汇市场日均成交金额更为准确的估算值,我们即可计算出这些非公布年份人民币外汇日均成交金额的全球占比,对人民币国际化在非公布年份国际化的进展有更为准确的把握。但是,如果没有主要国际货币,或者说没有外汇日均成交金额排在人民币前面的其他货币在非公布年份日均成交金额占比的估算结果,我们也难以得知在非公布年份人民币国际化成交更为准确的排名。可喜的是,利用附表32 - 1同样的数据源和上文同样的方法,我们同样可以估算出美元、欧元、日元、英镑、瑞士法郎、加拿大元等主要货币在非公布年份外汇日均成交金额及相应的国际占比,附表32 -2给出了相应的估算结果。

附表32-2 非公布年份全球主要国际货币外汇市场日均成交金额估算
(2007—2019年) 单位：万亿美元

年份	上半年底存量额	公布年份上半年底换手率	上半年底换手率	上半年外汇衍生产品日均成交金额	公布年份4月即期占总外汇交易比例	4月即期占总外汇交易比例	上半年即期日均成交金额	4月总外汇日均成交金额	全球外汇市场占比
美元									
2007	33.76	7.468	7.468	2.017	35.16%	29.70%	0.845	2.862	86.09%
2010	45.13	6.066	6.066	2.185	35.20%	35.20%	1.187	3.371	84.90%
2011	54.04		5.957	2.575		35.58%	1.423	3.998	91.16%
2012	57.38		5.848	2.684		35.97%	1.508	4.192	86.60%
2013	64.48	5.740	5.740	2.961	36.35%	36.35%	1.691	4.652	87.03%
2014	65.13		5.798	2.934		34.60%	1.553	4.487	80.68%
2015	64.10		5.856	2.832		32.85%	1.386	4.217	76.26%
2016	64.90	5.915	5.915	3.071	31.11%	31.11%	1.387	4.458	87.61%
2017	77.04		5.921	3.649		30.39%	1.594	5.243	87.28%
2018	88.45		5.928	4.194		29.68%	1.770	5.965	92.35%
2019	87.14	5.934	5.934	4.137	28.97%	28.97%	1.687	5.824	88.30%
欧元									
2007	18.28	5.315	5.315	0.777	44.45%	36.90%	0.454	1.231	37.04%
2010	20.11	5.378	5.378	0.863	44.40%	44.40%	0.689	1.553	39.10%
2011	24.97		5.407	1.080		43.68%	0.838	1.918	43.74%
2012	23.80		5.436	1.035		42.96%	0.779	1.814	37.48%
2013	24.37	5.291	5.291	1.032	42.24%	42.24%	0.754	1.786	33.41%
2014	26.45		5.386	1.113		39.05%	0.714	1.827	32.85%
2015	27.34		5.480	1.145		35.87%	0.640	1.785	32.27%
2016	24.02	5.575	5.575	1.071	32.68%	32.68%	0.520	1.591	31.28%
2017	27.83		5.862	1.305		31.42%	0.598	1.903	31.67%
2018	31.37		6.148	1.543		30.17%	0.666	2.209	34.21%
2019	29.40	6.435	6.435	1.514	28.91%	28.91%	0.616	2.129	32.28%

续表

年份	上半年底存量额	公布年份上半年底换手率	上半年底换手率	上半年外汇衍生产品日均成交金额	公布年份4月即期占总外汇交易比例	4月即期占总外汇交易比例	上半年即期日均成交金额	4月总外汇日均成交金额	全球外汇市场占比
日元									
2007	10.60	3.854	3.854	0.327	39.75%	40.40%	0.231	0.558	16.78%
2010	11.82	4.822	4.822	0.455	39.70%	39.70%	0.300	0.754	19.00%
2011	13.07		4.913	0.514		43.04%	0.388	0.902	20.57%
2012	13.67		5.005	0.547		46.39%	0.473	1.021	21.08%
2013	15.18	5.096	5.096	0.619	49.73%	49.73%	0.612	1.231	23.03%
2014	13.18		5.370	0.547		45.17%	0.451	0.998	17.94%
2015	13.50		5.643	0.570		40.61%	0.390	0.960	17.35%
2016	14.82	5.916	5.916	0.701	36.05%	36.05%	0.395	1.097	21.56%
2017	14.90		5.942	0.708		34.87%	0.379	1.088	18.11%
2018	15.63		5.968	0.746		33.68%	0.379	1.125	17.42%
2019	15.61	5.993	5.993	0.748	32.50%	32.50%	0.360	1.108	16.81%
英镑									
2007	7.77	5.406	5.406	0.336	41.55%	32.50%	0.161	0.497	14.95%
2010	6.62	5.659	5.659	0.299	46.10%	46.10%	0.236	0.535	13.48%
2011	7.01		5.771	0.324		42.71%	0.241	0.565	12.88%
2012	7.59		5.882	0.357		39.32%	0.231	0.589	12.16%
2013	8.43	5.994	5.994	0.404	35.92%	35.92%	0.227	0.631	11.81%
2014	9.18		5.856	0.449		34.82%	0.240	0.688	12.37%
2015	9.03		5.719	0.449		33.71%	0.228	0.678	12.26%
2016	9.80	5.582	5.582	0.438	32.61%	32.61%	0.212	0.650	12.77%
2017	11.07		5.932	0.525		31.21%	0.238	0.764	12.71%
2018	11.72		6.282	0.589		29.81%	0.250	0.839	12.99%
2019	11.38	6.631	6.631	0.604	28.42%	28.42%	0.240	0.844	12.79%

32 人民币国际化现状

续表

年份	上半年底存量额	公布年份上半年底换手率	上半年底换手率	上半年外汇衍生产品日均成交金额	公布年份4月即期占总外汇交易比例	4月即期占总外汇交易比例	上半年即期日均成交金额	4月总外汇日均成交金额	全球外汇市场占比
瑞士法郎									
2007	3.06	5.342	5.342	0.131	36.35%	42.20%	0.095	0.226	6.80%
2010	3.86	5.249	5.249	0.191	36.40%	36.40%	0.091	0.282	7.10%
2011	4.88		5.405	0.211		38.42%	0.131	0.342	7.81%
2012	4.05		5.560	0.180		40.43%	0.122	0.303	6.25%
2013	4.18	5.716	5.716	0.191	42.45%	42.45%	0.084	0.275	5.14%
2014	3.94		6.108	0.185		36.15%	0.105	0.290	5.22%
2015	3.93		6.501	0.189		29.86%	0.081	0.270	4.88%
2016	3.37	6.894	6.894	0.186	23.56%	23.56%	0.057	0.243	4.78%
2017	4.12		7.014	0.231		24.44%	0.075	0.306	5.09%
2018	4.20		7.134	0.239		25.32%	0.081	0.321	4.96%
2019	4.16	7.254	7.254	0.241	26.20%	26.20%	0.086	0.327	4.96%
加拿大元									
2007	2.24	5.487	5.487	0.098	37.04%	29.70%	0.042	0.141	4.23%
2010	2.24	7.431	7.431	0.162	37.00%	37.00%	0.078	0.240	6.03%
2011	3.07		6.867	0.168		34.88%	0.090	0.259	5.90%
2012	3.00		6.303	0.151		32.75%	0.074	0.225	4.65%
2013	3.28	5.740	5.740	0.151	30.63%	30.63%	0.093	0.244	4.57%
2014	3.25		5.831	0.135		33.80%	0.069	0.203	3.66%
2015	3.58		5.922	0.132		36.98%	0.078	0.210	3.79%
2016	3.24	6.013	6.013	0.156	40.16%	40.16%	0.105	0.261	5.12%
2017	4.07		5.718	0.186		39.00%	0.119	0.305	5.08%
2018	4.48		5.424	0.195		37.84%	0.118	0.313	4.85%
2019	5.12	5.129	5.129	0.210	36.68%	36.68%	0.122	0.332	5.03%

注：数据来源和估算方法皆同附表32-1。

附表32-2显示，2014年美元外汇日均成交金额全球占比80.68%，比2013年占比87.03%下降了6.35%，2015年比2014年进一步下降了4.42%到76.26%，然而2016年美元占比却显著回升到了87.61%，不仅超过了2007年金融危机前的86.09%，而且也超过了2013年的87.03%；2014—2016年欧元外汇日均成交金额全球占比保持了2010—2013年持续下降的势头，但是下降的幅度比2010—2013年明显减缓，显示2011年以来欧元成交额占比持续下降的趋势；2014—2015年日元外汇日均成交金额全球占比2013年连续下降，但2016年却回升到了21.56%，比2013年占比略低1.47%，同时比2010年日元占比19.0%高出2.56%，显示金融危机后日元在全球外汇市场的地位持续提高；2014—2016年英镑外汇日均成交金额全球占比没有多少变化，2016年比2013年占比略有提高，但是金融危机后英镑地位持续下降的趋势没有多大变化；2013—2016年瑞士法郎日均成交金额世界占比持续保持了2010—2013年持续下降的趋势；2013—2016年加拿大元日均成交金额世界占比持续明显回升，但是2015年占比5.12%离2010年6.03%的占比仍有差距。这些结果显示，2013—2019年，美元和英镑日均成交金额全球占比明显回升的同时，日元、欧元和瑞士法郎相应的占比却总体明显下降，加拿大元却略有回升。

5. 非公布年份人民币外汇市场日均成交金额全球占比估算

有了非公布年份全球外汇市场日均成交金额的准确估算，我们即可根据人民币日均成交金额更好地估算出非公布年份人民币外汇交易的全球占比。附表32-3给出了2010—2019年国内人民币外汇市场季度日均成交金额和4月日均成交金额及相应的全球占比。由于附表32-1给出的2011年和2012年利用公布年份和半年全球外汇衍生产品市场留存数据估算的全球外汇日均成交比例用年均复合增长率估算的高，附表32-3给出的该两年国内人民币外汇日均成交金额全球占比比利用传统方法估算的国际外汇市场日均成交金额计算出的占比分别低0.06%和0.01%；同样，由于附表32-1给出的2014年和2015年全球外汇日均成交金额比例用传统的年均复合增长率估算的结果分别高出5.8%和6.9%，附表32-3给出的该两年国内人民币外汇日均成交金额全球占比0.91%和1.11%比利用传统方法估算的国际外汇市场日均成交金额计算出的占比0.96%和1.19%分别低0.05%和0.08%。由于不同货币的估算日均成交金额占比直接影响其国际化程度的排名，因此新的估算方法给出的结果可以使我们对不同年份人民币国际化的进展有更为准确的把握。

附表32－3　　国内人民币外汇市场季度日均成交金额和
4月日均成交金额及相应的全球占比（2010—2019年）单位：亿美元

市场季度	现货	远期	外汇掉期和货币掉期	期权	总额	季度日均	4月总日均成交金额	4月总日均成交金额全球占比
2010Q1	12503.0	30.4	2849.8	0.0	15383.2	240.4		
2010Q2	13338.4	24.4	3455.7	0.0	16818.5	275.7	263.9	0.66%
2010Q3	13584.7	17.5	3199.9	0.0	16802.1	271.0		
2010Q4	13972.3	255.0	3493.0	0.0	17720.3	281.3		
2011Q1	14305.0	595.0	3402.7	0.0	18302.7	286.0		
2011Q2	16227.0	564.0	4580.8	5.5	21377.4	350.4	329	0.69%
2011Q3	17550.0	608.0	5278.5	7.2	23443.6	378.1		
2011Q4	15732.0	379.0	4591.0	6.1	20708.1	328.7		
2012Q1	15809.0	1385.0	5502.1	32.8	22728.9	355.1		
2012Q2	16097.0	991.0	6025.9	40.7	23154.6	379.6	371.4	0.76%
2012Q3	16550.0	947.0	6690.6	114.4	24302.0	392.0		
2012Q4	15694.0	1184.0	7312.4	134.2	24324.6	386.1		
2013Q1	17534.0	1411.0	7379.1	160.0	26484.1	413.8		
2013Q2	18399.5	1552.3	8076.9	191.5	28220.2	462.6	446.4	0.84%
2013Q3	19622.9	1377.1	9228.8	111.9	30340.7	489.4		
2013Q4	20400.6	1704.5	10122.2	268.2	32495.4	515.8		
2014Q1	19799.0	2169.2	10457.4	169.4	32595.0	509.3		
2014Q2	18310.0	1252.9	10922.6	195.6	30681.1	503.0	505.1	0.91%
2014Q3	19121.0	1509.9	12952.6	535.5	34119.0	550.3		
2014Q4	20629.0	1263.8	12835.4	1215.2	35943.4	570.5		
2015Q1	19339.7	1376.7	13742.0	941.8	35400.3	553.1		
2015Q2	16965.9	1306.4	18960.4	915.9	38148.6	625.4	616.6	1.12%
2015Q3	25769.5	1682.0	24668.7	971.2	53091.5	856.3		
2015Q4	20526.6	584.4	28662.0	1217.5	50990.8	809.4		
2016Q1	19206.1	753.7	21107.5	1295.0	42362.3	672.4		
2016Q2	20707.3	771.3	23790.2	1383.5	46652.3	764.8	719.8	1.42%
2016Q3	22072.7	978.8	25909.7	2989.4	51639.6	832.9		
2016Q4	26368.4	1279.4	30489.1	3881.7	62018.7	992.3		
2017Q1	20369.1	980.4	26247.0	1526.7	49123.3	786.0		

续表

市场\季度	现货	远期	外汇掉期和货币掉期	期权	总额	季度日均	4月总日均成交金额	4月总日均成交金额全球占比
2017Q2	23579.8	714.1	30165.0	1280.7	55739.6	891.8	787.1	1.42%
2017Q3	25588.0	1086.3	36172.1	1498.2	64344.5	1029.5		
2017Q4	25357.0	1478.1	43087.7	1715.0	71637.7	1146.2		
2018Q1	22971.8	1531.0	35117.4	1632.6	61252.8	980.0		
2018Q2	26103.6	1747.3	40971.7	1925.5	70748.2	1132.0	1052.1	1.74%
2018Q3	29436.9	1417.8	39669.1	2222.7	72746.4	1163.9		
2018Q4	32134.6	722.7	50413.1	2693.0	85963.4	1375.4		
2019Q1	27740.3	907.0	45784.4	2349.9	76781.7	1228.5		
2019Q2	28686.1	1024.3	44039.5	2170.4	75920.4	1214.7	1346.5	2.04%
2019Q3	29158.9	1001.9	39807.5	2041.1	72009.5	1152.2		
2019Q4	27975.9	873.2	35697.1	1938.8	66485.1	1063.8		
2020Q1	25482.4	1237.5	33297.8	1638.3	61656.0	986.5		
2020Q2	25592.1	979.2	41531.3	1966.2	70068.9	1121.1	1096.3	1.87%

数据来源：2015年到2020年4月数据为根据国家外汇管理局公布的月度数据计算出的日均数据；2015年前由于中央银行和外汇局没有公布国内日均外汇交易数据，我们只能利用人民银行季度《货币政策执行报告》公布的季度数据估算出2010年4月到2014年4月的外汇日均成交金额：每年第一季度日均成交金额相当于该年2月的日均成交金额，第二季度日均成交金额相当于5月的日均成交金额，4月日均成交金额可以用2月的日均成交金额和5月的日均成交金额线性插值计算得出；2015年4月和2016年4月国内人民币外汇日均成交金额根据国家外汇管理局公布的该两年4月国内人民币外汇成交金额计算得出；每年4月日均成交金额全球占比根据附表32-3给出的日均成交额除以附表32-1给出的相应年份全球4月日均成交金额得出；2020年4月全球占比表32-6中2020年4月全球八大外汇市场日均成交金额5904.2亿除以估算出的2020年4月全球外汇市场日均成交金额5860.5亿美元而得（2019年4月该八大外汇市场日均成交金额全球占比85.63%，即假设2020年4月八大外汇市场日均成交金额全球占比保持2019年的水平不变，估算出的2020年4月全球外汇日均成交金额5860.5亿美元）。

附表32-3显示，2010—2016年国内人民币外汇日均成交金额占全球外汇市场日均成交金额比重从0.66%持续上升到了1.42%，6年提高了0.76%，增长相对缓慢，相应的国际排名从2010年的第21位提高到了2016年的第15位（仅考虑国内人民外汇市场成交金额），离中国经济和贸易排名前三的地位仍有巨大的差距。表26-1显示2010—2016年人民币整体排名从全球第21位持续提高到了第8位，比仅考虑国内人民币外汇市场的排名第16位要高出很多；2016—2017年，国内人民币外汇日均成交金额略有增长，但全球占比却没有多少变化，2017—2019年持续提高到了2.04%，国内人民币排名从第15位提高到了第12位。这些结果表明，2010—2016年人民币国际化程度显著提升的主要贡献来自境外人民币市场，国内人民币外汇市场加速发展从而使境内外人民币市场协调发展已经成为人民币国际化的一个重要任务。

附表32-3也显示，2016年4月国内人民币外汇日均成交金额世界占比从2015年4月的1.12%提高到了1.42%，一年的增幅0.30%超过了2010—2014年的累计占比增幅0.25%，也超过了2013—2014年的增幅0.07%，而且2016—2019年人民币外汇日均成交金额全球占比又累计增长了0.62%，显示2014年以来国内人民币外汇市场加速增长的可喜态势。

但是，2020年4月国内人民币外汇市场日均成交金额同比下降了18.6%，降幅比同期境外五大外汇市场（香港、伦敦、新加坡、纽约和东京五大外汇市场公布的数据有人民币准确数据，澳大利亚和加拿大外汇市场人民币交易仍不够活跃，日均成交金额低于前五大境外市场，该两国货币当局公布的半年度外汇数据中未有人民币明细数据）总日均成交金额降幅18.7%略低0.1个百分点，但却比同期全球前七大外汇市场（上文前七大）日均成交金额降幅9.5%高出9.1个百分点，显示受美中贸易摩擦和疫情双重影响国内外人民币外汇市场活跃度显著下降的问题。

表30-6的数据显示，2010年境外人民币市场启动到2014年的4年内，境外人民币市场热火朝天地发展，境外人民币外汇市场日均成交金额年均复合增长率高达70.2%，而以附表32-3的数据计算出的同期国内市场年均复合增长率仅为17.6%，仅为同期境外市场增速的四分之一，境外人民币市场为境内外人民币市场增长的主要源头，自然成为当时人民币国际化程度显著提升的主要动力源；2014—2019年境外市场增速减缓，年均增幅回落到了12.2%，同期国内市场年均复合增长率15.1%略超境外市场，显示国内市场追赶境外的可喜态势；但2019—2020年，国内人民币外汇市场降幅18.6%却比全球七大外汇市场总日均成交金额降幅9.5%高出近一倍，表明加速提高我国科技自主能力，进而提高贸易自主能力和金融自主能力是降低境内外人民币外汇市场受制于人的必要条件，也是人民币国际化进程的必要条件。

第七篇　人民币国际化的相关重要政策和制度保障

货币国际化需要有相应的制度保障和相关重要政策的推动。国家治理是整个国家的形象或软实力的体现，也是货币国际化的重要支撑因素。本篇第33章介绍国家治理的主要内涵，全球主要国家或地区国家治理评估结果及国家治理主要参数评估结果及近年来的变化，国家治理与经贸等因素的关系，国家治理间的相关性和相互影响程度等。本章及时介绍和分析了2020年初以来全球蔓延的新冠肺炎疫情确诊率、治愈率和死亡率等与国家治理及其子指标之间的关系，为我们理解国家治理和疫情提供了实证依据。

第34章介绍亚洲基础设施投资银行和金砖银行（新开发银行）成功启动以来的各项业务发展情况及该两行今后发展对人民币国际化潜在推动作用；第35章介绍"一带一路"倡议发起以来的一系列成就和"一带一路"的持续推动对人民币国际化的推动作用；第36章介绍近年来国内自贸区的发展，特别介绍上海自贸区近年来的发展、上海营商环境及与全球前五大国际金融中心城市的比较，进而探讨上海金融中心建设和人民币国际化的相互推动作用。

33 国家治理与货币国际化程度之间的关系

党的十八大以来,党中央高度重视国家治理体系和治理能力现代化。在党的十八届三中全会上,习近平总书记将全面深化改革总目标设定为"完善和发展中国特色社会主义制度,推进国家治理体系和治理能力现代化",这是继"工业现代化、农业现代化、国防现代化、科学技术现代化"后提出的第五个现代化,是根本性的、全局性的、更高层次的现代化,为中华民族伟大复兴提供了制度基础和能力保障。国际数据显示,2012年以来我国国家治理能力的提高幅度在全球排名前列,充分说明"党的十八大以来,我们党领导人民统筹推进'五位一体'总体布局、协调推进'四个全面'战略布局,推动中国特色社会主义制度更加完善、国家治理体系和治理能力现代化水平明显提高"(央广网,2019年8月31日);并且近年来我国全球影响力有了显著提升,与我国经贸的国际地位基本保持一致。特别是根据国际数据,说明我国不仅可以创造经济发展奇迹,而且可以继续创造国家治理体系和治理能力现代化上的全球新奇迹。

国家治理是一个非常广泛的理念体系,"包括大道之行、天下为公的大同理想,六合同风、四海一家的大一统传统,道主刑辅、以德化人的德治主张,民贵君轻、政在养民的民主思想,等贵贱均贫富、损有余补不足的平等观念,法不阿贵、绳不挠曲的正义追求,孝悌忠信、礼义廉耻的道德操守,任人唯贤、选贤任能的用人标准,周虽旧邦、其命维新的改革精神,亲仁善邻、协和万邦的外交之道,以和为贵、好战必亡的和平理念,等等"(习近平在中共中央十九届四中全会第二次全体会议上讲话的一部分,见《习近平谈治国理政》第三卷,第120页)。国家治理是一个非常广泛的概念,也应该包括司法有效性、政府效能、政府监管、腐败控制程度、政府稳定性等诸多内涵,是国家软实力和国家形象的主要反映,一个国家的治理程度与其货币的国际化程度有着直接的关系,因此推动国家治理体系和治理能力现代化实际上也是推动人民币国际化和"一带一路"建设。考虑到国家治理内容广泛而丰富,因此本章着重介绍国家治理的主要内容,特别是国家治理的量化结果与货币国际化之间的关系,从而使得读者能够充分了解推进国家治理体系和治理能力现代化是人民币国际化不可缺少的基础。

33.1　党中央高度重视国家治理体系和治理能力现代化

"加强对权力运行的制约和监督,把权力关进制度的笼子里"(习近平总书记在第十八届中央纪律检查委员会第二次全体会议上讲话,中国新闻网,2013年1月22日)。习总书记短短一句话就把国家治理中依法治国、腐败控制和政府效能等主要概念和功能形象地概括了。首先要有"制度的笼子",然后才是如何"把权力关进笼子里"去。制度的笼子就是国家司法体系,依法治国、依法行政、依法监管、依法反腐就是把权力有效地关起来。换句话说,"把权力关进制度的笼子里"就是国家治理的主要内涵和功能目标。

党的十八届三中全会指出"全面深化改革的总目标是完善和发展中国特色社会主义制度,推进国家治理体系和治理能力现代化",把国家治理体系和治理能力现代化提高到了全面深化改革总目标的高度;2014年习近平总书记就提出了"协调推进全面建成小康社会、全面深化改革、全面推进依法治国、全面从严治党"的"四个全面"的战略布局;党的十九大报告明确提出了"推进国家治理体系和治理能力现代化这个全面深化改革总目标","加快推进国家治理体系和治理能力现代化,更好发挥我国社会主义制度优越性";十九届三中全会公报"在全面深化改革进程中,下决心解决党和国家机构职能体系中存在的障碍和弊端,加快推进国家治理体系和治理能力现代化,更好发挥我国社会主义制度优越性……不断推进国家治理体系和治理能力现代化"。

2019年8月底的中央政治局会议更是指出"顺应时代潮流,适应我国社会主要矛盾变化,统揽伟大斗争、伟大工程、伟大事业、伟大梦想,不断满足人民对美好生活新期待,战胜前进道路上各种风险挑战,必须加强对重大问题的研究,坚持改革创新,在坚持和完善中国特色社会主义制度、推进国家治理体系和治理能力现代化上下更大功夫,继续艰苦奋斗、开拓前进,确保党和国家事业蓬勃发展、长治久安"(央广网,2019年8月31日)。

党的十八届三中全会以来相关文件和领导讲话多次强调推进、加快推进和不断推进国家治理体系和治理能力现代化,笔者也认真学习了各种文件和讲话。上文引用的习总书记在中共中央十九届四中全会第二次全体会议上讲话的一部分是对国家治理理念、思想、传统、主张、观念、标准和精神等最系统和全面的论述,需要我们认真领会其广泛而深刻的含义和哲理,特别是将这些理念、思想、传统、主张、观念、标准和精神等融入国家治理体系和治理能力现代化中去,而且能够在国家治理体系和治理能力现代化的检测和考核体系中反映出来则需要时日。这是一个巨大的系统工程，需要人文和社科诸多领域专业人士合作才能完成。

俞可平（2009，2014）等学者对十多年来国外国家治理诸多研究成果进行过系统的研究和梳理，并借鉴国外研究成果对我国国家治理进行了相关研究和建议，有很好的学习和参考价值。但这些研究大多停留在文字介绍和理论探讨层面，很少涉及量化分析和对比结果，因此难以得出各国国家治理在不同时期的变化和进展相关结论及相关比较结果。没有量化的标准和方法，任何概念的讨论和相关理论的探讨确实会帮助我们增进认识，但讨论多年也得不出任何量化的可比结果，更不可能得出不同时期治理变化的具体原因和存在的问题，讨论和探讨再多也产生不出具体的结论。然而，要将上文习总书记关于治理的相关理念、思想、传统、主张、观念、标准和精神等融入国家治理体系和治理能力现代化中且建立能够检测和考核的国家治理评估体系却是一件更加艰巨的任务。因此，本章在探讨和研究世界银行试用二十多年的国家治理相关概念和评估模型及结果的基础上，利用该行的相关实证结果并发现该行治理评估模型的问题，进而探讨国家治理与货币国际化间的实证关系，最终得出提高我国国家治理水平对人民币国际化提升的必要性等结果。

全球最早，而且具有连续性、可比性的衡量国家治理程度的指标是世界银行的"全球治理指数"。世界银行从1996年开始每年对全球200多个国家和地区的国家治理程度进行持续记录和比较，涵盖了司法有效性、监管质量、政府效能、腐败控制、政局稳定与反暴力、话语权与问责共六个方面的量化参数。经过二十多年来的发展和完善，"全球治理指数"已经成为最具系统性的衡量国家治理体系的量化指标。有兴趣的读者可直接参考世行"全球治理指数"相关六个指标及相关概念 http://info.worldbank.org/governance/wgi，也可参考俞可平（2009，2014）。

33.2 国家治理的概念

"治理问题最初引起重视的，是国际组织和跨国公司出于改善受援国或投资国社会政治环境的努力。但是，治理问题之所以在近年来日益受到世界各国普遍的重视，更深刻的原因在于政府体制和市场体制的局限性和在若干领域中的失败"（俞可平，2009）。治理的概念最早用于公司，半个多世纪以来已经被广泛地应用于全球上市公司、金融机构等领域，并已成为国内外监管部门开展监管实践的重要内容。然而，治理被用于国家层面要比公司治理要晚很多年。直至20世纪80年代，国家治理才成为很多学者和国际机构的研究热点，世界银行是其中行动最早的国际机构,在20世纪80年代末就已将国家治理理念应用于诸多政策工具中。20世纪90年代,联合国和多家国际经济合作机构也开始重视该领域并将相关研究成果用于国际关系的相关工作中。

20世纪90年代初,世界银行将国家治理定义为"国家权力用于国家发展以管理国家经济和社会资源的方式";2010年世界银行在其"全球治理指数"项目中将国家治理定义为"国家权力通过传统和机构执行的方式"。联合国开发计划署把国家治理定义为解决社会成员间矛盾并接受法律决策的政治体系的一系列规制。联合国开发计划署用该定义来描述社会机构合理运行、被公众接受的程度及激励政府提高效率等。治理分析框架(GAF)将国家治理定义为"社会成员互动和决策以创新、加强或再生社会规范和机构的进程"。上述几种国家治理的定义虽各有不同侧重,但均涉及国家法律体系、社会结构、政府功能的合理发挥等诸多方面。不管国家治理有多少定义,有多少内容,习近平总书记多次强调的"加强对权力运行的制约和监督,把权力关进制度的笼子里"是对国家治理形象而生动的描述。

33.3 主要国家和地区的国家治理水平比较

国内学者介绍国家治理评估和治理能力现代化绝大多数仍停留在文字介绍层面或理论探讨,很少涉及数量的层面。这些介绍不仅难以对二十年来全球主要国家和地区总治理水平的变化或排名有直观的了解,而且也难以跟踪了解不同国家和地区治理水平变化的背后原因,更难以找到加快推进国家治理体系和治理能力现代化的抓手。因此,量化分析对于我们更深层次地理解和研究国家治理尤显重要。

利用2019年10月世界银行公布的215个国家和地区1996—2018年全球治理六个主要子指标的评估结果,我们可以计算出2018年全球国内生产值超过1000亿美元的前64大经济体2018年的六项治理评估结果(以六个指数评估结果及其相应的均方差加权平均计算而得,见表33-1)。

表33-1 1996—2018年全球前64大经济体治理总评估结果及累计变化

国家和地区	1996年	2012年	2018年	1996—2012年变化	2012—2018年变化
主要发达经济体					
澳大利亚	83.3	83.2	82.0	-0.1	-1.2
奥地利	83.4	80.6	80.1	-2.8	-0.5
比利时	79.1	77.9	75.4	-1.2	-2.5

续表

国家和地区	1996年	2012年	2018年	1996—2012年变化	2012—2018年变化
加拿大	83.8	82.8	82.7	-0.9	-0.1
丹麦	86.0	86.8	84.9	0.8	-1.9
芬兰	85.5	87.6	86.5	2.1	-1.1
法国	75.4	75.2	73.5	-0.1	-1.7
德国	82.2	80.3	81.1	-1.9	0.7
希腊	65.6	56.3	55.9	-9.2	-0.5
意大利	67.6	60.7	60.1	-6.8	-0.6
日本	71.7	76.0	76.6	4.3	0.6
荷兰	86.3	85.3	84.6	-0.9	-0.7
新西兰	86.2	86.9	86.8	0.6	-0.1
挪威	86.8	87.1	86.4	0.3	-0.7
葡萄牙	76.6	69.5	71.3	-7.0	1.8
西班牙	76.3	69.3	66.5	-7.0	-2.7
瑞典	85.6	87.5	85.2	1.9	-2.3
瑞士	84.7	85.8	86.0	1.1	0.2
英国	84.0	78.9	78.5	-5.1	-0.4
美国	79.4	76.3	74.8	-3.1	-1.5
主要发达经济体平均	80.5	78.7	77.9	-1.8	-0.8
年均变化				-0.11	-0.13
其他发达经济体					
斯洛伐克	58.7	63.2	62.9	4.4	-0.3
捷克	67.0	66.5	67.9	-0.5	1.5
中国香港	70.0	77.8	78.5	7.8	0.7
爱尔兰	81.1	79.0	78.1	-2.2	-0.9
以色列	67.8	63.9	63.6	-3.9	-0.3
韩国	61.1	65.3	67.5	4.2	2.2
波多黎各	70.9	63.2	58.0	-7.7	-5.2
新加坡	80.3	77.7	79.5	-2.6	1.8

续表

国家和地区	1996年	2012年	2018年	1996—2012年变化	2012—2018年变化
中国台湾	63.6	68.7	71.7	5.1	3.0
其他发达经济体平均	69.0	69.5	69.7	0.5	0.3
年均变化				0.03	0.05
发达经济体平均	76.9	75.8	75.4	-1.1	-0.4
年均变化				-0.07	-0.07
主要发展中经济体					
巴西	49.5	52.4	46.1	2.8	-6.2
中国大陆	39.5	35.1	41.2	-4.3	6.1
印度	48.6	45.9	49.3	-2.7	3.4
印度尼西亚	36.1	43.2	47.6	7.0	4.5
墨西哥	45.5	47.5	41.9	2.0	-5.7
俄罗斯	37.4	33.7	34.9	-3.7	1.2
沙特阿拉伯	41.9	37.2	42.9	-4.7	5.7
土耳其	46.8	49.8	40.5	3.0	-9.3
主要发展中经济体平均	43.2	43.1	43.0	-0.1	0.0
年均变化				0.00	-0.01
其他发展中经济体					
阿尔及利亚	28.2	33.2	33.5	5.0	0.3
安哥拉	23.3	28.5	30.7	5.2	2.2
阿根廷	53.6	44.5	50.7	-9.0	6.2
孟加拉国	36.9	34.4	34.1	-2.5	-0.3
智利	73.5	75.3	70.8	1.8	-4.5
哥伦比亚	38.6	45.4	47.0	6.8	1.5
埃及	41.8	36.3	33.8	-5.6	-2.5
匈牙利	67.5	62.7	57.8	-4.8	-4.8
伊朗	34.3	26.6	29.4	-7.7	2.8
伊拉克	12.4	24.5	21.2	12.1	-3.3
哈萨克斯坦	31.1	34.3	40.5	3.2	6.2

续表

国家和地区	1996年	2012年	2018年	1996—2012年变化	2012—2018年变化
科威特	54.2	47.1	46.2	-7.1	-0.9
马来西亚	58.1	54.1	57.9	-4.0	3.9
摩洛哥	47.8	42.8	43.6	-4.9	0.7
尼日利亚	26.5	29.8	31.5	3.3	1.7
巴基斯坦	35.6	29.8	32.6	-5.8	2.8
秘鲁	43.7	46.3	46.5	2.6	0.2
菲律宾	47.5	43.5	43.8	-4.0	0.3
乌克兰	36.8	37.2	38.1	0.4	0.9
厄瓜多尔	42.2	37.0	42.3	-5.2	5.4
波兰	65.6	67.0	62.7	1.4	-4.3
卡塔尔	50.9	58.9	53.5	8.0	-5.4
罗马尼亚	49.1	51.4	53.7	2.4	2.2
南非	62.3	55.0	53.4	-7.3	-1.6
泰国	53.3	45.1	43.0	-8.1	-2.1
阿联酋	59.0	56.9	59.7	-2.1	2.8
越南	38.5	35.4	39.8	-3.0	4.3
其他主要发展中经济体平均	44.9	43.8	44.4	-1.1	0.5
年均变化				-0.07	0.09
35个主要发展中经济体平均	44.5	43.7	44.1	-0.8	0.4
年均变化				-0.05	0.07
64个经济体平均	59.2	58.2	58.3	-0.9	0.0
年均变化				-0.06	0.00

数据来源：根据世界银行2019年10月公布的1996—2018年全球治理评估模型结果计算得出，表中结果将原始评估-2.5到2.5的结果转换成百分制结果以便进行直观比较；64个经济体为国际货币基金组织2019年10月更新的2018年全球国内生产总值超过1000亿美元的经济体。

33.3.1　主要发达国家治理水平

表33-1显示，主要发达国家治理水平总体较高，1996—2012年，20个主要发达国家的治理水平平均在80%上下，然而1996—2012年，这些国家总体的治理水平呈现下降的趋势，平均降幅达到1.8%。特别是希腊1996—2012年治

理水平累计下降了9.2%，其次西班牙、葡萄牙和意大利同期分别累计下降了7.0%、7.0%和6.8%，另外美国、比利时和奥地利等13个发达国家治理累计也出现了不同程度的下降；而仅有日本、新西兰、芬兰和瑞士7个发达国家同期治理略有提高；2012—2018年，除了德国、日本等4个发达国家治理略有提高外，16个发达国家仍有不同程度的下降而且治理年均降幅超过其他发达经济体和发展中国家，显示主要发达经济体治理总体不进反退的态势。

33.3.2　其他发达经济体

表33-1显示，九个其他发达经济体中新加坡、中国香港和爱尔兰治理水平与20大主要发达国家相当，而韩国、中国台湾、捷克、斯洛伐克、以色列和波多黎各的治理水平却较低，仅仅超过了及格水平的同时还不到70%；1996—2012年这八个发达经济体治理平均水平略增0.5%，2012—2018年增速略有放缓，累计增幅仅为0.3%。

33.3.3　八大主要发展中国家

表33-1显示，1996—2012年八大发展中国家平均治理水平从43.2%下降到43.1%，不仅与发达经济体有着巨大的差距，而且比进入2012年全球前64大经济体中其他27个发展中国家的平均治理水平也略低，显示主要发展中国家治理与经济规模相比仍有明显差距；1996—2012年，八大发展中国家中巴西、墨西哥、土耳其和俄罗斯四个国家治理明显下降，累计降幅皆超过20大发达国家，而且2012—2018年年均降幅也明显快于之前的12年，显示发展中国家经济增长的同时，治理不增反降；虽然总体治理水平较低，八个主要发展中国家平均累计下降幅度在四类经济体中最低，仅为0.1%，显示23年来主要发展中国家治理总体改善速度不仅显著高于发达经济体，而且也明显高于中小发展中国家。最后，值得特别关注的是，1996—2018年印度尼西亚治理水平累计提高了11.5%，为64大经济体之冠，值得包括我国在内的所有国家学习和借鉴。

33.3.4　其他发展中国家治理

表33-1显示，进入2018年前64大经济体的27个中小型发展中国家中，仅有13个国家的治理累计上升，有14个国家的治理累计下降；1996—2018年27个中小发展中国家治理平均程度与主要发展中国家相当。

33.3.5　我国治理水平和排名及相关比较

表33-1显示，2018年我国大陆在八大发展中国家中排名第6位，而在64大经济体中排名第51位，在1996—2018年有相关评估数据的182个经济体中排

名第112位，显著低于2018年我国人均产值全球第77位的排名，显示出我国国家治理有待大幅度提高。但可喜的是，虽然1996—2012年我国国家治理年均增幅在64大经济体排名第47位，但2012—2018年累计增幅却高达6.1%，仅略低于哈萨克斯坦和阿根廷同期增幅，同期增幅排名第3位，显示出党的十八大以来我国国家治理水平出现显著提升的可喜态势。

33.4 主要经济体治理主要指标的变化和比较

表33-1给出了1996—2018年主要经济体治理水平的总评估结果及累计变化。表33-2给出了同期主要经济体六大治理指标的评估结果和变化。

33.4.1 主要发展中国家主要治理指标

表33-2显示，20个主要发达经济体司法有效性和腐败控制程度平均评估结果皆略超过80%，政府效能和监管有效性接近80%，话语权和政府稳定性平均分别超过七成和六成，显示出主要发达国家前六个治理领域水平较高，而话语权和政府稳定性相对较低。

表33-2　　2018年全球前64大经济体六大治理指标评估结果　　单位：%

国家和地区	司法有效性	政府效能	监管有效性	腐败控制	政府稳定性	话语权
主要发达经济体						
澳大利亚	84.3	81.9	88.6	86.1	69.5	78.6
奥地利	87.5	79.1	80.9	81.9	68.4	77.6
比利时	77.4	73.4	74.7	80.2	58.2	77.9
加拿大	85.4	84.3	83.3	87.5	69.8	80.4
丹麦	86.7	87.4	83.5	93.0	69.2	82.2
芬兰	90.9	89.7	85.7	94.2	68.5	82.2
法国	78.8	79.6	73.5	76.3	52.2	73.6
德国	82.6	82.4	85.0	88.9	62.1	78.4
希腊	53.1	56.8	55.9	48.7	51.9	67.1
意大利	54.9	58.3	63.4	54.7	56.2	70.9
日本	80.7	83.2	76.6	78.5	71.2	70.5
荷兰	86.3	87.0	90.4	90.2	67.4	81.9
新西兰	87.5	83.4	89.6	93.5	80.8	82.5
挪威	89.3	87.7	85.2	91.8	73.1	84.7

续表

国家和地区	司法有效性	政府效能	监管有效性	腐败控制	政府稳定性	话语权
葡萄牙	72.8	74.2	67.8	67.0	72.8	74.1
西班牙	69.4	70.0	68.9	62.3	55.1	71.3
瑞典	87.9	86.6	86.0	92.8	68.3	82.2
瑞士	88.6	90.8	85.6	90.2	76.9	82.3
英国	82.8	76.8	85.2	86.5	51.0	77.7
美国	79.1	81.5	81.6	76.5	59.5	70.8
主要发达经济体平均	80.3	79.7	79.6	81.0	65.1	77.4
其他发达经济体						
斯洛伐克	60.6	64.1	66.2	57.3	65.0	67.6
捷克	71.0	68.4	75.2	60.1	70.8	68.6
中国香港	85.4	88.1	94.1	83.5	65.9	59.4
爱尔兰	79.3	78.4	81.9	80.9	70.6	76.4
以色列	69.9	74.2	74.9	65.7	31.4	63.0
韩国	74.7	73.7	71.9	62.1	60.9	65.9
波多黎各	61.7	46.9	68.6	50.8	58.0	59.8
新加坡	86.9	94.6	92.6	93.5	80.2	48.8
中国台湾	72.2	77.2	77.1	70.6	67.1	69.5
其他发达经济体平均	73.5	74.0	78.1	69.4	63.3	64.3
发达经济体平均	78.2	77.9	79.1	77.4	64.5	73.3
主要发展中经济体						
巴西	44.4	41.1	43.7	41.6	42.9	57.8
中国大陆	46.0	59.5	47.3	44.6	44.8	21.0
印度	50.5	55.7	46.3	46.3	30.9	57.6
印度尼西亚	43.7	53.6	48.6	45.0	39.3	53.6
墨西哥	36.5	46.9	53.0	32.7	38.6	49.9
俄罗斯	33.7	48.8	39.2	33.1	39.9	28.4
沙特阿拉伯	52.8	56.5	49.1	57.2	39.6	17.1
土耳其	43.6	50.1	49.1	43.3	23.4	33.3
主要发展中经济体平均	43.9	51.5	47.0	43.0	37.4	39.9
其他主要发展中经济体						

续表

国家和地区	司法有效性	政府效能	监管有效性	腐败控制	政府稳定性	话语权
阿尔及利亚	34.5	41.1	24.7	37.3	34.1	30.4
安哥拉	29.0	29.0	30.0	27.1	43.6	31.6
阿根廷	45.2	50.5	45.1	48.3	50.4	61.3
孟加拉国	37.2	35.0	33.5	31.9	29.4	35.4
智利	72.3	71.7	76.9	70.2	58.5	71.1
哥伦比亚	41.8	48.3	56.6	44.0	33.7	53.8
埃及	41.8	38.3	32.7	38.3	26.7	24.3
匈牙利	61.1	59.7	62.0	51.1	65.1	56.4
伊朗	36.1	41.4	24.1	30.8	23.9	23.6
伊拉克	14.8	23.6	25.6	22.0	-1.1	30.3
哈萨克斯坦	41.4	50.4	52.8	40.0	50.0	26.6
科威特	54.2	48.2	49.3	44.2	52.2	38.2
马来西亚	62.5	71.5	63.6	56.3	54.7	48.3
摩洛哥	47.2	45.8	45.1	45.7	43.4	36.7
尼日利亚	32.4	29.5	32.3	29.1	6.1	41.8
巴基斯坦	36.5	37.3	37.1	34.2	4.7	34.0
秘鲁	39.7	45.1	60.4	39.2	44.8	54.7
菲律宾	40.4	51.0	50.9	39.1	27.6	50.8
乌克兰	35.6	41.7	45.6	32.2	13.5	49.7
厄瓜多尔	37.4	44.8	32.2	38.8	48.5	50.5
波兰	58.6	63.3	67.6	62.8	60.9	64.5
卡塔尔	64.7	62.6	60.3	64.5	63.6	26.1
罗马尼亚	56.5	44.9	58.9	47.6	51.2	59.2
南非	48.0	56.8	53.4	49.6	44.5	63.1
泰国	50.5	57.0	52.2	42.0	35.3	29.9
阿联酋	66.1	78.6	68.6	73.0	64.9	27.8
越南	49.9	49.9	42.3	40.3	54.1	21.1
其他主要发展中经济体平均	45.8	48.8	47.6	43.7	40.2	42.3
35个主要发展中经济体平均	45.3	49.4	47.4	43.5	39.5	41.7
64个经济体平均	60.2	62.3	61.8	58.9	50.9	56.0

数据来源：根据世界银行2019年10月公布的2018年全球治理评估模型结果计算得出，表中结果将原始评估-2.5到2.5的结果转换成百分制结果以便直观比较；64个经济体与表33-1相同。

33.4.2 其他发达经济体主要治理指标

表33-2显示,捷克和中国香港等八个其他发达经济体前四个治理指标平均在75%上下,比20个发达国家平均水平略低,同样该八个发达经济体话语权和政府稳定性也皆低于20个发达经济体。值得关注的是,新加坡话语权评估结果仅48.8%,在29个发达经济体中排名倒数第一,而其他五个治理指标却在29个发达经济体中分别排名第7、1、2、3和2位,显示出世界银行治理模型中话语权参数有明显的问题。

33.4.3 主要发展中国家治理水平

表33-2显示,虽然八大主要发展中国家六项治理评估结果皆显著低于发达经济体,但是六个指标中政府有效性平均明显高于其他五个指标,另外监管有效性、司法有效性和腐败控制水平平均在45%左右;话语权和政府稳定性平均不到40%。这些结果表明主要发展中国家治理指标皆与发达经济体有着显著的差距。

33.4.4 其他主要发展中国家治理水平

表33-2显示,27个中小发展中国家政府有效性和监管质量比八大主要发展中国家有一定的差距,同时司法有效性、腐败控制和话语权平均程度与八大主要发展中国家相当,而政府稳定性平均程度则略高于八大主要发展中国家。

33.5 国家治理水平与国内产值和人均产值之间的关系

理论上讲,国家治理水平越高,国家管理水平也越高,国家富裕程度越高,总产值和人均产值也应该越高;同样,产值和人均产值越高的国家和地区对国家治理会有更高的要求,国家治理水平相应地也会较高。因此,国家治理与人均产值间应该存在一定的正相关关系。

33.5.1 国家治理与国内生产总值的关系

利用表33-1给出的相关治理结果数据和国际货币基金组织2019年10月更新的1996—2018年全球主要国家和地区国内生产总值数据,我们可以计算出国家治理指标与产值之间的相关性。计算结果显示,1996—2015年,全球167个数据齐全的主要经济体治理指标与国内生产总值之间的相关系数从28.1%下降到了18.7%,而2015—2018年持续回升到19.2%。两者间的正向相关性反映出国家治理与国内产值间存在正向相关性，但系数不高显示出相关程度不是很强。

33.5.2　国家治理与人均产值的关系

上文给出的国家治理与国内生产总值之间的正相关性不高，主要原因是不同国家和地区人口和经济规模相差很大，可比性不够。因此，我们用人均产值来衡量与国家治理间的相关性。利用表 33-1 及相关数据和国际货币基金组织 2019 年 10 月公布的全球主要国家和地区人均产值数据，我们可以计算出国家治理指标与人均产值间的相关性。计算结果显示，1996—2013 年，全球 166 个数据齐全的主要国家和地区国家治理指标与人均产值之间的相关系数从 78.7% 下降到了 74.5%，而 2013—2018 年又持续回升到了 78.4%；1996—2005 年，前 20 大经济体治理指标与人均产值之间的相关系数从 86.7% 提高到了 93.3%，2005—2011 年下降到了 86.6%，而 2011—2018 年又回升到了 89.5%，1996—2018 年年均高达 89.0%，证明了国家治理与人均产值之间高度的正相关性。全球 166 个主要经济体国家治理与人均产值之间年均相关性高达 78.4% 和 20 大经济体年均相关性高达 89.5% 的结果充分说明国家治理水平高的国家，人均产值就高；同时，人均产值高的国家对国家治理的要求也高，国家治理水平也相应较高。

33.6　货币国际化程度与其经济母体治理水平间的关系

比较表 26-1 给出的 1998—2019 年全球主要货币外汇市场成交金额占比即国际化程度和表 33-1 给出的这些货币所对应的经济母体的治理评估结果，我们即可获得货币国际化程度与其经济母体治理水平之间的关联关系。本节简要介绍和分析货币国际化与其经济母体治理水平的相关性。

33.6.1　货币国际化程度与其经济母体治理水平的关系

利用表 26-1 和表 33-1 相对应的数据，我们可以计算出 2004 年、2007 年、2010 年、2013 年和 2016 年（由于世界银行治理数据缺乏 2001 年的数据，而且 1998 年欧元尚未启用，我们只能考虑 2004—2016 年的关系）货币国际化与其经济母体治理之间的相关性。计算结果显示，表 26-1 相对应的全球前 38 种货币日均成交金额（2016 年 12 月国际货币基金组织公布的 2016 年全球外汇市场数据中仅 38 种货币有交易数据，其总外汇交易占全球市场的 98.98%，有很好的代表性）与其经济母体治理间的相关系数分别为 28.3%、28.4%、28.2%、27.0% 和 26.0%（2016 年相关性变化的原因是世行每年公布前年的治理评估结果的同时，还会对之前所有年份的治理评估结果进行调整所致），年均 27.6%，略高于上文给出的167个经济体同期国内产值与治理间的平均相关系数23.4%，显示货币国际化与国家治理之间协同效应略高于国内产值，且具有正向互动关系，也说明世界银行治理模型的评估结果具有相对合理性。

33.6.2　国家治理与人均外汇成交金额之间的关系

同样，不同货币经济母体规模差异较大，38种货币经济规模和货币在外汇市场的成交金额也差异很大，因而可比性较低。因此，利用国际货币基金组织公布的2004—2016年38种货币母体人口数据我们可以计算出38种主要货币人均外汇成交金额与货币母体治理水平之间的关系。计算结果显示，2004年、2007年、2010年、2013年和2016年，全球前38种货币人均外汇成交金额与其经济母体治理间的相关系数分别高达70.7%、70.4%、69.4%、73.5%和77.5%，平均高达72.3%（这些结果与第八版相应结果出现差异，其原因同样是由于世界银行公布的2017年评估结果对以前年份治理结果进行调整所致），略低于上文给出的167个经济体同口径的人均国内产值与治理间的平均相关系数76.22%，显示人均货币国际化程度与治理之间协同效应与人均产值相当，说明货币国际化程度与国家治理之间具有高度相关性。

33.7　国家治理水平与其他相关指标之间的关系介绍

除上文介绍的国家治理与国内产值、人均产值、货币国际化之间有着客观的正向相关外，一个国家或地区治理也与其进出口、军费开支、语言文化、学习力度、专利数量、主权信用评级等领域密切相关。实证研究结果显示，118个主要国家和地区国家治理与主权信用评级之间有超过70%的正向相关性，表明国家治理水平好的国家或地区，其主权信用评级总体较好；另外，不同国家或地区学习力度（以联合国教科文组织公布的一定时间段内将其他文字翻译成本国或本地区文字的数据数量来衡量）也与国家治理之间有着超过30%的正向相关性，显示只有学习和借鉴别人的知识，才能更好地提高自己。这些领域的详细分析超出了本书的范围，详细结果请参见（张光平，吴红兴，2018），这里不再细述。

33.8　我国贯彻"四个全面"的显著成就

国家治理与"四个全面"关系密切，张光平（2015，2017）就相关问题进行过比较并利用当时现行国家治理评估结果进行实证分析。全面从严治党、全面依法治国和全面深化改革分别与表33-2中世行全球治理模型的腐败控制、司法有效性和政府效能三个指标相近且直接对应,因此我们可以利用世界银行治理评估结果来间接衡量这三个方面的进展情况。尽管全面建设小康社会没有表33-2中相应的结果,但是我们可以利用国际货币基金组织2019年4月更新的不同国家和地区人均产值变化来衡量小康社会建设情况。表33-3给出了2012—2018年全球前二十大经济体"四个全面"的年均变化结果。

表33-3　　全球前二十大经济体"四个全面"相应的年均变化结果比较和排名(2012—2018年)

国家	人均产值年均变化率	腐败控制变化	司法有效性变化	政府效能变化	平均变化
中国	6.51%	10.66%	11.12%	11.59%	9.97%
印度	6.33%	11.10%	10.31%	11.05%	9.70%
印度尼西亚	0.74%	11.55%	10.92%	11.25%	8.61%
韩国	4.08%	9.78%	10.72%	9.53%	8.53%
美国	3.04%	9.88%	10.07%	10.10%	8.27%
德国	0.31%	10.05%	9.77%	10.50%	7.66%
瑞士	-0.80%	10.23%	9.75%	10.76%	7.48%
意大利	-1.39%	10.49%	9.69%	10.33%	7.28%
英国	-0.99%	10.68%	9.84%	9.47%	7.25%
沙特阿拉伯	-3.45%	11.61%	9.80%	10.85%	7.20%
荷兰	-0.62%	9.00%	9.88%	10.15%	7.10%
法国	-1.12%	9.22%	9.94%	10.05%	7.02%
加拿大	-3.03%	9.99%	10.15%	10.35%	6.86%
西班牙	-0.14%	7.45%	9.77%	9.65%	6.68%
日本	-4.64%	9.58%	10.83%	10.81%	6.64%
俄罗斯	-6.52%	10.60%	10.10%	11.37%	6.39%
澳大利亚	-3.95%	9.24%	9.66%	9.66%	6.15%
墨西哥	-1.79%	7.94%	9.87%	8.53%	6.14%
土耳其	-1.82%	8.60%	8.85%	8.65%	6.07%
巴西	-4.39%	7.94%	10.75%	8.54%	5.71%
八大发展中国家平均	-0.55%	10.00%	10.22%	10.23%	7.47%
十二大发达国家平均	-0.77%	9.63%	10.01%	10.11%	7.24%
前二十大经济体平均	-0.68%	9.78%	10.09%	10.16%	7.34%

数据来源:人均产值年均变化率为根据国际货币基金组织2019年10月公布的各国人均产值计算得出的年均复合增长率;腐败控制、司法有效性和政府效能变化分别根据世界银行2019年10月公布的各国2012—2018年三个指标年均变化率;平均变化为四个指标的算术平均值。

表 33-3 显示,2012—2018 年,我国在"四个全面"方面的成就名列前二十大经济体之首,其次分别为印度和印度尼西亚;另外韩国、美国和德国分别排名第 4 位到第 6 位;另外我国平均变化 9.97% 分别比前八大发展中国家、前十二大发达国家和前二十大经济体分别高出 2.50 个百分点、2.73 个百分点和 2.64 个百分点,显示党的十八大以来我国在贯彻和落实"四个全面"方面成就显著,同时表明今后我国加快推进国家治理体系和治理能力现代化的同时,我国落实"四个全面"的成就也将更为显著。

33.9 国家治理与疫情控制的关系

新冠肺炎疫情全球持续蔓延对整个人类带来了挑战,在对全球公共治理带来了新的挑战的同时,也为全球治理评估体系评估结果提供了难得的验证机会。治理越好的国家或地区对疫情蔓延控制应该越好,相反,治理有待提高的国家或地区对疫情蔓延控制程度也应该有待提高,特别是政府效能高的国家或地区对疫情蔓延控制应该更好,而且治愈率也应该越高,同时政府效能有待提高的国家或地区对疫情蔓延控制应该提高,而且治愈率也应该有待提高。全球疫情相关数据与国家治理相关评估结果间应该有着如上期盼的相关性。本节基于表 33-1 和表 33-2 相关治理评估结果和表 22-7 给出的相应疫情数据,探讨疫情控制与治理之间的关系。

33.9.1 疫情与主要经济体治理之间的关系

截至 2020 年 9 月 11 日,与表 33-1 中 64 个主要经济体疫情确诊人数和治愈人数分别为 2358.7 万和 1608.6 万,分别占全球比重的 93.2% 和 91.9%,应该有较好的代表性。利用表 33-1 中 2018 年主要经济体治理评估结果和表 22-7 给出的相应的疫情确诊率和疫情治愈率数据,我们可以计算出 64 个主要经济体治理(国际治理有一定的稳定性,2018 年国家治理评估结果为最新结果,应该与当前治理情况最为接近)和疫情确诊、治愈率和死亡率之间的相关性分别仅为 -0.75%、-16.47% 和 14.76%,不仅三个相关度数值皆过低,而且后两个相关性的符号也都不正确(国家治理水平越高疫情确诊率应该越低的同时,治愈率应该越高的同时死亡率应该越低,因此三个相关性系数应该分别为负数、正数和负数才正确),表明全球疫情数据有着严重的问题的同时,也表明世行全球治理数据也可能有严重的问题。

不仅如此,根据表 33-2 给出的 64 个经济体 2018 年司法有效性、政府效能、监管有效性、腐败控制、政府稳定性和话语权评估结果和表 22-7 给出的这些经济体疫情确诊率数据,可以计算出我国 2018 年这六个治理子指标与疫情确诊率之间的相关性分别为 0.58%、−1.01%、3.76%、2.12%、3.94% 和 −5.78%，这些治理子指标同样不仅与确诊率间相关度皆过低，而且仅有政府效能和话语权两个子指标与确诊率相关性符号正确（政府效能越高和话语权越高确诊率应该越低），另外其他四个治理子指标与确诊率之间的相关性符号都不正确，特别是政府稳定性越高确诊率应该越低，而两者间 3.94% 的相关度不仅符号不正确，而且数值绝对值也最低，表明疫情数据有严重的问题的同时，世界银行治理子指标评估结果也可能有问题。

33.9.2 疫情与主要经济体治理之间的关系

上文利用表 33-1 给出的全球前 64 大经济体 2018 年和 2019 年总产值占全球产值比重分别高达 94.1% 和 94.2%，但占截至 2020 年 9 月 11 日全球疫情确诊人数和治愈人数比重分别仅为 93.5% 和 92.7%，可能对全球疫情代表性不够，导致如上分析结果不够理想。因此，我们在上文 64 大经济体基础上，将表 22-7 中其他未进入前 64 大经济体之列，但疫情确诊总数超过 1 万例的国家和地区一并分析，这样符合如上两个条件的国家和地区共 98 个，相应的总确诊病例和治愈人数占全球比重分别提高到了 98.5% 和 97.9%，对全球疫情和经济皆有更好的代表性。

同样利用表 33-1 相应的 98 个国家和地区 2018 年主要经济体治理评估结果和表 22-7 给出的相应的疫情确诊率和疫情治愈率数据，我们可以计算出这 98 个主要经济体治理和疫情确诊率、治愈率和死亡率之间的相关性分别仅为 7.65%、−13.08% 和 17.12%，不仅三个相关度数值皆过低，而且三个相关性的符号也都不正确。不仅确诊率与治理之间关系不正确，死亡率与治理之间不正确的相关度也有所提高。

另外，根据上文 98 个国家和地区 2018 年司法有效性、政府效能、监管有效性、腐败控制、政府稳定性和话语权评估结果和表 22-7 给出的这些经济体疫情治愈率数据，可以计算出我国 2018 年这六个治理子指标与疫情确诊率之间的相关性分别为 9.75%、8.11%、12.53%、7.19%、10.34% 和 −4.49%，仅有话语权与确诊率相关性符号正确；这些子指标与治愈率之间的相关性分别为 −6.21%、−0.69%、−4.63%、−5.69%、2.64% 和 −25.25%，仅有政府稳定性与治愈率之间的相关性符号正确；这些子指标与死亡率之间的相关性分别为 16.25%、17.71%、15.99%、19.08%、20.21% 和 29.32%，不仅六个相关性符号皆不正确，而且相关度皆高于上文 64 大经济体相应的相关度。

如上结果表明，全球疫情数据和世界银行全球治理评估结果问题的严重性并非由于我们研究的样本空间问题，全球治理实际问题应该更严重。

33.9.3 主要发达国家治理名不副实

上文全球治理结果与疫情控制相关结果间关系严重错误有诸多原因,但世界银行治理模型对主要发达国家多年来治理评估结果名不副实是其中的主因之一。表22-7显示,美国和西班牙确诊率分别超过万分之二百和一百,英国、法国、意大利、荷兰、瑞典、比利时、瑞士和爱尔兰等8个欧洲发达国家平均确诊率万分之54.76比全球确诊率万分之37.99高出16.77%的同时,平均治愈率28.94%仅相当于全球治愈率的四成,平均死亡率9.96%,超过全球死亡率1.1倍。如上全球主要的十大发达国家疫情相关结果与其多年来全球治理排名前列的事实不仅不一致,而且有明显的矛盾。表明世界银行全球治理模型评估结果有着严重的问题和不足,必须进行有效的修正或完善,否则不仅不能较好地反映全球治理实际状况,而且还会对全球治理产生客观的误导。

33.9.4 排除主要发达国家后全球治理与疫情之间的关系

上文介绍了主要发达国家治理名不副实,对疫情防控事实严重不符。那么,将如上十个主要发达国家排除在外后其他88个国家和地区治理与疫情控制相关结果也会给我们提供额外的证据。计算结果显示,如上十大发达国家外全球88个主要经济体和疫情确诊病例超过1万例的国家和地区治理和疫情确诊率、治愈率和死亡率之间的相关性分别为5.61%、9.44%和-5.09%,尽管三个相关性仍然皆较低,但除确诊率与治理间相关性符号不正确外,治愈率和死亡率与治理间的符号都达到了正确的程度;不仅如此,六个治理子指标除话语权外其他五个子指标与治愈率和死亡率间的相关性皆正确,话语权与治愈率和死亡率间的相关系数分别为-2.24%和4.24%。虽然这些较低的相关性说服力不够强,但是相关性符号却表明世界银行治理模型中话语权这个子指标问题最大,与下文我们分析世界银行全球治理模型的问题和局限性提供了额外的证据。尽管排除十大发达国家外全球治理与疫情之间的关系有了明显的改善,但是相应的相关性过低和治理与确诊率间相关性符号仍不正确的事实表明,除主要发达国家治理评估结果有问题外,这些主要发达国家外的其他国家和地区相应的治理评估结果也有不可忽视的严重问题。

随着全球疫情的持续蔓延和相关数据质量的提高,到2020年年底前后全球疫情数据与治理间的关系结果应该会有所改善。希望全球能够利用本次疫情带来的难得机会,完善全球治理体系并修正评估模型以对全球治理有更好的推动作用。

33.10 科技自主度与治理及其子指标的关系

科技是第一生产力,科技自主度越高,政府效能、司法有效性、监管质量和腐败控制的程度也应该越高,进而治理水平也应该越高。本节探讨科技自主度与国家治理及其子参数间的关系。

33.10.1 科技自主度与治理及其子指标间的关系

由于表33-1和表33-2给出的主要国家和地区相应的科技自主度数据不够齐全,与第22.12节相同,我们选出表22-7中92个疫情确诊病例超过1万例的国家和地区可以查到知识产权使用费的国家和地区加上表33-1和表33-2相应的国家和地区,这样既有知识产权使用费进出口数据,也有国家治理数据的58个国家和地区科技自主度与治理间的关系可以直接计算出。计算结果显示,2008年全球58个国家和地区治理与科技自主度之间的相关性为65.55%,政府效能、司法有效性、腐败控制、监管质量、政府稳定性和话语权六个治理子指标与科技自主度相关性分别为63.27%、67.20%、67.22%、61.77%、44.90%和57.64%,腐败控制和司法有效性两个子指标与科技自主度相关性排名前两位,其次为政府效能,再次为监管质量,而话语权和政府稳定性两个子指标与空间自主度相关性排名倒数后两位;前四个子指标与科技自主度之间平均高达64.87%的相关性表明,世界银行全球治理评估结果还是有一定的合理性。

33.10.2 主要发达国家科技自主度与治理及其子指标间的关系

上文给出的全球58个国家和地区科技自主度与治理及其子指标间的相关性较为合理,但是,我们计算全球前20大经济体中12大发达经济体和奥地利、以色列、爱尔兰、瑞典和比利时这17个主要发达国家科技自主度与治理间的相关性却为-7.44%,与上文相应的六个治理子指标间的相关性分别为13.48%、-0.35%、3.78%、-2.23%、-38.19%和-7.44%,其中仅有政府效能和腐败控制两个子指标与空间自主度间的相关性符号正确,但相关性却过低,而其他四个子指标与空间自主度间的相关性符号皆不正确,表明世界银行全球治理对主要发达国家治理及其子指标评估结果有严重的问题。

33.10.3 其他国家和地区科技自主度与治理及其子指标间的关系

同样,上文给出的全球58个国家和地区除全球前12大发达国家和奥地利、以色列、爱尔兰、瑞典和比利时 17 个发达国家外的 41 个国家或地区科技自主度与治理间的相关性却高达 59.17%，与六个治理子指标间的相关性分别为 52.98%、60.21%、61.64%、52.44%、52.01% 和 59.17%，分别皆略低于上文给出的 58 个国家和地区相应的相关性，皆在较为合理的范围内。这些结果再次证明，主要发达国家治理及其子指标评估结果有严重的问题。

33.11 国家治理影响力

美国著名民调机构盖洛普（Gallup）发布了中国、美国、德国、俄罗斯四国的全球领导力最新民调。调查结果显示：在 133 个国家和地区的受访者中，34% 认可中国的领导力，这是中国自 2009 年以来的最高认可度，而认可美国领导力的比率为 31%，中国对美国的优势逐渐扩大，显示出中美两国在软实力上的最新变化。在欧洲、亚洲和非洲，认可中国作为世界领导者的比率均超过美国。中国在非洲的认可度最高，为 53%，美国为 52%（"最新全球民调：中国领导力超过美国，这国最认可咱"，央视网，2019 年 3 月 15 日）。根据上文报道的数据，德国在亚洲和欧洲的认可度超过中国和美国，而且德国在亚洲、欧洲和非洲三大洲总认可度也超过中国和美国，总不认可度也低于中国和美国，净认可度也超过中国和美国。实际上，该机构 2017 年的调查报告就开始显示类似的结果，表明近年来我国的国际影响力出现明显提高的可喜态势。

上述主要国家全球领导力的调研结果是通过不同国家和地区抽样调查得出的，结果有一定的代表性，但抽样范围和分布有限，结果也存在一定的局限性。国家的领导力与国家治理影响力实际上是很接近的概念。本节利用世界银行全球治理评估结果，在探讨构建经济体间治理影响力的合理定义基础上，计算出主要经济体对全球治理的影响力。

33.11.1 国家治理影响力的基本定义

一个经济体（X）对另一个经济体（Y）治理影响力可以定义为以 X 治理评估结果作为自变量和 Y 治理评估结果作为因变量的有效性。我们用简单线性回归来评估一下这种有效性，比如美国治理对英国治理影响力可以 1996—2017 年美国治理评估结果作为自变量，英国治理评估结果作为因变量，线性回归结果的有效性为 79.8%，同时回归标准误差为 4.62%；然而利用同样的数据，英国治理对美国的治理影响力以 1996—2017 年英国治理评估结果作为自变量，美国治理评估结果作为因变量，线性回归结果的有效性也为 79.8%，而回归标准误差为 4.94%。因此，仅以回归有效性不能看出两个经济体治理的相互影响力，若以回归有效性为基准的标准误差就可较好地反映相互影响力：尽管美英两国治理回归有效性皆为79.8%，但是美国影响英国的标准误差仅为4.62%，而英国影响美国的标准误差却高达4.94%，说明美国影响英国更准确，影响力更大。因此，我们定义美国治理对英国的影响力为79.8%/4.62% = 17.3，而英国治理对美国的影响力却为79.8%/4.94% = 16.2，显示美国治理对英国治理的影响力超过后者1.1，因此，回归有效性/回归有效性的标准误差的比例可以当做评估国家治理影响力的较好指标。

33.11.2 国家治理影响力的更合适定义

上文介绍的回归有效性/回归有效性的标准误差基本反映了两者之间的相互影响力，但是该定义并未充分利用两者治理之间回归信息。比如上文介绍的美国治理对英国治理影响的简单回归系数及其均方差分别为0.8352和10.20%，而后者对前者相应的回归系数及其均方差分别为0.9549和11.66%，表明前者治理每一个百分点的变化会导致后者0.8352个百分点的变化，而后者治理每一个百分点的变化会导致前者0.9549个百分点的变化，后者虽对前者的影响更大，但是后者回归系数的均方差11.66%却高于前者相应的均方差10.20%。因此，同时考虑回归系数及其均方差对相互影响力的贡献，我们将回归有效性与回归系数的乘积除以回归标准误差与回归系数之和定义为治理影响力，得出美国治理对英国治理的影响力为4.49，而英国治理对美国治理影响力则为4.59。另外，从数学上分析，一个经济体治理对另一个经济体治理影响的简单线性总平方和（回归平方和和残差平方和相加）越低，表明前者对后者回归效果越好，反之就越差。因此，我们将影响力回归总平方和也放入上文影响力的分母中，这样就获得了治理影响力更为合适和直观的定义。根据此定义，1996—2017年美国治理对英国影响力为2.03，而英国治理对美国治理影响力则为2.05。本章下文利用该定义计算出任何两个经济体治理间的相互影响力。

33.11.3 前10大经济体治理对全球182个经济体总治理影响力分布

利用上文更合适的治理影响力的定义，我们可以计算出1996—2018年全球前10大经济体治理对全球前182个经济体总治理影响力，计算结果见表33-4。表33-4显示，作为全球最大的经济体，美国对全球前20大经济体的治理总影响力最高，为7.752，其次是意大利7.418；再次为英国、日本和加拿大，对前20大经济体治理影响力分别为6.438、4.947和4.484；中国和法国对前20大经济体治理总影响力分别为3.984和3.872，分别排名为第5位和第6位；这些计算结果除意大利和加拿大总影响力偏高（由于世界银行全球治理模型和相应数据等问题所致，如表33-4中意大利对美国影响力0.872，美国对意大利影响力

0.873 相仿,见张光平和吴红兴(2018),这些不够合理现象是由于世界银行治理模型有待进一步优化,同时世界银行模型所用的原始数据的合理性也需要提高,下文还会介绍。其他主要经济体治理总影响力与其经济贸易在全球影响力基本相当。

表33-4 全球前10大经济体治理对全球182个经济体总治理影响力(1996—2018年)

国家	美国	中国	日本	德国	印度	英国	法国	巴西	意大利	加拿大
美国		0.108	0.753	0.382	0.007	0.798	0.193	0.067	0.872	0.509
中国	0.108		0.008	0.292	0.140	0.175	0.209	0.314	0.052	0.337
日本	0.754	0.008		0.200	0.012	0.535	0.278	0.156	0.839	0.279
德国	0.377	0.286	0.205		0.082	0.618	0.002	0.077	0.276	0.382
印度	0.006	0.136	0.014	0.082		0.050	0.000	0.313	0.024	0.048
英国	0.798	0.174	0.535	0.623	0.052		0.087	0.000	0.732	0.566
法国	0.190	0.213	0.281	0.002	0.000	0.086		0.190	0.278	0.014
巴西	0.067	0.314	0.155	0.074	0.308	0.000	0.193		0.086	0.000
意大利	0.873	0.052	0.837	0.283	0.026	0.734	0.283	0.087		0.374
加拿大	0.501	0.330	0.286	0.381	0.047	0.559	0.015	0.000	0.365	
俄罗斯	0.264	0.066	0.359	0.050	0.062	0.178	0.011	0.003	0.313	0.078
韩国	0.432	0.142	0.197	0.426	0.048	0.683	0.016		0.386	0.585
澳大利亚	0.277	0.041	0.246	0.008	0.092	0.111	0.589	0.247	0.301	0.000
西班牙	0.885	0.031	0.852	0.217	0.000	0.629	0.311	0.158	0.922	0.306
墨西哥	0.397	0.154	0.489	0.004	0.149	0.170	0.452	0.474	0.400	0.043
印度尼西亚	0.823	0.013	0.741	0.219	0.003	0.681	0.404	0.192	0.870	0.310
土耳其	0.008	0.631	0.065	0.100	0.156	0.008	0.606	0.429	0.032	0.159
荷兰	0.681	0.269	0.341	0.462	0.001	0.609	0.041	0.025	0.550	0.432
沙特阿拉伯	0.133	0.713	0.060	0.232	0.128	0.171	0.126	0.330	0.088	0.240
瑞士	0.176	0.302	0.013	0.448	0.004	0.229	0.055	0.056	0.032	0.285
前20大经济体合计	7.752	3.984	6.438	4.484	1.317	7.023	3.872	3.117	7.418	4.947
182个经济体合计	65.112	36.392	58.195	38.804	13.990	61.223	42.996	24.812	67.896	40.485

数据来源:根据世界银行2019年10月公布的1996—2018年治理评估结果,对其中数据齐全的182个经济体进行线性回归后的结果汇总计算得出。

表33-4给出的前10大经济体对全球182个经济体治理总影响力结果显示,除意大利结果意外偏高达到67.896难以解释之外,美国对全球经济体治理总影响力最大,达到65.112。英、日、法、德得分分别为61.223、58.195、42.996、38.804,

位列三到六名；中国得分 36.392，位列第 7；这些结果与主要国家在软实力方面的直观感觉基本相当，表明世界银行全球治理模型的评估结果相对客观、合理。

33.12 国家治理影响力的全球分布

上文介绍了前 10 大经济体对前 20 大经济体和对全球 182 个经济体总治理影响力，但还难以看出其在全球不同区域的分布，表 33-5 给出了相应的分布结果。表 33-5 显示，我国在东南亚、南亚和中亚的总治理影响力已经排名第一位；我国在西亚总治理影响力仅略低于美国、英国和日本排名第四位；我国在欧洲、美洲影响力仍较弱，仅略高于印度、巴西。在非洲我国影响力与法国相当，显示我国近几年来在"一带一路"的政策下在非洲的影响力逐步加大。

表 33-5 全球前 10 大经济体治理对全球 182 个经济体总治理影响力分布
（1996—2018 年）

地区 \ 国家	美国	中国	日本	德国	印度	英国	法国	巴西	意大利	加拿大
亚洲	16.86	12.44	14.09	11.63	3.60	16.70	12.01	7.75	17.69	11.64
东亚	3.24	1.22	1.78	2.50	0.53	3.32	1.22	0.76	3.22	2.80
东南亚	2.75	2.97	2.25	2.23	0.54	2.57	2.78	1.68	2.69	1.65
南亚	1.27	2.08	1.23	1.57	0.57	1.67	1.22	1.00	1.45	1.64
中亚	1.13	1.88	0.84	1.10	0.44	1.29	1.22	0.88	1.26	1.03
西亚	8.47	4.28	7.99	4.24	1.53	7.84	5.57	3.43	9.06	4.51
大洋洲	0.40	1.48	0.53	0.74	0.64	0.45	1.83	1.50	0.51	0.57
中东欧	8.97	2.67	7.43	4.93	1.19	8.24	4.25	1.53	9.60	4.68
欧元区	9.20	2.79	8.84	3.52	0.96	7.76	4.49	2.85	8.68	4.25
其他西欧国家	8.50	2.74	7.81	3.39	1.56	6.16	4.68	2.75	7.33	3.71
欧洲	17.47	5.41	15.24	8.31	2.75	14.41	8.92	4.28	16.93	8.39
非洲	17.96	11.05	15.98	11.53	3.43	16.67	11.09	5.92	18.83	11.92
美洲	12.42	6.01	12.35	6.59	3.56	12.01	9.14	5.37	13.94	6.96
南美洲	4.81	2.44	4.16	2.59	1.75	4.51	3.78	1.60	5.13	2.69
北美洲	7.61	3.57	8.19	4.00	1.81	7.50	5.36	3.77	8.81	4.28

数据来源：同表 33-4。

表 33-5 给出的不同国家在不同区域总治理影响力，实际上反映了该国软实力在相应区域的接受度和发展潜能。因此人民币在亚洲，特别是在东南亚、中亚、南亚有着更大的潜力，推动起来相对容易接受；而在欧洲，特别是在欧

元区推动人民币仍需努力,这些结果与第 29 章介绍的人民币在欧洲主要中心的结算占比和人民币合格境外机构投资者(RQFII)申请额度是相对一致的。另外,值得关注的是,表 33-5 中的中、美、德三国在亚洲、欧洲,特别是在非洲的总治理影响力与上文介绍的盖洛普民意调查的结果有较大的差异,可能是盖洛普民意调查取样范围存在局限,也可能是世界银行治理模型和原始数据存在一定的问题。

33.13 加快推进国家治理体系和治理能力现代化,加速人民币国际化

33.13.1 2017 年和 2018 年我国国家治理在全球的排名及问题

表 33-2 给出的 2018 年中国国家治理中司法有效性、政府效能、监管质量、腐败控制、政府稳定性和话语权六个指标评估结果,在全球 182 个国家和地区中分别排名第 109 位、第 64 位、第 109 位、第 114 位、第 134 位和第 186 位,六个指标加权所得的治理总评估结果在全球排名第 112 位。这六个指标排名分别比 2017 年降低了 16 位、7 位、15 位、24 位、28 位、19 位,但加权总结果排名反而上升了 2 位。这些结果显示 2017—2018 年,我国治理总体水平明显提高,但是我国腐败控制和政府稳定性排名大幅下降结果与这些年来我国持续反腐倡廉的事实是明显不一致的,表明世界银行模型的数据和计算方法存在一定问题,局限在已发现的腐败案例上,而没有考虑我国持续反腐倡廉的力度。并且 2017 年和 2018 年,除政府效能外的其他五大国家治理指标均落后于我国人均产值的国际排名第 77 位和第 79 位,说明世界银行全球治理模型和数据存在着明显问题(参见张光平和吴红兴,2018),对我国国家治理体系和治理能力现代化的评估存在一定的歧视。另外,经过对不确定性加权调整后的整体排名在 2018 年中进步 2 位,更符合我们的直观感受,也从侧面反映出模型的有效性和优越性。

33.13.2 我国国家治理全球影响力的全球排名

虽然我国国家治理总体排名比人均产值还低很多,但表 33-3 的结果显示 2017 年我国国家治理在全球前 10 大经济体中国家治理对全球总治理影响力却已达到甚至超过了排名前列的主要发达国家,显著超过国家治理的总体排名。研究结果显示(张光平,2018),1996—2018 年中国国家治理对"一带一路"沿线国家和地区及非洲和南美洲 165 个国家和地区总治理影响力在前 10 大经济体中也排名前列,显著超过了美国、英国和俄罗斯等国,同样显著高于中国国家

治理的总体排名，表明通过经贸、投资和货币国际化，我国国家治理已经在全球发挥了重要的影响力。

33.14 世界银行全球治理模型及数据的问题和局限性

但客观地说，世界银行治理模型有其很大的内在合理性，如上文介绍的国家治理与国内产值、人均产值、外贸、人均外贸、货币国际化、专利数量等因素之间的正向相关性、中国对东南亚、中亚和大洋洲影响力排名前列等结果证明了其合理性；表33-3给出的前二十大经济体相关结果也证明了其合理性。但是，表33-4给出的意大利和加拿大治理影响力相对过高、2016—2017年我国腐败控制排名不升反降等结果与国家主权信用评级结果严重脱节，表明该模型及其原始数据有待提高和完善。

上文介绍和分析全球疫情相关比率与国家治理之间的关系中已经发现了世界银行治理模型存在的严重问题，特别是世界银行治理模型中话语权与疫情三个比率间的不合理关系，表明市场治理模型参数设置和模型有明显的问题。本节系统分析世界银行治理模型的其他相关问题。

33.14.1 "优化"有问题

张光平和吴红兴（2018）发现世界银行治理模型还有其他严重的问题和缺陷。首先，该模型在每年公布上年各个国家和地区治理评估结果时，还对各个国家和地区之前所有年份的治理结果进行"优化"调整，如2018年世界银行在公布2017年各个国家和地区治理评估结果时，还将各个国家和地区1996—2016年的评估结果进行"优化"调整。张光平和吴红兴（2018）显示，2017年世界银行在公布2016年各国评估结果时，将1996—2015年各个国家和地区评估结果皆进行了"优化"调整，对这些年数据齐全的181个国家和地区中的109个年均进行了上调，而对另外72个国家和地区年均进行了下调，其中下调幅度超过0.35%的国家包括我国大陆在内的9个国家，另外8个国家除新加坡属发达经济体外，其他7个皆为小型发展中国家。2015年我国反腐和依法治国等领域成就明显，而这样的所谓"优化"实际上是对中国等国家的特别"打压"，说明该模型"优化"存在明显的问题。

33.14.2 评估结果协同性有问题

张光平和吴红兴（2018）也发现了世界银行模型存在明显的协同效应问题。直观来说，一个国家或地区司法有效性越好，相应的其他另外5个参数也应该越高，即国家治理评估的 6 个参数之间应该正向相关，特别是治理评估排名高的国家和地区，正向相关性应该更强。但是，张光平和吴红兴（2018）发现，世界银行 2017 年公布的 2016 年全球治理排名最高的新西兰，1996—2016 年六个治理参数间的 15 对相关系数中有 6 对是负相关，而且其他 9 对正相关系数平均仅为 42.8%，显示新西兰六个治理指标间协同性有问题；与此同时，2016 年全球治理排名最低的索马里，1996—2016 年六个治理指标间相关性却皆为正相关，而且 15 对相关系数平均高达 77.6%，显示世界银行治理模型和数据的深层次问题。

33.14.3 其他问题和解决思路

张光平和吴红兴（2018）也发现世界银行模型加权权重等问题，这里不再细述。因此，我们可以充分借鉴世界银行使用了近二十多年的全球治理模型，在此基础上结合我国实际进行完善即可形成具有中国特色的国家治理评估模型，同时参照北京和上海两市代表我国参加世界银行营商环境评估一样，建议国家也批准北京和上海代表我国参加世界银行国家治理评估，将我国治理评估的意见和建议及时带入世界银行治理评估中，从而可以更好地践行我国始终是"世界和平的建设者、全球发展的贡献者、国际秩序的维护者"的庄严承诺。

33.15 建立我国国家治理监测和评估体系的重要性和紧迫性

世界银行全球治理模型经过了多年的试运行，已经可以覆盖全球绝大多数国家和地区近 20 年的历史数据。尽管该模型和数据仍有这样或那样的问题，特别是对中国存在一定的偏见甚至打压，但是该模型是目前全球最具权威的。因此，我们在加强与世界银行等国际机构沟通和合作的同时，要及时公布我国的国家治理研究成果和相关进展，形成中国特色的国家治理评估模型。即使世界银行不采纳我们的建议，我国国家治理模型充分吸收了全球治理研究的优秀成果，在全球治理的话语权上中国声音也是非常具有代表性的。

因此，建立国家治理模型和监测体系显得非常必要和重要。这不仅有利于提升我国国家治理在全球的话语权，更是可以及时反映国家治理现状、科学地掌握国内相关领域改革进展，协调推进各个领域深化改革的进程。同样，只有通过建立中国特色的国家治理模型和监测体系，我们才可能按照既定的路线图和时间表扎实推进全面深化改革的总目标，持续提升我国国家治理现代化水平，提升国家对外形象和人民币在境外的接受度和人民币国际化水平。只有人民币国际化达到与我国经贸国际地位相近的水平，"一带一路"建设才会有更坚实的国际化本币支持基础。

33.16　新时代创造国家治理世界奇迹

国家治理是一个国家软实力的重要组成部分和最佳反映，而且国家治理的度量反映了国家软实力的真实状况。改革开放以来我国创造了三十多年年均接近10%的世界经济增长奇迹；同样随着习近平新时代中国特色社会主义思想的学习贯彻不断走向深入，我国有望在今后三十多年的时间内再创国家治理现代化的世界奇迹，为构建人类命运共同体作出更大的贡献。

数据显示，1996—2018年的22年间，全球182个经济体中仅有86个经济体的治理水平有不同程度的提高，而另外96个经济体的治理水平不升反降，显示提高治理并非易事。在这86个国家治理有提高的经济体中，格鲁吉亚、卢旺达、利比里亚和塞尔维亚四个国家治理水平分别累计提高了29.8%、27.1%、21.5%和20.4%，排名累计增幅前四位；克罗地亚、塞拉利昂、阿尔巴尼亚、中国澳门和缅甸分别累计提高了13.7%、12.8%、12.6%、12.1%和11.6%，分别排名累计增幅的第4位到第9位，而同期我国治理评估结果仅累计提高了3.5%，增幅排名第46位；然而2012—2018年，182个经济体中治理有所提高的98个经济体中，我国累计增幅5.1%排名第15位，在前20大经济体中增幅排名首位，显示党的十八大以来我国国家治理水平出现了显著提高的良好态势。

如果今后三十年我国国家治理比2012—2017年的年均增幅1.06%略高到1.2%，那么在21世纪中叶前后我国国家治理水平有望达到表33-1给出的2017年发达经济体的平均水平；如果我们的步伐再加大到年均提高1.5%，那么到21世纪中叶我国有望显著超过发达经济体的平均水平，而且会超过绝大多数发达经济体，排名世界前列，成为继我国经济增长世界奇迹后另外一个世界奇迹。

33.17　与国家治理水平相适应的人民币国际化水平

不断提高的人民币国际化台阶将是中华民族伟大复兴的最佳度量和显现。在到21世纪中叶的今后三十多年时间内，我国国家治理再创世界奇迹的过程也将为人民币国际化逐步打下更加牢固基础的过程，也是人民币国际化程度不断提高的过程：到2030年前后，人民币在世界货币中的地位也将分别超过澳大利亚元、日元、英镑和欧元，成为全球第二大国际货币，而到21世纪中叶之前人民币将接近甚至成为全球最主要的国际货币，中华民族伟大复兴的中国梦将绽放出更加耀眼的光芒。名列世界前茅的国家治理水平将为人民币国际化提供了必要的支撑。

33.18 小结

国家治理水平是国家软实力的重要体现，也是国家形象的重要组成部分。国家治理水平的提升会直接推动国家软实力提升，进而提高货币的境外接受度和国际化水平。

本章介绍的国家治理与货币国际化之间的关系，显示货币国际化程度与货币母体治理水平存在显著的正向相关性，国家治理水平越高，其货币的国际接受程度也越高，进而国际化程度也越高；反过来，货币国际化程度越高，货币母体的国家治理会通过国际经贸、投资、科技、社会和文化等各种国际活动影响和带动其他国家的治理水平。人均货币交易金额与货币经济母体治理水平之间超过70%的相关系数显示，国家治理对货币国际化有着巨大的影响力，而且货币的国际化程度又显著提高了国家治理水平和治理影响力。

所有国际贸易、投资、科技、文化等各类国际活动都要通过国际化货币来实现的，只有本币国际化程度达到一定的水平，货币母体治理影响力才能达到可观的水平。这些结果充分说明，"一带一路"建设和人类命运共同体构建都必须要显著提高人民币国际化水平；反过来，人民币国际化水平的提高与"一带一路"建设相互推动。

同时，国家治理也是营商环境的基础，只有加大推进国家治理体系和治理能力现代化，才能做到标本兼治，为落实进一步对外开放各项政策打下更好的基础。既然国家已经批准北京和上海代表我国参加世界银行营商环境评估，那么允许该两市代表国家参与世界银行治理评估也顺理成章，这对加快推进我国国家治理并在全球治理领域发挥更大的作用皆有积极意义。相关内容我们将在第34章介绍上海国际金融中心时进一步探讨。

百年未见的新冠疫情蔓延和防控为全球治理提出了严峻的挑战，也为完善全球治理提供了难得的历史机遇。虽然世界银行全球治理模型有诸多严重问题，却也有了二十年的评估测试的经验和历史。本次疫情为我国积极参与和完善全球治理体系并在其中发挥更大的应有话语权提供了历史机遇，也为加固人民币国际化稳步提升所必需的治理基础创造了国际环境。

参考文献

[1] 俞可平．国家治理评估——中国与世界［M］．北京：中央编译出版

社，2009.

［2］俞可平．论国家治理现代化［M］．北京：社会科学文献出版社，2014.

［3］张光平．贯彻落实"四个全面"的路线图和时间表——中国银监会局级干部深入学习习总书记系列重要讲话精神暨建党工作培训班学习总结［J］．战略与管理，2015（6）．

［4］张光平．人民币衍生产品（第四版，第62章）［M］．北京：中国金融出版社，2016.

［5］张光平．贯彻落实"四个全面"战略布局加快国家治理现代化话语权建设［J］．战略与管理，2017（2）．

［6］张光平．人民币国际化和产品创新（第八版）［M］．北京：中国金融出版社，2018.

［7］张光平，吴红兴，2018，《国家治理实证研究和建立我国国家治理评估体系探索》。

34 亚投行对人民币国际化的推动作用

2015年迎来了亚洲基础设施投资银行（Asian Infrastructure Investment Bank，以下简称亚投行或AIIB）和金砖银行同年正式启动，标志着"一带一路"倡议实施和人民币国际化两大重要的里程碑。亚投行和金砖银行都将对"一带一路"倡议实施和人民币国际化发挥推动作用。本章在简单介绍该两家银行的基础上，进一步探讨其对人民币国际化的推动作用。

34.1 亚投行设立背景及成员国简介

近年来亚洲经济占全球经济总量三成以上，人口占全球人口六成以上，是世界上最具经济活力和增长潜力的地区。但因建设资金有限，一些国家铁路、公路、桥梁、港口、机场和通信等基础建设严重不足，在一定程度上制约了该区域的经济发展。2013年10月2日下午，习近平主席在雅加达同印度尼西亚总统苏西洛举行会谈时表示，为促进本地区互联互通建设和经济一体化进程，中方倡议筹建亚洲基础设施投资银行，愿向包括东盟国家在内的本地区发展中国家基础设施建设提供资金支持。亚投行将同域外现有多边开发银行合作，相互补充，共同促进亚洲经济持续稳定发展。

中国提出的筹建亚投行的倡议得到全球范围内的广泛支持，许多国家反响积极。2014年年初以来，中方牵头与亚洲域内、域外国家进行了广泛沟通。2014年10月24日，包括中国、印度、新加坡等在内的首批意向创始成员国的财长和授权代表在北京签约，共同决定成立亚投行，总部设在北京，法定资本1000亿美元。2015年6月29日，《亚洲基础设施投资银行协定》（以下简称《协定》）签署仪式在北京举行。亚投行57个意向创始成员国财长或授权代表出席了签署仪式，其中已通过国内审批程序的50个国家正式签署《协定》。

34.2 亚投行的签约成员国和意向成员国介绍和分布

截至2016年底，亚投行有57个创始成员国，其中亚洲域内国家37个、域外国家20个，涵盖亚洲、大洋洲、欧洲、拉美、非洲五大洲；截至2020年7月28日，亚投行在57个创始成员国的基础上共吸纳了46个新会员。至此，亚投行成员总数扩至103个("Members and Prospective Members of the Bank",亚投行网站：www.aiib.org)。表34-1给出了亚投行发起成员国和新成员2019年GDP和人口的世界占比。表34-1显示，103个成员国2019年的总GDP占同年世界GDP的63.7%，占全球以购买力平价GDP的73.1%和人口比重的78.9%，显示亚投行成员国在世界经济和人口中的重要地位，同时显示全球对中国倡导的新的国际机构的有力支持。

表34-1　　　　　　　亚投行成员国一览表　　　　单位：亿美元，百万人，%

成员	GDP	GDP（PPP）	人口	成员	GDP	GDP（PPP）	人口
澳大利亚	13762.6	13648.4	25.6	波兰	5658.5	12869.2	38.0
奥地利	4477.2	4793.6	9.0	菲律宾	3568.1	10257.6	108.3
阿塞拜疆	471.7	1872.6	10.1	丹麦	3471.8	3128.4	5.8
孟加拉国	3174.7	8375.9	166.6	科威特	1375.9	3121.0	4.7
巴西	18470.2	34563.6	210.0	南非	3588.4	8090.3	58.8
柬埔寨	267.3	769.3	16.5	黎巴嫩	585.7	912.9	6.1
文莱	124.6	359.2	0.4	加纳	670.8	2098.4	30.2
中国	141401.6	273088.6	1400.2	阿尔及利亚	1727.8	6814.0	43.4
埃及	3022.6	13912.6	99.2	多哥	55.0	149.6	8.2
芬兰	2696.5	2647.2	5.5	中国香港	3729.9	4908.8	7.6
法国	27070.7	30611.4	64.8	阿富汗	187.3	764.9	36.5
格鲁吉亚	159.3	454.0	3.7	亚美尼亚	134.4	329.1	3.0
德国	38633.4	44443.7	83.0	斐济	57.1	108.7	0.9
冰岛	239.2	200.0	0.4	东帝汶	29.4	68.2	1.3
印度	29355.7	113256.7	1351.8	比利时	5176.1	5674.9	11.5
印度尼西亚	11117.1	37374.8	267.0	加拿大	17309.1	18999.4	37.5
伊朗	4585.0	14706.6	83.3	埃塞俄比亚	911.7	2401.7	95.6
意大利	19886.4	24427.7	60.4	匈牙利	1704.1	3322.3	9.8
以色列	3877.2	3542.0	9.1	爱尔兰	3849.4	4128.0	5.0
约旦	441.7	971.6	10.1	秘鲁	2289.9	4783.0	32.5
哈萨克斯坦	1703.3	5376.6	18.6	苏丹	308.7	1759.9	43.2
韩国	16295.3	23195.9	51.8	委内瑞拉	701.4	—	27.5
吉尔吉斯斯坦	82.6	259.2	6.4	智利	2942.4	5028.5	19.1
老挝	191.3	580.9	7.2	希腊	2140.1	3241.3	10.7
卢森堡	694.5	668.5	0.6	罗马尼亚	2437.0	5465.9	19.5

续表

成员	GDP	GDP（PPP）	人口	成员	GDP	GDP（PPP）	人口
马尔代夫	57.9	86.7	0.4	玻利维亚	424.0	943.9	11.6
马耳他	148.6	229.8	0.5	塞浦路斯	242.8	362.7	0.9
蒙古国	136.4	472.2	3.3	巴林	381.8	769.5	1.5
缅甸	659.9	3556.1	53.0	萨摩亚	9.1	12.4	0.2
尼泊尔	298.1	944.2	28.5	阿根廷	4454.7	9035.4	45.1
荷兰	9023.6	10052.7	17.2	马达加斯加	125.5	459.9	27.1
新西兰	2046.7	2062.3	5.0	汤加	4.9	6.5	0.1
挪威	4176.3	4107.1	5.4	库克群岛			
阿曼	766.1	2039.6	4.3	瓦努阿图	9.5	8.6	0.3
巴基斯坦	2842.1	12020.9	204.7	白俄罗斯	625.7	1956.0	9.5
葡萄牙	2364.1	3455.7	10.3	厄瓜多尔	1079.1	2027.7	17.3
卡塔尔	1918.5	3658.4	2.8	肯尼亚	986.1	1912.6	49.4
俄罗斯	16378.9	43494.2	146.7	巴布亚新几内亚	235.9	342.6	8.6
沙特阿拉伯	7792.9	18985.0	34.1	摩洛哥	1190.4	3286.9	35.6
新加坡	3628.2	5850.6	5.7	塞尔维亚	515.2	1293.0	7.0
西班牙	13978.7	19405.4	46.7	利比亚	330.2	615.6	6.6
斯里兰卡	865.7	3048.3	21.9	科特迪瓦	444.4	1171.1	26.3
瑞典	5289.3	5638.8	10.3	几内亚	133.7	332.7	13.6
瑞士	7153.6	5656.5	8.5	贝宁	143.7	407.2	11.8
塔吉克斯坦	466.7	1218.9	6.0	卢旺达	102.1	303.5	12.4
马来西亚	3653.0	10785.4	32.8	突尼斯	387.3	1491.9	11.8
土耳其	7437.1	23465.8	83.0	乌拉圭	599.2	829.7	3.5
阿联酋	4057.7	7463.5	10.7	吉布提	31.7	60.0	1.1
英国	27435.9	31312.0	66.9	克罗地亚	607.0	1125.9	4.1
乌兹别克斯坦	604.9	2972.2	33.0	利比里亚	32.2	64.7	4.6
越南	2616.4	7702.3	95.5	塞内加尔	239.4	646.0	16.8
泰国	5291.8	13830.2	67.9				
总计	551236.0	1035506.2	5957.0	全球	865988.3	1416534.7	7553.5
全球占比	63.7	73.1	78.9				

数据来源：亚投行网站 www.aiib.org；表中截至南非的前57个成员国为57个创始成员国；各国成员GDP和人口数据来自国际货币基金组织2019年4月公布的数据。

详细观察表 34-1，我们发现，亚投行 103 个成员国中有 41 个是亚洲国家和地区，这些域内国家 2019 年总 GDP 和人口分别占亚洲总 GDP 和人口比重高达近八成和九成以上；103 个成员国中有 27 个发达经济体，接近全球 39 个发达经济体总数的七成，显示亚投行获得了大多数发达经济体的支持；另外，表 34-1 给出的 103 个成员国中包括了 2019 年全球前 20 大经济体中除美国、日本和墨西哥外的 17 个经济体。

34.3 亚投行和亚洲发展银行的目标、股本结构和国际合作等

亚投行将主要投资亚洲铁路、公路、桥梁、港口、机场和通信等基础建设，提高亚洲基础建设对经济发展的支持力度，推动亚洲经济发展。

34.3.1 亚投行的股本

亚投行的法定股本为 1000 亿美元，分为 100 万股，每股的票面价值为 10 万美元。初始认缴股本中实缴股本分 5 次缴清，每次缴纳 20%。截至 2020 年 7 月 28 日，总认缴股本为 967.439 亿美元。其中，域内认缴股本金额 738.558 亿美元，占总认缴股本金额的 76.3416%；中方认缴额为 297.804 亿美元，占比 30.7827%（"Members and Perspective Members of the Bank"，亚投行网站 www.aiib.org，2019 年 7 月 13 日）。

34.3.2 亚投行与世界银行和国际货币基金组织的合作

筹建亚投行倡议提出以来，世界银行金墉行长、国际货币基金组织拉加德总裁和亚洲开发银行中尾武彦行长分别在多个场合表态积极支持筹建亚投行，表示将与亚投行开展合作。作为亚投行发起方和世行、亚行重要股东国，在亚投行筹建以及未来运作过程中，中方都将积极推动亚投行与世行、亚行等现有多边开发银行在知识共享、能力建设、人员交流、项目融资等方面开展合作，共同提高本地区基础设施融资水平，促进本地区的经济和社会发展（史耀斌副部长就亚投行筹建有关问题答记者问，财政部网站，2015 年 4 月 15 日）。

34.3.3 亚投行成立时间

2015 年 11 月 3~4 日，筹建亚投行第八次首席谈判代表会议在印度尼西亚首都雅加达举行。会议审议了亚投行 2016 年业务规划、预算、公共信息临时政策、环境与社会框架、开业准备等一系列文件草案。目前，各意向创始成员国正在积极推动国内立法机构尽快完成《亚投行协定》批准程序。根据筹建工作

计划，待《亚投行协定》经合法数量并达到规定股份占比的国家批准生效后，亚投行将于2015年底前正式成立（"筹建亚投行第八次首席谈判代表会议在印度尼西亚雅加达举行"，财政部网站，2015年11月4日）。2016年1月16日上午，亚洲基础设施投资银行开业仪式在北京钓鱼台国宾馆举行。中国国家主席习近平出席开业仪式并致辞，强调通过各成员国携手努力，亚投行一定能成为专业、高效、廉洁的21世纪新型多边开发银行，成为构建人类命运共同体的新平台，为促进亚洲和世界发展繁荣作出新贡献，为改善全球经济治理增添新力量。

34.4 亚投行成立以来的业绩

亚投行在成立后不久就开始了业务经营。"亚投行在试运行10个月时间里，已经投资了6大项目，完成了8.09亿美元投资量，预计在2016年可以完成12亿美元的项目体量"（2016年11月4日上午，北京大学举办的第十三届北京论坛开幕式上，亚洲基础设施投资银行行长金立群）。自2016年1月启动以来，亚投行累计发放了17.3亿美元的贷款以支持7个国家（巴基斯坦、孟加拉国、塔吉克斯坦、印度尼西亚、缅甸、阿塞拜疆和阿曼）的9个基础设施项目（"亚投行一年发放17亿美元贷款 今年将首次发债融资"，每日经济新闻，2017年1月17日）。金立群指出，投入方式除了贷款，还将研究启动股权投资、担保以及其他更加符合发展中国家需求的创新型金融工具；除继续与其他多边开发机构开展联合融资外，还将探索启动与相关国家开发机构和商业性金融机构的联合融资或者平行融资。同时，进一步扩大亚投行自主开发和单独运营的贷款投资规模，提升自我开发、储备和管理投资项目的能力（来源同上）。

除了上文介绍亚投行成员显著扩展外，其投资运营也稳步展开。亚投行有关负责人透露，自正式开业运营以来，亚投行已在13个成员国开展了28个基础设施投资项目，项目贷款总额75亿美元，撬动了400多亿美元的公共和私营部门资金。根据亚投行金立群行长透露，截至目前，亚投行的独立项目占40%左右，其余项目是与其他多边开发银行联合融资的。亚投行相关负责人表示，自开业以来，亚投行一直以合作共赢的姿态，积极与其他多边开发银行开展务实合作，世界银行、亚洲开发银行、欧洲复兴开发银行、欧洲投资银行等都给予了亚投行支持和联合投资（"专访金立群：亚投行与'一带一路'是一架飞机的两个引擎"，澎湃新闻，2019年4月8日）。这些数据显示，亚投行成立的三年多时间里平均每年贷款总额将近25亿美元，平均每年独自进行的贷款总额由前两年的5亿美元左右提升至10亿美元左右，显示出亚投行的项目独立开发能力稳步提高。

34.5 "金砖五国"人口和经济相关比较

"金砖五国"是指巴西、俄罗斯、印度、中国和南非五个国家,代表全球主要新兴市场和发展中国家经济体。人口和经贸是金融和货币的基础,本节简单比较"金砖五国"人口和经贸等方面的差异及在世界经济中的地位。

34.5.1 "金砖五国"人口与其他国家和地区的比较

人口是经济和社会发展的基础,表 34-2 给出了公元 1000—2020 年"金砖五国"人口与其他主要国家和地区的比较。表 34-2 显示,1000 年前,中印两国的人口总和就达到了接近世界一半的水平;1820 年我国人口超过了世界人口的 1/3;近二十年来,我国人口世界占比持续下降,而印度人口世界占比仍呈现缓慢上升,巴西人口占比也略有下降,俄罗斯人口占比明显下降,"金砖五国"总人口世界占比呈现总体缓慢下降的趋势,但占世界比重仍然超过四成;2019年"金砖五国"人口世界占比 41.93%;同时发达经济体的世界人口都呈略微下降的趋势。

表 34-2 "金砖五国"和其他国家和地区人口世界占比历史变化   单位:%

国家或地区\年份	1000	1500	1820	1992	2002	2007	2011	2017	2019*	2020*
巴西	—	—	—	2.9	2.9	2.9	2.9	2.8	2.8	2.8
俄罗斯	2.7	3.9	5.3	2.8	2.4	2.2	2.1	2.0	1.9	1.9
印度	28.0	25.1	20.1	16.8	17.3	17.5	17.7	17.8	17.9	17.9
中国	22.0	23.5	36.6	22.3	20.9	20.1	19.6	18.8	18.5	18.4
南非	—	—	—	0.7	0.8	0.7	0.8	0.8	0.8	0.8
金砖五国	52.6	52.5	61.9	45.5	44.2	43.4	43.0	42.2	41.9	41.8
中国外金砖四国	30.6	29.0	25.3	23.2	23.3	23.3	23.4	23.4	23.4	23.4
欧元区	—	—	—	5.7	5.2	5.0	4.8	4.6	4.5	4.5
美国	—	0.5	1.0	4.9	4.6	4.5	4.4	4.4	4.4	4.3

数据来源:1000—1820 年数据来自经合组织发表的麦迪逊(Maddison)教授"Development Centre Studies The World Economy A Millennial Perspective: A Millennial Perspective";1000 年和 1500 年俄罗斯数据为麦迪逊教授给出的当时"苏联"数据,"金砖五国"数据为当时"苏联"、印度和中国之和;1992 年以来的数据来自国际货币基金组织 2019 年 10 月公布的各国和地区人口数据及预测人口数据计算得出;2019 年和 2020 年数据为国际货币基金组织预测的数据。

34.5.2 "金砖五国"经济与其他国家和地区的比较

表 34-3 给出了公元 1000—2020 年"金砖五国"GDP 与其他国家和地区的

比较。该表显示，公元1000—1820年，中印两国GDP世界占比总和高达50%上下，1820年我国GDP世界占比下降到了不到1/3，近20年来我国GDP世界占比持续显著提升，同时其他"金砖国家"占比也不同程度地提高，"金砖五国"GDP世界占比总比重从1992年仅为欧元区21.7%，到2011年首次超过欧元区1.2%，2015年超过后者6.9%。根据国际货币基金组织2019年10月公布的对今后几年各国GDP的估算数据，2020年"金砖五国"GDP占世界经济总比重将首次超过美国，在世界经济中的作用会进一步提高。

表34-3 "金砖国家"和其他国家和地区GDP世界占比比较历史变化 单位：%

年份 国家或地区	1000	1500	1820	1992	2002	2007	2011	2017	2019*	2020*
巴西	—	—	—	1.5	1.5	2.4	3.6	2.6	2.1	2.1
俄罗斯	2.4	3.4	5.4	0.4	1.1	2.4	2.8	2.0	1.9	1.8
印度	28.9	24.5	16	1.2	1.5	2.1	2.5	3.3	3.4	3.5
中国	22.7	25	32.9	2.0	4.3	6.1	10.3	15.0	16.3	16.9
南非	—	—	—	0.5	0.3	0.5	0.6	0.4	0.4	0.4
金砖五国	54.1	52.9	54.4	5.5	8.6	13.6	19.7	23.3	24.2	24.8
除中国外金砖四国	31.3	27.9	21.5	3.6	4.4	7.4	9.4	8.3	7.8	7.9
欧元区	—	—	—	26.6	20.7	22.1	18.6	15.7	15.4	15.2
美国	—	0.3	1.8	25.9	31.5	24.8	21.2	24.3	24.8	24.7
发达经济体	—	—	—	83.6	79.7	71.6	63.4	60.4	59.8	59.2
其他发展中经济体	—	—	—	10.8	11.7	14.8	16.9	16.3	16.1	16.0

数据来源：同表34-2；2019年和2020年数据为国际货币基金组织预测的数据。

34.5.3 "金砖五国"人均GDP相关比较

利用表34-2和表34-3的数据，我们可以容易地看出"金砖五国"人均GDP与其他国家和地区的差距。首先，表34-3显示，2019年我国GDP世界占比16.3%，而表34-2显示同年我国人口世界占比18.5%，显示出当年我国人均GDP 10098美元仅为同年世界人均GDP（11465美元）的八成多，2019年"金砖五国"GDP世界占比24.2%，而同年"金砖五国"总人口世界占比为41.9%，人均GDP仅为同年世界人均GDP的57.8%，显示"金砖五国"总体人均产值仅略超世界人均产值的一半，而同年欧元区和美国人均GDP分别为世界人均GDP的3.42倍和5.68倍，显示新兴经济体和发达经济体间的巨大差距，同时也隐含着这些经济体巨大的发展潜能。

34.6 "金砖五国"在国际货币基金组织和世界银行的份额及投票权

"金砖五国"在国际货币基金组织和世界银行的份额及投票权在很大程度上反映这些国家在现有国际体系的话语权。表25-2给出的当前和2009年"金砖五国"在国际货币基金组织拟生效的份额和投票权数据显示，巴西、俄罗斯、印度、中国和南非在国际货币基金组织的份额分别为2.32%、2.71%、2.76%、6.41%和0.64%，巴西、印度和中国的占比分别比2009年占比增长了0.94%、0.95%和2.71%，但俄罗斯和南非占比却分别下降了0.40%和0.22%，当前五国占比合计14.85%，仅为欧元区占比22.13%的2/3，表明当前国际货币基金组织份额，即2010年通过的改革方案对"金砖五国"的代表性有了一定的提高，但是仍不够合理，该组织的进一步改革势在必行。

34.7 "金砖五国"合作进展

34.7.1 前期探讨合作

"金砖四国"作为一个整体在世界舞台上正式亮相始于2009年，中国、俄罗斯、印度、巴西四国领导人在俄罗斯叶卡捷琳堡举行会晤，正式启动了"金砖"国家之间的合作机制。经过几年的努力和发展，"金砖国家"机制已成为新兴市场国家和发展中国家的重要合作平台。2010年，"金砖四国"领导人在巴西举行第二次会晤重点就世界经济金融形势、国际金融机构改革交换了看法，更系统地表达了发展中国家对世界经济金融体系改革的主张，四国务实合作走向深入。

2011年，"金砖国家"领导人第三次会晤在中国海南省三亚市举行，南非作为正式成员加入"金砖国家"合作机制。会议通过的《三亚宣言》对"金砖国家"未来的合作进行了详细规划，在深化金融、工商界、能源等领域的交流合作等方面，达成了广泛共识。三亚峰会的重要成果之一，就是五家成员国银行共同签署了《"金砖国家"银行合作机制金融合作框架协议》，明确提出了稳步扩大本币结算和贷款业务规模，并加强重要项目投融资合作，开展资本市场合作和信息交流。

34.7.2 合作新进展

"金砖国家"领导人2012年在印度举行了第四次会晤，通过了《德里宣言》，宣布了"金砖国家"一体化经济的基本原则。在此次会晤中，五国开发银行共同签署了《"金砖国家"银行合作机制多边本币授信总协议》和《多边信用证保兑服务协议》，增强了"金砖"各国的金融联系，显示"金砖五国"合作取得新进展，对推动人民币在主要发展中国家的应用具有划时代的意义。根据协议，中国国家开发银行、巴西开发银行、俄罗斯开发与对外经济活动银行、印度进出口银行、南非南部非洲开发银行五家成员行，将稳步扩大本币结算和贷款业务规模，服务于"金砖国家"间贸易和投资便利化。

2013年"金砖国家"领导人在南非德班举行的第五次会晤中制定了建立开发银行的路线图，把它作为世界银行之外的另一种选择。此次会晤还提议建立"金砖"国家稳定基金，让其在避免短期资金流动压力和加强全球金融稳定方面起到预先防范作用，"金砖国家"希望借此推出自己在世界金融体系中的一个平台（本节上文主要引自"金砖国家"合作机制的"前世今生"，新华网，2014年7月14日）。

34.7.3 合作落实

2014年7月15日至16日在巴西举行的"金砖国家"领导人第六次峰会上共同发表了《福塔莱萨宣言》（中国新闻网，www.chinanews.com，2014年7月17日），同意共同发起"金砖国家开发银行"和签署建立金砖应急储备基金等主要议题。按计划，"金砖银行"于2016年开始运营，这将大大简化"金砖国家"间的相互结算与贷款业务，并且减少对美元和欧元的依赖。业内人士普遍认为，该银行将成为国际货币基金组织和世界银行的可替代选择。"金砖国家"成立应急储备基金（基金初始为1000亿美元）也将有助于建立应对国际金融危机的应急机制。外媒评价称，"金砖国家"将联合自己的力量以创建一种能够相互进行金融支持的机制。

34.7.4 金砖银行的启动

2015年7月20日至21日，金砖银行开业仪式系列活动在上海举行。金砖银行预计将于2015年底或2016年初启动运营（"金砖银行正式开业 预计年底或明年初启动运营"，中国新闻网，2015年7月21日）。金砖银行正式开业，标志着筹备多年的银行启航，今后将在全球市场发挥应有的作用。金砖银行正式开业之日，正式更名为新开发银行。

34.7.5 新开发银行的业绩

金砖银行已在中国的资本市场上发行了30亿元人民币绿色债券。在项目方面，2016年批准了七个项目，均为可持续发展项目，总金额达15.5亿美元。

2017年，金砖银行还会批准一些新项目，预计2017年贷款总额将达到25亿美元左右（"金砖银行2017年贷款总额将达25亿美元"，新华社，北京，2017年8月31日）。这样新开发银行2016年和2017年贷款总额会超过40亿美元，接近亚投行42亿美元的总贷款额。

34.8 亚投行需要互补互动的新力量

亚投行从发起到正式成立仅仅几年的时间，获得了全球八十多个国家和地区的支持，成为仅次于世界银行的全球第二大多边组织，显现全球对我国倡导的亚投行理念的支持。然而，虽然有众多国家和地区的支持，亚投行功能的发挥还是需要有其他互补的国际机构补充。

首先，亚投行虽然是中国倡导发起，但是亚投行股本和结算货币仍是美元，人民币在亚投行的运营中没有直接的作用，因此亚投行的业务对人民币国际化直接推动力度有限。

其次，亚投行是与亚洲开发银行、欧洲复兴开发银行、世界银行等国际组织相类似的多边国际组织。这些组织实际上是以促进地区发展为目的的政策性金融机构，都不是以盈利为目的的金融机构。亚投行的性质实际上与国内国家开发银行、中国进出口银行和中国农业发展银行相似的政策性银行，专门致力于国内主要领域发展的政策性银行。国内政策性银行对国家经济发展不可或缺，国际上政策性银行对地区发展也不可或缺。政策性银行有其政策性的优势，但是也自然有其局限性，必须与其他商业银行共同合作才能更有效地推动国家经贸和科技等领域的发展。

国际市场也一样，各地区开发银行利用主要发起国家的实力促进地区基础建设等领域的发展以促进经贸的发展，但仅有这些开发银行还远远不够，必须与其他商业银行密切合作才能达到推动地区经贸发展的目标。亚投行是亚行的有效补充，与亚行一道共同推动亚洲基础建设以促进亚洲经贸的发展。但是，亚投行是政策性国际机构，难以直接调动境内外市场力量以达到有效推动亚洲基础建设和推动"一带一路"倡议实施。因此，发起设立以人民币为主要股本金的国际化、商业化、市场化经营的国际性商业银行可形成对亚投行的有效互补，同时也可分担亚投行投资的相关投资风险，从而用政策性和商业性两只手更有效地推动亚洲以致全球发展中经济体的发展。

最后，亚投行103个成员单位中有27个发达经济体，共占亚投行股本的27.94%，不到1/3，其余72.06%的股本由76个发展中国家共同占有。发达经济体在银行等国际业务中有其经验和优势，而占比相对过低未能通过亚投行的股本将这些发达经济体的利益有效互绑，不易调动这些发达经济体的积极性。

第35章介绍中国与西欧密切合作的必要性后进一步介绍与亚投行互补的国际性商业银行设立的必要性。

34.9 推进国家治理现代化对亚投行和金砖银行成功运营的重要性

从亚投行的倡议到成功设立的时间、发起成员国的规模和范围等方面来看，亚投行在国际政治、国际合作和国际金融历史上皆创造了奇迹，成为中华民族伟大复兴的重要里程碑之一。从金砖银行的股东范围及全球覆盖面来看，金砖银行也独创了全球南南合作的先例。该两个机构的成功设立将对全球货币体系改革、亚洲经贸和金融市场的发展、对"一带一路"倡议的实施都将产生重要的作用。

然而任何一个机构的运行水平完全取决于该机构的治理水平，亚投行和金砖银行的治理水平几乎完全取决于主要发起成员国或股东的治理水平。现存主要国际机构如世界银行和国际货币基金组织多年来都由主要发达国家发起且以主要发达国家为主来管理运营，这些主要发达国家的政治体系、法律体系和治理水平相近，因此还比较容易合作协调。但是，亚投行发起成员国在政治体系、法律体系、国家治理水平等方面存在着较大的差异，即使金砖银行的五个主要发展中国家的国家治理水平间也存在着较大的差异，使该两个机构今后成功发挥其潜在功能有不可忽视的制度性障碍。因此，贯彻落实"加快推进国家治理体系和治理能力现代化"不仅对全面深化改革意义重大，而且对于我国在亚投行和新开发银行中的领导作用也必不可少。

34.10 小结

亚投行在较短的几年时间内获得全球各大洲的八十多个国家和地区的积极响应和顺利启动，标志着世界诸多国家对我国战略倡议的支持，实际上也是对人民币国际化的支持；金砖银行的启动标志着"金砖五国"多年来的合作已经开始开花，结果指日可待。"金砖五国"整体出现在国际舞台的力量比我国单独更具影响力，而且对全球发展中国家的代表性更好。充分利用好"金砖五国"的平台，进一步提升其他金砖国家与我国经贸和金融的合作力度，对"一带一路"倡议实施和人民币国际化都有着巨大的推动作用，对全球发展中国家经济的发展也具有重要的意义。

本章的结果显示，尽管我国2009年开始经济规模就超过其他"金砖四国"总和，但是从外汇市场和资本市场的发展程度来衡量，我国在很多方面与其他

"金砖国家"还有一定的差距,特别是境内本币外汇市场方面我国还需加速改革发展。因此,加强与其他"金砖国家"的精诚合作,相互取长补短,不仅对有效推动人民币国际化和促进我国金融改革和发展有积极意义,而且对推动"金砖国家"及其他新兴市场和发展中国家的发展将有巨大的潜力。特别值得指出的是,南亚最大的国家印度,是亚投行和金砖银行的发起成员国,但是印度至今仍未与我国签订人民币货币互换协议,而且 2008—2018 年,印度对我国贸易依存度从 3.5% 下降到了 3.2%,在 2018 年我国 25 个主要亚洲贸易伙伴中排名倒数第 3 位,显示我国与金砖国家和其他主要发展中国家合作仍有巨大的潜力。

新开发银行前景广阔,潜力巨大,然而发展不会一帆风顺。西方媒体一年多来已经指出了金砖银行今后正式设立和今后发展的诸多挑战,这里难以一一列举。金砖银行面对的最大挑战,不是内讧,而是受援国的腐败(金砖银行开启"后美国时代",陈平,经济导刊,2014 年 8 月刊)。表 33 - 2 的结果显示,南非外金砖银行的四个主要发起国平均腐败控制得分仅为 41.39,约为发达经济体平均得分 81.04 的一半,而且还低于 35 个发展中经济体平均得分 43.53。腐败确实是很多发展中国家的通病,以新兴经济体和发展中国家为主要服务对象的亚投行和金砖银行今后确实会面临相关挑战,推动我国国家治理现代化将成为该两个国际机构发挥潜能的重要基础。只要我们切实贯彻落实党的十八届三中全会精神,贯彻落实"四个全面",切实"推进国家治理体系和治理能力现代化",作为主要发起国包括腐败控制在内的国际治理水平就会有可观的提升,才能为金砖银行的健康发展打下必要的基础。我们期待亚投行和金砖银行会尽快在发展中国家持续发展和国际金融体系改革中发挥应有的作用。

35 "一带一路"倡议实施和人民币国际化的相互关系

自习近平主席在2013年首次提出"一带一路"合作倡议以来,中国与"一带一路"沿线国家的经济合作不断加强,推动了人民币国际化的进程。2018年8月27日,习近平主席在推进"一带一路"建设工作5周年座谈会上讲话中指出"要在金融保障上下功夫,加快形成金融支持共建'一带一路'的政策体系,有序推动人民币国际化,引导社会资金共同投入沿线国家基础设施、资源开发等项目,为走出去企业提供外汇资金支持"[《习近平谈治国理政》(第三卷,第488页)]。这段讲话指出了"一带一路"建设和人民币国际化相互推动和支持的核心关系,人民币国际化提高到更高水平后,企业支持"一带一路"建设可直接用人民币的比重将提高,相应的外汇资金需求将自然减少。本章简单介绍"一带一路"沿线国家和地区人口、经贸规模分布,并分析该合作倡议对连接中国和欧洲的重要意义,从而使我们对"一带一路"倡议实施对全球经贸的潜在影响力和与人民币国家化之间的关系有更清晰的认识。

35.1 "一带一路"的概念和"一带一路"倡议的提出

2013年9月和10月,习近平主席分别提出建设"新丝绸之路经济带"和"21世纪海上丝绸之路"的构想,"新丝绸之路经济带"和"21世纪海上丝绸之路"简称"一带一路"。"新丝绸之路经济带"是在"古丝绸之路"概念基础上形成的,被认为是"世界上最长、最具有发展潜力的经济大走廊"(2013年9月7日习近平主席在哈萨克斯坦纳扎尔巴耶夫大学的演讲),"21世纪海上丝绸之路""为进一步深化中国与东盟合作,构建更加紧密的命运共同体"而提出(2013年10月3日习近平主席在印度尼西亚国会发表重要演讲时提出,中国"一带一路"网站 www.yidaiyilu.gov.cn)。"一带一路"横跨亚欧,涉及东南亚、南亚、中亚、西亚和中东欧等60多个沿线国家和地区,其目的地为欧洲;实际上,广义的"一带一路"还通过西亚和欧洲进而连接非洲。

"一带一路"倡议实施后将成为世界上跨度最长的经济大走廊,发端于中国,贯通中亚、东南亚、南亚、西亚乃至欧洲部分区域,以及通过西亚和欧洲连接非洲。"一带一路"的提出被中外媒体和投资界普遍看好,其实施将推动全球经贸的发展和布局变化。

35.2 "一带一路"沿线国家和地区人口和经济规模分布

表35-1给出了2003年以来东亚、东南亚、南亚、中亚、西亚和中东欧和西欧地区人口、国内产值和人均产值分布数据。

表35-1 "一带一路"相关地区人口、国内产值和人均产值占世界比重分布　　　单位：个，%

人口占比	地区经济体数	2003年	2007年	2010年	2014年	2015年	2016年	2017年	2018年	2019年	2020年*
东亚	7	23.9	23.2	22.6	22.0	21.9	21.8	21.6	21.5	21.3	21.1
其中：中国大陆	1	20.6	20.0	19.6	19.1	19.0	18.9	18.7	18.6	18.5	18.3
东南亚	11	8.6	8.6	8.6	8.7	8.7	8.7	8.7	8.7	8.7	8.7
南亚	7	22.9	23.2	23.4	23.6	23.6	23.6	23.6	23.6	23.6	23.7
中亚	5	0.9	0.9	0.9	0.9	0.9	1.0	1.0	1.0	1.0	1.0
西亚	19	4.5	4.7	4.9	4.8	4.8	4.9	4.9	4.9	5.0	5.0
亚洲	49	60.8	60.6	60.5	60.0	59.9	59.8	59.7	59.6	59.5	59.4
东亚外亚洲	42	37.0	37.5	37.8	38.0	38.0	38.1	38.1	38.2	38.2	38.3
中东欧	20	5.2	4.9	4.7	4.5	4.4	4.4	4.3	4.3	4.2	4.2
"一带一路"沿线	62	42.2	42.4	42.5	42.4	42.4	42.4	42.4	42.4	42.4	42.5
"一带一路"沿线加中国	63	62.8	62.4	62.1	61.5	61.4	61.3	61.2	61.1	60.9	60.8
西欧	20	6.3	6.1	6.0	5.8	5.7	5.7	5.7	5.6	5.6	5.5
"一带一路"沿线加中国和西欧	83	69.0	68.5	68.0	67.3	67.2	67.0	66.8	66.7	66.5	66.3
GDP占比	地区经济体数	2003年	2007年	2010年	2014年	2015年	2016年	2017年	2018年	2019年	2020年*
东亚	7	18.7	17.0	20.5	22.5	23.9	24.4	24.5	25.2	25.7	27.2
其中：中国大陆	1	4.2	6.1	9.1	13.3	14.9	14.8	15.2	16.2	16.8	18.2
东南亚	11	2.0	2.4	3.1	3.3	3.4	3.5	3.5	3.6	3.7	3.7
南亚	7	2.0	2.6	3.1	3.2	3.6	3.8	4.1	4.0	4.1	3.6
中亚	5	0.1	0.3	0.3	0.5	0.4	0.4	0.3	0.3	0.3	0.3
西亚	19	2.9	4.1	4.5	4.8	4.5	4.4	4.4	4.3	4.4	4.1
亚洲	49	25.8	26.4	31.6	34.4	35.7	36.5	36.8	37.4	38.2	39.0
东亚外亚洲	42	7.1	9.4	11.0	11.8	11.9	12.1	12.4	12.2	12.5	11.8
中东欧	20	3.1	5.0	4.9	4.3	3.9	3.7	4.1	4.2	4.2	4.1

续表

GDP 占比	地区经济体数	2003年	2007年	2010年	2014年	2015年	2016年	2017年	2018年	2019年	2020年*
"一带一路"沿线	62	10.2	14.4	15.9	16.7	15.7	15.8	16.5	16.4	16.7	15.8
"一带一路"沿线加中国	63	14.4	20.5	25.1	30.0	30.6	30.6	31.7	32.6	33.6	34.0
西欧	20	30.6	30.0	25.3	23.3	21.7	21.5	21.1	21.4	20.4	20.4
"一带一路"沿线加中国和西欧	83	45.0	50.5	50.3	53.3	52.3	52.0	52.8	54.0	54.0	54.4

人均GDP占比	地区经济体数	2003年	2007年	2010年	2014年	2015年	2016年	2017年	2018年	2019年	2020年*
东亚	7	78.3	73.3	90.8	101.9	109.1	112.3	113.2	117.2	120.7	128.8
其中：中国大陆	1	20.7	30.5	46.6	69.8	78.3	81.0	86.8	91.0	99.3
东南亚	11	23.4	28.3	35.4	37.9	38.8	40.1	40.7	41.1	42.6	42.9
南亚	7	8.9	11.2	13.4	13.7	15.2	16.2	17.5	16.9	17.3	15.3
中亚	5	16.4	31.4	37.7	48.1	44.6	37.1	35.9	34.7	35.5	35.4
西亚	19	63.7	86.1	92.2	101.2	93.1	90.8	89.4	87.6	88.7	81.6
亚洲	49	42.4	43.5	52.2	57.1	59.7	61.0	61.7	62.7	64.2	65.6
东亚外亚洲	42	19.2	25.1	29.2	31.1	31.2	31.7	32.0	32.7	30.7
中东欧	20	58.6	102.5	104.0	108.1	87.1	85.3	94.9	98.9	100.4	97.7
"一带一路"沿线	62	24.1	34.1	37.5	39.3	37.0	37.2	38.8	38.7	39.4	37.3
"一带一路"沿线加中国	63	23.0	32.9	40.3	48.7	49.8	49.9	51.8	53.4	55.1	56.0
西欧	20	488.5	492.0	424.7	403.4	377.8	376.0	372.9	380.6	366.9	368.3
"一带一路"沿线加中国和西欧	83	65.2	73.8	74.0	79.2	77.9	77.6	79.0	81.0	81.2	82.0

数据来源：人口和 GDP 数据来自国际货币基金组织 2020 年 10 月公布和更新的各个国家和地区 1980—2020 年数据，人均产值占比根据 GDP 和人口数据计算得出；地区经济体数是进入国际货币基金组织人口和 GDP 数据库的国家和地区；西欧国家为中东欧外的其他欧洲国家；2020 年的数据为根据国际货币基金组织 2020 年 10 月公布的预测数据。

35.2.1 "一带一路"相关地区人口分布

表35-1显示，2003—2020 年"一带一路"沿线国家和地区人口占世界人口比重从 42.2%上升到了 42.5%，加上中国人口的世界占比"一带一路"人口占比从 62.8%略降到了 60.8%，超过六成。值得关注的是，2003—2020 年，南亚人口是亚洲和欧洲人口增长最快的地区，占全球比重从 22.9%增长了近 10.8%到 23.2%，2020 年南亚总人口首次超过了东亚，成为亚洲以至全球人口最多的区域，占全球人口比重接近 1/4。

35.2.2 "一带一路"沿线国家经济规模分布

表35-1显示,2003—2020年,亚洲经济占世界经济比重从25.8%提高到了39.0%,已接近40%,2010年亚洲GDP世界占比31.6%首次超过了欧洲经济的比重30.2%,重回世界最大的经济区域;然而,亚洲经济发展很不平衡,除东亚国内生产总值占全球经济接近1/4外,西亚、南亚和东南亚经济的世界占比皆为4个百分点上下,中亚占比更低,不到一个百分点;另外,近年来中东欧国家经济总规模的世界占比略超过4个百分点,略高于整个南亚,整个"一带一路"沿线国家和地区总经济占世界比重仅为16%左右,2019年起中国经济已经超过整个"一带一路"沿线国家总量。

35.2.3 "一带一路"沿线和相关其他国家人均产值分布

表35-1显示,近年来除东亚和西亚人均产值相对较高,超过或接近全球人均产值外,中东欧国家人均产值从2010—2014年超过全球人均产值的水平明显下降到了全球人均产值九成上下水平;东南亚人均产值从两成持续提高到了四成多;中亚人均产值略低于东南亚,南亚人均产值从不到一成持续上升到了接近两成的水平,但仍为整个"一带一路"相关地区人均产值最低的区域;整个"一带一路"沿线国家总体人均产值仅接近全球水平的四成,显示这些国家和地区经济发展有着巨大的潜力。"一带一路"倡议的实施对沿线国家和地区经济发展、人民生活水平的提高有着巨大的潜在推动作用。

35.2.4 "一带一路"沿线国家与我国贸易的分布

表20-7显示,尽管东亚国家和地区仍然保持了我国在亚洲最主要的贸易伙伴地区,但是十多年来我国与东亚国家和地区贸易占我国贸易比重呈现总体下降的趋势;与此同时,我国与东南亚、西亚、南亚和中亚的贸易占比却呈现持续上升的态势;表20-8显示,东南亚、西亚、南亚和中亚很多主要国家对我国贸易依存度仍然很低,仍有着巨大的增长空间。"一带一路"倡议的实施将进一步促进我国与这些地区经贸的发展,达到互利共赢的目标。

35.3 "一带一路"的国际影响力和意义

"一带一路"横跨亚欧大陆和西太平洋及印度洋区域,该共同倡议的施行将对亚洲和亚欧以致全球经济和贸易及金融市场产生巨大的影响和推动作用。

35.3.1 中国、亚洲、欧洲和美国经济中长期增长趋势

表35-2及相关数据显示,公元元年到1820年,以中印两大经济体绝大多数时间经济总和占世界经济的比重在一半上下,过去两千年间九成以上的时间内,亚洲都一直是世界经济的中心;表35-2给出了1700—1980年主要经济体规模的比较。表35-2显示,由于欧洲工业革命等因素,到了19世纪80年代末,欧洲取代亚洲成为全球最大经济体;然而欧洲全球最大经济体的地位保持了仅半个多世纪,到1943年美国取代欧洲成为全球最大经济体,而且到第二次世界大战结束时美国经济超过欧洲经济而且占世界经济比重高达46.8%,显示美国通过第二次世界大战获得其全球经济体龙头地位。

表35-2 中国、亚洲、欧洲和美国中长期经济规模、年均增速和规模分布1990年国际元即 International Geary – Khamis dollars

单位:亿国际元,%

年份 国家或地区	1700	1820	1850	1880	1913	1943	1945	1974	1980
经济规模									
中国	828	2286	2472	1897	2414	2705	2632	7519	10411
亚洲	2015	3866	4105	3898	6121	8050	6628	64870	87247
欧洲	812	1599	2613	3771	9022	13400	11200	41851	48492
亚洲和欧洲	2828	5464	6718	7669	15143	21449	17828	106722	135739
美国	5	125	426	984	5174	15811	16448	35267	42306
美国/欧洲	0.62	7.82	16.30	26.09	57.35	117.99	146.86	84.27	87.24
合计	2833	5590	7144	8653	20317	37261	34276	141989	178044
年均复合增长率									
中国		0.85	0.26	-0.88	0.73	0.38	-1.35	3.69	5.57
亚洲		0.54	0.20	-0.17	1.38	0.92	-9.26	8.18	5.06
欧洲		0.57	1.65	1.23	2.68	1.33	-8.57	4.65	2.48
亚洲和欧洲		0.55	0.69	0.44	2.08	1.17	-8.83	6.36	4.09
美国		2.68	4.16	2.83	5.16	3.79	1.99	2.67	3.08
合计		0.57	0.82	0.64	2.62	2.04	-4.09	5.02	3.84
经济规模分布									
中国	29.23	40.89	34.60	21.92	11.88	7.26	7.68	5.30	5.85
亚洲	71.13	69.16	57.46	45.05	30.13	21.60	19.34	45.69	49.00
欧洲	28.66	28.60	36.58	43.58	44.41	35.96	32.68	29.47	27.24
亚洲和欧洲	99.82	97.75	94.04	88.63	74.53	57.56	52.01	75.16	76.24
合计	100.00	100.00	100.00	100.00	100.00	100.00	100.00	100.00	100.00

数据来源:1700—1820年数据来自经合组织发表的麦迪逊(Maddison)教授"Development Centre Studies the world Economy a Millennial Perspective:a Millennial Perspective"。

首先,1820—1850 年,在欧美经济显著持续增长的同时,中国经济增长却显著减速,仅相当于 1770—1820 年年均增速的三成;1850—1880 年,欧美经济持续显著增长,而中国经济不仅没有增长反而显著下降。这六十年间中国国际地位显著下降,既有列强侵略分割的外部因素,也有清政府故步自封未能跟上世界科技发展等步伐的内部因素。欧洲凭借工业革命和全球掠夺,到 1890 年前后就首次超过亚洲而成为全球最大经济体,然而由于内部矛盾导致两次世界大战,经济遭受严重损伤,第二次世界大战结束前就将世界经济的头把交椅交给了美国;而美国虽在第二次世界大战中获取全球最大经济地位,但由于战时经济结构的调整和撕毁美元与黄金挂钩的承诺等因素,战后 30 年年均增长首次低于欧洲,到 1974 年美国经济下滑到了比欧洲经济总体还要低 15.7% 的水平。通过"一带一路"不仅会推动沿带沿路国家和地区经贸发展和中欧及西欧经贸的发展,也是中国伟大复兴的需求,为欧洲经济的复苏也会带来新的机遇。

35.3.2 三十多年来中国、亚洲、欧洲和美国经济中长期增长趋势简析

表 35-2 给出的历史数据是通过研究估算出的数据,准确度和可比性可能存在一定的问题。表 35-3 给出了 1980—2020 年国际货币基金组织公布的相关数据。表 35-3 显示,1980—2020 年中国经济世界占比从 2.72% 提高到了 18.21%,超过欧元区占比 15.26%;亚洲新兴市场占比从 11.04% 提高到了 28.49%,不仅超过了欧元区,而且也显著超过了欧盟;亚洲占比从 22.49% 提高到了 38.22%,显著超过欧洲占比 24.67%。

表 35-3　　　　亚洲和欧洲及相关国家和地区 GDP 及分布

单位:万亿美元,%

年份 国家或地区	1980	1990	2000	2010	2017	2018	2019	2020*	2000— 2019 年的变化	2019— 2020 年的变化
中国	0.30	0.40	1.21	6.03	12.27	13.84	14.73	15.22	13.53	0.49
亚洲新兴经济体	1.23	2.20	3.56	12.93	21.57	23.58	24.94	24.35	21.38	-0.59
亚洲发达经济体	1.28	3.76	6.19	8.02	8.17	8.45	8.52	8.22	2.33	-0.30
亚洲	2.51	5.95	9.75	20.95	29.74	32.03	33.46	32.57	23.71	-0.89
欧洲新兴经济体	0.16	0.16	0.64	2.80	2.84	3.09	3.17	2.88	2.53	-0.29
欧元区	2.84	5.65	6.49	12.65	12.67	13.69	13.36	12.71	6.87	-0.65
欧洲发达经济体	3.84	7.62	9.08	17.16	17.51	18.85	18.43	17.53	9.35	-0.90
欧盟	3.21	6.21	7.27	14.56	14.75	15.96	15.62	14.93	8.35	-0.70
欧洲	4.00	7.78	9.72	19.96	20.35	21.94	21.60	20.42	11.88	-1.18

续表

年份 国家或地区	1980	1990	2000	2010	2017	2018	2019	2020*	2000—2019年的变化	2019—2020年的变化
亚洲和欧洲	6.51	13.74	19.47	40.91	50.09	53.97	55.06	52.98	35.59	-2.08
美国	2.86	5.96	10.25	14.99	19.54	20.61	21.43	20.81	11.18	-0.63
经合组织	8.83	18.71	27.50	45.18	50.39	53.22	53.68	51.27	26.17	-2.41
世界	11.16	22.49	33.90	66.14	80.72	85.69	87.55	83.58	53.66	-3.97
占比分布										
中国	2.72	1.76	3.56	9.12	15.20	16.15	16.83	18.21	13.27	1.39
亚洲新兴经济体	11.04	9.76	10.49	19.55	26.72	27.52	28.49	29.13	17.99	0.65
亚洲发达经济体	11.45	16.70	18.27	12.12	10.12	9.86	9.74	9.84	-8.54	0.10
亚洲	22.49	26.46	28.77	31.67	36.84	37.38	38.22	38.97	9.45	0.75
欧洲新兴经济体	1.43	0.72	1.88	4.24	3.52	3.60	3.62	3.45	1.74	-0.17
欧元区	25.45	25.12	19.15	19.13	15.70	15.97	15.26	15.21	-3.89	-0.05
欧洲发达经济体	34.41	33.88	26.80	25.94	21.69	22.00	21.05	20.98	-5.75	-0.07
欧盟	28.76	27.27	21.45	22.02	18.28	18.63	17.84	17.86	-3.61	0.02
欧洲	35.84	34.60	28.68	30.18	25.21	25.60	24.67	24.43	-4.01	-0.24
亚洲和欧洲	58.33	61.07	57.45	61.85	62.05	62.98	62.89	63.39	5.44	0.50
美国	25.60	26.51	30.25	22.67	24.21	24.05	24.48	24.89	-5.77	0.41
经合组织	79.14	83.17	81.14	68.31	62.43	62.11	61.31	61.34	-19.84	0.03
世界	100.00	100.00	100.00	100.00	100.00	100.00	100.00	100.00	0.00	0.00

数据来源：根据国际货币基金组织2020年10月公布的主要国家和地区GDP数据及2020年预测的数据；亚洲发达经济体包括日本、韩国、中国香港、中国澳门、中国台湾、新加坡和以色列7个经济体。

表35-3最为值得关注的是，2000—2020年代表欧洲发达经济体的欧元区世界经济占比累计下降了3.89%，美国占比下降了5.77%，经合组织下降了19.83%。这些结果显示，"一带一路"倡议对欧元区以致整个欧洲将会带来难得的发展机遇。

35.4 相关国家和国际组织对"一带一路"倡议的响应

35.4.1 相关国家和国际组织对"一带一路"倡议的响应

2013年习近平主席提出"一带一路"合作倡议之后，"一带一路"很快获得了相关国家和地区的积极回应。"一带一路"倡议提出后两年多的时间内"一是参与的伙伴越来越多，目前已经有70多个国家和国际组织表达了合作的意愿。三十多个国家同我们签署了共建'一带一路'合作协议。二是金融支撑基本到位。中方发起的亚投行已经开业运营，丝路基金首批投资项目已经正式启动。三是互联互通网络逐渐成型。以中巴、中蒙俄等经济走廊建设为标志，基础设施、金融、人文等领域取得了一批重要早期收获"（王毅：30多个国家同中国签署共建"一带一路"协议，中国新闻网，2016年3月8日）。已与我国签署"一带一路"合作协议的三十多个国家已经达到了沿线国家总数的一半以上，成绩显著。

"一带一路"倡议是中国的，但机遇是世界的。提出这一倡议，顺应了亚欧大陆要发展、要合作的普遍呼声，标志着中国从一个国际体系的参与者快速转向公共产品的提供者。"一带一路"秉持共商、共建、共享原则，奉行的不是"门罗主义"，更不是扩张主义，而是开放主义。"一带一路"带给未来世界的，一定是一幅亚欧大陆共同发展繁荣的新的历史画卷。

35.4.2 联合国对"一带一路"倡议的认可

2017年3月17日，联合国安理会以15票赞成，一致通过关于阿富汗问题第2344号决议，呼吁国际社会凝聚援助阿富汗共识，通过"一带一路"建设等加强区域经济合作，敦促各方为"一带一路"建设提供安全保障环境、加强发展政策对接、推进互联互通务实合作等。此次安理会一致通过第2344号决议，首次载入"构建人类命运共同体"的重要理念，体现了国际社会的共识，彰显了中国理念和中国方案对全球治理的重要贡献（国务院新闻办公室网站www.scio.gov.cn，2017年3月20日）。

35.4.3 "一带一路"倡议的最新成绩

2017年5月14日，来自100多个国家的各界嘉宾齐聚北京，参加了"一带一路"国际合作高峰论坛，显示全球对"一带一路"倡议的支持。2019年3月23日，中国国家主席习近平在罗马同意大利总理孔特共同见证签署和交换了中意关于共同推进"一带一路"建设的谅解备忘录，意大利成为首个G7成员加入"一带一路"的国家。2019年4月25日到27日，第二届"一带一路"国际合作高峰论坛在北京如期举办，这是2019年中国最重要的主场外交。在第二届"一带一路"峰会上，国家主席习近平提出，要打造全方位的互联互通，推动形成基建引领、产业集聚、经济发展、民生改善的综合效应，继续把共建"一带一路"同各国发展战略、区域和国际发展议程有效对接、协同增效，通过双边合作、三方合作、多边合作等各种形式，鼓励更多国家和企业深入参与，做大共同利益的蛋糕。截至2020年1月底，中国与"一带一路"沿线的138个国家和

30个国际组织签署了200份共建"一带一路"合作文件（更多数据来源参阅"一带一路"网站www.yidaiyilu.gov.cn）。

35.4.4 "一带一路"5周年调查报告

2018年6月21日，由国际金融论坛（IFF）联合丝路国际联盟（SRIA）共同主办，中国经济信息社、英国《中央银行》杂志社协办的"国际金融论坛（IFF）2018中国报告发布暨'一带一路'五周年调查报告发布会"上，《"一带一路"五周年调查报告》正式发布，报告由26个具有代表性的国家和地区中央银行的调查回收问卷组成，总结了"一带一路"建设五年来，中国与双边及多边共同就"一带一路"项目开展合作所呈现的成果、问题及经验。报告表明，63%的国家中央银行认为"一带一路"倡议极其重要，乃至是千载难逢的机遇，也是过去十年最重要的全球倡议之一。有25%的受访者态度更加乐观，预计带动的年增长将在2~5个百分点。同时，还有35%的受访者认为"一带一路"倡议对本国的重要性要高于国际货币基金组织，21%的受访者认为高于世界银行，14%的受访者认为高于地区性发展机构的项目。问卷调查表明，"一带一路"项目发展的最大障碍依次是法律框架、融资、政府部门和信用评级（"'一带一路'五周年调查报告发布"，经济日报—中国经济网北京6月22日讯）。

35.5 广泛合作是"一带一路"必要的基础

为了加强对"一带一路"的金融支持，除了亚投行、丝路基金相继成立以外，同时加强与其他区域性开发银行的合作也将加大我国与世界各国的合作力度。本节简单介绍我国与其他区域性开发银行的合作情况。

35.5.1 1985年我国成为非洲开发银行会员国

非洲开发银行（African Development Bank，ADB）于1964年正式成立。1966年7月1日开业。总部设在科特迪瓦的经济中心阿比让。2002年，因科特迪瓦政局不稳，临时搬迁至突尼斯至今。非洲开发银行是非洲最大的地区性政府间开发金融机构，其宗旨是促进非洲地区成员的经济发展与社会进步。中国于1985年5月加入非洲开发银行。截至2006年底，中国在非洲开发银行持股24230股，占总股份的1.117%（www.afdb.org）。

35.5.2 2009年我国成为美洲开发银行会员国

美洲开发银行（Inter-American Development Bank，IADB）成立于1959年12月30日，是世界上成立最早和最大的区域性、多边开发银行。总部设在华盛顿。该行是美洲国家组织的专门机构，其他地区的国家也可加入，但非拉美国家不能利用该行资金，只可参加该行组织的项目投标。该组织有20个创始成员国（19个拉美国家和美国。截至2006年末，该行由美国、巴西等28个美洲地区国家和日本、英国、德国、韩国等19个区域外成员组成。中国于1993年向美洲开发银行正式提出了入行申请，并于2004年重申了这一申请。2008年国际金融危机发生后，美洲开发银行迫切希望中国加入以共同应对金融危机，中国于2009年1月正式成为美洲开发银行第48个会员国，同时也是亚洲地区第4个参加该组织的国家（www.iadb.org）。

35.5.3 我国为亚洲开发银行第三大股东

亚洲开发银行（以下简称亚行）创建于1966年11月24日，总部设在菲律宾首都马尼拉。亚行理事会于1986年2月17日通过第176号决议同意接纳中华人民共和国为亚行成员。截至2020年6月底，亚行有68个成员，其中49个来自亚太地区，19个来自其他地区。按各国认股份额，中国居第三位，日本和美国并列第一（15.571%），中国股份占6.643%；日本和美国在这个组织中都是第一大出资国，拥有一票否决权。

在1987年4月举行的理事会第20届年会董事会改选中，中国当选为董事国并获得在董事会中单独的董事席位。1986年，中国政府指定中国人民银行为中国对亚行的官方联系机构和亚行在中国的保管银行，负责中国与亚行的联系及保管亚行所持有的人民币和在中国的其他资产。2000年6月16日，亚行驻中国代表处在北京成立。

35.5.4 我国申请成为欧洲复兴开发银行会员

中国申请加入欧洲复兴开发银行，既有利于中国扩大在国际金融机构中的影响力，也有助于欧洲增加融资渠道，同时还将大力驱动中欧在基础设施投资、地区发展、人民币国际化等方面的合作。2016年1月15日，国务院决定加入《欧洲复兴开发银行成立协定》并接受欧洲复兴开发银行理事会通过的《关于中国成员资格的决议》。这意味着中国加入欧洲复兴开发银行的相关法律程序已经完成，中国正式成为欧洲复兴开发银行成员（中国人民银行网站，2016年1月15日）。

35.6 提高与"一带一路"国家经贸合作是提升人民币国际化程度的关键

人民币国际化的充分实施，前提是在跨境贸易、投资、融资中人民币被广泛接受并使用。随着"一带一路"的深入推行,中国与"一带一路"沿线国家的经贸发展将会不断提升:2019 年,中国货物贸易进出口总值 31.56 万亿元人民币,比 2018 年增长 3.5%,其中对欧盟、美国和东盟进出口分别增长 8.0%、-10.7% 和 14.1%;对俄罗斯、波兰和哈萨克斯坦等国进出口分别增长 7.9%、18.4% 和 15.5%,均高于总体贸易增幅。以人民币计价,2019 年我国对"一带一路"沿线国家进出口 9.13 万亿元,同比增长 10.8%,高于我国整体外贸增速 7.4 个百分点,占我国外贸总值的 28.9%。其中,出口 5.17 万亿元,增长 13.2%;进口 3.96 万亿元,增长 8.1%。这表明,我国与"一带一路"沿线国家的合作对进出口具有显著的提振效应。

35.7 中欧互利共赢合作是"一带一路"倡议的重要支柱

表 35-1 的数据显示,"一带一路"显现国家和地区人口占世界比重超过四成,而经济世界占比不到 1/6,人均产值仅为世界平均水平的四成不到;同时西欧人口虽然仅占世界人口不到 6%,而占世界 GDP 比重却超过 1/5,人均产值为世界平均水平的近 4 倍,为"一带一路"沿线国家的 10 倍。"一带一路"沿线国家和地区基础条件普遍较差,而且社会和政治稳定性也相对较低,因此"一带一路"倡议的实施需要时间,发挥经贸效益也同样需要时间。然而西欧国家大多为发达国家,而且西欧在全球金融和科技等领域的地位也非常重要,对接这些国家可对我国经贸直接产生积极的效果,而且东西两端共同推动"一带一路"倡议实施必不可少。比如高压线路输送电力,输送两端建设好,整个输送效果才会好。因此,注重"一带一路"沿线国家互联互通的同时,重视"一带一路"终点的西欧极为重要。

欧盟 2003 年和 2004 年分别超过美国和日本,成为我国最大的贸易伙伴,十多年来保持了最大的贸易伙伴位置。虽然欧盟是我国最大的贸易伙伴,而且近年来包括英国和欧元区在内的主要欧盟国家与我国经贸和金融合作加速,但是欧元和人民币在中欧跨境贸易结算方面的进展仍有待显著提高(表 29-3 显示德国和法国人民币清算占比与该两国与我国贸易规模的占比相比仍然很低)。所以,提高中欧贸易和投资人民币和欧元结算不仅对人民币国际化有重要的意义,而且对欧元和英镑也会有一定的支持作用。

35.7.1 提高与欧洲人民币外汇互换协议额度及使用率

表 32-2 显示,英国和欧元区分别与我国签订了 3500 亿元人民币外汇互换协议,然而这些互换协议还未曾启用过。近年来我国与欧元区的贸易超过与英

国贸易 6 倍，而如此大的欧元区与我国签订的人民币外汇互换协议总额才仅与英国签订的总额相同，表明我国与欧元区金融合作的潜力空间更大。

35.7.2 增加中国与"一带一路"国家金融等领域企业合作

十多年前我国银行业引进战略投资者实际上是以成功上市为主要目的，当时还谈不上真正地与投资者战略合作。十年后的今天，我国银行业改制发展取得了巨大的成绩，我国主要银行也在管理经营和风险管控等方面皆有了显著的提高，使得我国银行在新的国际格局中与潜在战略合作伙伴服务"一带一路"倡议实施和推进人民币国际化进程有更强的底气。到目前为止，我国主要大型银行和很多股份制银行已经有了境外合作伙伴持有我国银行的部分股份，而且我国几家大型银行和个别股份制银行也在境外成功收购了一些境外银行的资产。然而我国大型银行和股份制银行仍很少持有主要外资银行的股份。为加速实施"一带一路"倡议和推动人民币国际化，特别是在欧洲金融业近年来受欧债危机等因素的影响总体市值较低的环境下，通过公开市场和其他渠道持有欧洲银行、证券、保险等领域上市公司一定比例的股份，即对我国银行业和其他领域企业经营所急需的国际经验有帮助，而且对欧洲相应公司也有益处，进而达到与欧洲"利益捆绑"的目的，以更好发挥各自的优势。

35.7.3 欧洲参与"一带一路"倡议

2018 年 9 月 17 日，欧盟委员会提出了一项外交政策计划，希望在交通、能源和数字领域加强与亚洲基础设施建设的联系，但欧洲否认此举意在对抗中国的类似计划。德国墨卡托中国研究中心欧中关系专家杨·魏登费尔德认为，欧盟的计划"在很大程度上是在回应'一带一路'"（路透社布鲁塞尔，2018 年 9 月 19 日电）。

35.8 "一带一路"倡议与人民币国际化推动的互动关系

自 2005 年 8 月人民币汇率改革以来，人民币汇率波幅不断加大，跨境贸易、投资、融资的企业、金融机构面临越来越大的汇率风险，因汇率波动带来的损失侵蚀了经营利润。

增加在跨境贸易、融资、投资中人民币的使用，不仅能够有效降低汇兑风险，对我国企业的竞争力提升起到积极作用。因此，人民币国际化程度越高，企业"走出去"推动"一带一路"就更有优势，更有利于"一带一路"的实施。

从另外一个侧面来看，如果人民币国际化水平原地踏步甚至下降，包括"一带一路"投资在内的越多境外投资，实际上是为美元继续创造更多的境外需求，继续支持美元的国际垄断地位（2013—2019年我国累计对外直接投资年均复合增长率高达21.2%的同时，境外净资产年均却仅增长了2.7%；而且2019年我国对外直接投资同比增长5.7%的同时，境外净资产却下降1.0%）。只有人民币国际化水平持续提高，"一带一路"所有项目的融资成本可控的同时，外汇风险才会有效降低。所以，人民币国际化的持续提高是"一带一路"倡议实施的必不可少的条件。

从另一方面来看，只有在人民币国际化水平提高的前提下，"一带一路"倡议推动越广泛深入，人民币在境外使用度就越高，反过来对人民币国际化的提升作用就越明显。因此，人民币国际化的推动和"一带一路"倡议实施是相辅相成和互相促进的。

"一带一路"倡议实施的六年来，我国与"一带一路"参与国经贸投资合作成效明显，贸易和投资合作不断扩大，形成了互利共赢的良好局面。数据显示，我国对"一带一路"国家出口的主要是机电类产品，进口产品中，电机电气设备和矿物燃料的比例最高。民营企业贡献了43%的贸易额。韩国、越南、马来西亚、印度、俄罗斯等国是最主要的"一带一路"贸易伙伴（《"一带一路"大数据报告（2018）》）。

2013—2018年，我国与"一带一路"沿线国家进出口总额达64691.9亿美元，与相关国家贸易增速高于我国对外贸易总体增速，成为推动我国外贸加速回暖的重要力量。"一带一路"的实施为沿线各国创造24.4万个就业岗位，新签对外承包工程合同额超过5000亿美元，建设境外经贸合作区82个，对外直接投资超过800亿美元（《"一带一路"五年数字成绩单》）。

2019年，我国境内投资者共对全球167个国家和地区的6535家境外企业进行了非金融类直接投资，累计实现投资7629.7亿元人民币，同比下降4.3%。对外承包工程完成营业额11927.5亿元人民币，同比增长6.6%，新签合同额17953.3亿元人民币，同比增长12.2%；对外劳务合作派出各类劳务人员48.7万人，2019年末在外各类劳务人员99.2万人。我国"一带一路"对外投资呈现出稳步推进、投资结构持续优化、对外承包工程大项目多，带动当地发展，实现互利共赢等特点（数据来源：商务部网站）。

35.9 "一带一路"沿线人民币使用障碍

人民币国际化程度越高，人民币在包括"一带一路"沿线国家的整个境外市场的使用度就会越高，人民币对"一带一路"建设的本币支持力度也会越大。由于人民币国际化水平仍有待提高，自然在"一带一路"沿线国家和地区使用就有各种障碍。"一带一路"沿线人民币使用障碍与政策建议的研究报告（中银研究《人民币国际化观察》2020 年第 12 期，https：//pic.bankofchina.com）一文对人民币在"一带一路"沿线国家和地区使用障碍进行了较为系统的研究和分析。该报告表明，"一带一路"倡议提出七年以来，人民币在"一带一路"沿线的接受度和使用都不断提高。2019 年，我国与"一带一路"沿线国家和地区办理人民币跨境收付金额超过 2.73 万亿元，同比增长 32%，较三年前提高了 1 倍多。"一带一路"沿线企业使用人民币产品最多的仍是结算产品，占比超过一半，融资产品、存款产品和投资产品占比分别在一成上下，另外资金产品和现钞产品占比合计不到一成，表明人民币结算产品仍然为"一带一路"沿线人民币使用最多的业务。

尽管近年来"一带一路"沿线人民币使用程度显著提高，但人民币使用仍然有诸多障碍，人民币使用与其他主要国际货币相比仍然有较大的差距。这些障碍主要表现在"一带一路"沿线国家和地区政治环境复杂多变，风险交织；沿线国家和地区金融体系欠发达存在内部的"高杠杆+外资化"和外部的"高外债+赤字化"双重脆弱性；沿线外汇管制严格并存在使用美元和欧元等主要国际货币的较强的货币惯性，短时间内难以有效改变；成熟完整的人民币使用体系尚未形成等。这些障碍的克服实际上对人民币国际化将有明显的推动作用，另外，人民币国际化程度与主要货币国际化程度差距的缩小也将降低沿线国家和地区对主要国际货币的依赖。这些结果实际上证明了加速人民币国际化对"一带一路"建设提供国际化更高的本币支持的必要性。

35.10 小结

"让和平的薪火代代相传，让发展的动力源源不断，让文明的光芒熠熠生辉，是各国人民的期待，也是我们这一代政治家应有的担当"（"'一带一路'通往人类命运共同体"，2017 年 1 月 18 日，国家主席习近平在联合国日内瓦总部发表的演讲，新华社）。为实现这一宏伟目标，中国提出构建人类命运共同体，实现共赢共享。落实到具体行动上，一个重大举措就是习近平主席提出的"一带一路"倡议，通过促进各国合作，实现共赢共享发展。

"一带一路"倡议是人类历史上最宏伟的工程。倡议是中国提出的，但机遇是世界的，倡议的实施需要提出者发挥引领作用。倡议提出近 5 年来获得了全国以及"一带一路"沿线国家和地区绝大多数的支持，也得到了联合国的认可。可以说，近年来倡议已经在诸多领域和诸多方向推动和落实。然而，任何国际贸易、投资、商业、科技、文化的交流都需要有国际化的货币作为支撑。中国作为"一带一路"的倡导者，人民币的国际化是"一带一路"倡议实施的必要条件。"一带一路"倡议的实施必须要和人民币国际化协调推进，而人民币国际化的持续推进又必须与国内全面深化改革和国家治理体系和现代化协调推进。

亚投行为我国合作共赢搭建了很好的平台，然而亚投行非盈利的国际多边平台性质及其以国内产值为基础的股权计算方法难以调动和发挥西欧主要国家的国际经营经验。而这些国际经验是推进"一带一路"倡议实施所必需和急需的，因此建立国际化、市场化和商业化理念经营的"亚欧银行"可以更好地将中国和西欧利益互绑，从而更好地发挥西欧国家的国际经验，形成对亚投行的有效互补，更为有效地推动"一带一路"倡议的实施和人类命运共同体的构建。

参考文献

［1］贲圣林，俞洁芳，顾月等．百舸争流：驰骋国际市场的中外资银行［M］．杭州：浙江大学出版社，2018.

［2］张光平．人民币国际化和产品创新（第七版）［M］．北京：中国金融出版社，2017.

［3］斯特凡·巴龙．"从美国束缚中解放的历史机遇"，2018年9月16日，德国新闻电视频道网站；《参考消息》2018年9月18日，第14页．

36 上海自贸区对上海金融中心建设及对人民币国际化的推动作用

国际金融中心是包括外汇、债券、股票及其衍生产品在内的主要交易所在地，也是银行业、保险业、基金业、风险投资业及其他相关金融业务的聚集地，同时也是律师、会计、信用评估等金融服务业的聚集地。因此，国际金融中心的排名应该是以上主要领域业务规模的加权结果。当然，不同国家和地区金融资产规模的大小在很大程度上影响相应金融市场的活跃度。本章在介绍主要国家和地区跨境资产规模的基础上，介绍国际金融中心的排名及演变，进而介绍和比较上海国际金融中心近年来的成就及其与香港、新加坡、东京等国际金融中心的差距，最后探讨近年来上海自贸区建设和发展及国内其他自贸区的发展对上海国际金融中心的推动作用，并提出加速上海国际金融中心建设的一些建议。

36.1 主要国家和地区跨境资产分布

第31章介绍了主要国家和地区的跨境资产在全球的分布，这些资产实际上是主要国家和地区作为股东拥有的跨境资产在全球的分布，显示不同国家和地区金融实力及对其本币的支持力度。本节简单介绍全球跨境资产在不同国家和地区的分布以反映不同国家和地区金融中心的水平。表36-1给出了2007—2019年全球跨境资产在主要国家和地区跨境资产的分布及与本国境外跨境资产比较。

表36-1 在主要国家和地区银行业跨境资产分布
（包括外资银行业资产在内的跨境资产）及相关比较（2007—2019年）

单位：万亿美元

全球跨境资产在主要国家和地区的分布													
年份 国家或地区	2007	2008	2009	2010	2011	2012	2013	2014	2015	2016	2017	2018	2019
美国	2.96	2.92	3.14	3.60	3.53	2.86	2.66	2.66	2.66	2.73	2.82	2.76	3.12
欧元区	12.85	12.10	11.57	10.69	10.25	10.17	9.94	9.61	8.33	7.99	8.61	8.93	9.54
英国	6.67	5.44	5.20	5.29	5.55	5.38	4.93	4.94	4.54	4.41	5.06	4.92	4.88
日本	2.40	2.57	2.46	2.83	3.01	3.25	3.19	3.05	3.17	3.45	3.59	3.68	3.91

续表

全球跨境资产在主要国家和地区的分布

年份 国家或地区	2007	2008	2009	2010	2011	2012	2013	2014	2015	2016	2017	2018	2019
瑞士	1.54	1.12	0.91	0.80	0.78	0.68	1.02	0.91	0.85	0.78	0.83	0.83	0.88
中国大陆	0.00	0.00	0.00	0.00	0.00	0.00	0.00	0.00	0.74	0.89	1.00	1.12	1.17
加拿大	0.30	0.34	0.42	0.45	0.46	0.49	0.47	0.49	0.51	0.59	0.68	0.75	0.95
瑞典	0.34	0.37	0.35	0.37	0.43	0.45	0.47	0.45	0.40	0.38	0.50	0.34	0.34
澳大利亚	0.18	0.25	0.22	0.25	0.33	0.35	0.33	0.42	0.44	0.44	0.43	0.45	0.50
中国台湾	0.18	0.17	0.19	0.20	0.22	0.25	0.31	0.36	0.35	0.37	0.39	0.38	0.43
韩国	0.08	0.11	0.10	0.10	0.12	0.11	0.17	0.21	0.21	0.21	0.24	0.22	0.23
新加坡	0.67	0.62	0.61	0.66	0.66	0.71	0.75	0.74	0.72	0.69	0.77	0.80	0.81
中国香港	0.80	0.79	0.75	0.83	0.92	0.98	1.13	1.27	1.25	1.35	1.49	1.60	1.59
比利时	1.16	0.97	0.84	0.74	0.73	0.66	0.67	0.68	0.56	0.55	0.51	0.45	0.47
卢森堡	1.07	0.98	0.90	0.76	0.74	0.76	0.78	0.72	0.61	0.57	0.62	0.61	0.64
全球银行业	20.97	19.63	18.69	18.79	18.82	16.90	16.41	15.96	14.69	14.46	15.46	15.05	15.43
全球合计	32.89	30.62	29.50	29.74	29.78	28.83	28.46	28.17	26.86	26.82	28.94	28.99	30.69
银行业/全球合计	63.77	64.11	63.37	63.20	63.18	58.61	57.67	56.65	54.69	53.92	53.41	51.90	50.26

本国跨境资产与在主要国家和地区的跨境资产差额分布

年份 国家或地区	2007	2008	2009	2010	2011	2012	2013	2014	2015	2016	2017	2018	2019
美国	0.14	0.70	0.24	0.20	0.60	0.38	0.29	0.38	0.34	0.32	0.45	0.58	0.40
欧元区	3.76	2.97	2.92	2.00	1.13	0.82	0.81	0.84	0.86	0.97	1.11	0.61	0.37
英国	-3.26	-2.21	-1.97	-1.43	-1.53	-1.78	-1.78	-2.02	-1.91	-1.97	-2.37	-2.05	-1.78
日本	0.27	0.32	0.54	0.58	0.65	0.77	0.90	0.91	0.96	0.98	1.01	0.97	1.01
瑞士	2.16	1.39	1.25	1.32	1.35	1.35	1.22	1.27	1.04	0.97	1.07	1.02	1.13
中国大陆									0.72	0.84	0.99	1.06	1.04
加拿大	0.39	0.34	0.41	0.44	0.54	0.47	0.48	0.47	0.41	0.42	0.48	0.58	
瑞典	0.24	0.23	0.26	0.43	0.56	0.53	0.48	0.49	0.36	0.29	0.16	0.03	0.04
澳大利亚	0.06	0.04	0.08	0.12	0.15	0.15	0.15	0.14	0.13	0.13	0.17	0.17	0.16
中国台湾	-0.01	-0.02	-0.02	-0.02	-0.03	-0.03	-0.05	-0.07	-0.05	-0.06	-0.06	-0.05	-0.06
韩国	0.00	-0.01	0.01	0.00	0.00	0.00	-0.03	-0.05	-0.05	-0.05	-0.06	-0.04	-0.04
新加坡	-0.56	-0.51	-0.50	-0.54	-0.50	-0.56	-0.55	-0.53	-0.51	-0.47	-0.52	-0.52	-0.54
中国香港	-0.76	-0.75	-0.71	-0.79	-0.88	-0.94	-1.08	-1.22	-1.22	-1.31	-1.44	-1.55	-1.53
比利时	0.20	0.04	-0.29	-0.30	-0.25	-0.18	-0.22	-0.27	-0.25	-0.26	-0.26	-0.21	-0.24
卢森堡	-0.83	-0.77	-0.72	-0.61	-0.66	-0.72	-0.73	-0.66	-0.55	-0.51	-0.56	-0.55	-0.57

数据来源：国际清算银行网站 www.bis.org；本国境外跨境资产数据来自表 31-1。

表 36-1 显示，在欧元区跨境资产量最大，2007—2019 年在欧元区的跨境资产从 12.85 万亿美元持续下降到了 9.54 万亿美元，年均复合下降率 2.5%；在英国的跨境资产仅次于欧元区，2007—2019 年在英国的跨境资产也持续下降，年均复合下降率 2.6%；同期在日本的跨境资产不降反增，从 2.40 万亿美元增长到了 3.91 万亿美元，年均复合增长率 4.2%；在美国的跨境资产变化最小，从 2.96 万亿美元略升到了 3.12 万亿美元，年均复合增长率 0.4%；在中国香港的跨境资产从 0.80 万亿美元持续增长到了 1.59 万亿美元，年均复合增长率高达5.9%，规模排名第 5 位；2016 年在中国的跨境资产 0.89 万亿美元，首次超过了瑞士，2019 年又增长到了 1.17 万亿美元，排名第 6 位，显示近年来我国企业和银行业"走出去"的成绩；瑞士跨境资产呈现持续显著的下降态势（年均复合下降率高达4.5%，年均降幅仅次于表 36-1 中比利时年均降幅7.2%），排名从 2007 年的第 5 位持续下降到 2019 年的第 8 位；在新加坡的跨境资产十年来略有增长，排名从 2015 年前的第 7 位下降到了 2019 年的第 9 位。

36.2 在不同国家或地区的跨境资产与这些国家或地区跨境资产差额

在不同国家或地区的跨境资产与这些国家或地区在境外的跨境资产差额（以下简称差额）的高低在很大程度上反映外国在这些国家或地区金融活动的活跃程度，因此是金融中心的较好度量。表 36-1 也给出了 2007 年以来在不同国家或地区本国跨境资产与在这些国家或地区在境外的跨境资产差额。

36.2.1 金融中心的标志

表 36-1 显示，虽然 2007—2010 年，英国本国跨境资产与在英国的跨境资产差额缩减（即在英国的其他国家资产下降）了一半多，而 2010—2017 年又总体处于回升态势，英国"差额"遥遥领先其他任何国家和地区，是名副其实的国际金融中心；中国香港"差额"整体呈现明显的增长态势，2010 年首次超过卢森堡，之后显著增长，成为英国后全球第二大境外跨境资产中心；2011 年以来卢森堡"差额"保持了"差额"第三的地位，是欧洲大陆最大的金融中心；新加坡"差额"变化不大，保持了全球第四的地位，是全球重要的金融中心之一；2009 年以来卢森堡"差额"保持了全球第六的排名，为欧洲大陆第二大金融中心。这些数据为我们判断国际金融中心提供了另外一个参数。

36.2.2 跨境资产与母国跨境资产负正差额的国家和地区

表 36-1 给出的数据显示，除英国、中国香港、卢森堡、新加坡和比利时

这样的集聚别国资产为主的金融中心外，欧元区、瑞士、日本、中国、加拿大、瑞典、美国和澳大利亚这些国家和地区在境外的跨境资产超过了在其境内的跨境资产，"差额"为正数。

36.3 国际金融中心排名与全球外汇中心排名的关系

如本章开始介绍所示，国际金融中心是国际外汇、债券、股票及其衍生产品为主要交易的所在地，也是保险业、基金业、风险投资业等其他金融业相关业务的聚集地，同时更是律师、会计、信用评估等金融服务业的汇集地。因此，国际金融中心的排名应该是对以上主要金融领域业务规模和服务程度等因素加权评估的过程，是一项很专业的工作。多年来全球有多个机构对全球金融中心进行评估和排名，由于此项工作涉及很多专业模型，评估和比较需要较长的篇幅，本书不再细述。这里仅用历史最为悠久且在全球最有影响的全球金融中心指数（Global Financial Centres Index，GFCI）的相关评估结果并探讨全球金融中心指数与全球外汇交易中心排名的关系。

36.3.1 全球金融中心指数简介

全球金融中心指数（Global Financial Centres Index）有十多年的历史。该指数由伦敦金融城委托英国咨询公司 Z/Yen 集团统计制作，该指数主要对全球范围内的主要金融中心的金融竞争力进行评价。Z/Yen 集团每半年对全球近百家金融中心进行评估并发布评估结果。2020 年 3 月最新发布的评估报告对全球 110 个金融中心进行评估和排名（www.zyen.com）。

36.3.2 2012—2020 年全球金融中心指数结果及变化

表 36-2 给出了 Z/Yen 公司 2012 年 3 月、2017 年 3 月、2018 年 3 月、2019 年 3 月和 2020 年 3 月发布的第 11 期、第 21 期、第 23 期、第 25 期和第 27 期全球金融中心指数评估结果。表 36-2 显示，2012—2020 年纽约得分下降了 3 分而伦敦得分下降了 39 分，但是该两中心保持了前两位的排名未变；香港得分下降了 19 分，新加坡得分提高了 9 分；上海得分提高了 53 分，由 2012 年的第 8 位一举位列第 4 位，而东京得分提高了 48 分，排名提升到了第 3 位。全球 5 大国际金融中心地位首次发生了改变。

另外，2012—2020 年北京、旧金山和日内瓦得分分别提高了 90 分、49 分和 50 分，排名分列第 7 位、第 8 位和第 9 位；深圳、迪拜、法兰克福和苏黎世得分分别提高了 84 分、80 分、39 分和 30 分，分别排名第 11 位至第 14 位。广州跃居第19位。这些结果显示,近年来主要欧洲金融中心地位下降明显,而中国相关城市的金融中心异军突起。

表36-2　2012年和2017—2020年全球金融中心指数评估得分和排名

城市	2020年全球金融中心评估得分	2020年全球金融中心排名	2019年全球金融中心评估得分	2019年全球金融中心排名	2018年全球金融中心评估得分	2018年全球金融中心排名	2017年全球金融中心评估得分	2017年全球金融中心排名	2012年全球金融中心评估得分	2012年全球金融中心排名	2019—2020年排名变化	2012—2020年排名变化
纽约	769	1	794	1	793	2	780	2	772	2	0	1
伦敦	742	2	787	2	794	1	782	1	781	1	0	-1
东京	742	3	756	6	749	5	740	5	693	5	3	2
上海	740	4	770	5	741	6	715	13	687	8	1	4
新加坡	738	5	772	4	765	4	760	3	729	4	-1	-1
香港	737	6	783	3	781	3	755	4	754	3	-3	-3
北京	734	7	738	9	721	11	710	16	644	26	2	19
旧金山	732	8	727	16	726	8	724	6	683	12	8	4
日内瓦	729	9	698	28	682	26	704	20	679	14	19	5
洛杉矶	723	10	724	17	712	17	705	19	—	—	7	—
深圳	722	11	730	14	710	18	701	22	638	32	3	21
迪拜	721	12	733	12	709	19	696	25	641	29	0	17
法兰克福	720	13	737	10	708	20	698	23	681	13	-3	0
苏黎世	719	14	739	8	713	16	718	11	689	6	-6	-8
巴黎	718	15	699	27	687	24	679	29	650	22	12	7
芝加哥	717	16	717	20	718	14	723	7	688	7	4	-9
爱丁堡	716	17	674	35	628	43	621	54	632	37	18	20
卢森堡	715	18	691	30	701	21	708	18	648	23	12	5
广州	714	19	708	24	678	28	650	37	—	—	5	—
悉尼	713	20	736	11	724	9	721	8	674	16	-9	-4

数据来源:伦敦金融城委托英国咨询公司Z/Yen集团网站www.zyen.com。

36.3.3　2019年全球金融中心排名与相应中心在全球外汇市场的排名相当

表36-2给出的国内或辖内仅有一个金融中心的国家或地区在全球金融中心评估排名,如新加坡、香港和日内瓦分别排名第5位、第6位和第8位,与这些国家或地区在全球外汇市场的排名基本一致(见表26-3);纽约、伦敦和东

京分别为美国、英国和日本最大的金融中心，它们在表 36-2 中分别排名第 1 位、第 2 位和第 3 位，与其相应的国家在全球外汇市场的排名也基本一致（见表 26-3）。以上结果表明，尽管金融中心涵盖诸多领域的多种因素，但是金融中心的排名与这些中心在全球外汇市场成交金额排名几近相同的结果显示，全球外汇市场的规模和金融中心排名具有很强的正相关性。实际上，该结果的原因也很直观：全球金融市场中国际化程度最高的是全球外汇市场，每天从东亚开始到欧洲，再由欧洲转到美洲，最后从美洲再转至东亚，每天 24 小时不停地随地球旋转。所以，我们可以说金融中心的建设和发展重中之重是外汇市场的建设和发展。

当然以上结果也有一些差异，如法兰克福、苏黎世、巴黎和悉尼分别为德国、瑞士、法国和澳大利亚最大的金融中心，但该 4 个城市在表 36-2 中的排名分别为第 13 位至第 16 位，而这些城市相应的国家或地区在 2019 年全球外汇市场的排名分别为第 9 位、第 6 位、第 7 位和第 10 位，表明了这 4 个城市金融中心排名大幅度低于其相应国家或地区在全球外汇市场的排名，主要欧洲城市近年来金融中心地位相对于其国家或地区在全球外汇市场的地位显著下降。

36.4 中国境内金融中心城市排名及与香港和新加坡的比较

36.4.1 中国境内进入全球前二十大金融中心的四大金融中心

表 36-2 显示，2012—2020 年上海、北京和深圳金融中心排名分别提高了 4 位、19 位和 21 位，排名提高的幅度也居同期全球前二十大金融中心前五名，分别排名第 4 位、第 7 位和第 11 位，显示近年来我国境内主要金融中心快速提升的可喜态势。同时，广州从第 11 期排名并未入榜到 2020 年 3 月第 27 期排名位居 19 位，成为我国境内全球前 20 大金融中心的新成员。通过研究，我们发现北京金融中心地位的快速提高与 2015 年亚投行的设立和相关金融业的发展相关，深圳金融中心地位的显著提高与近年来深圳科创中心的发展及与港澳合作互动有关。我们下文还会讨论相关内容。

36.4.2 我国境内国际金融中心格局的逐步形成

上海、北京、深圳和广州四大境内金融中心覆盖东部、北方和南方，另外成都、杭州、青岛、天津、南京和大连也进入 2017 年全球金融中心名单，排名分别为第 74 位、第 98 位、第 99 位、第 100 位、第 101 位和第 102 位。境内这 10 大金融中心大多在发达地区，整个西北地区金融业随着国家"一带一路"倡议的实施也有很大的发展潜力和空间，未来重庆和西安的金融地位有望显著提升。

36.5　上海国际金融中心的目标定位

《国务院关于推进上海加快发展现代服务业和先进制造业建设国际金融中心和国际航运中心的意见》（以下简称《意见》）于 2009 年 4 月 14 日正式发布就预示着上海国际金融中心和国际航运中心的建设正式拉开了帷幕。上海国际金融中心和国际航运中心的建设不仅是上海发展的重要举措，更是国家战略发展的重要举措。

《意见》第五条明确要求"国际金融中心建设的总体目标是：到 2020 年，基本建成与我国经济实力以及人民币国际地位相适应的国际金融中心；基本形成国内外投资者共同参与、国际化程度较高，交易、定价和信息功能齐备的多层次金融市场体系。"八年来，上海国际金融中心建设取得了可喜的成绩，但是离《意见》对上海的期望仍有一定的差距。

根据国际货币基金组织公布的数据，2010 年我国 GDP 世界占比 9.2%，首次超过了同年日本占比 8.4%，成为全球第二大经济体；表 32-6 显示即使挤出国际外汇数据的水分，2016 年人民币国际化排名已经到了第 8 位，而且表 32-7 显示，2020 年人民币国际化排名全球第 7 位。这样到 2020 年上海金融中心排名第 4 位，分别比同年人民币国际化全球排名第 7 位和我国经济排名全球第 2 位和分别高出 3 位和低两位，应该与《意见》对 2020 年上海国际金融中心地位的期许相近。

36.6　全球经济特区简介

36.6.1　经济特区介绍

经济特区（SEZs），即各国政府通过财政和监管激励以及基础设施支持促进工业活动的地理区域。全球近四分之三的发展中经济体和几乎所有转型经济体都在使用经济特区。经济特区成为工业和投资决策者的首要考虑有三点主要原因，第一，通过经济特区实施商业改革相对容易；第二，建立经济特区的成本低；第三，市场竞争压力变大。大部分经济区域都是多活动区域。工业特区在转型经济中更为常见，创新区最常见的是在亚洲较发达的新兴市场。在发展中经济体，经济特区的主要目标通常是吸引外商直接投资，促进产业的多元化发展。而发达国家的大部分区域都是纯粹的自由区，专注于促进贸易物流和减轻海关程序的行政负担，以便支持复杂的跨境供应链。在当今的全球商业和投资环境下，监管，治理模式，战略重点以及提供的激励方案是发展成功的经济特区政策框架的关键要素。然而，决策者还面临着可持续发展的迫切需要、新工业革命和国际生产格局的变化所带来的新挑战。

36.6.2　经济特区的监管和体制框架

经济特区的设立、运作和最终解散都受到各级政府制定的法律框架的管制。世界各国的经济特区政策差别很大，反映了各国具体的产业结构、目前的发展阶段和增长机会。尽管如此，它们都包括一个特别的经济特区监管制度和一个独立的机构设置。国家层面，经济特区的管理框架涉及各种政策问题，主要是贸易、投资促进和便利、建立投资、获得土地、税收以及劳工和环境问题。国际层面，经济特区的管理制度需遵循三个国际经济法机构的有关规则：国际投资协定、世界贸易组织协定和区域贸易协定。

36.6.3　经济特区的表现和影响

对经济特区的可持续发展影响和绩效评估应考虑其直接和间接的经济贡献，财务和财政可持续性，技术和技能贡献，社会和环境影响，对区域一体化的支持以及政策试验和学习机会，并将这些经济效益与区域成本进行权衡。整体的可持续发展有助于产业逐步实现转型。这也意味着经济特区的影响会随时间推移而不断发展，区域内的经济活动需要不断改变，同时政府也需要强调成本效益分析的不同部分。

经济特区可以促进投资，出口以及就业。但经济特区对经济增长的总体影响往往是暂时的；在建立经济特区的后期，大多数特区的增长率与当地 GDP 增长率同步，在发展中国家其增长率更是低于 GDP。世界银行一项基于 2007—2012 年 346 个在发展中地区经济特区的样本的研究表明，所有经济特区的增长率中位数为 2.8%，大部分特区低于国家 GDP 的增长率 2% 到 5%。图 36-1 显示了该 346 个经济特区的增长表现。总体而言，经济特区在开发阶段初期提供了暂时的推动力。随着经济体的成熟，附加的增长效应逐渐减弱。

36.6.4　迈向新一代经济特区

在建立新一代经济特区的这一阶段，我们需要吸取有关区域设计，运营和影响管理的经验教训；应对可持续发展，数字化和新工业革命以及不断变化的国际生产模式所带来的新挑战；并不断创新，尝试建立 SDG 模型区域。

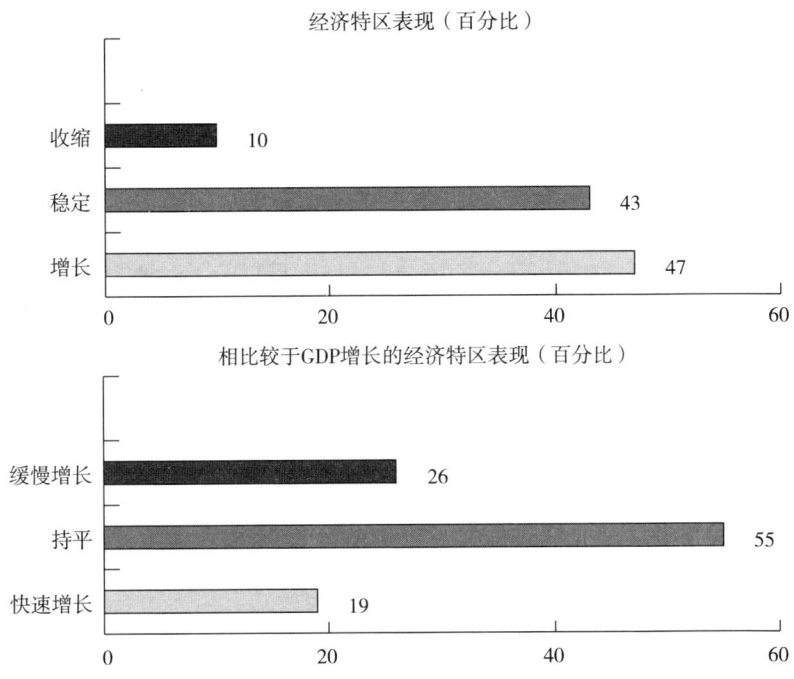

图 36-1　2018 年 346 个经济特区的增长表现

（数据来源：UNCTAD, 2019, "WORLD INVESTMENT REPORT 2019", www.un.org/publications）

36.6.5　美国自贸区的情况介绍

美国大萧条（1929—1933）后的复苏初期，为了推动美国经济发展，美国国会通过了以促进对外贸易为宗旨的《自由贸易区法案》（1934）。该法案提出：在港口或机场附近划出一个特别地区作为自由贸易区，该区不在海关管辖之内，凡依法进入区内的货物，可不受美国海关法限制，并享有各种优惠待遇。1936 年美国在纽约州的布鲁克林建立了第一个自由贸易区。此后美国自由贸易区在 1940—1960 年处于缓慢发展期。截至 1970 年，美国自由贸易区数量仅有 12 个，主要分布在沿海及五大湖的港口地区。

1970 年后，美国自由贸易区进入快速发展时期。截至 1994 年，美国已经建立起 199 个自贸区。美国通过自贸区职能之便，将国外投入品和国内投入品相结合进行大规模生产，产出产品同时供出口和内销，为美国社会创造了巨大的价值，推动了经济的快速发展，巩固了美国经济的霸主地位。而今，美国自贸区的批设成立速度仍在快速增长，2016 年批准成立了 17 个新的自贸区和 28 个分区，截至 2016 年 12 月美国还有 9 个自贸区在审批当中。2016 年，美国活跃的自贸区约为195个,其中活跃的制造业有324项,聚集了3300家企业,提供了约42万个就业岗位,是当今全球自贸区为数最多的国家。2016年进入美国自贸区的货物价值总计超过6100亿美元,其中大约63%的货物来自美国国内,从区内直接出口到国外的货物总值超过800亿美元(仅占当年美国总出口额的5%左右),显示美国自贸区的活动更加倾向于其国内市场而非对外出口(本节内容引自杜江,2018)。

36.7 上海自贸区发展对上海国际金融中心建设的推动作用

2013年8月国务院批准了中国(上海)自由贸易试验区,2013年9月上海自贸区挂牌成立,银监会、保监会和证监会同月发布支持自贸区的相关政策措施。2013年12月2日人民银行发布《关于金融支持中国(上海)自由贸易试验区建设的意见》(以下简称《意见》),标志着上海自贸区在金融改革和对外开放的关键支持政策落地。人民银行发布的《意见》共七项30条,从人民币跨境使用、资本项目可兑换、利率市场化和外汇管理等领域,进一步促进贸易投资便利化,扩大金融对外开放,推动试验区在更高平台参与国际竞争,着力推进人民币跨境使用、人民币资本项目可兑换和外汇管理等领域改革试点,为上海自贸区的各项试点提供了政策支持。

36.7.1 推动上海自贸区的一系列重要举措

2014年4月,中国人民银行和香港金管局公布了沪港股票连通,为推动人民币资本项目自由化另一重大举措。该项目试点于2014年10月启动,对沪港两地股市联动产生了重要的推动作用。沪港通的启动将使国际投资者通过港交所投资上海证券交易所交易的A股,同时国内投资者也可通过上证所投资港交所交易的境外股票。这将明显提升人民币的国际应用,特别是随着试点的逐步扩大,人民币境外资本项目的应用将显著提高,成为境外人民币应用的另外一个重要领域,对人民币支付、融资等方面将有巨大的推动作用(中国银行:《伦敦境外人民币月报》,2014年8月)。沪港股通将有力推动人民币资本项下的应用,对人民币国际化将产生新的动力。

2015年1月29日,国务院下发了《关于推广中国(上海)自由贸易试验区可复制改革试点经验的通知》。通知表示上海自贸试验区的可复制改革试点经验将在全国范围内推广。其中金融领域包括个人其他经常项下人民币结算业务、外商投资企业外汇资本金意愿结汇、银行办理大宗商品衍生品柜台交易涉及的结售汇业务、直接投资项下外汇登记及变更登记下放银行办理等。通知对全国范围内深化改革和推动人民币国际化将有重要意义。

2015年10月29日，人民银行、商务部、银监会、证监会、保监会、外汇局和上海市人民政府联合公布了关于上海自贸区金改方案《进一步推进中国（上海）自由贸易试验区金融开放创新试点加快上海国际金融中心建设方案》（以下简称《方案》）。《方案》包括率先实现人民币资本项目可兑换、进一步扩大人民币跨境使用、不断扩大金融服务业对内对外开放、加快建设面向国际的金融市场、不断加强金融监管和切实防范风险等方面四十条具体内容（以下简称金改四十条），为上海自贸区进一步对外开放、推动人民币国际化和金融市场建设提出了具体的指导意见和方法，为上海自贸区建设注入了新的动力。

2015年10月21日，国务院总理李克强主持召开国务院常务会议，部署进一步深化上海自贸区金融改革试点。会议要求不断深化金融改革开放，把上海国际金融中心建设与上海自贸试验区金融改革试点相结合，推进金融业对内对外开放，探索积累可复制、可推广的经验，有利于推动金融服务更好适应高水平开放的实体经济发展需要。此外，新金改方案还将为上海自贸区五大板块提供分类金融支持，上海自贸区从28.78平方公里，扩展到如今的近120平方公里，这为上海自贸区的金融创新和压力测试，提供了更大的腾挪空间和余地（"国务院部署上海自贸区深化金改：研究试点个人投资者境外投资"，自贸区连线，www.thepaper.cn）。

36.7.2 上海自贸区近年来的成绩

2016年是上海自贸试验区挂牌成立三周年和扩区一周年。三年多来，上海自贸区建设取得了可喜的成就。"一是确立以负面清单管理为核心的投资管理制度，形成与国际通行规则一致的市场准入方式。自挂牌至2017年2月，自贸试验区累计新设企业44018户，其中，内资企业35961户，占比81.7%，外资企业8057户，占比18.3%，社会投资活力大幅提升。二是确立符合国际高标准贸易便利化规则的贸易监管制度，形成具有国际竞争力的口岸监管服务模式。三是确立适应更加开放环境和有效防范风险的金融创新制度，形成与上海国际金融中心建设的联动机制。创设自由贸易账户系统，建立宏观审慎管理的资本项目可兑换操作模式，实施'分类别、有管理'的资本项目可兑换。目前，上海自贸试验区入驻持牌金融机构817家，占全市的53.9%。累计597家企业发生跨境双向人民币资金池业务，资金池收支总额7768.1亿元。2016年，跨境人民币结算总额已达11518亿元，占全市的50.99%。共有51家金融机构通过分账核算系统验收，累计开立自由贸易账户6.5万个，自由贸易账户业务涉及126个国家和地区、3.2万家境内外企业。四是确立以规范市场主体行为为重点的事中事后监管制度，形成透明高效的准入后全过程监管体系。五是联动创新一级政府管理体制,实现符合市场经济规则的政府职能转变新突破。六是加强改革试点经验复制推广"("市政府新闻发布会介绍上海自贸试验区制度创新成果及建设推进情况",上海市政府网站 www.shanghai.gov.cn,2017年4月1日)。

然而,由于近年来人民币对美元贬值压力导致资金外流的压力及相关监管政策的实施,2017年以来人民币跨境结算、资金池和其他相关业务受到了明显的影响。要回到持续增长轨道,需要在国内金融体系改革和全面深化改革等方面下功夫。

36.7.3 上海自贸区进一步发展的相关举措

2017年3月31日,国务院印发《全面深化中国(上海)自由贸易试验区改革开放方案》(以下简称《全改方案》),对上海自贸试验区下一步改革提出了更高的要求。

2018年1月中共上海十一届市委三次全会举行:研究部署2018年全面深化以自贸区建设为重点改革开放,加快构筑法治化、国际化、便利化营商环境,深化国资国企改革,支持民营经济发展,落实开放型经济新体制"33条"。2018年6月自由贸易试验区负面清单由2017年版95条措施减至2018年版45条措施。2018年版自由贸易试验区负面清单,在全国负面清单开放措施基础上,在更多领域试点取消或放宽外资准入限制。例如在农业领域,将小麦、玉米新品种选育和种子生产外资股比由不超过49%放宽至不超过66%。在采矿领域,取消石油、天然气勘探、开发限于合资、合作的限制,取消禁止投资放射性矿产冶炼加工与核燃料生产的规定。

2018年11月上海自贸试验区将增设新片区,在推进投资和贸易自由化便利化方面大胆创新探索,为全国积累更多可复制可推广经验。2019年6月28日,第二届长三角民企发展大会表示上海自贸试验区新片区将主要在上海临港地区。未来上海自贸区新片区将对标国际最高标准、最富竞争力的制度创新,同时在产业上要有突破,更需要的是解决核心技术所需要的,比如说集成电路、生物医药、人工智能、航空航天、新能源、智能装备等产业发展。

上海将深入学习贯彻"四个新作为"的要求,坚定践行新发展理念,全力推进自贸试验区建设这项国家战略,按照稳中求进工作总基调,明确主体责任和实施职责,以重点突破带动整体推进,进一步细化措施,形成合力抓推进抓落实,在更大范围内全面深化改革,继续当好全国改革开放排头兵、创新发展先行者。"上海将在认真总结改革试验基础上,与商务部等国家部委一起,对照国际最高标准、最好水平的自由贸易区,全面深化上海自贸试验区改革创新各项工作,研究明确下一阶段重点目标任务方案,加快构建开放型经济新体制,努力做到习近平总书记要求的'百尺竿头,更进一步',在自贸试验区改革上有新作为"(来源同上)。相信随着《全改方案》的进一步落实，上海自贸区的功能和潜力将进一步发挥。

36.7.4 中国（上海）自由贸易试验区临港新片区

设立中国（上海）自由贸易试验区临港新片区，是以习近平同志为核心的党中央总揽全局、科学决策做出的进一步扩大开放重大战略部署，是新时代彰显中国坚持全方位开放鲜明态度、主动引领经济全球化健康发展的重要举措。到 2025 年，建立比较成熟的投资贸易自由化便利化制度体系，打造一批更高开放度的功能型平台，集聚一批世界一流企业，区域创造力和竞争力显著增强，经济实力和经济总量大幅跃升。到 2035 年，建成具有较强国际市场影响力和竞争力的特殊经济功能区，形成更加成熟定型的制度成果，打造全球高端资源要素配置的核心功能，成为中国深度融入经济全球化的重要载体。

2019 年 7 月 30 日，上海市政府第 60 次常务会议通过《中国（上海）自由贸易试验区临港新片区管理办法（沪府令 19 号）》，自 2019 年 8 月 20 日起施行。《办法》以政府规章的形式，明确临港新片区的管理体制机制，全面体现新片区改革亮点，衔接国家授权改革措施，为新片区顺利运作提供法治保障。2019 年 8 月 6 日，国务院印发《中国（上海）自由贸易试验区临港新片区总体方案》，设立中国（上海）自由贸易试验区临港新片区。2019 年 8 月 7 日，原临港企业服务中心启用新名字："中国（上海）自由贸易试验区临港新片区行政服务中心"。2019 年 8 月 20 日上午，上海自贸试验区临港新片区在滴水湖畔正式揭牌（如上信息主要源自临港新片区管理委员会网站：https://www.lgxc.gov.cn/channels/22.html）。

36.8 其他自贸区试点情况

继上海自贸区设立后，国家先后批准了第二批、第三批和第四批自贸试点单位，本节简单介绍这些自贸区的推动情况及对人民币国际化的推动作用。

36.8.1 第二批自贸区试点地区自贸区推动简介

2015 年 4 月，新设的广东、天津、福建三个自由贸易试验区总体方案正式公布。该三个自贸区为国家第二批自贸区试点。广东、天津、福建自贸区均提出，区内试行资本项目限额内可兑换。中国（天津）自由贸易试验区在推进金融制度创新方面将深化金融体制改革，实施业务模式创新，培育新型金融市场，加强风险控制，推进投融资便利化、利率市场化和人民币跨境使用，做大做强融资租赁业，服务实体经济发展。中国（广东）自由贸易试验区在推进金融制度创新方面将推动跨境人民币业务创新发展；推动适应粤港澳服务贸易自由化的金融创新；推动投融资便利化；建立健全自贸试验区金融风险防控体系。中国（福建）自由贸易试验区试行资本项目限额内可兑换，符合条件的自贸试验区内机构在限额内自主开展直接投资、并购、债务工具、金融类投资等交易。这些自贸区将对加速推动资本项目可兑换发挥积极作用。

表36-3给出了2019年自贸区试点省份占全国进出口的比重。广东为全国经贸最大省，而且有与港澳两大特区邻近的自然优势，广东自贸区试点在第二批自贸试点中发挥重要的作用；第二批三个试点省份2019年占全国出口、进口、外贸和贸易顺差比重分别高达31.7%、26.1%、29.2%和59.3%，该三个自贸区的推广和建设将对我国外贸、人民币跨境结算等方面发挥重要的推动作用。

表36-3 11个自贸区试点省份2018年出口、进口、进出口和贸易顺差规模及占全国比重分布   单位：亿美元，%

自贸区	出口	进口	进出口	贸易顺差	出口	进口	进出口	贸易顺差
上海	1990.0	2948.9	4938.9	-958.9	-3.9	-4.4	-4.2	-5.3
第一批	1990.0	2948.9	4938.9	-958.9	-3.9	-4.4	-4.2	-5.3
广东	6291.8	4070.0	10361.8	2221.8	-2.7	-7.1	-4.5	6.5
天津	437.9	628.5	1066.5	-190.6	-10.3	-14.7	-13.0	-23.5
福建	1201.7	729.5	1931.2	472.2	4.0	1.4	3.0	8.3
第二批	7931.4	5428.1	13359.5	2503.4	-2.2	-7.0	-4.2	10.1
浙江	3345.9	1126.4	4472.3	2219.5	4.2	1.2	3.4	5.8
辽宁	454.5	598.3	1052.8	-143.8	-6.9	-8.8	-8.0	-14.6
河南	542.2	282.5	824.7	259.7	0.8	-2.7	-0.4	5.0
湖北	360.0	211.5	571.5	148.5	5.6	13.0	8.2	-3.4
重庆	538.0	301.7	839.7	236.4	4.7	9.0	6.2	-0.3
四川	563.9	416.7	980.6	147.1	11.9	5.4	9.0	35.5
陕西	272.2	238.3	510.5	33.9	-13.8	9.7	-4.2	-65.6
第三批	6076.7	3175.4	9252.1	2901.3	2.8	1.2	2.3	4.5
山东	1614.5	1348.5	2963.0	266.0	0.8	2.0	1.3	-4.6
江苏	3948.3	2347.0	6295.3	1601.3	-2.3	-9.7	-5.2	11.2
广西	377.5	304.6	682.1	72.8	15.1	3.1	9.4	123.5
河北	343.8	236.6	580.4	107.2	1.2	18.9	7.7	-23.9
云南	150.2	186.7	337.0	-36.5	17.3	9.2	12.7	-14.6
黑龙江	50.7	220.3	271.0	-169.6	13.9	0.3	2.6	-3.1
第四批	6485.0	4643.7	11128.7	1841.3	0.0	-3.4	-1.4	9.9
合计	22483.2	16196.1	38679.3	6287.1	-0.4	-4.0	-1.9	10.1

数据来源：国家海关总署资讯网 www.chinacustomsstat.gov.cn。

36.8.2 第三批自贸区试点

2016年9月,党中央、国务院决定在辽宁省、浙江省、河南省、湖北省、重庆市、四川省、陕西省新设立7个自贸试验区,这是继2014年第二批自贸区获批后第三次扩容。第三批试点包括的省份虽多,但除浙江省外,其他六个省份出口和进口占全国比重大多在1%~2%,有的还不到1%。然而从第三批试点名单可以看出,前两批四个自贸区试点皆在沿海经济发达地区的自贸区,而第三批除浙江外,其他试点省份皆为内陆省份;另外,第三批自贸区试点省份分布全国东南西北中,其中东北、东南、西北各一个试点省份,西南两个试点单位,中部两个试点省份,在全国有很大的代表性。2019年第三批七个试点省份占我国出口、进口、进出口和贸易顺差比重分别为24.3%、15.3%、20.2%和68.8%。第三批自贸区试点省份的成功推动将对全国外贸和人民币跨境结算等应用发挥显著的带动作用。

36.8.3 三批11个自贸区试点省份总贸易规模等介绍

表36-3显示,三批11个自贸区试点单位2019年总出口、进口、进出口和贸易顺差占我国总额的比重分别高达64.0%、55.6%、60.2%和105.4%,皆超过全国五成以上。这些自贸区的发展将对我国进出口、经济和人民币跨境使用等很多方面产生积极的推动作用。

36.8.4 新设六个自贸区

2019年8月2日,《国务院关于同意新设6个自由贸易试验区的批复》公布(中华人民共和国中央人民政府网:www.gov.cn),批准山东省、江苏省、广西壮族自治区、河北省、云南省和黑龙江省为新设的6个自由贸易试验区。扩容后的我国自由贸易试验区形成了新的格局,在全国对外贸易的代表性更强,对我国贸易的进一步发展将带来新的活力。

36.9 标本兼治推动营商环境的提高

36.9.1 世界银行营商环境指标体系

继世界银行治理模型后,世界银行于2002年首次发布了关注和度量中小企业生长周期经营的相关监管环境的报告。截至2019年10月公布的最新报告(Doing Business 2020,实际覆盖2018年5月至2019年5月期间的各经济体改革措施),世界银行营商环境报告稿包括了全球190个国家和地区开设业务、建筑许可、供电、土地和交通等资产注册、获取信贷、小股东保护、纳税、跨境交易、执行契约和破产处理共十个子指标在内的营商环境指标体系,对每个国家和地区及其主要城市每年进行评估排名(请参阅世界银行 www.doingbusiness.org)。该报告的结果近年来获得了包括我国政府的关注和采纳,对全球营商环境比较和改善发挥着越来越重要的作用。

36.9.2 中国营商环境评估结果和排名及国际比较

根据世界银行 2019 年 10 月公布的最新营商环境评估结果(Doing Business 2020),2020 年中国营商环境全球排名第 31 位,远超 2019 年我国人均产值全球第 70 位的排名;比同期土耳其、墨西哥、沙特阿拉伯、印度、印度尼西亚和巴西 6 个进入全球前 20 大经济体的主要发展中国家排名第 33 位、第 60 位、第 62 位、第 63 位、第 73 位和第 124 位要高,略低排名第 28 位的俄罗斯,但是比主要发达国家和地区排名低很多。这些结果显示,我国营商环境与进一步开放的国策效果明显,但仍有显著改善的空间。

36.9.3 全球主要金融中心城市营商环境评估结果和排名比较

表 36-2 给出的 2020 年全球前 20 大国际金融中心城市除上海、北京、深圳、迪拜和广州外其他 15 个城市皆为发达国家和地区城市,2020 年上海营商环境比全国略低,排名第 39 位,而北京营商环境评估结果比全国略高(相应的排名在第 32 位),深圳没有参加评估试点,其结果应该与全国相差也不大;迪拜也未直接参加评估,而其所在国家阿联酋 2020 年营商环境全球排名第 18 位,不仅比我国高 17 位,而且比东京排名第 38 位还要高,也比法国、荷兰、西班牙和意大利等主要发达国家的排名要高,显示迪拜在营商环境方面有很多值得我国学习的地方。

36.9.4 营商环境评估与国家治理的关系

上文介绍的世界银行营商环境的十个子指标实际上是第 33 章介绍的国家治理指标中政府效能、政府监管质量、司法有效性和腐败控制等制度层面结果在商业领域的表象,因此营商环境评估结果应该与国家治理评估结果之间有着密切的关系。利用世界银行 2017 年公布的不同国家和地区营商环境评估结果和同期世界银行治理模型的评估结果(2017 年的治理评估结果未出,因此我们只能利用 2017 年评估的 2016 年两个评估结果数据皆齐全的国家和地区数据),2016 年全球 174 个国家和地区营商环境评估结果与监管质量、政府效能和司法有效性之间的相关性分别高达 88.2%、87.1% 和 82.8%,与腐败控制之间的相关系数为75.3%，而与政府稳定和话语权之间的相关系数分别仅为63.2%和61.8%，显示政府监管质量、政府效能和司法有效性与营商环境之间的密切关系。

36.9.5 国家治理对营商环境的主导作用

上文给出国家治理指标与营商环境评估结果之间的相关系数还不能很好地反映出国家治理和营商环境之间相互影响的程度。与第31章两个国家或地区间治理相互影响一样，两种评估结果简单线性回归的有效性相同，如政府监管质量与营商环境相互影响回归有效性皆为77.79%，难以反映出一个指标影响另一个指标的水平。然而前者影响后者的回归均方差仅为6.48%，而后者影响前者的均方差却高达9.35%，表明前者影响后者更为准确，前者影响后者的影响力（回归有效性与回归均方差比例）为77.79%/6.48% = 12.00，而后者对前者的影响力仅为77.79%/9.35% = 8.32。同样，政府效能、司法有效性和腐败控制对营商环境的影响力分别为11.22、8.88和6.27，而营商环境对政府效能、司法有效性和腐败控制的影响力分别仅为7.76、6.08和4.24；而政府效能、司法有效性、监管治理和腐败控制四个指标共同影响营商环境的影响力更是高达81.93%/5.90% = 13.89，高于四个指标任何一个单独影响营商环境的水平。这些结果显示国家治理对营商环境的影响力显著超过营商环境对国家治理的影响力。

36.9.6 营商环境和城市治理标本兼治

世界银行近年来推出的各国营商环境评估模型所用的十个营商指标及其覆盖的内容具体明确，比世界银行治理模型所用的数据评估更容易操作。尽管如此，这十个子指标及其覆盖的内容全部是政府效能、司法有效性、政府监管质量和腐败控制这些国家治理概念的反映或表象，国家治理实际上是营商环境的根本。因此，只有从国家或城市政府效能、司法有效性、政府监管质量和腐败控制这些国家治理的内涵有了切实的提高，营商环境的十个子指标及其涵盖的内容才能从根本上解决。所以，从营商环境和国家/城市治理两个方面标本兼治，营商环境才会切实提升，经济社会才会更加有效发展。

36.10 加强合作推动上海国际金融中心建设

在推动自贸区的发展以使得自贸区对上海国际金融中心作出更大的贡献的同时，加强与境内外机构的密切合作对推动上海国际金融中心的建设同样必不可少。

36.10.1　更好发挥新开发银行的辐射和带动作用

第34章的介绍显示,"金砖银行"筹备时间比亚投行提出的时间要早一年,而两个国际机构成立的时间相差不多,但是亚投行截至2020年7月已有103个成员,然而新开发银行至今仍然只有5个最初发起成员国,且到目前仍然没有扩容。充分利用新开发银行落地上海的优势,积极支持和推动该行的扩容和发展,不仅对"一带一路"和人民币国际化的推动有重要意义,而且还会对上海国际金融中心建设有积极的带动作用。

36.10.2　加大沪新合作

多年来新加坡经济排名全球三十位之后,新加坡金融中心和新加坡的外汇交易却从2013年以来取得排名全球第3位和亚洲第1位的成绩确实难得。新加坡是亚洲最大的金融中心,2007—2019年新加坡跨境资产年均复合增长率高达7.9%,高于同期日本、韩国和中国台湾的相应增幅(仅略低于澳大利亚同期年均复合增长率8.8%和中国2015—2019年的年均复合增长率11.1%),显示新加坡在发展自己金融中心的同时也注重境外市场的发展。另外,2016年新加坡华侨银行和大华银行在全球银行国际化排名分别为第15位和第19位,高于同期中国银行排名(第21位);同时新加坡星展银行的国际化排名第23位,比国内工商银行和建设银行相应的排名第30位和第39位高很多,而同期上海最大的法人银行浦发银行国际化排名仅为第46位。虽然重庆2015年已经获得了中新合作的部分内容,然而以重庆经贸规模和金融市场规模来判断,充分利用新加坡星展、华侨和大华三大银行国内法人行在上海的优势,增加沪新合作仍有巨大潜力。

36.10.3　沪韩合作

2015年韩国经济超过俄罗斯全球排名提升到了第11位;表20-6显示,韩国多年来保持了我国第六大贸易伙伴的地位。表31-1显示,2007—2019年韩国跨境资产年均复合增长率高达7.0%,超过同期日本和中国台湾,同时仅次于澳大利亚和新加坡的增长率,显示韩国金融危机以来境外持续扩张的态势。表29-3显示,尽管中韩两国近年来受萨德问题的困扰,2017年4月韩国人民币支付占比超过了美国和中国台湾,成为继中国香港、英国和新加坡之后境外第四大人民币中心;根据表29-3给出的2019年以来主要境外人民币中心人民币支付占比变化,韩国在2019年6月超过美国成为境外第三大人民币支付中心,显示出中韩合作的巨大潜力。

36.10.4 沪台合作

表20-6显示，中国台湾多年来保持了中国大陆第七大贸易伙伴的地位，台湾人民币中心自2013年以来保持了境外第5位左右的地位，而且台湾人民币中心多年以来保持了香港外最大的离岸人民币储蓄中心；表31-1显示，2007—2019年中国台湾跨境资产年均复合增长率高达6.7%，高于同期日本的年均增幅5.2%，显示金融危机后中国台湾境外开拓的能力；虽然台湾经济规模与大陆贸易规模都低于韩国，但是中国台湾跨境资产和净资产都显著超过韩国。加强沪台合作对上海国际金融中心会有很好的推动作用。

36.10.5 加强沪澳合作

多年来，澳大利亚经贸规模和境外资产皆显著低于加拿大，但是澳大利亚与我国贸易额却显著超过加拿大，而且自2004年以来澳大利亚元在全球外汇市场的排名一直高于加拿大元，从2010年以来保持了超过瑞士法郎和加拿大元的全球第五地位（表26-1）。表32-1显示，2007—2019年澳大利亚跨境资产年均复合增长率高达8.8%，显著超过韩国、新加坡、中国台湾和日本，显示金融危机后澳大利亚境外资产持续增长的态势。由于中澳两国经贸关系密切，而且澳大利亚两家银行国内总部在上海，加强沪澳合作对上海国际金融中心地位有很大的推动作用。

36.11 主要国际外汇交易中心排名的变化

根据表26-3给出了1998—2019年我国大陆外汇市场日均成交金额数据，我们可以计算出2010—2019年不同国家和地区外汇日均成交金额年均复合增长率并以此增长率估算不同国家和地区今后20多年的外汇成交金额及占比，表36-4给出了相应的结果。

表36-4　2019—2045年主要国家和地区外汇市场日均成交金额全球占比分布（2019—2045年）　　单位：%

国家或地区 \ 年份	2010—2019年年均复合增长率	2019	2021	2022	2025	2030	2031	2032	2033	2034	2040	2045
英国	7.6	43.1	43.8	44.3	43.0	43.0	42.6	41.7	40.9	39.9	31.7	22.9
美国	4.7	16.5	15.9	14.8	12.6	12.6	12.1	11.6	11.0	10.5	7.1	4.5
新加坡	10.1	7.6	8.1	8.8	9.6	9.6	9.7	9.8	9.8	9.8	8.9	7.3
中国香港	11.5	7.6	8.3	9.4	10.9	10.9	11.1	11.3	11.5	11.6	11.4	9.9
日本	2.1	4.5	4.1	3.6	2.7	2.7	2.5	2.3	2.2	2.0	1.2	0.6

续表

年份 国家或地区	2010—2019年 年均复合增长率	2019	2021	2022	2025	2030	2031	2032	2033	2034	2040	2045
瑞士	1.1	3.3	3.0	2.5	1.8	1.8	1.7	1.5	1.4	1.3	0.7	0.4
法国	1.1	2.0	1.8	1.5	1.1	1.1	1.0	0.9	0.9	0.8	0.4	0.2
中国大陆	23.9	1.6	2.2	3.4	6.7	6.7	7.7	8.6	9.7	11.0	20.3	29.8
德国	1.5	1.5	1.4	1.2	0.8	0.8	0.8	0.7	0.7	0.6	0.3	0.2
澳大利亚	−5.2	1.4	1.1	0.8	0.4	0.4	0.4	0.3	0.3	0.2	0.1	0.0
加拿大	6.5	1.3	1.3	1.3	1.2	1.2	1.1	1.1	1.1	1.1	0.8	0.5
荷兰	15.0	0.8	0.9	1.1	1.5	1.5	1.6	1.7	1.7	1.8	2.2	2.2
丹麦	−6.9	0.8	0.6	0.4	0.2	0.2	0.1	0.1	0.1	0.1	0.0	0.0
香港人民币	31.3*	1.3	1.7	2.6	4.4	4.4	5.2	5.6	5.7	6.1	8.0	8.0
香港人民币以外	9.8	6.3	6.6	6.8	6.4	6.4	5.9	5.7	5.8	5.5	3.5	1.9
欧洲6国合计	6.1	51.50	51.38	51.00	48.41	48.41	47.75	46.68	45.65	44.50	35.33	25.88
北美2国合计	7.4	17.83	17.20	16.13	13.79	13.79	13.30	12.70	12.13	11.55	7.88	5.03
英国外欧洲5国合计	1.2	8.38	7.62	6.67	5.39	5.39	5.19	4.97	4.79	4.60	3.67	2.98
欧元区	−1.8	8.2	5.5	4.2	2.6	2.6	2.4	2.1	1.9	1.7	0.8	0.0

数据来源：以表26-3给出的2019年不同国家和地区外汇成交金额为基数，假设今后不同国家和地区外汇成交金额保持国际清算银行2019年9月公布的这些国家和地区2010年4月到2019年4月外汇日均成交金额年均复合增长率，并假设2021—2045年表中13个国家和地区总外汇成交金额占全球外汇成交金额年均变化保持其自2010—2019年年均变化0.41%的一半0.2%计算得出；2010年4月到2019年4月香港人民币外汇日均成交金额年均复合增长率以表28-5给出的数据计算得出29.1%，由于29.1%显著高于国内人民币年均复合增长率23.9%不易持续，因此表36-4估算香港人民币以与国内外汇市场同样的年均复合增长率估算，香港人民币以外的其他外汇交易金额以香港总外汇交易金额减去香港人民币外汇金额。

36.11.1 主要国际金融中心地位的变化

表36-4显示，2010—2019年我国大陆、荷兰、中国香港和新加坡外汇市场日均成交金额年均复合增长率皆高达两位数，分别为23.9%、15.0%、11.5%和10.1%，显著高于英、美和日三大外汇中心相应的年均复合增长率，因此中国大陆、荷兰、中国香港特区和新加坡外汇交易今后有望保持持续显著的增长态势。表36-4显示，2021年香港有望超过新加坡成为全球第三和亚洲最大的外汇交易中心，而且到2032年中国香港外汇交易占比有望超过美国成为全球第二大外汇交易中心；新加坡从2020年或2021年被中国香港超过后，将于2033年被我国大陆超越，成为全球第五大外汇中心。表36-4相关结果显示，我国大陆将分别于2021年、2022年、2026年、2033年、2034年、2036年和2045年成为从全球排名第7位到第1位的外汇交易中心，显示出今后我国外汇市场发展的潜能。

36.11.2　主要外汇中心在三大洲际间的分布

表36-4显示，2019—2025年，包括英国在内欧洲六大外汇交易中心外汇交易全球占比保持在全球一半以上，而2025—2040年该六大欧洲外汇交易中心总外汇交易全球占比将持续下降到了33.36%，而到2045年将进一步下降到了23.90%，显示欧洲在全球外汇市场的地位持续下降的态势，美洲外汇交易也与欧洲相似，占比持续下降；同时中国大陆、中国香港和新加坡等亚洲中心在全球外汇市场的地位持续显著提高，显示今后二十年左右全球外汇市场从欧洲和美洲向亚洲转移的趋势明显。

36.12　中国两大国际金融中心交相辉映和人民币的作用

36.12.1　香港国际金融中心

表36-4显示，2020年香港会超过新加坡成为全球第三大和亚洲最大的外汇交易中心，而且2033年香港会超过美国成为全球第二大外汇交易中心。实际上，香港国际金融中心地位的提升与人民币在香港的作用密不可分。香港金管局公布的数据显示，2018年10月，人民币在香港外汇市场排名首次超过了港元和日元，成为仅次于美元的第二大货币，然而2019年4月港元交易又超过了人民币，人民币在港排名回落到了第三位。表36-4也同时给出了2019—2045年香港人民币外汇交易的全球占比及香港人民币外其他币种外汇交易全球占比。表36-4显示，到2032年，香港人民币外汇交易全球占比将提高到5.6%，略低于同年香港人民币外其他外汇交易占比5.7%，换句话说，2032年香港人民币外汇交易将占香港外汇交易的99.5%，成为香港外汇市场最大的交易货币，显示人民币对香港国际金融中心的重要贡献。香港外其他四大国际金融中心都有每半年的外汇市场数据定期公布；香港财资市场协会（TMA）从2017年下半年开始公布香港类似的数据，然而本该2019年7月就公布的香港上半年度外汇市场数据至今仍未公布，不仅影响香港职业精神，而且影响香港国际金融中心的地位。

36.12.2　境内外汇交易全球占比排名与人民币国际化全球排名比较

表36-4显示，2034年境内外汇交易全球占比将首次超过香港，成为全球

第二大外汇交易中心；境内成为全球第二大外汇交易中心的时间比第36章估算出人民币2029年成为全球第二大货币的时间晚5年，这是因为人民币很大一部分交易量在香港进行，两地人民币共同对人民币国际化发挥推动作用。由于境内外汇交易的一半以上在上海，上文结果显示在2034年之后不久，上海会成为全球第二大外汇交易中心。

36.13 上海营商环境的境内外比较

36.13.1 上海营商环境的国内比较

根据世界银行发布的最新营商环境结果，2014年以来上海营商环境评估得分总体略高于全国，2014—2020年，上海营商环境评估结果分别比全国评估结果高出0.067、−0.053、0.002和0.040。然而仔细观察上海十个营商环境子指标，我们发现除获得信贷、保护少数投资者和破产办理三个指标与全国保持一致外，跨境培训和获得电力两个指标显著高于全国的同时，上海办理施工许可和产权登记却不仅显著低于全国水平，而且更低于同期北京市相应的得分；同时上海合同执行和纳税两个指标也在近年来明显低于全国。这些结果显示，上海除跨境培训和获得电力显著高于全球评估得分外，其他指标或者与全国一致，或者还低于全国水平，表明上海在营商环境方面仍有显著潜力可挖掘。

36.13.2 上海营商环境的国际比较

国际金融中心指数包括金融市场数据外，同时也与营商环境多项指标密切相关。表36–5给出了2014—2020年上海营商环境与国际金融中心排名前5个城市和北京的比较结果。

表36–5 主要国际金融中心城市营商环境评估比较（2014—2020年）

城市	年份	开办企业	施工许可	获得电力	产权登记	获得信贷	投资保护	纳税	跨境贸易	合同执行	破产办理	平均
伦敦*	2020	94.6	80.3	96.9	75.7	75.0	84.0	86.2	93.8	68.7	80.3	83.5
	2019	94.6	80.3	96.4	75.3	75.0	84.0	87.1	93.8	68.7	80.3	83.6
	2018	94.6	80.3	93.3	75.3	75.0	84.0	86.9	93.8	68.7	80.2	83.2
	2017	94.6	80.3	93.3	74.9	75.0	84.0	86.8	93.8	68.7	82.0	83.3
	2016	94.6	80.2	93.3	75.3	75.0	84.0	86.4	93.8	68.7	82.0	83.3
	2015	91.2	80.1	93.3	72.5	75.0	84.0	90.9	93.8	67.4	82.0	82.9
	2014	89.8	86.8	90.8	72.4	75.0	84.0	90.3	88.2	67.4	82.0	82.7

续表

城市	年份	开办企业	施工许可	获得电力	产权登记	获得信贷	投资保护	纳税	跨境贸易	合同执行	破产办理	平均
纽约	2020	91.6	80.1	91.2	76.8	95.0	70.0	85.8	92.0	79.1	90.5	85.2
	2019	91.6	80.1	91.2	76.7	95.0	70.0	83.3	92.0	79.1	90.9	85.0
	2018	91.6	80.1	91.2	76.8	95.0	70.0	83.2	92.0	79.1	91.1	85.0
	2017	91.6	80.1	91.2	76.8	95.0	70.0	83.2	92.0	79.1	91.2	85.0
	2016	91.6	80.1	91.2	76.8	95.0	70.0	83.2	92.0	79.1	91.2	85.0
	2015	91.6	80.1	91.2	82.4	95.0	70.0	79.7	92.0	73.2	91.2	84.0
	2014	91.3	80.1	88.3	82.3	95.0	70.0	79.7	88.6	73.2	91.2	84.0
香港	2020	98.2	93.5	99.3	73.6	75.0	84.0	99.7	95.0	69.1	65.7	85.3
	2019	98.1	91.2	99.3	73.6	75.0	84.0	99.7	95.0	69.1	65.7	85.1
	2018	98.1	91.2	99.0	73.5	75.0	84.0	99.7	95.0	69.1	65.7	85.0
	2017	98.2	91.2	99.0	70.6	75.0	84.0	99.7	95.0	69.1	65.7	84.8
	2016	98.1	91.2	94.7	70.6	75.0	84.0	99.7	95.0	69.1	65.7	84.3
香港	2015	96.4	91.2	93.7	67.5	70.0	84.0	100.0	95.0	78.7	65.7	83.7
	2014	96.5	87.8	91.5	67.5	70.0	82.0	100.0	95.5	78.7	62.4	83.2
新加坡	2020	98.2	87.9	91.8	83.1	75.0	86.0	91.6	89.6	84.5	74.3	86.2
	2019	98.2	84.7	91.3	83.1	75.0	86.0	91.6	89.6	84.5	74.3	85.8
	2018	96.5	84.7	91.3	83.2	75.0	86.0	91.6	89.6	83.6	74.3	85.6
	2017	96.5	83.7	91.3	83.2	75.0	86.0	91.5	89.3	83.6	74.3	85.4
	2016	96.5	80.7	91.2	81.9	75.0	86.0	90.4	89.3	83.6	74.3	84.9
	2015	96.5	80.7	91.2	79.2	75.0	86.0	96.6	89.3	89.2	74.3	86.7
	2014	96.5	82.9	92.4	79.2	75.0	86.0	96.6	96.8	89.2	74.8	86.9
东京	2020	86.0	83.1	90.7	75.6	55.0	64.0	81.6	86.6	65.3	90.0	77.8
	2019	86.0	83.1	90.7	75.2	55.0	64.0	81.6	86.5	65.3	90.2	77.8
	2018	86.0	83.1	90.7	75.2	55.0	64.0	81.4	86.5	65.3	90.2	77.7
	2017	86.0	83.1	90.5	75.2	55.0	64.0	80.8	86.5	65.3	90.0	77.6
	2016	86.0	83.1	90.5	75.2	55.0	64.0	78.2	86.5	65.3	90.1	77.4
	2015	86.0	83.1	90.5	72.5	55.0	64.0	71.7	86.5	73.2	90.6	76.9
	2014	85.9	81.9	87.4	72.4	55.0	64.0	73.1	86.7	73.2	90.6	77.0
上海	2020	93.3	77.0	95.4	79.7	60.0	72.0	68.7	87.2	81.6	62.1	77.7
	2019	93.3	67.7	92.0	79.7	60.0	62.0	66.7	83.9	78.8	55.8	74.0
	2018	85.6	39.3	67.4	73.6	60.0	56.0	63.3	72.1	78.8	55.8	65.2
	2017	84.6	37.8	67.2	72.8	60.0	56.0	60.6	72.1	78.8	55.8	64.6
	2016	81.1	37.5	67.2	72.8	50.0	56.0	60.9	72.1	78.8	55.4	63.2
	2015	81.2	35.2	67.1	72.6	50.0	56.0	64.1	72.1	67.7	55.3	61.5
	2014	72.5	26.2	68.4	72.5	50.0	52.0	60.9	72.9	67.7	55.3	59.9

续表

城市	年份	开办企业	施工许可	获得电力	产权登记	获得信贷	投资保护	纳税	跨境贸易	合同执行	破产办理	平均
北京	2020	95.1	77.8	95.4	82.6	60.0	72.0	71.7	85.7	80.0	62.1	78.2
	2019	93.6	62.1	92.0	82.2	60.0	62.0	69.4	82.8	79.1	55.8	73.9
	2018	85.1	43.5	63.7	76.7	60.0	56.0	63.2	69.0	79.1	55.8	65.2
	2017	84.1	42.4	63.5	76.7	60.0	56.0	60.7	69.0	79.1	55.8	64.7
	2016	80.3	42.1	63.5	76.7	50.0	56.0	60.1	69.0	77.3	55.4	63.0
	2015	80.5	41.4	63.3	76.7	50.0	56.0	63.9	69.0	66.2	55.3	61.7
	2014	71.8	34.4	63.5	76.7	50.0	52.0	60.9	70.0	66.2	55.3	60.1

数据来源：世界银行网站；由于世界银行营商环境结果没有伦敦的直接结果，表36-5中的结果是英国的评估结果；由于世界银行2016年开始采用了新的参数计算方法，2014年和2015年评估结果与2016年及之后年份评估结果并不具备可比性。

表36-5显示，2014—2020年，纽约、伦敦、香港和新加坡四个金融中心年均治理水平分别比同期上海年均治理水平高出18.2、16.7、17.9和19.4，显示香港和新加坡两大东亚金融中心与排名前二的纽约和伦敦相近；东京年均治理水平比上海高出10.9，显示东京治理与纽约、伦敦、香港和新加坡拉开了距离；上海与前五大国际金融中心治理之间仍然有着显著的差距。

表36-5给出的主要金融中心营商环境结果不易看出各个子指标间的差别，表36-6给出了上海与前五大国际主要金融中心和北京十大营商环境子指标之间的差异。表36-6显示，上海十大营商环境子指标中除产权登记和合同执行平均与五大国际金融中心接近外，其他八个子指标皆与前五大国际金融中心有不同程度的差距，其中平均最大的差距分别在施工许可、纳税、破产办理、获得信贷、投资保护和获得电力方面，分别与该五大中心年均差距为37.9、24.7、23.9、19.0、19.0和17.6，表明上海在营商环境方面改进仍有着巨大的潜力。只有上海在营商环境方面不断缩小与前四大国际金融中心的差距，上海国际金融中心地位才能持续提高。

表36-6　　上海与主要国际金融中心营商环境评估差异比较（2014—2020年）

城市	年份	开办企业	施工许可	获得电力	产权登记	获得信贷	投资保护	纳税	跨境贸易	合同执行	破产办理	平均
伦敦*	2020	1.3	3.4	1.5	-3.9	15.0	12.0	17.5	6.6	-12.9	18.2	5.9
	2019	1.3	12.6	4.4	-4.3	15.0	22.0	20.2	9.9	-10.2	24.4	9.6
	2018	9.0	41.0	25.9	1.8	15.0	28.0	23.6	21.6	-10.2	24.4	18.0
	2017	10.0	42.5	26.0	2.2	15.0	28.0	26.2	21.6	-10.2	26.2	18.8

续表

城市	年份	开办企业	施工许可	获得电力	产权登记	获得信贷	投资保护	纳税	跨境贸易	合同执行	破产办理	平均
伦敦*	2016	13.5	42.7	26.1	2.6	25.0	28.0	25.6	21.6	-10.2	26.6	20.1
	2015	10.0	44.9	26.2	0.0	25.0	28.0	26.8	21.6	-0.3	26.7	21.4
	2014	17.4	60.5	22.4	-0.1	25.0	32.0	29.5	15.3	-0.3	26.7	22.8
纽约	2020	-1.7	3.2	-4.1	-2.9	35.0	-2.0	17.1	4.8	-2.6	28.4	7.5
	2019	-1.7	12.4	-0.8	-2.9	35.0	8.0	16.6	8.2	0.2	35.1	11.0
	2018	6.0	40.8	23.8	3.2	35.0	14.0	19.9	19.9	0.2	35.2	19.8
	2017	7.0	42.3	23.9	4.1	35.0	14.0	22.6	19.9	0.2	35.4	20.4
	2016	10.5	42.6	24.0	4.1	45.0	14.0	22.3	19.9	0.2	35.7	21.8
	2015	10.4	44.8	24.2	9.8	45.0	14.0	15.6	19.9	5.4	35.9	22.4
	2014	18.8	53.8	19.9	9.8	45.0	18.0	18.8	15.8	5.4	35.9	24.1
香港	2020	4.9	16.5	4.0	-6.1	15.0	12.0	31.0	7.9	-12.5	3.6	7.6
	2019	4.9	23.5	7.3	-6.1	15.0	22.0	33.1	11.2	-9.7	9.9	11.1
	2018	12.5	51.9	31.6	0.0	15.0	28.0	36.4	22.9	-9.7	9.9	19.8
	2017	13.6	53.4	31.7	-2.1	15.0	28.0	39.1	22.9	-9.7	9.9	20.2
	2016	17.0	53.7	27.6	-2.1	25.0	28.0	38.8	22.9	-9.7	10.3	21.1
	2015	15.2	56.0	26.6	-5.1	20.0	28.0	35.9	22.9	11.0	10.4	22.2
	2014	24.0	61.5	23.1	-5.1	20.0	30.0	39.1	22.6	11.0	7.1	23.3
新加坡	2020	4.9	10.9	-3.6	3.4	15.0	14.0	22.9	2.4	2.9	12.2	8.5
	2019	5.0	17.0	-0.7	3.5	15.0	24.0	24.9	5.7	5.7	18.5	11.9
	2018	10.9	45.4	23.9	9.6	15.0	30.0	28.8	17.4	4.8	18.5	20.4
	2017	11.9	45.9	24.0	10.4	15.0	30.0	30.9	17.2	4.8	18.5	20.9
	2016	15.4	43.2	24.0	9.2	25.0	30.0	29.5	17.2	4.8	18.9	21.7
	2015	15.3	45.4	24.1	6.7	25.0	30.0	32.5	17.2	21.4	19.0	25.1
	2014	24.0	56.6	24.0	6.7	25.0	34.0	35.7	23.9	21.4	19.5	27.1
东京	2020	-7.3	6.2	-4.7	-4.1	-5.0	-8.0	13.0	-0.9	-16.4	28.0	0.1
	2019	-7.3	15.4	-1.4	-4.1	-5.0	2.0	15.0	2.7	-13.6	34.3	3.8
	2018	0.4	43.8	23.3	1.6	-5.0	8.0	18.1	14.4	-13.6	34.3	12.5
	2017	1.4	45.2	23.3	2.4	-5.0	8.0	20.2	14.4	-13.6	34.2	13.1
	2016	4.9	45.5	23.3	2.4	5.0	8.0	17.3	14.4	-13.6	34.7	14.2
	2015	4.8	47.8	23.5	-0.1	5.0	8.0	7.6	14.4	5.5	35.3	15.4
	2014	13.4	55.7	19.0	-0.1	5.0	12.0	12.2	13.8	5.5	35.3	17.2
平均		8.6	37.9	17.6	1.3	19.0	19.0	24.7	15.2	-2.0	23.9	16.6

数据来源：同表36-5。

36.14　上海国际金融中心地位与人民币国际化水平同上一层楼

表36-2显示，2012—2020年上海国际金融中心的国际排名与第32章介绍和分析的同期人民币国际化的排名相当，表明上海国际金融中心的地位与人民币国际化水平密切相关。人民币国际化的不断提高将为上海国际金融中心带来新的国际动力，同时上海营商环境的提高和治理水平的提高也会为人民币国际化带来动力。因此，上海国际金融中心今后提升的步伐与今后人民币国际化水平的提高同上一层楼。我们在第41章专门分析和预判今后人民币国际化提升的步骤将对上海国际金融中心地位的提升有很大的启示。

36.15　上海国际金融中心地位提升的预判

外汇市场是国际化程度最高的领域，外汇市场的排名与国际金融中心的排名有着最密切的关系。表36-4给出了2016—2039年全球13大外汇中心占比和排名结果显示，今后21年内，我国外汇市场将从2018年排名第10持续提高到第1的水平，上海国际金融中心的地位无疑将随着我国在全球外汇市场地位的提高而同时提高。但是，境内外汇交易占比的排名变化并不代表整个上海排名的变化。当然，随着人民币国际化的持续提高和中国外汇交易中心、上海证券交易所、上海黄金交易所、上海期货交易所和上海国际能源交易所的国际化程度水平也将随之提高，同时上海自贸区业务也将更加活跃，这样上海在全球外汇市场的份额也将持续提高，上海国际金融中心的地位与我国大陆在全球外汇市场的排名将更为接近。

表36-4显示，到2027年境内外汇交易才会超过日本，而上海要超过东京成为全球第五大外汇交易中心应该要晚于2027年；到2034年境内外汇交易有望超过美元，同样上海要超过纽约成为全球第四大外汇交易中心也应晚于2034年；到2038年境内外汇交易占比超过英国和新加坡，上海超过伦敦和新加坡成为全球第二大金融中心的时间也应晚于2038年。结合表41-1预判的2041年人民币有望成为全球国际化程度最高货币的结果，上海成为全球最大的金融中心的时间应该在人民币成为全球最主要的国际货币之后的21世纪中叶前后。因此，加速提高上海营商环境和上海治理能力现代化标本兼治才会缩小上海国际金融中心排名与人民币国际化的全球排名和境内外汇市场在全球排名之间的落差。

36.16　小结

近年来，上海国际金融中心建设取得了可喜的成绩，上海国际金融中心排名从 2013 年的第 8 位提高到了 2020 年的第 4 位，显著超过同年我国国内外汇市场成交占比的国际排名和人民币国际化的排名。在看到这些成绩的同时，我们也要看到虽然上海国际金融中心地位离我国经贸国际地位越来越近，但是要超越东京、香港和新加坡达到全球第三和亚洲最大的国际金融中心地位的目标仍然有相当长的路要走。

从体现国际金融中心最重要的外汇市场来看，即使将中国大陆全部外汇交易量算在上海，2019 年中国大陆仅为日本、中国香港和新加坡的成交金额的 36.2%、21.5% 和 21.3%，再上升一个台阶都不是近几年内能够做到的。另外，从全球前六大国际金融中心的营商环境水平来看，2020 年上海排名第 39 位，分别比东京、香港和新加坡的排名第 38 位、第 3 位和第 2 位相差 1 位、36 位和 37 位，要再跨上一个台阶似乎比外汇市场更上一层楼更难（营商环境的提高与国家或城市的治理密切相关，涉及面比外汇市场更广更深，改善和提高更难）。

上文介绍的加强上海与新加坡、日本、韩国、中国台湾和澳大利亚等亚太地区经贸与金融合作都离不开营商环境的提高。近年来国家号召的进一步开放相关政策的落实也离不开营商环境的提高，《全面深化中国（上海）自由贸易试验区改革开放方案》的贯彻落实和上海自贸区功能的有效发挥更离不开营商环境的提高。世界银行营商环境的十个子指标及其相关参数比世界银行国家治理模型的六个子指标更为具体、更容易操作。通过对比可以帮助我们找出差距并改进提高。然而本章分析结果显示，这十个指标及其覆盖的内容实际上全部是国家/城市治理的反映或表象。在大力优化营商环境的同时，加速推进国家治理体系和治理能力现代化，标本兼治，上海营商环境才会显著改善，上海经贸基础才会更为牢固，上海才会吸引更多的外资机构进驻或合作，上海国际金融中心的地位才会继续向与我国经贸国际地位相应的水平靠近。

为了达到标本兼治的效果，上海拟向国家申请率先代表国家参与世界银行的国家治理评估，以率先获得必要的治理评估结果，率先带动国家治理体系和治理能力现代化，从而更好地推动上海营商环境的优化。随着《自由贸易试验区外商投资准入特别管理措施（负面清单）（2018 年版）》的落实，上海营商环境将会有显著的改善，对上海国际金融中心建设发挥更大的推动作用。

参考文献

[1] 杜江. 美国自由贸易区什么样？[J]. 中国海关, 2018, 2 (347): 60-62.

[2] UNCTAD, 2019, "WORLD INVESTMENT REPORT 2019", www.un.org/publications.

第八篇　人民币国际化今后的发展

作为本版最后一篇，主要目标是预判人民币国际化今后的走势。然而由于货币国际化的进程主要取决于全球贸易格局和资本市场的发展和变化，而贸易和资本市场的发展在很大程度上取决于科技的发展和格局的变化。因此，第37章介绍资本市场对科技创新的重要推动作用，特别介绍美国纳斯达克市场十多年来的发展对美国以至全球科创企业融资的重要功能，进而介绍全球研发最多的2500家企业中缺乏收益数据企业、负收益企业和正收益企业数和总研发投资在主要国家和地区的分布及在主要行业的分布，从而使我们看出不同国家和地区对科技红利的追逐度和研发融资渠道的畅通度的同时，也可以看出不同科技领域研发的热度，最后介绍国内科创版对国内科创企业发展的巨大潜力；第38章探讨第22章利用各国知识产权使用费对同族专利进行加权基础上计算出的科技国际化和货币国际化之间的关系，发现科技国际化与以外汇名义成交金额度量的货币国际化之间的不合理现象，进而找到货币国际化的优化方案，最后探讨科技国际化和货币国际化之间相互影响的程度；第39章定义货币自主度或自主能力并量化后探讨货币自主度与货币国际化之间的关系；第40章利用全球前100家跨国企业境内外资产和销售数据、全球货物贸易出口数据、全球直接投资数据、美资企业在美国外全球货物贸易和服务贸易等数据判断全球化十多年来的变化及今后变化的趋势；第41章介绍华为十几年来国际化发展路径对今后人民币国际化的路径的启示；第42章介绍和预测今后二十年左右人民币国际化的发展趋势和国内人民币市场发展趋势。

37 资本市场是科技创新的必要助推器

股票市场是全球金融市场的重要组成部分，同时也是科创公司融资的重要渠道，股市在全球科技领域和金融市场中发挥着独特的作用。由于股市主要在各国境内交易，国际化交易比重较低，而且全球股市日均成交金额仅3000亿美元到4000亿美元，远低于日均成交金额高达数万亿美元的全球外汇市场，大多货币国际化相关研究较少关注股市。然而由于股市对科创企业融资及对各类风投基金退出机制的重要性，本章专门介绍和分析全球股市的相关变化及对全球科技创新的重要作用的同时，利用欧盟公布的近年来全球研发投资最多的企业相关数据分析判断主要国家和地区对科技红利的追逐度和研发投资渠道的畅通度及主要科创领域的投资热度。

37.1 全球股市市值分布

37.1.1 全球主要证券交易所近年来市值分布

表37-1给出了2008—2019年全球前16个市值最大的证券交易所年底市值。

表37-1 全球市值超过万亿美元的前16大证券交易所年底市值分布（2008—2019年）　　　单位：万亿美元，%

年份 交易所	2008	2010	2011	2013	2015	2016	2018	2019	年均增长率
纽约证券交易所	9.21	13.39	11.80	17.95	17.79	19.57	20.68	23.33	8.82
纳斯达克（美国）	2.25	3.89	3.85	6.08	7.28	7.78	9.76	13.00	17.29
日本交易所集团	3.26	4.10	3.54	4.78	4.89	5.06	5.30	6.19	5.99
上海证交所	1.43	2.72	2.36	2.50	4.55	4.10	3.92	5.11	12.30
香港交易所	1.33	2.71	2.26	3.10	3.18	3.19	3.82	4.90	12.59
泛欧证券交易所	2.10	2.93	2.45	3.58	3.31	3.46	3.73	4.70	7.59
伦敦交易所集团	0.00	3.61	3.27	4.43	3.88	3.47	3.64	4.18	1.64
深圳证交所	0.35	1.31	1.05	1.45	3.64	3.22	2.41	3.41	22.88
多伦多证交所集团	1.03	2.17	1.91	2.11	1.59	2.04	1.94	2.41	8.00

续表

年份 交易所	2008	2010	2011	2013	2015	2016	2018	2019	年均增长率
孟买证券交易所	0.65	1.63	1.01	1.14	1.52	1.56	2.08	2.18	11.67
印度国家股票交易所	0.60	1.60	0.99	1.11	1.49	1.53	2.06	2.16	12.36
德意志交易所	1.11	1.43	1.18	1.94	1.72	1.72	1.76	2.10	5.95
瑞士交易所	0.88	1.23	1.09	1.54	1.52	1.41	1.44	1.83	6.90
韩国交易所	0.47	1.09	1.00	1.23	1.23	1.28	1.41	1.48	11.01
纳斯达克北欧交易所	0.56	1.04	0.84	1.27	1.27	1.25	1.32	1.61	10.04
澳大利亚证券交易所	0.68	1.45	1.20	1.37	1.19	1.32	1.26	1.49	7.32
其他	9.85	18.27	16.75	19.34	16.76	27.89	10.25	13.80	3.11
全球	35.77	64.58	56.53	74.93	76.80	89.87	76.77	93.89	9.17

数据来源：根据世界交易所联盟（World Federation of Exchanges）网站数据整理得出；年均增长率为2008—2019年年均复合增长率；泛欧交易所为荷兰、法国、比利时、葡萄牙和爱尔兰五个欧元区国家证券交易所合并而成的欧洲最大的交易所。

表 37-1 显示，近年来美国两大交易所市值遥遥领先全球，日本交易所集团、上海证交所、香港交易所、泛欧交易所、伦敦交易所集团和深交所市值分别全球排名第 3 位到第 8 位，这前八大交易所总市值占全球股市市值比重从 2008 年的 55.7% 提高到了 69.0%；同期前 16 大交易所总市值占全球股市市值比重从 72.5% 提高到了 85.3%，显示国际金融危机后全球股市集中度持续提高；2008—2019 年，深交所市值年均复合增长率最高，达到 22.88%，同期增速排名第 2 位到第 6 位的交易所分别为美国纳斯达克交易所、香港交易所、印度国家交易所、上海证交所和印度孟买交易所，相应的年均复合增长率分别为 17.29%、12.59%、12.36%、12.30% 和 11.67%，显示除美国纳斯达克交易所外，全球市值增长最快的其他五个交易所皆为中国和印度两大发展中国家的交易所，表明股市高速增长与经济快速发展相匹配。

37.1.2 股票市值在主要国家和地区的分布

表 37-2 给出了 2008—2019 年主要国家和地区年底股市市值分布。表 37-2 显示，2008 年国际金融危机后，中国大陆和印度两大发展中国家股市市值年均增长率最高，其次为美国年均增长率 11.06%，超过表 37-2 中任何其他发达国家和地区，而且超过表 37-2 中九个国家和地区总年均复合增长率 10.16%，显示美国股市持续增长的稳健性。

表 37-2　　　　主要国家和地区年底股市市值分布
（2008—2019 年）　　　　单位：万亿美元，%

年份 国家或地区	2008	2010	2011	2013	2015	2016	2018	2019	年均增长率
美国	11.46	17.28	15.64	24.03	25.07	27.35	30.44	36.33	11.06
欧元区	5.61	7.15	5.95	8.20	7.31	7.45	7.80	8.79	4.17
中国大陆	1.78	4.03	3.41	3.95	8.19	7.32	6.32	8.52	15.30
日本	3.26	4.10	3.54	4.78	4.89	5.06	5.30	6.19	5.99
印度	1.25	3.23	1.99	2.25	3.00	3.10	4.14	4.34	12.01
英国	2.72	3.10	2.80	3.80	3.33	2.98	3.12	3.59	2.55
加拿大	1.03	2.17	1.91	2.11	1.59	2.04	1.94	2.41	8.00
瑞士	0.88	1.23	1.09	1.54	1.52	1.41	1.44	1.83	6.90
澳大利亚	0.68	1.45	1.20	1.37	1.19	1.32	1.26	1.49	7.32
合计	27.99	42.29	36.34	50.67	54.90	56.72	60.50	72.00	8.97
其他	7.78	22.29	20.19	24.26	21.90	33.15	16.27	21.88	9.86
占全球比重	78.3	65.5	64.3	67.6	71.5	63.1	78.8	76.7	

数据来源：同表 37-1，年均增长率为 2008—2019 年年均复合增长率；英国股市市值为伦敦交易所集团按 2000—2014 年意大利交易所年均占比剔除后的市值；同时将意大利占伦敦交易所集团市值按 2000—2014 年年均占比加入到欧元区而得；中国大陆市值为上交所和深交所市值总和，不包括在港上市的大陆企业市值。

37.2　主要国家和地区证券化程度比较

各个国家和地区股市发展程度的重要参数是其年底股市市值与国内产值的比例而度量的证券化程度。利用表 37-2 给出的主要国家和地区股市年底市值和国际货币基金组织公布的相应的国内生产总值数据，我们可以计算出相应的证券化程度，表 37-7 给出了相应的结果。

表 37-3　　主要国家和地区证券化程度分布（2008—2019 年）　　单位：%

年份 国家或地区	2008	2010	2011	2013	2015	2016	2018	2019	年均	年均变化率
美国	77.88	115.28	100.63	143.19	137.55	146.15	147.89	169.45	86.50	8.33
欧元区	39.63	56.49	43.64	62.15	62.65	62.34	57.18	66.02	37.51	2.40
中国大陆	38.63	66.40	45.36	40.99	72.94	65.24	47.31	60.22	36.42	1.96
日本	64.77	71.92	57.50	92.74	111.51	102.74	106.54	120.11	60.65	5.03
印度	101.91	188.97	109.29	121.28	142.68	135.19	152.27	147.93	91.63	4.18
英国	92.71	126.33	106.39	138.00	114.95	111.53	110.41	130.89	77.60	3.47
加拿大	60.98	98.32	73.15	85.53	88.45	113.71	103.75	130.43	62.86	6.31

续表

年份 国家或地区	2008	2010	2011	2013	2015	2016	2018	2019	年均	年均变化率
瑞士	158.96	210.85	155.72	223.70	223.52	210.72	204.26	256.44	137.01	8.86
澳大利亚	64.79	116.20	79.14	89.96	96.11	103.87	88.93	108.09	62.26	3.94
合计	60.89	88.81	69.70	93.74	101.25	102.17	97.42	113.10	60.59	4.75
其他	43.70	120.79	95.36	106.46	106.53	163.22	71.26	95.43	66.90	4.70
占全球比重	56.09	97.74	77.11	97.51	102.70	118.52	90.39	108.42	62.37	4.76

数据来源：根据表37-2的年底市值和国际货币基金组织2020年4月公布的主要国家和地区及全球国内产值数据计算得出；年均和年均变化率为2008—2019年年均和年均变化率。

表37-3显示，2008年国际金融危机后，瑞士年均证券化程度最高达137.01%，而且同期瑞士年均证券化增幅也最高达8.86%，显示瑞士股市增幅持续高于其国内产值，这是瑞士企业凭借其坚实的科技实力在瑞士外获取可观的利润所致；美国年均证券化程度增幅仅次于瑞士，高达8.33%，同样显示国际金融危机后美国股市以显著高于其国内产值的速度增长，同样是美资企业凭借其领先的科技实力在美国外获取利润所致，对于全球最大的经济体而言，有如此高的年均证券化增长率确实不易；除瑞士和美国外，加拿大年均证券化增幅也高达6.31%，明显高于全球增幅4.76%；日本年均增幅5.03%，仅略高于全球增幅4.76%；另外，澳大利亚、英国和欧元区年均增幅皆低于全球水平。

表37-3也显示，2019年九个国家和地区中，除中国大陆和欧元区证券化程度显著低于全球证券化水平108.42%，澳大利亚证券化程度108.09%略低于全球108.42%外，其他六个国家和地区证券化程度皆显著高于全球水平108.42%。值得关注的是，尽管2008—2019年印度证券化年均增幅4.18%略低于全球4.76%的水平，但印度年均水平高达91.63%，仅次于瑞士的137.01%，显示十多年来印度股市持续稳健增长的良好态势和股市对经济发展的作用；尽管2008—2019年中国大陆经贸有了可喜的发展，但中国证券化程度年均增幅仅为1.96%，不到印度年均增幅4.18%的一半，排名倒数第一，而且中国年均证券化水平36.42%也排名倒数第一，与全球平均水平62.37%仍有显著的落差，表明中国股市的发展与经贸的发展仍有相当的潜力可挖掘。

37.3 全球股市成交金额分布和换手率比较

37.3.1 全球股市成交金额分布

股市成交量，特别是股市日均成交量是衡量市场活跃度的重要参数。

表37-4给出了2008—2019年全球主要国家和地区股市年成交金额。

表37-4　　　　全球主要国家和地区股市年成交金额

（2008—2019年）　　　　　单位：万亿美元，%

年份 国家或地区	2008	2010	2011	2013	2015	2016	2018	2019	年均增长率
美国	51.49	30.45	30.75	23.29	29.99	28.39	36.13	28.16	-5.34
欧元区	7.73	5.71	5.41	4.72	4.89	4.24	5.29	4.82	-4.21
中国大陆	3.91	8.26	6.67	7.70	39.33	18.32	13.07	19.05	15.49
日本	6.21	4.27	4.31	6.08	5.57	5.34	6.31	5.10	-1.78
印度	0.93	1.08	0.65	0.53	0.77	0.79	1.26	1.26	2.81
英国	2.32	2.26	2.13	1.87	2.13	1.77	2.00	1.62	-3.23
加拿大	1.51	1.42	1.49	1.33	1.10	1.18	1.38	1.44	-0.42
瑞士	1.42	0.88	0.83	0.70	0.96	0.84	0.96	0.98	-3.32
澳大利亚	0.87	1.19	1.17	0.82	0.78	0.83	0.82	0.88	0.08
合计	76.39	55.52	53.41	47.04	85.52	61.70	67.22	63.31	-1.69
其他	16.61	25.16	27.97	24.19	33.62	24.17	29.64	24.78	3.70
全球	93.00	80.68	81.38	71.23	119.14	85.87	96.86	88.09	-0.49

数据来源：同表37-1。

表37-4显示，十多年来全球股市年均成交金额仅为89.5万亿美元，相当于表26-1中2007—2019年全球外汇市场（日均成交金额4.11万亿美元）22个工作日的成交金额，也仅相当于表26-4中2007—2019年全球外汇市场现货市场（日均成交金额1.64万亿美元）55个工作日的总成交金额。这些结果表明全球股市活跃度与全球外汇市场活跃度有着巨大的差距。

37.3.2　主要国家和地区股市换手率比较

换手率是衡量市场交易活跃的重要参数，通常以年度总成交金额与年底市值来度量。表37-5给出了2008—2019年主要国家和地区股市换手率。

表37-5　　主要国家和地区股市换手率（2008—2019年）　　单位：%

年份 国家或地区	2008	2010	2011	2013	2015	2016	2018	2019	年均	年均变化
美国	4.49	1.76	1.97	0.97	1.20	1.04	1.19	0.78	1.12	-0.11
欧元区	1.37	0.80	0.91	0.58	0.67	0.57	0.68	0.55	0.51	-0.03
中国大陆	2.20	2.05	1.96	1.95	4.80	2.50	2.07	2.24	1.65	0.02
日本	1.90	1.04	1.22	1.27	1.14	1.06	1.19	0.82	0.80	-0.02
印度	0.74	0.33	0.32	0.24	0.26	0.25	0.30	0.29	0.23	-0.01
英国	0.81	0.73	0.76	0.49	0.64	0.59	0.64	0.45	0.43	-0.03

续表

年份 国家或地区	2008	2010	2011	2013	2015	2016	2018	2019	年均	年均变化
加拿大	1.46	0.66	0.78	0.63	0.69	0.58	0.71	0.60	0.51	-0.01
瑞士	1.61	0.71	0.76	0.46	0.63	0.60	0.66	0.53	0.50	-0.02
澳大利亚	1.28	0.82	0.98	0.60	0.66	0.63	0.65	0.59	0.52	-0.02
合计	2.68	1.28	1.44	0.91	1.54	1.07	1.10	0.87	0.91	-0.05
其他	2.19	1.13	1.39	1.00	1.54	0.73	1.82	1.13	0.91	0.00
全球	2.58	0.78	0.86	0.57	1.07	0.64	0.82	0.62	0.66	-0.02

数据来源：根据表37-2和表37-4的数据计算得出；由于2008年换手率普遍过高，年均变化为2010—2019年的年均变化。

表37-5显示，中国大陆股市换手率最高，2010—2019年年均换手率高达1.65，比同期全球换手率0.66高出1.5倍，也比同期换手率排名第二的美国股市年均换手率1.12高出47%，表明中国股市中长期投资相对较少，而一年内短期投机率却最高。缺乏中长期投资者参与，股市中长期稳步发展成为一个需要解决的大问题。

37.4 纳斯达克市场的奇迹

表37-1显示，2008—2019年美国以科技企业为主的纳斯达克市值年均复合增长率高达17.29%，比同期纽约交易所市值年均复合增长率8.82%高出近一倍，也比同期美国名义国内生产总值年均复合增长率3.48%高出近4倍，更分别比中、印全球最大的两个发展中国家名义产值同期年均复合增长率10.74%和8.28%高出6.56%和9.02%；高速增长的美国纳斯达克股市使得其市值占美国股市总市值比重从2008年的19.63%猛增到了35.79%。尽管纳斯达克年均17.29%的增速比同期深交所年均复合增长率22.88%略低，但深交所22.88%的年均复合增长率仅比同期中国名义国内生产总值年均复合增长率10.74%高出一倍多；印度孟买交易所和国家交易所同期市值年均复合增长率也分别仅比同期印度国内产值年均复合增长率高出3.40%和4.08%。纳斯达克市值两位数高速增长率不仅为同期美国任何市场极少见的增长奇葩，而且也是全球股市的奇葩，为十多年来美国科技企业全球范围内收购兼并、研发投资和各类风投基金退出提供了全球少有的融资渠道，也是十多年来美国科技创新持续引领全球主要动力源之一。

表37-1也显示，2008—2019年纳斯达克北欧交易所市值年均复合增长率也高达10.04%，分别超过同期泛欧证券交易所、德意志交易所和伦敦交易所集

团三个欧洲主要交易所年均复合增长率7.59%、5.95%和1.64%，也超过同期多伦多交易所、瑞士交易所和澳大利交易所年均复合增长率8.00%、6.90%和7.32%。更重要的是2008—2019年纳斯达克北欧交易所股市超过10%的年均复合增长率与同期以瑞典、挪威、丹麦和芬兰为主的北欧四大经济体总国内产值−0.30%的年均复合增长率形成了鲜明的对比。这些结果明显表明纳斯达克北欧交易所的持续稳步增长无疑得益于美国纳斯达克市场的运行机制和管理机制，同时也与广大美资企业在北欧、东欧以致整个欧洲广泛投资合作密不可分。纳斯达克北欧交易所的稳步发展对美资企业在欧洲科技合作，对推动北欧以致整个欧洲科技创新发展发挥了重要的作用。

37.5 境外上市企业和境外上市股票交易分布

股票市场以国内上市和国内交易为主，但是境外上市和境外投资也占各交易所不同的份额。本节简单介绍全球主要股市境外上市企业数和境外交易金额占比后，简析企业境外上市的主要原因和风险等。

37.5.1 主要股市境内外企业上市数比较

表37-6给出了2017—2018年全球主要股市境内外企业上市数量及相关比较。

表37-6　全球主要股市境内外上市公司数分布（2017—2018年）　单位：家，%

交易所 \ 年份	2017年境内	2017年境外	境外/境内	2018年境内	2018年境外	境外/境内
纽约证券交易所	95	36	37.9	66	38	57.6
美国纳斯达克	89	—		150	—	
伦敦交易所	—	—		144	30	
香港交易所	142	32	22.5	190	28	14.7
多伦多证交所集团	93	0	0.0	164	19	11.6
澳大利亚证券交易所	106	16	15.1	91	15	16.5
挪威奥斯陆交易所	14	3	21.4	15	8	53.3
泛欧证券交易所	21	6	28.6	25	7	28.0
纳斯达克北欧交易所	103	2	1.9	79	7	8.9
新加坡交易所	18	6	33.3	12	5	41.7
南非证券交易所	15	6	40.0	7	5	71.4

续表

交易所＼年份	2017年境内	2018年境外	境外/境内	2017年境内	2018年境外	境外/境内
韩国交易所	96	2	2.1	97	3	3.1
卢森堡交易所	1	4	400.0	1	3	300.0
以色列特拉维夫交易所	16	4	25.0	11	3	27.3
台北交易所	20	1	5.0	29	2	6.9
迪拜金融市场	3	1	33.3	0	2	
秘鲁利马交易所	9	1	11.1	3	2	66.7
德意志交易所	14	2	14.3	19	2	10.5
百慕大交易所	0	2		0	1	
瑞士交易所	4	0	0.0	11	1	9.1
莫斯科交易所	3	1	33.3	2	0	0.0
日本交易所集团	103	1	1.0	115	0	0.0
台湾股票交易所	11	10	90.9	29	0	0.0
上海证交所	215	0	0.0	57	0	0.0
深圳证交所	223	0	0.0	48	0	0.0
印度国家股票交易所	114	0	0.0	97	0	0.0
孟买证券交易所	207	0	0.0	125	0	0.0
其他	231	3	1.3	320	5	1.6
总计	1966	139	7.1	1907	186	9.8

数据来源：同表37-1。

表37-6显示，纽约证券交易所是吸引境外企业上市最多的交易所；实际上2009—2015年，有些年份在美国纳斯达克市场上市的境外企业数超过了纽约证券交易所，2015年在纳斯达克市场上市的境外企业19家就超过了在纽约证券交易所上市的10家企业数，但世界交易所联盟从2017年开始没有公布该交易所境外上市企业数，使得我们难以直接进行相应的比较；伦敦和香港特区分别为仅次于两大美国股票交易所的全球第3大和第4大吸引境外上市的交易所；再次为加拿大多伦多交易所和澳大利亚交易所，分别为吸引境外上市的第5大和第6大交易所；挪威、泛欧和纳斯达克交易所分别为全球第7位到第9位吸引境外企业上市最多的交易所；新加坡虽然为全球第三大外汇交易中心，但新加坡交易所吸引的境外上市企业远低于香港特区（主要因为大陆企业赴港上市）；另外，南非作为非洲主要的金融中心，2017年和2018年，南非吸引的境外企业上市数与新加坡相当；其他交易所吸引的境外上市企业数仅为1家到3家；全球企业选

择境外上市的地区主要在美欧两地及中国香港、澳大利亚、南非等地，中国大陆和印度两个最大的发展中国家虽然股市市值及其增长率排名世界前列，但其企业很多仍选择境外上市，境外在该两国上市的企业多年来为零。

37.5.2 主要股市境内外成交金额比较

境内外企业上市数比较固然重要，但由于不同企业市值规模区别较大，境外上市的企业数代表性并不高；境外企业股票在不同交易所交易金额占比对境外上市企业的代表性更高。表37-7给出了2017年和2018年主要交易所境内外企业成交金额及占比比较。

表37-7　　　　主要交易所境内外企业成交金额及占比比较
（2017—2018年）　　　　　　单位：万亿美元，%

年份 交易所	2017年境内	2017年境外	境外/境内	2018年境内	2018年境外	境外/境内
纽约证券交易所	13.50	1.04	7.70	18.04	1.30	7.20
美国纳斯达克	9.87	1.46	14.80	14.99	1.80	12.01
芝加哥期权交易所（欧洲）	0.00	2.39		0.00	2.81	
伦敦交易所	2.14	0.17	7.94	2.34	0.20	8.55
德意志交易所	1.35	0.11	8.15	1.67	0.15	8.98
香港交易所	1.89	0.07	3.7	2.26	0.08	3.54
多伦多证交所集团	1.24	0.01	0.81	1.44	0.01	0.69
南非证券交易所	0.29	0.09	31.03	0.32	0.07	21.88
台湾股票交易所	0.70	0.07	10.00	0.90	0.06	6.67
澳大利亚证券交易所	0.79	0.03	3.8	0.82	0.04	4.88
纳斯达克北欧交易所	0.76	0.03	3.95	0.81	0.03	3.74
挪威奥斯陆交易所	0.10	0.02	20.00	0.13	0.02	15.38
瑞士交易所	0.93	0.01	1.08	0.95	0.02	2.11
韩国交易所	1.88	0.02	1.06	2.49	0.02	0.80
台北交易所	0.24	0.01	4.17	0.26	0.01	3.85
新加坡交易所	0.21	—		0.22	—	
泛欧证券交易所	1.92	0.00		2.20	0.00	
卢森堡交易所	0.00	0.00		0.00	0.00	
其他	33.15	0.03	0.09	34.05	0.03	0.09
总计	77.04	5.57	7.23	90.42	6.67	7.38
三大美国交易所合计	23.37	4.89	20.92	33.03	5.92	17.92
三大美国交易所合计占比	30.33	87.79		36.53	88.76	

数据来源：同表37-1。受单位换算（四舍五入）影响，部分交易所成交金额为0.00万亿美元。

表 37-7 显示，2017 年和 2018 年，在美国纳斯达克市场交易的外国企业股票金额 1.46 万亿美元和 1.80 万亿美元，分别超过了相应年份纽约股市交易的外国企业股票金额 1.04 万亿美元和 1.30 万亿美元，而且 2017 年和 2018 年纳斯达克交易所境外成交金额与境内成交金额比例 14.80% 和 12.01% 也显著超过纽约交易所相应的比例 7.70% 和 7.20%。这些数据间接地证明了在美国纳斯达克股市的境外企业数量与纽约股市相当，而且外国企业股票在美国纳斯达克股市活跃度远超纽约股市，同时也显示美国纳斯达克股市在全球科技股市中的领导地位；三家美国交易所交易的外国企业股票金额占全球外国股票金额比重分别高达 87.79% 和 88.76%，比表 26-1 给出的美元在全球外汇市场的交易占比高出一倍多；表 37-7 中 7 家欧洲交易所外国股票成交总金额占全球比重分别仅为 6.34% 和 6.29%；欧美交易所外全球其他国家和地区交易所交易的境外企业股票总金额全球占比分别仅为 5.89% 和 4.98%。这些结果表明，全球股市国际化几乎就是境外企业到美国交易所交易所致，换句话说，美国股市几乎垄断了全球股市的国际化，而且纳斯达克市场为全球科技创新融资提供了其他任何国家难以企及的平台和渠道。

虽然南非证交所和挪威奥斯陆交易所境外成交金额与境内成交金额比例超过美国纳斯达克市场，但 2017 年和 2018 年两交易所境外成交金额总共才仅 1000 亿美元上下，远不到美国纳斯达克股市相应的境外成交金额的一成，表明美国纳斯达克股市在全球科创领域的地位无可挑战。

37.5.3　境内上市相关问题简析

全球每年有数百家企业选择境外上市，但境外上市的企业数及境外交易总额并不高。选择境外或境内上市有多种因素，其中主要的因素应该是企业股东或上市前投资的股东的境内外身份。大股东或主要股东是境外的，如著名的中国企业阿里巴巴和腾讯等首选美国上市的主要原因是其主要股东为境外投资者。其次，国内企业选择境外上市的另外一个原因是其产业链上游或其所依赖的科技源头在境外，这样选择境外上市可以在产业链或科技链上更好地与境外结合。再次，美欧股市的深度和广度高，特别是对科技类企业前景或对发展中国家市场增长前景看好，在美欧或港上市融资效果会更好。还有很多如法律法规、股市监管等因素，这里难以一一叙述。

境外上市的实质是将企业国内收益送给境外投资者以使境外投资者获取境内发展红利并积累金融财富，进而刺激境外消费的同时，境内投资者却难以分享到相应的红利并刺激境内消费。另外，境外上市更深层的原因是境内金融自主性较低，除对境外资金依赖外，境内利率政策、货币政策等皆受金融自主高的国家的影响或束缚，我们在第 39 章还会进行相关讨论。

37.5.4 境外上市的相关风险

由于对境外市场法律法规和监管相关环境不够熟悉等因素,境外上市有诸多风险。首先是摘牌风险。根据世界交易所联盟公布的数据,2014—2018年,全球境外上市企业分别有197家、180家、183家、158家和96家被摘牌或取消了上市资格,这些被摘牌的企业数占相应年份境内被摘牌企业数的比例分别为18.82%、15.97%、13.44%、9.23%和6.03%,平均显著高于相应年份境外上市企业境外成交金额与境内成交金额比重7.40%、6.15%、7.06%、7.37%和7.49%,表明境外上市风险巨大。除摘牌风险外,境外交易所受其政治因素等影响排斥境外企业的情况也会对境外上市企业产生前所未有的困扰,相关风险不可忽视。

37.6 全球主要国家和地区持有美国股票净额分布

美国是全球最大的股市,同时也是全球国际化最高的股市,境外在美国上市的企业也超过其他任何国家和地区。因此,境外持有美国股票和美国持有主要国家和地区股票净金额对我们理解全球股市相互持有很有帮助。

表37-8 主要国家和地区持有美国净股票资产额分布
(2011—2020年第一季度) 单位:万亿美元

国家或地区持美股\年份	2011	2012	2013	2014	2015	2016	2017	2018	2019	2020Q1
英国	0.44	0.52	0.68	0.82	0.75	0.79	0.96	0.95	1.10	0.83
加拿大	0.41	0.54	0.73	0.80	0.69	0.73	0.91	0.82	1.03	0.80
日本	0.30	0.32	0.34	0.38	0.40	0.46	0.53	0.51	0.69	0.53
澳大利亚	0.11	0.12	0.17	0.18	0.17	0.18	0.21	0.21	0.26	0.13
韩国	0.02	0.03	0.05	0.06	0.07	0.08	0.12	0.12	0.17	0.15
中国大陆	0.19	0.23	0.31	0.32	0.21	0.19	0.23	0.17	0.20	0.18
欧元区	0.77	0.88	1.20	1.42	1.33	1.42	1.77	1.70	2.12	1.70
瑞士	0.20	0.24	0.31	0.35	0.34	0.37	0.45	0.39	0.48	0.42
开曼群岛	0.49	0.58	0.75	0.86	0.87	0.84	1.02	0.93	1.05	0.87
亚洲其他	0.40	0.48	0.60	0.64	0.57	0.64	0.76	0.77	0.99	0.81
其他	0.51	0.62	0.75	0.84	0.82	0.87	1.01	1.99	1.20	1.02
总计	3.84	4.56	5.88	6.67	6.22	6.57	7.95	8.57	9.29	7.45

续表

美国持国家或地区股 \ 年份	2011	2012	2013	2014	2015	2016	2017	2018	2019	2020Q1
英国	0.64	0.75	0.96	0.91	0.90	0.86	1.09	0.91	1.03	0.65
加拿大	0.37	0.39	0.40	0.41	0.33	0.42	0.51	0.47	0.61	0.43
日本	0.39	0.43	0.60	0.59	0.69	0.69	0.90	0.77	0.93	0.76
澳大利亚	0.13	0.15	0.14	0.14	0.14	0.16	0.20	0.18	0.21	0.14
韩国	0.12	0.14	0.15	0.14	0.14	0.15	0.24	0.19	0.21	0.16
中国大陆	0.09	0.13	0.10	0.12	0.11	0.10	0.16	0.16	0.21	0.19
欧元区	0.81	1.02	1.43	1.47	1.60	1.61	2.04	1.74	2.18	1.64
瑞士	0.28	0.33	0.43	0.41	0.41	0.41	0.48	0.43	0.56	0.47
开曼群岛	0.48	0.56	0.69	0.83	0.91	0.96	1.29	1.24	1.42	1.34
亚洲其他	0.40	0.50	0.53	0.63	0.60	0.64	0.86	0.72	0.84	0.63
其他	0.82	0.95	1.04	1.03	0.93	1.06	1.27	1.07	1.23	0.94
总计	4.52	5.35	6.49	6.70	6.76	7.06	9.05	7.87	9.43	7.33

美国净持国家或地区股 \ 年份	2011	2012	2013	2014	2015	2016	2017	2018	2019	2020Q1
英国	0.20	0.23	0.28	0.09	0.15	0.07	0.13	-0.04	-0.07	-0.18
加拿大	-0.04	-0.15	-0.33	-0.39	-0.36	-0.31	-0.40	-0.35	-0.42	-0.37
日本	0.09	0.11	0.26	0.21	0.29	0.23	0.37	0.26	0.24	0.23
澳大利亚	0.02	0.03	-0.03	-0.04	-0.03	-0.02	-0.01	-0.03	-0.05	0.01
韩国	0.10	0.11	0.10	0.08	0.07	0.07	0.12	0.07	0.04	0.01
中国大陆	-0.10	-0.10	-0.21	-0.20	-0.10	-0.09	-0.07	-0.01	0.01	0.01
欧元区	0.04	0.14	0.23	0.05	0.27	0.19	0.27	0.04	0.06	-0.06
瑞士	0.08	0.09	0.12	0.06	0.07	0.04	0.03	0.04	0.08	0.05
开曼群岛	-0.01	-0.02	-0.06	-0.03	0.04	0.12	0.27	0.31	0.38	0.47
亚洲其他	0.00	0.02	-0.07	-0.01	0.03	0.00	0.1	-0.05	-0.15	-0.18
其他	0.31	0.33	0.29	0.19	0.11	0.19	0.26	-0.92	0.03	-0.08
总计	0.68	0.79	0.61	0.03	0.54	0.49	1.1	-0.70	0.14	-0.12

数据来源：根据美国财政部网站 https://ticdata.treasury.gov 境外持有美国债券和美国持有境外债券相关数据整理得出；2020年数据为2020年第一季度末数据；亚洲其他代表日本、韩国和中国大陆外亚洲其他国家和地区。

37.6.1　主要国家和地区持有美国股票市值分布

表 37-8 显示，欧元区是美股最大的持有者，2011—2019 年，欧元区持有的美国股票市值年均复合增长率高达 11.59%；开曼群岛、英国和加拿大分别为美股的第 2 到第 4 大持有地；日本和瑞士分别为美股的第 5 到第 6 大持有国；虽然韩国持有的美股金额不到 2000 亿美元，但 2011—2019 年韩国持有美股金额年均复合增长率高达 30.75%，增幅最高。值得关注的是 2011—2019 年，中国大陆持有美股金额几乎未变，仅增长了 141.7 亿美元，年均复合增长率仅为 0.91%，为表 37-8 中增长最慢的国家。另外，2011—2019 年，全球持有的美股金额从 3.84 万亿美元增长到了 9.29 万亿美元（年均增幅高达 11.69%），占美国纽约股市和纳斯达克股市总市值比重分别为 24.54% 和 25.58%，表明全球投资者对美国股市的持续稳步增长功不可没。

37.6.2　美国投资者持有主要国家和地区股票市值分布

表 37-8 显示，美国持有境外最多的是欧元区和开曼群岛的股票，2019 年底美国持有该两地股票市值分别高达 2.18 万亿美元和 1.42 万亿美元，而且 2011—2019 年美国持有该两地股票市值年均复合增长率分别高达 13.20% 和 14.45%，增幅也为表 37-8 中排名前两位；美国持有日本、英国、瑞士和加拿大股票金额分别排第 3 到第 6 位；另外，美国持有其他国家和地区的股票总额相对较低。另外，2011—2019 年，美国持有全球其他国家和地区股票总值从 4.52 万亿美元增长到了 9.43 万亿美元（年均增幅为 9.62%，略低于同期全球持有美国股票市值年均增长率 11.69%），占美国纽约股市和纳斯达克两市外全球股市总市值比重从 11.06% 提高到 16.38%，表明美国持有境外股票持续增长，对美国外全球股市增长作出了贡献。

37.6.3　美国净持主要国家和地区股票市值分布

表 37-8 显示，美国持有开曼群岛和日本两地净股票市值最高，2019 年美国持有该两地净股票市值分别超过 3700 亿美元和 2400 亿美元；美国净持瑞士、欧元区、韩国和中国大陆股票金额仅为几百亿美元；加拿大是净持美国股票金额最高的国家，2011—2019 年加拿大年均持有净美国股票市值超过 3100 亿美元，显示美国该邻国对美国股市的高度依赖性；值得关注的是，2011—2017 年，美国年均净持英国股票市值 1600 多亿美元，但 2018—2020 年第一季度末，英国成了美国股票的净持有国，而且净持金额从 436 亿美元猛增到了 1865 亿美元，这种明显的转变应该既与英国脱欧有关，而且也与美国对盟友支持力度下降有关。

表37-8也显示,2011—2017年,美国保持了美国外全球股票净持有国地位,年均净持美国外全球股票市值超过6100亿美元,2017年底美国持有境外股票市值创下了历史纪录1.09万亿美元;但2018年,美国自2011年以来首次境外股票市值净持有金额-6973亿美元,2019年虽重返净持有地位,但净持有额降低到了仅有1341亿美元,2020年第一季度末,美国境外股票市值净持有金额又变为-1139亿美元。这些结果显示,自2018年以来,由于美国优先等政策的实施,美国投资者回归美国,对全球的兴趣下降到了低于全球对美国的兴趣。

37.6.4 美国投资对日本股市显著回升作用巨大

图27-1显示,2001—2012年十多年日经指数徘徊在平均略高于10000点的地位没有多少起色,但2012—2017年,日经指数从10000多点持续提高到了超过20000点的水平,同期日本股市总市值也累计增长了69.1%,年均复合增长率高达11.1%,成为三十多年来日本股市表现最好的五年,也成为"安倍经济学"最佳的成绩。日本股市五年佳绩当然与第27章介绍的日本实施的央行资金进入股票基金的政策密不可分,但表37-8显示的2012—2017年美国持有日本股票金额年均复合增长率高达15.98%,仅次于同期美国持有开曼群岛增长率18.22%,导致美国持有日本股票金额占日本股市金额比重从11.68%提高到了14.5%的水平。美国投资者配合日本政府对日本股市稳步回升发挥了重要的作用。

37.7 基金业的持续发展是股市持续增长的重要保障

股市的持续稳健增长与基金业的发展密不可分。由于有直接经理人和专业的行业分析师,基金吸引着越来越多的个人投资者参与,对股市发展发挥着重要的作用。

37.7.1 美国私募基金规模和占美国股市市值比重

私募基金是所有股票基金中规模最大的基金,图37-1和图37-2分别给出了2000—2019年美国私募基金和风投基金市值及基金市值与股市市值比例。图37-1显示,2000—2007年,美国私募基金从0.58万亿美元年均增长了14.3%到1.47万亿美元,私募基金市值占美国股市市值比重从3.8%提高到了7.5%;2007—2014年年均增幅下降到了6.2%,基金市值占股市市值比重从2007年的7.5%提高到了2008年的12.43%,进而下降到了2014年的8.5%;2014—2019年年均增幅高达15.0%到4.5万亿美元,基金市值占股市市值比重达到了接近

2008年的峰值的12.39%。私募基金的持续增长对美国股市稳步增长发挥了重要的作用。

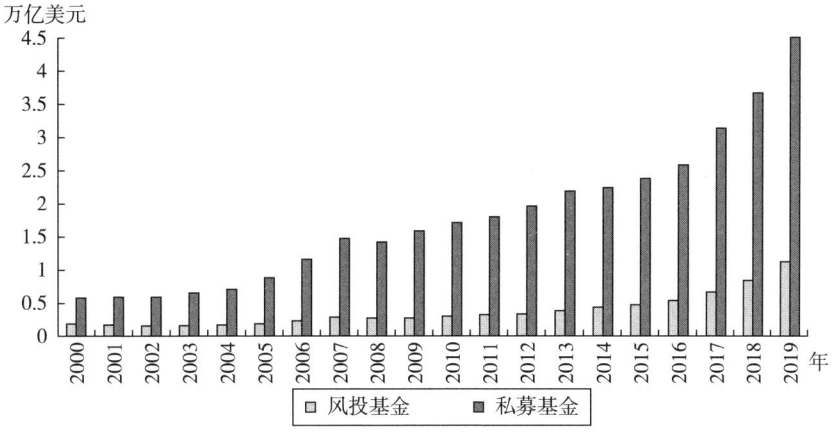

图37-1 美国私募基金和风投基金市值与股事市值比例（2000—2019年）

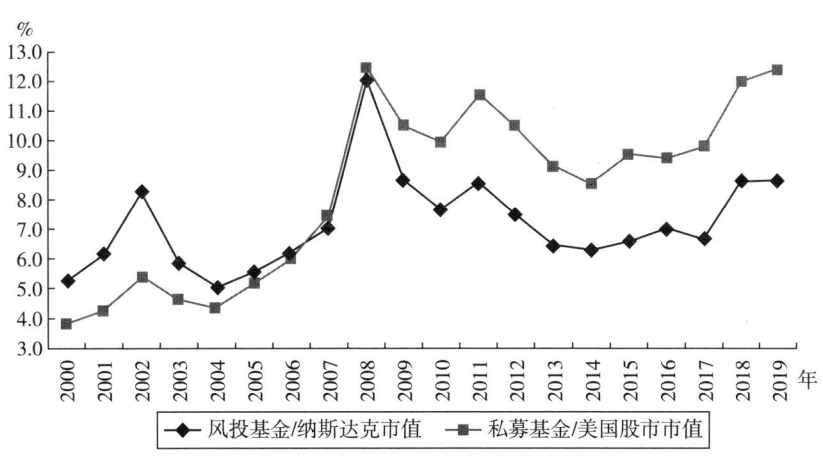

图37-2 美国私募基金和风投基金市值与相应股市市值比例（2000—2019年）

（数据来源：根据图37-1和表37-1的数据计算得出）

37.7.2 我国基金业发展简介

根据中国证券投资基金业协会官网公布的数据，2015—2019年，我国各类证券基金市值从5.1万亿元增长到了13.7万亿元，年均增幅高达28.3%，基金总市值与年底股市市值比例从2015年的9.5%提高到了2018年的29.5%，2019

年回落到了 23.2%。2015—2019 年我国基金市值增幅与股市市值比例皆达到了两位数，但同期我国股市市值年均增幅仅为 2.8%，表明我国证券基金的发展与股市增长协同性有待提高。

37.7.3 风险投资是联系科创投资和股市的重要桥梁

绝大多数企业从初创期到早期以致稳定发展期都不同程度地获得过风险投资基金的投资，而且企业发展的最终目标皆为上市，从而风险投资能够适时退出以寻找其他投资目标、获取更高的回报。所以，没有一个有一定深度和广度的资本市场，企业发展和研发急需的资本将难以及时有效获得。图 37-1 给出了 2000—2019 年美国风投基金市值。图 37-1 显示，2000—2007 年，美国风险投资基金市值从 0.19 万亿美元提高到了 0.28 万亿美元，与纳斯达克股市市值比重从 5.3% 提高到了 7.1%；2007—2014 年风险投资基金市值增长到了 0.44 万亿美元，与纳斯达克股市市值比例略降到了 6.3%；2014—2019 年，风险投资基金市值快速提高到了 1.12 万亿美元，年均增幅高达 20.6%，与纳斯达克股市市值比例提高到了 8.6%。风投基金的快速发展对美国高科技股市的发展和企业融资发挥了积极的作用。

37.8 缺盈利数据企业进入全球前 2500 家研发最多企业名单的企业在主要国家和地区的分布及启示

上文介绍了十多年来全球股市，特别是美国纳斯达克股市的优异表现，对我们理解股市对科创企业融资，进而对资本市场对全球科技创新的支持很有帮助。本节通过分析近年来缺乏收益数据的企业进入全球研发投资最多的 2500 家企业名单的企业在全球主要国家和地区的分布来判断各地对科创的重视程度的同时，判断各地研发融资渠道的畅通程度。

37.8.1 缺收益数据企业进入全球前 2500 家研发最多企业介绍

仔细观察表 3-4 使用的近年来《欧盟企业研发投入排名报告》相关数据，我们发现进入全球研发投资最多的企业中有一定数量的企业缺乏盈利数据，或者原表中盈利数据空缺。尽管这类企业数量和相应的研发投资金额占比并不高，但此类企业之所以能够进入全球研发最多企业之列的意义却重大。这些盈利数据空缺的企业大多缺乏连营销数据都缺乏。根据历年报告计算得出，2016—2019 年，此类企业数量分别为 246 家，96 家，67 家和 78 家，其中连营销数据都缺乏的企业数分别为 230 家，49 家，43 家和 68 家，分别占缺乏盈利数据企业的93.5%、51.0%、64.2%和87.2%。另外,由于进入前2500家研发投资最多的企业绝大多数是上市公司,而没有上市的公司往往营销和盈利数据不易收集,因此这些缺乏盈利数据的企业中有一定数量为非上市公司,如中国华为。因此,我们可以判断没有营销数据的企业实际上大多属于初创不久或研发周期较长的企业,或者处于营销前期的企业,但连盈利都不易算出或难以获取可靠数据,另外一些企业则是未上市企业。此类企业数据的一个不可忽视的问题如2018年欧盟报告华为有营销数据,而盈利数据缺空,但2019年华为仍未上市,而2019年《欧盟企业研发投入排名报告》中华为盈利等数据却齐全。尽管如上对此类企业的整体特性较为复杂,但大多数此类企业属于比负盈利企业还"初级"或研发周期相对较长的企业。

此类企业大多连营销都没有,比负盈利企业还要"初级"的特性表明其融资比负盈利企业还要难,但能够进入全球研发最多的企业名单的事实表明这类企业对科技红利的追求度甚至超过其他企业类型企业的同时,也表明这些企业所在地科研融资渠道相对畅通。

37.8.2 缺收益数据企业进入全球前2500家研发最多企业数和总研发投资金额分布

表37-9给出了2016年到2019年,进入全球研发投资最多2500家企业名单的缺乏收益数据的企业数和总研发投资在主要国家和地区间的分布。表37-9显示,2016年,美国、德国、日本和英国缺乏收益数据的企业分别有93家、33家、27家和26家,分别占总数的246家的37.8%、13.4%、11.0%和10.6%,合计179家,合计占比72.8%;该4国这些企业总研发投资占比分别为22.3%、13.3%、34.3%和7.5%,合计77.7%,表明该4个主要发达国家企业对科技红利的追求度和研发投资融资渠道畅通度皆超过其他国家和地区;2017年,美国缺乏收益数据的企业数虽略降到了76家,但占2500家企业中此类企业总数96家比重却提高到了79.2%的同时,76家美资企业研发投资占比更提高到了77.7%;德国、日本和英国则大幅下降到了1家、2家和9家,总投资占比分别跌至1.0%、2.1%和9.4%;该4个主要发达国家此类企业合计88家,总研发投资合计占比91.1%,显示以美国为首的主要发达国家对科技红利的追求度更高和融资渠道更为畅通,美国独占鳌头;2018年美资企业数进一步下降到了40家,但占比仍保持在60.6%的高位,德日英三国企业数也下降到了11家、0家和3家,4个主要发达国家合计仍高达54家,占比81.8%,相应的合计总研发投资占比也高达64.7%;2019年美资企业数回升到了56家,占比也回升到了71.8%,总研发投资占比59.3%,德日英三国企业数也分别下降到了1家、1家和3家,4个主要发达国家合计仍高达61家,占比78.2%,相应的合计总研发

表37-9　缺乏收益数据企业、负收益企业和正收益率企业进入全球
前2500家研发投入最多企业名单的企业数和总研发投入分布（2016—2019年）

单位：亿欧元，%

企业类型＼国家或地区	2016年各类进入全球研发投资最多企业分布									
	无盈利数据企业数	总研发投资	总研发投资全球占比	负盈利企业数	负盈利企业总研发投资	无盈利和负盈利企业总研发投资全球占比1	盈利企业数	盈利企业总投资额	盈利企业总研发投资全球占比2	研发投资占比1与占比2差额	无盈利和负盈利企业总投资占比
美国	93	63.4	22.3	265	250.8	34.4	479	2372.0	39.2	-4.8	11.7
中国大陆	11	10.8	3.8	36	33.5	4.8	280	454.1	7.5	-2.7	8.9
英国	26	21.2	7.5	22	23.9	4.9	85	237.3	3.9	1.0	16.0
加拿大	2	0.6	0.2	10	24.4	2.7	20	22.5	0.4	2.4	52.6
中国台湾	1	0.3	0.1	15	11.6	1.3	95	127.8	2.1	-0.8	8.5
德国	33	38.8	13.7	10	152.1	20.9	89	507.1	8.4	12.5	27.4
爱尔兰	0	0.0	0.0	5	31.1	2.7	16	57.0	0.9	2.5	35.3
瑞士	2	0.8	0.3	4	2.3	0.3	52	276.8	4.6	-4.2	1.1
日本	27	97.6	34.3	18	45.3	15.7	311	856.4	14.2	1.5	14.3
法国	5	5.9	2.1	9	8.3	1.6	69	270.8	4.5	-2.9	5.0
荷兰	4	2.7	0.9	4	2.3	0.5	30	136.5	2.3	-1.7	3.5
韩国	1	0.6	0.2	6	9.1	1.1	68	244.5	4.0	-3.0	3.8
丹麦	1	0.3	0.1	6	5.7	0.7	22	37.9	0.6	0.0	13.7
以色列	0	0.0	0.0	5	2.6	0.3	15	27.9	0.5	-0.2	8.4
瑞典	1	0.2	0.1	6	2.2	0.3	33	92.6	1.5	-1.3	2.5
奥地利	5	3.6	1.3	1	0.3	0.3	9	6.6	0.1	0.3	37.0
印度	14	16.0	5.6	0	0.0	1.8	11	29.7	0.5	1.3	35.0
意大利	2	2.8	1.0	4	2.6	0.6	24	116.5	1.9	-1.3	4.4
澳大利亚	6	10.0	3.5	1	0.2	1.1	7	20.8	0.3	0.8	33.0
其他	12	9.0	3.1	0	19.6	3.1	97	152.5	2.5	0.6	15.8
欧盟	77	75.6	26.6	66	228.5	33.3	377	1462.3	24.2	9.1	17.2
合计	246	284.5	100.0	442	627.8	100.0	1812	6047.3	100.0	0.0	13.1

续表

2017年各类进入全球研发投资最多企业分布

企业类型 国家或地区	无盈利数据企业数	总研发投资	总研发投资全球占比	负盈利企业数	负盈利企业总研发投资	无盈利和负盈利企业总研发投资全球占比1	盈利企业数	盈利企业总投资额	盈利企业总研发投资全球占比2	研发投资占比1与占比2差额	无盈利和负盈利企业总投资占比
美国	76	40.6	77.7	242	286.0	52.5	504	2573.0	37.9	14.6	11.3
中国大陆	1	0.9	1.8	35	46.3	7.6	340	570.8	8.4	−0.8	7.6
英国	9	6.0	11.5	30	28.7	5.6	95	255.9	3.8	1.8	11.9
加拿大	1	0.6	1.1	9	24.1	4.0	17	23.5	0.3	3.6	51.2
中国台湾	1	0.3	0.6	9	7.4	1.2	95	141.9	2.1	−0.9	5.1
德国	1	0.5	0.9	14	24.4	4.0	119	726.1	10.7	−6.7	3.3
爱尔兰	0	0.0	0.0	7	36.0	5.8	6	62.0	0.9	4.9	36.8
瑞士	0	0.0	0.0	2	0.9	0.1	50	283.1	4.2	−4.0	0.3
日本	2	0.5	0.9	10	6.5	1.1	353	1030.7	15.2	−14.0	0.7
法国	1	0.3	0.6	7	3.4	0.6	63	250.3	3.7	−3.1	1.4
荷兰	0	0.0	0.0	7	3.0	0.5	32	181.1	2.7	−2.2	1.6
韩国	0	0.0	0.0	7	6.3	1.0	63	259.3	3.8	−2.8	2.4
丹麦	1	0.4	0.7	3	1.8	0.4	122	43.9	0.6	−0.3	4.8
以色列	1	0.3	0.5	5	4.2	0.7	16	29.3	0.4	0.3	13.3
瑞典	0	0.0	0.0	5	1.8	0.3	31	87.2	1.3	−1.0	2.0
奥地利	1	1.0	1.8	2	0.7	0.3	13	10.0	0.1	0.1	14.0
印度	0	0.0	0.0	1	0.4	0.1	24	41.7	0.6	−0.6	0.9
意大利	0	0.0	0.0	1	3.8	0.6	22	53.6	0.8	−0.2	6.6
澳大利亚	1	0.9	1.7	2	0.8	0.3	12	29.5	0.4	−0.2	5.4
其他	0	0.0	0.0	0	83.6	13.4	12	204.0	3.0	10.4	29.1
欧盟	13	8.2	15.6	13	103.5	17.9	503	1670.0	24.6	−6.6	6.3
合计	96	52.3	100.0	415	570.0	100.0	1989	6794.0	100.0	0.0	8.4

续表

2018年各类进入全球研发投资最多企业分布

国家或地区 \ 企业类型	无盈利数据企业数	总研发投资	总研发投资全球占比	负盈利企业数	负盈利企业总研发投资	无盈利和负盈利企业总研发投资全球占比1	盈利企业数	盈利企业总投资额	盈利企业总研发投资全球占比2	研发投资占比1与占比2差额	无盈利和负盈利企业总投资占比
美国	40	21.8	33.3	266	352.9	51.8	472	2367.5	35.1	16.7	13.7
中国大陆	2	0.7	1.1	34	30.7	20.0	402	680.7	10.1	9.9	4.4
英国	3	1.6	2.5	33	21.4	3.2	99	262.2	3.9	−0.7	8.1
加拿大	0	0.0	0.0	10	5.5	0.8	18	36.7	0.5	0.2	13.0
中国台湾	1	0.9	1.4	6	4.4	0.7	92	148.9	2.2	−1.5	3.5
德国	11	18.9	28.9	21	12.1	4.3	103	1118.2	16.6	−12.3	2.7
爱尔兰	0	0.0	0.0	6	24.7	3.4	18	59.8	0.9	2.5	29.3
瑞士	2	6.4	9.9	6	2.7	1.3	51	253.4	3.8	−2.5	3.5
日本	0	0.0	0.0	11	13.4	1.9	328	985.2	14.6	−12.7	1.3
法国	0	0.0	0.0	9	4.4	0.6	66	279.5	4.1	−3.5	1.5
荷兰	0	0.0	0.0	2	1.1	0.1	38	10.5	0.2	0.0	9.3
韩国	0	0.0	0.0	3	2.0	0.3	67	286.1	4.2	−4.0	0.7
丹麦	0	0.0	0.0	5	2.4	0.3	25	49.3	0.7	−0.4	4.7
以色列	0	0.0	0.0	7	21.8	3.0	14	11.7	0.2	2.8	65.2
瑞典	0	0.0	0.0	4	34.5	4.8	32	55.2	0.8	3.9	38.4
奥地利	3	2.2	3.4	2	1.2	0.5	11	10.3	0.2	0.3	24.9
印度	0	0.0	0.0	2	0.7	0.1	29	48.6	0.7	−0.6	1.4
意大利	1	3.8	5.7	0	0.0	0.5	22	59.3	0.9	−0.4	6.0
澳大利亚	1	1.2	1.9	1	0.4	0.4	12	27.8	0.4	−0.2	5.5
其他	2	7.7	11.8	0	0.0	1.1	102	3.3	0.0	1.0	70.3
欧盟	18	26.5	40.6	82	101.7	17.7	414	1904.3	28.2	−10.5	6.3
合计	66	65.4	100.0	433	544.6	100.0	2000	6754.1	100.0	0.0	8.3

续表

2019 年各类进入全球研发投资最多企业分布

企业类型 国家或地区	无盈利数据企业数	总研发投资	总研发投资全球占比	负盈利企业数	负盈利企业总研发投资	无盈利和负盈利企业总研发投资全球占比1	盈利企业数	盈利企业总投资额	盈利企业总研发投资全球占比2	研发投资占比1与占比2差额	无盈利和负盈利企业总投资占比
美国	56	39.8	59.3	266	351.4	53.8	447	2734.0	37.3	16.5	12.5
中国大陆	1	0.4	0.6	65	102.0	14.1	441	861.5	11.8	2.3	10.6
英国	3	2.8	4.2	34	39.5	5.8	90	250.7	3.4	2.4	14.4
加拿大	0	0.0	0.0	12	10.3	1.4	16	35.9	0.5	0.9	22.4
中国台湾	0	0.0	0.0	11	7.5	1.0	83	157.9	2.2	-1.1	4.6
德国	1	13.7	20.5	10	57.3	9.8	118	758.1	10.4	-0.6	8.6
爱尔兰	0	0.0	0.0	10	33.2	4.6	17	60.2	0.8	3.7	35.5
瑞士	1	0.9	1.3	9	6.8	1.1	48	277.8	3.8	-2.7	2.7
日本	1	0.3	0.5	7	6.7	1.0	310	1087.4	14.8	-13.9	0.6
法国	0	0.0	0.0	7	3.7	0.5	61	304.9	4.2	-3.6	1.2
荷兰	0	0.0	0.0	6	3.5	0.5	33	187.2	2.6	-2.1	1.8
韩国	0	0.0	0.0	5	8.0	1.1	65	304.6	4.2	-3.1	2.6
丹麦	0	0.0	0.0	5	3.6	0.5	25	54.8	0.7	-0.3	6.1
以色列	2	0.8	1.1	5	14.1	2.0	15	16.3	0.2	1.8	47.7
瑞典	2	1.1	1.6	4	2.2	0.4	27	92.9	1.3	-0.8	3.4
奥地利	2	1.4	2.0	2	1.5	0.4	19	13.4	0.2	0.2	17.9
印度	0	0.0	0.0	2	1.1	0.2	29	16.0	0.2	-0.1	6.4
意大利	1	3.8	5.7	0	0.0	0.5	25	52.9	0.7	-0.2	6.7
澳大利亚	1	1.2	1.7	1	0.5	0.2	10	26.9	0.4	-0.1	5.9
其他	7	1.0	1.5	4	7.0	1.1	78	30.6	0.4	0.7	21.4
欧盟	9	22.8	33.9	78	144.5	23.0	415	1775.1	24.2	-1.2	8.6
合计	78	67.1	100.0	465	660.3	100.0	1957	7324.8	100.0	0.0	9.0

数据来源：根据 2016—2019 年《欧盟企业研发投入排名报告》（EU R&D Score Board：World - 2500 Companies Ranked by R&D），https://iri.jrc.ec.europa.eu/scoreboard18.htm 公布的数据整理计算得出；另外，由于 2018 年《欧盟企业研发投入排名报告》中中国华为收益数据缺乏，因此华为这个非上市公司也成为当年全球 67 家缺乏受益企业之一，然而 2016 年、2017 年和 2019 年华为的营收和收益数据又皆齐全。由于 2017 年到 2019 年华为研发投资连续超过 100 亿欧元，全球排名第 5 位上下，如果将 2018 年华为作为收益缺乏的企业，那么与 2018 年中国相应企业的数据与 2016 年、2017 年和 2019 年的可比性显著下降，而且中国相关数据与其他国家和地区数据可比性也显著下降，因此表 37 - 9 将 2018 年华为作为盈利企业以提高相关可比性。

投资占比也高达84.5%。这些结果显示，美资企业对科技红利的追逐度和美国研发融资渠道的畅通度显著超过其他任何国家的同时，也超过美国科技在全球的垄断地位（表21-4给出的近年来美国知识产权使用费净出口全球占比仅为50%左右的同时，表38-5给出2007—2019年美国知识产权使用费顺差中科技的贡献额全球占比不到40%），换句话说，几乎仅有美国对科技红利的追逐有如此高的激情。

37.8.3　中国大陆相关企业和总研发投资分布

表37-9显示，2016年，中国大陆企业缺乏收益数据的企业进入2500年研发投资最多的企业数11家，低于美国、德国、日本、英国和印度，排名全球第6位，相应的总研发投资10.8亿欧元和占比比3.8%也显著低于如上6个国家；2017年下降到了百济神州1家，仅低于同年美国、英国和日本的76家、9家和2家，而当年百济神州研发投资0.92亿欧元却仅低于美国76家、英国9家和奥地利1家的总研发投资，排名第4位（印度从14家猛降到了0家）；2018年中国大陆企业回升到了2家（上海华谊集团和再鼎医药，为了数据可比，表37-1将当年华为作为盈利企业），低于同年美国的40家，德国的11家，英国和奥地利皆3家，总研发投资排名也下降到了第9位；2019年又回落到了雅迪控股一家，分别低于同年美国的56家，英国的3家，奥地利、瑞典和以色列皆2家，同时这些国家相应企业的总研发投资金额也显著超过中国，而且雅迪控股研发投资在表37-9中国家和地区总投资排名仅为第10位。这些结果表明，近年来缺乏收益数据的主要中国企业进行大量研发投资的不多，而且相关企业研发投资很不稳定，缺乏连贯性和持续性（2017年到2019年进入2500家企业名单的四家企业没有一家重复），显示出几年来中国企业对科技红利的追逐度和相应的融资渠道的畅通度也未见显著的提升。

表37-9的相关数据显示华为在全球科创领域有其独特的影响力。如将华为研发计入2018年全球缺乏盈利数据企业的话，那么2018年中国3家企业总研发投资114.1亿欧元，占全球67家企业总投资比重高达63.8%，显著超过美国和德国相应的占比12.2%和10.6%。因此，为了连续可比，表37-9将华为作为2018年盈利企业更为合理。这些结果也表明华为不仅在中国科创企业界的影响显著，而且在全球科创界也有可观的地位，我们在第41章会详细介绍华为研发等相关内容。

37.9　近年来全球负收益企业进入全球最多研发投资企业数分布

上文介绍了近年来缺乏收益数据企业进入全球研发投资最多的2500家企业

名单的企业及研发投资在全球主要国家和地区的分布。本节介绍近年来负收益企业进入全球研发投资最多的2500家企业名单的企业及研发投资在全球主要国家和地区的分布，进而判断各地对科创的重视程度和各地研发融资渠道的畅通程度。

37.9.1 负收益企业进入全球前2500家研发最多企业数全球分布

表37-9也给出了2016年到2019年进入全球研发投资最多2500家企业的负收益企业数在主要国家和地区间的分布。表37-9显示，2016年，美国265家负收益企业进入当年全球研发投资最多的企业，占同年此类442家企业总数的60.0%，中国大陆有36家负收益企业排名仅次于美国，另外英国、日本、中国台湾、德国和加拿大分别有22家、18家、15家、10家和10家负收益企业；2017年，美国负收益企业进入当年全球研发投资最多的企业数略降到了242家，占同年此类415家企业总数的比重也略降到了58.3%，中国大陆负收益企业数下降了一家到35家，排名仍仅次于美国，另外英国、日本、德国、中国台湾加拿大分别比增减到了30家、10家、14家、9家和9家；2018年，美国负收益企业进入当年全球研发投资最多的企业数回升到了266家，占同年此类433家企业总数的比重也回升到了61.4%，中国大陆负收益企业数下降了1家到34家，排名仍仅次于美国，另外英国、日本、德国、中国台湾和加拿大分别比增减到了33家、11家、21家、6家和10家；2019年，美国负收益企业进入当年全球研发投资最多的企业数保持了266家，占同年此类465家企业总数的比重略降到了57.2%，中国大陆负收益企业数比2018年增长了一倍多到65家，排名仍仅次于美国，另外英国、日本、德国、加拿大和中国台湾分别比增减到了34家、7家、10家、12家和11家。这些结果显示，2016年到2019年，美国负收益企业进入全球研发投资最多的企业数中总负收益企业平均比重高达59.2%，显示美国企业对科技红利的追逐度和研发融资渠道畅通度皆显著高于任何其他国家和地区；与此同时，中国大陆负收益企业数有了显著的提高，表明中资企业对科技红利的追逐度和研发融资渠道畅通度皆有了明显的提高。

37.9.2 负收益企业进入全球前2500家研发最多企业总研发投字全球分布

由于不同国家和地区企业平均研发投资金额区别较大，因此，负收益企业数在很大程度上不会准确代表企业相应的总投资金额。表37-9给出了2016年到2019年进入全球研发投资最多2500家企业的负收益企业总研发投资在主要国家和地区间的分布。表37-9显示，2016年，美国265家负收益企业总研发投资250.8亿，占同年此类442家企业总研发投资627.8亿欧元的40.0%，虽然中国大陆36家负收益企业数排名仅次于美国,但这36家企业总研发投资33.5亿欧元却不仅低于同年10家德国负收益企业总研发投资的152.1亿欧元,而且也低于同年日本18家负收益企业总研发投资45.3亿欧元,排名第4位;2017年到2019年,美国负收益企业进入当年全球研发投资最多的企业总研发投资占此类企业总研发投资比重分别提高到了50.2%、64.8%和53.2%,年均虽略低于美国负收益企业数相应的年均比例,但仍显著超过全球一半;2017年到2019年,中国大陆负收益企业总研发投资占比分别提高到了8.1%、5.6%和15.5%,保持了此类企业总研发投资仅次于美国的全球第2的位置,显示近年来中资企业对科技红利的追逐度和研发融资渠道畅通度皆有了可喜的提高。

37.10 无收益和负收益率企业与正收益率企业总研发投资全球占比差额及启示

表37-9信息量很大,这里不易详细叙述,但表中各个国家和地区总无收益和负收益率企业总研发投资全球占比与正收益率企业总研发投资全球占比的差额却给出了各地对科创红利态势和融资渠道效率的重要信号:差额越大表明相应的国家或地区对科创红利偏好和融资渠道畅通程度越高,而差异越小表明相应的国家或地区对科创红利偏好越传统或保守,同时也表明其辖内科创融资渠道相对不够通畅。

表37-9显示,2016年,德国无收益和负收益企业总研发投资全球占比20.9%与其争收益企业总研发投资占比8.4%差额为12.5%,全球最高;欧盟占比差额9.1%;另外,除爱尔兰、加拿大、日本、印度、英国、澳大利亚和奥地利等国相应差额在0到3%之间外,美国、瑞士、韩国、法国等其他国家和地区差额皆为负值;2017年,美国相应的差额提升到了14.8%全球最高,爱尔兰、加拿大、英国和奥地利差额在0到5%外,其他国家和地区相应的差额皆为负值;2018年,美国相应的差额进一步提高到了16.7%,保持全球最高,中国大陆相应的差额提高到了9.9%,排名第2位,瑞典、以色列、爱尔兰、奥地利和加拿大相应的差额在0到%外,其他国家和地区相应的差额皆为负值,其中日本和德国两大科技大国相应的差额分别为-12.7%和-12.3%,分别排名倒数最后两位,显示该两国研发投资趋于保守;2019年,美国相应的差额略将到了16.5%,保持全球最高,中国大陆相应的差额进一步下降到了2.3%,分别略低于爱尔兰和英国的3.7%和2.4%,排名第4位;另外,除以色列、加拿大和奥地利相应的差额在0到2%外,其他所有国家和地区相应的差额皆为负值,其中日本相应的差额进一步降至-13.9%,而德国相应的差额回升到了-0.6%,显示近年来日本企业研发投资趋于保守的态势明显。

如上结果表明，2017年到2019年，美国企业对科技红利追逐度和研发投资融资渠道畅通度保持全球最高的同时，中国企业对科技红利的追逐度和研发融资渠道的畅通度有了显著的提高。

37.11 无收益数据企业和负收益企业研发投资的行业分布及启示

表3-2给出了2019年全球研发投资最多的2500家企业在七大领域投资的企业数分布，对我们判断研发最多的企业在不同领域的投资强度有重要的启示。但这些分布数据不仅没有主要领域投资在主要国家和地区的分布细节，而且2500家企业总体投资的主要领域未能反映出无收益企业和负收益企业的相关分布。由于无收益数据企业和负收益企业融资总体比正收益企业要困难很多，因此，该两类企业与正收益企业研发投资在主要国家和地区间的分布的比较对我们判断企业研发强度有更重要的启示。表37-10给出了2019年美国、欧盟、中国和其他国家和地区无收益数据和负收益企业数和总研发投资在制药生物科技和健康、软件和计算机服务、硬件和设备等领域的分布。

表37-10 美国、欧盟、中国和其他国家和地区无收益数据企业、负收益企业和正收益企业总数及其总研发投资在制药生物科技和健康、软件和计算机服务、硬件和设备等领域的分布（2019年）

单位：亿欧元，%

企业类型等 国家或地区	制药生物科技和健康企业数	软件和计算机服务企业数	技术硬件和设备企业数	其他企业数	合计	制药生物科技和健康企业总投资	软件和计算机服务企业总投资	技术硬件和设备企业总投资	其他企业总投资	合计
美国	201	70	26	24	321	164.3	94.4	31.6	143.7	434.0
欧盟	45	11	7	31	94	115.1	14.7	3.5	38.7	172.0
中国	8	15	8	36	67	7.6	14.0	29.0	52.3	102.9
其他	19	2	10	43	74	38.7	17.5	9.0	41.2	106.5
合计	273	98	51	134	556	325.7	140.6	73.2	275.9	815.3
美国	62.6	21.8	8.1	7.5	100.0	37.8	21.8	7.3	33.1	100.0
欧盟	47.9	11.7	7.4	33.0	100.0	66.9	8.5	2.1	22.5	100.0
中国	11.9	22.4	11.9	53.7	100.0	7.4	13.6	28.2	50.8	100.0
其他	25.7	2.7	13.5	58.1	100.0	36.4	16.4	8.5	38.7	100.0
合计	49.1	17.6	9.2	24.1	100.0	39.9	17.2	9.0	33.8	100.0

续表

企业类型等　　　　国家或地区	制药生物科技和健康企业数	软件和计算机服务企业数	技术硬件和设备企业数	其他企业数	合计	制药生物科技和健康企业总投资	软件和计算机服务企业总投资	技术硬件和设备企业总投资	其他企业总投资	合计
正收益企业数及占比分布						正收益企业总研发投资金额及占比分布				
美国	68	80	63	237	448	670.4	558.3	685.8	776.6	2691.2
欧盟	65	28	21	343	457	338.4	90.8	155.3	1327.0	1911.5
中国	43	46	40	311	440	40.1	147.4	168.7	504.7	861.0
其他	38	11	67	483	599	329.3	240.0	195.2	1190.8	1955.2
合计	214	165	191	1374	1944	1378.2	1036.5	1205.1	3799.2	7418.9
美国	15.2	17.9	14.1	52.9	100.0	24.9	20.7	25.5	28.9	100.0
欧盟	14.2	6.1	4.6	75.1	100.0	17.7	4.7	8.1	69.4	100.0
中国	9.8	10.5	9.1	70.7	100.0	4.7	17.1	19.6	58.6	100.0
其他	6.3	1.8	11.2	80.6	100.0	16.8	12.3	10.0	60.9	100.0
合计	11.0	8.5	9.8	70.7	100.0	18.6	14.0	16.2	51.2	100.0
进入2500家企业名单的企业数及占比分布						进入2500家企业名单的企业总研发投资及占比分布				
美国	269	150	89	261	769	834.7	652.8	717.4	920.4	3125.2
欧盟	110	39	28	374	551	453.5	105.4	158.9	1365.7	2083.5
中国	51	61	48	347	507	47.7	161.4	197.8	557.0	963.9
其他	57	13	77	526	673	368.0	257.5	204.2	1232.0	2061.7
合计	487	263	242	1508	2500	1703.8	1177.1	1278.3	4075.1	8234.2
美国	35.0	19.5	11.6	33.9	100.0	26.7	20.9	23.0	29.4	100.0
欧盟	20.0	7.1	5.1	67.9	100.0	21.8	5.1	7.6	65.5	100.0
中国	10.1	12.0	9.5	68.4	100.0	4.9	16.7	20.5	57.8	100.0
其他	8.5	1.9	11.4	78.2	100.0	17.8	12.5	9.9	59.8	100.0
合计	19.5	10.5	9.7	60.3	100.0	20.7	14.3	15.5	49.5	100.0

数据来源：同表37-9；欧盟数据包括英国的数据。

37.11.1　无受益数据和负收益企业数和总研发投资占比分布

表37-10显示，2019年美国328家中无收益数据和负收益制药、生物科技和健康领域的企业多达201家，占比高达61.3%，这些企业的总研发投资占美国328家企业总研发投资比重也高达37.8%，超过任何其他领域，显示美国无收益和负收益企业主要集中在制药、生物科技和健康领域；其次为软件和计算

机服务领域70家，这些企业总研发投资占美国328家企业总研发投资的21.8%；再次为硬件设备26家企业，这些企业总研发投资仅占美国328家企业的7.3%；美国如上这三各领域企业总计297家，占美国328家企业总数比重高达90.5%，总研发投资占328家企业总研发投资比重也高达66.9%。

2019年欧盟无收益数据和负收益企业总计仅71家，虽略低于中国的87家，但其总投资172.0亿欧元却超过中国87家企业总投资的104.3亿欧元元，而且欧盟71家企业172.0亿欧元总研发投资中有高达66.9%为45家制药、生物科技和健康领域的企业的研发投资，欧盟软件和计算机服务、硬件和设备等其他领域总投资占172.0亿欧元的总比重仅为33.1%，显示，欧盟无收益数据和负收益企业虽少，但却主要集中于制药、生物科技和健康领域。

中国无收益数据和负收益企业87家，超过了欧盟的71家，但87家企业在制药、生物科技和健康，软件和计算机服务和硬件和设备领域分别仅有8家、15家和8家，合计仅为31家，该31家企业总研发投资占87家企业总研发投资比重仅为48.5%，显示中国无收益数据和负收益企业主要集中在该三类真正的"高科技"之外的汽车、工业等传统领域。

美国和欧盟在制药、生物科技和健康领域的企业总数246家，占此类企业总数28家比重高达87.5%，相应的总研发投资合计占比85.7%，而中国在该领域的企业仅8家，而且其总研发投资7.6亿欧元，占246家企业总研发投资比重仅为2.3%，显示中国在该领域的滞后程度过高，需要及时补上以应对今后该领域很可能出现的挑战。

37.11.2　正收益企业数和总研发投资及占比分布

表37-10显示，虽然2019年美国441家正收益企业有229家为三类企业外其他企业，但这229家企业总研发投资仅占美国441家正收益企业总研发投资的比重却仅为22.0%，美国三类"高科技"正收益企业数分别仅为69家、80家和63家，但相应的总研发投资占441家正收益企业总研发投资比重却分别高达25.0%、27.5%和25.5%，合计高达78.0%，表明美国研发投资多的企业主要集中在三类"高科技"领域；欧盟480家正收益企业数略超美国的441家，但总研发投资金额1911.5亿欧元仅为美国2691.2亿欧元的71.0%，而且480家正收益企业中仅有114家为三类"高科技"企业，这114家"高科技"企业总研发投资占480家总研发投资比重仅为30.6%，远低于美国相应比重78.0%；中国420家正收益企业仅有126家为三类"高科技"企业，而且这126家"高科技"企业总研发投资占420家总研发投资比重仅为41.2%，略高于欧盟相应占比30.6%，表明中国和欧盟正收益企业投资研发投资在三类"高科技"的集中度皆显著低于美国。

37.11.3 企业数和总研发投资在制药、生物科技和健康领域分布的启示

表37-10显示，虽然2019年美国201家无收益数据和负收益企业投资于制药、生物科技和健康领域总研发投资164.3亿欧元，占美国270家该行业企业总投资比重仅为836.5亿欧元的19.6%，但201家企业占美国此类企业总数270家的74.4%，表明美国制药、生物科技和健康领域正收益企业是该领域引领全球的主力军，而占比高达74.4%的201家此类企业却为该领域今后几年的储备力量。由于制药、生物科技和健康类企业为2500家企业数最多且总研发投资占比最高的领域，该类企业研发周期相对较长，因此此类企业大多仍无收益甚至连营销都没有，而美国大量此类企业却集中加大该领域的研发，为今后此类科技储备积累以待后发，欧洲在该领域虽与美国仍有较大差距，但紧随美国之后，美欧和中国外其他国家和地区也紧随欧盟之后（该领域企业数58家仅低于欧盟的110家，但却超过中国词类企业数49家；这些企业总研发投资368.0亿欧元今略低于欧盟此类企业总研发投资453.5亿欧元，但却大幅度超过中国此类企业总研发投资45.9亿欧元），而中国却在该领域的企业数和总研发投资不仅与美欧有着巨大的差距，而且还落后于美欧外和其他国家和地区之后，需要及时补救以应对该领域今后很可能出现的挑战。

37.12 主要国家和地区研发最多企业总研发投资的变化趋势研判

37.12.1 主要国家和地区研发最多企业数变化趋势研判

表37-9显示，2016年到2019年，除中国大陆、奥地利、爱尔兰、印度、以色列和丹麦分别累计增加了180家、8家、6家、6家、2家和1家外，美国、日本、中国台湾、法国、瑞典和英国分别累计减少了68家、38家、17家、15家、7家和6家，欧盟和其他国家和地区分别累计减少了18家和20家，显示近年来中国大陆企业研发力度显著增强的可喜态势。即使以2016年到2019年不同国家和地区企业年均变化的三分之二估算，那么到2025年前后中国大陆进入全球前2500家研发最多的企业数也有望超过美国这个全球最多研发企业数的国家。

37.12.2 主要国家和地区研发最多企业总研发投资的变化趋势研判

表37-9显示，由于中国大陆企业平均研发投资金额明显低于美欧日，即

使 2019 年中国大陆企业总数超过了日本和欧盟，但中国大陆企业总研发投资金额仍低于日本和欧盟。根据表 37-9 的数据，2016 年到 2019 年进入全球研发投资最多的中国大陆企业总研发投资年均复合增长率高达 25.5%，仅略低于同期奥地利年均复合增长率 29.2% 的同时比年均复合增长率排名第三位的荷兰年均复合增长率 11.2% 高出一倍多。即使以低于表 37-9 中 2016 年到 2019 年中国大陆企业总研发投资年均复合增长率 25.5% 的增速和同期日本年均复合增长率 6.7% 估算，2020 年中国大陆企业总研发投资有望首次超过日本；而以 2016 年到 2019 年中国年均复合增长率一半的增速，而欧盟和美国增速保持同期增速，那么到 2025 年前和 2035 年前后中国研发最多的企业总研发投资也分别有望超过欧盟和美国相应的总研发投资，中国科技创新能力将有显著的提升。

37.13 主要货币发行体研发最多企业数及总研发投资变化趋势研判

表 37-9 和表 37-10 给出的相关数据使我们对主要国家和地区研发力度有清楚的认识，然而主要货币发行体研发力度却未能明显显现，表 37-11 给出了与表 37-10 相应的全球前八大货币发行体及其他货币发行体研发三类企业数及其总研发投资分布的相关结果。

表 37-11　全球前八大国际货币发行体缺乏收益数据企业、
负收益企业和正收益率企业进入全球前 2500 家研发投入
最多企业名单的企业数和总研发投入分布（2019 年）

单位：亿欧元，%

企业类型等 国家或地区	制药生物科技和健康企业数	软件和计算机服务企业数	技术硬件和设备企业数	其他企业数	合计	制药生物科技和健康企业总投资	软件和计算机服务企业总投资	技术硬件和设备企业总投资	其他企业总投资	合计
	无收益数据和负收益企业数及占比分布					无收益数据和负收益企业总研发投资金额及占比分布				
美国	201	70	26	24	321	164.3	94.4	31.6	143.7	434.0
欧元区	26	4	2	15	47	100.3	9.0	1.1	14.0	124.4
日元	1	0	0	7	8	0.8	0.0	0.0	6.2	7.0
英国	15	3	4	14	36	11.7	4.6	2.0	22.5	40.8
澳大利亚	1	0	0	1	2	0.5	0.0	0.0	1.2	1.7
加拿大	6	2	2	1	11	5.7	2.6	1.3	0.4	10.0
瑞士	8	0	0	3	11	7.0	0.0	0.0	1.2	8.1
中国	8	15	8	36	67	7.6	14.0	29.0	52.3	102.9
其他	15	4	8	26	53	27.8	15.9	8.2	34.5	86.5
合计	281	98	50	127	556	325.7	140.6	73.2	275.9	815.3

续表

国家或地区	制药生物科技和健康企业数	软件和计算机服务企业数	技术硬件和设备企业数	其他企业数	合计	制药生物科技和健康企业总投资	软件和计算机服务企业总投资	技术硬件和设备企业总投资	其他企业总投资	合计
正收益企业数及占比分布						正收益企业总研发投资金额及占比分布				
美国	64	79	61	244	448	659.7	552.9	684.8	793.8	2691.2
欧元区	35	18	13	247	313	201.9	72.0	107.7	1128.5	1510.2
日元	35	9	0	266	310	131.3	49.0	0.0	907.1	1087.4
英国	17	11	3	60	91	99.2	17.3	9.2	126.4	252.1
澳大利亚	2	2	1	5	10	8.4	1.0	6.7	10.8	26.9
加拿大	14.3	17.6	13.6	54.5	100.0	0.3	7.1	2.3	26.4	36.2
瑞士	11.2	5.8	4.2	78.9	100.0	180.8	2.5	1.8	92.3	277.4
中国	41	45	40	314	440	38.3	147.1	168.8	506.8	861.0
其他	18.7	12.1	3.3	65.9	100.0	58.2	187.6	223.7	206.9	676.5
合计	20.0	20.0	10.0	50.0	100.0	1378.2	1036.5	1205.1	3799.2	7418.9
所有企业名单的企业数及占比分布						所有企业名单的企业总研发投资及占比分布				
美国	265	149	87	268	769	824.0	647.3	716.4	937.5	3125.2
欧元区	61	22	15	262	360	302.2	81.1	108.8	1142.5	1634.6
日元	36	9	0	273	318	132.1	49.0	0.0	913.4	1094.4
英国	32	14	7	74	127	110.9	21.9	11.2	149.0	292.9
澳大利亚	3	2	1	6	12	8.9	1.0	6.7	12.0	28.6
加拿大	7	5	4	84	100	6.0	9.7	3.6	26.8	46.2
瑞士	13	23	2	20	58	187.8	2.5	1.8	93.5	285.5
中国	49	60	48	350	507	45.9	161.1	197.8	559.1	963.9
其他	49	1	86	113	249	86.0	203.6	232.0	241.4	762.9
合计	515	285	250	1450	2500	1703.8	1177.1	1278.5	4075.1	8234.2

数据来源：同表37-9。

37.13.1 美国的引领作用

表37-11显示，2019年进入全球前2500家研发投资最多的美国企业及其总研发投资虽然分别占比高达30.8%和38.0%，稳居全球第一位，但该两占比却明显低于表26-1给出的2019年美元在全球外汇市场成交金额44.2%的比重；2019年进入全球前2500家研发投资最多的美国正收益企业及其总研发投资虽然分别占比23.0%和36.3%，仍保持全球全球第一位，但该两占比却比表26-1给出的2019年美元在全球外汇市场成交金额占比44.2%更低；而2019年进入全球前2500家研发投资最多的美国缺乏收益数据和负收益企业及其总研发投资占比却分别高达57.7%和53.2%，不仅保持全球第一的地位，

而且该两占比却显著高于表 26-1 给出的 2019 年美元在全球外汇市场成交金额超占比 4.2%，显示美国正收益外企业对科技红利的追逐度显著高于其他货币发行体。特别值得关注的是，2019 年集中于制药、生物科技和健康领域美国有 201 家无收益数据和负收益企业进入全球前 2500 家研发投多企业名单，全球占比高达 73.6%，相应的总研发投资占比也高达 50.4%。无受益数据企业研发投资排名全球前列及其总研发投资在反应美资企业对科技红利高追逐度和融资渠道畅通高度度的同时，实际上是未来制药、生物科技和健康领域科技的储备军，对今后美国科技持续引领全球并为美元提供有效支持发挥积极作用。

37.13.2 欧元区、日本和英国不同类型企业总研发投资占比

表 37-11 显示，2019 年欧元区、日本和英国三大货币发行体进入全球 2500 家研发投资最多的企业数及其占比分别为 32.2% 和 36.7%，分别略高和略低于美国相应的占比，该三大货币发行体正收益企业数及其总研发投资占比 36.7% 和 38.4% 皆略高于美国相应的占比，然而该三大货币发行体缺乏收益数据和负收益企业数及其总研发投资占比 16.4% 和 21.1% 皆远低于美国相应占比的一半，表明这些货币发行体科技储备量远低于美国，因此科技创新持续力也远低于美国。

37.13.3 其他货币发行体总研发投资占比及对货币国际化的影响

表 37-11 显示，2019 年澳大利亚和加拿大两国进入全球前 2500 家研发最多的企业总数及其总研发投资在八大货币发行体中分别排名最后两位,；另外 2019 年瑞士和英国进入全球前 2500 家研发最多的企业总数及其总研发投资在八大货币发行体中分别仅高于澳大利亚和加拿大的同时，显著低于美国、欧元区、日本和中国，而且瑞士和英国主要企业总研发投资中也有可观的美资份额（表 40-6 相关数据），表明瑞士法郎和英镑的科技支持力在八大货币中也相对较低，英镑的国际排名将在今后几年就有望被人民币取代（表 42-3 表明 2019 年人民币国际化排名就超过了瑞士法郎，人民币有望在 2025 年前后超过英镑成为全球第 4 大国际货币）。

37.14 主要国际货币发行体科技对美国的依赖度

根据美国经济分析局网站（U.S. Bureau of Economic Analysis）网站

https://www.bea.gov 公布的 2007 年到 2016 年美资企业在主要国家和地区研发投资的数据，2016 年美资企业在英国、日本、加拿大、中国和澳大利亚研发投资分别为 82.75 亿、78.99 亿、10.95 亿、7.75 亿和 1.72 亿美元，分别相当于表 37-9 中同年这些国家进入全球研发投资最多企业总研发投资金额 27.8%、7.5%、21.9%、1.5% 和 5.9%（以 2016 年底欧元与美元汇率 1.0555）；由于美国经济分析局网站没有公布 2016 年美资企业在瑞士和法国、德国和爱尔兰的主要欧元区国家研发投资数据，但以 2007 年到 2011 年美资企业在瑞士研发投资数据计算出的该 4 年间美资企业在瑞士研发投资年均复合增长率 7.54% 的一半 3.27% 和 2011 年美资企业在瑞士研发投资金额 98.21 亿美元估算，2016 年美资企业在瑞士研发投资 118.2 亿美元，相当于表 37-9 中同年瑞士进入全球研发投资最多的 58 家企业总研发投资 279.8 亿欧元的 40.0%（同样以 2016 年底欧元与美元汇率折算得出）；从美国经济分析局网站公布的 2016 年美资企业在欧洲研发投资总额 446.4 亿美元中减去美资企业同年在英国、丹麦、瑞典等非欧元区国家的研发投资，进而减去上文估算的美资企业同年在瑞士的研发投资，我们立刻以估算出同年美资企业在欧元区的研发投资为 234.3 亿美元，相当于表 37-9 中 2016 年欧元区 484 家企业总研发投资的 12.7%（同样以 2016 年底欧元与美元汇率折算得出）。

如上结果表明，瑞士研发投资对美国有最高的依赖度高达 40%，英国和加拿大研发投资对美国的依赖度在四分之一上下；欧元区和日本研发对美国的依赖性相对较低，仅在一成左右；对美资企业研发依赖度在美国主要盟国中最低，表明澳大利亚也并非美国研发之地；而中国基本仅为美资企业的生产地和市场，美资企业在中国这个全球第二大经济体的研发投资仅略高于澳大利亚，与两国经贸和投资地位很不相称，也显示两国理性合作的空间巨大。如上主要货币发行体对美资企业研发投资的依赖度与表 22-6 给出的美国科技自主度与这些货币发行体间科技自主度相关度结果较为一致，与表 39-7 给出的美国和主要货币发行体间产期债券相互持有金额关系更为一致。

37.15 全球疫情加速科技板块市值比重提高及对中国的启示

37.15.1 全球股市受到疫情严重的冲击

2020 年初以来的全球疫情持续蔓延无疑将对全球经贸和资本市场产生多年来少见的影响和冲击。表 37-12 给出了 2019 年底到 2020 年 6 月末全球股市市值超过 300 亿美元的国家和地区交易所半年总市值变化率、疫情确诊率、治愈率和治愈率与确诊率比例。表 37-12 显示,2019—2020 年上半年末,全球股市市值下降了 6.92%,除中国大陆和伊朗外其他所有国家和地区股市市值都出现了不同程度的下降,其中美国、日本、泛欧和德国股市分别下降了 4.80%、8.51%、8.48% 和 7.84%;值得关注的是,印度、英国、南非、巴西、俄罗斯和西班牙股市分别下降了 15.50%、22.78%、21.84%、38.43%、22.22% 和 22.14%,显示疫情对这些国家的股市影响较大。

表 37-12 全球股市市值超过 300 亿美元的国家和地区总股票市值、半年变化率、疫情确诊率、治愈率和治愈率与确诊率比例
(2019 年底到 2020 年 6 月末) 单位:亿美元,%

国家或地区	2019 年底市值	2020 年 6 月市值	半年市值变化率	确诊率	治愈率	确诊率/治愈率
美国	374822.3	356820.0	-4.80	81.01	41.66	194.47
中国大陆	85155.0	91816.4	7.82	0.60	93.94	0.63
日本	61910.7	56640.5	-8.51	1.47	88.50	1.66
中国香港	48992.3	48904.2	-0.18	1.60	91.85	1.74
荷法葡比爱(泛欧交易所)	47017.1	42860.1	-8.84	35.17	41.32	85.1
印度	43424.8	36693.7	-15.50	4.06	58.67	6.91
英国	41828.7	32298.1	-22.78	46.90	0.61	7687.71
沙特阿拉伯	24068.2	21957.9	-8.77	55.35	68.18	81.17
加拿大	24091.0	20980.5	-12.91	28.25	64.91	43.51
德国	20981.7	19337.0	-7.84	23.53	91.22	25.79
瑞士	18344.5	17607.8	-4.02	36.62	91.94	39.83
韩国	14848.4	14092.0	-5.09	2.46	89.59	2.74
中国台湾	13320.5	13289.3	-0.23	0.19	97.32	0.19
澳大利亚	14876.0	13239.5	-11.00	3.04	90.17	3.37
南非	10563.4	8256.6	-21.84	24.73	48.95	50.53
巴西	11873.6	7310.4	-38.43	64.94	55.15	117.76
俄罗斯	8086.4	6290.0	-22.22	44.49	62.91	70.73
伊朗	1496.5	6308.4	321.55	27.05	82.67	32.71
西班牙	7972.9	6207.9	-22.14	64.08	66.53	96.32
新加坡	6972.7	5859.2	-15.97	76.46	85.91	89.01
泰国	5692.3	4725.2	-16.99	0.46	96.55	0.47
印度尼西亚	5233.2	3983.4	-23.88	2.05	43.20	4.75
马来西亚	4039.6	3550.2	-12.11	2.63	96.49	2.72

续表

国家或地区	2019年底市值	2020年6月市值	半年市值变化率	确诊率	治愈率	确诊率/治愈率
墨西哥	4136.2	3019.9	-26.99	17.52	77.11	22.72
菲律宾	2753.0	2210.5	-19.71	3.33	27.32	12.17
以色列	2373.7	1963.4	-17.29	27.03	70.45	38.37
土耳其	1849.7	1786.2	-3.43	23.96	86.50	27.70
卡塔尔	1600.5	1427.9	-10.79	338.34	84.30	401.37
阿联酋	2468.2	2147.6	-12.99	44.88	76.85	58.41
越南	1498.2	1326.5	-11.46	0.04	92.96	0.04
新西兰	1078.8	1015.7	-5.85	3.02	97.50	3.09
科威特	1181.4	949.0	-19.66	97.80	79.77	122.60
秘鲁	989.6	843.5	-14.77	86.82	60.62	143.23
哥伦比亚	1320.5	808.0	-38.79	18.26	41.68	43.81
摩洛哥	654.2	538.5	-17.68	3.45	71.87	4.81
希腊	536.5	392.7	-26.81	3.16	40.70	7.77
哈萨克斯坦	406.4	386.8	-4.83	11.38	60.64	18.77
埃及	442.0	365.3	-17.35	6.73	26.89	25.02
阿根廷	393.9	319.9	-18.80	13.82	33.95	40.71
卢森堡	442.3	311.3	-29.62	68.64	93.78	73.20
其他	28599.9	23827.7	-16.69	15.91	53.87	29.52
总计	948337.0	882669.1	-6.92	21.82	54.17	40.28

数据来源：股票市值数据同表37-1；疫情确诊率和治愈率数据同表22-7。

利用表37-12中不同国家或地区交易所股市市值降幅与疫情确诊率、治愈率和确诊率与治愈率比例数据，我们可以计算出股市市值变化率与疫情确诊率和治愈率之间的相关性分别为-3.36%和2.57%，尽管两个相关性方向正确（确诊率越高表明疫情越严重的同时对股市负面影响越大，而治愈率越高表明应对疫情效果越好，股市表现越好），但两个相关性都过低，表明全球疫情数据统计应该有较为严重的问题。

37.15.2 美国科创板块加速增长引领全球科技股市

虽然表37-10显示2019年底到2020年6月末受疫情持续蔓延影响美国两个股市总市值下降了4.80%，但同期美国纳斯达克市场却逆势增长了12.64%或增长了1.64万亿美元（同期美国纽约股市市值下降了14.07%或缩水3.44万亿美元），占同期全球9个逆市市值增长交易所（除美国纳斯达克和中国大陆两个交易所外，开曼证券交易所、河内交易所、台北交易所、卢旺达交易所和伊朗法拉交易所和德黑兰交易所，六个交易市值分别有一定程度的增长，其中伊朗两家交易所增值合计占比19.71%，另外四个交易所总市值增额占9个交易所总增值比重仅为0.44%）总市值增额2.89万亿美元的56.82%，导致纳斯达克股市市值占美国股市总市值比重从2019年底的34.69%提高了6.36%到41.05%，2020年上半年增幅6.36%超过了2015—2019年4年累计增幅5.64%，显示疫情对上市科技企业市值的正向影响，同时也反映出疫情期间科技股泡沫也在加速积累。如果以2020年上半年的增速估算，2020年底或2021年第一季度末前后纳斯达克股市市值有望首次超过美国股市市值的一半，资本市场支持科技创新和科技企业发展的程度也将进一步提高。

37.15.3　中国大陆股市和科技板块的巨大潜能

受中国大陆抗击疫情成就和复工复产成果的激励，截至2020年6月末国内第二大股市深圳证券交易所市值比2019年底增长了14.87%，高于美国纳斯达克同期增幅12.64%，而且同期上海证券交易所总市值也增长了3.11%，2020年6月末国内两大股市总市值比2019年底增长了7.82%或增长了0.67万亿美元，占同期全球9个市值增长交易所总增额2.89万亿美元的23.03%，仅次于美国纳斯达克占比56.82%，显示我国抗击疫情的成就和复工复产的成效。

另外，2019年7月我国科创板启动到2019年底，上市公司70家，总市值8636.9亿元，占同期国内股市总市值比重1.48%；截至2020年6月末，创业板上市企业116家，总市值达到了20064.04亿元人民币，占同期我国股市总市值64.88万亿元的3.09%，相当于美国纳斯达克市值占美国股市总市值比重41.05%的十三分之一。当然已经在上海证券交易所、深圳证券交易所和港交所上市的国内企业中也有一定比例的企业为科技类企业，因此我国科技类企业市值应该比科技板市值高出一定的幅度，所以我国科技股市值占整个股市市值比重与美国的差距应该比如上十三分之一要小。但是即使未纳入科技板块的我国科技股市值为科技板块总市值相当，那么2020年6月末我国科创企业上市公司总市值4万亿元左右的市值占同期我国占股市总市值比例也仅为15%左右，也仅略高于美国41.05%的三分之一，与表22-4给出的2019年中国科技国际化水平5.25%与美国科技国际化水平44.47%比例12.81%相当，显示出中国资本市场对科创企业的支持度对中国科技国际化水平相似仍有着巨大的潜能。

37.16 小结

本章介绍了十多年来全球股市市值、全球主要证券交易所、主要国家和地区股市市值分布和证券化程度等。本章结果表明，十多年来美国纳斯达克股市以接近于美国传统大盘股市市值一倍的速度增长，而且年均增幅超过了中、印两大发展中国家国内产值的年均复合增长率，显示十多年来美国科技股高速增长对科技企业融资、研发投入和收购兼并及风险投资基金退出等提供了全球少有的有效渠道，也表明美国科技创新和资本市场良性循环、各领全球风骚的独特态势。

资本市场固然是各类基金发展和科创企业融资的重要渠道，然而资本市场规模本身却难以准确反映不同国家和地区科创企业融资渠道畅通度。近年来欧盟委员会公布的全球研发最多的2500家企业中无收益数据企业数和负收益企业数及其总研发投资相关数据却能更好地反映各地对科技红利追逐度和研发投资渠道畅通度。进入全球研发投资最多的2500家企业的总数量和相应的总研发投资在主要国家和地区的分布结果明显地展示出相应国家或地区对研发的重视程度或对科技红利的追逐力度和研发融资渠道的畅通度，而且不同年份进入该2500家企业数量和总研发投资金额的变化也很好地反映出各地对科创的重视程度。特别是缺乏收益甚至连营销数据都缺乏的企业进入全球前2500家研发投资最多的企业名单的企业数和总研发投资金额的地区分布和行业分布更能反映各地对研发红利追逐力度的同时，也显示了各地的融资渠道和融资环境及投资重点等问题。近年来美国进入2500家企业数和相应的总研发金额占全球一半以上，远超美元在全球的相对垄断地位；美国缺乏收益和负收益企业进入全球2500家企业名单的企业数也最多，而且绝大多数缺乏盈利或营销数据的美国企业进入全球研发最多的企业名单的企业绝大多数是研发周期较长的制药、生物科技和健康类企业的事实表明，这些企业是美国科技的后备力量，今后数年这类企业将逐步进入负盈利，进而进入正盈利企业之列，对美国引领全球科创和美元发挥更大的支持和推动力量。

尽管近年来我国进入全球2500家研发最多的企业数及其总研发金额持续快速增长，而且我国负收益企业数及其总研发投资占比也提高到了仅次于美国的地位，但我国进入2500家企业名单的企业绝大多数为制药、生物科技和健康，软件和计算机服务和硬件设备三大"高科技"领域外的传统领域；我国企业在制药、生物科技和健康这个关键领域研发投资过低仅为2.8%；而且我国无收益企业进入2500家企业名单的企业一直寥寥无几且不够连续，显示出我国研发周期较长的科创后备力量有待显著提高。

38 科技国际化与货币国际化高度相互支持的关系探讨

科技创新能力是经贸发展的动力，而经贸却是货币国际化的基础，因此任何货币发行体的科技创新能力或科技国际化水平与货币国际化之间应该有着较高的互动或联动关系。本章利用第22章给出的各主要国际货币发行体科技国际化数据和第26章给出的主要国际货币国际化数据探讨两者间的关系，并探讨科技国际化和货币国际化相互影响的相关其他问题。

38.1 科技国际化与货币国际化之间的关系

38.1.1 主要货币发行体科技国际化程度与货币国际化程度比较

由于欧洲专利局专利数据包括欧元区、英国、瑞士三大主要国际货币发行体，我们并无该三大货币发行体的同族专利的具体数据，然而由于同族专利与总专利申请数之间存在着直接的正向关系，我们可以用世界知识产权组织公布的这些货币发行体专利申请数据占欧洲（这里欧洲指的是欧洲专利局38个成员国，成员国名单见第19章，下文同）的比重和表22-4给出的欧洲科技国际化结果来估算这些货币发行体的科技国际化程度；同样，利用加拿大和澳大利亚专利申请数占"世界五大专利局"外其他国家专利申请比重和表22-4给出的"世界五大专利局"外其他国家和地区科技国际化结果估算出该两国科技国际化水平，进而可以得出全球前8大国际货币发行体相应的科技国际化水平的结果，表38-1给出了2007—2019年主要货币发行体科技国际化和货币国际化相应的结果。下文将详细讨论表38-1的结果。

表38-1　　主要货币发行体科技国际化和货币国际化比较

（2007—2019年）　　　　　　　　　　单位：%

货币发行体科技国际化									
货币 年份	美元	欧元	日元	英镑	澳大利亚元	加拿大元	瑞士法郎1	人民币	瑞士法郎2
2007	42.89	10.31	25.58	3.91	0.41	0.62	0.21	0.85	2.95
2008	45.26	10.65	23.97	3.46	0.36	0.57	0.21	1.15	3.11

续表

货币发行体科技国际化									
年份\货币	美元	欧元	日元	英镑	澳大利亚元	加拿大元	瑞士法郎1	人民币	瑞士法郎2
2009	43.18	11.03	22.82	3.32	0.33	0.53	0.23	0.85	2.71
2010	39.04	9.54	22.29	3.18	0.27	0.39	0.21	1.28	2.52
2011	39.71	9.38	21.74	3.10	0.29	0.40	0.19	1.04	2.41
2012	38.72	9.91	21.23	3.11	0.28	0.38	0.29	1.22	3.04
2013	40.29	10.50	20.51	2.93	0.35	0.40	0.22	0.91	2.63
2014	37.63	11.41	20.42	2.92	0.38	0.53	0.22	0.67	2.55
2015	42.76	10.48	22.65	3.17	0.50	0.64	0.19	1.21	3.39
2016	38.12	10.75	20.30	2.70	0.43	0.53	0.18	1.19	2.94
2017	41.65	10.43	21.92	2.92	0.50	0.60	0.16	4.15	2.92
2018	42.88	10.31	22.24	2.82	0.54	0.65	0.16	4.14	2.96
2019	44.47	10.22	21.04	2.63	0.60	0.71	0.15	5.25	2.73
年均	41.28	10.38	22.06	3.09	0.40	0.53	0.20	1.84	2.84
货币国际化（日均成交金额全球占比）									
2007	42.80	18.52	8.62	7.43	3.31	2.14	3.41	0.23	3.41
2010	42.43	19.52	9.49	6.44	3.79	2.64	3.15	0.43	3.15
2013	43.52	16.70	11.52	5.91	4.32	2.28	2.58	1.12	2.58
2016	43.79	15.70	10.81	6.40	3.44	2.57	2.40	1.99	2.40
2019	44.15	16.14	8.40	6.40	3.38	2.52	2.48	2.16	2.48
年均	43.34	17.32	9.77	6.52	3.65	2.43	2.81	1.19	2.81
货币发行体科技国际化 - 货币国际化									
2007	0.09	-8.21	16.95	-3.52	-2.89	-1.52	-3.21	0.63	-0.46
2010	-3.39	-9.99	12.80	-3.26	-3.52	-2.25	-2.95	0.85	-0.63
2013	-3.23	-6.20	8.99	-2.97	-3.97	-1.88	-2.36	-0.21	0.05
2016	-5.67	-4.94	9.49	-3.71	-3.01	-2.04	-2.22	-0.80	0.54
2019	0.32	-5.93	12.63	-3.77	-2.79	-1.81	-2.33	3.09	0.25
年均	-2.38	-7.05	12.17	-3.44	-3.24	-1.90	-2.61	0.71	-0.05
货币发行体科技国际化/货币国际化									
2007	1.00	0.56	2.97	0.53	0.13	0.29	0.06	3.77	0.87
2010	0.92	0.49	2.35	0.49	0.07	0.15	0.07	2.97	0.80
2013	0.93	0.63	1.78	0.50	0.08	0.18	0.09	0.81	1.02
2016	0.87	0.68	1.88	0.42	0.13	0.21	0.07	0.60	1.23
2019	1.01	0.63	2.50	0.41	0.18	0.28	0.06	2.43	1.10
年均	0.95	0.60	2.30	0.47	0.12	0.22	0.07	2.12	1.00

数据来源：美元、日元、人民币相应的科技国际化数据来源于表22-4；欧元区、英国、瑞士的科技国际化水平根据表22-4中欧洲科技国际化结果和欧元区、英国和瑞士三地专利申请数占欧洲总数比例估算得出；澳大利亚和加拿大的科技国际化结果利用表22-4给出的五局外其他国家和地区科技国际化结果和该两国专利申请数占五局外其他国家和地区专利申请数比例估算得出；表38-1中货币国际化结果是将表26-1的结果除2而得出，这样容易与百分制的科技国际化直接比较；瑞士法郎2相应的瑞士科技国际化数据根据表22-2相应的瑞士科技自主度与英国科技自主度比例和表38-1中英国科技自主度估算得出。

表38-1显示，2007—2019年，瑞士科技国际化显著低于英国科技国际化水平，前者年均仅为0.20%，仅为后者年均3.09%的6.51%，这与2007年到2019年瑞士知识产权使用费年均顺差132.6%亿美元超过同期英国知识产权使用费顺差105.0亿美元的结果很不一致；而且2018年瑞士知识产权使用费顺差170.3亿美元不仅超过同年英国知识产权使用费顺差81.8%的一倍多，而且仅次于同年美国和日本知识产权使用费顺差，为同年全球第三大知识产权使用费顺差国。表38-1中瑞士科技国际化水平之所以相对于英国过低的主因是瑞士总专利申请数低于英国所致。鉴于瑞士年均知识产权使用费顺差与英国相当，我们以表38-1中相对合理的英国科技自主度为基础，并根据表22-2相应的瑞士科技自主度与英国科技自主度比例来估算瑞士科技国际化水平，结果如表38-1中瑞士法郎2所示。

38.1.2 主要货币发行体科技国际化与货币国际化之间的相关性实证结果

利用表38-1给出的2007—2019年前八大国际货币国际化数据和相应的科技国际化数据（瑞士科技国际化数据用表38-1中的瑞士法郎2相应数据），我们可以计算出2007—2019年前八大货币国际化水平与货币发行体科技国际化之间的关系，表38-1给出了相关性结果。

表38-2　主要货币国际化和货币发行体科技国际化相关性分布
（2007—2019年）　　　　　　　单位：%

年份	2007	2010	2013	2016	2019	平均
2007	88.00	88.39	91.84	91.59	88.95	89.75
2008	90.25	90.55	93.76	93.63	91.33	91.90
2009	90.79	91.14	94.17	93.98	91.71	92.36
2010	88.91	89.30	92.65	92.45	89.95	90.65
2011	89.65	89.99	93.28	93.12	90.73	91.35
2012	89.98	90.34	93.48	93.28	90.92	91.60
2013	91.52	91.87	94.77	94.59	92.44	93.04
2014	91.21	91.71	94.40	94.05	91.79	92.63
2015	90.40	90.73	93.87	93.71	91.43	92.03
2016	91.02	91.46	94.32	94.06	91.83	92.54
2017	89.86	90.21	93.52	93.54	91.35	91.70
2018	89.90	90.23	93.58	93.63	91.45	91.76
2019	90.77	91.03	94.31	94.52	92.62	92.65
平均	90.17	90.53	93.69	93.55	91.27	91.84

数据来源：横轴年份对应为2007—2019年每三年全球前八大货币国际化水平数据，纵轴对应的是2007—2019年八大国际货币发行体的科技国际化水平。

表38-2显示，2007—2019年，全球科技国际化与货币国际化之间有着极高的相关性，表明货币发行体科技国际化水平是支撑其货币国际化的重要力量源泉，同时也表明货币国际化对货币发行体的科技国际化也同样有支持作用。表38-2的结果数据接近，相关性绝大多数超过90%，但从这些相似的数据中难以直观看出不同年份货币国际化与科技国际化之间的关系，图38-1给出了两者间的直观关系。图38-1显示，2013年美国退出量化宽松政策前一年，全球科技国际化与货币国际化之间的相互关联性最高，其次为2016年美国退出量化宽松政策后的第二年，两者间的相关性平均仅略低于2013年；2007年国际金融危机前一年，亦即美元指数为三十年来最低时两者关系最低；而2010年美国量化宽松实施的第二年，美元指数日均82.2，而且2010年美元国际化指数（表26-1给出的美元占全球外汇交易比重）为1998年以来最低42.43%，表明2010年美元指数最低之年货币对科技的支持力度应该低于金融危机前的2007年，而图38-1却显示2010年科技与货币相关性总体高于2007年相应的相关性，表明图38-1或表38-2的相关结果有问题，我们下文还会进一步探讨相关问题。

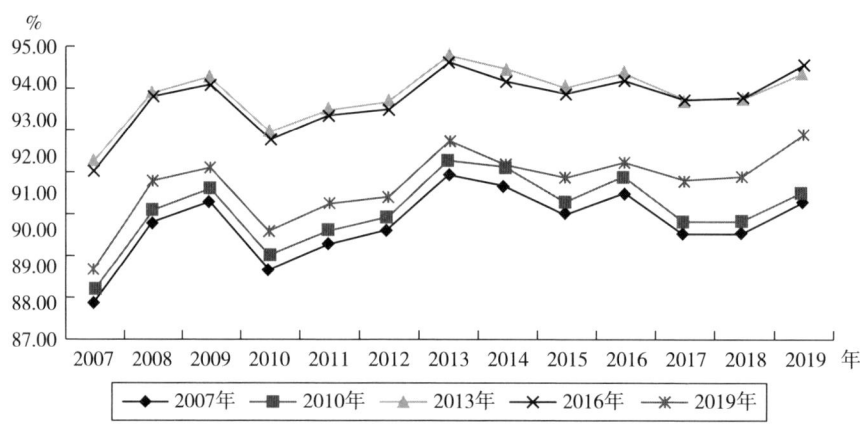

图38-1 主要货币国际化和货币发行体科技国际化相关性分布（2007—2019年）
（数据来源：同表38-2）

由于研发等技术创新活动需要几年或更长的时间才能成为有真正用处的知识产权，国际货币对科技国际化的支持作用可能要几年后才能充分显现，而一旦获批的专利不仅对当年母体货币的国际化有支持作用，而且对其货币今后几年的国际化都会有支持作用，因此表38-1的结果反映出了上述合理的相互延迟作用。比如表38-1显示，2007年货币国际化与2007年科技国际化相关性仅为88.00%，而对2013年和2016年的科技国际化相关性却分别高达91.52%和91.02%，显示货币国际化对科技国际化的作用在6年和9年后发挥得更好；又如2019年货币国际化与科技国际化相关性仅为92.62%，而2019年货币国际化与2009年、2013年和2016年的科技国际化相关性却分别高达91.71%、92.44%和91.82%，显示10年前、6年前和3年前科技对2019年的货币国际化的支持度更高。

38.2 科技国际化与货币国际化之间的关系重估

上文研究科技国际化与货币国际化之间关系利用的是表26-1给出的根据传统外汇日均成交金额数据，本节利用表26-9估算出的外汇日均实际成交金额数据探讨相应的科技与货币国际化关系的结果与表38-1结果的差别。

38.2.1 主要货币发行体科技国际化程度与货币国际化程度比较

利用上文同样的方法估算出欧元区、英镑、澳大利亚元、加拿大元和瑞士法郎科技国际化水平和表26-9给出的2007—2019年全球前八大货币外汇日均实际成交金额占比数据，我们可以计算出与表38-1相应的八大货币发行体科技国际化和货币国际化对比结果，表38-3给出了相应的结果。

表38-3 主要货币发行体科技国际化和货币国际化比较
(2007—2019年) 单位：%

货币发行体科技国际化 货币 年份	美元	欧元	日元	英镑	澳大利亚元	加拿大元	瑞士法郎1	人民币	瑞士法郎2
2007	42.89	10.31	25.58	3.91	0.41	0.62	0.21	0.85	2.95
2008	45.26	10.65	23.97	3.46	0.36	0.57	0.21	1.15	3.11
2009	43.18	11.03	22.82	3.32	0.33	0.53	0.23	0.85	2.71
2010	39.04	9.54	22.29	3.18	0.27	0.39	0.21	1.28	2.52
2011	39.71	9.38	21.74	3.10	0.29	0.40	0.19	1.04	2.41
2012	38.72	9.91	21.23	3.11	0.28	0.38	0.29	1.22	3.04
2013	40.29	10.50	20.51	2.93	0.35	0.40	0.21	0.91	2.63
2014	37.63	11.41	20.42	2.92	0.38	0.53	0.22	0.67	2.55
2015	42.76	10.48	22.65	3.17	0.50	0.64	0.19	1.21	3.39
2016	38.12	10.75	20.30	2.70	0.43	0.53	0.18	1.19	2.94
2017	41.65	10.43	21.92	2.92	0.50	0.60	0.16	4.15	2.92
2018	42.88	10.31	22.24	2.82	0.54	0.65	0.16	4.14	2.96
2019	44.47	10.22	21.04	2.63	0.60	0.71	0.15	5.25	2.73
年均	41.28	10.38	22.06	3.09	0.40	0.53	0.20	1.84	2.84

续表

货币国际化（日均成交金额全球占比）									
货币 年份	美元	欧元	日元	英镑	澳大利亚元	加拿大元	瑞士法郎1	人民币	瑞士法郎2
2007	40.89	21.09	10.27	7.65	2.80	2.00	4.35	0.43	4.35
2010	40.96	23.17	10.20	7.20	3.81	2.67	3.15	0.30	3.15
2013	42.43	18.53	14.79	5.68	4.81	2.32	2.16	0.88	2.16
2016	43.25	16.05	12.04	6.52	4.29	3.15	1.86	2.08	1.86
2019	43.94	15.93	9.17	6.22	4.24	3.05	2.25	2.45	2.25
年均	42.30	18.95	11.29	6.65	3.99	2.64	2.76	1.23	2.76
货币发行体科技国际化－货币国际化									
2007	0.09	-10.78	15.31	-3.74	-2.38	-1.38	-4.14	0.43	-1.40
2010	-1.92	-13.63	12.09	-4.01	-3.54	-2.28	-2.94	0.98	-0.63
2013	-2.14	-8.02	5.72	-2.74	-4.47	-1.92	-1.94	0.03	0.47
2016	-5.13	-5.29	8.26	-3.83	-3.86	-2.62	-1.69	-0.89	1.08
2019	0.53	-5.72	11.87	-3.59	-3.64	-2.34	-2.10	2.80	0.48
年均	-1.72	-8.69	10.65	-3.58	-3.58	-2.11	-2.56	0.67	0.00
货币发行体科技国际化/货币国际化									
2007	1.05	0.49	2.49	0.51	0.15	0.31	0.05	2.00	0.68
2010	0.95	0.41	2.19	0.44	0.07	0.15	0.07	4.29	0.80
2013	0.95	0.57	1.39	0.52	0.07	0.17	0.10	1.03	1.22
2016	0.88	0.67	1.69	0.41	0.10	0.17	0.10	0.57	1.58
2019	1.01	0.64	2.30	0.42	0.14	0.23	0.07	2.14	1.21
年均	0.97	0.56	2.01	0.46	0.11	0.21	0.08	2.01	1.10

数据来源：货币发行体的科技国际化数据同表38-1；表38-3中货币国际化结果是将表26-9的结果除2而得出；瑞士法郎2的估算方法同表38-1。

38.2.2 主要货币发行体科技国际化与货币国际化之间的相关性实证结果

利用表38-3给出的2007—2019年相关科技国际化结果和相应的前八大国际货币国际化数据，我们可以计算出2007—2019年前八大货币国际化水平与货币发行体科技国际化之间的关系，表38-4给出了相应的相关性结果。比较表38-4和表38-2的结果，我们发现，与2010年货币国际化与每年的科技国际化相关性全部明显下降（年均下降了2.21%）和2007年货币国际化与每年的科技国际化相关性全部略有下降（年均下降了0.20%）外，2013年、2016年和2019年货币国际化与科技国际化每年相关性皆出现了不同程度的提高，2013

年、2016 年和 2019 年两者年均相关性分别提高了 1.32%、0.57% 和 0.53%。2010 年是美国量化宽松政策实施的第一个完整年，当年美元指数和以表 26-1 给出的美元国际化皆为 1998—2010 年最低，而以表 26-9 给出的全球外汇实际人均成交金额数据为 2010 年以来最低，表明表 38-4 给出的 2010 年科技国际化与货币国际化平均显著下降的相关性结果与当时美元的地位一致，显示 2008 年全球金融危机后美元对科技的支持力度显著下降，也表明表 26-9 给出的以全球外汇实际日均成交金额对货币国际化的排名更为合理。下文我们还会进一步用图形更直观地判断用实际外汇日均成交金额来衡量货币国际化的优点。

表 38-4　主要货币国际化和货币发行体科技国际化相关性分布
（2007—2019 年）　　　　　　　　　　　　　　单位：%

年份	2007	2010	2013	2016	2019	平均
2007	87.95	86.22	93.59	92.33	89.55	89.93
2008	89.94	88.22	95.01	94.19	91.87	91.84
2009	90.62	89.03	95.52	94.56	92.23	92.39
2010	88.80	87.11	94.23	93.12	90.52	90.76
2011	89.41	87.71	94.69	93.75	91.29	91.37
2012	89.89	88.21	94.91	93.86	91.44	91.66
2013	91.33	89.77	95.98	95.12	92.93	93.03
2014	91.43	90.06	96.03	94.69	92.28	92.90
2015	90.15	88.45	95.13	94.25	91.95	91.99
2016	91.05	89.54	95.76	94.63	92.32	92.66
2017	89.52	87.83	94.66	94.05	91.88	91.59
2018	89.46	87.74	94.63	94.12	91.99	91.59
2019	90.04	88.32	94.94	94.89	93.12	92.26
平均	89.97	88.32	95.01	94.12	91.80	91.84

数据来源：横轴年份对应为 2007—2019 年每三年全球前八大货币国际化水平数据，纵轴对应的是 2007—2019 年八大国际货币发行体的科技国际化水平。

38.2.3　科技国际化与货币国际化间的形象关系

表 38-4 与表 38-2 相似，诸多 90% 上下的相关系数难以直观判断不同年份相关性间的差异。图 38-2 直观地给出了 2007—2019 年全球货币国际化（利用全球外汇实际人均成交金额）和科技国际化之间的相关性。

比较图 38-2 和图 38-1，我们发现不仅图 38-1 中 2010 年平均相关性和

2007年平均相关性的矛盾或不一致问题不仅完全消除了，而且2010年全球金融危机后美国量化宽松政策实施的第一个完整年货币国际化与科技国际化相关性显著低于2007年金融危机前一年更为合理；不仅如此，图38-2显示，2013年美国退出量化宽松政策前一年，美国应对金融危机的效果出现，货币对科技的支持力度提高，科技与货币两者间相关性与2016年的相关性差距也进一步拉大（表38-2中2013年对应的平均相关性95.01%仅略高于2016年相应的评价相关性94.12%，而表38-4中2013年和2016年两者平均相关性皆分别提高到了95.01%和94.12%，而且两者平均差异从0.14%提高到了0.89%），同样表明用实际外汇日均成交金额衡量货币国际化更为合理。

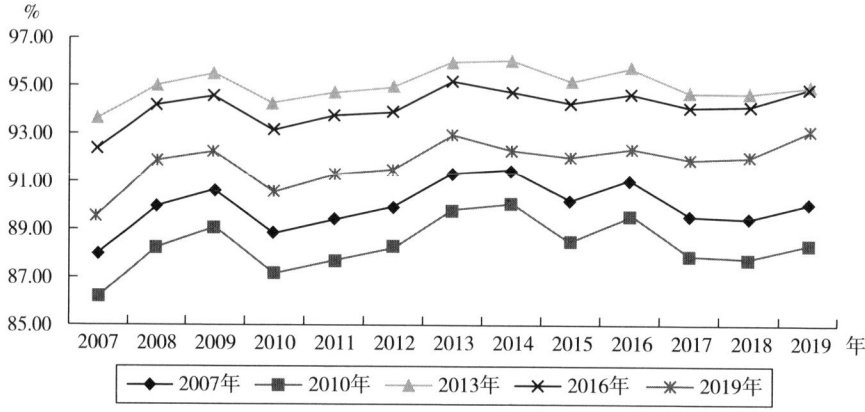

图38-2 主要货币国际化和货币发行体科技国际化相关性分布（2007—2019年）
（数据来源：同表38-4）

38.3 货币国际化的最佳度量

图38-2给出的基于将外汇衍生产品名义金额5%算作外汇交易实际金额假设下计算出的不同货币外汇日均成交金额（外汇实际成交金额）为货币国际化度量，在2008年全球金融危机前后和2014年美国退出量化宽松政策前后的表现显著优于图38-1给出的基于不同货币外汇名义日均成交金额（将外汇衍生产品名义成交金额全部当做成交金额）为货币国际化度量的相应结果的主要原因是，后者将外汇衍生产品名义金额当做了实际转手交易的金额。前者表现显著优于后者的结果表明我们将外汇衍生产品名义成交金额"打折"的方法是正确的，但是新的问题出现了：对外汇衍生产品95%的"折扣"，或以外汇衍生产品5%的名义金额是否就是最好的结果？本节通过对外汇衍生产品名义成交金额不

同折扣相应的货币国际化和科技国际化间相关性的差别试图找到货币国际化的最佳度量方法。

38.3.1 货币国际化最佳度量的标准

科技和货币相互支撑和互相支持是直观的逻辑，而且我们在本章也找到了确切的证据。根据对外汇衍生产品不同"折扣"率计算出的外汇日均成交金额得出的货币国际化结果不同，对应的货币国际化和科技国际化之间的相关性也不同。然而判断哪种打折方式最佳的标准应该是2008年国际金融危机前后和2014年美国退出量化宽松政策前后两者相关性平均值合理的同时，所有年份相应的相关性平均值最高。

38.3.2 不同权重的结果比较

利用上文同样的方法对不同年份的外汇衍生产品以不同的"折扣"率计算出不同的货币国际化度量组合，进而计算出科技国际化和货币国际化之间相关性，表38-5给出了相应的结果。

表38-5 货币国际化不同度量结果
与科技国际化之间的平均相关性比较（2007—2019年）

不同"折扣"对应的货币国际化/年份	2007	2010	2013	2016	2019	平均
2.0%	89.90	88.10	95.08	94.11	91.74	91.785338
3.0%	89.92	88.18	95.06	94.09	91.72	91.793777
4.0%	89.94	88.25	95.03	94.07	91.70	91.801374
5.0%	89.96	88.32	95.01	94.06	91.69	91.808205
6.0%	89.98	88.39	94.99	94.04	91.67	91.814339
8.0%	90.01	88.52	94.94	94.01	91.64	91.824756
10.0%	90.04	88.64	94.90	93.98	91.61	91.833046
12.0%	90.06	88.75	94.85	93.95	91.58	91.839554
14.0%	90.07	88.86	94.81	93.92	91.56	91.844563
16.0%	90.09	88.95	94.76	93.90	91.54	91.848309
18.0%	90.10	89.04	94.72	93.87	91.51	91.850985
20.0%	90.11	89.13	94.68	93.85	91.49	91.852755
22.0%	90.12	89.21	94.64	93.83	91.47	91.853756
23.0%	90.13	89.24	94.62	93.82	91.47	91.854005
23.5%	90.13	89.26	94.61	93.81	91.46	91.854072

续表

不同"折扣"对应的货币国际化/年份	2007	2010	2013	2016	2019	平均
24.0%	90.13	89.28	94.60	93.81	91.46	91.854102
24.1%	90.13	89.28	94.60	93.81	91.46	91.854104
24.2%	90.13	89.29	94.59	93.81	91.46	91.854105
24.3%	90.13	89.29	94.59	93.80	91.45	91.854104
24.5%	90.13	89.30	94.59	93.80	91.45	91.854099
24.8%	90.13	89.31	94.58	93.80	91.45	91.854080
25.0%	90.13	89.31	94.58	93.80	91.45	91.854061
26.0%	90.13	89.35	94.56	93.79	91.44	91.853892
30.0%	90.14	89.47	94.48	93.75	91.41	91.852120
40.0%	90.15	89.73	94.31	93.67	91.34	91.842468
50.0%	90.16	89.93	94.15	93.61	91.29	91.828936
60.0%	90.15	90.09	94.02	93.56	91.25	91.813992

数据来源：根据表22-4给出的不同年份不同货币发行体科技国际化水平和表38-5中外汇衍生产品不同的"折扣"率计算出不同年份货币国际化度量结果计算得出。

表38-5显示，对于外汇衍生产品"折扣"越高，即仅将外汇衍生产品低于5%以下名义成交金额的份额算作实际外汇交易金额，那么在2007年和2010年科技国际化和货币国际化两者相关性普遍下降，2013年到2019年的相关性普遍提高的同时，所有年份平均相关性不仅没有提高，反而比5%相应的所有年份平均相关性91.808略有下降，表明将低于5%的外汇衍生产品名义成交金额当做外汇实际成交金额不会提高科技国际化与货币国际化之间的相关性；对外汇衍生产品"折扣"从95.0%逐步下降到75.8%，即将5.0%到24.2%的外汇衍生产品名义成交金额当做实际成交金额的情况下，科技国际化和货币国际化两者相关性普遍提高，所有年份平均相关性提高到了91.854105%的峰值；而外汇衍生产品"折扣"从75.8%逐步下降到40.0%，即将24.2%到60.0%的外汇衍生产品名义成交金额当做实际成交金额的情况下，科技国际化和货币国际化两者所有年份平均相关性又持续明显下降。值得关注的是，当给外汇衍生产品名义金额"折扣"75.8%，或将24.2%的外汇衍生产品名义成交金额当做实际成交金额时，科技国际化和货币国际化间的平均相关性达到了峰值91.854105%，表明仅将外汇衍生产品名义金额接近四分之一的比重当做"实际"外汇成交金额对应的科技国际化与货币国际化

间的相关性最高。

另外，相关计算结果显示，当对外汇衍生产品名义成交金额打折低于50%或将50%以上的外汇衍生产品名义金额当做"实际"成交金额时，图38－1中2010年和2007年相关系数不合理问题就出现了，但将"折扣"逐步提高到75.8%或将接近24.2的外汇衍生产品成交金额当做"实际"成交金额时，不仅图38－1中2007年和2010年相关性不合理问题逐渐消除，而且科技国际化与货币国际化之间的相关性比图38－2更为合理（2013年货币国际化与科技国际化相关性94.36%，比2016年货币国际化与科技国际化相关性93.92%高出0.44%，比表38－4相应地将5%的外汇衍生产品名义金额当做"实际"交易金额相应的2013年和2016年相关性差额0.05%）。

38.3.3 货币国际化最佳度量的相关启示

由于外汇衍生产品交易涉及的名义金额中绝大多数仅有不到5%的现金转手，因此货币国际化最佳点应该发生在比5%略低才对，然而表38－5给出的货币国际化最佳点24.2%的结果不仅令人费解，而且甚至有些不可思议。然而，仔细分析相关结果，我们会从外汇衍生产品交易的功能中找到答案。外汇衍生产品交易的不仅是换手的现金，而且同样或更重要的是为交易者提供了必要的汇率"避风港"，降低了企业投资或跨境研发投资的风险，进而促进了科技的国际化发展。因此，货币国际化最佳点24.2%明显超过5.0%的结果实际上反映出了货币的投资功能的同时，也体现了外汇衍生产品交易的避险功能。如果将5%相应的总体平均相关性91.808%看作是货币的投资功能，那么24.2%相应增加的相关性4.590%则反映出了货币的避险功能对科技的支持度。

38.3.4 避险功能和现金功能对货币国际化的贡献比重

外汇衍生产品换手的资金实际上还不到其名义金额的5个百分点，由于全球外汇衍生产品主要在银行间交易，其种类和期限大多各不相同，因此统计日均名义成交金额高达数万亿美元的外汇衍生产品的实际换手或交易金额确实有较大的难度。然而我们假设外汇衍生产品中平均有4.5个百分点为实际交易金额，或者说外汇衍生产品交易有4.5个百分点为现金功能，而24.2－4.5＝19.7个百分点为外汇衍生产品的避险功能对货币国际化的贡献，后者为前者四倍多，显示外汇衍生产品的避险功能显著超过了其现金功能。因此，本节通过对货币国际化最佳度量的分析结果也加深了我们对外汇衍生产品交易功能的理解程度。

38.4 主要货币国际化与其发行体科技国际化高估和低估的评判结果

38.4.1 传统货币国际化相关结果

表 38-2 的结果显示，货币的国际化程度与其发行体科技国际化水平有着非常高的相关性，表明两者间互动力度可观，换句话说两者应当较为相当；而表 38-1 显示，美国科技国际化水平明显高于美元的国际化水平，2007—2019 年前者年均低于后者 2.38%，或前者年均为后者的 94.51%，表明美国科技对美元有着重要的支撑作用；欧元区的科技国际化年均比欧元国际化程度更低，前者与后者年均低 7.05%，或前者年均仅为后者的 59.84%；日元科技国际化却大幅度高于日元国际化水平，前者年均超过后者 1.3 倍，为八大国际货币之最，表明日元国际化相当于日本科技国际化过低；但是，2007—2019 年英国、澳大利亚和加拿大科技国际化水平分别仅为该三国货币国际化水平的 46.99%、11.60% 和 22.03%，换句话说，该三国的科技国际化远不足以支撑其货币的国际化水平，该三国货币国际化程度皆为美国保护伞下的虚高结果。表 42-2 给出的近年来主要国际货币发行体除该三国外皆持有美元净资产，而仅该三国持有美元负资产，表明美国对该"三眼"盟国的特别关照。特别是表 42-2 中澳大利亚持有的美元净负资产最多，与表 38-1 中澳大利亚元国际化虚高幅度最大相对应。

表 38-1 显示，日元和人民币相对于日本和中国科技国际化水平被显著低估，日本和中国科技国际化与货币国际化平均比例分别高达 2.30 和 2.12，表明 2007—2019 年日元和人民币国际化皆被低估，而且相对于人民币被低估的幅度比日元更大。另外，表 26-1 显示，2007—2019 年国际清算银行以外汇日均成交金额韩元在全球外汇市场的排名分别为第 14 位、11 位、17 位、15 位和 12 位，平均低于韩国经济的全球排名前 12 左右的地位，而且皆远不在前八大货币之列，因此韩元相关数据不在表 38-1 中。尽管如此，与表 38-1 相应的韩元年均科技国际化水平与韩元国际化年均水平比例高达 5.09 倍，表明韩元相对于韩国科技国际化水平低估程度比日元和人民币低估程度更高，显示国际市场在助推英镑、澳大利亚元和加拿大元这些"五眼"货币的同时，对三大东亚货币明显打压的程度更高。

38.4.2 利用全球外汇实际日均成交金额度量货币国际化的相关结果

从表 38-3 和表 38-1 的结果可以看出，2007—2019 年，美国科技国际化与美元国际化平均比例从表 38-1 中的 0.95 略增到了 0.97，表明美国科技对美元支撑的力度增大；欧元区科技国际化与欧元国际化平均比例从 0.60 略降到了 0.56，表明欧元区科技对欧元国际化支持力度略降；日本科技国际化与日元国际化平均比例从 2.30 略降到了 2.01，显示日元国际化程度相对于日本科技国际化水平被显著低估了；英国、加拿大和澳大利亚科技国际化与其货币国际化平均比例保持在分别从 0.47、0.22 和 0.12 略降到了 0.46、0.21 和 0.11，表明该三国货币相对于其国家的科技水平进一步高估，而且澳大利亚元被高估的幅度最大；瑞士科技国际化水平与瑞士法郎国际化年均比例从 1.00 提高到了 1.10，表明瑞士法郎国际化水平相对于瑞士的科技国际化水平也有所低估；中国科技国际化与人民币国际化比例从 2.12 略降到了 2.01%，表明人民币相当于中国科技国际化仍被低估。

38.5 科技国际化对货币国际化影响的实证结果

表 38-2 给出的是货币发行体科技国际化水平和货币国际化之间的相互关系，我们难以从这些结果中看出两者之间相互影响的准确程度。本节以表 38-1 相应的 2007—2019 年货币发行体科技国际化水平为自变量来探讨科技国际化对货币国际化的影响程度。由于科技研发需要较长的时间，往往一项有价值的专利需要数年才能完成检测并通过专利申请，科技对经贸的影响有一定的滞后性，而科技对货币的影响是通过经贸在全球市场的作用而产生，因此科技对货币的影响也需要几年的滞后，而且之前数年的科技创新一起对货币产生影响。所以，我们研究科技国际化对货币国际化的影响是从货币国际化度量当年前四年到六年连续的科技国际化对货币国际化的影响。附表 38-1 给出了相关结果（为了减少不必要的空间，我们略去了科技国际化对当年、前两年和三年相应的回归结果）。

38.5.1 科技国际化对货币国际化随科技国际化连续年份而增加

附表 38-1 给出的 26 个连续 4 年、22 个连续 5 年和 18 个连续 6 年科技国际化对货币国际化的平均回归有效性（R2）分别为 98.48%、99.33% 和 99.83%，表明随着科技国际化连续年数从 4 年提高到 6 年，科技国际化对货币国际化的影响程度明显提高，也表明科技国际化对货币国际化应先需要数年的持续积累才发挥作用。

38.5.2 科技国际化对货币国际化随科技国际化影响最佳连续年份

尽管上文给出的连续 6 年科技国际化对货币国际化影响最大，但是由于连续 6 年的起点不同，科技国际化对货币国际化影响的年份还不一定就是 6 年。附表 38 - 1.3 给出的 3 个对 2013 年货币国际化影响的回归中，2008—2013 年科技国际化对 2013 年的货币国际化回归有效性最高为 99.95%，表明从 2008 年开始的连续 6 年科技国际化对 2013 年的影响最高，即开始的 2008 年到 2013 年共 6 年；附表 38 - 1.3 给出的 6 个对 2016 年货币国际化影响的回归中，2010—2015 年和 2011—2016 年两个回归有效性最高，分别为 99.9997% 和 99.9994%，表明从 2010 年开始的连续 7 年科技国际化对 2016 年的影响最高；附表 38 - 1.3 给出的 9 个对 2019 年货币国际化影响的回归中，2011—2016 年科技对货币的回归有效性最高 99.99985%，而且 2013—2018 年科研对 219 年货币回归有效性 99.9804 仅次于如上 2010—2015 年对 2019 年相应的回归有效性，表明从 2013 年开始的连续 7 年和 2011 年开始的连续 6 年科技国际化对 2019 年的影响相对较高。上文给出的科技对 2013 年、2016 年和 2019 年货币影响最大的连续 6 年、7 年和连续 7~9 年的平均在 7 年左右，表明科技对货币持续影响在 7 年左右，显示科技对货币影响也有着与资本或固定资产折旧相似的逐渐衰退规律。

38.5.3 当年科技国际化对货币国际化影响较小

附表 38 - 1.1、附表 38 - 1.2 和附表 38 - 1.3 给出的 4 个连续 3 年和当年、4 个连续 4 年和当年及 3 个连续 5 年和当年的科技国际化对货币国际化的回归中当年回归系数分别皆有两个为负数，分别占最高回归数的 50%、50% 和 66.7%，表明当年科技国际化对当年货币国际化影响较小。这些结果与上文科技对货币影响需要时间释放而后衰减的结果一致。

38.6 货币国际化对科技国际化影响的实证结果

本节集中研究货币国际化对科技国际化的影响。由于全球货币国际化数据三年才公布一次（表 26 - 1），因此我们缺乏连续的年度货币国际化数据，难以找到与附表 38 - 1 对应的结果；即使我们利用插值方法估算出两个三年间的货币国际化结果，由于插值没有增加两个中间年份货币国际化的新信息，回归的效果不会提高。所以，我们只能以现有的表 26 - 1 中的货币国际化数据为自变量和表 38 - 1 相应的科技国际化为因变量找到前者对后者的影响。附表 38 - 2 给出了 2007—2019 年连续三次货币国际化对最后一年科技国际化之年及之后年份科技国际化的影响的回归结果（由上文分析附表 38 - 1.3 科技国际化对货币国际化影响结果显示，连续 7 年的科技国际化对当年货币国际化影响最大，为了对应比较，每组连续三个货币国际化数据从开始到结束也正好为 7 年）。

附表38-2显示，连续三个货币国际化对之后科技国际化影响的12个回归的所有相关有效性皆显著超过90%，而且12个回归的评价回归有效性高达96.07%，表明货币国际化对科技国际化有着显著的正向引领作用。2007年、2010年和2013年货币国际化对2013年到2019年科技国际化的7个回归中有效性最高的为2007年、2010年和2013年货币对2019年的回归有效性为97.66%；2010年、2013年和2016年货币国际化对2016年到2019年科技国际化的7个回归中有效性最高的为2010年、2013年和2016年货币对2019年的回归有效性为96.40%；而2013年、2016年和2019年货币国际化对2019年科技国际化的唯一一个回归有效性为97.80%，该回归有效性为附表38-2中有效性最高的回归。值得关注的是，附表38-2中有12个回归中有2007年货币国际化的回归有7个，这7个回归中2007年货币的系数皆为正数；然而有2010年货币国际化的11个回归中仅有两个是正系数，另外其他9个系数皆为负数；有2013年货币国际化的12个回归中仅有5个是正系数，另外其他7个系数皆为负数；有2016年货币国际化的4个回归中仅有1个是正系数，另外其他3个系数皆为负数；有2007年、2010年、2013年和2016年回归的负系数分别占其相应总回归数的比例分别为0.00%、82.82%、41.67%和75.00%，显示2010年美国量化宽松政策实施的第二个完整年货币对科技的影响力最低，其次为2016年美国退出量化宽松后的第二个完整年和2013年美国退出量化宽松前的一个完整年。

38.7 货币国际化与科技国际化相互影响比较及启示

上文给出了科技国际化和货币国际化相互影响的实证结果，但从这些结果中我们还是难以直接看出两者相互影响的大小。由于货币国际化每三年才有一组数据，因此货币国际化数据连续性相对于科技国际化较差，我们难以获得两者相互影响的对称结果。尽管如此，我们还是可以根据附表38-2中货币国际化对科技国际化影响的相关结果找出相对应的后者对前者的影响结果，表38-6给出了相应的结果。

表38-6　　有货币国际化数据年份对应的货币国际化
对科技国际化影响的回归结果（2007—2019年）

2007年、2010年和2013年货币国际化对2013年科技国际化影响			
5.911935	-5.61394	0.513414	2.441953
1.133868	3.389578	2.222242	0.826296
0.990282	1.847905	#N/A	#N/A
135.8699	4	#N/A	#N/A
1391.887	13.65902	#N/A	#N/A

续表

2007年、2010年和2013年货币国际化对2016年科技国际化影响			
5.541356	-4.05664	-0.55734	2.405652
1.240684	3.708894	2.431589	0.904137
0.988331	2.021988	#N/A	#N/A
112.9322	4	#N/A	#N/A
1385.148	16.35374	#N/A	#N/A
2007年、2010年和2013年货币国际化对2019年科技国际化影响			
6.282157	-4.2015	-1.11787	2.50477
1.333838	3.987367	2.614159	0.972022
0.986813	2.173804	#N/A	#N/A
99.7785	4	#N/A	#N/A
1414.487	18.90169	#N/A	#N/A
2010年、2013年和2016年货币国际化对2016年科技国际化影响			
-2.8799	8.022529	-4.42072	3.23519
1.793858	1.565677	0.73581	0.882274
0.992811	1.587141	#N/A	#N/A
184.1228	4	#N/A	#N/A
1391.426	10.07607	#N/A	#N/A
2010年、2013年和2016年货币国际化对2019年科技国际化影响			
-3.31007	9.311363	-5.32799	3.443369
1.890324	1.649872	0.775379	0.929719
0.992194	1.672491	#N/A	#N/A
169.4774	4	#N/A	#N/A
1422.2	11.1889	#N/A	#N/A
2013年、2016年和2019年货币国际化对2019年科技国际化影响			
0.020364	-8.36847	8.843698	4.191576
1.379319	6.542264	6.799176	3.566457
0.900057	5.984516	#N/A	#N/A
12.00755	4	#N/A	#N/A
1290.131	143.2577	#N/A	#N/A

数据来源：同附表38-1。

38.7.1 科技国际化与货币国际化相互影响的回归有效性比较

比较表38-6给出的相应年份科技国际化对货币国际化影响的结果和附表38-2中相应年份货币国际化对科技国际化影响结果，我们发现表38-6中仅有2013年、2016年和2019年科技国际化对2019年货币国际化影响回归有效性

90.00%低于附表38-2相应的2013年、2016年和2019年货币国际化对2019年科技货币国际化影响回归有效性97.80%，其他五对中前者对后者的影响的回归有效性皆超过后者对前者的回归有效性，而且该五对回归科技影响货币的有效性平均差额为3.64%。2013年、2016年和2019年科技国际化对2019年货币国际化影响回归有效性低于货币对科技的回归有效性结果很可能是表22-4给出的2019年科技国际化结果由于依据历史数据估算的误差所致（2019年离最新的2014年确认数据过长）。如上6对回归中5对科技国际化对货币国际化影响超过后者对前者的影响度，表明科技国际化对货币国际化的支撑作用。

38.7.2 回归F统计值比较

比较表38-6给出的相应年份科技国际化对货币国际化影响的结果和附表38-2中相应年份货币国际化对科技国际化影响结果，我们发现仅有2013年、2016年和2019年科技国际化对2019年货币国际化影响回归F统计值12.008低于同期后者对前者回归F统计值59.3001外，其他5对中前者对后者的影响的回归F统计值皆超过后者对前者的回归F统计值，而2013年、2016年和2019年科技国际化对2019年货币国际化影响回归F统计值可能同样由于2019年科技国际化估算的误差所致。

38.7.3 回归常数准确性比较

比较表38-6给出的相应年份科技国际化对货币国际化影响的结果和附表38-2中相应年份货币国际化对科技国际化影响结果，我们发现除2013年、2016年和2019年科技国际化对2019年货币国际化回归常数误差（均方差）4.1916高于后者常数误差1.4069外，其他5对中前者对后者影响的常数误差皆显著低于后者，5对回归前者常数误差与后者常数误差平均比例仅为50.33%，表明前者对后者影响的常数准确度显著超过后者对前者影响常数的准确度，同样表明科技国际化总体对货币国际化影响程度超过后者最大的总体影响程度。

38.7.4 回归系数准确性比较

比较表38-6给出的相应年份科技国际化对货币国际化影响的结果和附表38-2中相应年份货币国际化对科技国际化影响结果，我们发现2007年、2010年和2013年科技国际化对2013年、2016年和2019年货币国际化影响的三个回归系数皆超过同期后者对前者回归的三个系数的不确定性，而2010年、2013年和2016年科技国际化对2016年和2019年货币国际化影响的三个回归系数却皆低于同期后者对前者回归的三个系数的不确定性；2013年、2016年和2019年科技国际化对2019年货币国际化影响的三个回归系数皆高于同期后者对前者回归的三个系数的不确定性。因此，从两者相互影响的三个回归系数不确定性难以判断出两者相互影响程度的高低。

如上对回归有效性、回归 F 统计值和回归常数准确性三个方面来判断，我们可以得出科技国际化对货币国际化影响的程度要显著高于后者对前者的影响；虽然回归系数不确定性难以准确得出两者相互影响的高低，但四组的回归参数中有三组可以得出科技对货币影响力超过后者对前者的影响力，我们还是基本可以得出科技国际化对货币国际化影响力超过后者对前者影响力的结果。

38.8 科技国际化和货币国际化相互影响定量分析

上文通过比较同样年份科技国际化对货币国际化的影响和货币国际化对科技国际化的影响，得出科技国际化对货币国际化影响程度高于后者对前者的影响。本节的目标是通过比较表 38 - 6 中科技国际化对货币国际化影响与附表 38 - 2 中相应年份货币国际化对科技国际化影响的回归参数，得出科技国际化和货币国际化相互影响的准确程度。

我们上文多次用过线性回归的有效性（R^2）实际上是回归总平方和（SSreg）与回归总平方和加上回归总残留和（SSresid）的比例，总平方和相当于总残留和越大，回归有效性越高的同时，相当于总平方和总残留和越小回归有效性越高。表 38 - 6 中 2007 年、2010 年和 2013 年科技国际化对 2013 年货币国际化回归结果显示，前者对后者回归总回归平方和（SSreg）仅为 1391.887，而附表 38 - 2 中相应的 2007 年、2010 年和 2013 年货币国际化对 2013 年科技国际化总回归平方和为 1343.216。由于回归平方和相当于回归残留和越大表明回归的准确性越高，因此，以回归平方和来计算，科技对货币影响力为 1391.887/（1391.887 + 1343.216） = 50.89%；同样，由于回归残留和越小回归有效性越高，表 38 - 6 中 2007 年、2010 年和 2013 年科技国际化对 2013 年货币国际化回归结果显示，前者对后者总回归残留和（SSresid）仅为 13.659，而附表 38 - 2 中相应的 2007 年、2010 年和 2013 年货币国际化对 2013 年科技国际化总回归残留却高达 57.049，因此，以回归残余和来计算，科技对货币影响力为 57.049/（57.049 + 13.659） = 80.68%。另外，由于回归总平方和和回归残留和相对大小是同时发生的，上文科技对货币影响对应的两个比例的成绩，即 50.89% × 80.68% = 41.059% 反映出科技对货币影响的平方和与残留总结果，相应的货币对科技影响的总结果为 (1 - 50.89) × (1 - 80.68%) = 9.49%，进而我们可以计算出科技对货币的影响相当于货币对科技的影响度为 41.059、(41.059 + 9.49) = 81.23%，而货币对科技的影响相对于科技对货币的影响为 1 - 81.23% = 18.77%。

利用同样的方法，我们可以利用表 38-6 给出的计算出 2010 年、2013 年和 2019 年科技对货币的回归参数，计算出科技对货币的影响相当于货币对科技的影响度为 16.84%，而货币对科技的影响相当于科技对货币的影响度为 83.15%；利用表 38-6 中其他四个回归相关参数与附表 38-2 给出的对应的四个回归的相关参数，我们可以计算出其他四对韩国对应的科技对货币影响和货币对科技的相对影响程度。利用表 38-6 及其对应的附表 38-2 中 6 对回归参数计算出的科技对货币相当于货币对科技影响度平均分别为 69.79% 和 30.21%，显示科技对货币相当于货币对科技有更大的影响力。

38.9 最佳货币国际化度量相应的科技与货币相互影响度结果

上文利用基于表 26-1 给出的传统货币国际化结果（表 38-1 给出的货币国际化）和科技国际化结果分析出了科技国际化和货币国际化之间相互影响的实证结果，这些结果对我们理解科技国际化和货币国际化相互影响程度提供了具体数量的支撑。然而如表 38-3 的结果所示，十多年来外汇衍生产品名义日均成交金额占表 26-1 给出的传统外汇日均成交金额七成左右，但大量的外汇衍生产品交易并非真正换手的资金交易，导致包括外汇衍生产品名义日均成交金额在内的传统外汇日均成交金额作为货币国际化度量成为问题。本节利用附表 38-5 到附表 38-8 同样的方法，分析科技国际化与表 38-3 相应的最佳货币国际化之间的相互相应程度。

利用表 38-3 给出的科技国际化和最佳货币国际化度量结果，我们可以获得与表 38-6 相应的 6 个科技国际化对货币国际化影响的回归结果，附表 38-3 给出了相关内容；同时我们也可获得与附表 38-2 相对应的货币对科技影响的结果，如附表 38-4 所示。首先，比较附表 38-4 与附表 38-2 我们发现，附表 38-4 和附表 38-2 中 2007 年和 2016 年货币国际化回归系数的正负数保持不变的同时，有 2010 年货币国际化的 11 个回归中，2010 年货币国际化系数为正数的两个回归变成了一个（2007 年、2010 年和 2013 年货币国际化对 2014 年科技国际化回归从附表 38-2 的正数变为负数）的同时，有 2013 年货币国际化的 12 个回归中，2013 年货币国际化系数为正数的 4 个回归变成了 11 个（仅在 2013 年、2016 年和 2019 年货币国际化对 2019 年科技国际化回归中 2013 年的系数为负数，见附表 38-4）。这些结果表明，与最佳货币国际化相应的货币对科技影响结果中 2010 年美国量化宽松前期货币对科技的影响总体更低的同时，2013 年美国退出量化宽松前一年货币对科技的影响总体更好。这些结果与直观判断结果更为一致，因此也更为合理。

另外，利用附表38-3和附表38-4的回归结果和附表38-8同样的方法，我们以计算出与附表38-3和附表38-4相对应的2007年到2019年科技对货币对应的货币对科技影响度平均分别为66.91%和33.09%。由于上文介绍的与最佳货币国际化对应的科技与货币国际化相互影响的结果更为合理，那么对应于最佳货币国际化度量的科技与货币国际化相互影响结果也更为合理。

38.10　美国科技国际化与美元国际化的关系及启示

表38-1显示，2007—2019年，美国科技国际化水平不仅冠绝榜首，而且持续超过欧元、日元和英镑这后三大国际货币发行体科技国际化总和，表明美国科技在全球的相对垄断地位，美国科技国际化水平对美元有着巨大的支撑力。因此，在介绍和分析全球科技国际化与货币国际化关系后，本节专门探讨美国科技国际化和美元国际化之间的密切关系。

比较表38-1中美国科技国际化和美元国际化程度数据，我们发现弱美元时（2007—2014年），美国科技国际化趋低，而强美元时（2015—2019年）美元国际化也趋高；弱美元时美元资金流向全球导致美国知识产权使用费顺差却增高，而强美元时美元资金回流美国导致美国知识产权使用费顺差却下降。这些结果表明弱美元时，美国知识产权使用费顺差中美元垄断地位的贡献应该更大，而强美元时美国科技垄断地位的贡献应该更大。

对于多年处于全球相对垄断地位的美国科技国际化，相对较小的增降实际上并不反映美国科技实力的变化，而美国科技实力或知识产权是服务于美国总体的货币政策和全球投资的大方略。弱美元时（2003—2008年全球金融危机前和2009—2014年美元退出量化宽松政策时期）正是美元资金流向全球投资之时，投资常常需要相关科技配套或知识产权服务，因此知识产权使用费出口和顺差随着美元资金的外流而增加；而强美元时却是资金回流美国之时，资金回流美国同时导致美国知识产权使用需求下降，进而导致美国知识产权使用费顺差下降。我们在第42章会更细致地分析不同年份美国知识产权使用费顺差中美国科技和美元的不同贡献份额，从而使我们对美国科技和美元相互协调的功能有更深刻的认识。

38.11　海外美资企业在美国科技国际化和美元国际化中的特殊作用

我们通常比较和分析国际货币主要考虑货币发行体的经济和贸易规模等，很少考虑这些发行体的企业在境外的经贸活动。但是对美国这个全球最大的经济体和科技最发达的国家,如不考虑美资企业在美国之外全球的贸易活动就难以深入理解美元国际地位的维护和美国科技创新能力之间的关系。或者说,解释美元国际化和美国科技国际化之间的关系不能缺少美资企业在全球的巨大作用。

38.11.1 美资企业境外巨额服务贸易顺差

表40-2显示,1992—2001年,美国企业在美国境外服务贸易销售金额和购买净额年均复合增长率皆显著高于美国跨境服务贸易出口和进口年均复合增长率,导致2001年美资企业在美国境外的服务贸易"顺差"653亿美元(服务贸易销售金额与购买金额差额)就首次超过了同年美国跨境服务贸易顺差620亿美元;2001—2008年,美资企业在美国外全球服务贸易"顺差"4095亿美元,超过美国跨境服务贸易顺差2.4倍,显示出2008年全球金融危机前7年美资企业随着美元资金流向全球并在全球范围内收益颇丰;然而2008年全球金融危机爆发到2014年,随着美国量化宽松政策的实施,美资企业在美国境外的服务贸易活动显著减速,将其在美国境外服务贸易等相关收益回流美国为美元"保驾护航",导致这些年美资企业在美国境外服务贸易"顺差"增速大幅度减缓的同时,美国跨境服务贸易顺差年均增长率却达到了罕见的两位数14.15%增长率,美资企业境外服务贸易"顺差"与美国跨境服务贸易顺差比例下降到了2.2;2014年美国退出量化宽松政策后,美资企业境外服务贸易"顺差"与美国跨境服务贸易顺差比例持续下降到了1.31的历史低位。

上文介绍的这些结果明显表明,高达数万亿美元的境外美资企业全球服务贸易对美元需求有着直接的支持作用,同时在美元相对较弱时(2002—2008年),美资企业将美元资金带向全球进行投资或投机,这些投资活动通常需要美国科技和知识产权服务,导致美国知识产权服务使用费顺差显著增长;而当美国出现危机(2009—2014年)时,美资企业又将其在境外获得的高额利润回流美国为美元保驾护航,使得美元维持了相对的稳定(2009—2014年美国量化宽松政策实施5年多美元指数年均保持在80.1的水平),美资企业成功发挥了美元稳定器的作用,对维护美元相对的国际垄断地位作出了巨大的贡献。

38.11.2 美资企业境外研发投资规模

美资企业境外大量的服务贸易顺差的一部分用于境外研发投资以与境外合作进一步提高其科技水平。根据美国商务部下属美国经济分析局(BEA)网站公布的数据,2007—2017年,美资企业在美国外全球研发总投资金额从453.8亿美元持续提高到了681.1亿美元,总研发投资与总净收入比例从31.5%提高到了39.6%;2017年美资企业境外总研发投资681.1亿美元接近同年中国进入全球前2500家研发投资最多的376家企业总研发投资741.6亿美元（以2017年底美元和欧元汇率1.2换算376家中资企业总研发投资618.0亿欧元）。美资企业将境外大量的收益投入研发并与当地企业进行合作以参与当地科技创新，保持其竞争优势。

38.12　全球研发投入最多的企业全球范围内收购兼并活动及启示

2019年欧盟委员会工业研发投资报告也给出了近年来全球研发投入最多的2500家企业在全球范围内收购兼并数据在不同国家和地区间的分布相关内容，表38-7给出了相关结果。

表38-7　全球研发投入最多的2500家企业收购兼并占比和收购兼并案例分布（2007—2016年）　　单位：%，项

从/到（占比）	中国	日本	印度	欧盟	美国	亚洲其他国家和地区	全球其他国家和地区	总计
中国	80.1	0.1	0.0	7.7	3.1	2.1	6.9	768
日本	3.4	55.8	4.2	12.2	9.2	5.6	9.6	1275
印度	0.0	1.2	48.1	18.5	16.0	2.5	13.6	81
欧盟	1.8	0.5	1.7	54.0	19.6	1.3	21.1	3275
美国	1.6	0.4	1.1	18.4	63.6	1.0	13.8	4701
亚洲其他国家和地区	1.1	1.3	0.5	4.7	3.7	48.5	40.1	379
全球其他国家和地区	1.9	0.7	1.5	27.5	20.9	1.6	46.0	1373
从/到（数）	中国	日本	印度	欧盟	美国	亚洲其他国家和地区	全球其他国家和地区	总计
中国	615	1	0	59	24	16	53	768
日本	43	711	54	156	117	71	122	1275
印度	0	1	39	15	13	2	11	81
欧盟	59	16	56	1769	642	43	691	3275
美国	75	19	52	865	2990	47	649	4696
亚洲其他国家和地区	4	5	2	18	14	184	152	379
全球其他国家和地区	26	10	21	378	287	22	632	1374
总计	823	763	222	3259	4087	385	2310	11848

数据来源：*The 2019 EU Industrial R&D Investment Scoreboard*，www.ijr.jrc.europa.Eu；表中结果是以Zephyr公司收购兼并（Mergers and Acquisitions）数据库中11852个收购兼并案例数据与欧盟委员会研发投资最多的2500家企业对应进行整理得出的结果。

38.12.1　主要国家和地区内部收购兼并辖内占比比较

表 38-7 显示，2007—2016 年，中国进入全球研发投入最多的企业在国内进行收购兼并 615 项，占中国收购兼并总数 768 项比重高达 80.1%，为 7 个国家和地区之最，显示出中国研发投入多的企业收购兼并以国内为主；美国、日本和欧盟进入全球研发投入最多的企业在国内进行收购兼并分别为 2990 项、1769 项和 711 项，占美国、日本和欧盟收购兼并总数比重分别为 63.6%、55.8% 和 54.0%，皆显著低于中国辖内占比，分别排名第 2 位到第 4 位；亚洲其他国家和地区、印度和全球其他国家和地区辖内收购兼并占其总收购兼并比重皆不到一半。以上结果显示，中国、美国、欧盟和日本研发最多的企业收购兼并活动皆以辖内为主，但中国辖内占比过高，境外兼并活动有待提高。

38.12.2　主要国家和地区辖外收购兼并占比分布比较

表 38-7 显示，中国研发投入最多的企业收购兼并辖外占比最低仅为 19.9%，其中从中国到欧盟的收购兼并活动占比最高仅为 7.7%，其次为从中国到全球其他国家和地区的占比 6.9%，从中国到美国的收购和兼并占比 3.1% 排名第 3 位；从美国到美国外收购兼并占美国总收购兼并比重 36.4%，其中从美国到欧盟收购兼并 865 项，超过了同期中国全部的收购兼并 768 项，占比 18.4%，其次是从美国到全球其他国家和地区的收购兼并 649 项，占比 13.8%，美国到欧盟和美国到全球其他国家和地区总收购兼并 1514 项，仅次于欧盟总收购兼并 3275 项，显示出美国在全球研发最多的企业收购兼并的重要地位，或者说美国通过收购和兼并将技术传输到全球的能力；欧盟辖外收购兼并总占比 46.0%，其中与美国和全球其他国家和地区的占比分别高达 19.6% 和 21.1%，欧盟与该两国家和地区总收购兼并 1333 项，显示出欧盟辖外收购兼并活跃度仅次于美国。日本、中国和全球其他国家和地区辖外收购兼并数相对于美欧较小。

38.12.3　主要国家和地区辖外内部收购兼并比较的技术启示

表 38-7 显示，虽然从美国到欧盟收购兼并占美国比重 18.4%，低于后者到前者的占比 19.6%，但由于美国总的收购兼并总数高于欧盟，美国到欧盟的收购兼并数 865 项比后者到前者的总数 642 项多 223 项，显示出美国技术流入欧盟并被接纳的结果；从美国和欧盟到全球其他国家和地区的收购兼并总数分别为 649 项和 691 项，后者略多于前者 42 项；从美国和欧盟到中国、日本、印度和亚洲其他国家和地区的收购兼并总数分别为 193 项和 174 项，前者略高于后者 19 项。这些数据显示，美国仍然是全球技术的最大输出国，欧盟其次。另外，

表 38-7 也显示，日本到美国和欧盟的收购兼并数分别为 117 项和 156 项，明显高于从美国和欧盟到日本收购兼并总数的 75 项和 59 项，显示日本的技术对美欧仍有一定的吸引力。

38.12.4　中国辖外内部收购兼并的国际比较及启示

表 38-7 显示，中国到欧盟的收购兼并数最多为 59 项，与欧盟到中国的收购兼并数相同，显示出中国与欧盟技术合作度较高，而且合作相对对等；中国到全球其他国家和地区及亚洲其他国家和地区的收购兼并数分别为 53 项和 16 项，略高于从该两地区到中国的收购兼并数 26 项和 4 项，显示出中国技术向该两地区输出的信号；中国到美国和日本的收购兼并数 24 项和 1 项，明显低于美国和日本到中国的收购兼并项 75 项和 43 项，显示出美国和日本技术向中国输出的程度。

38.12.5　收购兼并的总体效果

与表 38-7 相应的 2016 年全球 2500 家研发投入最多的企业中 2264 家有数据的企业中，收购企业的营销和员工数总体平均为被收购企业的 4.1 倍和 2.7 倍，同时收购企业的研发强度平均为被收购企业的 4.0 倍，收购总体结果是研发强度保持不变的同时，总体单位劳动生产率提高 50%。各个国家和地区收购兼并的效果有较大的不同，中国收购企业的营销和员工平均为被收购企业的 2.5 倍和 1.4 倍，同时收购企业的投资强度是被收购企业的 2.1 倍，收购结果是平均投资强度下降两成的同时，单位劳动生产率提高八成；美国收购企业的营销和员工平均为被收购企业的 13.8 倍和 8.9 倍，同时收购企业的投资强度是被收购企业的 6.3 倍，收购结果是平均投资强度下降一半的同时，单位劳动生产率提高五成。

38.12.6　收购兼并借力协力推动研发

收购兼并是企业利用其技术和其他优势加大创新的重要渠道，跨境收购是企业在全球范围内优化配置技术和其他资源以加速创新发展的重要方法。在全球科技创新日新月异的当今，各个领域已经有了不同程度的技术专利积累，从头创新不仅时间上来不及，而且也难以接近全球技术前沿。这样通过跨境收购兼并以加速追赶和保持已有优势成为今后全球科技创新的必由之路。表 38-7 的数据显示，我国科研投入多的企业辖内外收购兼并数量排名在美国、欧盟、日本之后，辖外收购兼并数还排在亚洲其他国家和地区及全球其他国家和地区之后，显示出我国在全球范围内科技合作力度有待显著提高。充分利用当前和今后国家进一步对外开放政策，加大国际科研合作以提高我国研发能力并积极输出如5G等先进技术以加速技术应用将成为我国科技创新的另外一个方向。

38.13 小结

本章利用第19章和第22章科技国际化结果和第21章货币国际化结果，找到了全球前八大国际货币国际化与其货币发行体科技国际化之间相互影响的实证结果。结果显示，尽管货币国际化与科技国际化之间有着很高的相关性，显示两者相互影响的程度很高，但科技国际化对货币国际化的影响要显著高于后者对前者的影响，为科技影响经贸、经贸影响货币提供了依据，或者说为"科技是第一生产力"提供了依据。与此同时，较高的货币国际化对应的是较高的国际融资能力，较高的国际融资能力又是科技研发投资的基础，因此货币国际化有对科技国际化产生积极的影响。

另外，本章在分析和探寻科技国际化与货币国际化关系的同时，发现了传统货币国际化（表26-1给出的包括外汇衍生产品名义成交金额在内的全球外汇日均成交金额）度量方法的局限性。在保持科技国际化与货币国际化平均相关度最高的条件下，发现了货币国际化的最佳度量方法，即仅将不同货币外汇衍生产品名义日均成交金额的24.2%计为外汇成交金额，加上外汇现货日均成交金额作为货币国际化的度量基础，这种货币国际化的度量结果与科技国际化平均相关性最高，因此可以当做货币国际化的最佳度量方法。最佳度量方法相关结果表明，外汇衍生产品交易的避险功能超过其现金功能4倍，为我们理解外汇衍生产品的功能的区别提供了实证依据。

美国是全球科技创新的领导者，美国科技国际化程度不仅冠绝全球，而且2007年以来美国科技国际化程度超过欧元区、日本和英国三个国际货币发行体科技国际化总和，表明美国全球科研的垄断地位及对美元在全球外汇市场垄断地位的有效支撑；日元的国际地位显著低于日本科技国际化全球排名第2的地位；欧元区、英国、澳大利亚和加拿大的科技国际化水平皆不同程度地低于欧元、英镑、澳大利亚元和加拿大元等国际货币的国际地位，特别是澳大利亚科技国际化水平与澳大利亚元的国际化水平严重不匹配。

本文通过比较分析三个相同年份科技国际化对货币国际化和三个货币国际化对科技国际化回归参数得出了2007—2019年，科技国际化对货币国际化平均影响程度接近七成，而后者对前者平均影响力略超三成的结果（对应传统货币国际化），而对应最佳货币国际化度量参数科技国际化对货币国际化平均影响程度相当于三分之二的同时，货币对科技国际化影响程度相当于三分之一。这些结果对于我们理解全球科技国际化和货币国际化提供了直接的实证依据。

近年来我国科技国际化水平有了显著的提高，但是离美日欧三大科技中心的科技国际化水平仍有可观的差距。尽管如此,2019年我国科技国际化分别仅相当于美国、欧元区和日元国际化的11.6%、51.4%和25.0%,然而与之相比,2019年人民币国际化水平分别仅相当于美元、欧元和日元国际化水平的4.9%、13.4%和25.7%,表明人民币国际化与前三大国际货币的差距比我国科技国际化与前三大国际货币发行体科技国际化水平还有更大的差距。要使人民币国际化提高到与我国经贸国际地位接近的水平,我国科技自主度和人民币国际化水平至少分别要超过50%和20%。

附表38-1 主要货币发行体科技国际化对货币国际化的影响回归结果

1. 连续四年科技国际化对货币国际化影响的回归结果

前连续三年和当年科技国际化对当年货币国际化影响的回归结果

2007—2010年科技国际化对2010年货币国际化回归结果				
-5.63901	11.17971	-3.4957	-1.52487	3.219863
2.943495	1.737063	1.846845	1.681131	0.705721
0.994706	1.559765	#N/A	#N/A	#N/A
140.9195	3	#N/A	#N/A	#N/A
1371.353	7.298598	#N/A	#N/A	#N/A

2010—2013年科技国际化对2013年货币国际化回归结果				
8.903434	-6.63847	-1.85084	0.313051	3.217809
2.098103	3.48608	3.460734	3.885528	0.836433
0.995604	1.435064	#N/A	#N/A	#N/A
169.875	3	#N/A	#N/A	#N/A
1399.368	6.178225	#N/A	#N/A	#N/A

2013—2016年科技国际化对2016年货币国际化回归结果				
-1.19568	-9.46724	-2.95304	14.90368	4.710664
3.007229	1.397797	1.734578	1.63467	0.757408
0.996297	1.315338	#N/A	#N/A	#N/A
201.7659	3	#N/A	#N/A	#N/A
1396.311	5.190339	#N/A	#N/A	#N/A

2016—2019年科技国际化对2019年货币国际化回归结果				
9.087001	-14.4727	1.51876	5.106913	2.417694
1.255383	5.673991	5.131816	0.831987	1.045083
0.992473	1.896399	#N/A	#N/A	#N/A
98.89242	3	#N/A	#N/A	#N/A
1422.599	10.78899	#N/A	#N/A	#N/A

前连续四年科技国际化对当年货币国际化影响的回归结果

2006—2009年科技国际化对2010年货币国际化回归结果				
10.34643	-4.92619	-3.95415	-0.37968	3.208963
2.502714	3.265199	5.622905	3.702216	1.249983
0.988271	2.321694	#N/A	#N/A	#N/A
63.19179	3	#N/A	#N/A	#N/A
1362.481	16.17078	#N/A	#N/A	#N/A
2006—2009年科技国际化对2013年货币国际化回归结果				
7.295456	-3.40696	-0.74022	-2.18969	3.070102
2.267853	2.958784	5.095235	3.354789	1.132681
0.990553	2.103819	#N/A	#N/A	#N/A
78.64044	3	#N/A	#N/A	#N/A
1392.268	13.27817	#N/A	#N/A	#N/A
2007—2010年科技国际化对2013年货币国际化回归结果				
-4.42895	7.918106	-1.26027	-1.66682	2.731049
3.385612	1.997972	2.124244	1.933639	0.811721
0.99313	1.794044	#N/A	#N/A	#N/A
108.424	3	#N/A	#N/A	#N/A
1395.89	9.655778	#N/A	#N/A	#N/A
2008—2011年科技国际化对2013年货币国际化回归结果				
10.71575	-12.2512	8.373493	-5.95091	3.765981
7.888866	3.912385	1.701802	4.141935	1.052986
0.994693	1.57687	#N/A	#N/A	#N/A
140.5666	3	#N/A	#N/A	#N/A
1398.086	7.459561	#N/A	#N/A	#N/A
2009—2012年科技国际化对2013年货币国际化回归结果				
-2.9178	-0.44722	-5.89926	9.290601	3.202237
3.735238	4.324326	3.610378	3.029674	1.089434
0.992555	1.867615	#N/A	#N/A	#N/A
99.99195	3	#N/A	#N/A	#N/A
1395.082	10.46396	#N/A	#N/A	#N/A
2006—2009年科技国际化对2016年货币国际化回归结果				
6.171547	-2.57612	0.448874	-3.17277	3.261014
2.202265	2.873214	4.947878	3.257767	1.099924
0.991066	2.042976	#N/A	#N/A	#N/A
83.19742	3	#N/A	#N/A	#N/A
1388.981	12.52125	#N/A	#N/A	#N/A

续表

2007—2010年科技国际化对2016年货币国际化回归结果				
-3.65111	6.661835	-0.06664	-2.36457	2.730163
3.888435	2.294707	2.439732	2.220819	0.932276
0.990912	2.060491	#N/A	#N/A	#N/A
81.77627	3	#N/A	#N/A	#N/A
1388.765	12.73687	#N/A	#N/A	#N/A
2008—2011年科技国际化对2016年货币国际化回归结果				
11.7597	-13.1081	7.298272	-5.10006	3.860366
10.01599	4.967304	2.160668	5.258748	1.336909
0.99142	2.002051	#N/A	#N/A	#N/A
86.66449	3	#N/A	#N/A	#N/A
1389.477	12.02462	#N/A	#N/A	#N/A
2009—2012年科技国际化对2016年货币国际化回归结果				
-2.36528	2.239047	-7.7491	7.997492	3.359739
4.381172	5.072132	4.23472	3.553596	1.27783
0.989728	2.190581	#N/A	#N/A	#N/A
72.26547	3	#N/A	#N/A	#N/A
1387.106	14.39594	#N/A	#N/A	#N/A
2010—2013年科技国际化对2016年货币国际化回归结果				
8.097587	-6.18986	0.499351	-1.69238	3.39997
2.391144	3.972978	3.944092	4.428217	0.953257
0.994274	1.635498	#N/A	#N/A	#N/A
130.2386	3	#N/A	#N/A	#N/A
1393.477	8.024561	#N/A	#N/A	#N/A
2011—2014年科技国际化对2016年货币国际化回归结果				
-0.60468	9.257875	-6.53563	-1.42836	3.363509
1.144681	1.284605	2.87373	2.229184	0.935994
0.994507	1.601989	#N/A	#N/A	#N/A
135.7758	3	#N/A	#N/A	#N/A
1393.803	7.699105	#N/A	#N/A	#N/A
2012—2015年科技国际化对2016年货币国际化回归结果				
-6.17757	-2.28573	12.79038	-3.24538	4.286934
2.862066	1.157093	1.905177	2.431855	0.597565
0.997554	1.069035	#N/A	#N/A	#N/A
305.8345	3	#N/A	#N/A	#N/A
1398.073	3.428504	#N/A	#N/A	#N/A

续表

2006—2009年科技国际化对2019年货币国际化回归结果				
6.708229	-2.23543	-0.45098	-3.16822	3.415995
2.426561	3.165845	5.451809	3.589564	1.211948
0.989395	2.251048	#N/A	#N/A	#N/A
69.9687	3	#N/A	#N/A	#N/A
1418.187	15.20166	#N/A	#N/A	#N/A
2007—2010年科技国际化对2019年货币国际化回归结果				
-3.91728	7.238227	0.329411	-3.11608	2.889789
4.197246	2.476947	2.63349	2.397191	1.006315
0.989647	2.22413	#N/A	#N/A	#N/A
71.69082	3	#N/A	#N/A	#N/A
1418.548	14.84027	#N/A	#N/A	#N/A
2008—2011年科技国际化对2019年货币国际化回归结果				
11.32244	-14.3909	8.065315	-4.33779	3.96926
12.28058	6.090401	2.649191	6.44774	1.639181
0.987389	2.45471	#N/A	#N/A	#N/A
58.72074	3	#N/A	#N/A	#N/A
1415.312	18.07681	#N/A	#N/A	#N/A
2009—2012年科技国际化对2019年货币国际化回归结果				
-1.55113	3.382166	-10.1214	8.364727	3.48394
5.190071	6.008603	5.016579	4.209699	1.513757
0.985906	2.59503	#N/A	#N/A	#N/A
52.46316	3	#N/A	#N/A	#N/A
1413.186	20.20255	#N/A	#N/A	#N/A
2010—2013年科技国际化对2019年货币国际化回归结果				
8.775337	-5.99024	1.187444	-3.28603	3.544956
2.769448	4.601545	4.568089	5.128807	1.104072
0.99249	1.894251	#N/A	#N/A	#N/A
99.11856	3	#N/A	#N/A	#N/A
1422.624	10.76456	#N/A	#N/A	#N/A
2011—2014年科技国际化对2019年货币国际化回归结果				
-1.15931	11.0196	-6.68258	-2.54048	3.475002
1.278543	1.43483	3.209792	2.48987	1.045452
0.993299	1.78933	#N/A	#N/A	#N/A
111.174	3	#N/A	#N/A	#N/A
1423.783	9.6051	#N/A	#N/A	#N/A

续表

2012—2015 年科技国际化对 2019 年货币国际化回归结果

-7.16957	-2.87343	15.02247	-3.90423	4.744569
3.711881	1.500661	2.470869	3.15393	0.774996
0.995977	1.386456	#N/A	#N/A	#N/A
185.6696	3	#N/A	#N/A	#N/A
1427.622	5.766782	#N/A	#N/A	#N/A

2013—2016 年科技国际化对 2019 年货币国际化回归结果

-0.08105	-11.501	-4.37176	17.33073	5.106995
3.89589	1.810857	2.24716	2.117729	0.981229
0.993923	1.704031	#N/A	#N/A	#N/A
122.6596	3	#N/A	#N/A	#N/A
1424.677	8.711164	#N/A	#N/A	#N/A

2014—2017 年科技国际化对 2019 年货币国际化回归结果

-1.14827	14.68808	-4.78944	-7.15522	0.798254
3.968517	23.84553	7.724297	14.65773	3.948515
0.862101	8.117123	#N/A	#N/A	#N/A
4.688757	3	#N/A	#N/A	#N/A
1235.725	197.663	#N/A	#N/A	#N/A

2015—2018 年科技国际化对 2019 年货币国际化回归结果

34.43856	-35.1834	12.02334	-10.0846	3.633023
19.59795	20.2322	6.599058	6.155201	3.288673
0.926649	5.920046	#N/A	#N/A	#N/A
9.474775	3	#N/A	#N/A	#N/A
1328.248	105.1408	#N/A	#N/A	#N/A

2. 连续五年科技国际化对货币国际化影响的回归结果

前连续四年和当年科技国际化对当年货币国际化影响的回归结果

2006—2010 年科技国际化对 2010 年货币国际化回归结果

-6.73874	11.38549	-4.608	2.803335	-2.49796	3.694668
3.273245	1.807442	2.269571	5.09689	2.765866	0.898352
0.99624	1.610014	#N/A	#N/A	#N/A	#N/A
105.9716	2	#N/A	#N/A	#N/A	#N/A
1373.467	5.184287	#N/A	#N/A	#N/A	#N/A

续表

2009—2013年科技国际化对2013年货币国际化回归结果					
7.308597	-6.25702	-1.89895	-0.5367	1.956681	3.231881
5.891094	4.367061	4.149756	5.45281	6.536555	1.003313
0.995793	1.71949	#N/A	#N/A	#N/A	#N/A
94.67711	2	#N/A	#N/A	#N/A	#N/A
1399.633	5.913289	#N/A	#N/A	#N/A	#N/A

2012—2016年科技国际化对2016年货币国际化回归结果					
-1.25152	-5.80924	-1.63608	12.99374	-3.26655	4.420853
2.860064	3.452837	2.009228	2.277018	2.845722	0.763208
0.997767	1.250788	#N/A	#N/A	#N/A	#N/A
178.7663	2	#N/A	#N/A	#N/A	#N/A
1398.373	3.128941	#N/A	#N/A	#N/A	#N/A

2015—2019年科技国际化对2019年货币国际化回归结果					
11.50224	-31.9531	15.68423	1.274207	4.65074	1.947494
1.636736	10.56766	8.734479	2.209513	2.570787	0.830025
0.997145	1.430414	#N/A	#N/A	#N/A	#N/A
139.7105	2	#N/A	#N/A	#N/A	#N/A
1429.296	4.092167	#N/A	#N/A	#N/A	#N/A

前连续五年科技国际化对当年货币国际化影响的回归结果

2006—2010年科技国际化对2013年货币国际化回归结果					
-6.25917	8.260572	-3.1114	5.536373	-4.15722	3.521242
2.802276	1.54738	1.943015	4.363528	2.367902	0.769094
0.997297	1.378358	#N/A	#N/A	#N/A	#N/A
147.5623	2	#N/A	#N/A	#N/A	#N/A
1401.746	3.799741	#N/A	#N/A	#N/A	#N/A

2007—2011年科技国际化对2013年货币国际化回归结果					
11.55636	-9.54867	7.889804	-6.75283	-1.90367	3.868271
7.427267	4.31338	1.64596	3.939979	1.600121	0.990615
0.996892	1.47787	#N/A	#N/A	#N/A	#N/A
128.307	2	#N/A	#N/A	#N/A	#N/A
1401.178	4.368202	#N/A	#N/A	#N/A	#N/A

续表

2008—2012 年科技国际化对 2013 年货币国际化回归结果

17.11534	53.33498	-39.3363	0.849795	-27.4757	4.957273
5.762799	14.93915	9.349419	2.687068	7.568501	0.684321
0.999019	0.830288	#N/A	#N/A	#N/A	#N/A
407.3725	2	#N/A	#N/A	#N/A	#N/A
1404.167	1.378755	#N/A	#N/A	#N/A	#N/A

2006—2010 年科技国际化对 2016 年货币国际化回归结果

-5.85872	7.074917	-2.29947	6.323897	-5.01443	3.683291
2.952083	1.630101	2.046886	4.596797	2.494487	0.810208
0.996991	1.452043	#N/A	#N/A	#N/A	#N/A
132.5427	2	#N/A	#N/A	#N/A	#N/A
1397.285	4.216859	#N/A	#N/A	#N/A	#N/A

2007—2011 年科技国际化对 2016 年货币国际化回归结果

12.92076	-9.37529	6.630192	-6.20768	-2.62938	4.001651
8.796354	5.108476	1.949364	4.666245	1.895075	1.173218
0.995628	1.75029	#N/A	#N/A	#N/A	#N/A
91.09633	2	#N/A	#N/A	#N/A	#N/A
1395.375	6.12703	#N/A	#N/A	#N/A	#N/A

2008—2012 年科技国际化对 2016 年货币国际化回归结果

16.29811	52.34392	-38.8999	0.133819	-25.5971	4.994776
12.52282	32.46344	20.31671	5.839119	16.44669	1.487061
0.995355	1.804252	#N/A	#N/A	#N/A	#N/A
85.70515	2	#N/A	#N/A	#N/A	#N/A
1394.991	6.510652	#N/A	#N/A	#N/A	#N/A

2009—2013 年科技国际化对 2016 年货币国际化回归结果

8.671176	-6.32705	0.516656	-1.38676	-0.70373	3.394909
6.847984	5.076402	4.8238	6.338509	7.598287	1.166281
0.994299	1.998786	#N/A	#N/A	#N/A	#N/A
69.76023	2	#N/A	#N/A	#N/A	#N/A
1393.511	7.990292	#N/A	#N/A	#N/A	#N/A

续表

2010—2014年科技国际化对2016年货币国际化回归结果					
-0.94982	10.16658	-7.10059	-2.92922	1.482545	3.3421
2.963737	7.05947	5.531366	11.68957	11.23036	1.152855
0.994554	1.953535	#N/A	#N/A	#N/A	#N/A
73.04822	2	#N/A	#N/A	#N/A	#N/A
1393.869	7.632598	#N/A	#N/A	#N/A	#N/A
2011—2015年科技国际化对2016年货币国际化回归结果					
-6.15113	-2.65175	12.92791	-1.62052	-1.39691	3.971255
2.945615	1.256565	1.966483	3.071639	1.530997	0.705621
0.998273	1.100188	#N/A	#N/A	#N/A	#N/A
231.174	2	#N/A	#N/A	#N/A	#N/A
1399.081	2.420828	#N/A	#N/A	#N/A	#N/A
2006—2010年科技国际化对2019年货币国际化回归结果					
-6.16532	7.658873	-1.94431	5.731492	-5.10626	3.86037
3.522927	1.945314	2.442693	5.485679	2.976845	0.966878
0.99581	1.732825	#N/A	#N/A	#N/A	#N/A
95.07387	2	#N/A	#N/A	#N/A	#N/A
1427.383	6.005364	#N/A	#N/A	#N/A	#N/A
2007—2011年科技国际化对2019年货币国际化回归结果					
12.81438	-9.59433	7.206844	-5.76107	-3.37871	4.150808
10.26195	5.959623	2.274157	5.44371	2.210823	1.368693
0.994182	2.041914	#N/A	#N/A	#N/A	#N/A
68.35735	2	#N/A	#N/A	#N/A	#N/A
1425.05	8.338823	#N/A	#N/A	#N/A	#N/A
2008—2012年科技国际化对2019年货币国际化回归结果					
19.40967	59.65481	-45.1067	-0.46694	-28.748	5.320245
15.71769	40.74563	25.49998	7.328816	20.64263	1.866445
0.992845	2.264559	#N/A	#N/A	#N/A	#N/A
55.50188	2	#N/A	#N/A	#N/A	#N/A
1423.132	10.25646	#N/A	#N/A	#N/A	#N/A

续表

2009—2013 年科技国际化对 2019 年货币国际化回归结果

10.74926	-6.46236	1.246995	-2.2343	-2.42178	3.527539
7.79712	5.779995	5.492382	7.217031	8.651416	1.327929
0.992773	2.275819	#N/A	#N/A	#N/A	#N/A
54.95009	2	#N/A	#N/A	#N/A	#N/A
1423.03	10.35871	#N/A	#N/A	#N/A	#N/A

2010—2014 年科技国际化对 2019 年货币国际化回归结果

-1.77762	12.64753	-7.69471	-5.22926	2.655963	3.43665
3.287566	7.830813	6.135743	12.96681	12.45743	1.27882
0.993448	2.166985	#N/A	#N/A	#N/A	#N/A
60.64949	2	#N/A	#N/A	#N/A	#N/A
1423.997	9.391649	#N/A	#N/A	#N/A	#N/A

2011—2015 年科技国际化对 2019 年货币国际化回归结果

-7.12217	-3.52954	15.269	-0.99155	-2.50407	4.17869
3.010577	1.284278	2.009852	3.139382	1.564762	0.721183
0.998236	1.124452	#N/A	#N/A	#N/A	#N/A
226.3317	2	#N/A	#N/A	#N/A	#N/A
1430.86	2.528784	#N/A	#N/A	#N/A	#N/A

2012—2016 年科技国际化对 2019 年货币国际化回归结果

-0.14782	-7.12606	-2.79669	15.04649	-3.90673	4.760387
3.881382	4.685831	2.726716	3.090133	3.861919	1.035747
0.99598	1.69744	#N/A	#N/A	#N/A	#N/A
99.0959	2	#N/A	#N/A	#N/A	#N/A
1427.626	5.762603	#N/A	#N/A	#N/A	#N/A

2013—2017 年科技国际化对 2019 年货币国际化回归结果

-1.37442	5.423988	-12.1283	-7.84051	17.44585	5.451814
0.312626	1.924289	0.693984	1.15448	0.794679	0.376272
0.99943	0.639091	#N/A	#N/A	#N/A	#N/A
701.4883	2	#N/A	#N/A	#N/A	#N/A
1432.572	0.816875	#N/A	#N/A	#N/A	#N/A

续表

2014—2018年科技国际化对2019年货币国际化回归结果						
42.86919	-42.4719	2.497722	-9.46584	7.392237	4.359908	
29.12097	28.27233	21.8616	7.283228	15.88491	4.13253	
0.933815	6.887249	#N/A	#N/A	#N/A	#N/A	
5.643692	2	#N/A	#N/A	#N/A	#N/A	
1338.52	94.86839	#N/A	#N/A	#N/A	#N/A	

3. 连续六年科技国际化对货币国际化影响的回归结果

前连续五年和当年科技国际化对当年货币国际化影响的回归结果

2008—2013年科技国际化对2013年货币国际化回归结果						
3.107718956	12.83438	45.03665	-32.2806	-1.0632	-23.5517	4.719228
3.351163314	7.551167	17.88999	12.32389	3.46687	8.916214	0.754611
0.99947261	0.860971	#N/A	#N/A	#N/A	#N/A	#N/A
315.8549574	1	#N/A	#N/A	#N/A	#N/A	#N/A
1404.804661	0.741271	#N/A	#N/A	#N/A	#N/A	#N/A

2011—2016年科技国际化对2016年货币国际化回归结果						
-4.630595993	-4.75409	-0.7218	13.85835	0.404318	-3.20505	4.058143
0.268718396	0.254589	0.152126	0.169922	0.277741	0.163536	0.058031
0.999994203	0.090139	#N/A	#N/A	#N/A	#N/A	#N/A
28748.48916	1	#N/A	#N/A	#N/A	#N/A	#N/A
1401.493662	0.008125	#N/A	#N/A	#N/A	#N/A	#N/A

2014—2019年科技国际化对2019年货币国际化回归结果						
11.2084983	-25.434	10.21501	-3.90143	4.628474	4.229518	2.40643
1.030541687	7.32501	6.071825	2.891155	1.602687	2.077244	0.564423
0.999445198	0.891766	#N/A	#N/A	#N/A	#N/A	#N/A
300.2407921	1	#N/A	#N/A	#N/A	#N/A	#N/A
1432.593166	0.795347	#N/A	#N/A	#N/A	#N/A	#N/A

前连续六年科技国际化对当年货币国际化影响的回归结果

2006—2011年科技国际化对2013年货币国际化回归结果						
-8.978140711	-3.60546	8.530267	-0.18316	10.93047	-7.16416	3.209282
48.13169966	14.75028	2.591944	15.92898	29.54711	16.45281	1.984992
0.997387508	1.91624	#N/A	#N/A	#N/A	#N/A	#N/A
63.62939229	1	#N/A	#N/A	#N/A	#N/A	#N/A
1401.873955	3.671977	#N/A	#N/A	#N/A	#N/A	#N/A

续表

2007—2012年科技国际化对2013年货币国际化回归结果						
14.61135858	47.57535	-33.8447	1.676864	-24.7803	-1.07702	4.840857
5.367674277	13.71882	9.169991	2.419434	6.895718	0.837332	0.600859
0.999630453	0.720705	#N/A	#N/A	#N/A	#N/A	#N/A
450.8357457	1	#N/A	#N/A	#N/A	#N/A	#N/A
1405.026517	0.519416	#N/A	#N/A	#N/A	#N/A	#N/A
2006—2011年科技国际化对2016年货币国际化回归结果						
-36.27011744	4.861801	8.164436	9.530114	28.11509	-17.1619	2.423028
36.67297327	11.23868	1.974879	12.13676	22.51282	12.53589	1.512425
0.998478976	1.46004	#N/A	#N/A	#N/A	#N/A	#N/A
109.4086202	1	#N/A	#N/A	#N/A	#N/A	#N/A
1399.370069	2.131718	#N/A	#N/A	#N/A	#N/A	#N/A
2007—2012年科技国际化对2016年货币国际化回归结果						
11.72757847	41.83084	-28.8761	1.643472	-20.6771	-1.96589	4.782282
14.22426174	36.35469	24.30035	6.411467	18.27356	2.218918	1.592269
0.997397394	1.909858	#N/A	#N/A	#N/A	#N/A	#N/A
63.87171019	1	#N/A	#N/A	#N/A	#N/A	#N/A
1397.85423	3.647557	#N/A	#N/A	#N/A	#N/A	#N/A
2008—2013年科技国际化对2016年货币国际化回归结果						
5.298877954	8.998766	38.19469	-26.8695	-3.12797	-18.9064	4.588893
8.399918517	18.92751	44.84247	30.89067	8.689946	22.3491	1.891484
0.996676909	2.158082	#N/A	#N/A	#N/A	#N/A	#N/A
49.98743473	1	#N/A	#N/A	#N/A	#N/A	#N/A
1396.844469	4.657319	#N/A	#N/A	#N/A	#N/A	#N/A
2009—2014年科技国际化对2016年货币国际化回归结果						
-10.22940825	10.76668	-11.3072	-37.0175	22.05066	24.06364	2.949773
13.13966245	8.101955	8.544677	48.51219	30.92511	32.92419	1.421532
0.996450225	2.230474	#N/A	#N/A	#N/A	#N/A	#N/A
46.78466897	1	#N/A	#N/A	#N/A	#N/A	#N/A
1396.526772	4.975016	#N/A	#N/A	#N/A	#N/A	#N/A

续表

2010—2015 年科技国际化对 2016 年货币国际化回归结果						
-9.572406815	-1.09714	7.878339	5.521872	10.3322	-11.5687	4.47634
0.219560346	0.09617	0.234871	0.340584	0.486029	0.47143	0.045547
0.999997136	0.063351	#N/A	#N/A	#N/A	#N/A	#N/A
58201.16524	1	#N/A	#N/A	#N/A	#N/A	#N/A
1401.497774	0.004013	#N/A	#N/A	#N/A	#N/A	#N/A
2006—2011 年科技国际化对 2019 年货币国际化回归结果						
-45.50179906	7.283855	9.025703	12.89621	33.06911	-20.3456	2.279338
41.45343533	12.70368	2.232312	13.71884	25.44746	14.16999	1.709575
0.99809982	1.650362	#N/A	#N/A	#N/A	#N/A	#N/A
87.54432863	1	#N/A	#N/A	#N/A	#N/A	#N/A
1430.664717	2.723696	#N/A	#N/A	#N/A	#N/A	#N/A
2007—2012 年科技国际化对 2019 年货币国际化回归结果						
13.30441574	45.61158	-31.7172	1.549633	-22.176	-2.626	5.0364
16.89811218	43.18857	28.86828	7.616683	21.70858	2.636026	1.89158
0.996408672	2.268869	#N/A	#N/A	#N/A	#N/A	#N/A
46.24141769	1	#N/A	#N/A	#N/A	#N/A	#N/A
1428.240645	5.147768	#N/A	#N/A	#N/A	#N/A	#N/A
2008—2013 年科技国际化对 2019 年货币国际化回归结果						
7.255639196	9.414834	40.28057	-28.6339	-4.93323	-19.5865	4.764479
10.13615381	22.83977	54.11126	37.27567	10.48613	26.96858	2.282447
0.995268833	2.604151	#N/A	#N/A	#N/A	#N/A	#N/A
35.06072191	1	#N/A	#N/A	#N/A	#N/A	#N/A
1426.606813	6.7816	#N/A	#N/A	#N/A	#N/A	#N/A
2009—2014 年科技国际化对 2019 年货币国际化回归结果						
-12.72142372	13.35526	-12.6557	-45.431	26.91279	28.37923	2.973962
14.05878167	8.668687	9.142377	51.90562	33.08832	35.22724	1.520969
0.996026644	2.386496	#N/A	#N/A	#N/A	#N/A	#N/A
41.77939863	1	#N/A	#N/A	#N/A	#N/A	#N/A
1427.69305	5.695363	#N/A	#N/A	#N/A	#N/A	#N/A

续表

2010—2015年科技国际化对2019年货币国际化回归结果						
-10.61803918	-1.94103	10.10934	6.306557	9.480763	-11.8209	4.694787
0.255570061	0.111943	0.273392	0.396442	0.565742	0.548749	0.053017
0.999996206	0.073741	#N/A	#N/A	#N/A	#N/A	#N/A
43932.84892	1	#N/A	#N/A	#N/A	#N/A	#N/A
1433.382975	0.005438	#N/A	#N/A	#N/A	#N/A	#N/A
2011—2016年科技国际化对2019年货币国际化回归结果						
-4.738667814	-5.69253	-1.55454	16.22116	1.080542	-4.3544	4.267606
0.138173543	0.130908	0.078222	0.087373	0.142813	0.084089	0.029839
0.999998501	0.046349	#N/A	#N/A	#N/A	#N/A	#N/A
111207.0022	1	#N/A	#N/A	#N/A	#N/A	#N/A
1433.386265	0.002148	#N/A	#N/A	#N/A	#N/A	#N/A
2012—2017年科技国际化对2019年货币国际化回归结果						
-1.743406533	6.94051	-14.8247	-9.68192	18.79671	2.257498	5.744674
0.476988033	2.420606	2.737663	2.14106	1.543622	2.218474	0.471105
0.99972002	0.633495	#N/A	#N/A	#N/A	#N/A	#N/A
595.1197623	1	#N/A	#N/A	#N/A	#N/A	#N/A
1432.987097	0.401316	#N/A	#N/A	#N/A	#N/A	#N/A
2013—2018年科技国际化对2019年货币国际化回归结果						
-4.73461401	3.175846	6.210813	-12.055	-9.48857	18.49952	5.339511
3.429031373	3.305704	1.694928	0.57812	1.530305	1.008417	0.322553
0.99980392	0.530147	#N/A	#N/A	#N/A	#N/A	#N/A
849.8358013	1	#N/A	#N/A	#N/A	#N/A	#N/A
1433.107357	0.281056	#N/A	#N/A	#N/A	#N/A	#N/A

数据来源：根据表26-1给出的2007—2019年每三年全球前八大货币国际化水平数据和表38-1相应的2007—2019年八大货币发行体科技国际化数据进行简单回归得出。

附表38-2　2007—2019年连续三次货币国际化对最后一次货币国际化之年及之后年份科技国际化的影响回归结果

2007年、2010年和2013年货币国际化对2013年科技国际化影响			
3.287375	-0.73994	-1.62718	-0.60873
0.988137	2.286454	2.126353	1.813773
0.959258	3.776538	#N/A	#N/A
31.39328	4	#N/A	#N/A
1343.216	57.04896	#N/A	#N/A

续表

2007年、2010年和2013年货币国际化对2014年科技国际化影响			
2.93582	0.076767	-2.14152	-0.41094
1.045691	2.419628	2.250202	1.919415
0.948779	3.996501	#N/A	#N/A
24.69746	4	#N/A	#N/A
1183.405	63.8881	#N/A	#N/A
2007年、2010年和2013年货币国际化对2015年科技国际化影响			
3.727489	-1.07431	-1.69022	-0.30611
1.113137	2.575693	2.395339	2.043217
0.954076	4.254274	#N/A	#N/A
27.70006	4	#N/A	#N/A
1504.018	72.3954	#N/A	#N/A
2007年、2010年和2013年货币国际化对2016年科技国际化影响			
3.093025	-0.29186	-1.93049	-0.31136
1.0121	2.341901	2.177918	1.857757
0.952437	3.86812	#N/A	#N/A
26.69982	4	#N/A	#N/A
1198.476	59.84942	#N/A	#N/A
2007年、2010年和2013年货币国际化对2017年科技国际化影响			
3.741458	-1.03641	-1.78521	0.185649
1.030898	2.3854	2.218371	1.892263
0.957304	3.939967	#N/A	#N/A
29.89519	4	#N/A	#N/A
1392.22	62.09335	#N/A	#N/A
2007年、2010年和2013年货币国际化对2018年科技国际化影响			
3.888038	-1.20583	-1.73683	0.093481
1.025224	2.372269	2.20616	1.881847
0.960071	3.918279	#N/A	#N/A
32.05887	4	#N/A	#N/A
1476.591	61.41164	#N/A	#N/A
2007年、2010年和2013年货币国际化对2019年科技国际化影响			
3.898716	-1.55161	-1.37397	-0.00835
0.942208	2.18018	2.027521	1.729469
0.967726	3.601005	#N/A	#N/A
39.97974	4	#N/A	#N/A
1555.28	51.86895	#N/A	#N/A

续表

2010年、2013年和2016年货币国际化对2016年科技国际化影响			
-1.69621	4.901595	-2.35229	0.048127
2.201978	2.649094	1.069004	1.825514
0.950446	3.948261	#N/A	#N/A
25.57335	4	#N/A	#N/A
1195.971	62.35507	#N/A	#N/A
2010年、2013年和2016年货币国际化对2017年科技国际化影响			
-0.79445	4.555868	-2.8545	0.563791
2.335013	2.809142	1.133589	1.935804
0.951787	4.1868	#N/A	#N/A
26.32157	4	#N/A	#N/A
1384.196	70.11718	#N/A	#N/A
2010年、2013年和2016年货币国际化对2018年科技国际化影响			
-0.7326	4.635685	-2.9701	0.463756
2.319718	2.790742	1.126164	1.923125
0.955006	4.159376	#N/A	#N/A
28.29992	4	#N/A	#N/A
1468.801	69.20163	#N/A	#N/A
2010年、2013年和2016年货币国际化对2019年科技国际化影响			
0.046105	3.79667	-2.87674	0.321508
2.120336	2.550874	1.029369	1.75783
0.964025	3.801872	#N/A	#N/A
35.72961	4	#N/A	#N/A
1549.332	57.81693	#N/A	#N/A
2013年、2016年和2019年货币国际化对2019年科技国际化影响			
-5.0897	8.611265	-2.46163	-1.26054
1.30031	2.443965	1.693243	1.406913
0.97801	2.972409	#N/A	#N/A
59.30091	4	#N/A	#N/A
1571.808	35.34085	#N/A	#N/A

数据来源：利用附表38-1相同的数据简单回归而得。

附表38-3 有货币国际化数据年份对应的科技国际化对货币国际化影响的回归结果（2007—2019年）

2007年、2010年和2013年科技国际化对2013年货币国际化影响			
7.221289	-7.52201	1.306649	3.319688
1.689411	5.050316	3.311039	1.231143
0.987219	2.753295	#N/A	#N/A
102.992	4	#N/A	#N/A
2342.233	30.32252	#N/A	#N/A
2007年、2010年和2013年科技国际化对2016年货币国际化影响			
7.445445	-5.62316	-0.56113	3.482878
1.805009	5.395882	3.537595	1.315383
0.986945	2.941688	#N/A	#N/A
100.7994	4	#N/A	#N/A
2616.811	34.6141	#N/A	#N/A
2007年、2010年和2013年科技国际化对2019年货币国际化影响			
8.751632	-5.60579	-1.74637	3.650035
1.932616	5.777352	3.787691	1.408376
0.986446	3.149655	#N/A	#N/A
97.03668	4	#N/A	#N/A
2887.906	39.6813	#N/A	#N/A
2010年、2013年和2016年科技国际化对2016年货币国际化影响			
-3.91683	10.7468	-5.82624	4.617222
2.699744	2.356333	1.107389	1.327816
0.991392	2.388636	#N/A	#N/A
153.569	4	#N/A	#N/A
2628.603	22.82233	#N/A	#N/A
2010年、2013年和2016年科技国际化对2019年货币国际化影响			
-5.15232	13.46913	-7.36862	5.110824
2.590296	2.260807	1.062496	1.273986
0.992824	2.291801	#N/A	#N/A
184.462	4	#N/A	#N/A
2906.578	21.0094	#N/A	#N/A
2013年、2016年和2019年科技国际化对2019年货币国际化影响			
0.07662	-12.0772	12.7036	6.098301
1.905906	9.039924	9.394918	4.928033
0.906571	8.269242	#N/A	#N/A
12.93776	4	#N/A	#N/A
2654.066	273.5214	#N/A	#N/A

附表38-4　2007—2019年连续三次货币国际化对最后一次货币国际化之年及之后年份科技国际化的影响回归结果

2007年、2010年和2013年货币国际化对2013年科技国际化影响			
1.839463	-1.60088	0.435916	-0.4454
0.42735	1.063116	1.047801	1.447775
0.973185	3.063805	#N/A	#N/A
48.39072	4	#N/A	#N/A
1362.717	37.54761	#N/A	#N/A

2007年、2010年和2013年货币国际化对2014年科技国际化影响			
1.710861	-1.10918	0.061671	-0.20753
0.47899	1.19158	1.174415	1.622721
0.962182	3.434027	#N/A	#N/A
33.92322	4	#N/A	#N/A
1200.123	47.17017	#N/A	#N/A

2007年、2010年和2013年货币国际化对2015年科技国际化影响			
2.059205	-1.93273	0.570945	-0.11104
0.480337	1.194931	1.177717	1.627284
0.969909	3.443685	#N/A	#N/A
42.97669	4	#N/A	#N/A
1528.977	47.43586	#N/A	#N/A

2007年、2010年和2013年货币国际化对2016年科技国际化影响			
1.759047	-1.35644	0.246929	-0.10809
0.457928	1.139182	1.122772	1.551364
0.965738	3.283022	#N/A	#N/A
37.58232	4	#N/A	#N/A
1215.213	43.11293	#N/A	#N/A

2007年、2010年和2013年货币国际化对2017年科技国际化影响			
2.039646	-1.83899	0.470469	0.398449
0.479085	1.191816	1.174647	1.623042
0.967552	3.434708	#N/A	#N/A
39.75864	4	#N/A	#N/A
1407.124	47.18887	#N/A	#N/A

续表

2007年、2010年和2013年货币国际化对2018年科技国际化影响			
2.109067	-1.96296	0.539559	0.306139
0.472322	1.174991	1.158065	1.60013
0.970178	3.38622	#N/A	#N/A
43.37675	4	#N/A	#N/A
1492.136	45.86594	#N/A	#N/A

2007年、2010年和2013年货币国际化对2019年科技国际化影响			
2.074064	-2.10551	0.724945	0.165467
0.450587	1.120921	1.104774	1.526497
0.974027	3.230396	#N/A	#N/A
50.00282	4	#N/A	#N/A
1565.407	41.74184	#N/A	#N/A

2010年、2013年和2016年货币国际化对2016年科技国际化影响			
-0.66584	2.519313	-1.15073	-0.29621
0.670038	0.827859	0.393794	1.388071
0.972189	2.957823	#N/A	#N/A
46.60992	4	#N/A	#N/A
1223.331	34.99487	#N/A	#N/A

2010年、2013年和2016年货币国际化对2017年科技国际化影响			
-0.30975	2.44207	-1.40998	0.235915
0.778254	0.961565	0.457394	1.612255
0.967537	3.435535	#N/A	#N/A
39.73887	4	#N/A	#N/A
1407.101	47.21159	#N/A	#N/A

2010年、2013年和2016年货币国际化对2018年科技国际化影响			
-0.25135	2.457237	-1.46694	0.140961
0.777532	0.960672	0.45697	1.610758
0.96936	3.432345	#N/A	#N/A
42.18317	4	#N/A	#N/A
1490.878	47.12396	#N/A	#N/A

续表

2010年、2013年和2016年货币国际化对2019年科技国际化影响			
0.125925	2.03605	-1.42115	0.038248
0.767587	0.948385	0.451125	1.590157
0.971424	3.388445	#N/A	#N/A
45.32553	4	#N/A	#N/A
1561.223	45.92623	#N/A	#N/A
2013年、2016年和2019年货币国际化对2019年科技国际化影响			
-3.23505	5.431159	-1.38223	-1.60862
1.330332	2.302699	1.227822	1.936591
0.959863	4.015764	#N/A	#N/A
31.88659	4	#N/A	#N/A
1542.644	64.50545	#N/A	#N/A

数据来源：利用附表38-1相同的数据简单回归而得。

39 货币自主度与货币国际化、科技自主度和科技国际化之间的关系

科技是经贸的基础，科技自主能力决定经贸自主能力；经贸是货币的基础，经贸的自主能力决定货币的自主能力。在本版前文科技国际化和科技自主能力及科技国际化与货币国际化研究基础上探讨货币自主能力的内涵、决定因素和度量等基础上，探讨货币自主能力与科技自主能力及货币国际化之间的关系，从而对人民币国际化必备条件有更深层的理解和准备。

39.1 影响货币自主能力的因素探讨

39.1.1 利率

由于利率是影响和决定所有资产价格的最主要因素，利率是整个金融市场以致整个经贸的血液，也是整个金融市场和经贸的风险源头，自然也是影响货币自主度的最主要因素。各个货币当局自主度的主要表现在其升降利率的自主度或自由度。如美元自主度最高，美国利率的升降几乎完全以美国经济周期而定，很少顾及经常项目或外汇储备等变化，2007—2020年美联储在2008年国际金融危机前后和2014年退出量化宽松政策前后利率的变化将美元自主表现得淋漓尽致。而其他货币当局，甚至包括欧元区、日本、英国、瑞士等国家利率的变化往往需要根据美元利率而调整，中国人民银行利率政策则不得不考虑人民币汇率稳定和跨境资金流动等因素。货币自主度越低，利率政策受限制的因素也越多，自由度就越低。

39.1.2 货币发行

货币发行权是国家主权范畴内的内涵，但是货币自主度低的货币发行不得不受经常项目等因素的变化，而且本国经济外的制约因素往往超过本国经济因素。第28章介绍的十多年来我国货币发行主要受货物贸易顺差流入的外币的影响，表明多年来人民币发行权很大程度上由外资企业为主的货物贸易出口决定。由于货币发行受外来资金影响，超额存款保证金率实际上是被动地将超发的货币重新吸回货币当局的做法，是货币自主度不高的表现。

39.1.3　黄金储备

第 24 章介绍的黄金在全球和主要货币当局外汇储备中的份额相关内容表明，虽然黄金的货币功能明显削弱，但是多年来美国和欧元区黄金储备保持基本不变的态势也表明黄金的货币功能仍未消除。各货币当局黄金储备的增降在很大程度上也反映其货币自主度。

39.1.4　货币定价能力

除利率和经济增长率外，确定货币价格的最主要因素是经常项目差额的变化，而经常项目差额的变化主要由货物贸易和服务贸易而定。因此，当一个经济体出口贸易主要由外资企业来决定时，其货币的定价权实际上就旁落到了外资手里。没有自主定价权的货币实际上只是自主度高的货币的依赖货币或衍生货币，而衍生货币不可能成为真正的国际货币。

39.1.5　境外上市

境外上市实际上是企业对境外资本市场或科技依赖的反映，也是对上市地货币的依赖。如第 37 章所示，境外上市实际上是将上市企业所在国的红利送给上市地投资者，使上市地投资者增加了金融财富，进而增加了上市地消费和投资，最终支持了上市地本币。因此，任何一个国家或地区境外上市企业越多，表明该国或地区货币对目标上市国货币的依赖越高。由于美国是境外企业上市最多的国家，也显示其他国家或地区，或其他货币对美元的依赖程度最高。

39.2　货币自主的相关概念

货币自主能力或自主度涉及货币发行、流通、定价和储备等各个环节。通常来说，货币自主能力越强，货币发行、流通和定价等重要决策除主要受本国经贸因素制约外受其他货币影响的程度越低，而货币自主能力越低，货币发行等由于受经常项目平衡和外汇储备变化等因素的制约考虑受其他货币影响程度越高。换句话说，货币自主度越高，货币政策就越随意或越任性，而货币自主能力越低，货币发行受其他自主能力程度高的货币政策的影响程度就越高，不得不看"别人"的脸色而行事。因此，自主度低的货币由于受制于人，实际上是自主度高的货币的附属品或衍生品，根本不具备成为国际货币的基本条件。

第 28 章结果显示，2002—2008 年，我国货物贸易顺差占我国货币发行额（M_1）比重从 22.8% 提高到了 151.2%，2002—2008 年年均比重高达 61.6%；受金融危机的影响，2009 年我国货物贸易顺差占我国货币发行量比重降到了

24.3%，2009—2012 年又持续提高到了 77.5%；2013 年略降到了 56.2%，2014 年又猛增到了 218.2% 的历史高位，2009—2014 年年均占比高达 74.5%；2014 年美国退出量化宽松政策后货物贸易顺差占货币发行比重略有下降，但 2015—2017 年年均仍保持高达 55.0% 的高位；2018 年占比再创历史峰值 308.3%，2019 年虽有所回落，但仍高达 123.7%。

这些结果显示，近 20 年来，我国货币发行主要受贸易顺差的影响，而贸易顺差的变化主要受外资企业在我国货物贸易出口的影响，我国货币发行主要受外资企业贸易所决定，发行权实际上旁落在外。人民币兑美元汇率主要受我国以货物贸易项目为主的经常项目差额的影响，而货物贸易和服务贸易差额同样主要受外资企业的影响，因此人民币汇率定价的主动权也旁落在外资企业手中。这样，由于我国货币自主能力较低，本来属于国家主权范畴的人民币发行权和定价权都已经旁落在外而不能自主可控。因此，货币自主能力至关重要，需要我们认真研究，比较不同主要货币间自主能力的差异，进而找到提高货币自主能力的措施和方法。否则，保持对其他主要货币较高的依赖度，人民币就难以跻身主要国际货币之列。

39.3　货币自主能力的定义和度量

与第 22 章介绍和简析的科技自主能力相对应，货币自主能力是指货币在全球外汇交易占该货币在全球交易和该货币发行体辖内贸易和资本项目使用外币交易合计的比重。该比重越高，表明相应货币发行体对其他货币依赖程度越低的同时，自主能力越高，反之表明该货币发行体对外币依赖程度越高的同时，自主能力越低。

由于全球股票交易日均成交金额相对于外汇市场日均成交金额很低（第 37 章），甚至离外汇现货市场日均成交金额都有相当的差距，而且股票市场和债券市场绝大多数交易是辖内的交易，因此在计算货币自主能力时忽略外汇市场外的其他交易对整个结果影响不大。

39.3.1　货币自主度计算

表 26-1 显示，2019 年人民币在全球外汇市场日均成交金额 0.285 万亿美元，全球占比 4.3%；当年我国货物贸易和服务贸易总额分别为 4.58 万亿美元和 0.74 万亿美元；表 20-13 显示当年人民币结算的我国贸易比重仅为 19.1%，因此，2019 年我国贸易有（4.58 + 0.74）×（1 - 0.191）= 4.30 万亿美元依赖、外币进行结算。所以，2019 年人民币自主度为 0.285/（0.285 + 4.30）= 6.2%。利用同样的方法，我们可以计算出 2007 年、2010 年、2013 年和 2016 年

人民币自主度分别为 0.6%、1.0%、3.0% 和 5.6%。

同样，根据如上定义和表 27-3 给出的美国近年来美元出口和进口美元结算比重（由于表 27-3 给出的 1980 年和 1988 年美国出口和进口美元结算比例分别为 96% 左右和 85%，我们假设近年来美国美元贸易结算占比保持 90%），以及 2010—2019 年美国货物贸易和服务贸易金额和表 26-1 给出的美元日均成交金额，我们可以计算出 2007 年、2010 年、2013 年、2016 年和 2019 年美元自主度分别为 87.6%、88.8%、90.2%、90.0% 和 91.2%，这些年人民币自主度与美元自主度比例分别为 0.7%、1.2%、3.3%、6.2% 和 6.8%，显示相对于美元，近年来，特别是 2016 年以来人民币自主度持续显著提高，与同期我国科技自主度持续提高密不可分。

39.3.2　主要国际货币自主度分布

利用欧元区、日本、英国、加拿大、澳大利亚和瑞士 2007—2019 年贸易数据和表 27-3 相关货币贸易结算比重及表 26-1 给出的相应年份货币日均成交金额，我们可以计算出这些货币发行体货币自主度，结果如表 39-1 所示。由于欧元区贸易包括成员国间贸易，因此欧元区贸易金额过高，相应的欧元自主度过低，与其他货币不好直接比较。为了避免该不可比问题，我们以欧盟成员国贸易占欧盟总贸易比例（欧元区是欧盟的主要组成部分，因此以欧盟成员国间贸易占比基本可以代表欧元区成员国间贸易占比）剔除欧元区成员间贸易后得出的欧元区贸易较为合理，表 39-1 也给出了相应的结果。

表 39-1　　　　主要国际货币自主度分布（2007—2019 年）　　　　单位：%

年份 货币	2007	2010	2013	2016	2019
美元	87.59	88.83	90.17	89.99	91.18
欧元 1	21.17	25.47	25.59	25.77	27.24
日元	35.77	40.21	51.05	51.60	47.92
英镑	45.19	48.84	50.41	51.57	56.17
澳大利亚元	44.29	45.07	51.16	49.33	49.20
加拿大元	16.11	22.04	21.83	25.57	27.87
瑞士法郎	51.47	51.22	40.86	40.63	46.43
人民币	0.61	1.04	3.01	5.59	6.21
欧元 2	46.22	50.96	49.36	49.46	51.30

数据来源：根据表 26-1 给出的主要货币日均成交金额、世贸组织公布的货币发行体货物贸易和服务贸易金额数据及表 27-3 和表 27-4 给出的主要货币贸易相关结算比例数据，假设 2007—2019 年美元、欧元、日元、英镑、澳大利亚元、加拿大元和瑞士法郎本币结算贸易比重分别为 90.0%、50.0%、36.3%、49.0%、28.8%、23.0% 和 55.0% 计算得出，这些假设基于表 27-3 给出的主要货币相关年份贸易结算比例；表 39-1 中欧元 2 是指将欧元区贸易按照欧盟辖内贸易占整个欧盟贸易比例剔除欧元区成员国间的贸易后的贸易金额计算得出。

39.3.3　主要国际货币自主度简析

表39-1显示，美元的自主度最高，2007—2019年美元自主度总体呈现持续提高的态势，而且平均自主度超过九成，远超其他主要国际货币，显示美元这个全球垄断货币的自主度也冠绝全球；2007—2019年欧元自主度（表中剔除欧元区内部贸易相应的自主度2）持续提高，但年均自主度49.5%却略低于国际化排名第四的英镑的年均自主度50.4%；2007—2016年，日元自主度持续显著提高，但2016—2019年却出现了明显的回落，2007—2019年日元自主度45.3%明显低于欧元和英镑，这很可能与美国支持英镑有着密切的关系，下文会进一步分析；澳大利亚元平均自主度47.8%，不仅高于加拿大元，而且也高于瑞士法郎，与澳大利亚经贸在全球市场的地位很不一致，与美国扶持澳大利亚元密不可分，下文会进一步分析；人民币自主度持续提高，但与其他七大国际货币自主度仍有巨大的差距。

39.4　相对于最佳货币国际化度量的货币自主度

表39-1给出的货币自主度是基于利用传统外汇名义成交金额相应的货币国际化数据。第38章的结果表明，外汇名义成交金额相应的货币国际化由于外汇衍生产品名义金额中大部分并非真实现金交易，因此相应的货币国际化度量结果不够准确。本节利用第38章货币国际化最佳度量相应的主要国际货币日均成交金额计算出各个主要国际货币的自主度，结果如表39-2所示。

表39-2　对应最佳货币国际化度量的主要国际货币自主度分布

（2007—2019年）　　　　　　　　　单位：%

年份 货币	2007	2010	2013	2016	2019
美元	82.94	83.55	85.53	86.10	88.12
欧元1	16.99	19.91	19.21	19.43	20.80
日元	30.36	31.45	44.25	43.82	40.60
英镑	37.20	40.04	39.13	42.47	47.11
澳大利亚元	33.90	34.94	42.07	43.30	43.85
加拿大元	11.55	15.65	15.46	21.03	23.39
瑞士法郎	46.40	40.65	28.70	28.99	36.72
人民币	0.65	0.55	1.72	4.00	4.79
欧元2	39.57	43.04	40.26	40.48	42.50

数据来源：根据表38-5相应的货币国际化数据和表39-1相应的国际贸易数据和各个货币贸易结算数据，其他与表39-1相同。

表39-2给出的各个主要货币的自主度比表39-1略低，主要原因是表39-2相应货币日均成交金额减去了表39-1或表26-1中外汇衍生产品日均成交金额根据表38-5最佳货币国际化度量100%-24.2%=75.8%的内容所致。表39-2显示，2007—2019年美元自主度保持在82.0%~89.0%的水平，仍显著高于其他任何货币，显示美元自主度仍然遥遥领先其他货币；2010—2019年，欧元自主度（关注欧元2自主度，原因同上）持续下降，与金融危机后由于欧债危机等因素导致欧元区经贸缓慢发展态势更为一致，2007—2019年欧元年均自主度41.17%，略低于同期英镑的年均自主度44.19%；2007—2013年日元自主度持续提高，而2013—2019年却持续下降，但2007—2019年日元年均自主度38.104%接近欧元和英镑年均自主度则更为合理；同期澳大利亚元年均自主度39.61%，比同期澳大利亚元自主度与加拿大元年均自主度17.42%高出12.19%，但比表39-1给出的同期年均差额15.03%略低，显示表39-2给出的澳大利亚元和加拿大元国际化度量更为合理，但澳大利亚元国际化显著超过加拿大元国际化的问题仍然存在，与澳大利亚经贸在全球的地位不够一致；2010—2019年人民币自主度持续提高，但同样低于表39-1给出的相应水平（主要由于外币结算的中国美元比例过高所致），但人民币自主度与其他货币仍有巨大的差距。

39.5 货币自主度与科技自主度的关系

有了上文对主要货币自主度的估算结果和表22-2给出的各主要货币发行体相应的科技自主度数据，我们可以容易地计算出主要货币自主度与其发行体科技自主度之间的关系。表39-3给出了相应的结果。

表39-3 货币自主度与科技自主度之间的相关性分布（2007—2019年） 单位：%
以表39-1给出的货币自主度计算的结果

年份	2007	2010	2013	2016	2019	年均
2006	81.46	83.88	82.37	83.97	85.84	83.50
2007	78.73	81.48	80.94	82.81	84.46	81.68
2008	79.84	82.21	80.70	82.43	83.96	81.83
2009	81.41	83.85	82.48	83.98	85.87	83.52
2010	81.13	82.91	82.86	84.09	85.38	83.27
2011	81.78	84.00	84.94	86.30	86.94	84.79
2012	77.98	79.60	76.63	77.85	80.04	78.42
2013	76.16	78.31	76.77	78.27	79.91	77.88
2014	75.76	78.13	76.53	78.04	79.83	77.66

续表

年份	2007	2010	2013	2016	2019	年均
2015	84.51	84.86	86.32	85.63	85.80	85.42
2016	76.56	78.26	75.29	76.21	77.91	76.85
2017	73.35	74.69	71.80	72.81	74.79	73.49
2018	72.45	73.89	71.38	72.51	74.12	72.87
2019	73.61	74.66	70.97	72.04	74.31	73.12
年均	78.20	80.05	78.57	79.78	81.37	79.59

以表39-2给出的货币自主度计算的结果

年份	2007	2010	2013	2016	2019	年均
2006	81.86	82.34	79.17	79.66	82.47	81.10
2007	79.31	80.51	78.24	78.93	81.31	79.66
2008	81.02	81.24	78.19	78.39	80.86	79.94
2009	81.78	82.42	79.16	79.41	82.17	80.99
2010	81.70	81.82	80.07	79.85	82.03	81.09
2011	82.31	83.08	82.67	82.52	83.94	82.90
2012	79.08	77.84	72.90	72.38	75.74	75.59
2013	77.21	76.79	73.54	73.31	75.93	75.36
2014	76.49	76.31	72.92	72.79	75.52	74.80
2015	81.99	80.23	81.36	80.20	81.79	81.11
2016	77.51	75.81	71.15	69.97	72.94	73.48
2017	74.77	72.86	67.96	66.78	69.95	70.46
2018	74.05	72.05	67.87	66.78	69.60	70.07
2019	75.49	73.20	67.40	66.25	69.77	70.42
年均	78.90	78.32	75.19	74.80	77.43	76.93

数据来源：根据表39-1及表39-2给出的货币自主度和表22-2给出的科技自主度数据计算得出。

39.5.1 货币自主度与科技自主度的关系

表39-3显示，货币自主度与科技自主度之间有着平均超过七成的较高的相关性，显示两者相互支持的正向关联关系。这些较高的正向相关性表明，科技自主度是高度相互影响的。

39.5.2 不同货币国际化度量相应的差异

表39-3显示，2007年、2010年、2013年、2016年和2019年与传统货币

国际化度量（以外汇衍生产品名义交易金额即表 26-1 相对应的货币国际化）相对应的货币自主度与科技自主度之间的年均相关性 78.20%、80.05%、78.57%、79.78% 和 81.37% 较为接近，表明传统货币国际化与科技自主度之间的关系较为稳定；而对应表 39-2 给出的最佳货币国际化的货币自主度与科技自主度相关性却有明显的差异：2007 年货币自主度与科技自主度平均相关性 78.90% 比传统货币自主度相应的相关性 78.2% 略增了 0.70% 到 78.90% 的同时，2010 年的相关性 78.32% 却比传统货币自主度相应的相关性 80.05% 略降了 1.37% 到 78.32%，表明相当于最佳货币度量的货币自主度与科技自主度对 2008 年国际金融危机前后两年的关系反映得更为合理；2013 年、2016 年和 2019 年相当于最佳货币国际化度量的两者相关性 75.19%、74.80% 和 77.43% 皆明显低于传统货币国际化度量的相应相关性。下文会进一步分析表 39-3 更深层的含义。

39.5.3　不同货币国际化度量差异的含义

表 39-3 的结果与图 38-2 或表 38-3 及相应的 38.3 节给出的最佳货币国际化与科技国际化之间的相关性结果近乎相反：由于 2007 年和 2010 年金融危机前后两年金融市场相对风险高导致货币国际化与科技国际化相关性最低，而表 39-3 中 2007 年和 2010 年货币自主度与科技自主度相关性却最高的结果似乎不够合理。实际上，仔细思考货币自主的内涵我们会明白，正是在金融危机前后金融市场不够稳定时，货币自主度或自主能力才是最好发挥自主稳定作用的时候，这就很好地解释了金融危机前后的 2007 年和 2010 年货币自主度与科技自主度相关性最高的原因。

表 39-3 给出的 2008 年和 2009 年对应 2010 年传统货币国际化的货币自主度与科技自主度之间的相关性分别为 82.21% 和 83.85%，分别明显低于相应的 2019 年对应 2010 年传统货币国际化的货币自主度与科技自主度之间的相关性分别为 83.96% 和 85.87%；而 2008 年和 2009 年对应 2010 年最佳货币国际化的货币自主度与科技自主度相关性 81.24% 和 82.42%，不仅高于相应的 2019 年对应 2010 年传统货币国际化的货币自主度与科技自主度之间的相关性分别为 80.86% 和 82.17%，而且分别高于对应 2007 年、2013 年和 2016 年最佳货币国际化的货币自主度与科技自主度相关性，表明对应最佳货币国际化，货币自主度在金融危机后的两年与科技自主度的关系更为密切，即货币自主度在金融危机期间发挥了更大的稳定作用，再次显示最佳货币国际化度量比传统货币国际化度量有更大的优越性。

39.6 货币自主度与科技自主度相互影响程度

货币自主度和科技自主度之间的高度相关表明两者间相互支持的态势,但我们并不清楚两者之间相互影响的程度。本节利用第38章相同的方法,分析两者相互影响程度的差别。

39.6.1 科技自主度对货币自主度的引领作用

与第38章相同,由于我们有2007—2019年科技自主度的连续年度数据,而仅有同期每隔三年的货币自主度数据,因此我们难以对称地回归出科技自主度与货币自主度的年度影响结果,我们只能获得与表38-6相似的货币自主度对科技自主度影响的回归结果如表39-4所示。

表39-4　　　部分年份科技自主度对货币自主度影响的回归结果

(与2007—2019年有货币国际化年份对应的科技国际化回归相对应)

2007年、2010年和2013年科技自主度对2013年货币自主度影响			
-183.365	260.1451	23.57558	6.148345
151.7144	187.3466	167.4998	11.91346
0.786447	15.46495	#N/A	#N/A
4.910241	4	#N/A	#N/A
3523.067	956.6583	#N/A	#N/A
2007年、2010年和2013年科技自主度对2016年货币自主度影响			
-175.958	222.2063	50.88328	7.799524
139.6614	172.4629	154.1928	10.967
0.802149	14.23633	#N/A	#N/A
5.405736	4	#N/A	#N/A
3286.794	810.6929	#N/A	#N/A
2007年、2010年和2013年科技自主度对2019年货币自主度影响			
-165.324	201.0073	62.04707	8.745811
134.8862	166.5661	148.9207	10.59201
0.81512	13.74957	#N/A	#N/A
5.878549	4	#N/A	#N/A
3334.031	756.2027	#N/A	#N/A

续表

2010年、2013年和2016年科技自主度对2016年货币自主度影响			
8.728067	-170.268	258.2587	8.142857
154.0284	235.3559	150.2802	11.3978
0.796925	14.42303	#N/A	#N/A
5.232397	4	#N/A	#N/A
3265.391	832.0957	#N/A	#N/A
2010年、2013年和2016年科技自主度对2019年货币自主度影响			
5.981694	-152.486	243.4662	9.254944
149.9588	229.1376	146.3096	11.09666
0.807173	14.04196	#N/A	#N/A
5.581333	4	#N/A	#N/A
3301.527	788.7069	#N/A	#N/A

数据来源：同表38-6。

表39-4显示，2007年、2010年和2013年3年科技自主度对2013年、2016年和2019年3年的货币自主度影响的前三个回归中，2007年、2010年和2013年科技自主度对2019年的货币自主度回归有效性81.15%最高，因此影响力最大，这与回归货币自主度起始年份2007年到2013年绝大多数时间处于2008年国际金融危机期间有关，而且2013年仍处于美国量化宽松政策实施期间，2019年为美国退出量化宽松政策的第5年，之前科技自主度对货币的影响才逐渐显现；后三个回归中2010年、2013年和2016年科技自主度对2016年货币自主度回归有效性80.72%皆高于其他两个回归的原因与上文相似。

39.6.2 货币自主度对科技自主度的引领作用

表39-5给出了2007—2019年货币自主度对科技自主度影响的回归结果。表39-5显示，货币自主度对科技自主度有着与表39-4相似的正向影响力，而货币自主度对科技自主度的影响力低于后者对前者的影响力。

表39-5 货币自主度对部分年份科技自主度影响的回归结果
（与2007—2019年有货币国际化年份对应的科技国际化回归相对应）

2007年、2010年和2013年货币自主度对2013年科技自主度的影响			
-0.003317904	0.043404	-0.031683405	0.004296868
0.011637583	0.035818	0.030455226	0.160553727
0.721310669	0.178872	#N/A	#N/A
3.450966554	4	#N/A	#N/A
0.331244068	0.127981	#N/A	#N/A

续表

2007年、2010年和2013年货币自主度对2016年科技自主度的影响			
−0.004444025	0.036189	−0.023723751	0.044652922
0.012324654	0.037933	0.032253271	0.170032651
0.675165615	0.189433	#N/A	#N/A
2.771322442	4	#N/A	#N/A
0.298344674	0.143539	#N/A	#N/A
2007年、2010年和2013年货币自主度对2019年科技自主度的影响			
−0.003383319	0.021196	−0.011177875	0.153478175
0.012562984	0.038666	0.032876975	0.173320693
0.573800331	0.193096	#N/A	#N/A
1.795090806	4	#N/A	#N/A
0.200795433	0.149144	#N/A	#N/A
2010年、2013年和2016年货币自主度对2016年科技自主度的影响			
0.034665595	−0.03519	0.009918735	0.016637836
0.054890988	0.054137	0.012009362	0.209769313
0.664665483	0.19247	#N/A	#N/A
2.642795771	4	#N/A	#N/A
0.293704837	0.148179	#N/A	#N/A
2010年、2013年和2016年货币自主度对2019年科技自主度的影响			
0.039919208	−0.04055	0.00898301	0.075362602
0.052171842	0.051455	0.011414452	0.199377929
0.617471812	0.182936	#N/A	#N/A
2.152248584	4	#N/A	#N/A
0.216077812	0.133862	#N/A	#N/A
2013年、2016年和2019年货币自主度对2019年科技自主度的影响			
0.017184801	0.019303	−0.028418169	0.052711175
0.024178278	0.059376	0.050590267	0.205434872
0.607777313	0.185239	#N/A	#N/A
2.066096064	4	#N/A	#N/A
0.212685323	0.137254	#N/A	#N/A

数据来源：同表39-4。

39.6.3 科技自主度与货币自主度相互引领作用比较

表39-5显示，6个货币自主度对科技自主度影响的回归有效性72.13%、67.52%、57.38%、66.47%、61.75%和60.78%分别比表39-4给出的相应回归的有效性78.64%、80.21%、81.51%、79.69%、80.71%和69.25%低

6.51%、12.70%、24.13%、13.23%、18.97%和8.47%，显示科技自主度对货币自主度的影响力显著高于后者对前者的影响力。以第38.8节科技国际化与货币国际化相互影响定量分析方法和表39-4及表39-5的结果，我们可以计算出2007—2019年，科技自主度对货币自主度的影响力为66.55%，而后者对前者的影响力则为33.45%，表明科技自主度对货币自主度的重要性。而科技自主度对最佳货币国际化度量相应的货币自主度的影响力为67.02%，而后者对前者的影响力则为32.98%，显示科技自主度对货币自主度的影响力更大。

39.7　货币自主度与货币国际化的关系

货币自主度和货币国际化之间正向相关性也是显而易见的。本节简单探讨两者间具体的相互影响程度。

39.7.1　货币自主度与货币国际化之间的相关性

利用表26-1给出的2007—2019年全球前八大国际货币传统货币国际化数据（以外汇衍生产品名义成交金额计算相应的外汇日均成交金额度量的货币国际化）和表39-1给出相应的货币自主度数据，我们可以计算出2007年、2010年、2013年、2016年和2019年货币国际化和货币自主度之间的相关性分别为81.49%、81.53%、82.90%、82.99%和80.66%；而以第38.3节相应的最佳货币国际化（仅将24.2%外汇衍生产品名义金额计入外汇交易相应的货币国际化度量）与表39-2给出的相应的货币自主度数据，我们可以计算出两者间的相关性，结果均显著高于传统货币国际化相应的相关性，再次表明最佳货币国际化的优越性。

39.7.2　货币自主度与货币国际化之间的相互影响

利用表26-1给出的2007—2019年全球前八大国际货币传统货币国际化数据和表39-1给出的这些货币自主度结果，我们可以类似表39-4和表39-5的方法计算出传统货币国际化与其相应的货币自主度之间相互引领的实证结果。我们略去相关细节，而用第38.8节科技国际化与货币国际化相互影响定量分析方法，计算出2007—2019年传统货币国际化对相应的货币自主度影响程度为46.84%，而后者对前者的量化影响度为53.16%，显示传统货币国际化度量对货币自主度影响略低于后者对前者的影响程度。

利用表38-3相应的货币最佳国际化数据和表39-2给出的这些货币相应自主度结果，我们同样可以类似表39-4和表39-5的方法计算出最佳货币国际化与其相应的货币自主度之间相互引领的实证结果。同样我们略去相关回归细节，用第38.8节科技国际化与货币国际化相互影响定量分析方法，计算出2007—

2019年最佳货币国际化对相应的货币自主度影响程度为50.65%，而后者对前者的量化影响度为49.35%，显示最佳货币国际化度量对应的货币自主度对货币国际化影响力明显低于后者对前者的影响力。

第38.2节和第38.3节的相关论证及本章上文相关实证结果表明，由于最佳货币国际化度量剔除了外汇衍生产品过高的名义金额，比传统国际化有诸多的优点，因此上文最佳货币国际化与相应的货币自主度之间的相互影响力也应该优于传统货币国际化与其相应的货币自主度之间的影响力：货币自主度对货币国际化的影响略低于后者对前者的影响，货币国际化对货币自主度有着略高的影响力。

39.8 科技自主度和科技国际化相互影响程度分析

第38章研究估算出了科技国际化与货币国际化间相互影响的程度，本章上文分别研究和估算出了货币自主度与科技自主度和货币国际化间的相互影响程度，本节利用上文同样的方法研究和估算科技自主度与科技国际化之间相互影响程度，为下文总结科技和货币自主度和国际化两对概念间相互影响程度打下必要的基础。

39.8.1 科技自主度和科技国际化相互引领的实证分析结果

表22-2和表22-4给出的主要地区科技自主度和科技国际化数据皆为2006—2019年连续的年度数据。利用这些年度数据我们可以计算出2006年到2019年每连续3年科技自主度作为自变量对2008年到2019年科技国际化的78个回归（从2006—2008年科技自主度作为自变量对2008年科技国际化影响到2017—2019年科技自主度作为自变量对2019年科技国际化影响共78个回归）结果，这78个回归有效性关系平均值为67.78%；同样2006年到2019年每连续4年科技自主度作为自变量对2009年到2019年科技国际化的66个回归（从2006—2009年科技自主度作为自变量对2009年科技国际化影响到2016—2019年科技自主度作为自变量对2019年科技国际化影响共66个回归）结果，这66个回归有效性关系平均值为76.45%；2006年到2019年每连续5年科技自主度作为自变量对2010年到2019年科技国际化的55个回归（从2006—2010年科技自主度对2019年科技国际化影响到2015—2019年科技自主度对2019年科技国际化影响共55个回归）结果，这55个回归有效性平均值为84.16%；类似地我们可以计算出2006年到2011年每连续6年科技自主度对2011年到2019年国际化的45个回归（从2006—2011年科技自主度对2011科技国际化影响到2014—2019年科技自主度对2019年科技国际化影响共45个回归）结果，这45个回归有效性平均值为91.11%，表明科技自主度对科技国际化的影响力随着连续

年数从 3 年到 6 年，影响力持续提高；或者说连续 3~5 年科技自主度对科技国际化的影响不够充分，而连续 6 年科技自主度对科技国际化的影响力显著提高。

同样，利用这些年度数据我们可以计算出 2006 年到 2019 年每连续 3 年科技国际化作为自变量对 2008 年到 2019 年科技自主度的 78 个回归的评价回归有效性为 55.01%；2006 年到 2019 年每连续 4 年科技国际化作为自变量对 2009 年到 2019 年科技自主度的 66 个回归结果，这 66 个回归有效性关系平均值为 64.06%；2006 年到 2019 年每连续 5 年科技国际化作为自变量对 2010 年到 2019 年科技自主度的 55 个回归有效性平均值为 76.02%；2006 年到 2011 年每连续 6 年科技国际化对 2011 年到 2019 年科技自主度的 45 个回归结果，这 45 个回归有效性平均值为 93.29%，表明科技国际化对科技自主度的影响力随着科技国际化连续年数从 3 年到 6 年而显著提高，与上文科技自主度连续年数对科技国际化影响力连续显著提高的态势相似。

上文连续 3 年科技自主度对科技国际化回归平均有效性 67.78% 显著高于连续 3 年科技国际化对科技自主度回归平均有效性 55.01%；连续 4 年的科技自主度对科技国际化回归平均有效性 76.45% 也显著高于连续 4 年科技国际化对科技自主度回归平均有效性 64.06%；连续 5 年科技自主度对科技国际化回归平均有效性 84.16% 也明显高于连续 5 年科技国际化对科技自主度回归平均有效性 76.02%；而连续 6 年科技自主度对科技国际化回归平均有效性 91.11% 却略低于连续 6 年科技国际化对科技自主度回归平均有效性 93.29%。这些结果表明，连续 3~5 年的科技自主度对科技国际化影响力明显超过后者对前者的影响力，而连续 6 年的科技自主度对科技国际化影响力却略低于后者对前者的影响力。以上文 3 年到 6 年科技自主度和科技国际化之间相互影响的总平均性关系判断，前者对后者的影响力显著超过后者对前者的影响力，表明科技自主度的重要性。

39.8.2 与货币国际化对应的时间序列中科技自主度与科技国际化相互影响力度的实证分析结果

上文给出的科技自主度和科技国际化之间不同连续年数作为自变量的结果不很一致，需要今后进一步研究探讨。然而由于本书的主要目的是探寻科技与货币间的互动关系，我们可以利用第 38 章和本章上文分析科技国际化与货币国际化间、货币自主度与货币国际化间和科技自主度与货币自主度相互影响的方法，以货币国际化每隔三年的数据格式，分别以 2006 年、2010 年和 2013 年到 2013 年、2016 年和 2019 年连续 3 个货币国际化年份的科技自主度为自变量对另外一个有货币国际化度量数据的科技国际化作为因变量进行回归以得出可以与第 38 章及本章上文给出的结果可比的结果。

计算结果显示（由于类似附表 38-3 和附表 38-2 篇幅较长，我们略去相应的回归结果,而直接给出最终结果),2006—2019 年,科技自主度对科技国际化的影响力为 62.10%,而相应的科技国际化对科技自主度的影响力为 37.90%;同样,分别以 2006 年、2010 年和 2013 年到 2013 年、2016 年和 2019 年连续 3 个货币国际化年份的科技国际化作为自主度对另外一个有货币国际化度量数据的科技自主度组为因变量进行回归以得出可以与第 38 章及本章上文给出的可比的结果,计算结果显示,2006—2019 年,科技国际化对科技自主度的影响力为 37.90%,而相应的科技自主度对科技国际化的影响力为 62.10%,与上文给出的以两者间 3 年到 6 年相互影响的平均相关性得出的结果相近。

39.9 科技和货币两对国际化和两对自主度间的相互影响小结

第 38 章和本章上文分别对科技国际化与货币国际化、货币自主度与科技自主度、货币自主度与货币国际化和科技自主度与科技国际化之间相互影响程度进行了定量的分析和评估。由于科技和货币相对应的国际化和自主度科技自主度、科技国际化、货币自主度和货币国际化四个对称概念间相互影响较为复杂,特别是货币国际化和货币自主度均有传统货币国际化和最佳国际化两个对应概念,较多的概念和度量间相互影响结果难以系统对应起来,图 39-1 给出了上

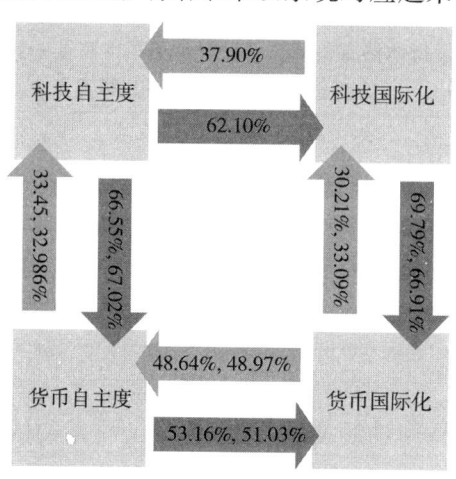

图 39-1 科技自主度、科技国际化、
货币自主度和货币国际化间相互影响结果总结(2007—2019 年)
(数据来源:将第 38.4 节和本章上文结果汇集而得;其中科技国际化和科技
自主度相互影响度是 38.8.2 对应与货币国际化每隔三年的科技国际化和
科技自主度间的相互影响结果,与图 39-1 其他结果有较好的可比性;箭头中前后两个百分数
分别代表传统货币国际化和最佳货币国际化对应的结果)

文介绍的科技自主度、科技国际化、货币自主度和货币国际化四个对称概念间相互影响程度。

图 39-1 显示，科技自主度对科技国际化和货币自主度地影响皆显著超过后两者对前者的影响；科技国际化对货币国际化的影响显著超过后者对前者的影响；货币自主度对货币国际化的影响略超过后者对前者的影响；科技和货币两种自主度对相应的两种国际化的影响超过两种国际化对两种自主度的影响。这些结果显示科技自主度的核心作用，或者说科技自主度是动力源的同时，货币国际化是最后受影响的结果。

39.10 主要国际货币发行体资产相互支持对货币自主度的反映

第 27 章介绍了美国持有日本企业股权和日本债券对近年来日本经济复苏和日元国际化回升的支持。实际上，美国持有的主要国际货币发行体的债券和股票资产在很大程度上反映出美国这个全球最大的货币发行国对其他国际货币的支持程度的同时，也反映出其他货币对美元的依赖度。表 39-6 给出 2011 年底到 2019 年底及 2020 年 4 月底七大国际货币发行体持有的美国长期证券和美国持有该七大货币发行体相应资产规模分布。

表 39-6　主要货币发行体持有美元长期证券和美国持有这些货币发行体

的长期证券比较（2011—2020 年）　　单位：万亿美元，%

外国持有的美国长期证券　　　年份 国家或地区	2011	2012	2013	2014	2015	2016	2019	2020*
欧元区	2.29	2.58	3.20	3.67	3.51	3.92	4.98	4.73
中国	1.59	1.65	1.80	1.80	1.67	1.44	1.52	1.51
日本	1.86	1.83	1.82	1.87	1.78	1.90	2.31	2.42
英国	0.95	1.03	1.22	1.40	1.42	1.42	1.78	1.75
加拿大	0.55	0.73	0.91	1.01	0.90	0.98	1.34	1.19
澳大利亚	0.15	0.17	0.33	0.04	0.22	0.24	0.34	0.31
瑞士	0.44	0.54	0.58	0.64	0.04	0.73	0.81	0.80
全球	11.86	13.22	14.72	16.08	15.73	16.46	20.33	19.58

续表

美国持有的外国长期证券

国家或地区＼年份	2011	2012	2013	2014	2015	2016	2019	2020*
欧元区	1.27	1.57	1.99	2.08	2.18	2.19	2.89	2.46
中国	0.09	0.13	0.10	0.13	0.11	0.10	0.23	0.22
日本	0.45	0.49	0.67	0.67	0.77	0.79	1.10	0.98
英国	0.93	1.05	1.26	1.22	1.20	1.15	1.44	1.15
加拿大	0.70	0.77	0.78	0.79	0.65	0.75	1.00	0.89
澳大利亚	0.27	0.29	0.28	0.27	0.25	0.27	0.31	0.31
瑞士	0.03	0.32	0.40	0.46	0.44	0.43	0.56	0.59
全球	6.63	7.66	8.84	9.19	9.11	9.49	12.61	10.90

外国持有的美国长期证券 – 美国持有的外国长期证券

国家或地区＼年份	2011	2012	2013	2014	2015	2016	2019	2020*
欧元区	1.02	1.01	1.20	1.59	1.33	1.73	2.09	2.28
中国	1.50	1.52	1.69	1.67	1.56	1.34	1.29	1.29
日本	1.41	1.34	1.14	1.20	1.01	1.11	1.21	1.45
英国	0.02	-0.03	-0.04	0.18	0.22	0.27	0.34	0.60
加拿大	-0.15	-0.04	0.13	0.22	0.25	0.22	0.35	0.30
澳大利亚	-0.12	-0.12	0.05	-0.23	-0.03	-0.03	0.03	0.00
瑞士	0.42	0.22	0.18	0.12	-0.40	0.29	0.25	0.21
全球	5.23	5.55	5.88	6.89	6.62	6.97	7.73	8.68

数据来源：根据美国财政部网站：www.treasury.gov 公布的数据整理计算得出；2020 年数据为截至 2020 年 4 月末数据。

39.10.1 主要国际货币的相互支持及度量

表 39-6 显示，尽管 2011—2020 年 4 月，欧元区和日本持有的美国长期证券总额持续超过了中国，但 2011—2015 年美国退出量化宽松政策后一年，中国保持了美国长期证券的最大净持有国，占全球持有净美元资产比重从 28.68% 略降到了 23.56%，显示美国量化宽松政策实施主要时段内中国对美元的大力支持力度；2016 年欧元区持有的净美国长期证券金额首次超过中国，成为美国长期证券的最大净持有区，2020 年 4 月日本也超过了中国成为美国长期证券的第二大净持有国，中国持有的净美国长期证券金额排名降到了第三位；前三大美国长期证券净持有

地占美国长期证券净额年均比重超过六成；2014 年美国退出量化宽松政策之后，英国持有美国长期证券净额持续明显增长，但总额不到日本和中国的一半；瑞士持有的美国长期证券金额明显下降，近年来低于加拿大持有的净金额。

表 39-6 显示，2011—2019 年，虽然日本持有的美元资产持续增长，但占比却从 15.68% 持续下降到了 11.36%，同时美国持有的日元资产也同样持续增长，特别是 2015 年以来美国持有的日本长期证券占比明显提高，显示同期日元和美元之间相互支持的态势。2011—2019 年，欧元区和日本持有的美国长期证券累计增幅分别为 27.1% 和 -27.4%，显示欧元区对美元的支持度显著超过日元，而以同期美国持有该两地的长期证券金额增幅 19.9% 和 29.7% 来判断，美国支持日元的程度显著超过对欧元的支持程度。这些结果表明，2011—2019 年美元、欧元和日元这三大国际货币之间相互支持的同时，美元对欧元和日元两大国际货币支持度却明显不同。

39.10.2　其他主要国际货币相互支持的不对等问题

表 39-6 显示，2012 年，英国、加拿大和澳大利亚持有的净美元资产皆为负数，而且 2011—2013 年，该三国累计持有的净美元资产分别高达 -494 亿、-607 亿和 -1916 亿美元，或者说 2014 年美国退出量化宽松政策前三年美国是该三国长期证券的净持有国，显示美国在量化宽松政策实施期间获得中国、欧元区和日本大幅度支持的同时，却对该三 "五眼盟国" 货币大力支持或扶持；2014—2020 年，虽然英国和加拿大持有的净美元资产转为正值，但净额占比相对于欧元区、中国和日本很低，而且同期澳大利亚持有的净美元资产仍然高达 -2697 亿美元，显示美国对澳大利亚元独特而持续的支持力度，主要货币间相互支持有明显的不对等问题存在。另外，2011—2015 年瑞士持有的净美国长期证券资产金额占比从 8.03% 持续下降到了 -6.04%，虽然 2016 年该占比恢复到了正值，但截至 2020 年 4 月底，瑞士持有的美国净长期证券占比为 2.42%，不到 2011 年占比的三分之一。

39.10.3　美国持有中国长期证券金额显示极大的不对等

表 36-2 显示，尽管 2011—2015 年，中国大陆保持了美国长期证券净额的最大持有国，但同期美国持有的中国大陆长期证券占比却保持在略超 1 个百分点的最低位，低于表 39-6 中所有货币发行体相应的金额，不到美国持有澳大利亚资产占比的一半，同时不到同期美国持有的欧元资产的十二分之一；不仅如此，2011—2015 年美国持有的中国长期债券比重不仅没有提高，反而从 1.36% 下降到了 1.21%，2016 年进一步下降到了 1.05%；虽然 2016—2020 年该比例略升到 2.0%，但与中国持有的美国长期证券占比仍有巨大的落差，显示中

国大幅度支持美元的同时,却几乎没有得到多少美国对等的支持。这些数据显示,中国是美元的主要支持者的同时,美国对中国股权和债券的支持度或对人民币的支持度却最低,不对等问题严重,需要思考和关注。

39.11 主要国际货币发行体债券和股权相互持有与科研投入的关系

表39-6给出的是2011年以来美国和其他七大货币发行体间长期证券相互持有的金额分布,表39-7给出了相应长期证券在债券和企业股权之间的分布。

表39-7 主要货币发行体持有美国长期债券和企业股权和美国持有这些
货币发行体的债券和企业股权金额分布(2011—2020年)

单位:万亿美元,%

外国持有的美国长期债券								
国家或地区 \ 年份	2011	2012	2013	2014	2015	2016	2019	2020*
欧元区	1.51	2.58	1.99	2.25	2.18	2.50	2.87	2.81
中国	1.40	1.65	1.49	1.47	1.46	1.25	1.31	1.30
日本	1.50	1.83	1.47	1.49	1.38	1.44	1.67	1.82
英国	0.51	1.03	0.55	0.57	0.68	0.63	0.76	0.83
加拿大	0.14	0.73	0.18	0.21	0.21	0.25	0.31	0.31
澳大利亚	0.05	0.17	0.08	0.03	0.05	0.06	0.08	0.07
瑞士	0.24	0.54	0.28	0.29	-0.08	0.36	0.33	0.32
总计	8.02	8.65	8.84	9.40	9.50	9.89	11.31	11.31
外国持有的美国企业股权								
国家或地区 \ 年份	2011	2012	2013	2014	2015	2016	2019	2020*
欧元区	0.77	0.88	1.20	1.42	1.33	1.42	2.11	1.93
中国	0.19	0.23	0.31	0.32	0.21	0.19	0.20	0.21
日本	0.36	0.39	0.34	0.38	0.40	0.46	0.64	0.61
英国	0.44	0.52	0.68	0.82	0.74	0.79	1.02	0.92
加拿大	0.41	0.54	0.73	0.80	0.69	0.73	1.03	0.88
澳大利亚	0.11	0.12	0.25	0.01	0.17	0.18	0.26	0.23
瑞士	0.20	0.24	0.31	0.35	0.13	0.37	0.48	0.48
总计	3.84	4.57	5.88	6.68	6.22	6.58	9.03	8.27

续表

美国持有外国长期债券

年份 国家或地区	2011	2012	2013	2014	2015	2016	2019	2020*
欧元区	0.46	0.56	0.57	0.62	0.57	0.58	0.71	2.46
中国	0.00	0.00	0.00	0.00	0.00	0.00	0.02	0.22
日本	0.06	0.06	0.07	0.08	0.08	0.09	0.17	0.98
英国	0.29	0.30	0.30	0.30	0.30	0.28	0.42	1.15
加拿大	0.33	0.38	0.38	0.38	0.32	0.33	0.39	0.89
澳大利亚	0.14	0.14	0.14	0.13	0.11	0.11	0.12	0.31
瑞士	0.01	0.01	0.01	0.02	0.02	0.02	0.04	0.59
总计	2.11	2.31	2.35	2.49	2.34	2.43	3.18	10.90

美国持有的外国企业股权

年份 国家或地区	2011	2012	2013	2014	2015	2016	2019	2020*
欧元区	0.81	0.81	1.43	1.47	1.60	1.61	2.18	1.78
中国	0.09	0.09	0.10	0.12	0.11	0.10	0.21	0.20
日本	0.39	0.39	0.60	0.59	0.69	0.69	0.93	0.80
英国	0.64	0.64	0.96	0.91	0.90	0.87	1.03	0.75
加拿大	0.37	0.37	0.40	0.41	0.33	0.42	0.61	0.50
澳大利亚	0.13	0.13	0.14	0.14	0.14	0.16	0.19	0.20
瑞士	0.01	0.01	0.39	0.44	0.42	0.41	0.52	0.56
总计	4.52	4.52	6.49	6.70	6.76	7.06	9.43	7.86

外国持有的美国长期债券－美国持有的外国长期债券

年份 国家或地区	2011	2012	2013	2014	2015	2016	2019	2020*
欧元区	1.05	2.02	1.43	1.64	1.61	1.93	2.17	0.35
中国	1.40	1.65	1.49	1.47	1.46	1.25	1.30	1.08
日本	1.44	1.77	1.40	1.40	1.29	1.35	1.50	0.84
英国	0.22	0.72	0.25	0.27	0.38	0.35	0.35	-0.32
加拿大	-0.20	0.35	-0.19	-0.17	-0.11	-0.08	-0.07	-0.58
澳大利亚	-0.10	0.03	-0.06	-0.10	-0.06	-0.05	-0.04	-0.24
瑞士	0.23	0.52	0.26	0.27	-0.10	0.34	0.29	-0.27
总计	5.91	6.34	6.49	6.92	7.16	7.46	8.13	0.41

续表

外国持有的美国企业股权－美国持有的外国企业股权								
国家或地区 \ 年份	2011	2012	2013	2014	2015	2016	2019	2020*
欧元区	-0.03	0.07	-0.22	-0.05	-0.28	-0.19	-0.07	0.15
中国	0.10	0.14	0.20	0.20	0.10	0.09	-0.01	0.01
日本	-0.03	0.00	-0.26	-0.21	-0.29	-0.23	-0.29	-0.20
英国	-0.20	-0.12	-0.29	-0.09	-0.16	-0.08	-0.01	0.17
加拿大	0.05	0.18	0.32	0.39	0.36	0.31	0.42	0.38
澳大利亚	-0.02	-0.01	0.11	-0.13	0.03	0.07	0.07	0.04
瑞士	0.19	0.23	-0.08	-0.09	-0.29	-0.04	-0.04	-0.08
总计	-0.68	0.05	-0.61	-0.02	-0.54	-0.49	-0.41	0.41

数据来源：同表 39-6。

39.11.1 主要国际货币发行体间长期债券互持分布

表 39-7 显示，2011—2019 年，欧元区、日本和中国是美国长期债券的净持有地，另外英国和瑞士也是美国长期债券的另外两个净持有国；然而同期加拿大和澳大利亚两国年均持有美国长期净债券金额却分别为 -525.6 亿和 -417.9 亿美元，表明美国对该两个"五眼"联盟国有着特殊的支持和帮助作用，这也解释了该两国在很多国际事务中跟从美国的原因。

39.11.2 持有美国企业股权的两个独特国家

表 39-7 显示，加拿大和澳大利亚，特别是加拿大是独特持有美国企业股权的国家，2011—2019 年加拿大年均持有美国企业净股权金额高达 2251 亿美元，为美国外七大货币发行体中唯一享受特权的国家，显示美加关系的独特性；澳大利亚年均持有美国 67.4 亿美元的净股权，也显示出美国对于这个"五眼"联盟国家的特别关注。

39.11.3 美国持有主要货币发行体企业股权的分布及启示

表 39-7 显示，2011—2019 年，美国持有的日本、英国和欧元区及瑞士企业股权净金额分别高达 1452.7 亿、1052.1 亿、863.8 亿和 144.8 亿美元，与表 40-13 给出的美资企业在境外研发投资分布比重相对应，表明美资企业在境外研发投资时与当地合作形成的企业研发合力，进而持有这些合资企业股权以发展合力的态势，也表明美资企业利用境外资源和优势发展的市场态势。

39.11.4 企业股权的独特案例

表39-7显示,对于美国国债的主要持有国中国,美国对中国持有美资股权设置诸多限制,而且美资持有的中国长期债券和企业股权皆为美国外七大货币发行体最低或接近最低,表明美国只允许中国持有美债支持美元,相互持有资产不对等达到了极致。

第24章介绍的2008年国际金融危机前中国就与美国密切协作大幅增持美国国债,金融危机爆发前后全球普遍减持美债的环境下,中国持续增持美债为美国后来成功启动量化宽松政策做好了准备。这样中国不仅在金融危机爆发前而且直到量化宽松政策实施结束前一直保持了对美元的重要支持。但是这些支持只是单边的支持,而美国却对中国的支持甚微,不对等同样达到了极致。

39.11.5 美国持有全球股权净额和长期债券净额总结

表39-6和表29-7显示,2011—2019年,全球持续持有美国净长期债券以支持美元的国际垄断地位,而同期除2012年和2020年4月外,美国却持续持有全球企业净股权,2011—2019年美国持有全球企业净股权年均金额高达2996.5亿美元,表明全球持有美元债券以维护美元国际地位的同时,美国却保持了美国外全球股权净持有者的身份,这些结论值得深思。

39.12 小结

与第38章科技自主度和科技国际化相对应,本章介绍、定义并度量了货币自主度,在对货币自主度度量的基础上,本章探讨了货币自主度与货币国际化和科技自主度之间的相互影响程度;在补充了科技自主度与科技国际化相互影响程度后,本章得出并总结了科技自主度、科技国际化、货币自主度和货币国际化四个概念间相互影响程度的量化结果。

本章结果显示,科技自主度是影响科技国际化、货币自主度和货币国际化的原始动力,而货币国际化是其他三个因素总体影响的结果。科技确实是第一生产力。科技国际化通过对出口和经常项目的影响而影响货币定价权,进而影响货币国际化。这些结果表明,没有足够的科技自主度,货币国际化几乎无从谈起,自主度低的货币只能沦为自主度高的货币的依赖品或衍生品,根本没有跻身主要国际货币之列的资格;而货币国际化却主要受货币发行体科技国际化的影响。因此,只有逐步提高科技国际化水平才能提高科技自主度,进而提高货币国际化,除此别无他路。

40 全球化和"去全球化"的度量及趋势研判

贸易全球化和投资全球化是货币国际化的基础，判断货币国际化不能不对贸易全球化和投资全球化进行分析和判断。在2018年以来全球贸易摩擦持续升级和2020年全球疫情持续蔓延的大环境下，继续全球化还是"去全球化"成为全球最为关注的重要议题。本章利用国际数据在对二十多年来全球投资、收购兼并、主要跨国企业业务、全球货物贸易等重要内容进行介绍和简析的基础上，特别是美资企业在全球服务贸易和货物贸易分析的基础上判断全球化推进的趋势。

从全球主要跨国企业境外资产和销售占境内外比重和全球加工贸易分布数据来看，2008年国际金融危机爆发后不久全球化就达到了高峰，后而减缓发展，美国加工贸易全球占比回升；特别是2014年美国退出量化宽松政策后，德国和日本等主要发达经济体加工贸易全球占比回升，整个亚洲加工贸易也出现了十多年来首次下降，显示了近年来全球化进一步减缓发展的态势。特别值得关注的是，2015年我国加工贸易出口全球占比达到了历史峰值12.95个百分点，之后持续下降到了2018年的11.91个百分点，表明从2016年开始全球加工贸易格局就出现了明显的变化。值得关注的是，自2008年国际金融危机后或者说于2018年美中贸易摩擦前十年，发达地区流入到亚洲新兴市场的加工贸易就开始部分分流到了中日之外的其他亚洲国家和地区，2016年开始这种分流就开始加速。由于其他任何市场都难以在今后几十年内取代中国市场巨大的消费、投资和科技需求及潜能，加上外资企业在华多年来积累的巨额资产，中国市场是难以被其他市场取代的，因此去中国化实际上就是去全球发展的引擎，不仅整个发达经济体难以承受其后果，而且广大的发展中国家也难以保持较高的发展速度。故而，需继续落实进一步对外开放的诸多举措，"抓紧制定国家治理体系和治理能力现代化急需的制度"和继续优化营商环境，稳住和继续吸引外商投资我国，以共同开发我国市场发展的潜力，为继续引领全球化和继续推动人民币国际化打下更好的国内基础，也为国内外"双循环"的构建和协调创造更好的条件。

40.1 全球对外直接投资规模的变化代表全球化的规模和趋势

全球直接投资,或者发达国家向广大发展中国家直接投资的规模和速度,在很大程度上代表了全球进程的速度和规模。根据联合国贸易和发展会议(United Nations Conference on Trade and Development,UNCTAD)2020年6月公布的2019年世界投资报告的数据,2002—2007年,全球对外直接投资流入量达到了峰值2.17万亿美元;受2008年国际金融危机的影响,2008—2019年全球对外直接投资流入总量年均仅为14.3万亿美元上下。图40-1给出了1990—2019年发达经济体和发展中国家年度累计净直接投资金额。

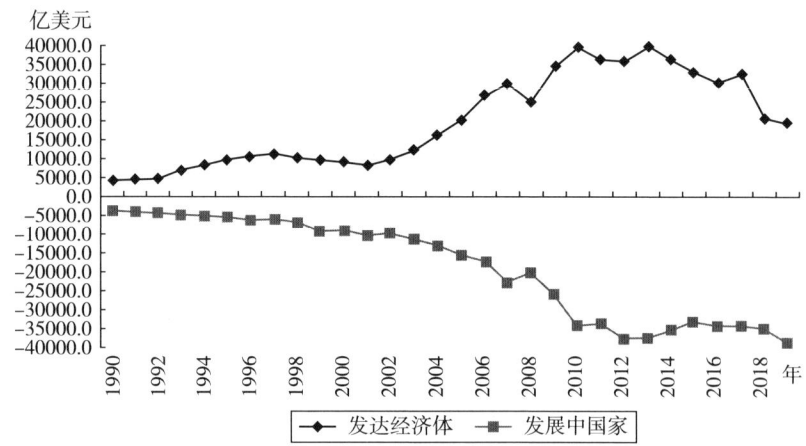

图40-1 发达经济体和发展中国家年度累计净直接投资金额(1990—2019年)
(数据来源:根据联合国贸易和发展会议网站 https://unctad.org/en/公布的数据计算得出;联合国定义的发达经济体不包括韩国、中国香港、中国澳门、中国台湾和新加坡这5个国际货币基金组织定义的发达经济体,由于该5个经济体在整个发达经济体中直接投资和经济规模相对较小,本章沿用联合国的定义,下文不再重复说明;另外,联合国定义的发达经济体外有发展中国家和转型经济体两类经济体,由于后者经贸规模相对发展中经济体较小,本章定义的发展中国家或经济体为全球除发达经济体外的发展中经济体和转型经济体总和。)

40.1.1 全球发达经济体对外净累计直接投资金额变化及意义

图40-1显示,1990—1997年,全球发达经济体投向全球的直接投资累计金额从0.43万亿美元年均增长了14.8%至1.13万亿美元;1997—2001年年均

下降了 7.1% 至 0.84 万亿美元；2001—2010 年年均增长了 18.7% 至 3.94 万亿美元的历史高位；2010—2012 年美国量化宽松期间连续两年持续下降，2010—2013 年三年增幅仅为 0.2% 至 3.97 万亿美元的历史峰值；2013—2019 年年均降幅高达 11.3% 至 1.94 万亿美元，几乎回到了 2005 年的水平。因此，以发达经济体全球对外直接投资累计金额变化来看，1990—2001 年的 11 年，全球化缓慢推进，年均增长率仅为 6.3%；而 2001—2010 年全球化高速发展，发达经济体对外直接投资金额年均增长率 18.7%，比之前 11 年年均增幅高出近两倍；2008 年国际金融危机爆发两年后，发达经济体对外直接投资金额持续显著下降，表明全球化在 2008 年国际金融危机后不久就开始明显下降，而且降幅 11.3% 与 1990—2010 年 20 年间的年均增幅 11.7% 相当。

40.1.2 主要发达国家对外净累计直接投资分布及意义

上文介绍了全球发达经济体总对外净累计直接投资金额的变化，图 40-2 给出了同期主要发达国家总对外净累计直接投资的变化。图 40-2 显示，2008 年国际金融危机前，美国是发达国家中对外投资的领袖，2007 年美国对外净累计直接投资金额达到了 1.72 万亿美元的峰值；然而 2008 年金融危机导致美国对外净累计直接投资金额下降了 64.3% 至 0.62 万亿美元，2009 年和 2010 年虽回升到了 1.3 万亿美元以上，但 2011—2014 年又持续下降到了 0.86 万亿美元；2015 年美国退出量化宽松政策后的第一年，美国对外净累计直接投资金额比 2014 年下降了 62.0% 至 0.33 万亿美元；从 2016 年开始，受减税政策影响，美国 2001 年以来首次成为累计直接投资净流入国，2019 年净流入美国的外来直接投资金额累计高达 1.74 万亿美元，金额几乎与 2007 年美国相应的累计流出金额峰值 1.72 万亿美元相当。这些数据显示，2008 年国际金融危机对之前全球化的领导者美国产生了巨大的冲击，近年来从对外直接投资净流出国到净流入国身份的转变对全球经贸和全球金融市场产生了巨大的影响。然而，近几年来美国对外净累计直接投资金额大幅度下降达到了 2007 年峰值的规模，需要商榷，下文会继续探讨。

图 40-2 也显示，2002—2010 年欧元区对外净直接投资累计金额年均增长率高达 38.7%，仅次于美国相应的增长率 155.2%，表明当时欧元区和美国共同推动全球化；2010 年欧元区对外净直接投资累计金额 1.41 万亿美元首次超过了美国的 1.39 万亿美元；2010 年后随着欧债危机的爆发和延续，2010—2019 年欧元区对外净直接投资累计金额年均增长率放缓到了 4.3%，2019 年欧元区对外净直接投资累计金额创下了 2.05 万亿美元的历史纪录。2002—2010 年日本对外净直接投资累计金额年均增长率 13.4%，之后 9 年放缓到了 11.2%，表明日本在主要发达国家中对外投资保持了最为稳健的步伐。2002—2010 年瑞士对外净直

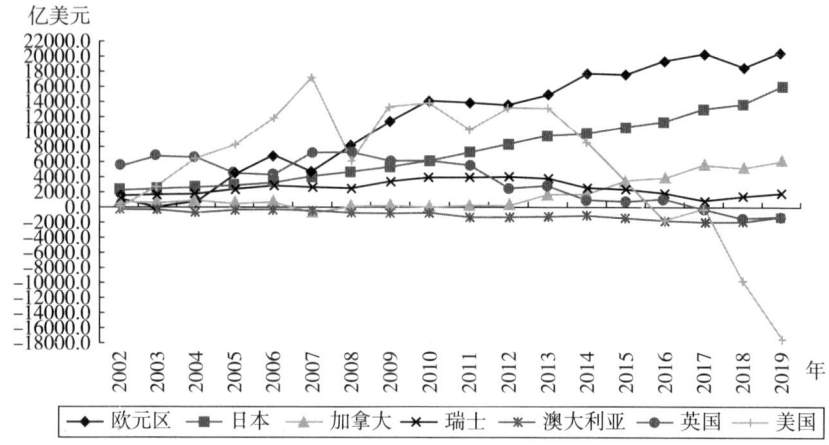

图 40-2 主要发达国家和地区总对外净累计直接投资（2002—2019 年）

（数据来源：同图 40-1，欧元区数据为 2002—2019 年 19 个欧元区国家合计数）

接投资累计金额年均增长率 13.0%，而后 9 年年均降幅 8.6%，表明瑞士受国际金融危机影响较大。澳大利亚与其他发达国家不同，多年来保持了类似绝大多数的发展中国家的态势，为直接投资累计净流入国，2002—2010 年该国对外净直接投资累计流入金额年均增长率 13.2%，而后 9 年年均降幅 6.3%，表明澳大利亚受国际金融危机影响也较大。在 2002—2010 年，美国、欧元区、日本、瑞士和澳大利亚这些主要发达经济体对外直接投资高歌猛进之时，英国却蜗牛式增长，年均增幅仅为 1.5%，而金融危机后其他主要发达经济体对外投资减速增长的同时，英国却紧随美国大幅度下降，年均降幅仅次于美国，2016 年英国比美国晚一年首次成为直接投资净流入国，2019 年累计流入金额仅次于美国和澳大利亚。

40.1.3 发达经济体净直接投资累计流出流入分布

截至 2019 年底，在联合国定义的全球 38 个发达经济体中，日本、荷兰、德国、法国、加拿大、瑞士和意大利这 7 个国家对外直接投资累计净流出金额分别高达 1.60 万亿、0.82 万亿、0.77 万亿、0.66 万亿、0.62 万亿、0.18 万亿和 0.11 万亿美元，另外累计净流出金额不到 1000 亿美元的分别为丹麦、比利时、卢森堡、瑞典、芬兰、挪威和奥地利 7 个国家，累计金额分别为 968 亿、903 亿、887 亿、570 亿、517 亿、510 亿和 289 亿美元，如上 14 个发达国家总对外直接投资累计净流出金额 5.21 万亿美元；美国、西班牙、澳大利亚、英国、捷克、波兰、马耳他、葡萄牙等 8 个发达国家累计净流入金额超过 1000 亿美元，另外还有罗马尼亚、以色列、匈牙利等 16 个发达经济体对外直接投资累计净流入金额在1000亿美元之内，24个发达经济体总累计净流入金额为3.27万亿美元，略低于2019年全球所有发展中国家总累计净流入金额的3.41万亿美元。因此，发达经济体中仅有不到四成为净资本输出国，超过六成的也如绝大多数发展中国家一样为资本输入国。

由于本节数据是联合国数据，因此我们首先用联合国定义的发达经济体。实际上，联合国定义的发达经济体与国际货币基金组织定义的有明显差异，两者定义的发达经济体有32个是相同的，而中国香港、新加坡、韩国、中国澳门、中国台湾、波多黎各和圣马力诺这7个后者定义为发达经济体却不在联合国定义的38个发达经济体之中。值得关注的是，如上7个未列入联合国定义的经济体中有5个是东亚发达经济体，其中韩国国内产值总量排名全球近第十位，表明联合国定义的发达经济体忽略了东亚后发达经济体，而国际货币基金组织定义的却相对忽视了匈牙利、波兰、罗马尼亚等东欧后发达经济体。由于2019年中国香港、新加坡和中国澳门3个经济体总对外直接投资累计净流入金额7005亿美元，而中国台湾和韩国两个经济体总对外直接投资累计净流出金额4635亿美元，该5个经济体加上波多黎各和圣马力诺总净流入2000多亿美元，与上述匈牙利、波兰和罗马尼亚等东欧后发达国家总净流入3000多亿美元相差不大。因此，虽然联合国和国际货币基金组织定义的发达经济体不同，但整个发达经济体总净累计直接投资量相差不大。

40.1.4 净累计直接投资流出与知识产权使用费顺差比较

国际投资通常与知识产权并肩而行。上文显示，联合国定义的38个发达经济体中仅有14个有累计净直接投资流出，而国际货币基金组织定义的39个发达经济体中额外有韩国和中国台湾地区为累计净直接投资流出地。两个国际机构定义的发达经济体中有16个有累计净直接投资流出，而这16个经济体中同时有知识产权使用费顺差的（见表21-4到表21-5中知识产权使用费）国家仅为日本、德国、法国、瑞士、瑞典、芬兰和丹麦7个国家。既有实力对外直接投资，同时又有知识产权为主的科技后盾才是真正的发达国家或强国。

40.2　主要发达国家对外直接投资协调性简析

图40-2显示，2008年国际金融危机爆发前，美国一直是全球对外投资的引领者或国际化的推动者。本节以1990—2019年全球对外直接投资数据简析全球主要发达国家对外投资与美国对外投资的协调性，从而我们可以看到在美国引领下主要发达经济体与美国投资的协作程度。利用图40-1相同的数据，我们可以计算出不同时期，全球主要国家和地区直接投资流出金额与同期美国直

接投资流出金额间的相关系数。计算结果显示，1990—2007年，全球直接投资流出金额与美国直接投资流出金额相关性高达85.13%，其中欧盟、亚洲、非洲、拉丁美洲与美国直接投资的相关性分别为74.59%、79.25%、68.70%和61.42%；日本、德国、法国、英国、加拿大和瑞士等6大资本输出国与美国直接投资相关性分别为49.89%、64.14%、43.18%、76.12%、80.85%和54.28%，显示英国与美对外直接投资协同性最高，而且全球对外直接投资与美国高度协同，显示美国对全球直接投资的领导力。然而2007—2019年，全球直接投资流出金额与美国直接投资流出金额相关性下降了近20个百分点至66.54%，其中欧盟、亚洲、非洲、拉丁美洲与美国直接投资的相关性分别下降至24.94%、-25.88%、4.89%和54.48%，此前四个洲际中相关性最高的亚洲降幅最高达105.13%，而此前相关性最低61.42%的拉丁美洲降幅为最小6.94%至54.48%，成为危机后与美直接投资相关性最高的洲际；日本、德国、法国、英国、加拿大和瑞士等国与美国直接投资相关性分别比前期下降85.84%、77.37%、82.96%、75.33%、76.63%和58.43%到了-35.95%、-13.29%、-39.77%、0.79%、4.21%和-4.15%，显示仅有英国和加拿大与美对外直接投资保持了接近零的协同性外，日本、德国、法国和瑞士这四大直接投资输出国与美国不仅没有任何协同性，还反其道而投资，表明国际金融危机后美国在全球直接投资的引领力显著下降。

从这些结果明显看出，2008年国际金融危机后，美国通过直接投资引领全球化的能力显著下降，而且主要资本输出国对外直接投资出现了与美国相反的态势。这些变化需要关注。

40.3 主要发展中国家直接投资累计流入分布及启示

上文主要介绍了近30年来全球直接投资来源的发达经济体直接投资累计流出情况。下本简单介绍全球主要发展中国家近30年来直接投资累计净流入情况，图40-3给出了相应的结果。

图40-3显示，除2016年以来中国从直接投资净输入国变为净输出国外，1993年以来，全球前八大发展中国家全部为直接投资净输入国，其中巴西和墨西哥累计净直接投资流入额最高达4000亿美元上下；印度和印度尼西亚分别累计高达2482亿和1538亿美元，沙特阿拉伯和土耳其分别累计略超过1000亿美元，俄罗斯累计金额最低不到1000亿美元。图40-3给出的2016年以来中国从对外直接投资净输入国到输出国的变化与同期美国从对外直接投资净输出国到输入国的变化在时间上正好一致，然而2016—2019年中国累计净输出金额与美

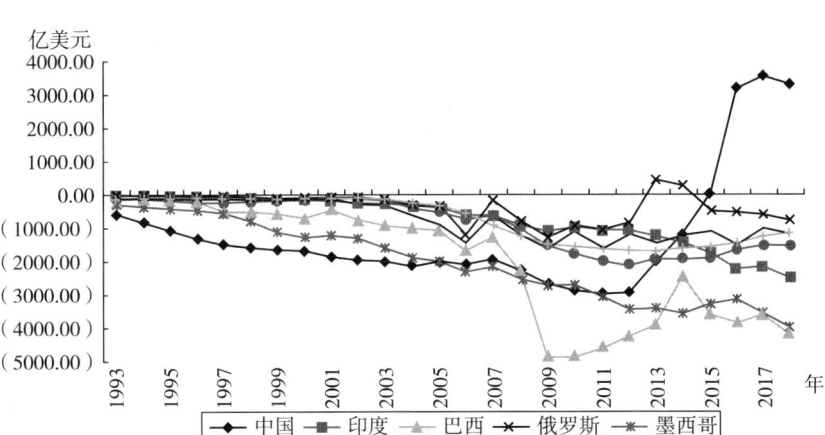

图 40 – 3　全球前 8 大发展中国家累计直接投资净输出金额分布（1993—2017 年）
（数据来源：同图 40 – 1）

国累计净输入净比例分别为 2.2%、2064.20%、36.14% 和 18.92%，这些不稳定的比例不足以说明这几年来全球两大经济体间投资地位的转变，而且 2002—2014 年美国净直接投资流出金额比全球高出 1.52 倍的情况以及 2016—2019 年美国净直接投资流入金额占全球 74.56% 的情况也难有合理的解释。不对这些问题做出满意的解释，我们就难以理解金融危机后全球化进程的变化，下文还会从其他方面对此进行论证。

40.4　全球前 100 家非金融跨国企业资产和销售金额分布

全球直接投资主要由全球大型跨国公司及其他跨国公司来进行，全球跨国公司的经营活动变化在很大程度上代表全球化的进程变化。本节主要介绍 20 年来全球前 100 家跨国企业相关经营情况的变化从而使我们对 20 年来全球化进程的变化有较为明确的认识。

40.4.1　全球前 100 家跨国企业资产、销售和员工分布变化

表 40 – 1 给出了 1999—2019 年全球前 100 家最大的跨国公司海内外资产、销售和员工数分布及相关比例。表 40 – 1 显示，1999—2009 年全球前 100 家最大的跨国公司海外资产持续显著增长，年均复合增长率高达 12.9%，比同期相应的国内资产年均复合增长率 3.9% 高出 9.0%；同期这些企业海外销售年均复

合增长率也高达 8.0%，比同期相应的国内销售年均复合增长率 0.8% 高出 7.2%；同期企业海外员工数年均复合增长率 3.5%，比同期相应的国内员工数年均复合增长率 -1.1% 高出 4.6%。这些数据显示了 2009 年以前的 10 年全球化持续高速增长的态势。

表 40-1　全球前 100 家非金融跨国公司海外和国内资产、销售和员工数分布及相关比例（1999—2019 年）

单位：万亿美元，百万人，%

年份	1999	2000	2003	2005	2007	2008	2009	2011	2016	2017	2019	1999—2009年均变化率	2009—2019年均变化率
资产													
海外	2.12	2.55	3.99	4.73	6.12	6.17	7.15	7.63	8.34	9.00	9.52	12.95	2.91
国内	2.99	3.74	4.03	3.95	4.59	4.59	4.40	4.90	4.89	5.40	7.37	3.94	5.30
总计	5.10	6.29	8.02	8.68	10.70	10.76	11.54	12.53	13.23	14.40	16.89	8.51	3.88
海外占比	41.46	40.58	49.77	54.50	57.15	57.36	61.92	60.92	63.04	62.50	56.37	2.05	-0.55
销售													
海外	2.13	2.44	3.00	3.74	4.94	5.17	4.60	5.78	4.77	5.20	5.93	8.01	2.57
国内	2.19	2.36	2.55	2.88	3.14	3.18	2.38	3.04	2.74	2.82	4.10	0.82	5.59
总计	4.32	4.80	5.55	6.62	8.08	8.35	6.98	8.83	7.51	8.02	10.03	4.92	3.69
海外占比	49.29	50.89	54.10	56.50	61.10	61.92	65.94	65.51	63.52	64.84	59.14	1.66	-0.68
员工数													
海外	6.06	7.13	7.24	8.03	8.44	8.91	8.57	9.91	9.54	9.66	9.41	3.53	0.94
国内	7.33	7.12	7.38	7.08	6.43	6.50	6.58	6.59	6.92	7.04	9.30	-1.08	3.52
总计	13.39	14.26	14.63	15.11	14.87	15.41	15.14	16.50	16.46	16.70	18.71	1.24	2.14
海外占比	45.25	50.03	49.51	53.12	56.76	57.79	56.58	60.08	57.95	57.86	50.30	1.13	-0.63
海外资产占全球GDP比	6.45	7.54	10.24	9.95	10.52	9.68	11.83	10.41	11.00	11.21	10.99	0.54	-0.08

数据来源：根据联合国贸易和发展会议网站 www.unctad.org.wir 公布的历年《世界投资报告》相关数据整理和计算得出；其中海外资产与全球 GDP 根据国际货币基金组织 2020 年 4 月公布的全球 GDP 数据计算得出。

表 40-1 也显示，2009—2019 年，全球前 100 家最大的跨国公司海内外资产、销售和员工数年均复合增长率皆比前 10 年出现了显著的下降，而且外资资产、销售和员工数年均复合增长率皆显著低于相应的国内年均复合增长率，这

些结果表明 2009 年以来全球化仍持续进行,但扩张的速度显著减缓。

40.4.2 全球前 100 家跨国企业海外资产与全球 GDP 比例变化

表 40-1 显示,1999—2009 年全球前 100 家最大的跨国公司海外资产与同年全球国内产值比例从 6.5% 持续上升到了 11.8% 的历史高峰,然而 2009—2019 年却持续回落到了 11.0%。由于海外资产、海外销售和海外员工数占比达到峰值的年份不同,而海外资产与全球产值的比例在很大程度上更好地反映出了全球化的总体态势,因此我们可以得出全球化在 2009 年达到了历史峰值的结论。

40.4.3 主要货币发行体大型跨国企业数、海外资产占比和海外销售占比分布

表 40-1 给出的是 1999—2019 年全球前 100 家最大的跨国公司海内外资产、销售和员工数总变化,从中难以看出不同货币发行体相关数据在主要货币发行体间的分布。图 40-4 给出了 2019 年美国、欧元区、日本、英国、中国、瑞士、加拿大和其他国家和地区(这些国家或地区顺序与图 40-4 中 1 到 8 相对应)进入全球前 100 家最大的跨国公司总数占比、海外资产占其总资产比

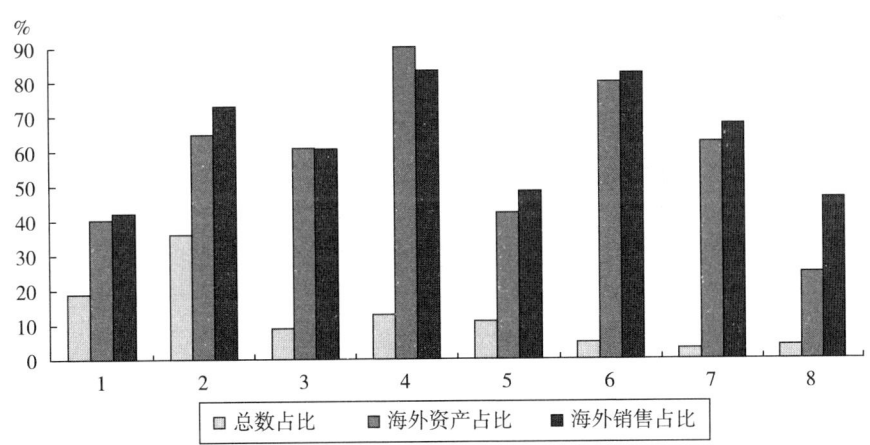

图 40-4 美国、欧元区、日本、英国、中国、瑞士、加拿大和其他国家和地区进入全球前 100 家最大的跨国公司总数占比、海外资产占其总资产比重和海外销售占其总销售比重(2019 年)

(数据来源:同表 40-1;由于 2019 年澳大利亚没有一家企业进入全球前 100 家最大跨国企业名单,图 40-4 中其他国家和地区不包括澳大利亚;图 40-4 中 1 到 8 相对应美国、欧元区、日本、英国、中国、瑞士、加拿大和其他国家和地区)

重和海外销售占其总销售比重。图40-4显示,虽然2019年英国进入全球前100家最大的跨国企业总数仅有13家,但这13家企业海外资产和海外销售占比却皆显著超过了80%,表明英国大型跨国企业国际化程度最高,其次为瑞士,两者占比皆略超过80%;排名第3到第5位的分别为欧元区、加拿大和日本,两者平均比重分别为68.98%、65.27%和60.90%;由于美国和中国进入前100家企业名单的19家和11家企业国内资产相对较高,美国和中国两者平均占比分别仅为41.16%和45.29%;其他国家和地区两者平均占比仅为35.75%。

40.4.4 2019年全球前100家最大的跨国企业海外资产、销售和员工数占总海外资产、总海外销售和总海外员工数比重在主要货币发行体间的分布

图40-5给出的主要货币发行体进入全球前100家最大跨国公司名单的相关占比反映出不同货币发行体大型跨国公司国际化程度,但由于有些货币发行体国内资产和销售额较大,因而未能充分反映相应的国际化水平。图40-5给出了相应的海外总资产和总销售金额占该100家企业总海外资产和总海外销售比重。

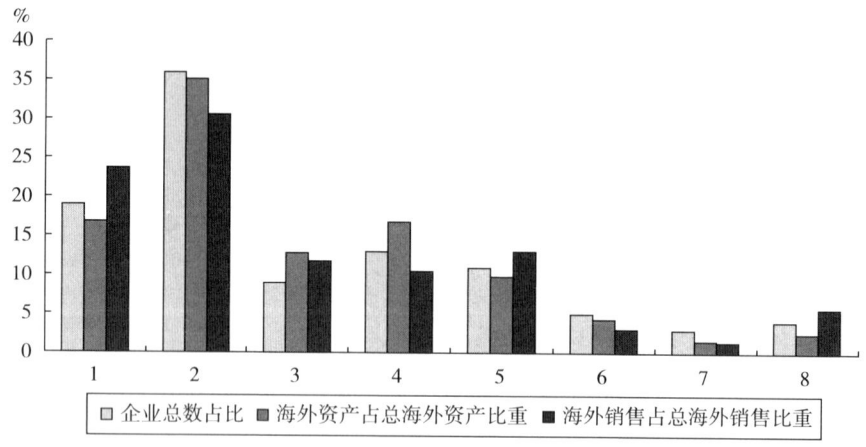

图40-5 美国、欧元区、日本、英国、中国、瑞士、加拿大和其他国家和地区进入全球前100家最大的跨国公司总数占比、海外总资产和海外总销售占其100家企业总海外资产和总海外销售比重分布(2019年)

(数据来源:同图40-4)

图40-5显示,欧元区进入前100家企业总数、海外资产和海外销售占比皆遥遥领先其他货币发行体,其次为美国,海外资产和海外销售占比平均高达

20.28%，再次为英国，两者平均占比为13.9%，日本和中国两者平均占比分别为12.28%和11.49%；另外瑞士、加拿大和其他国家和地区两者平均占比在3%左右。这些结果从另外一个角度反映出了不同货币发行体的主要跨国公司的全球化程度及在全球经贸中的地位。

40.5 全球跨境收购兼并对全球化的反映

40.5.1 全球跨境收购兼并规模变化

全球跨境收购兼并活动也是全球化的另外一个重要反映，同时也是货币国际化的重要反映。图40-6给出1990—2019年全球跨境收购兼并金额。图40-6显示，1993—2000年，全球跨境收购兼并总额从435.0亿美元持续猛增到了9596.8亿美元，年均增幅高达67.5%；2000—2003年，又猛降到了1654.3亿美元，年均降幅达到44.3%；2003—2007年又以年均增幅58.1%增长到了10326.9亿美元的历史高位；2007—2013年下降到了2625.2亿美元，年均降幅20.4%；2013—2016年增到了8869.0亿美元，年均增幅50.1%；2016—2019年又下降到了4907.8亿美元，年均降幅17.9%。这些数据显示，虽然近30年来全球跨境收购兼并变化很大，但1993—2019年全球跨境收购兼并金额年均复合增长率却也高达9.8%，比同期全球名义产值年均复合增长率4.8%高出一倍多，比同期全球货物贸易年均增速6.5%也高出3.3%，显示全球收购兼并市场总体以高于全球经贸的速度持续活跃增长。

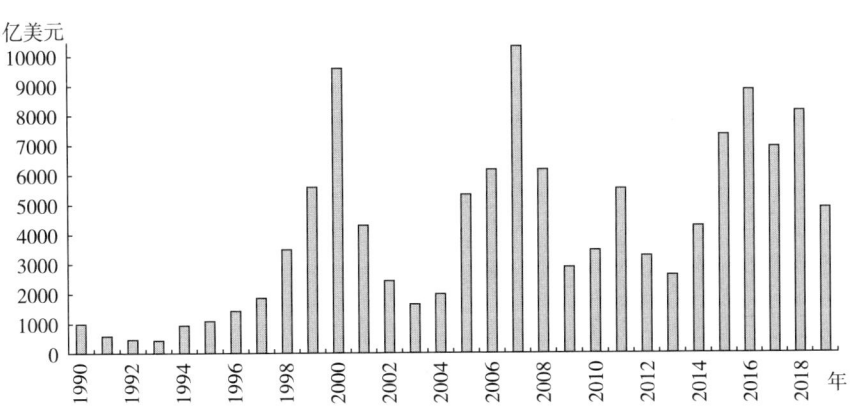

图40-6 全球跨境收购兼并金额（1990—2019年）

（数据来源：同图40-1）

40.5.2 全球跨境收购兼并在发达经济体和发展中国家间的分布

图 40-7 给出了 1990—2019 年全球收购和出售金额在发达经济体和发展中国家间的分布。图 40-7 显示，全球收购兼并业务主要是发达经济体间的业务，广大发展中国家实际上是发达经济体配置资源、延长产业链和扩大市场等目的的收购目标。值得关注的是 2009 年发展中国家出售占全球出售比重首次超过三分之一到 33.5%，2010 年进而增长到了 35.2%，表明 2008 年国际金融危机爆发后很多发展中国家为了应对危机的冲击不得不出售资产；2012—2013 年发展中国家出售占比又连创新高到了 54.0% 的峰值，首次超过了同年整个发达经济体出售全球占比 46.0%，表明随着 2014 年美国退出量化宽松政策的信号逐渐明朗和美元逐渐转强，发展中国家通过出售资产以降低危机的持续影响。

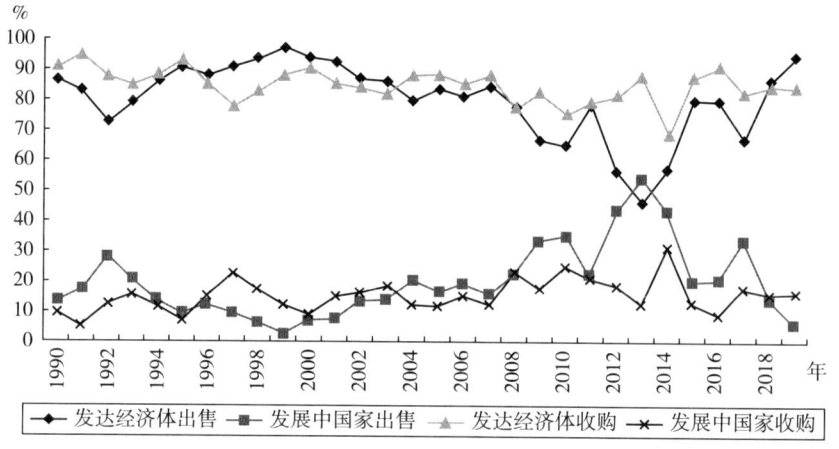

图 40-7　全球跨境收购和出售在发达经济体和发展中国家间的分布（1990—2019 年）
（数据来源：同图 40-1）

由于 1990—2019 年全球跨境收购兼并年均 82.9% 是发达经济体之间的收购兼并，同期全球发达经济体名义产值年均增幅仅为 2.2%，表明发达经济体间收购兼并活动比其经济活跃度高出很多。

40.5.3 全球跨境净收购金额在发达经济体和发展中国家间的分布

图 40-8 给出了 1990—2019 年全球净收购金额在发达经济体和发展中国家的分布。图 40-8 显示，1995—2001 年强美元时期，发展中国家总体保持

了净资产收购方,而 2003—2007 年美元相对弱时,发展中国家总体却成了净资产出售方;2009—2014 年美国量化宽松政策实施期到 2017 年,发展中国家保持了净资产出售方,显示广大发展中国家为应对金融危机的影响持续出售资产的状况。

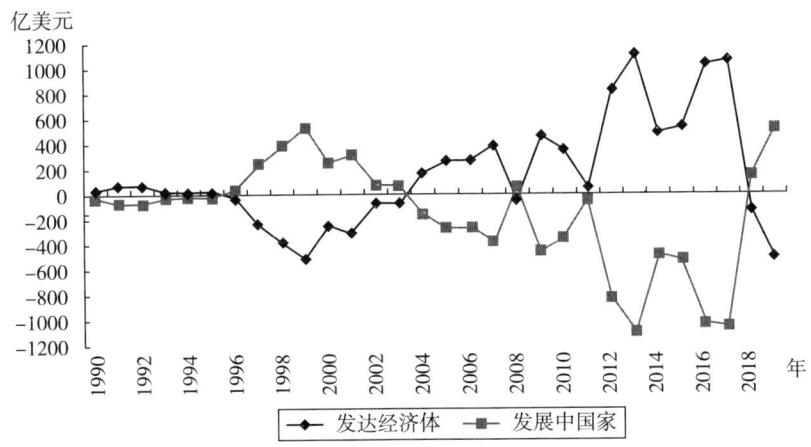

图 40 – 8 全球跨境净收购金额在发达经济体和发展中国家间的分布 (1990—2019 年)

(数据来源:同图 40 – 1)

40.5.4 全球跨境收购兼并在主要货币发行体间的分布

货币在全球收购兼并中发挥着重要的作用,而且货币发行体凭借其货币国际化的优势在收购兼并中占有重要的优势。图 40 – 9 给出了 1990—2019 年主要货币发行体在全球收购兼并中的占比分布。图 40 – 9 显示,美国和欧元区保持了全球收购兼并的两大主力军,1990—2019 年两地收购全球占比平均高达 26.5% 和 25.3%,与美元和欧元在全球外汇市场的地位比较相当,而且两币合计年均占比高达 51.8%;英国年均占比高达 14.7%,保持了全球第三大跨境收购兼并的地位,远超英镑在全球货币排名第 4 的地位和英国经济在全球第 5 左右的排名;日本在全球跨境收购和兼并市场年均占比仅为 1.4%,不仅远低于日本全球第 3 大经济体和日元全球第 3 大货币的地位,而且在全球前八大国际货币发行体中年均占比最低;加拿大和澳大利亚年均占比分别为 4.4% 和 3.4%,皆高于加拿大元和澳大利亚元在全球外汇市场的地位,更高于该两国产值在全球经济中的比重;瑞士年均占比 2.4%,与近年来瑞士在全球外汇市场的地位相当,但显著高于瑞士产值在全球经济中不到一个百分点的占比;1990—2000 年中国年均占比不到 1 个百分点,2001—2010 年年均提高到了 2.5%,2011—2019 年年均提高到了 4.1%,仅次于同期美国、欧元区、英国和加拿大年均比重

27.7%、23.1%、11.7%和5.2%，排名第5位。值得关注的是，2013年中国收购兼并金额全球占比首次超过一成到11.8%，仅次于当年欧元区、美国和英国占比，2014年中国占比达到了峰值13.3%，仅次于同年欧元区占比27.9%，显示近年来我国综合国力的提升和参与国际业务的深度、广度的提高。

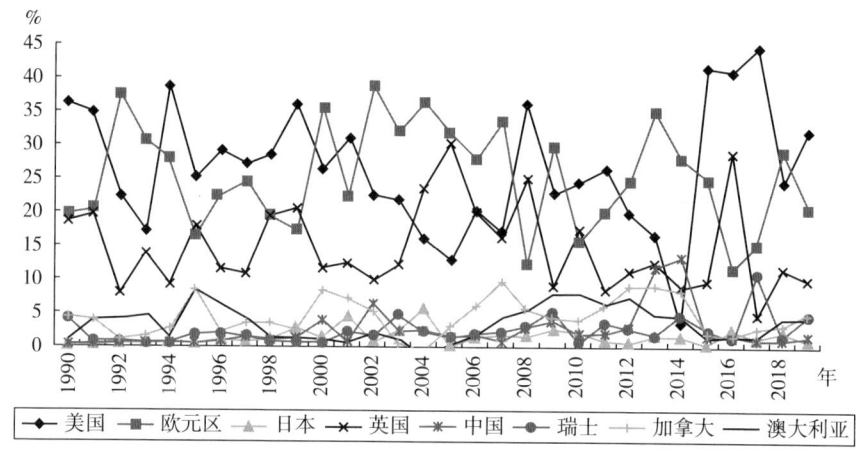

图40-9 全球跨境收购兼并在主要货币发行体间的分布（1990—2018年）

（数据来源：同图40-1）

40.5.5 货币国际地位与全球跨境收购兼并业务的关系

货币发行体的跨境收购兼并与货币的国际地位有着直接的关系。图40-9显示，1995—2000年美元持续走强时正好对应美国全球收购占比保持全球最高之时，而2001—2007年国际金融危机前，特别在2009—2014年美国量化宽松政策实施期间美元弱化时，美国收购兼并全球占比持续下降到了历史最低位3.3%；而2015年美国退出量化宽松政策后美元走强时，美国在2017年占全球收购兼并比重达到了峰值44.5%，2015—2019年除2018年占比略低于欧元区占比外，其他四年皆显著超过欧元区占比。这些结果明显表明美国凭借美元在全球市场的垄断地位，在全球范围内通过收购兼并以优化其产业布局和技术链布局的情况。

图40-6给出的数据表明2003—2007年全球收购兼并高速发展，与同期全球化持续高速增长的态势一致；而2007—2009年受国际金融危机影响全球收购兼并业务大幅度下滑，2009—2014年美国量化宽松政策实施期间，全球收购兼并业务持续缓慢回升，年均复合增长率高达8.3%；2014年美国退出量化宽松政策后全球收购兼并业务年均复合增长率进一步回落到了2.8%。

40.6 全球货物贸易链分布变化简析

疫情全球蔓延以来,各界讨论最多的是产业链、科技链、服务链等各种链,但却难以找到有完整数据支撑的链条相关分析结果。本节试图利用世贸组织公布的相关数据对全球货物贸易链进行简单的分析,从而使我们对全球货物贸易链有较为系统的认识,进而对全球化进程有更具体的认识。

40.6.1 全球货物贸易出口在主要洲际间的分布和变化

表40-2给出了2001—2017年全球货物贸易在北美洲、欧洲、亚洲和全球的分布和变化。表40-2显示,2001—2017年,加工贸易出口是全球货物贸易出口的主要内容,占全球货物贸易出口比重年均高达七成左右;由于2001—2008年全球燃料和矿产品出口占比从12.54%提高了9.44%至21.98%,导致同期全球加工贸易出口占比下降了8.04%至64.97%;2008—2017年,燃料和矿产品出口占比下降了7.16%至14.82%,导致同期全球加工贸易出口占比回升到了68.31%。由于加工贸易在全球货物贸易中的重要地位,下文主要讨论全球加工贸易出口相关变化。

表40-2　　　　全球货物贸易出口在北美洲、欧洲、亚洲和全球的分布及变化(2001—2017年)　　　单位:%

洲际 \ 出口类型 \ 年份	北美							
	2001	2008	2015	2017	2001—2008	2008—2011	2011—2015	2015—2017
农产品	1.82	1.31	1.54	1.52	-0.51	0.10	0.12	-0.01
食品	1.31	1.04	1.24	1.23	-0.27	0.06	0.14	-0.01
燃料和矿产品	1.45	2.14	1.69	1.84	0.69	0.16	-0.60	0.14
加工品	14.50	8.59	9.95	9.39	-5.91	-0.18	1.54	-0.56
钢铁	0.16	0.22	0.16	0.15	0.06	-0.03	-0.03	-0.01
化工品	1.66	1.42	1.55	1.43	-0.24	0.05	0.09	-0.12
制药	0.29	0.28	0.38	0.32	-0.01	0.00	0.09	-0.05
机械和运输工具	9.20	5.04	6.05	5.73	-4.16	-0.12	1.13	-0.31
办公室和电讯设备	2.81	1.29	1.29	1.25	-1.52	-0.10	0.10	-0.04
集成电路	0.84	0.34	0.28	0.28	-0.50	-0.07	0.00	0.00

续表

洲际 年份 出口类型	欧洲							
	2001	2008	2015	2017	2001—2008	2008—2011	2011—2015	2015—2017
农产品	3.96	3.74	3.79	3.91	-0.23	0.02	0.04	0.12
食品	3.33	3.20	3.28	3.40	-0.13	0.00	0.07	0.11
燃料和矿产品	3.10	4.80	3.19	3.20	1.70	-0.19	-0.84	0.01
加工品	34.79	30.69	27.67	28.41	-4.10	-2.75	-3.86	0.74
钢铁	1.10	1.64	0.91	0.96	0.53	-0.38	-0.66	0.05
化工品	5.81	6.02	6.03	6.13	0.21	0.00	-0.19	0.10
制药	1.65	2.06	2.45	2.51	0.41	0.11	0.20	0.06
机械和运输工具	17.97	14.87	13.16	13.57	-3.10	-1.77	-2.26	0.41
办公室和电讯设备	4.35	2.61	2.00	2.07	-1.74	-0.44	-0.69	0.07
集成电路	0.89	0.43	0.30	0.35	-0.46	-0.05	-0.15	0.04

洲际 年份 出口类型	亚洲							
	2001	2008	2015	2017	2001—2008	2008—2011	2011—2015	2015—2017
农产品	1.61	1.63	2.16	2.31	0.01	0.51	0.02	0.15
食品	1.27	1.28	1.78	1.87	0.01	0.33	0.17	0.09
燃料和矿产品	1.81	3.34	2.83	3.02	1.54	0.61	-1.12	0.19
加工品	20.17	21.36	27.31	26.82	1.20	2.69	3.26	-0.49
钢铁	0.49	1.12	0.89	0.86	0.63	-0.13	-0.10	-0.04
化工品	1.55	1.99	2.59	2.69	0.44	0.54	0.05	0.10
制药	0.15	0.18	0.28	0.29	0.03	0.05	0.05	0.01
机械和运输工具	11.91	12.07	14.71	14.76	0.16	1.01	1.62	0.06
办公室和电讯设备	6.20	5.62	6.91	7.03	-0.58	0.30	0.98	0.12
集成电路	2.11	1.79	2.57	2.83	-0.31	0.29	0.48	0.26

洲际 年份 出口类型	世界							
	2001	2008	2015	2017	2001—2008	2008—2011	2011—2015	2015—2017
农产品	8.90	8.30	9.43	9.78	-0.59	0.69	0.44	0.35
食品	7.14	6.89	8.03	8.31	-0.24	0.47	0.67	0.28
燃料和矿产品	12.54	21.98	14.29	14.82	9.44	0.50	-8.19	0.53
加工品	72.83	64.79	68.44	68.31	-8.04	-1.98	5.64	-0.13

续表

洲际\年份\出口类型	世界							
	2001	2008	2015	2017	2001—2008	2008—2011	2011—2015	2015—2017
钢铁	2.12	3.64	2.29	2.34	1.52	-0.77	-0.57	0.05
化工品	9.66	10.42	11.14	11.19	0.76	0.40	0.32	0.05
制药	2.14	2.60	3.21	3.21	0.46	0.15	0.46	0.00
机械和运输工具	40.05	33.17	34.96	35.40	-6.88	-1.78	3.56	0.44
办公室和电讯设备	13.54	9.69	10.45	10.74	-3.85	-0.48	1.24	0.28
集成电路	3.86	2.59	3.18	3.59	-1.27	0.11	0.48	0.41

数据来源：根据世贸组织网站 www.wto.org 相关数据整理计算得出。

表 40-2 显示，2001—2008 年，北美加工贸易出口占比猛降了 5.91 个百分点至 8.59%，2008 年国际金融危机爆发到 2011 年，北美加工贸易出口占比降速显著减缓，三年累计下降了 0.18 个百分点；2011—2015 年累计回升了 1.54 个百分点至 9.95%，但 2015—2017 年又累计下降了 0.56 个百分点，2008—2017 年累计回升了 0.8 个百分点，显示 2008 年国际金融危机后北美加工贸易出口回流态势明显；2001—2015 年欧洲加工贸易出口占比持续下降，全球占比累计下降了 7.12 个百分点，比同期北美累计降幅 4.55% 高出 2.57 个百分点，表明欧洲加工贸易外流比北美更为严重，2015—2017 年却累计回升了 0.74 个百分点；2001—2008 年亚洲加工贸易出口全球占比累计增长了 1.2 个百分点，2008—2015 年进一步累计增长了 5.95 个百分点，而 2015—2017 年却累计下降了 0.49 个百分点，显示了 2015 年以前十多年来全球加工贸易向亚洲转移的趋势，同时也表明 2015 年以来全球加工贸易转移的新变化。

但值得注意的是，尽管 2001—2017 年欧洲加工贸易出口全球占比持续下降，而亚洲占比持续提高，但 2017 年欧洲加工贸易出口全球占比 28.41% 却仍然比同年亚洲加工贸易出口全球占比 26.82% 高出 1.59 个百分点。然而欧洲全球货物贸易出口占比过高的主要原因是欧盟成员国间货物贸易出口也算入了欧洲贸易之中，如果剔除欧盟成员国之间的货物贸易出口，那么欧洲占全球货物贸易出口比例会显著低于亚洲。

40.6.2 全球货物贸易出口从欧美日外迁的程度分布

表 40-3 给出了 2001—2017 年全球货物贸易在美国、德国、中国和日本四大货物贸易出口国和韩国及其他亚洲国家和地区间的分布和变化。表 40-3 显

示，2001—2008 年，美国加工贸易出口全球占比下降了 3.77 个百分点，超过同期北美降幅 5.91% 的六成，显示国际金融危机前美国加工贸易大幅外迁的态势，然而 2008—2015 年美国加工贸易出口占比略回升了 0.85 个百分点，尽管 2015—2017 年占比又累计下降了 0.45 个百分点，但 2008—2018 年累计回升 0.40 个百分点，表明 2008 年国际金融危机后到 2015 年美国加工贸易出口回流美国的明显趋势，但近年来，虽然美国政府鼓励美资企业回归美国，但结果却是不仅没有多大的效果，外流仍呈持续的态势；2001—2015 年德国加工贸易出口占比累计仅下降了 1.17 个百分点，仅相当于同期整个欧洲累计降幅 7.12% 的六分之一，表明整个欧洲加工贸易大幅度外流的同时，作为欧洲贸易支柱的德国却保持了相对的独立自主性，2015—2017 年，德国加工贸易出口占比累计回升了 0.20 个百分点；2001—2015 年日本加工贸易全球占比累计下降了 2.75 个百分点，2015—2017 年日本加工贸易出口占比累计回升了 0.11 个百分点。

表 40 - 3 全球货物贸易出口在美国、德国、日本和中国四大货物贸易出口国及韩国和亚洲其他国家和地区间的分布及变化（2001—2018 年）

单位：%

国家或地区 / 年份 / 出口类型	美国							
	2001	2008	2015	2018	2001—2008	2008—2011	2011—2015	2015—2018
农产品	1.13	0.87	0.99	0.96	-0.26	0.05	0.07	-0.03
食品	0.87	0.70	0.80	0.77	-0.18	0.02	0.09	-0.03
燃料和矿产品	0.43	0.78	0.87	1.00	0.35	0.23	-0.15	0.14
加工品	9.72	5.95	6.81	6.35	-3.77	-0.23	1.09	-0.45
钢铁	0.10	0.12	0.10	0.09	0.03	-0.01	-0.01	-0.01
化工品	1.33	1.11	1.24	1.17	-0.22	0.02	0.11	-0.08
制药	0.25	0.24	0.32	0.28	-0.01	0.00	0.08	-0.04
机械和运输工具	6.05	3.38	3.91	3.64	-2.67	-0.21	0.73	-0.27
办公室和电讯设备	2.04	0.85	0.86	0.82	-1.19	-0.08	0.09	-0.04
集成电路	0.77	0.31	0.25	0.26	-0.46	-0.07	0.01	0.01
国家或地区 / 年份 / 出口类型	德国							
	2001	2008	2015	2018	2001—2008	2008—2011	2011—2015	2015—2018
农产品	0.49	0.54	0.52	0.52	0.05	-0.02	0.00	0.01
食品	0.42	0.46	0.45	0.45	0.04	-0.02	0.01	0.00
燃料和矿产品	0.32	0.52	0.39	0.37	0.20	-0.05	-0.08	-0.02

续表

国家或地区	德国							
出口类型 \ 年份	2001	2008	2015	2018	2001—2008	2008—2011	2011—2015	2015—2018
加工品	8.09	7.63	6.93	7.13	-0.46	-0.78	0.08	0.20
钢铁	0.22	0.29	0.16	0.16	0.07	-0.07	-0.06	0.00
化工品	1.18	1.28	1.27	1.32	0.10	-0.05	0.04	0.04
制药	0.29	0.42	0.46	0.48	0.13	-0.04	0.07	0.02
机械和运输工具	4.91	4.35	3.98	4.08	-0.56	-0.50	0.12	0.10
办公室和电讯设备	0.73	0.50	0.39	0.41	-0.23	-0.10	-0.01	0.03
集成电路	0.18	0.14	0.11	0.12	-0.04	-0.03	0.00	0.01

国家或地区	日本							
出口类型 \ 年份	2001	2008	2015	2018	2001—2008	2008—2011	2011—2015	2015—2018
农产品	0.08	0.05	0.06	0.06	-0.03	0.01	0.00	0.00
食品	0.05	0.02	0.03	0.03	-0.02	0.00	0.01	0.00
燃料和矿产品	0.11	0.23	0.16	0.16	0.12	-0.03	-0.04	0.00
加工品	6.04	4.29	3.29	3.41	-1.75	-0.33	-0.66	0.11
钢铁	0.22	0.27	0.18	0.17	0.05	-0.02	-0.07	-0.02
化工品	0.50	0.43	0.38	0.40	-0.07	0.03	-0.08	0.02
制药	0.04	0.02	0.02	0.03	-0.02	0.00	0.00	0.02
机械和运输工具	4.38	3.00	2.22	2.32	-1.38	-0.38	-0.40	0.10
办公室和电讯设备	1.34	0.64	0.36	0.37	-0.70	-0.16	-0.11	0.01
集成电路	0.48	0.28	0.20	0.22	-0.21	-0.03	-0.05	0.02

国家或地区	中国							
出口类型 \ 年份	2001	2008	2015	2018	2001—2008	2008—2011	2011—2015	2015—2018
农产品	0.27	0.26	0.44	0.44	-0.01	0.09	0.09	0.00
食品	0.23	0.22	0.38	0.39	-0.01	0.07	0.09	0.01
燃料和矿产品	0.21	0.34	0.33	0.35	0.13	-0.02	0.01	0.02
加工品	3.81	8.23	12.95	11.93	4.43	1.43	3.29	-1.02
钢铁	0.05	0.44	0.39	0.31	0.39	-0.14	0.08	-0.07
化工品	0.22	0.49	0.78	0.80	0.28	0.13	0.16	0.01
制药	0.03	0.05	0.08	0.08	0.02	0.01	0.02	0.00

续表

国家或地区	中国							
出口类型 \ 年份	2001	2008	2015	2018	2001—2008	2008—2011	2011—2015	2015—2018
机械和运输工具	1.53	4.17	6.41	6.12	2.64	0.75	1.49	-0.29
办公室和电讯设备	0.84	2.36	3.55	3.38	1.52	0.34	0.85	-0.17
集成电路	0.08	0.27	0.62	0.57	0.19	0.11	0.24	-0.05

国家或地区	韩国							
出口类型 \ 年份	2001	2008	2015	2018	2001—2008	2008—2011	2011—2015	2015—2018
农产品	0.06	0.05	0.07	0.07	-0.02	0.02	0.00	0.01
食品	0.04	0.02	0.04	0.04	-0.02	0.01	0.01	0.00
燃料和矿产品	0.16	0.30	0.26	0.27	0.14	0.06	-0.09	0.01
加工品	2.19	2.26	2.84	2.88	0.07	0.32	0.26	0.04
钢铁	0.09	0.15	0.14	0.15	0.06	0.02	-0.03	0.01
化工品	0.20	0.26	0.36	0.40	0.06	0.07	0.02	0.04
制药	0.01	0.01	0.01	0.02	0.00	0.00	0.01	0.00
机械和运输工具	1.40	1.45	1.88	1.91	0.05	0.19	0.24	0.04
办公室和电讯设备	0.71	0.54	0.66	0.82	-0.17	-0.02	0.14	0.15
集成电路	0.24	0.17	0.35	0.57	-0.06	0.07	0.10	0.22

国家或地区	中日韩外其他亚洲国家和地区							
出口类型 \ 年份	2001	2008	2015	2017	2001—2008	2008—2011	2011—2015	2015—2018
农产品	1.20	1.27	1.59	1.74	0.07	0.36	-0.02	0.14
食品	0.95	1.01	1.32	1.40	0.06	0.22	0.10	0.08
燃料和矿产品	1.32	2.47	2.07	2.23	1.15	2.09	-0.95	0.16
加工品	8.13	6.58	8.23	8.60	-1.55	1.78	1.06	0.37
钢铁	0.13	0.26	0.18	0.23	0.12	0.61	-0.05	0.05
化工品	0.64	0.81	1.07	1.09	0.18	0.68	0.02	0.02
制药	0.07	0.10	0.16	0.16	0.03	0.05	0.04	0.00
机械和运输工具	4.60	3.46	4.21	4.42	-1.14	0.24	0.67	0.21
办公室和电讯设备	3.31	2.08	2.33	2.46	-1.23	-0.60	0.27	0.14
集成电路	1.30	1.07	1.40	1.48	-0.23	-0.24	0.25	0.07

数据来源：同表40-2。

40.6.3 全球货物贸易出口向中国大陆和亚洲其他国家和地区转移的程度分布

表40-3也显示，2001—2008年，中国加工贸易出口全球占比累计猛增了4.43个百分点到8.23%，超过了2008年美国、德国和日本全球三大加工贸易出口国相应的全球占比5.95%、7.63%和4.29%，2001—2008年我国加工贸易出口占比累计增幅比同期整个亚洲的累计增幅1.20个百分点高出3.23个百分点，与同期日本和韩国外亚洲其他国家和地区货物贸易出口全球占比累计下降了1.55个百分点形成鲜明的对比，显示2001年我国入世到2008年国际金融危机间我国加工贸易高速发展的良好态势，表明同期欧、美、日加工贸易加速向我国转移的事实，也与第23章外资和美资在我国货物贸易持续显著增长的估算结果一致；2008—2015年，中国加工贸易出口全球占比累计又增长了4.71个百分点，年均增幅0.67个百分点，比2001—2008年的年均增幅0.63个百分点高出0.04个百分点，显示2008年国际金融危机不仅对我国加工贸易出口没有产生负面影响，而且还加速提高了我国加工业在全球的地位；2015年我国加工贸易出口全球占比达到了历史峰值12.95%，不仅显著高于同年美国、德国和日本三大加工贸易出口相应占比6.81%、6.93%和3.29%，而且占该三国加工贸易出口总占比17.87%的72.4%，显示我国加工贸易在全球的影响力，同时表明我国在全球加工贸易体系中不可替代的重要地位。

尽管2008—2015年我国加工贸易出口全球占比累计增幅4.71个百分点占同期亚洲累计增幅5.95个百分点的近八成，但2008—2015年中日韩以外亚洲其他国家和地区累计增幅2.84个百分点却比2001—2008年的-1.55个百分点增长了4.39个百分点，显示尽管2008—2015年我国加工贸易出口全球占比保持了比危机前7年还高的增速，但2008—2015年美欧日加工贸易外迁的一部分分流到了中日外的其他亚洲国家和地区（2008—2015年韩国加工贸易出口全球占比累计增长了0.59个百分点，比2001—2008年累计增幅0.07个百分点高出7.2倍，显示金融危机后美欧日三大发达经济体加工贸易外迁有一定的份额转向了韩国）。这些结果也与第23章2008—2015年外资在我国货物贸易持续增长的估算结果相一致。

值得关注的是，表40-3显示，2015—2018年，我国加工贸易出口全球占比累计下降了1.02个百分点，表明三大发达经济体加工贸易外迁分流到其他亚洲国家和地区从2016年开始就对我国贸易产生了明显的影响，导致2016—2017年我国加工贸易出口全球占比从2015年的12.95%持续下降到了12.25%和11.93%。这些结果也表明，早在2018年美中贸易摩擦正式开始之前的两年，我国加工贸易就受到了全球贸易格局变化的明显影响。

40.7 全球货物贸易链变化和中国在全球货物贸易链中的地位

40.7.1 2001—2017年全球货物贸易分布的变化

表40-2显示,2001—2008年,全球农产品出口占比累计下降了0.59个百分点的同时,燃料和矿产品出口占比累计猛增了9.44个百分点,挤出了同期加工贸易出口占比8.04个百分点;同期钢铁和化工出口累计占比分别提高了1.52个和0.76个百分点,但同期机械和交通运输设备出口占比却累计下降了6.88个百分点;2008—2017年,燃料和矿产品出口累计占比却回落了7.16个百分点,加工贸易出口累计占比回升了3.52个百分点,其中钢铁、化工和机械等出口占比分别累计回升了-1.29个、0.77个和2.22个百分点;2001—2017年,钢铁、化工和机械等出口分别累计提高了0.23个、1.53个和-4.66个百分点,显示十多年来机械和交通运输设备等传统行业在全球货物贸易出口中的份额显著下降。

40.7.2 2001—2017年中国大陆在全球货物贸易地位显著提高

表40-3显示,2001年我国加入世贸之年,我国在如上三个加工贸易领域都与美、德和日有着巨大的差距;2008—2017年,除在化工领域我国与美国和德国仍有差距,但是差距在明显缩小,其他两大领域出口占比皆超过了美国和德国,而且在三个领域皆超过了日本;2008—2017年我国在整个加工贸易出口占比分别超过日本、美国和德国的幅度从3.95个、2.28个和0.60个百分点提高到了8.52个、5.58个和4.80个百分点,显示金融危机之后我国出口产业全面加速提升的可喜态势。2008—2015年,我国加工贸易出口全球占比8.23%到12.95%持续显著超过同年美、德、日三大货物贸易出口国全球占比的同时,我国加工贸易出口全球占比占该三国相应的总占比比重从46.1%提高到了72.4%;尽管2015—2017年我国加工贸易出口全球占比略降到了11.91%,但占2017年该三大出口国相应出口总占比16.35%的比重不仅没有下降反而略增到了72.8%,显示十多年来我国不仅保持了全球加工贸易的中心地位,而且该地位愈加稳固。

40.8 全球科技产业链的分布变化及启示

表40-2和表40-3全球货物贸易分布数据实际上也给出了十多年来全球主

要科技领域产品出口的变化。

40.8.1　全球制药产品出口持续显著提高的启示

表40-2显示，除农产品和燃料矿物这些传统出口产品外，2001—2017年整个加工贸易中制药业出口占比累计提高幅度最高，达到1.08个百分点，而且2008—2017年累计增长了0.61个百分点，明显高于2001—2008年累计增长的0.47个百分点，2008年后9年比2008年前7年年均增速还略有提高，表明与生物科技相关的制药业在全球贸易中的显著地位。比较表40-2和表40-3我们发现，2001—2017年德国以外欧洲其他国家和地区在全球制药业出口占比累计增幅最高，超过了同期美国、德国和日本等主要发达国家，显示德国外欧洲在该领域的独特重要地位。

40.8.2　全球集成电路出口分布变化及启示

表40-2和表40-3显示，2001—2017年，全球集成电路出口占比累计下降了0.27个百分点，其中美国、欧洲和日本同期累计占比分别下降了0.51个、0.06个和0.27个百分点，然而同期中国和韩国集成电路出口占比却分别提高了0.49个和0.33个百分点，显示十多年来全球集成电路这个技术核心领域的出口从美欧日向日本外其他亚洲国家转移的明显态势。

40.8.3　全球办公和信息科技业出口分布变化及启示

表40-2和表40-3显示，2001—2017年，全球办公和信息科技业出口占比累计下降了2.80个百分点，其中美国、德国和日本同期累计占比分别下降了2.22个、0.31个和0.97个百分点，然而同期中国大陆办公和电讯业出口占比却提高了2.54个百分点，显示十多年来我国在该领域出口的可喜态势。

值得关注的是，2001—2017年，全球办公和电讯设备外其他机械和交通运输设备出口占比累计下降了1.91个百分点，而同期中国相应出口占比却累计增长了2.05个百分点，占同期我国加工贸易出口全球累计占比增幅8.13个百分点的25.2%，显示十多年来办公和电讯外机械和交通运输设备这个全球传统产业出口领域超过四分之一转移到了中国。

40.9　全球服务业和加工贸易业跨境收购兼并相关分布及启示

表40-2和表40-3主要给出的是全球加工贸易为主的货物贸易相关分布。第21章的相关结果显示，20多年来全球服务贸易增长速度明显高于货物贸易，

服务贸易在全球贸易中的地位持续提高。本节通过简单比较近 30 年来全球加工贸易和服务贸易领域收购兼并活动来判断全球化相关进程。图 40-10 给出了 1990—2019 年全球服务贸易业和加工贸易业收购兼并金额占总额比重。

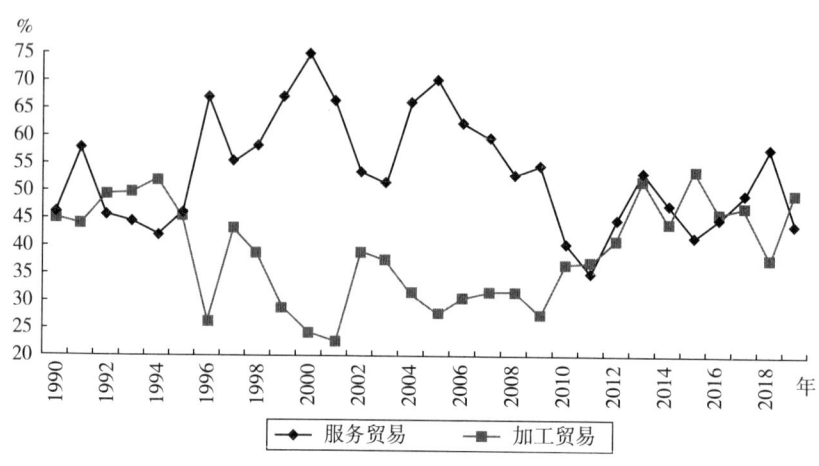

图 40-10　全球服务贸易业和加工贸易业收购兼并占比变化（1990—2019 年）
（数据来源：同图 40-1）

图 40-10 显示，1990—1995 年，全球服务贸易业和加工贸易业收购兼并金额占比相当，年均占比分别为 47.1% 和 48.0%；然而 1995—2009 年，服务业收购兼并大幅度超过加工贸易业，前者年均占比 61.3% 几乎超过后者年均占比 31.5% 的一倍，显示 2008 年国际金融危机前十多年全球服务业通过收购兼并快速增长的态势，这与下文讨论的同期美资企业境外服务贸易大幅度增长有关，表明上文给出的同期全球加工贸易主要通过从美欧日向中国等国家和地区迁移的结果一致；2010—2019 年，服务贸易业和加工贸易业收购兼并活动重回相对一致的水平，两者年均占比分别为 45.8% 和 44.4%，说明与上文同期国际金融危机后服务贸易增幅减缓和加工贸易直接迁移步伐减缓的同时，通过收购兼并重新布局的方式发挥了更大的作用。

40.10　美资企业在境外的经营数据分布及问题

40.10.1　美资企业在全球资产、销售和净收入等变化

图 40-2 显示，2008—2014 年，美国通过直接投资保持了全球化的倡导者、推动者和引领者，而且美国在全球化的引领作用主要通过美资企业在境外的活动实现。本节简单介绍近十年来美资企业在美国外全球资产、销售、净收入、

进出口和研发等数据及变化,表40-4给出了相关结果。表40-4显示,2007—2017年,美资企业在全球的总资产、总销售和净收入年均增幅分别仅为2.0个、2.7个和1.8个百分点,都未有巨大的变化;另外,美资企业境外货物贸易出口、进口、净出口和研发投资年均增速也分别仅为5.5个、2.2个、-0.9和4.1个百分点,也无多少变化;总研发投资与总销售比例也从2007年的1.26%略降到了2012年的0.75%,而且2017年又下降到了0.95%。这些变化不大的数据似乎表明十多年内美资企业在境外的经营活动对全球化影响不大,但由于美国经济分析局(BEA)公布的数据将很多国家和地区相关数据隐去,实际上将美资企业在全球的重要作用也隐去了。因此,我们必须进一步分析以找到深层次答案。

表40-4　　　　　美资企业境外资产、销售、净收入、进出口和研发等分布(2007—2017年)　　　单位:亿美元,%

年份	资产	销售	净收入	出口	进口	净出口	研发投资	研发投资占销售比例
2007	129550.2	36162.5	1442.3	2298.3	5663.8	-3365.6	453.8	1.26
2008	129403.8	38870.6	-505.0	2584.6	6239.6	-3655.0	286.2	0.74
2009	122249.3	32771.8	-35.0	2377.1	5174.7	-2797.5	285.0	0.87
2010	124778.1	34322.3	1274.9	2611.0	5683.3	-3072.3	308.6	0.90
2011	134585.7	38645.6	1756.4	3251.2	6539.4	-3288.2	312.9	0.81
2012	138489.9	41917.3	1568.8	3599.6	6728.8	-3129.2	312.9	0.75
2013	146412.0	43316.0	1586.4	4051.6	7165.8	-3114.2	391.6	0.90
2014	150186.1	44078.1	1412.4	4326.0	7281.4	-2955.3	399.6	0.91
2015	146142.2	42943.3	944.5	3788.8	7050.0	-3261.2	395.5	0.92
2016	148800.7	43220.6	940.7	3623.1	6420.5	-2797.5	414.8	0.96
2017	158230.6	46986.1	1719.2	3941.6	7008.8	-3067.2	447.4	0.95
2007—2009年年均变化	-2.86	-4.80	-84.42	1.70	-4.42	-8.83	-20.76	-16.76
2009—2014年年均变化	4.20	6.11	-309.49	12.72	7.07	1.10	6.99	0.84
2014—2017年年均变化	1.75	2.15	6.77	-3.05	-1.26	1.25	3.84	1.65

数据来源:根据美国经济分析局(U.S. Bureau of Econimic Analysis)网站https://www.bea.gov/的相关数据整理计算得出;表40-1相关原始数据为避免公布有些公司数据而缺失,如2014年美资企业在亚太地区的总资产数据缺失,表40-4中2014年相应的数据为该地区2013年和2015年数据的算术平均值。

40.10.2 美资企业在全球资产总资产和研发分布

表40-5给出了2007—2017年美资企业在美国外资产的全球分布。表40-5显示,欧洲是美国境外资产的最大聚集地,然而美国在欧洲资产从2007年占比四分之三以上略降到了2017年一半以上;亚太地区为美国境外资产的第二大聚集地,2007年占比从一成以上提高到了2017年近四分之一;除欧洲和亚太地区外,美国邻国加拿大是美国境外资产的另外一个重要聚集地,2007—2017年占比持续上升到了14.88%;如上三地外全球其他国家和地区占境外美国资产比重从2007年的16.04%提高到了2016年的32.18%,但2017年占比却猛降到了7.63%。

表40-5 美资企业在美国外资产全球的分布(2007—2017年)

单位:万亿美元,%

国家或地区\年份	2007	2008	2009	2010	2011	2012	2013	2014	2015	2016	2017
加拿大	1.11	1.23	1.36	1.41	1.56	1.82	1.73	1.92	1.93	2.07	2.36
欧洲	9.77	9.19	8.63	8.79	8.73	8.66	8.88	8.78	8.10	8.02	8.39
亚太	1.32	1.74	1.53	1.65	2.45	2.62	3.15	3.33	3.51	3.72	3.88
其他	2.08	2.52	2.24	2.27	3.17	3.37	4.03	4.32	4.58	4.79	1.21
总计	12.96	12.94	12.22	12.48	13.46	13.85	14.64	15.02	14.61	14.88	15.82
加拿大占比	8.56	9.49	11.09	11.32	11.62	13.12	11.84	12.77	13.21	13.90	14.88
欧洲占比	75.41	71.06	70.61	70.46	64.84	62.57	60.66	58.44	55.46	53.92	53.00
亚太占比	10.20	13.48	12.53	13.22	18.22	18.94	21.49	22.14	23.99	24.97	24.49
其他占比	16.04	19.46	18.30	18.22	23.54	24.32	27.50	28.78	31.33	32.18	7.63
总计	100.00	100.00	100.00	100.00	100.00	100.00	100.00	100.00	100.00	100.00	100.00

数据来源:同表40-1;美国经济分析局网站没有公布2014年美资企业在亚太的总资产数据,同时也没有公布同年美资企业在日本和韩国的相应数据,"禁止发表的理由为避免公布个别企业的数据",表40-5中2014年亚太相应的数据为2014年亚太地区前后两年数据的算术平均值。

40.10.3 美资企业在全球研发投资分布

研发投资是企业竞争力的源泉,美资企业除在美国研发投资外也在全球各地进行研发投资,以与当地市场和竞争者更好合作并进一步提高自己的科创能力。表40-6给出了2007—2017年美资企业在美国外全球研发投资金额分布。

表40-6显示，欧洲是美资企业境外研发投资的首选地，与其在欧洲巨额资产相对应，2007—2017年美资企业在欧洲研发投资年均占比超过七成，超过了其资产相应的年均占比，显示欧洲对美国的重要性；亚太地区为美国境外研发投资第二大阵地，2007年占比从一成以上提高到了2017年近两成，年均占比略低于其资产的年均占比；美国邻国加拿大是美国境外资产的重要聚集地，但美资企业在加拿大研发投资占比却显著低于其资产占比；如上三地外全球其他国家和地区占境外美国研发投资比重从2007—2016年年均保持在27%以上，而2017年占比却猛降到了9.26%。

表40-6　　美资企业在美国外全球研发投资分布（2007—2017年）

单位：万亿美元，%

国家或地区＼年份	2007	2008	2009	2010	2011	2012	2013	2014	2015	2016	2017
加拿大*	10.95	9.75	8.93	8.11	8.66	7.72	6.77	7.56	9.75	10.95	10.7
欧洲	446.36	443.73	327.26	344.12	351.42	391.52	420.97	433.98	443.73	446.36	477.8
亚太	64.27	64.25	63.44	71.84	85.85	92.81	100.07	116.19	110.40	115.89	129.5
其他	170.65	159.09	118.20	106.59	123.97	177.49	151.00	168.38	159.09	170.65	63.07
总计	627.96	612.57	454.39	458.82	484.05	576.72	578.74	609.92	612.57	627.96	681.1
加拿大占比	1.74	1.59	1.97	1.77	1.79	1.34	1.17	1.24	1.59	1.74	1.57
欧洲占比	71.08	72.44	72.02	75.00	72.60	67.89	72.74	71.15	72.44	71.08	70.16
亚太占比	10.23	10.49	13.96	15.66	17.74	16.09	17.29	19.05	18.02	18.45	19.01
其他占比	27.18	25.97	26.01	23.23	25.61	30.77	26.09	27.61	25.97	27.18	9.26
总计	100.00	100.00	100.00	100.00	100.00	100.00	100.00	100.00	100.00	100.00	100.00

数据来源：同表40-1；美国经济分析局网站没有公布2009年和2012年美资企业在加拿大的研发投资，原因与表40-5中未公布2014年亚太总资产一样，表40-6中该两年加拿大相应的数据为2009年和2012年前后两年数据的算术平均值。

40.10.4　美资企业在全球资产等相关数据的严重问题

证明表40-4和表40-5及表40-6相应的数据有严重问题的一个证据是2017年美资企业在全球雇员总数为6.77亿，而相应在加拿大、欧洲、拉美和其他西方国家和地区、中东和亚太地区的雇员数分别为0.64亿、4.13亿、0.36亿、0.08亿和1.40亿，合计为6.61亿人，占同年美资企业全球雇员总数6.77亿人的97.6%；从2017年美资企业全球总雇员数6.77亿中减去如上5个国家和地区合计数 6.61 亿，可以得出同年美资企业在美国和非洲（该两地同年相应数据同样隐而未报）总雇员数仅为 1633.4 万人，仅占总数 6.77 亿的 2.4%，这显然不仅有问题，而且几乎不可能。

40.10.5　美国经济分析局网站数据隐而不公布的原因简析

表 40-1 相应的 2007—2017 年美资企业在中国大陆资产数据除 2009 年、2014 年和 2017 年外其他 8 年相应数据皆未公布，而该三年美资企业在中国大陆资产分别仅为 193.33 亿、1668.02 亿和 2649.88 亿美元，2009—2014 年累计增长了 7.63 倍，相应的年均复合增长率高达 53.9%，而 2014—2017 年累计增长了 0.59 倍，年均复合增长率也高达 16.7%。2009 年在华美资企业资产飞速增长的主要原因是美国量化宽松政策实施期间大量美元资金流入我国，而 2014—2017 年美国退出量化宽松政策后在华美资企业资产增速虽然明显减缓，但仍高达 16.7%，超过以人民币计价的同期我国国内名义产值年均复合增长率 8.4% 近一倍，同时超过以美元计价的同期我国国内名义产值年均复合增长率 5.2% 的 2.2 倍。2014—2017 年在华美资企业资产仍以如此高的速度增长与这些年我国经济相对平稳和贸易年均略降（2014—2017 年我国贸易总额年均复合增长率为 -1.5%）的事实很不一致，简直令人难以置信。唯一的解释就是 2008 年国际金融危机前 6 年和 2009—2014 年的 5 年期间美元资金大量流入我国，而这些资金大多通过虚假贸易以"热钱"的形式流入我国［请参见第 20 章和张光平（2016）第 53 章］，导致在华美资企业资产再度高速增长，而因其非正常的"热钱"性质，相关数据只能隐去不公布，而 2014 年和 2017 年公布的资产只是之前年度大幅增长资产的冰山一角。这才解释了美国经济分析局公布的 2014—2017 年在华美资企业资产以近于我国名义产值两倍的速度增长的原因。我们在第 40.14 节将系统分析和估算在华美资企业资产规模。

如上介绍和分析的美国经济分析局隐去未公布在华美资企业相关数据的主要原因是其资产流入我国通过非正常的"热钱"方式流入，同时不难得出，部分其他国家和地区相关数据也因为同样或其他的原因而隐去不公布，导致从其公布的数据难以看出十多年来美资企业在全球的经贸体系的巨大影响。因此，我们对表 40-4 和表 40-5 及表 40-6 相关数据保持慎重的态度。

40.11　美资企业在美国境外服务贸易的重要地位及变化

世界银行、国际货币基金组织、世贸组织和联合国等国际机构通常公布的绝大多数数据都是各个国家或地区跨境数据，这些数据通常可以较好地反映绝大多数国家和地区的经贸和金融等情况。但对于美国这个全球经贸、科技和金融等领域皆遥遥领先的巨无霸来说,诸多美资企业凭借美国的科技和美元的双垄断地位在美国境外全球范围内的各种经贸和金融活动及数据往往并不包括在美国跨境数据之中,而且这些经贸规模甚至超过美国跨境规模。忽略这些经贸和金融相关数据不仅会使我们难以对各个国家和地区经贸和金融实力有客观的认识,而且很可能导致我们对全球化认识的严重误判。

第21章介绍了全球最大的服务贸易提供国,美国服务贸易的规模和相关内容,这些服务贸易实际上是传统的跨境服务贸易。实际上,美资企业在美国外的全球服务贸易规模比美国跨境服务贸易规模还要高很多,这些服务贸易通常不在全球跨境服务贸易之列,然而这些服务贸易对全球服务贸易以致美元国际化的直接支持力度及对美国的稳定发挥着重要的作用。

40.11.1 美资企业在美国外全球服务贸易的规模

通常我们研究和关注的是各国的贸易数据及变化,这些数据实际上是各国的跨境贸易数据。对于绝大多数国家和地区来说,跨境贸易就是其主要的贸易。但是,对美国这个同时具有全球科技和货币双垄断地位的全球最大经济体来说,美资企业在美国外全球货物贸易和服务贸易却达到接近甚至超过美国跨境贸易的程度。忽视这些数据及相应的贸易活动我们就根本不可能明了美国在全球贸易的垄断地位,更难明了这些贸易对美元在全球的支持力度。本节简介美资企业在美国外全球服务贸易的规模和影响。表40-7给出了1992年以来美资企业在美国外服务贸易金额与美国跨境服务贸易金额及相关比较。

表40-7 美资企业境外服务贸易出口、进口、净出口和贸易在全球的分布(2007—2017年) 单位:亿美元,%

年份	美国跨境出口	美国跨境进口	美国跨境顺差	美国跨境贸易	企业境外销售	企业境外收购	企业境外顺差	企业境外贸易	境外顺差/跨境顺差	境外贸易/跨境贸易
1992	1772.5	1195.7	576.9	2968.2	1400.0	1280.0	120.0	2680.0	20.8	90.3
1993	1859.2	1237.8	621.4	3097.0	1425.9	1345.8	80.1	2771.7	12.9	89.5
1994	2004.0	1330.6	673.4	3334.6	1540.0	1440.0	100.0	2980.0	14.8	89.4
1995	2191.8	1414.0	777.8	3605.8	1915.0	1591.0	324.0	3506.0	41.7	97.2
1996	2394.9	1525.5	869.4	3920.4	2211.0	1610.0	601.0	3821.0	69.1	97.5
1997	2560.9	1659.3	901.6	4220.2	2583.0	2055.0	528.0	4638.0	58.6	109.9
1998	2627.6	1806.8	820.8	4434.4	3090.0	2551.0	539.0	5641.0	65.7	127.2
1999	2780.0	1967.4	812.6	4747.4	3384.0	2893.0	491.0	6277.0	60.4	132.2

续表

年份	美国跨境出口	美国跨境进口	美国跨境顺差	美国跨境贸易	企业境外销售	企业境外收购	企业境外顺差	企业境外贸易	境外顺差/跨境顺差	境外贸易/跨境贸易
2000	2980.2	2209.3	770.9	5189.5	3928.0	3467.0	461.0	7395.0	59.8	142.5
2001	2840.4	2220.4	620.0	5060.8	4322.0	3669.0	653.0	7991.0	105.3	157.9
2002	2880.6	2334.8	545.8	5215.4	4591.3	3667.3	924.0	8258.7	169.3	158.4
2003	2977.4	2523.4	454.0	5500.8	4775.0	3814.0	961.0	8589.0	211.7	156.1
2004	3445.4	2906.1	539.3	6351.5	4896.0	3828.0	1068.0	8724.0	198.0	137.4
2005	3784.9	3122.3	662.7	6907.2	5285.0	3890.0	1395.0	9175.0	210.5	132.8
2006	4230.9	3493.3	737.6	7724.2	8063.0	6159.0	1904.0	14222.0	258.1	184.1
2007	4956.6	3854.6	1102.0	8811.2	10258.0	6778.0	3480.0	17036.0	315.8	193.3
2008	5407.9	4206.5	1201.4	9614.4	11369.0	7274.0	4095.0	18643.0	340.9	193.9
2009	5224.6	4075.4	1149.2	9300.0	10764.0	6688.0	4076.0	17452.0	354.7	187.7
2010	5820.4	4364.6	1455.8	10185.0	11305.0	6960.0	4345.0	18265.0	298.5	179.3
2011	6446.7	4581.9	1864.8	11028.6	12870.0	7540.0	5330.0	20410.0	285.8	185.1
2012	6848.2	4696.1	2152.1	11544.3	12930.0	8019.0	4911.0	20949.0	228.2	181.5
2013	7195.3	4658.2	2537.1	11853.5	13210.0	8780.0	4430.0	21990.0	174.6	185.5
2014	7567.1	4909.3	2657.8	12476.4	15030.0	9187.0	5843.0	24217.0	219.8	194.1
2015	7683.6	4977.6	2706.1	12661.2	14635.0	9525.0	5110.0	24160.0	188.8	190.8
2016	7805.3	5119.0	2686.3	12924.3	14560.0	9950.0	4610.0	24510.0	171.6	189.6
2017	8303.9	5448.4	2855.5	13752.3	15312.3	10811.7	4500.6	26124.0	157.6	190.0
2018	8624.3	5620.7	3003.6	14245.0	15501.0	11350.2	4150.8	26851.2	138.2	188.5
2019	8758.3	5883.6	2874.7	14641.9	15692.5	11915.8	3776.7	27608.2	131.4	188.6
1992—2001年	5.38	7.12	0.80	6.11	13.34	12.41	20.71	12.91	9.39	7.51
2001—2008年	9.64	9.56	9.91	9.60	14.82	10.27	29.99	12.86	33.65	5.14
2008—2014年	5.76	2.61	14.15	4.44	4.76	3.97	6.10	4.46	−20.17	0.03
2014—2019年	2.97	3.69	1.58	3.25	0.87	5.34	−8.36	2.66	−17.69	−1.11

数据来源：美国跨境服务贸易进出口金额数据同表20-1，美资企业境外服务贸易金额根据美国国际贸易委员会（U.S. International Trade Commission）历年年度报告数据整理计算得出。

表 40-7 显示，1992—2001 年，美国企业在美国境外服务贸易销售金额和购买净额年均复合增长率皆显著高于美国跨境服务贸易出口和进口年均复合增长率，导致 1997 年美国企业在美国境外的服务贸易金额就首次超过了美国跨境服务金额 9.9%，2001 年美资企业在美国境外的服务贸易"顺差"653.0 亿美元（服务贸易销售金额与购买金额差额）就首次超过了同年美国跨境服务贸易顺差 620.0 亿美元 5.3%；2001—2008 年，美资企业境外服务贸易销售以比前 9 年年均复合增长率 13.34% 更高的年均复合增长率 14.82% 增长，同时收购金额年均复合增长率仅为 10.27%，略低于之前 9 年的增长率 12.41%，导致 2001—2008 年美资企业境外服务贸易顺差年均复合增长率高达 29.99%，比 1992—2001 年的年均复合增长率 20.71% 高出 9.28%，2008 年美资企业在美国外全球服务贸易"顺差"4095.0 亿美元，超过美国跨境服务贸易顺差 1201.4 亿美元 2.41 倍；2008 年美资企业境外服务贸易总额 1.86 万亿美元，超过同期美国跨境服务贸易金额 0.96 万亿美元 93.9%，显示 2008 年前国际金融危机前 7 年美资企业在全球高速扩张的态势；然而 2008 年国际金融危机爆发到 2014 年美国退出量化宽松政策，美资企业在美国境外的服务贸易活动减速，2008—2014 年美资企业境外服务贸易顺差和贸易总额年均复合增长率分别下降到了 6.10% 和 4.46%，分别仅相当于 2001—2008 年年均复合增长率的五分之一和三分之一；2014—2019 年美资企业境外服务贸易总额年均增长率进一步下降到了 2.66% 的同时，贸易顺差年均复合增长率下降到了 8.36%。

即使 2019 年美资企业境外服务贸易和服务贸易顺差增速减缓甚至下降，但境外美资企业（"境外美国"）服务贸易金额和服务贸易顺差分别比同年美国跨境服务贸易总额和顺差高出 88.6% 和 31.4%，远远超过美国（跨境数据）。因此"境外美国"实际上是比美国更大的全球最大的服务贸易"国"。境内外两个美国在全球服务贸易的垄断地位更高。因此，忽视"境外美国"，我们就难以真正理解全球服务贸易。

40.11.2 美资企业境外服务贸易构成简析

上文介绍了美资企业在美国外全球服务贸易的规模，本节简单介绍美资企业在美国外服务贸易的主要构成。根据 2019 年美国国际贸易委员会（U. S. International Trade Commission）年报，2016 年美资企业在境外服务销售（相当于"出口"）金额 1.456 万亿美元中，流通服务、电子服务和金融服务分别占比 28%、20% 和 19%，另外职业服务和制造业服务分别占比 7% 和 2%，其他服务占比 24%；同年美资企业境外收购服务贸易 9950 亿美元，其中流通服务、电子服务和金融服务分别占比 30%、12% 和 19%，职业服务和制造业服务分别占比11%和9%，其他服务占比19%。根据这些数据，我们可以计算出2016年美资企业美国外全球服务贸易4610亿美元"顺差"分布在电子服务、流通服务、金融服务和其他服务的金额分别为1718.0亿美元、1091.8亿美元、875.9亿美元和1603.9亿美元，占比分别高达37.3%、23.7%、19.0%和34.8%，而制造业服务和其他职业服务逆差分别为604.3亿美元和75.3亿美元，占比分别为-13.1%和-1.6%。这些数字给出了表21-4难以反映的信息，显示美资企业在除制造业这个最大弱项外的其他绝大多数服务领域占据优势。

因此，不考虑美资企业在美国外的服务贸易活动就等于将全球最大的服务贸易源头忽视了，难以理解美国和美资全球服务贸易对美元的强大支持力度，也难以理解美元全球垄断地位的根基。上文数据显示，美资企业境外业务增速的高低在很大程度上决定着全球化的进程。

40.11.3 美资企业境外服务贸易发展与美国境外直接投资比较及启示

直接投资实际上是本国母公司直接投资境外或通过其股权不低于一成的境外子公司或附属公司进行的投资。比较表40-4中美资企业境外服务贸易的规模变化与图40-2中美国直接投资累计余额变化，可以容易地发现1992—2007年美资企业境外服务贸易与美国跨境服务贸易金额比例达到了1.933倍，接近2008年的峰值1.939倍，与2007年美国直接投资输出余额达到历史峰值1.72万亿美元的时间几乎一致，并且，2008—2019年美资企业境外服务贸易与美国跨境贸易金额比例持续略降与2008年以来美国直接投资累计净输出余额下降的趋势也基本一致，表明金融危机前美国对外直接投资与美资企业境外服务贸易协调同步高速增长，同时美资企业境外货物和服务贸易也协调同步增长，忽视美国跨境服务贸易在全球服务贸易中的巨大作用会严重低估美资企业在全球服务贸易中的竞争力（2001—2009年美资企业境外服务贸易"顺差"与同期美国跨境服务贸易顺差比例从1.05倍猛增到了3.55倍）。

40.12 美资企业在美国境外货物贸易地位及变化

表40-1给出的美资企业全球境外贸易数据似乎给出了相关结果，但是由于上文介绍的美国经济分析局"隐去"主要国家和地区重要数据，表40-1给出的数据有严重的问题。本节对美资企业境外全球货物贸易进行分析从而挖掘出美资企业在美国境外全球货物贸易中的重要作用。

40.12.1 美资企业在美国境外全球货物贸易的分布及问题

表40-8给出了2007—2017年美资企业境外货物贸易出口、进口、净出口和进出口贸易金额在全球的分布。表40-8显示，2007—2017年，欧洲保持了美资企业境外最大的出口地，年均占比超过一半，进口、净出口和贸易总额年均占比皆为四成以上；而亚太地区占美资企业境外货物贸易出口、进口、净出口和贸易年均占比分别仅为三成、四成、五成和四成左右，表明亚太除贸易逆差占比高于欧洲外，其他主要欧洲皆比亚太地区重要。这些数据显示出明显的问题，与近期美中经济安全审计委员会网站公布的《2007—2017年美国跨国企业在中国业务趋势报告》给出的中国是美资企业境外加工贸易领域雇工的首要目的地等结果很不一致。实际上，表40-8相应的2007—2017年，除美资企业在2008年、2011年、2012年和2013年从中国的"出口"数据及2012年和2013年"进口"数据外，其他年份相应的进出口数据皆"隐去"未公布，与此同时美资企业在印度、韩国、新加坡和中国台湾等地区很多年份的进出口数据也"隐去"没有公布。由于没有公布美资企业境外最大的加工贸易地——中国大陆——的进出口数据，表40-8中美资企业在全球的货物贸易数据会有非常严重的问题。

表40-8 美资企业美国境外货物贸易出口、进口、净出口和贸易金额分布（2007—2017年）　　单位：亿美元，%

货物贸易出口金额分布

国家或地区＼年份	2007	2008	2009	2010	2011	2012	2013	2014	2015	2016	2017
加拿大	118.7	119.0	126.8	122.1	133.1	169.0	139.6	145.3	146.4	152.3	161.5
欧洲	1203.7	1360.0	1282.3	1460.6	1860.4	1988.7	2184.2	2218.6	1947.5	1865.4	1974.9
亚太	730.3	807.6	722.5	752.2	897.2	1048.7	1079.3	1239.6	1187.4	1210.5	1380.3
其他	245.6	298.2	245.6	276.3	360.5	393.2	648.5	722.5	507.9	394.9	424.9
总计	2298.3	2584.6	2377.1	2611.0	3251.2	3599.6	4051.6	4326.0	3788.8	3623.1	3941.6
加拿大占比	5.17	4.60	5.34	4.68	4.09	4.70	3.44	3.36	3.86	4.20	4.10
欧洲占比	52.37	52.62	53.94	55.93	57.22	55.25	53.91	51.29	51.39	51.49	50.11
亚太占比	31.77	31.24	30.39	28.81	27.60	29.13	26.64	28.65	31.34	33.41	35.02
其他占比	10.68	11.54	10.33	10.57	11.09	10.92	16.01	16.70	13.41	10.90	10.78
总计	100.00	100.00	100.00	100.00	100.00	100.00	100.00	100.00	100.00	100.00	100.00

续表

货物贸易进口金额分布

国家或地区\年份	2007	2008	2009	2010	2011	2012	2013	2014	2015	2016	2017
加拿大	353.2	421.3	363.7	306.0	312.1	305.3	220.8	212.9	205.1	195.9	197.7
欧洲	2139.1	2490.8	1484.2	1690.6	2979.8	3046.0	3253.7	3160.7	3135.4	2694.4	3031.4
亚太	2392.3	2436.9	2122.1	2187.4	2422.5	2657.6	2786.4	2960.2	3059.1	3062.7	3287.2
其他	779.2	890.6	1204.7	1499.3	825.0	719.9	904.9	947.5	650.3	467.5	492.5
总计	5663.8	6239.6	5174.7	5683.3	6539.4	6728.8	7165.8	7281.4	7050.0	6420.5	7008.8
加拿大占比	6.24	6.75	7.03	5.38	4.77	4.54	3.08	2.92	2.91	3.05	2.82
欧洲占比	37.77	39.92	28.68	29.75	45.57	45.27	45.41	43.41	44.47	41.97	43.25
亚太占比	42.24	39.05	41.01	38.49	37.05	39.50	38.88	40.65	43.39	47.70	46.90
其他占比	13.76	14.27	23.28	26.38	12.62	10.70	12.63	13.01	9.22	7.28	7.03
总计	100.00	100.00	100.00	100.00	100.00	100.00	100.00	100.00	100.00	100.00	100.00

货物贸易净出口金额分布

国家或地区\年份	2007	2008	2009	2010	2011	2012	2013	2014	2015	2016	2017
加拿大	-234.4	-302.3	-236.8	-183.9	-178.9	-136.3	-81.2	-67.7	-58.7	-43.6	-36.2
欧洲	-935.4	-1130.9	-202.0	-230.1	-1119.4	-1057.4	-1069.5	-942.1	-1188.4	-829.0	-1056.4
亚太	-1662.1	-1629.3	-1399.6	-1435.2	-1525.3	-1608.9	-1707.1	-1720.6	-1871.8	-1852.3	-1906.9
其他	-533.7	-592.4	-959.1	-1223.2	-464.5	-326.7	-256.4	-225.0	-142.4	-72.6	-67.6
总计	-3365.6	-3655.0	-2797.5	-3072.3	-3288.2	-3129.2	-3114.2	-2955.3	-3261.2	-2797.5	-3067.2
加拿大占比	6.97	8.27	8.47	5.99	5.44	4.35	2.61	2.29	1.80	1.56	1.18
欧洲占比	27.79	30.94	7.22	7.49	34.04	33.79	34.34	31.88	36.44	29.63	34.44
亚太占比	49.38	44.58	50.03	46.71	46.39	51.42	54.82	58.22	57.39	66.21	62.17
其他占比	15.86	16.21	34.28	39.81	14.13	10.44	8.23	7.61	4.37	2.60	2.20
总计	100.00	100.00	100.00	100.00	100.00	100.00	100.00	100.00	100.00	100.00	100.00

货物贸易进出口金额分布

国家或地区\年份	2007	2008	2009	2010	2011	2012	2013	2014	2015	2016	2017
加拿大	471.9	540.3	490.5	428.2	445.2	474.4	360.3	358.2	351.5	348.3	359.2
欧洲	3342.8	3850.8	2766.5	3151.2	4840.2	5034.7	5438.0	5379.4	5082.5	4559.8	5006.3
亚太	3122.6	3244.4	2844.6	2939.6	3319.7	3706.4	3865.7	4199.8	4246.5	4273.2	4667.5
其他	1024.8	1188.8	1450.2	1775.4	1185.5	1113.1	1553.4	1670.0	1158.2	862.3	917.4
总计	7962.1	8824.2	7551.8	8294.3	9790.6	10328.4	11217.4	11607.4	10838.8	10043.6	10950.4

续表

货物贸易进出口金额分布 年份 国家或地区	2007	2008	2009	2010	2011	2012	2013	2014	2015	2016	2017
加拿大占比	5.93	6.12	6.50	5.16	4.55	4.59	3.21	3.09	3.24	3.47	3.28
欧洲占比	41.98	43.64	36.63	37.99	49.44	48.75	48.48	46.34	46.89	45.40	45.72
亚太占比	39.22	36.77	37.67	35.44	33.91	35.88	34.46	36.18	39.18	42.55	42.62
其他占比	12.87	13.47	19.20	21.40	12.11	10.78	13.85	14.39	10.69	8.59	8.38
总计	100.00	100.00	100.00	100.00	100.00	100.00	100.00	100.00	100.00	100.00	100.00

数据来源：同表40-1；由于与表40-1和表40-3相同的原因，美国经济分析局没有公布2009年和2014年美资企业从加拿大的进口数据，表中2009年和2014年加拿大相应的数据为邻近两年的算术平均值；同样2011年亚太地区出口数据没有公布，表中2011年亚太地区出口数据为邻近两年的算术平均值；2019—2010年欧洲出口数据没有公布，表中相应的数据为根据2018—2011年美资企业自欧洲出口年均复合增长率15.75%和2008年数据估算得出。

另外，表40-5给出的2007—2017年美资企业在欧洲和亚太两大境外货物贸易地区的货物贸易差额与美资企业在这些地区年度净收入之间的相关性分别为-16.7%和-22.6%，这些相关性显示出美资企业在该两大地区境外货物贸易逆差的明显问题。

40.12.2 美资企业全球境外货物贸易出口估算依据

估算美资企业境外货物贸易出口额并非易事，但是我们利用第23章美资企业在中国大陆申请的专利加权数占比估算出美资企业在华出口占在华外资企业出口比重的方法，可以较为合理地估算出美资企业向美国外全球的出口金额。表19-4给出了2006—2014年美资企业在美国外全球申请的同族专利数及对2015—2019年相应的专利数估算结果分布。美资企业在各地申请的同族专利权重都一样，但这些专利在不同地区发挥的作用却很不相同，由于表22-2显示的欧洲和日本专利质量和相应的权重与美国的专利接近，加上这些主要发达经济体劳动力成本也相应较高，因此，同样的美国专利在欧洲和日本等地货物贸易发挥的作用较低，而美国专利相对于中国大陆专利权重却高出很多，加上中国劳动力成本相对于美国更低，美国专利在中国货物贸易中发挥的作用会更大。因此，将表19-4给出的美资企业在不同专利局申请的同族专利首先乘以美国专利权重，进而除以申请地专利局权重就可计算出美国在不同专利局申请的同族专利件数相当的当地同族专利数，这些与当地专利对等的国际专利在不同地区发挥作用，表40-9给出了相应结果。

表40-9　美资企业在五局申请的同族专利分布（2006—2019年）单位：件，%

年份 \ 年度申请数分布	欧洲	日本	韩国	中国	其他	全球	中国占比
2006	57350	31361	16368	33080	45525	183684	18.01
2007	56332	30827	18696	37581	43888	187324	20.06
2008	56920	30645	19896	40128	45764	193353	20.75
2009	59815	30692	20124	44225	47265	202121	21.88
2010	64958	31704	21573	48678	50494	217407	22.39
2011	68621	32455	22595	52715	52631	229017	23.02
2012	73717	33980	24202	56755	54480	243134	23.34
2013	67900	31225	22941	52345	50163	224574	23.31
2014	80704	34545	25978	62381	50053	253660	24.59
2015	76547	30034	23563	58140	49944	238228	24.41
2016	79875	28775	22605	57810	49834	238900	24.20
2017	84319	28002	22494	59756	49725	244297	24.46
2018	89011	27250	22384	61767	49616	250028	24.70
2019	70467	30884	21801	51182	49183	223517	22.90
年份 \ 年度加权数分布	欧洲	日本	韩国	中国	其他	全球	中国占比
2006	92756	53704	42010	66394	23083	277946	23.89
2007	88146	50202	50361	77390	23965	290064	26.68
2008	87689	43779	35374	54585	28146	249572	21.87
2009	86563	45054	33998	126025	33095	324736	38.81
2010	94952	47388	49847	94689	39906	326783	28.98
2011	97218	46255	38144	142488	46241	370346	38.47
2012	100368	45929	44198	155290	43742	389526	39.87
2013	89801	38232	42741	241432	29176	441382	54.70
2014	112573	43839	43310	514572	28394	742688	69.29
2015	107970	33988	32887	316226	27819	518890	60.94
2016	105621	33430	29880	382274	27568	578773	66.05
2017	102807	31583	28289	138085	26365	327129	42.21
2018	100616	28872	26669	160590	24737	341483	47.03
2019	75683	33068	23581	83465	23806	239603	34.83
年份 \ 累计加权数分布	欧洲	日本	韩国	中国	其他	全球	中国占比
2006	92756	53704	42010	66394	23083	277946	23.89
2007	180902	103906	92370	143785	47048	568011	25.31

续表

累计加权数分布 年份	欧洲	日本	韩国	中国	其他	全球	中国占比
2008	268591	147685	127744	198369	75194	817583	24.26
2009	355154	192739	161742	324395	108289	1142319	28.40
2010	450106	240127	211589	419084	148195	1469101	28.53
2011	547324	286383	249733	561572	194436	1839448	30.53
2012	647692	332312	293931	716861	238178	2228974	32.16
2013	737493	370543	336672	958293	267354	2670356	35.89
2014	850066	414382	379982	1472865	295748	3413043	43.15
2015	958036	448370	412869	1789091	323568	3931934	45.50
2016	970902	428096	400740	2104970	328053	4232760	49.73
2017	985562	409478	378668	2165665	330452	4269824	50.72
2018	998489	394570	369963	2271670	327043	4361735	52.08
2019	987610	382584	359547	2229110	317753	4276603	52.12

数据来源：根据表19-4给出的美资企业在各专利局申请的同族专利数和表22-2给出的各局同族专利权重计算得出。

表40-9显示，2006—2019年，美资企业在中国申请的同族专利数占比从18.01%提高到了2014年的24.59%，而2014—2019年持续略降到了22.90%；然而将美资企业专利加权转换成与当地专利相应的同族专利后，2006—2014年美资企业在中国申请的同族专利占比从23.89%持续增长到了69.29%，而2014—2019年却下降到了34.83%。由于专利申请需要较长时间，而且一旦专利生效会在生效后一段时间发挥作用。表40-10给出了2015—2018年美资企业在不同专利局申请的前10年加权同族专利累计数和在中国累计数占比，该表显示2015—2019年，美资企业前10年在中国申请的累计加权同族专利占比从45.50%提高到了52.12%，近年来累计占比增速明显减缓。

表40-10　　　　美资企业在中国大陆和境外全球货物
贸易相关金额分布（2002—2019年）　　　　单位：亿美元

年份	中国出口	中国进口	中国进出口	中国净出口	全球出口	全球进口	全球进出口	全球净出口
2002	889.2	821.3	1710.5	67.9	2954.7	5912.8	8867.5	-2958.0
2003	1257.3	1188.3	2445.6	69.0	4020.6	6565.8	10586.4	-2545.2
2004	1873.6	1692.9	3566.5	180.7	5774.1	7291.0	13065.2	-1516.9
2005	2551.2	2035.7	4586.9	515.6	7587.3	8096.3	15683.6	-509.0
2006	3368.0	2493.3	5861.3	874.6	9677.6	8990.5	18668.1	687.0

续表

年份	中国出口	中国进口	中国进出口	中国净出口	全球出口	全球进口	全球进出口	全球净出口
2007	4316.1	3005.8	7321.9	1310.3	12332.6	9983.6	22316.2	2349.1
2008	5093.2	3371.4	8464.6	1721.8	15453.0	11086.2	26539.2	4366.8
2009	4406.7	3082.0	7488.6	1324.7	12310.3	11505.8	23816.1	804.5
2010	5867.4	4297.7	10165.1	1569.7	16915.9	11941.2	28857.1	4974.6
2011	7129.8	5248.1	12377.9	1881.8	20143.5	12393.2	32536.6	7750.3
2012	7851.9	5499.6	13351.5	2352.3	21952.9	12862.2	34815.1	9090.7
2013	8598.5	5928.3	14526.8	2670.2	22487.1	13348.9	35835.9	9138.0
2014	9151.7	6038.8	15190.5	3112.9	20697.5	13854.1	34551.7	6843.4
2015	8911.5	5298.5	14210.0	3613.0	19585.1	13882.6	33467.7	5702.5
2016	8262.0	5079.5	13341.5	3182.5	16613.6	13911.1	30524.7	2702.5
2017	8920.4	5782.0	14702.5	3138.4	17587.6	13939.7	31527.3	3647.8
2018	9649.9	6452.3	16102.2	3197.7	18528.4	13968.4	32496.8	4560.0
2019	9939.5	6187.5	16127.0	3752.0	19069.2	13997.1	33066.3	5072.1
2002—2008 年年均变化	33.76	26.54	30.54	71.40	31.75	11.04	20.05	6.71
2008—2014 年年均变化	10.26	10.20	10.24	10.37	4.99	3.78	4.50	7.78
2014—2019 年年均变化	1.67	0.49	1.20	3.81	-1.63	0.21	-0.87	-5.81

数据来源：在华美资企业货物贸易进出口金额来自第 21 章；2015—2019 年美资企业境外全球出口金额根据美资企业在华货物贸易出口金额除以表 40-6 给出的同期在华美资企业申请的前 10 年累计加权占比，2006—2014 年以上文估算出的同样前 10 年累计加权占比估算得出；2002—2005 年、2006—2014 年在华美资企业前 10 年累计加权专利年均占比增幅 1.18% 估算得出；2002—2008 年、2008—2014 年和 2014—2019 年美资企业境外全球进口以美国跨境货物贸易进口年均复合增长率 10.55%、1.82% 和 1.08% 估算得出。

由于我们缺乏表 40-9 相应的 1997—2005 年美资企业在全球同族专利申请数，因而表 40-9 中 2006—2014 年累计加权专利数分别缺少 1~9 年的相应数据，中国占比也不能与上文介绍的 2015—2019 年的 10 年累计占比直接比较。尽管如此，我们可计算出表 40-6 中 2006—2014 年美资企业在华申请的加权占比年均增幅 5.67%，假设 1997—2006 年美资企业在华申请的加权专利占比年均提高 5.67% 的四成即 2.27%，就可估算出 1997—2005 年在华美资企业申请的加权专利占比从 1.19% 提高到 21.62%；进而假设 1997—2005 年美资企业在全球加权专利年均复合增长率保持表 40-6 中 2006—2014 年的年均复合增长率 4.1%，我们可以推算出 1997—2005 年在华美资企业申请加权专利数，进而计算出 2006—2014 年在华美资企业 10 年申请的累计同族加权专利的全球占比从

34.80%提高到44.22%。

40.12.3 美资企业在美国境外货物贸易出口估算结果及相关比较

利用如上根据表40-9给出的2015—2019年在华美资企业10年累计加权专利占比45.50%到52.12%和上文根据表40-9相关数据估算出的2006—2014年相应的占比34.80%到44.22%，利用第23章估算出的2002—2019年在华美资企业货物贸易出口金额，我们可以估算出同期美资企业全球境外货物贸易出口金额，表40-10给出了相应的结果。

表40-10显示，2002—2008年美资企业境外全球货物贸易出口以年均复合增长率31.75%的速度高速增长，其增长率仅低于其在中国大陆的年均增长率33.76%；2007年美资企业境外全球货物贸易出口增长到了1.2333万亿美元，首次超过美国跨境货物贸易出口金额1.1652万亿美元；2008年"境外美国"货物贸易出口1.5453万亿美元首次超过了同年德国货物贸易出口金额1.4493万亿美元，成为全球最大的货物贸易出口"国"，而且到2019年"境外美国"保持了全球最大的货物贸易"国"的地位；受2008年国际金融危机的影响，2009年"境外美国"货物贸易出口比2008年下降了20.3%到1.231万亿美元，比2007年的1.2333万亿美元略低22.3亿美元；2010—2019年除受2014年美国退出量化宽松政策影响导致"境外美国"出口连续3年持续下降外，其他年份皆保持了一定程度的增长，2010—2019年"境外美国"货物贸易出口累计增长了12.7%。

40.12.4 美资企业在美国境外货物贸易进出口估算结果及比较

估算"境外美国"货物贸易进口金额比出口金额还要困难。表40-1和表40-10给出的2007—2017年"境外美国"进出口数据皆有严重的问题，但是假设2002—2006年"境外美国"进口年份复合增长率保持2007—2017年年均复合增长率2.15%，我们可以估算出2002年"境外美国"进口金额5091.5亿美元；以2002年"境外美国"进口金额5091.5亿美元加上表40-9给出的2002年在华美资企业货物贸易进口金额821.3亿美元，合计5912.8亿美元为2002年整个"境外美国"货物贸易进口金额较为合理（表40-8中相应在中国大陆的美资企业货物贸易进口数据绝大部分年份"隐去"未公布，而公布的2014—2017年的数据仅为46.6亿美元到106.5亿美元，与中国大陆这个"境外美国"最大的加工贸易基地的地位很不相称）。

另外，考虑到"境外美国"货物贸易进口的主要产品是美国出口的产品，或者是境外美资企业在美国国内生产的产品的事实，我们假设2002—2008年"境外美国"货物贸易进口保持同期美国货物贸易出口年均复合增长率11.04%（同期"境外美国"货物贸易出口以31.75%的年均增速高速增长，同期相应的进口保持美国货物贸易出口年均增速较为合理），而2008—2014年和2014—2019年"境外美国"进口年均复合增长率分别保持同期美国货物贸易出口年均复合增长率3.78%和0.21%较为合理。利用如上2002年"境外美国"货物贸易金额的估算和2002—2019年如上三个时间段"境外美国"货物贸易进口增速保持相应的美国货物贸易出口年均复合增长率，我们可以估算出2002年以来"境外美国"货物贸易进口金额，结果如表40-11所示。

表40-11显示，2002—2019年，"境外美国"进口保持了持续增长的态势，年均复合增长率5.2%不到同期出口年均复合增长率11.6%的一半；2019年"境外美国"货物贸易进口金额1.40万亿美元仅相当于同年美国货物贸易进口总额2.52万亿美元一半略多。

40.12.5 境内外美资企业在全球货物贸易和服务贸易的地位

表40-11的结果显示，尽管2007年和2008年"境外美国"首次超过美国和德国成为全球最大的货物贸易出口"国"，由于"境外美国"进口显著低于美国进口，导致2019年"境外美国"货物贸易总额3.3万亿美元低于同年美国货物贸易总额4.2万亿美元，为仅次于美国的全球第二大货物贸易"国"；由于2001年中国加入世界贸易组织后美资企业在中国大陆贸易的持续高速增长，2006年"境外美国"货物贸易就首次出现了顺差687.0亿美元（美资企业在中国大陆和其他地区货物贸易顺差分别为874.6亿美元和-187.6亿美元，合计687.0亿美元，中国对"境外美国"货物贸易顺差贡献度高达127.3%），2006—2008年，"境外美国"在中国外其他地区总货物贸易顺差增长到了2645.0亿美元，中国对"境外美国"货物贸易顺差贡献度略降到了39.4%；然而受国际金融危机的影响，2009年"境外美国"在中国外其他地区总货物贸易顺差再次变负为-520.3亿美元，而同年"境外美国"在中国货物贸易顺差虽比2008年略降，但仍高达1324.7亿美元，对"境外美国"货物贸易顺差贡献度创历史高位164.7%；2009—2014年，虽然在华美资企业货物贸易进出口增速皆显著减缓到了比10%略高的水平，但皆显著高于中国外其他国家和地区增速；2014—2019年，尽管在华美资企业货物贸易进出口增速进一步减缓到了不到2%的低位，但是增速仍略高于中国外其他地区总和，2018年和2019年在华美资企业货物贸易占"境外美国"比重接近一半的同时，占其总货物贸易顺差比重保持在七成以上，显示中国对"境外美国"货物贸易的重要性。

40.13 境内外美国在全球贸易的地位和影响

由于美国政府考虑到"避免单个企业数据公布"而隐去美资企业在全球很多国家和地区投资、货物贸易进出口等重要数据,进而"隐去"了美资企业在境内外美国的全球贸易市场中的重要作用,然而表40-4和表40-6给出的"境外美国"在全球服务贸易和货物贸易的数据将境内外美资企业在全球贸易中的地位已经揭示得相当清楚了。本节简单将该量表的结果归纳一起探讨"境内外美国"在全球贸易中的独占鳌头的地位和作用。

40.13.1 境内外美国在全球货物贸易的总体地位

将2002—2019年美国货物贸易和服务贸易进出口金额加上表40-7和表40-10给出的同期"境外美国"货物贸易和服务贸易进出口金额,我们可以得出同期境内外美国货物贸易和服务贸易总规模和相应的总顺差,表40-11给出了相应的结果。

表40-11 境内外美国总货物贸易和服务贸易规模相关变化(2002—2019年) 单位:亿美元

直接相加的境内外美国总货物贸易和服务贸易相关规模数据

年份	美国总货物出口	美国总货物进口	美国总货物进出口	美国总货物净出口	美国总服务贸易出口	美国总服务贸易进口	美国总服务贸易进出口	美国总服务贸易净出口	美国总货物和服务贸易净出口
2002	9935.1	17645.6	27580.6	-7710.5	7202.6	6003.8	13206.4	1198.8	-6511.7
2003	11325.0	19286.7	30611.8	-7961.7	7752.4	6337.4	14089.8	1415.0	-6546.7
2004	14010.0	22174.5	36184.5	-8164.5	8341.4	6734.1	15075.5	1607.3	-6557.3
2005	16717.5	25054.5	41772.0	-8337.0	9069.6	7012.3	16082.1	2057.6	-6279.4
2006	20086.6	27772.5	47859.1	-7685.9	12293.9	9652.3	21946.2	2641.6	-5044.3
2007	23984.1	29847.0	53831.2	-5862.9	15214.6	10632.6	25847.3	4582.0	-1280.9
2008	28541.0	32499.1	61040.1	-3958.1	16776.9	11480.5	28257.4	5296.4	1338.3
2009	23013.6	27306.0	50319.6	-4292.5	15988.6	10763.4	26752.0	5225.2	932.7
2010	29818.7	31330.7	61149.4	-1512.1	17125.4	11324.6	28450.0	5800.9	4288.8
2011	35132.4	34792.0	69924.4	340.3	19316.7	12121.9	31438.5	7194.8	7535.1
2012	37579.2	35899.7	73478.9	1679.5	19778.2	12715.1	32493.3	7063.1	8742.7
2013	38424.1	36291.4	74715.5	2132.6	20405.3	13438.2	33843.5	6967.1	9099.7

续表

直接相加的境内外美国总货物贸易和服务贸易相关规模数据

年份	美国总货物出口	美国总货物进口	美国总货物进出口	美国总货物净出口	美国总服务贸易出口	美国总服务贸易进口	美国总服务贸易进出口	美国总服务贸易净出口	美国总货物和服务贸易净出口
2014	37053.1	37708.9	74762.1	-655.8	22597.1	14096.3	36693.4	8500.7	7844.9
2015	34698.9	36615.1	71314.0	-1916.2	22318.6	14502.6	36821.2	7816.1	5899.9
2016	31187.5	35983.1	67170.6	-4795.6	22365.3	15069.0	37434.3	7296.3	2500.8
2017	33157.6	37503.2	70660.8	-4345.6	23616.1	16260.1	39876.2	7356.1	3010.5
2018	35297.9	39540.9	74838.8	-4243.0	24125.3	16970.9	41096.2	7154.5	2911.5
2019	35593.6	39164.7	74758.3	-3571.2	24450.7	17799.4	42250.1	6651.3	3080.2
2002—2008年年均变化	19.23	10.71	14.16	-10.52	15.13	11.41	13.52	28.10	23.18
2008—2014年年均变化	4.45	2.51	3.44	-25.89	5.09	3.48	4.45	8.20	34.28
2014—2019年年均变化	-0.80	0.76	0.00	40.35	1.59	4.78	2.86	-4.79	-17.05

剔除境内外美资企业间相互贸易数据后的境内外美国货物贸易和服务贸易相关规模数据

年份	美国总货物出口	美国总货物进口	美国总货物进出口	美国总货物净出口	美国总服务贸易出口	美国总服务贸易进口	美国总服务贸易进出口	美国总服务贸易净出口	美国总货物和服务贸易净出口
2002	6978.7	16168.2	23146.9	-9189.5	5368.1	4836.4	10204.5	531.7	-8657.8
2003	8042.1	17276.4	25318.6	-9234.3	5845.4	5075.7	10921.1	769.7	-8464.6
2004	10364.5	19287.4	29651.9	-8923.0	6427.4	5281.0	11708.4	1146.3	-7776.6
2005	12669.3	21260.9	33930.2	-8591.5	7124.9	5451.1	12576.0	1673.7	-6917.8
2006	15591.4	22933.7	38525.1	-7342.3	9214.4	7905.6	17120.0	1308.7	-6033.6
2007	18992.1	23680.7	42673.5	-4688.3	11825.6	8705.3	20531.0	3120.3	-1568.0
2008	22997.8	24772.6	47770.4	-1774.8	13139.9	9377.3	22517.2	3762.7	1987.9
2009	17260.7	21150.6	38411.6	-3890.1	12644.6	8725.7	21370.3	3918.9	28.7
2010	23848.0	22872.8	46720.8	975.2	13645.4	9142.3	22787.7	4503.1	5478.4
2011	28935.8	24720.6	53656.1	4215.5	15546.7	9830.9	25377.6	5715.7	9931.2
2012	31148.1	24923.2	56071.3	6224.9	15768.7	10367.1	26135.8	5401.7	11626.6

续表

剔除境内外美资企业间相互贸易数据后的境内外美国货物贸易和服务贸易相关规模数据

年份	美国总货物出口	美国总货物进口	美国总货物进出口	美国总货物净出口	美国总服务贸易出口	美国总服务贸易进口	美国总服务贸易进出口	美国总服务贸易净出口	美国总货物和服务贸易净出口
2013	31749.6	25047.9	56797.5	6701.6	16015.3	11109.1	27124.4	4906.2	11607.8
2014	30126.1	27360.2	57486.3	2765.9	18003.6	11641.7	29645.2	6361.9	9127.8
2015	27757.6	26822.6	54580.1	935.0	17556.1	12013.8	29569.9	5542.3	6477.4
2016	24232.0	27676.3	51908.2	-3444.3	17390.3	12509.5	29899.8	4880.8	1436.5
2017	26187.7	28709.4	54897.1	-2521.7	18210.3	13535.9	31746.2	4674.4	2152.7
2018	28313.7	30276.7	58590.4	-1963.0	18450.2	14160.5	32610.7	4289.7	2326.7
2019	28595.0	29630.1	58225.2	-1035.1	18492.8	14857.6	33350.4	3635.3	2600.1
2002—2008年年均变化	21.99	7.37	12.84	-23.97	16.09	11.67	14.10	38.56	21.75
2008—2014年年均变化	4.60	1.67	3.13	7.68	5.39	3.67	4.69	9.15	28.92
2014—2019年年均变化	-1.04	1.61	0.26	-17.85	0.54	5.00	2.38	-10.59	-22.21

数据来源：表中直接相加的结果为表40-6和表40-4"境外美国"货物贸易和服务贸易数据直接加上相应的美国（"跨境美国"）货物贸易（美国经济分析局网站）和表21-4给出的服务贸易金额而得；剔除境内外美资企业相关数据的结果为从直接相加的境内外总货物贸易出口中减去"每年境外美国"货物贸易进口额的一半的同时，相应的总货物贸易进口为直接相加的总进口中减去每年"境外美国"的出口的一半，这样就避免了境内外美国相关货物贸易进出口中的主要重复计算问题；剔除相关服务贸易计算方法与货物贸易计算方法相同。

表40-10显示，境内外美国货物贸易进出口总额从2002年的2.76万亿美元提高到了2019年的7.48万亿美元，2002—2019年境内外美国货物贸易年均逆差3936.7亿美元，遥遥领先中国为全球最大的货物贸易国；2002—2019年境内外美国服务贸易从0.72万亿美元猛增到了2.25万亿美元，年均服务贸易顺差5322.6亿美元，货物贸易和服务贸易合计呈现总体顺差，年均高达1386.9亿美元；2017—2019年境内外美国服务贸易出口、进口、进出口和净出口分别占全球的43.8%、32.7%、38.4%和235.1%，显示美资企业在全球服务贸易中的垄断地位。这些数据表明，近20年来境内外美国货物贸易总体逆差的同时，服务贸易总体为顺差，而且服务贸易顺差显著超过货物贸易逆差，因此境内外美国全球贸易总体顺差。特别是"境外美国"服务贸易顺差显著超过美国服务贸易顺差，若忽视

"境外美国"我们将不可能看清美国在全球总体贸易的垄断地位。

40.13.2 剔除相关重复计算的境内外美国在全球货物贸易的总体地位

由于美国货物和服务贸易进口中有很大部分是美资企业境外出口到美国的同时,美国货物和服务贸易出口中有很大部分是美资企业出口到境外美资企业以进行再加工,因此表40-10中将境内外美资企业进出口金额直接相加得出的结果在很大程度上"夸大"了境内外美国在全球贸易中的作用。利用表40-10中相关数据,我们可以计算出2002—2019年"境外美国"总出口与美国进口年均比例高达69.2%,同期"境外美国"总进口与美国出口年均比例更高达88.2%,因此,只有剔除"境外美国"和美国间相互贸易的合理成分,我们才能较为准确地判断"境内外美国"在全球货物贸易和服务贸易的实际地位。然而,由于估算"境外美国"进口和出口占美国出口和进口的准确比例确实不易,我们只能假设"境外美国"进、出口分别为美国出、进口的一半,表40-11也给出了剔除这"一半"的相互贸易相应的境内外美国贸易结果。

表40-11显示,"剔除"部分境内外美国间相互贸易金额后,2002—2019年境内外美国货物贸易出口年均增长率提高的同时,进口年均增长率下降,导致境内外美国货物贸易年均逆差从未剔除的3936.7亿美元显著下降到了2265.5亿美元,同时境内外美国服务贸易出口和进口年均增长率总体同时下降,导致境内外美国服务贸易年均顺差从未剔除的5323.6亿美元下降到了3674.6亿美元,但境内外美国货物贸易和服务贸易总差额保持了顺差,年均总顺差从未剔除的1386.9亿美元略增了22.1亿美元到1409.1亿美元;剔除境内外美国服务贸易相关数据后,2002—2019年境内外美国年均货物贸易金额从未剔除的5.9万亿美元降到了4.6万亿美元;同时总服务贸易金额从2.9万亿美元略降到了2.3万亿美元;2017—2019年,剔除相关相互贸易金额外,境内外美国服务贸易出口、进口、进出口和净出口分别占全球的33.4%、27.3%、30.4%和140.0%,虽比直接相加的占比显著下降,但仍超过美国货物贸易全球相关占比一倍多,显示剔除相关重复计算的合理性。

40.13.3 境内外美国贸易相关启示

表40-7到表40-11给出的境外美国服务贸易和货物贸易数据及美国服务贸易和货物贸易数据繁多,不易直接看出"境外美国"和美国货物贸易和服务贸易之间的核心结果,即相关贸易净出口结果。表40-12给出了2002—2019年"境外美国"和美国货物贸易和服务贸易净出口及境内外美国总贸易净出口结果。

表40-12 "境外美国"和美国货物贸易和服务贸易净出口金额及总贸易净出口金额分布（2002—2019年） 单位：亿美元

年份	境外美国货物贸易净出口	境外美国服务贸易净出口	境外美国总贸易净出口	美国货物贸易净出口	美国服务贸易净出口	美国总贸易净出口	境内外美国总贸易净出口
2002	-2958.0	653.0	-2305.0	-4752.5	545.8	-4206.7	-6511.7
2003	-2545.2	961.0	-1584.2	-5416.4	454.0	-4962.4	-6546.7
2004	-1516.9	1068.0	-448.9	-6647.7	539.3	-6108.4	-6557.3
2005	-509.0	1395.0	886.0	-7828.0	662.6	-7165.4	-6279.4
2006	687.0	1904.0	2591.0	-8372.9	737.6	-7635.3	-5044.3
2007	2349.1	3480.0	5829.1	-8212.0	1102.0	-7110.0	-1280.9
2008	4366.8	4095.0	8461.8	-8324.9	1201.4	-7123.5	1338.3
2009	804.5	4076.0	4880.5	-5096.9	1149.2	-3947.7	932.7
2010	4974.6	4345.0	9319.6	-6486.7	1455.9	-5030.9	4288.8
2011	7750.3	5330.0	13080.3	-7410.0	1864.8	-5545.2	7535.1
2012	9090.7	4911.0	14001.7	-7411.2	2152.1	-5259.1	8742.7
2013	9138.0	4430.0	13568.0	-7005.4	2537.1	-4468.3	9099.7
2014	6843.4	5843.0	12686.4	-7499.2	2657.7	-4841.4	7844.9
2015	5702.5	5110.0	10812.5	-7618.7	2706.1	-4912.6	5899.9
2016	2702.5	4610.0	7312.5	-7498.0	2686.3	-4811.7	2500.8
2017	3647.8	4500.6	8148.4	-7993.4	2855.5	-5137.9	3010.5
2018	4560.0	4150.8	8710.8	-8803.0	3003.6	-5799.4	2911.5
2019	5072.1	3776.7	8848.8	-8643.3	2874.7	-5768.6	3080.2
2002—2008年年均变化	6.71	35.80	24.20	9.79	14.05	9.18	-23.18
2008—2014年年均变化	7.78	6.10	6.98	-1.73	14.15	-6.23	34.28
2014—2019年年均变化	-5.81	-8.36	-6.95	2.88	1.58	3.57	-17.05

数据来源：根据表40-4、表40-6和表40-7相关结果计算得出。

表40-12显示，2002—2019年，境外美国服务贸易顺差年均复合增长率35.8%比同期美国服务贸易顺差年均复合增长率14.1%高出21.7%，导致前者与后者比例从1.20倍提高到了3.41倍，显示2008年国际金融危机前"境外美国"在服务贸易领域获利甚丰的格局；然而2008—2014年美国量化宽松政策退

出之年，前者年均复合增长率猛降到了 6.1%，不到同期后者年均复合增长率 14.2% 的一半；2014—2019 年，前者年均复合增长率进而下降到了负增长 -8.36%，而后者仍保持了 1.58% 的年均正增长率，导致 2019 年前者与后者的比例持续下降到了 2003 年以来的最低水平，表明 2008 年国际金融危机后境外美资企业将境外获利回流美国为美元保驾护航。

表 40-12 也显示，美国货物贸易保持了多年逆差的格局，而且多年来货物贸易逆差保持持续增长的态势，然而 2002—2008 年"境外美国"货物贸易从逆差变为顺差，或者顺差大幅度增长，其大幅增长的主因是当时弱势美元或"热钱"通过货物贸易流向全球；2009 年"境外美国"货物贸易顺差从 2008 年的 4366.8 亿美元下降 81.6% 到 804.5 亿美元，表明"境外美国"也受到了国际金融危机的影响；然而 2010—2013 年"境外美国"货物贸易顺差重回显著增长之路，显示美国量化宽松政策实施期间境外美资企业通过货物贸易顺差将"宽松"美元或者"热钱"带出美国，而 2013—2019 年"境外美国"货物贸易顺差明显下降的原因主要是没有大量宽松的美元可以流出。

另外，表 40-12 显示，2005 年以来"境外美国"凭借着美国技术和美元双垄断地位保持服务贸易和货物贸易双顺差，而美国服务贸易顺差不及"境外美国"服务贸易顺差的同时，货物贸易却保持了持续的逆差，但整个境内外美国货物和服务贸易总体自金融危机以来却保持了总顺差。

40.14 外资在华资产规模估算

第 21 章介绍和简析了外资和美资企业近 20 年来在华货物贸易和服务贸易规模，相关结果与本章介绍的同期全球货物贸易转移的结果大致一致。由于外资企业对我国货物贸易有着重要的带动和影响作用，外资在中国大陆的资产或财富也成为一个重要的议题。这些规模的大小和态度对全球化和所谓的去中国化非常重要。

40.14.1 "冷热钱"的概念及相关问题

"热钱"一词在 2008 年国际金融危机前后相当流行，不仅境内外媒体有诸多报道，而且学界也有不少的讨论和研究，同时相关政府机构也有诸多相关研究和报告［请参见张光平（2016）第 52 章］。"热钱"有诸多定义，这里不再重复，有兴趣的读者可参考张光平（2016）第 52 章。简单来说，"热钱"就是绕开监管当局外汇管理相关政策而通过未关好的"门窗"流入的外币资金，或者说在资本项目仍未完全开放条件下绕开这些未开放的项目而通过已经开放了的经常项目流入的资金。更具体来说，大量"热钱"是通过抬高出口价格和/或压低进口价格而通过货物贸易顺差流入外币资金。由于大量"热钱"通过经常项目未关好的"门窗"流入,这些资金与正常的货物贸易顺差混为一起,难以辨认和估算。"冷钱"是相对于"热钱"而用的通俗说法,即通过已经开放的资本项目如外来直接投资等相关资金,因此"冷钱"流入有账可查。

40.14.2 近二十多年来流入和流出的"冷热"钱估算

估算在华外资资产或财富首先要从流入着手,没有对每年流入的冷热钱有较为准确的估算,那么估算这些流入资金相应的资产存量几乎就不可能。笔者从2002年境外人民币升值开始近二十年来一直关注相关问题,相关问题和结果也在拙作《人民币衍生产品》首版(2005年)到第四版(2016年)有所记录和跟踪,特别是相关引用的数据对我们判断相关问题很有帮助。经过了2008年和之前7年人民币升值期间"热钱"的流入和2009—2014年美国量化宽松期间5年多时间"热钱"的再次流入,特别是2014年美国退出量化宽松政策后跨境资金从流出到稳定的四个重要阶段的主要特征及我国外汇储备的相应明显变化使得我们对"冷热钱"流入和流出有了更好且更有说服力的判断。虽然截至当前,官方和境内外诸多学者对近20年来流入我国的"热钱"总额估算结果仍无一致的看法,但经过了2002—2016年跨境资金两次大量流入和一次大量流出的经历后,我们对"冷热钱"流入的规模应该容易形成共识。

图28-1给出了2000—2020年上半年我国外汇储备的季度变化。该图显示,2002—2008年我国外汇储备累计增长了1.73万亿美元,2009—2014年上半年累计增长了2.05万亿美元,年均增幅5849亿美元比2001—2008年年均增幅2477亿美元高出一倍多;2014年下半年到2016年底,累计下降了9827亿美元,年均降幅3931亿美元;2017—2020年上半年,我国外汇储备步入稳步增长的态势,年均增长了291亿美元。估算"热钱"的流入有难度,但由于所有"冷热钱"皆流入了外汇储备中,估算"冷热钱"总体流入则较为方便。由于2002—2008年人民币升值预期导致"热钱"大量流入,2009—2014年上半年"热钱"大量流入是由于美国量化宽松政策实施期间美元相对贬值而大量流入,2014年下半年到2016年底则由于美国退出量化宽松政策导致美元对人民币升值,进而导致"热钱"撤离,那么2017年以来人民币对美元总体保持平稳导致我国外汇储备总体步入稳步增长则为近二十年来我国外汇储备最为稳定的时期。

那么假设从2002—2016年年均450亿美元的外汇储备增长为正常增长,比2017—2020年上半年年均增幅291亿美元高出54.7%较为合理。这样从2002—2014年上半年每年外汇储备变化中减去这些正常流入的金额就是每年"冷热钱"流入的规模,这样2002—2008年流入我国的"冷热钱"总额为1.42亿美元,2009—2014年上半年流入的总额为1.80万亿美元,2014年下半年到2016年流出的总额为1.10万亿美元。

40.14.3 外资在我国资产规模估算

上文估算出金融危机前和美国量化宽松期间流入我国的"冷热钱"总额为1.42万亿美元和1.80万亿美元之和,即3.22万亿美元,减去2014—2016年流出的1.10万亿美元仅剩2.12万亿美元。这样的结果就大错特错了。资金不会躺着睡大觉,费尽心思且冒着风险流入的资金必须获取最大的回报。假设2002—2007年流入资金总额1.05万亿美元有一半流入股市,乘以2004年底和2005年底国内平均股市市值到2007年底市值增长的8.4倍(假设外资保持我国股市大盘总体回报率),这些流入股市的0.525万亿美元加上国内平均股市获利就达到了4.4万亿美元,再加上没有进入股市的0.525万亿美元资金和2008年流入的0.37万亿美元,截至2008年底流入"冷热钱"加上股市获利就达到了5.3万亿美元。当时能够吸纳数万亿美元资金的唯有当时的房地产市场。2008年后几年我国股市总体增长乏力,那么假设截至2008年外资在国内超过5.3万亿美元的资金绝大多数投入我国房地产市场,特别是一线高端房地产,那么4倍的潜在获益(根据万得数据公司提供的源自国家统计局的数据,2002—2019年,我国一线高端房地产指数累计增长了8.1倍,2006—2019年累计增长了4.9倍,因此假设2002—2008年投入一线高端房地产业累计增长4倍较为合理)加上本金就达到21.2万亿美元了。

假设2009—2014年流入的1.8万亿美元资金的四分之一流入国内股市,那么这些0.45万亿美元以2011年底(2011年为2009—2014年流入资金的评价年份)到2019年底国内股市增长1.76倍计算获利加本金就到了0.80万亿美元,而其他四分之三流入国内一线高端房地产以平均两倍的潜在获益(2011—2019年我国一线高端房地产指数累计增长了2.5倍,数据来源同上)计算则本金加潜在获益为2.7万亿美元,截至2019年,第二次流入的资金本金加潜在获利为3.5万亿美元;两次流入的资金本金加上潜在获益高达24.7万亿美元;减去2014年下半年到2016年流出的1.1万亿美元及其截至2019年的潜在获利2.2万亿美元(假设这些资金未流出而继续投在一线高端房地产业),那么两次净流入的资金加上潜在净获益累计高达21.4万亿美元,与2019年美国国内产值21.4万亿美元相当,略超2019年国内产值14.1万亿美元的一半,或相当于瑞信公布的2019年我国财富总额63.8万亿美元的三分之一。如此规模的在华资产在我国消费潜力尚待发挥和经贸持续发展的时候怎能"去中国"?更重要的是能去哪里?

40.15 "去"向何方

作为全球第二大经济体和最大的发展中国家,2019年中国国内产值14.1万亿美元,2020年预计略增到14.5万亿美元左右;而2019年全球第五大经济体和第二大发展中国家印度2019年国内产值2.94万亿美元,2020年预计降到2.8万亿美元上下(国际货币基金组织预测2020年印度国内产值实际下降4.5%,标普预测下降5.0%),这样2020年两国国内产值比例会达到5.2倍左右。即使今后20年中国经济受国际因素影响不增长,那么印度经济要在今后20年达到2020年中国的水平,年均复合增长率需要高达8.56%,这实际上几乎是不可能的(2009—2019年以美元计价的印度国内产值年均复合增长率从1999—2009年的16.36%下降到了7.96%,今后20年保持高达8.56%的年均复合增长率可能性极低);而如果今后20年以美元计价的中国国内生产总值仅保持3.5%的年均复合增长率,那么到2040年我国国内产值将达到28.1万亿美元。即使今后多年印度国内产值能够保持8%的年均复合增长率,那么要达到28.1万亿美元的水平需要30年的时间。全球第二大发展中国家今后增长尚需这么多年时间,其他小型经济体就更难满足全球消费和投资的需求。巨大的国际资本和科技公司等不要说等30年来寻找另外一个中国市场来填补巨大需求,甚至连一两年都不能等下去。

40.16 美资企业在中国大陆资产和研发估算

40.16.1 美资企业在我国大陆资产估算

估算美资企业在我国总资产占外资企业在我国总资产比重相当困难。但由于美资企业在我国申请的专利加权数平均超过整个外资在全国申请的专利加权数一半以上,而且美资企业在我国货物贸易出口超过外资企业在我国货物贸易出口的一半,因此我们可以简单地认为美资企业在我国大陆总资产超过整个外资在我国大陆总资产一半以上,或者超过8万亿美元。

40.16.2 美资企业在全球主要国家和地区研发投资分布

表40-6给出的美资企业研发投资在全球的分布结果难以看出美资企业在主要国家和地区研发投资的分布。表40-13给出了2007—2017年美资企业在全球主要国家和地区研发投资的分布。表40-13显示,欧洲为美资企业境外研发投资最多的地区,2007—2017年年均占比高达72.1%,显示欧洲对美资企业在

研发领域的重要性,然而美资在欧洲研发增长率却仅为 3.41%,低于同期美资境外总研发投资年均复合增长率 4.14%;日本为美资企业境外研发投资仅次于欧洲的第二大投资地,2007—2017 年年均占比高达 12.8%;美资企业在爱尔兰研发投资虽然比不上在德国、法国、瑞士和英国等主要欧洲国家,但 2007—2017 年美资企业在爱尔兰研发投资年均复合增长率高达 31.22%,是在爱尔兰外整个欧洲研发投资年均复合增长率 2.62% 的 11.9 倍,显示爱尔兰对美资企业的重要性。另外,2017 年美资企业在爱尔兰的研发投资 38.9 亿美元,超过了同年美资企业在韩国、加拿大、澳大利亚、新加坡、中国台湾和中国香港 6 个发达经济体研发投资总和 33.6 亿美元,更加显示爱尔兰对美资企业研发的重要性。

表 40-13　　美资企业在全球主要国家和地区研发投资的分布(2007—2017 年)　　单位:亿美元,%

国家或地区 年份	欧洲	日本	爱尔兰	韩国	加拿大	中国大陆	新加坡	澳大利亚	中国台湾	中国香港	其他	总计
2007	341.6	50.6	2.6	2.2	16.6	0.0	1.2	1.7	1.8	1.9	36.2	453.8
2008	336.6	54.8	3.4	2.6	15.5	0.2	1.5	1.6	1.6	1.5	35.9	451.6
2009	327.3	53.7	4.4	2.8	14.8	0.3	2.7	0.7	1.5	1.2	49.4	454.4
2010	344.1	60.2	5.8	3.5	8.1	1.7	2.6	1.0	1.4	0.7	35.7	458.8
2011	351.4	69.4	7.6	3.9	8.7	3.7	3.0	1.5	1.3	0.9	40.3	484.1
2012	391.5	71.9	10.0	8.1	8.3	4.2	3.0	1.8	1.9	0.6	85.4	576.7
2013	421.0	79.4	13.1	7.1	6.8	4.5	13.5	1.9	1.3	0.4	52.5	578.7
2014	434.0	81.3	17.2	12.9	7.6	5.5	4.3	1.7	1.3	0.3	61.0	609.9
2015	443.7	78.4	22.6	10.7	9.8	6.6	5.1	1.8	1.2	0.3	55.0	612.6
2016	446.4	79.0	29.6	12.4	11.0	7.8	6.1	1.7	1.1	0.3	62.4	628.0
2017	477.8	89.3	38.9	12.5	10.7	10.3	7.3	2.1	0.9	0.3	70.1	681.1
年均复合增长率	3.41	5.84	31.22	19.26	-4.33	57.69	19.31	2.02	-6.85	-21.80	6.83	4.14

数据来源:同表 40-4;由于加拿大 2009 年和 2012 年数据隐去,表中数据以 2007—2017 年年均复合增长率估算得出;中国大陆年均复合增长率为 2008—2017 年年均复合增长率;由于爱尔兰 2008—2016 年的数据隐去,表中爱尔兰 2008—2016 年的数据以 2007—2017 年的年均复合增长率估算得出;由于新加坡 2007 年、2011 年、2015—2017 年的数据隐去,新加坡年均复合增长率为 2008—2014 年年均复合增长率,表中相应的数据以 2008—2014 年的年均复合增长率估算得出;由于中国台湾 2007—2009 年、2011—2015 年的数据隐去,中国台湾年均复合增长率为 2010—2017 年年均复合增长率,表中相应的数据以 2010—2017 年的年均复合增长率估算得出;由于中国香港 2007 年、2012 年、2014—2017 年的数据隐去,中国香港年均复合增长率为 2008—2013 年年均复合增长率,表中相应的数据以 2008—2013 年的年均复合增长率估算得出;其他为总计数据减去表中爱尔兰之外的其他 9 个国家或地区合计数据得出。

表 40-13 也显示，美资企业从 2013 年开始在韩国的研发投资超过了邻国加拿大，而且在韩国的研发投资年均复合增长率高达 19.26%，仅略低于 2008—2014 年美资企业在新加坡的年均复合增长率 19.31%，显示美资企业对韩国和新加坡的重视；与此同时，2007—2017 年美资企业在加拿大研发投资持续下降，年均复合增长率为 -4.33%，而且在澳大利亚的研发投资虽然以 2.02% 的年均复合增长率增长，但 2007—2017 年美资企业在澳大利亚总研发投资才 17.4 亿美元，不到 2017 年美资企业在爱尔兰一国研发投资 38.9 亿美元的一半；最后，美资企业在中国台湾和中国香港的研发投资皆呈现持续下降的态势，而且 2007—2017 年美资企业在该两地总研发投资分别仅为 15.3 亿美元和 8.1 亿美元，合计 23.6 亿美元仅相当于美资企业 2017 年在爱尔兰研发投资 38.9 亿美元的六成，显示美资企业对该两地在研发方面的重要性显著下降。

40.16.3　美资企业在中国大陆研发投资的变化及问题

表 40-13 显示，由于美资企业 2008 年在我国大陆研发投资仅为 1700 万美元，低于表 40-13 中其他任何一个国家或地区，基数很低，2008—2017 年美资企业在中国大陆研发投资年均增幅高达 57.9%，但 2017 年美资企业在中国大陆研发投资总额仅为 10.3 亿美元，占比仅为 1.5 个百分点，不仅远低于同年在欧洲和日本的投资，而且还显著低于同年美资企业在爱尔兰和韩国的研发投资金额，与美资企业在我国大陆申请的专利数、货物贸易和服务贸易规模及资产规模占整个外资企业一半上下的地位极不相称。这些数据和结果表明，多年来美资企业仅将我国大陆看做投资地、加工地和消费市场，而远未作为研发地对待。相信随着我国消费潜力的逐渐释放，美资企业在华研发功能仍有巨大的潜力以与其在我国大陆的经贸和资产规模相称。

40.17　全球化进程的正反考量

疫情全球蔓延半年多以来，各种去全球化的声音弥漫全球。但是，这些声音有根据全球经贸发展研究判断的声音，但更多的是出于政治目的或受疫情影响的情绪化的反映。

40.17.1　全球化信息量持续显著增长

尽管从 2008 年国际金融危机爆发开始，全球化就从美资企业服务贸易顺差回流等出现了减缓的趋势，但是，与此同时，十多年来随着信息产业的持续快速发展，全球信息量加速增长，为全球化持续推进提供了前所未有的条件。据国家工业信息安全发展研究中心的《信息技术产业形式分析》，近年来全球信息技术市场稳步增长，5G、人工智能、物联网、云计算等新一代技术融合创新，吸引着很多国家都在不断加大信息技术的科研投入。同时信息技术产业的高速发展也推动了信息数据量的需求，据 IDC 预测，2018—2025 年全球数据应用将增长 5 倍以上，从 2018 年的 33ZB 增至 2025 年的 175ZB。另外，从国际电信联盟的统计看，2005 年全球只有 16% 的人口使用互联网，这一比例在 2020 年 6 月已高达 60%。信息技术的发展与互联网的普及缩短了人与人、企业与企业和国与国间的距离，加快了全球的互联互通，是全球化中重要的一环，也推动着全球化的发展进程。

40.17.2　中美持续合作的喜讯

2020 年前半年多的时间内，国内外媒体报道的各种关于新型冠状病毒的新闻绝大多数是中美两国抗疫方面的分歧或"去中国化"及"去美国化"相关内容。但是，最新研究结果却显示，中美两国科学家"超越政治务实应对疫情"的报道为我们提供了少见的喜讯（"研究称中美科研合作不减反增"，香港《南华早报》网站 7 月 23 日报道，研究显示新冠疫情战胜了糟糕的美中关系，科学合作创新高峰）。美国和澳大利亚的一个研究小组研究了 2018 年初到 2020 年 4 月间发表的 1 万篇涉及冠状病毒研究的论文。在截至 2019 年年底的两年内，有 3.6% 的论文涉及中美两国科学家的合作，而在 2020 年头 4 个月内，这一数字上升到了 4.9%。该研究结果表明，尽管受政治因素的明显干扰，但是中美两国科研人员务实合作应对疫情这个全人类的挑战，为全球合作和全球化继续推动带来了希望。

40.17.3　转型不是简单的"去全球化"或全球化进一步加深

2020 年 6 月 16 日联合国贸发会议发布的《2020 年世界投资报告》对过去 30 年全球直接投资、收购兼并和跨国企业国际活动进行了总结和分析，本章上文很多图表利用了该报告相关数据。该报告显示，2010 年前的 20 年间，"贸易、投资自由化政策和出口导向的产业政策在全球占主导地位，宏观经济领域跨境劳动力成本套利空间较大、国际贸易成本大幅降低，而技术发展也让生产实现精细化分工、让复杂国际供应链上的协作成为可能。但在国际金融危机之后，贸易保护主义死灰复燃，外国直接投资回报率下滑，数字化等技术带来资产轻量化，则使得全球经济、政策和技术环境开始向反方向抑制国际生产扩张"（"国际生产体系十年内将深度转型，专访联合国贸发会议官员詹晓宁"，参考消息，2020 年 6 月 28 日）。

"不同产业和地区的生产转型各有不同，可能会呈现出产业回流、生产布局多元化、区域化以及复制化生产四种转变轨迹"（同上。）"国际生产转型不是简单的'去全球化'或是全球化进一步加深的过程，而是两者的综合体。尽管部分制造业可能发生由全球化向区域化的转变，但受新技术驱动，很多服务业则将实现进一步的全球化，内部分工会更加细化，部分服务外包也会更加普遍"（同上）。

40.18 小结

由于美国在全球科技和货币领域的双垄断地位，全球化实际上是美国倡导、推动和引领的，表现在美资企业在美国外全球经贸地位的提升和变化。受2008年全球金融危机的影响，美资企业境外贸易，特别是服务贸易扩张明显减速，不得不将部分境外盈利回流美国为美元"保驾护航"的同时，美国的科技地位也受到了日德两国的挑战（该两国科技自主度的提高导致该两国知识产权使用费净出口额增加），美国引领国际化的力量渐弱。尽管如此，2016年到2019年美资企业进入全球前2500家研发最多企业的总研发投资仍显著超过同期美国国内产值的速度在增速的同时，也超过2500家研发最多企业总研发投资的增速（美国总研发投资年均复合增长率5.2%仍比同期美国名义国内产值年均复合增长率4.6%高出0.6个百分点，同时也比同期全球前2500家研发投资最多的企业总研发投资年均复合增长率5.0%高出0.2个百分点），特别是近年来美国没有盈利数据的进入全球研发投资最多的企业名单的企业数占全球一半以上，这些企业实际上是美国科技的后备军，对今后美元的支撑力度或可接近2020年以来美国超发债券对美元的负面影响。因此，今后多年全球化的走势在很大程度上仍与美资企业应对新的国际环境的举措密不可分。2020年开始的全球疫情的持续蔓延更为全球生产和贸易带来了诸多不定性。

尽管如此，中美两国科学家"超越政治务实应对疫情"的消息为我们带来了人类共同抗击疫情、共同应对挑战和继续团结合作的喜讯。广大外资企业在我国大量的贸易和大量的资产表明外资对我国发展的信心。今后我国持续对外开放和持续深化改革将释放出更大的消费潜力，广大中外资企业都将从中获得更大的收益，中国以至全球人民也将从中获益。这种合作共赢的态势怎能用一个"去"字了得？如果真的"去"了，全球将失去几十年的发展机遇。另外，迁移产能需要大额成本（美洲银行最近的一份研究报告显示，受疫情影响外资将产能迁出中国很可能在未来5年面临高达1万亿美元的成本，"US – European Firms Face 1 trillion to Relocate China Supply Chains"，https：//www.cnbc.com/2020/08/18），特别在受疫情严重影响下欧美加工贸易企业生产经营受损情况下额外成本更不易承受。因此，我国拟继续落实进一步对外开放的诸多举措，"抓紧制定国家治理体系和治理能力现代化急需的制度"和继续优化营商环境，稳住和继续吸引外商投资我国以共同开发我国市场发展潜力，共同推动科技创新并推动全球化的健康发展以便让更多的国内外人民分享国际化的红利，为我国在新的国际环境下继续引领全球化和推动人民币国际化打下更好的国内基础。

作为全球化的倡导和引领者及主要参与者，美资企业不是美国政府的部门或机构，很多是以全球市场为舞台且以盈利为目的的商业机构。全球化的进展或周折在很大程度上取决于美资企业凭借其科技和货币双垄断地位在新的国际格局中继续推动和参与全球化以在全球范围内获取最大程度的利润，进而继续确保其双垄断地位。与美资企业继续合作仍将是中美合作共同推动全球化的重要内容。

参考文献

[1] 张光平. 人民币衍生产品 [M]. 北京：中国金融出版社，2005.

[2] 张光平. 人民币衍生产品（第四版）[M]. 北京：中国金融出版社，2016.

41 华为国际化对人民币国际化的启示

华为技术有限公司是一家生产销售通信设备的民营通信科技公司，于1987年正式注册成立，总部位于中国广东省深圳市龙岗区坂田华为基地。

2019年5月开始，美国政府对华为等中国企业进行了一系列的限制和制裁，使华为这个本来在全球范围内原本并不那么有名的企业一时名声大起。笔者虽然数年前去华为上海研究院做过调研，但之前对该企业并不熟悉。不久前，学习《任正非传》的同时，加上自己对通信技术等方面初浅的体会，笔者认为华为二十几年来国际化的路径，特别是华为5G技术在全球的接受情况对人民币国际化路径有很好的启示和参考。

41.1 做强做实国内市场

本节和下节主要内容来自（孙力科，2017），其他数据来自历年华为年报等，下文不专门注明相关出处。

41.1.1 艰难起步

1987年，任正非联合商界中的五位好友，筹借了两万元草创了一个名叫"华为"的公司。顾名思义，"华为"就是"中华有为"。两万元的初创资金仍以"中华有为"为己任的企业气度已经不凡。起步不易，在外资企业产品横扫国内电信市场"七国八制"（美国的朗讯、瑞典的爱立信、德国的西门子、比利时的贝尔、加拿大的北电、法国的阿尔卡特和日本NEC、富士通等）的大环境下，要起步找到生存之地谈何容易。可喜的是，华为早期交换机取得了初步成功，1993年交换机卖出了200多件，业务达到了较好结果。在国内"七国八制"电讯市场的"战国"期，任正非感触良多，"华为在自己的家门口遇到了国际竞争，知道了什么才是世界先进，我们是在竞争中学会了竞争的规则、学会了如何赢得竞争"。

41.1.2 初显力量

经过4年左右的奋斗和磨炼，2011年华为销售额达到了255亿元，中兴达到了140亿元，大唐也超过了20亿元，而同期该3家企业的利润分别为20亿元、6

亿元和 0.36 亿元，在国内电讯企业达到了一定的水平。

41.1.3 战胜上海贝尔

早在 1983 年芬兰诺基亚公司就在国内设立了合资企业上海贝尔。凭借其科技的实力和产品优势，上海贝尔在 20 世纪 80 年代国内电讯业也很快取得了良好的业绩。华为凭借其敏锐的市场反应和产品研发，经过数年的努力，于 1998 年全国销售首次超过了上海贝尔，销售额超过 70 亿元，在"电子百强"中排列第 10 位。

41.1.4 宣战"北电"

北电网络公司成立于加拿大，是北美洲一家著名的电讯企业。北电网络公司在中国成立跨国分部。北电网络公司在国内的发展自然成了处于初期快速发展的华为的竞争对手，两家公司在国内市场的大战不可避免。1997 年，成立刚刚十年的初生牛犊就开始了与凶猛的全球龙头企业正式交手。经过几年"持久战"对抗对方有实力的"闪电战"，华为凭借其客户服务的优势逐渐占领了上风。2008 年底，北电网络公司宣布"休眠"，随后宣布破产保护程序，并陆续出售了原有的旗下业务。半年之后，北电网络公司不惜忍痛割爱，将旗下的业务给了新雇主诺西公司，意味着华为与北电之战达到尾声。

41.1.5 AT&T 和朗讯的失势

1885 年 2 月，正当贝尔公司在全球电讯领域独领风骚时，美国新泽西茉莉山上，贝尔如同将自己体内的一根"肋骨"取出来一样，根植在山中，很快诞生了一家名叫"美国电话电报公司"（AT&T）。这家新设的公司带走了"母体"最为珍贵的基因——贝尔实验室，该实验室后来创造了一个又一个的世界奇迹。贝尔实验室先后走出了 11 位诺贝尔物理、化学、医学奖的得主，令人震惊，而晶体管、C++语言、UNIX 系统以及移动电话等在世界上普遍通用的技术系统，也都是从该实验室中飞出的一只只金凤凰。美国 AT&T 有"有线通信之王"之称，曾多年垄断长途和本地电话市场，AT&T 大摇大摆地走进了中国市场。

AT&T 在任正非看来不过是一条外强中干的"多头蛇，虽然头多，却相互掣肘，牵制了蛇自身的自由移动。华为运用其控制交换机与 AT&T 的产品激烈交锋，AT&T 很快显出了疲态。到 1995 年 AT&T 下体"解体"，对华为来说意味着对 AT&T 首战告捷。1995 年 10 月 1 日，AT&T 公司正式改名为朗讯科技公司。经过多年的苦战和思考，华为终于以"客户拉锯战"式巷战，在 2006 年战胜了朗讯。

41.1.6 本节小结

随着华为等国际企业在电讯业的崛起，国内电讯业"七国八制"的状态有了明显的改善，国产电讯产品在国内市场的占有率明显提高。然而这些成绩在1997—2005年我国电讯领域服务贸易数据中反映却不明显。表21-6及相关数据显示，1997—2002年我国电讯、计算机和信息领域服务贸易仍为逆差，直至2005年该领域服务贸易才实现了1.04亿元的净出口；而2006年和2007年我国该领域服务贸易顺差首次超过了620亿美元；2007—2015年该领域净出口持续增长到了131亿美元，显示出2006—2015年十年间我国在该领域持续增长的良好态势（与下文2006年和2007年华为在欧洲市场良好业绩时间相近）。但是，表21-6也显示，2015—2018年，我国该领域服务贸易净出口却累计下降了46.5%到70亿美元。如此大的累计降幅与第21章分析的2014年美国退出量化宽松政策后外资企业利用虚假服务贸易将资金撤离我国密不可分，同时也间接地再次证明我国电讯、计算机和信息领域服务贸易和货物贸易中外资企业仍然扮演着重要的角色（利用表21-6数据计算出2007—2015年和2015—2019年我国知识产权使用逆差年均复合增长率仍分别为12.9%和7.3%，显示出2007—2019年我国整体技术对外的依赖性仍较高，改善幅度仍不够明显），同时也再次证明了科技和金融密不可分的关系。

41.2 走向国际

41.2.1 中国香港

香港地区是我国对外的国门，是中国通向世界的桥梁。走向世界首先要走向香港。实际上，早在1996年身处深圳的华为就率先挺进香港。国际市场与国内市场还是有很大的不同，经过多次艰辛奋斗，华为不久终于与香港最大的电讯运营商和记公司开始合作并保持了紧密的关系，该关系对后来华为与英国的合作也发挥了作用。

41.2.2 俄罗斯

1996年华为就开始了远赴俄罗斯之战，1996年6月，第八届莫斯科国际展时任正非亲赴莫斯科为华为产品宣传。但是由于俄罗斯经济和社会情况及俄罗斯人对"中国货"的厌恶感远超任先生的想象，而且爱立信和西门子等跨国企业在俄罗斯已经开始了业务，华为俄罗斯市场起步艰难。1997年华为与俄罗斯贝托康采恩公司合资成立了"贝托华为"的新型跨国企业，但业务仍未有多少起色,直至1998年华为俄罗斯负责人给任正非回复的报告中仅有"华为还在"四字,显示出华为在俄罗斯最初几年步履艰难。2001年,叶利钦宣布辞职,普京政府上台后便在经济领域内展开了大刀阔斧的改革,使跨国公司和国内名营企业有了再盈利和发展的机会。贝托华为公司也凭借着这股政策的东风有了大的发展。2001年4月,贝托华为获得了俄罗斯邮电部认证许可的俄罗斯国产厂商的殊荣。

41.2.3 非洲和拉美

非洲面积超过我国两倍多,总人口也与我国相差不大,是全球最具发展潜力的地方。然而,非洲人均收入全球最低,而且政治动荡和安全等因素仍制约着非洲市场潜力的发挥。尽管如此,华为早在1997年就开始挺进非洲。由于当时非洲人眼中真正意义上的"世界工厂"只有美国、日本和德国等极少数发达国家,进入非洲早期业务难以推广。华为早期在非洲具有标志性事件是肯尼亚智能网的改造和升级宣告成功,这项工程耗资高达3400万美元。2005年华为在南非的销售额突破了10亿美元,其通信网络产品以及服务几乎覆盖了整个南非。华为已在非洲54个国家中的40个开展了业务("贸易摩擦影响华为在非业务",《南华早报》,2019年9月15日)。

除了非洲外,华为在拉美市场也硕果累累。2002年华为在美国实现了销售额比上年增长70%的成绩,华为团队继续执行"农村包围城市"的战略,在拉美最大的国家巴西与思科展开了一次规模宏大的竞标活动并且获胜,使华为信心大增。2002年2月巴西最大的数据和长途运营商的下一代网络项目被华为拿下,签订了700万美元合同,之后不久在阿根廷等拉美国家也逐步有所建树。

41.2.4 西欧

法国是华为进入西欧的第一站,华为最初与法国合作的企业是阿尔斯通,一家法国的系统集成商。和阿尔斯通的顺利合作扩大了华为在法国的影响力。华为进军法国的第二年,华为通过阿尔斯通的介绍开始了与法国电讯的另一家运营商NEUF的合作,2003年3月华为又与NEUF签订了有关国家干线传输网络的合作合同,并在NEUF公司6个最主要的供应商合作者中排名第一位。法国很快成为华为在欧洲的第一个投资建设基地,并在2007年将第一家研发中心建在法国西北部的塞尔日市,随后华为又在法国建起了两家研发中心,形成了华为在法国的几乎所有科研和市场服务,对华为日后在法国提升研发能力及更好地接触客户有非凡的意义。

2003年即将结束时,华为终于跨过了"高门槛"进入了英国电讯集团的竞标行列。然而，由于对英国电讯市场和技术指标等不够熟悉，华为在很多细节上的不足导致首次竞标失败。但华为团队知难而上，不断对自己的技术和产品进行改进，终于于 2005 年 11 月 21 日与固网"老大"沃达丰达成了合作共识，很快签署了正式合同。有了英国电信集团和沃达丰这两大强手撑腰，华为在英国的知名度大大提升，甚至有理由认为，华为已经向世界级的企业跨出了一大步。2006 年华为在英国伦敦有了分公司。

荷兰虽然国家不大，但这个人口仅有一千七百多万的小国多年来保持了全球前二十大经济体的位置，而且多年来保持了我国与欧洲仅次于德国的第二贸易伙伴地位。2004 年底，任正非亲赴荷兰的国际名城海牙，与荷兰 Telfort 公司签订了合作合同，价值高达 2 亿欧元。2005 年 6 月 7 日，华为与荷兰电信集团签署了第一笔协议，正式成为其全国骨干传输网的唯一一家合法供应商。

德国虽是华为在欧洲的最后一站，但由于德国在整个欧洲的科技和经贸实力，德国市场尤为重要。2004 年底，德国的王牌电信运营商 OSC 公司宣布在德国即将开启一项新工程，实现 NGN 网络对全国的覆盖。很多公司对这个项目高度重视，起初很多欧美公司对华为这个从发展中国家走出来的"草根"企业并未在意，与很多欧美企业相比华为似乎没有多少优势。虽然在国内曾经战败过西门子的华为当时在国内还能借助深厚的"群众基础"，但在德国华为的"群众基础"也比不上大多欧美企业。华为在内部做过无数次虚拟考核，从而做到"知己知彼"为这次招标做好各种准备。2005 年 2 月，OSC 公司对参与竞标的众多企业开始了极其严格的产品对比测试，最终华为团队表现完美，在测试中出乎意料地脱颖而出，在 NGN 项目竞标中成为最终的胜利者，使华为在德国终于站稳了脚跟并顺利地展开了各种业务。德国在产品研发上重视创新，华为在德国本土发展就等于站在了巨人的肩膀上，在壮大自身研发实力的同时，也能更好地继续完成国际化的战略指标。

41.2.5 亚 洲

华为在南亚和东盟也取得了不错的成就。在印度、孟加拉国、泰国、尼泊尔和柬埔寨等，与华为展开的主流供应商星罗棋布，其中印度尼西亚最为成功。2009 年 11 月，华为和中国香港的和记等公司在印度尼西亚成功地部署了"下一代位置归属寄存器"，成为华为在国际化进程中的又一大收获。华为十多年前就进入了印度市场，由于它对该市场的重视不足以及销售的产品价格过高导致华为在印度难有作为。目前华为正在加大力度进军印度市场，已经新开了十多家专属的实体售后服务中心以为该市场今后的发展做好准备。

沙特阿拉伯是华为进入中东最早的国家。经过多年的努力，沙特阿拉伯客户在短短几年内就改变了对华为产品的看法，对其评价提高。除沙特阿拉伯外，阿联酋、卡塔尔等中东国家十分看好华为的产品和品牌，沙特阿拉伯已经成为华为在中东的第一大收入地。

41.2.6 跨过太平洋

跨越太平洋进入美国是华为国际化的最后一站，也是最为艰难的一站。实际上，华为早在1993年和1999年就先后在硅谷和达拉斯建立了华为研究院，开始系统学习和研究美国电讯等领域的发展，而且早在2002年6月华为第一家美国子公司就在得克萨斯州设立。然而，华为真正进入美国市场还是在2007年欧洲市场取得了巨大收获后才开始的。

41.2.6.1 美国市场的特点、实力和"软实力"

早在1991年华为成立的第四个年头，仍处于摸索探讨阶段，任正非就带领技术团队远赴世界第一经济和科技大国美国，取发展通信产业的"真经"。踏上美利坚之地，乘坐美国汽车，看到美国大城市楼房林立的景象，任正非的感叹虽不至于像明治维新的股肱臣僚岩仓具视和他远赴欧美参观的使节团那般"始惊、次醉、终狂"夸张，但也同样对美国的科技成就发出感慨。当游览到纽约中央公园时，他才真正领悟到"科技兴国"的意义，同时也体会到了"科学技术是第一生产力"的深刻内涵。只有将科技搞上去，才能在市场竞争和产品革新中站立制高点。美国聚集了世界一流的知识、理念和研究精华，要想在美国市场占有一席之地，必须在研发等方面提高自己的实力，才能在竞争中有底气。也就是那时，任正非开始布局在美国设立研究所，为之后进入美国市场做准备。

正是由于美国在科研、产品设计和管理等领域处于世界高端，进入美国市场不是件容易事。除了美国科研高端的优势外，十多年来美国还利用其国内法律和国家安全为由对其他国家，甚至包括其盟国企业进行限制、制裁等，从而降低这些国外企业的竞争力以提高美国竞争者的竞争优势。法国阿尔斯通公司高管被抓捕使得该公司经营受到影响被美国公司收购就是最好的案例。国内公司受到美国限制和制裁更是多不胜数。因此，进入美国市场并在美国市场争得一席之地确实是难事。

41.2.6.2 "思华"之战不可避免

思科是1984年由斯坦福大学一对教授夫妇创办的，一个名为"多协议路由器"的网络设备起步的新型网络设备公司。在构建网络体制上，思科称得上世界范围内的开路先锋，曾经掌握着全球互联网体系中至少80%的信息流量，并承担起产品传递的重任。在经营业绩上，思科自然连创佳绩，营收从2002年的222.9亿美元增长到了2008年的349.2亿美元，同期利润从10.1亿美元增长到了73.3亿美元，成为当时美国最具潜力的高科技企业之一。要与如此强大的企业竞争必须具有更为优质的产品和服务。

实际上，早在 1999 年推出数据通信产品开始，思科与华为的交锋就已经不可避免。从接入服务器、路由器到以太网等主流数据产品，华为在这一领域增长迅速。2002 年时，华为在中国路由器、交换机市场的占有率已经直逼思科，成为其最大竞争对手。从 2002 年思科"盯"上华为开始，到 2012 年其实是一场长达十年的思科与华为的战争。早在 2003 年 1 月 24 日，思科在美国得克萨斯州东区联邦法庭对华为的软件和专利侵权提起诉讼。长达 77 页的诉状指控华为在多款路由器和交换机中盗用了其源代码，使产品连瑕疵都存在雷同；指控还包括路由器和交换机命令接口等软件侵犯了思科拥有的至少 5 项专利。路由器、交换机等数据产品，是思科创立以来的看家法宝，多年努力之下，思科在全球数据通信领域市场占有率达 70%。但随着华为数据通信产品的不断推出以及国际化进程的推进，思科明显地感觉到，华为的威胁已经从中国蔓延到全球（"思科与华为十年战争：遭判不得诉讼转向政治"，《经济观察报》，2012 年 10 月 20 日）。早在这一起诉之前，思科斥资 1.5 亿美元做了一个大规模的宏观广告计划，致力于在全球范围内宣传自己的企业文化，导致美国政界和商界自然更倾向于本土思科，甚至当时一些国内媒体也站在了思科这边，令华为境内外业务受到了明显的影响。

思科认识到华为产品在价格上的优势，便开始在中国企业普遍技术研发能力软肋上大做文章，导致越来越多的美国消费者相信中国企业在核心技术上是有局限和短板的，即便有能力开发高科技产品，也极可能是通过"侵权"实现的。这样的宣传影响全球的客户，强调思科的合法性和华为的非法。法庭诉讼结果一经公布，不但美国人认为华为是错的，思科是正确的，甚至少数中国人都认同该观点。华为第一轮的失败不是败在法庭应变能力上，也不是败在产品上，更不是输在人力资源的协调上，而是败在发展中国家掌握媒体舆论的力量有限以及市场调研能力不足上。这些"软肋"和弱点十年后似乎仍未有明显的变化。

41.2.6.3 "统一战线"下诉讼第二回合

华为反思第一回合失败的原因后，分别邀请美国当地著名律师对华为产品进行调研，在得到了律师对华为产品的认可后，与律师一起确认了思科"私有协议"实际上是"非典型"的垄断策略的软肋，并聘请律师为华为辩护；同时华为也聘请了美国著名的与政府和媒体关系密切的游说公司为华为游说；此外，美国 IBM 公司为代表的华为老战友也在媒体前力挺华为；律师还为华为引荐了美国著名学者对华为产品进行核对，认为思科和华为两家相似产品的性能重合度还不到 2%。这样华为建立了应对思科的广泛的"统一战线"，在下一轮思华对决中发挥了重要的作用。2003 年 3 月 17 日，华为重返法庭，披露了思科以"私有协议"为幌子，阴谋垄断国际电信市场并阻碍公平竞争的不良动机，使实力强大的思科反而渐渐转入防御状态；法庭于 6 月 17 日开始将矛头对准了思科，明确拒绝和驳斥了思科提出的"禁止华为使用时刻操作软件"以及其他一些命令程序的要求,思科梦寐以求的禁售华为产品的希望最终化为泡影。但是,这些结果并不意味着华为的彻底胜利,法庭也对华为作出了一些有限的禁令,要求"华为停止使用有争议的路由器软件代码、操作界面及在线帮助文件等"。前两个回合打了平手,于是这一场"世纪之讼"进入了"相持阶段"。

41.2.6.4 最后结果

虽然思科华为官司以和解结束,但在之后的时间里华为进军美国的进程明显受阻,很多客户的合同就此搁置。尽管受阻受限,华为还是正式获得了在美经营的合法性。两个冤家对头还是通过自身的实力向全球市场证明了各自的实力,十多年来两家公司在全球市场的表现自然证明了各自的创新力和竞争力。思科 2002 年从全球 500 强企业排名 213 位下降到了 2008 年的第 218 位,相应的营收累计增长了 56.7%;华为 2010 年才首次进入全球 500 强,排名第 397 位,而同年思科排名回升到了第 200 位,同年思科营收和利润分别为华为的 1.66 倍和 2.30 倍;然而 2016—2020 年,华为在全球 500 强企业排名从第 129 位提高到了第 49 位,而同期思科排名从第 183 位下降到了第 211 位;2019 年华为营收和盈利分别为思科的 2.40 倍和 78%。两家企业十多年来在行业的地位的变迁和业绩雄辩地证明了各自的创新实力和坚持力。

41.3 与 3Com 合作和收购失败及启示

41.3.1 3Com 公司简介

3Com 公司是美国设备提供商,提供安全产品、集成语音设备和针对各种规模企业的数据网络解决方案,十年前在美国及全球市场有一定的占有率。2002 年 3Com 营收和利润分别高达 160.8 亿美元和 14.3 亿美元,在同年全球 500 强企业中排名第 316 位,与同年营收和利润分别为 222.9 亿美元和 -10.1 亿美元的思科在很大程度上是竞争对手。

41.3.2 华为与 3Com 公司的合作

实际上,在华为与思科 2003 年 3 月"世纪之讼"开庭 3 天后,当时与思科竞争激烈的 3Com 公司宣布与华为合资新建公司在 2003 年 3 月 20 日正式成立,这家合资公司的建立使华为与该公司的合作更为牢固,也使华为在美国市场地位更为牢固,这使思科产生了不安。2007 年 3 月,3Com 公司以 8.82 亿美元的价格收购了华为持有的 49% 股份,华为 3Com 的合资公司也正式更名为华三通信(H3C)。

41.3.3 收购失败合作和停止

华为与3Com公司合作顺利而且信任度不断提高,在2007年9月,本来要以22亿美元的高价收购3Com公司的华为,遭到了美国的阻挠,美国国会先后有8名议员提出相同的议案,一致认为华为此次收购会对美国的国家安全造成严重的威胁。在美国政治势力的阻挠下,华为的收购宣告失败,而且华为与3Com公司原本比较稳固的同盟关系也于2008年3月宣告终结。这次收购的失败给华为高管无疑留下了极其深刻的记忆,难怪华为多年前就预料到之后美国仍会以同样的理由对其业务进行限制或禁止,因此早就做出了相关准备。

41.4 华为国际化总结果

41.4.1 海外客户和业务全球覆盖度

从1996年开始进入国际市场,2005年华为业务覆盖就已达77个国家和地区,其中14个位于发达国家;2006年华为20000套设备应用于全球100多个国家和地区;到2008年分支机构遍及全球100多个国家和地区,为全球三分之一的人口提供各种通信服务;截至2018年底,华为在全球170多个国家和地区的1500多张网络提供稳健运行,同时在200多个重大事件中为客户网络稳健运行保驾护航,与欧洲、亚洲、非洲、拉丁美洲和北美洲等全球主要地区电信运营商有不同程度的合作。

41.4.2 全球最大电信设备供应商

早在2013年,华为首次超过了爱立信,成为全球最大的电信设备供应商("2013年华为成为全球最大电信设备供应商",2014年3月20日,工业和信息化部)。2019年,华为全球电信设备供应营收占比稳步提高到了28%的高位,接近排名第二位和第三位的诺基亚和爱立信占比之和(16%和14%)(Dell'Oro Group),显示出华为竞争力和国际化推进的程度和在电信设备供应领域的国际地位。

41.4.3 海外销售占比

海外销售占比是衡量企业国家化程度的最好标准。华为2003年海外销售10.5亿美元,占同年海内外总销售比重的27%,而2003—2004年华为海外合同销售额增长到了23亿美元,占总销售比重提高到了41%;2004—2005年华为海外合同销售额再同比增长 107.1% 到 48 亿美元，占比首次超过一半到 58%，成为名副其实的国际企业；2005—2008 年华为海外合同销售额累计增长了 2.68 倍到 175 亿美元，占总合同销售比重提高到了 75%；2008 年国际金融危机后全球经济受到影响，电信业发展也相对减缓，2009—2019 年华为海外销售年均复合增长率回落到了 14.6%，不到 2004—2008 年合同销售年均复合增长率 66.1% 的 1/4，导致 2019 年华为海外销售占比重回落到了 41.0% 的水平。

41.5　移动通信技术的升级和我国的参与及启示

从第一代到第五代移动通信技术（以下简称 1G 到 5G）的变迁可以看出不同企业几十年来全球科技最新发展，对我们理解第五代移动通信技术（5G）很有必要。

41.5.1　第一代移动通信技术（1G）

现代移动通信的发展史可追溯到 20 世纪 70 年代，美国贝尔实验室突破性地提出了蜂窝网络概念。基于此概念，1979 年日本电信电话公司（NTT）率先部署了自己的移动网络系统。1983 年，美国推出了由贝尔实验室和摩托罗拉公司共同研发的 AMPS 标准。几乎同时，北欧电信委员会推出的 NMT 和英国的 TACS 标准相继问世。成为 1G 时代 3 种主要通信标准。除摩托罗拉公司之外，欧洲的诺基亚、爱立信、西门子也相继成为主要的电信设备供应商。

41.5.2　第二代移动通信技术（2G）

20 世纪 80 年代末，数字化传输技术逐渐替代模拟传输技术，人类进入 2G 时代。1988 年，欧盟成立了欧洲电信组织（ETSI），制定并推出了统一标准 GSM。随后，GSM 在欧洲乃至世界主要国家快速渗透。然而，在大洋彼岸的美国，国内对于 2G 制式选择上却并不统一，有包括 IS95、CDMA 等多种方案，由市场主导推广。最终，欧洲在 2G 时代占得先机。

41.5.3　第三代移动通信技术（3G）

20 世纪 90 年代，3G 时代随之而来。3G 系统与国际互联网技术全面结合，支持高速数据传输。欧洲与日本等国家联合起来成立了第三代伙伴计划（3rd Generation Partnership Project）的行业组织，开发出了以 W-CDMA 为空中介质的 UMTS 标准。美国也紧随其后，推出了 CDMA-2000 标准。值得一提的是，1998 年 6 月，原中国邮电部电信科学技术研究院向国际电信联盟（ITU）提出了 TD-SCDMA 方案，并最终于 2000 年 5 月在 ITU-R 全会上被正式接纳。它标志着中国通信行业正式站上了世界舞台,直接促进了我国通信行业的发展,具有长远意义。

41.5.4 第四代移动通信技术(4G)

智能手机的普及,加速了4G时代的到来。相比3G,4G网络在标准上实现统一,全球均采用3GPP组织推出的LTE/LTE advanced标准。然而,世界通信的版图却在发生变化。截至2016年,中国的中兴通讯公司和华为技术公司分别以1997件和1608件专利分列世界4G专利排行榜的前两位;截至2018年,工信部数据显示,我国4G网络覆盖率已达95%;中国的华为、小米等品牌也在智能手机制造领域占有一席之地。在世界通信领域,中国扮演着越来越重要的角色。

41.5.5 第五代移动通信技术(5G)

如今,5G时代已然到来。5G的超快速度、超高带宽、超低延时,将对原来的互联网生态进行全面的改造,对整个世界带来全新的改变。我国在1G和2G时代主要是学习和引进外来基础和标准,而我国电信研究院参与制定了全球3G标准,而我国"中华"两家企业全球4G专利排名前两位,显示我国在移动通信领域从学习引进逐步到了引领技术和参与制定标准制定的水平;下文介绍"中华"两家企业在5G专利数量分别排列全球第1位和第3位,加上电信研究院和广东OPPO公司两个机构的专利,我国5G专利数全球占比32.8%(截至2019年12月31日),名列全球首位,显示继4G后,我国继续引领全球移动通信技术的良好态势。

41.6 5G简介和应用潜力

第五代移动通信技术(以下简称5G)是当前全球移动通信技术发展的最高峰,各界普遍希望5G不仅会改变人们的生活,而且还可能改变社会的很多方面,因此吸引了全球的关注。

41.6.1 5G技术的特点和优势

5G技术是在4G技术的基础上平滑演进和提升的,其技术特征如下。首先,频谱利用率高(高频谱资源在5G通讯技术中广泛应用,与光载无线组网、有线和无线宽带技术的融合,能够给5G通讯技术带来广泛的应用前景);其次,双向信号传递大幅度提高速度(5G采用双向传递无线电波,配置更高的电台频率和更大的宽带,高频率、大容量和密集的接收点会使5G网络的下载速度比4G速度快100倍);最后,单位功耗成本低(曾剑秋,2017)。

41.6.2 5G 技术的关键技术

5G 技术的关键技术包括高频段传输技术、多天线传输技术、同时同拼全双工技术、设备间直接通讯技术、密集网络技术、新型网络架构技术和智能化技术（同上）。这些技术专业性很强，我们不宜过多研究。

41.6.3 5G 技术的应用趋势

5G 技术有着广阔的应用空间。首先是万物互联，5G 极大的流量将能为"万物互联"提供必要的条件。致力于提供更高速率、更短时延、更大规模、更低能耗的 5G 技术将能够有效满足物联网的特殊应用需求，从而实现自动化和交通运输等领域的物联网新用例，加快物联网的落地和普及。其次是生活云端化。5G 移动内容有两大趋势：从传统的中心云到边缘云（移动边缘计算），再到移动设备云。由于智能终端的和云技术的普及，使移动数据业务的需求越来越大，内容越来越多。再次是智能交互。无论是无人驾驶汽车间的数据交换，还是人工智能的交互，都需要用到 5G 技术庞大的数据吞吐量和效率（同上）。

41.7 5G 技术专利的企业及国家和地区分布

41.7.1 5G 技术专利的企业分布

5G 技术最好的衡量是不同企业申请到的 5G 专利数据。根据德国专利数据公司 IPLytics 统计数据计算，截至 2019 年 12 月底，华为、三星、中兴、LG 和诺基亚 5 家企业 5G 专利声明数皆超过了 2000 项，为 5G 技术专利第一梯队，5 家企业专利总占比高达 61.4%；爱立信和高通分别有 1494 项和 1293 项 5G 专利，两家总占比 13.2%，为 5G 专利的第二梯队；英特尔、夏普、日本电信电话都科摩、广东 OPPO 和中国电信研究院分别有 500 项到 900 项专利，5 家机构总占比 16.8%，为第三梯队。以上 12 家企业 5G 专利数占全球比重高达 91.4%，另外 19 家企业分别仅有 10 项到 400 余项不等，占总专利数比重仅为 8.6%。

41.7.2 5G 技术专利的国家和地区分布

截至 2019 年 12 月底，中国华为、中兴、广东 OPPO 移动通讯公司和中国通讯技术研究院四家机构分别占比 14.9%、12.1%、3.1% 和 2.7%，合计 32.8%，加上其他 4 家中资企业 5G 专利声明数，中国公司 5G 数量占比达 34.6%；韩国三星、LG 电子和另外 4 家韩国公司分别占比 13.2%、10.9% 和 0.9%，合计 25.0%；美国高通、英特尔和另外 2 家美国公司分别占比 6.1%、

4.1%和2.9%，合计13.2%；芬兰诺基亚占比10.2%；瑞典爱立信占比7.1%；日本夏普、日本电信电话都科摩和另外4家日本公司分别占比3.5%、3.4%和1.1%，合计8.0%；中国台湾地区4家企业总占比1.2%。

41.7.3 主要企业合作加速5G技术应用

由于爱立信和英特尔两家公司的5G专利分别仅占全球比重为7.9%和5.3%（两家总和仅为13.2%，不及华为和诺基亚两家公司各自的专利占比），难以单独在全球5G市场中发挥主导作用，加上爱立信2018年亏损40多亿美元的同时，英特尔盈利超过200亿美元，两家公司合作和共享其5G和其他资源以在整个5G市场发挥更大的作用（"英特尔和爱立信合作开发5G平台"，中国电子商会网，2019年2月13日）。这种合作今后应该会成为一种趋势。

以上数据显示，我国在5G研发方面走在了全球前列，而且华为引领全球5G技术，是多年来我国科技巨大进步的证明。这些专利为今后我国在全球5G技术进一步开发和应用打下了坚实的基础。

41.8 全球 5G 标准

第三代合作伙伴计划（3GPP）是一个全球性的电信标准发展组织，其会员为全球主要的电讯设备商、运营商和芯片提供商等相关企业和机构，是全球5G技术标准制定的主要国际机构，在业内有很大的影响力。与之前4G标准制定相似，全球5G标准制定的主要机构是3GPP组织会员研究同意的标准，后由国际电信联盟（ITU）认可即可成为全球统一的标准。

41.8.1 5G 标准工作组

2019年3月21日，3GPP在深圳召开第83次会议，完成了三大技术规范组的换届投票，其中，在TSGSA（TSG Service and System Aspects，TSGSA）工作组的竞选中，华为公司的Georg Mayer及高通推举的Eddy Hall对决，最终华为的Georg Mayer当选SA工作组的主席，任期两年，该工作组三个副主席分别为日本电信运营商KDDI、韩国LG电子和美国通讯公司Spring的代表当选；另外核心网络和终端（Core Network and Terminals，CT）工作组和无线接入网络（Radio Access Network，RAN）工作组的主席分别由美国Orange公司和诺基亚公司的代表当选（诺基亚代表该工作组主席为连任主席）；CT工作组三位副主席分别为美国InterDigital、中国通讯技术研究院和德意志电讯三家机构代表当选，RAN工作组三位副主席分别由日本NTT、中国移动和爱立信三家公司的代表当选。本次当选SA工作组主席的华为Georg Mayer之前连续四年为CT工作组的主席

(3GPP 网站：www.3gpp.org）。以上当选结果在很大程度上反映出不同国家和地区的机构在 5G 领域的影响力。三个工作组定期每季度召开会议讨论相关标准制定问题。2020 年 7 月 3 日，3GPP TSG RAN#88 - e 远程会议上宣布 Rel - 16 NR 标准冻结，这标志着 5G 第一个演进版本完成标准制定工作。华为联合产业伙伴共同完成 3GPP Rel - 16 NR 标准制定，全球 5G 产业携手共进。

41.8.2 5G 技术标准

经过全球诸多企业和电信运营商的共同努力，3GPP 首版 5G 标准（R15）在 2017 年 12 月 21 日在 3GPP RAN（Radio Access Network，RAN）工作组第 78 次会议上 5GNR（新无线 New Radio 的简称）首版正式冻结并宣布，成为全球第一套全面的 5G 标准；2018 年 6 月 13 日，3GPP 5G NR 标准 SA（Standalone，独立组网）方案在 3GPP 第 80 次 TSG RAN 全会正式完成并发布，这标志着首个真正完整意义的国际 5G 标准正式出炉；2018 年 6 月 14 日，3GPP 全会（TSG#80）批准了第五代移动通信技术标准（5G NR）独立组网功能冻结。加之 2017 年 12 月完成的非独立组网 NR 标准，5G 已经完成第一阶段全功能标准化工作，进入了产业全面冲刺新阶段（3GPP 网站：www.3gpp.org）。

2020 年 7 月 9 日世界电信联盟无线通讯部门［（The International Telecommunication Union Radiocommunication Sector，ITU - R）国际移动通讯］工作组在第 35 次会议上正式确定第三代移动通讯合作计划（3rd Generation Partnership Project，3GPP）5G 技术（包括 NB - IoT）成为唯一认可的 IMT - 2020（International Mobile Telecommunication - 2020）5G 标准。据世界电信联盟报道，从 2016 年至今，对征集的各项候选技术，按照 eMBB（增强移动宽带）、URLLC（低时延高可靠通信）和 mMTC（大规模机器通信）三大 5G 目标应用场景进行了详细的评估，最终确定 3GPP 5G 技术在业务、频谱、技术性能指标等各个方面均满足 IMT - 2020 技术标准的要求，具备了峰值速率超过 20Gbps、通信时延小于 1ms、支持每平方公里 100 万个设备等先进技术能力，能够满足 5G 的各种应用要求。华为作为这一标准制定过程中的重要参与者，其推荐的 PolarCode（极化码）方案获得认可，成为 5G 控制信道 eMBB 场景编码的最终解决方案，这被视为华为争夺国际话语权的一次胜利。

41.8.3 华为参与 5G 标准制定

作为全球最大的电信设备供应商和 5G 专利最多的全球领头企业，华为积极参与了全球 5G 标准的制定过程。在 2018 年世界移动大会上，华为正式面向全球发布了世界首款基于 3GPP 标准的 5G 终端芯片和基于该芯片的首款 5G CPE（Customer Premise Equipment）。2018 年 9 月，IMT - 2020（5G）推进组主导的

5G 非独立组网（NSA）和独立组网（SA）的三个阶段测试结束，华为成为首个完成全部测试的厂商，且各项指标测试结果最优。截至 2018 年底，华为联合业界主流厂商率先完成了端管芯互联互通测试，为运营商规模部署 5G 奠定基础。2018 年华为发布业界首个基于 3GPP 标准的端到端全系列 5G 商用产品与解决方案，和全球 182 家运营商开展 5G 测试，签订 30 多个 5G 商用合同，40000 多个 5G 基站已发往世界各地（2018 年年报）。

2019 年 9 月 10 日，中国华为公司在布达佩斯举行的国际电信联盟 2019 年世界电信展上发布《5G 应用立场白皮书》，展望了 5G 在多个领域的应用场景，并呼吁全球行业组织和监管机构积极推进标准协同、频谱到位，为 5G 商用部署和应用提供良好的资源保障与商业环境（"华为在世界电信展发布《5G 应用立场白皮书》"，中国新闻网，2019 年 9 月 11 日）。

41.9　全球 5G 五大设备商性能和其他相关比较

41.9.1　全球 5G 五大设备商性能比较

2019 年 7 月 1 日，著名数据分析公司 Global Data 发布全球首个 5G RAN（无线接入网）排名报告。该报告主要针对目前五大主流设备商：华为、爱立信、诺基亚、三星和中兴最重要的四个关键指标基带容量，射频产品组合，部署简易度和技术演进能力进行了评估。结果显示，华为在四个关键指标皆获得 5 分的最高分，而诺基亚和爱立信分别在基带容量和部署简易度两个指标得分与华为相同，该两大设备上其他三个指标皆低于华为（*Telecom Industry's First 5G RAN Competitive Analysis Published by Global Data Reveals Huawei Leadership*，2019 年 7 月 1 日）。除华为四个指标评价得满分 5 分外，诺基亚、爱立信、三星和中兴四个设备上平均得分分别为 3.2 分、3.0 分、2.8 分和 2.8 分；华为和诺基亚平均得分排名与该两企业 5G 专利数量排名一致，而爱立信专利数量仅排名第 7 位，然而四大指标评价得分却排名第 3 位，显示出爱立信在部署简易度方面的优势；另外三星和中兴两家企业四个指标评价得分与其专利数量也基本相当。这些结果表明，专利数量是 5G 设备商四个关键指标性能的底力。

41.9.2　主要设备商最新业绩和投资强度比较

5G 网络安装和应用竞争达到了激烈的程度，主要设备商和芯片商（也是 5G 专利的主要拥有者）2020 年上半年的经营状况和研发投入可以给出我们当前该领域竞争的最新动态。表 41 - 1 给出了上文五大设备商和英特尔及高通两大芯片商 2020 年上半年的经营业绩等信息。

表 41-1　　五大设备商及英特尔和高通 2020 年上半年的
经营业绩及与 2019 年的比较　　单位：亿美元，%

2020 年上半年	营收	同比变化	净利润	同比变化	研发投入	同比变化	投资强度
华为	637.0	13.6	60.9	23.5	95.0	18.7	14.9
三星	901.1	-0.2	86.9	2.2	88.0	7.4	9.8
爱立信	112.4	1.6	5.2	14.5	20.5	2.6	18.2
诺基亚	112.0	-6.7	-0.2	97.3	21.9	-14.3	19.6
中兴	66.7	5.8	3.3	27.3	9.4	2.6	14.1
高通	101.1	-30.8	13.1	-53.3	29.9	11.1	29.6
英特尔	395.6	21.5	107.7	32.0	66.3	-2.1	16.8
2019 年							
华为	1214.0	19.1	88.6	5.6	186.1	29.7	15.3
三星	1917.1	-5.5	180.9	-51.0	165.6	8.5	8.6
爱立信	242.4	7.8	2.0	129.3	41.4	-0.2	17.1
诺基亚	261.1	3.3	0.1	103.3	49.4	-4.5	18.9
中兴	128.3	6.1	8.2	183.1	17.7	15.1	13.8
高通	242.7	7.4	43.9	188.4	54.0	-4.0	22.2
英特尔	719.7	1.6	210.5	0.0	133.6	-1.3	18.6

数据来源：2019 年和 2020 年上半年数据来自各家公司财报数据计算得出；科研强度为研发支出与营收之比。高通 2020 财年为自然年 2019 年 10 月至 2020 年 9 月，高通 2020 年上半年财务表现为其 2020 财年第二和第三季度结果，上表其余公司财年与自然年相同。各财务指标以国际清算银行公布的 2020 年 6 月末各币种兑美元汇率计算得出。

表 41-1 显示，尽管受美国及其盟友的限制，2019 年华为保持了 2018 年营收同比增长七家企业最高的水平，2020 年上半年营收同比增幅仅次于英特尔，而且 2020 年上半年华为科研投资保持了 18.7% 的增幅，科研投资强度有望进一步提高；2020 年上半年华为科研投入 95.0 亿美元不仅超过三星，而且超过爱立信、诺基亚、中兴和高通 4 家企业投资总和 81.6 亿美元，显示华为抗压的能力和持续投资引领 5G 的决心。

41.9.3　主要设备商最新投资变化和启示

表 41-1 显示，2020 年上半年三星利润同比仅增长 2.2% 左右，科研投资强度仅为 9.8%；另外，诺基亚和英特尔两家公司科研投资同比也出现了不同程度的下降；"中华"两家中资企业科研同比增幅排名前列，显示我国主要 5G 企业在该领域继续加大投入的态势。表 41-1 同时显示，2020 年上半年高通科研投

资强度大幅提升至 29.6%，另一家美资企业英特尔科研投资强度也达到 16.8%，而且两家美资企业总科研投入高达 96.2 亿美元，略高于华为一家中国企业的研发投入金额，显示主要美资企业在科研领域，应该主要在 5G 领域继续追赶的态势。然而，上文 2019 年 3 月到 6 月 15 日全球主要企业 5G 专利数据显示，虽然高通和英特尔 5G 专利分别增多了 75 项和 67 项，但两家美资企业总增量 142 项，仅相当于同期四家中国机构总增量 844 项的六分之一，六家美资企业总 5G 占比从 13.9% 略降到了 13.3%。

41.10 5G 技术在全球采纳

41.10.1 截至 2018 年 12 月的基本结果

目前全世界已经有 56 个国家开始布局 5G 网络建设，其中有 25 个国家选择与华为合作，远远领先其竞争对手爱立信和诺基亚，华为凭借强大的专利技术和优质的服务在全球打下了近一半的市场（纳米技术，2018）。

亚洲是 5G 技术的主要市场。除中国内地四家电信运营商全部使用华为技术外，中国香港、印度尼西亚、沙特阿拉伯、土耳其、科威特、阿曼和黎巴嫩等国家和地区开始与华为进行不同程度的合作。欧洲市场分为东欧和西欧，华为的主要市场也是在中东和欧洲市场，在欧洲国家还可看见很多人都在使用华为手机，如今华为手机的销量全球第二位，有很大一部分得益于欧洲市场的认可。在通信方面，华为和很多的国家都已经签署了合作协议，当年其 4G 网络建设就是华为做的，所以对华为还是很信任的，5G 和华为签约不仅费用会减少，而且会有更好的产品（同上）。

41.10.2 华为 2019 年上半年相关比较

Dell'Oro 发布 2019 年第二季度无线接入网络（RAN）份额报告，因 5G 演进进程持续加速，将之前预测目标上调：预计 2019 年 5G NR（新无线电）将会占无线整体市场的 10%~20%，当前毫米波频段在整个 RAN 市场中几乎可以忽略不计。2019 年上半年华为在 RAN、5G NR、LTE（蜂窝）领域的市场份额都超过 30%，小站更是超过了 40%，全面领先，主要受益于中国和亚太市场积极投入发展 5G。根据 Dell'Oro 最新数据，华为的电信网络业务仍在持续扩张，华为的市场份额从 2018 年的 27.7% 增长到 2019 年上半年的 28.1%。单看 2019 年第二季度，华为的市场份额上升至 29%，诺基亚、爱立信的份额分别为 15.7%、13.1% 位居第二位和第三位（"上调 2019 年 5G NR 预测，华为电信业务市场份额持续提升"，2019 年 9 月 2 日新浪财经——自媒体综合）。

41.10.3　禁止和仍需协商的国家和地区

美国及其盟友日本、澳大利亚、新西兰四个国家已经宣布禁用华为 5G 技术，此外越南和波兰也同样宣布禁止华为 5G 技术。此外，加拿大和印度等主要经济体仍需继续研究才能作出最后决定。

41.10.4　最新结果及启示

2019 年 9 月 12 日，《日本经济新闻》发表了题为"美国在 5G 战争中败迹明显"的文章，对当前全球 5G 技术采纳，特别对美国禁止政府机构采购"中华"企业设备并要求其盟友限制"中华"企业 5G 技术的当前国际现状进行了较好的报道和分析。文章指出，"左右美中 5G 战争趋势的是亚洲的走向。8 月下旬在曼谷举行的'日本与东盟媒体论坛'……而东南亚大部分参加者都断言美国战胜不了中国"。柬埔寨使用华为技术，马来西亚和泰国表示不会排除华为。在菲律宾、印度尼西亚、缅甸，当地的通信巨头也与华为和中兴签订合同，开展 5G 合作。文章分析了"中华"企业 5G 技术在东南亚成功的原因在价格和"安全"。首先，"中华"两家企业占全球移动通信基础设施比重近 40%，爱立信（29%）和诺基亚（23.4%）也有很高的份额，但后两家北欧公司价格要比"中华"两家公司要高出 20% 到 30%，这不符合东南亚和印度的预算。另外，美国指控华为"安全"问题不仅难以令南亚国家信服，而且这些国家对美国通过技术染指间谍活动更使得南亚国家望而却步。

2020 年 3 月华为泰国公司将投资 4.75 亿泰铢（约合人民币 1.02 亿元），在泰国数字经济促进局（Depa）总部建立一个 5G 生态系统创新中心，用于研究 5G 用例，并计划在 3 年内孵化 100 家当地中小企业和初创企业。由此打开了华为与东盟的 5G 合作建设。截至 2020 年 6 月，已有近 20 个国家和地区正式开展与华为的 5G 合作，其中包括沙特阿拉伯、泰国、土耳其、阿曼、德国、乌克兰、葡萄牙、奥地利等。

41.11　引领出口创汇

2002 年我国加入 WTO 第一个完年，也是华为创建后的第 15 年，华为科技公司出口 7.2 亿美元，在我国出口企业排名第 58 位；2004 年华为出口增长到了 10.8 亿美元，排名提高到了 46 位；2007 年华为科技成为入围我国出口企业前十强的唯一一家民营企业，2008 年出口同比增长 40.1%，排名提高到第 8 位和前十强的唯一一家民营企业；2009 年华为科技以 69.9 亿美元的出口总额位居第 8 位，前七位均为外企，保持了前八强企业的唯一一家民企和中资企业；2019 年华为终端有限公司和华为科技有限公司出口分别为 1100.5 亿元和 861.5 亿元人民币，分别排名第 2 位和第 7 位，两家华为公司总出口 1962.0 亿元，仅比排名第 1 位的鸿富锦精密电子（郑州）有限公司出口 2199.2 亿元低 10.8%，2019 年两家华为公司创汇 938.5 亿元（《中国海关》杂志，2020 年 4 月刊）。2004—2019 年，华为出口和净出口分别增长了 20.9 倍和 38.4 倍，年均复合增长率分别高达 22.8% 和 27.7%，不仅在中国企业中少见，而且在全球范围内也是罕见的。

第 23 章讨论了单位出口创汇能力是企业科技水平的重要标志。2004 年华为单位出口创汇能力就高达 0.27，比同年我国总单位创汇能力（包括外资在内的我国总贸易顺差与出口比例）0.05 高出 4.3 倍，也高出 1981—2019 年我国总单位创汇能力最高的 2015 年的 0.26；2019 年华为终端和华为科技单位出口创汇率分别提高到了 0.49 和 0.46，两者分别高于和低于 2019 年富士康集团鸿富锦精密电子（郑州）有限公司（2019 年中国最大出口企业）的单位出口创汇率 0.48，而两家华为公司总的单位出口创汇率 0.478 略低于鸿富锦精密电子（郑州）的 0.482，华为终端单位创汇能力 0.49 也略低于鸿富锦精密电子郑州、成都和天津三家分公司总单位创汇能力的 0.52。另外，两家华为公司 2019 年单位创汇能力比同年全球单位创汇能力最高的德国单位出口净顺差 0.19 高出 1 倍多，显示出华为科技创新的成就。

41.12　华为精神和制度保障

除上文介绍了华为在全球电信供应商和 4G、5G 专利的国际地位及单位出口创汇能力等优异成绩外，一年多来媒体报道的华为全球首个 5G 麒麟芯片、华为鸿蒙操作系统、华为电脑等都反映出华为巨大的创新能力和坚韧不拔的毅力。特别是华为近期宣布愿意将 5G 技术转售给美国等国家以促进 5G 技术在全球的普及和应用，更显示出华为的信心、灵活和大气。那么华为的这种能力和毅力来自哪里？自然来自华为创立不久便不断充实的华为精神。

41.12.1　华为核心价值观

华为精神主要体现在华为核心价值观的六个方面，这个核心价值观自华为 2009 年年报以来一直保留，表明华为价值观也是在实践中不断完善而逐步形成的。下文主要摘自华为 2010 年年报。一是成就客户（或者一切为了客户）。"为客户服务是华为存在的唯一理由，客户需求是华为发展的原动力。我们坚持以客户为中心，快速响应客户需求，持续为客户创造长期价值进而成就客户。为客户提供有效服务，是我们工作的方向和价值评价的标尺，成就客户就是成就我们自己。"

二是艰苦奋斗。"我们没有任何稀缺的资源可以依赖，唯有艰苦奋斗才能赢得客户的尊重与信赖。奋斗体现在为客户创造价值的任何微小活动中，以及在劳动的准备过程中为充实提高自己而做的努力。我们坚持以奋斗者为本，使奋斗者得到合理的回报。"

三是自我批评（欢迎批评超越提高）。"自我批判的目的是不断进步，不断改进，而不是自我否定。只有坚持自我批判，才能倾听、扬弃和持续超越，才能更容易尊重他人和与他人合作，实现客户、公司、团队和个人的共同发展。"自我批评说起来容易，做起来难，特别是企业高层能够主动欢迎员工和各级管理层对公司经营和理念提出批评意见就很难了。而华为在公司内部专门建立了"蓝军"对"红军"进行批评，甚至对公司主要负责人提出批评，这在国内外都是少见的。

四是开放进取（不断学习进取超越）。"为了更好地满足客户需求，我们积极进取、勇于开拓，坚持开放与创新。任何先进的技术、产品、解决方案和业务管理，只有转化为商业成功才能产生价值。我们坚持客户需求导向，并围绕客户需求持续创新。"华为在设立第6年，仍然处于艰苦创业时期就于1993年在美国硅谷设立了研究院，进入欧洲市场不久就先后在欧洲主要国家设立了数个研究院，不仅与当地科研和产业机构进行沟通研究，而且也与当地高校广泛合作，从而使华为能够走在世界最新学术研究和科技研究的最前列。最著名的5G技术文章第五代移动通信的关键技术核心极化码，既非源于欧美企业，也非源于东方，而是源于土耳其Arikan教授2008年发表的一篇经典论文。华为团队敏锐反应，在该论文发表两个月内就开始系统研究，而且与原作者保持了密切合作并支助其进行相关科研，十多年来华为已经成为该领域专利申请数全球最多的公司，成为该领域的全球引领者。

五是至诚守信。"我们只有内心坦荡诚恳，才能言出必行，信守承诺。诚信是我们最重要的无形资产，华为坚持以诚信赢得客户。"

六是团队合作。"胜则举杯相庆，败则拼死相救。团队合作不仅是跨文化的群体协作精神，也是打破部门墙、提升流程效率的有力保障。"

41.12.2 华为精神的其他方面

除上文介绍的华为精神的六个方面外，华为精神实际上还体现在其他方面，如超前的价值观，即潜力胜过经历，善于发掘员工的潜能；另外有长期的战略思维，表现在不为快钱所动，近一二十年中国房地产最赚钱，很多企业做房地产，但是华为没有受到影响。不为快钱所动不容易，而不为资本所动就更难了。华为多年来未接受资本投资，而仅靠自己的营收大量投入科研，科研投资多年超过其年度利润，显示其坚信"科学技术是第一生产力"的信念。

华为精神既有中国传统的儒家思想，也有我国革命历史精神的成分，如艰苦奋斗，"群众路线""农村包围城市""持久战"和"闪电战"相结合等，同时也有国外经营理念的优秀成分。实际上，早在华为创建初期，任正非首次访美考察时就对美国现代化管理系统进行过考察，寄希望于"建立以国家文化为基础的企业文化"，积极健全"以中国传统文化构筑企业核心价值体系"。在美国著名企业 IBM 等机构的帮助下，华为以现代化的企业管理考核方法对华为进行内部整顿以优化管理体系，先后在华为内部实施了 IPD（集成产品研发）和 ISC（集成化供应链）并对这些国际管理和理念进行修正和优化，终于形成了集中外管理理念于一体的华为管理方法，既有"狼性"的敏感、速度和力度，同时又有"狗性"为客户的尽心、尽力和周到的服务。

41.12.3 华为核心价值实现的制度保障

客户是企业的上帝、至诚守信和团结合作这三个价值信条似乎是所有企业都强调的，没有多大的特色，但是要真正做起来可不容易，特别是团结合作是所有人类组织都需要的目标，然而必须有制度的保障才能真正落到实处。"华为有 9 万多名员工通过工会来持有公司股份，是 100% 由员工持有的公司"（"揭开股权神秘面纱，谁拥有华为？"，第一财经，2019 年 4 月 29 日）的股权结构不仅在国内少见，在国际上更为少见。国外创始企业老板持有 30% 左右甚至更高的股权是常见的事。实际上，华为员工持股并不是我们通常概念下的大锅饭式的持股，而是基于员工能力和潜力及对公司贡献而计算的持股，因此能够有效激励员工的动能和潜能。只有将股权合理分配给各级员工，才能要求、监督同事甚至他的领导去努力工作，才能真正地为客户服务，才能有效创新，才能真正地团结协作。股权激励的各种机制在全球企业管理中多见，但是作为华为创始人任正非占华为股份不到两个百分点，其他高管占比和管理层与中层管理者及其他员工平均分配机制就不仅在国内少见，而且在国外也实属少有。创始人的股权占比反映其境界，这样的股权结构下的团队难怪会有独特的创新精神、协作精神和竞争力。

华为高管不仅没有国际大企业高管的直升飞机等豪华设施，也没有国内外高管出行的保镖、秘书和司机。任正非一人出差自己打车的图片也反映出华为将自己的有限资源全部用在了科研投入和员工福利，这种精神不仅国内少见，国外也不多见。

41.13 5G 技术的广泛应用是展现综合实力的竞争

5G 技术是新应用和新市场的基础，广阔的新市场的开拓和挖掘才能真正显现技术的潜能。上文介绍了 5G 技术的专利分布、主要设备商的技术性能和 5G 技术在全球的采纳情况等，这些都是新技术平台和基础。这些技术未来几年以至十几年在全球范围内的应用才是市场竞争的真正所在。近年来国内外行业协会，华为等主要国际5G企业都对5G技术今后在人工智能、物联网和云计算等领域今后的发展发表过很多预测，这里难以一一概括。本节主要简析和比较主要国家和地区在今后5G应用方面的潜力。

41.13.1 "某项新技术并不代表一切"

《华尔街日报》近期的一篇文章很有启示。"领先某项新技术并不代表一切。苏联在进入太空方面击败了美国，但在登月上落后于美国。在电讯领域，20世纪90年代欧洲国家在蜂窝网络上充当急先锋。然而，美国公司奋起直追，在全球范围内主导了这项技术，后者为今天的移动网络提供了动力"（"在5G主导权的争夺中，中国拥有优势，"《华尔街日报》，2019年9月7日）。这段话实际上是承认了美国在5G技术领域相对落后，然而某项技术确实不代表整体是基于历史的判断，应该是客观的且反映出明显的自信。就5G技术而言，技术和基础平台的铺设是所有应用的基础，而今后5G的广泛应用才是今后竞争的重点。

41.13.2 主要国家和地区主要企业科研投资和投资强度比较

开发5G应用需要投资，不同国家和地区主要企业研发投资应该是最能反映出不同国家和地区在5G技术应用领域的潜能。表3-6给出了2018年和2019年全球科研投资分别超过2515.5欧元和3074.8万欧元（以2018年和2019年底汇率计算分别相当于1.98亿元和2.40亿元人民币）的2500家企业在主要国家和地区的分布。表3-6及之前年份数据显示，2016—2019年，我国大陆、印度和以色列外主要国家和地区进入全球前2500家科研投入最多的企业数皆出现了不同程度的下降，而我国大陆同期企业数增加了180家；同期我国大陆外主要国家和地区进入全球前2500家总科研投入平均保持在个位数增长，而我国大陆却累计增长了93.4%，显示出近年来我国在科研投入方面的巨大进步。

表3-6及之前年份数据显示，虽然2016—2019年，美国和欧盟进入全球科研投资最多的企业数分别下降了68家和39家，而且同期该两地区进入前2500家企业的总科研投资累计增幅分别仅为16.4%和10.7%，但2019年该两地区总科研投资占全球比重分别高达38.0%和25.3%，显著超过该两地区产值的全球比重，显示出美欧在全球科研投资的引领态势，同时也显示出美欧企业在5G技术相关应用领域的发展潜力；2017年我国大陆进入全球前2500家科研投资的企业数376家首次超过了日本的365家，而且2019年超过了日本189家，但由于2019年大陆企业平均科研投资1.9亿欧元不到日资企业平均科研投资3.4亿欧元的六成，大陆企业总科研投资全球占比11.7%却仅相当于日本企业总科研投

资占比 13.7% 的九成；韩国虽然经济排名低于加拿大，但韩国进入 2500 家名单的企业数 75 家不仅超过了加拿大，而且超过了加拿大和澳大利亚总企业数 40 家，韩国这些企业总科研投资占比 3.8% 不仅超过加拿大和澳大利亚总占比之和 0.9%，而且超过了印度、加拿大和澳大利亚三国占比总和 1.5% 的 1 倍多，显示出韩国在科技创新方面的力度；瑞士总科研占比 3.5% 仅次于韩国；值得关注的是，2019 年印度进入全球 2500 家科研投资名单的企业数和总投资占比皆超过了加拿大和澳大利亚两个发达国家，与近年来印度在全球经济地位更为一致。

41.13.3 欧洲主要企业总科研投资强度比较及启示

表 41-2 显示，欧盟进入全球 2500 家科研投资最多的企业数及其中投资占比皆仅略低于美国，排名第 2 位，与上文介绍的欧洲两家企业诺基亚和爱立信（英国和意大利两国总共仅有 3 项专利占比很低）5G 专利全球占比 21.7% 排名仅次于中国和韩国，显示出欧盟在 5G 技术方面和企业总体科研投入方面皆达到全球第 2 位的水平，在今后 5G 技术推广和应用中也将发挥重要的作用。另外，韩国 5G 技术专利数仅次于我国，而且韩国 2019 年进入全球 2500 家科研投资最多的企业总科研投资占比 3.8%，全球排名第 5 位，韩国在 5G 技术推广和应用方面也将成为一支重要力量。

41.13.4 美国主要企业总科研投资强度比较及启示

虽然美国总的 5G 技术专利不及中国、韩国和欧盟，全球仅排名第 4 位，但是表 3-6 显示，美国进入全球前 2500 家科研投资企业数最多，这些企业科研投资占全球比重也最高，而且 2016 年和 2019 年这些美资企业总的科研投资强度保持在显著高于欧盟、中国、日本和韩国的水平，显示出虽然美国 5G 技术相对落后于其他国家和地区，但是美国在 5G 之外技术的领先程度和大量的重视科研的企业在今后 5G 应用领域将很可能成为重要的力量。

美国之所以能够保持引领全球科技创新发展并在落后的情况下后来居上的重要基石是"确保做的任何事情都建立在事实、逻辑和法制的基础之上"（微软总裁史密斯，《福布斯》双周刊网站，2019 年 9 月 8 日）。然而近年来美国与"事实、逻辑和法制"背道而驰的各种做法无疑是在撼动多年来美国成功的基石，基石动摇了，美国强劲的科技创新力量可能也不会如以前那么有效地释放。

41.13.5 全球主要国家和地区主要企业在主要行业研发投资分布

2019 年全球科研投资最多的 2500 家企业在主要投资领域的分布也在很大程度上反映出当前全球科技竞争的态势，表 41-2 给出了相关结果。

表41-2 全球科研投资前2500家企业在主要国家和地区及主要投资领域的分布（2019年） 单位：家，亿欧元，%

企业数分布	软件和计算机服务	技术硬件和设备	制药和健康	汽车及零部件	金融	其他领域	合计
美国	150	89	221	22	7	280	769
欧盟	39	28	89	35	2	358	551
中国大陆	61	48	44	36	3	315	507
日本	7	22	28	33	1	227	318
中国台湾	3	45	1	4	0	36	89
其他国家和地区	25	18	46	20	1	156	266
总投资金额分布	软件和计算机服务	技术硬件和设备	制药和健康	汽车及零部件	金融	其他领域	合计
美国	835.5	717.4	745.9	184.4	19.3	622.7	3125.2
欧盟	105.4	158.9	398.9	609.4	3.2	807.6	2083.5
中国大陆	161.4	197.8	42.2	85.0	1.2	476.2	963.9
日本	35.5	72.5	116.4	325.4	0.7	543.9	1094.4
中国台湾	8.8	88.6	0.5	2.8	0.0	61.5	162.2
其他国家和地区	30.4	43.1	234.3	70.9	6.4	419.9	805.0
总投资金额辖内分布	软件和计算机服务	技术硬件和设备	制药和健康	汽车及零部件	金融	其他领域	合计
美国	26.7	23.0	23.9	5.9	0.6	19.9	100.0
欧盟	5.1	7.6	19.1	29.3	0.2	38.8	100.0
中国大陆	16.7	20.5	4.4	8.8	0.1	49.4	100.0
日本	3.2	6.6	10.6	29.7	0.1	49.7	100.0
中国台湾	5.4	54.6	0.3	1.7	0.0	37.9	100.0
其他国家和地区	3.8	5.4	29.1	8.8	0.8	52.2	100.0
总投资金额全球分布	软件和计算机服务	技术硬件和设备	制药和健康	汽车及零部件	金融	其他领域	合计
美国	71.0	56.1	48.5	14.4	62.6	21.2	273.9
欧盟	9.0	12.4	25.9	47.7	10.5	27.5	133.1
中国大陆	13.7	15.5	2.7	6.7	3.8	16.2	58.7
日本	3.0	5.7	7.6	25.5	2.2	18.6	62.4
中国台湾	0.7	6.9	0.0	0.2	0.0	2.1	10.0
其他国家和地区	2.6	3.4	15.2	5.5	20.8	14.3	61.9
总计	100.0	100.0	100.0	100.0	100.0	100.0	600.0

数据来源：根据表3-6相应的数据计算得出。

表 41-2 显示，美国在全球高新科技最主要的软硬件两大领域投资最多的企业数及其总投资金额皆遥遥领先全球，而且总投资金额占全球比重分别高达 71.0% 和 56.1%，显示出美国引领全球信息科技发展的态势和实力；美国在全球另外一个最具潜力的制药和健康领域也领先全球，总研发投资全球占比也高达 48.5%；软硬件和制药健康三大领域总科研投资占美国进入 2019 年全球研发投资最多的 769 家企业总投资比重高达 73.6%，汽车及零部件、金融和其他传统领域总研发投资占比仅约为四分之一，显示美国对三大重点科技领域的高度重视。表 41-2 显示，欧盟在软硬件两个领域的企业数和总投资额都不具有优势，该两个领域总投资金额全球占比 9.0% 和 12.4%，不仅皆显著低于美国相应的占比，而且也分别低于中国内地相应的占比 13.7% 和 15.5%；然而欧盟在制药健康领域总投资全球占比 25.9%，仅低于美国的占比 48.5%，而且显著高于全球其他国家和地区，显示欧盟在该领域仍有相当的领先度；欧盟在汽车及零部件总投资全球占比 47.7%，比排名第二的日本占比 25.5% 高出近一倍，而且欧盟在软硬件、制药、汽车和金融外其他传统领域总投资全球占比 27.5%，也为全球六个主要国家和地区之最，显示欧盟除制药和健康这个领域外，总体科研投资主要集中在汽车等相关传统领域。表 41-2 的数据也显示，日本在软硬件和制药健康三大领域的总投资平均分别仅相当于美国、欧盟和中国内地的一成、三成和七成，而且日本在汽车及零部件的总投资也仅相当于欧盟的一半，日本技术硬件和设备企业总数 22 家还不到中国台湾总数 45 家的一半，相应的总投资全球占比比中国台湾地区低一个百分点，显示日本在三大主要科技领域的科研投资相对较低，三大高科技领域和汽车及金融外其他传统行业总投资占比 49.7%，为六个国家和地区第二高，表明日本在传统领域投资最多。

41.13.6 我国主要企业总科研投资强度国际比较及启示

41.13.6.1 我国主要企业总科研投资强度比较及启示

表 3-6 显示，2019 年我国进入全球科研投资最多的 2500 家企业数量略超日本，但是企业平均科研投资低于美欧日，进入 2500 家企业的我国企业总投资占比也低于美欧日，而且这些进入全球 2500 强企业总科研投资占 2019 年我国总科研投资比重仅为 32%，不到日本相应占比的一半的同时，仅略高于美国相应比例 54% 和欧盟相应比例 60% 的一半，显示尽管 2016—2019 年我国大型企业科研投资增速虽快（两年间我国进入 2500 家企业的企业总研发投资年均复合增长率高达 24.6%，比同期增幅最快的美国年均增幅 5.2% 高出近 4 倍），而我国大中型企业总体科研投资强度仍不够。要发挥我国 5G 技术在全球的引领作用，特别是凭借 5G 技术在其应用领域发挥应有的作用，我国需要培育更多的真

正有实力的科技企业的同时,要加大现有的507家企业绝大数企业的投资强度以继续保持5G技术的优先程度的同时,开拓5G技术应用的广阔市场以增多具有全球影响力的我国技术领先企业。

41.13.6.2　我国主要企业总科研投资分布比较及启示

表41-2显示,2019年我国进入全球科研投资最多的2500家企业中软件和硬件总投资达到了仅次于美国的全球第二的水平,显示近年来我国在软件和硬件领域加速投资的可喜成绩,然而该两个领域的总投资分别仅为美国的19.3%和27.6%,显示出两国间的差距仍然明显。如果以2016—2019年两国在该领域主要企业总科研投资年均复合增长率估算,到2026年和2038年我国主要企业在该两个领域的总投资会分别赶上美国;由于从2019年开始我国对科研投资较以前更为重视,以上预测的两个年份很可能还会提前几年。

表41-2也显示,除软硬件两个领域我国投资迅速增长的同时,我国主要企业在健康领域的总投资全球占比仅为2.7%,不仅显著低于美欧日等发达国家和地区的占比,而且与其他国家和地区占比15.2%也有着巨大的差距,显示出该领域已经成为我国科技发展的最大短板,而且随着我国老龄化的快速到来,我国对制药和健康业的需求也将以更快的速度增长,该领域自主发展的需求将会更高。另外,我国主要企业对汽车和金融领域科研投资也明显过低,三大主要科技领域和汽车及金融业外其他传统领域科研投资占比49.4%仅略低于日本的49.7%,显示我国主要企业总科研投资的集中度仍不够。

41.13.6.3　加强两岸科创合作

表3-6显示,虽然2016—2019年中国台湾进入全球科研2500强企业名单的企业总数从111家下降到了89家,但仍超过了韩国的企业数70家,这89家台湾地区企业虽然总科研投资全球占比2.0%低于韩国的占比3.8%,但却超过了同期印度、加拿大和澳大利亚进入2500强企业科研总投资占比1.5%,显示出台资企业在全球科创中的地位。另外,上文介绍的截至2019年3月全球27家拥有5G专利的企业有四家是台资企业,虽然这四家台资企业总5G专利数仅为33项,远低于中国内地、韩国、欧盟和日本,但却显著超过英国、意大利、印度、加拿大、澳大利亚等主要经济体,显示出台资企业在5G技术方面的实力。这89家中国台湾企业绝大多数多年来在大陆有业务,而且依靠大陆市场有了很好的发展。充分发挥台资企业在国内市场的作用,与大陆企业共同开发国内5G应用市场的同时,共同在全球范围内推广5G技术的普及和应用,今后几年我国总的进入全球2500强企业数有望超过欧盟,而且总科研投资将接近或超过日本并拉近与欧盟的距离,在全球范围内将会发挥更好的引领作用。

41.14 5G广泛应用的法律保障

网络安全和监管已经困扰了全球多年,而且到目前还没有明显进展。虽然 5G 技术的普及和应用的推广,信息传播的速度、广度和深度都皆发生更为深刻的变化。如果不及早研究相关立法并进行必要的监管,不仅会影响 5G 技术普及和应用的推广,而且还很可能会影响到人类的生活甚至生命本身。作为全球 5G 技术的引领者和应用的推动者,我国也拟引领全球相关立法和监管从而使该领域能够稳健发展。

41.14.1 个人隐私问题

"全球数字化转型在技术上是有私营企业推动的。因此,数字化基础设施的可用性以及数字交互和行使数字权利的工具不再掌握在各国政府手中。国家权力正在逐渐失去数字空间中的控制权和行动能力……没有大型数字企业的专业技术,任何国家都无法保护其国民"("数字和平",德国《国际政治》双月刊,2019 年 7/8 月)。这些从事数字化业务的设备商和应用商拥有海量企业和客户个人信息,这些信息是政府和任何其他机构从来未有过的。如何对从事数字化业务的企业对客户信息进行立法和监管,是全球各个国家,特别是数字化发展快的国家多年来面临的问题。2013 年 6 月,轰动全球的"棱镜门"事件(前中情局职员爱德华·斯诺登将两份绝密资料交给英国《卫报》和美国《华盛顿邮报》)已经过去 6 年多了,相关问题至今仍无任何进展,显示出数字化立法和政府在数字化监管中的地位等问题仍然困扰全球最大的经济体。随着 5G 技术的普及和应用推广,相关数据将更多更广,对个人生活和国家管理和安全将产生前所未有的影响。需要主要国家和地区合作研究与 5G 全球标准相一致的国际数据法和相应的国际监管协调机制,否则还未出现过的事件将很可能对 5G 应用带来阻力。

41.14.2 人工智能相关安全和伦理问题

5G 技术一个重要的应用领域是人工智能,人工智能主要体现在自动驾驶、机器人、类脑科学以及基础设施、公共数据采集和环境等领域。"全球人工智能产业进入加速发展阶段。美国、欧盟、英国、德国、日本、法国等纷纷从战略上布局人工智能,加强顶层设计,成立专门机构统筹推进人工智能战略实施,实施重大科技研发项目,鼓励成立相关基金,引导私营企业资金资源投入人工智能领域。各国以战略引领人工智能创新发展,已从自发、分散性的自由探索为主的科研模式,逐步发展成国家战略推动和牵引、以产业化及应用为主题的创新模式……自 2013 年以来，全球已有美国、中国、欧盟、英国、日本、德国、法国、韩国、印度、丹麦、芬兰、新西兰、俄罗斯、加拿大、新加坡、阿联酋、意大利、瑞典、荷兰、越南、西班牙等 20 余个国家和地区发布了人工智能相关战略、规划或重大计划。欧盟 28 国 2018 年签署《人工智能合作宣言》共推人工智能发展；东盟正在计划制定《东盟数字融合框架行动计划》，促进人工智能合作发展"（中国信通院，2019）。2017 年 7 月国务院印发《新一代人工智能发展规划》，将其上升至国家战略。人工智能涉及安全和伦理等主要问题，负责任地发展人工智能，安全利用人工智能是行业稳健发展的前提。上述国家和地区都在不同程度上对人工智能涉及的安全和伦理问题进行研究。作为 5G 技术的引领者和应用的推动者，我国应该与其他国家和地区及国际机构合作引领相关国际立法和监管合作。

41.14.3　物联网相关所有权问题

万物互联是 5G 技术的另外一个重要应用领域，物联网将使消费者获得便利的同时也会使企业提高效率，进而推动经济结构以至世界运转的方式发生变化。"人们可以将其视为互联网的第二阶段。随之而来的将是第一阶段占主导地位的商业模式——例如，无坚不摧的'平台'垄断企业，被批评人士称为'监视资本主义'的数据驱动模式。越来越多的公司将成为技术公司；互联网将变得无所不在。结果，一系列关于所有权、数据、监视、竞争和安全的未决争论将从虚拟世界延伸到现实世界"（"随着计算机渗透到日常物品，世界将如何变化"，英国《经济学人》，2019 年 9 月 14 日）。物联网对所有权的影响在于互联网让企业在它们产品出售后还能保持与产品的链接，从而把产品变成近乎服务而不是商品，使传统的所有权概念变得模糊不清。这些变化同样需要有相应法律来界定且需要相应的监管制度和措施才能使行业稳定持续发展。

41.15　华为的不足和困境

本章前文绝大多数介绍的是华为的闯劲、优势和成绩等，但华为实际上仍然有诸多自身不足，仍没有达到无所不惧或战无不胜的境界。本节从内外两个方向看华为的不足或短板，介绍美国政府打压华为导致华为所处的困境。

41.15.1　"蓝军"的威力

没有批评的声音或畅通的批评渠道，就难以及时发现工作中的不足或缺陷，就难以找到各个工作中需要改进和提高的环节或目标，进而自然就难以继续提升创造力和工作效率。常言道，商场如战场。老祖先两千多年前就创造出了出奇制胜的《三十六计》，多年前已经在全球普及应用。三十六计各种排列组合总计超过687.19亿种（从36计中取1到36的排列组合总数）之多，显现祖国传统智慧的博大精深。然而两军对阵最为重要的应该是发现敌人的弱点和不足，进而才能采取有效战术击敌弱点或薄弱环节以达到用尽可能小的代价取得最大化的战果。但是，在和平时代的商场，企业面临的是几个以至千百个竞争对手和可能亿万个客户的需求，难以找到有效地反映自身不足的渠道或目标，发现自己对客户服务的不足和竞争对手的市场攻略成为企业发展重任之一。鉴于此，华为多年前在其战略规划部内专门设立了研究打败华为的"蓝军部"，该部设置专门人员研究华为在战略制定、经营激励等各个环节存在的问题并为华为管理层进行谏言。这种机制实际上是任正非"人力资源哲学思想的世界级创新"（张弓，2019），不仅在中资企业中少见，而且在外资中也极为罕见。网站上发布的"华为蓝军批评任正非10宗罪"的文章及对任正非等高管的罚金等相关内容，由于我们也难辨真伪，因此也不必罗列"蓝军"对华为批评的细节。但华为自设机构专门找自己的不足和缺点的作风和精神实属不易，是其不断进取、不断超越、不断创新的制度保障之一。

41.15.2 华为向高通支付专利费及启示

前不久华为向美资企业索要专利费，后与高通达成协议，华为支付高通大约18亿美元的专利费。美资企业向华为支付专利费的同时，华为也必须向美资企业支付专利费，然而相互支付专利费的结果华为还要为高通支付18亿美元的专利费表明，虽然华为在5G领域技术达到了领先水平，其他企业需向其缴纳专利费，但华为在5G领域外其他技术仍显著依赖外资，特别是向高通支付专利费成为事实。

41.15.3 对资本的"冷漠"和相对隔离

纵观全球企业的发展，特别是近几十年来科技企业的成长路径，很少发现从"起步"到"成人"各个时期不利用投资资本的案例，华为却是这罕见的企业之一。不用投资资本可避免资本对企业发展带来的可能干扰以至控制，从而更专心地沿着自己的战略路径前行，这不仅算不上缺点，而且可以说反映出管理层全球罕见的志气、勇气和信心。但是，如第22章介绍的几十年来全球科技企业的发展与资本市场有着密不可分的关系，仅凭自己辛苦赚来的营收进行研发投资远比不上利用资本市场融来的资金规模和速度，而且上市的高端科技企业可以凭借自身的高市值通过收购兼并来扩大和加速自己在科技链和产业链上位置的提升。而华为从最初两万元创业到2010年首次进入全球500强企业名单，进而到2019年在全球500强企业中提高到第49位和全球研发投资企业排名第5的地位，二十多年来华为没有接纳各种风投资金，也未接纳任何战略投资资金，全凭自己的营收支持大量的研发而不断前行。事实上，华为二十多年来也并未与资本市场完全隔离，华为海外融资中心实际上是专门负责华为主要以债券融资为主的融资工作，2019年华为首次境内发行公募债券也证明了华为利用境内债券市场募集所需的流动性资金。然而债券只是资本市场的一部分功能，股市才能将企业的优势和潜能以杠杆的方式撬动，而华为对股市的"冷漠"也正好反映出其罕见优势的另一面：未能较好地利用资本市场的弱点，是华为难以达到如主要国际大型科技公司与资本"探戈"在全球市场发挥更大作用的弱项。

41.15.4　美国政府对华为打压的进程

2018年中美贸易摩擦升级，美国总统特朗普高举贸易保护主义的同时，也开始限制、制裁中国的高科技企业。华为由于其在5G领域的绝对领先优势而首当其冲。美国当局效仿当年法国阿尔斯通集团的案例以国家安全为由自2018年起逐步对华为实施打压。从2018年5月在军队中禁用华为，到2018年12月在加拿大逮捕华为首席财务官孟晚舟，再到2019年5月美国商务部把华为及68家关联企业列入"实体名单"。今后如果没有美国政府的批准，华为将无法向美国企业购买元器件。美国总统特朗普认为该决定将"防止外国实体以可能损害美国国家安全或外交政策利益的方式使用美国科技"，限制向华为出口芯片。不难看出美国当局对华为的打压与限制并非心血来潮，而是有组织有计划的策略实施。

在华为启用多年的后备计划海思芯片后，美国更进一步在2019年5月对全球芯片生产商实施长臂管辖，限制对华为的芯片生产供应。虽然期间因为美国企业自身利益而间断性的开放或延期禁令，但总体而言经过两年多的打压，华为的高端5nm芯片供应或将被彻底切断。然而，华为在5G方面的绝对领先地位又迫使美国不得不在限制华为的同时又与华为合作制定5G标准，2020年6月15日，美国商务部允许美国公司与华为合作开发5G标准。表41-3给出2019年以来美国政府针对华为限制、打压的大事纪要。

表41-3　　　　　美国政府打压制裁华为的纪要

时间	事件
2018年12月1日	华为首席财务官孟晚舟在加拿大温哥华转机时被拘押。
2019年5月15日	美国总统特朗普签署一项紧急状态行政命令，禁止美国企业使用对国家安全构成风险的企业所生产的电信设备。
	美国商务部工业与安全局将华为及68家海外分支机构纳入"实体名单"。

续表

时间	事件
2019年5月20日	美国商务部宣布将发布针对华为产品为期90天的临时通用许可,自2019年5月20日生效。
2019年8月19日	美国商务部工业与安全局新增46家华为附属公司到"实体名单"。
	美国商务部对临时通用许可第一次延期,为期90天。
2019年11月18日	美国商务部对临时通用许可第二次延期,为期90天。
2020年2月13日	美国商务部对临时通用许可第三次延期,为期45天。
2020年3月10日	美国商务部对临时通用许可第四次延期,为期45天。
2020年5月15日	美国商务部工业与安全局修改其长期在国外生产的直接产品规则,(1)实体名单上的华为及其关联公司利用美国商务部控制清单上的软件和技术出例如半导体设计和芯片这样的产品。(2)根据实体名单上的华为及其关联公司的设计规范,在美国境外利用CCL清单上的半导体制造设备生产的芯片组。以上类别的外国产品,出口、转口、境内转移到实体名单上的华为及其关联公司都需得到美国政府批准。
	美国商务部对临时通用许可第五次延期,为期90天。
2020年6月15日	美国商务部签署新规,允许美国公司与华为共同参与新一代5G标准制定。
2020年8月17日	美国商务部发布禁令,(1)任何基于美国技术和软件设计的产品不能用于制造或开发实体名单内任何华为及其附属公司所生产、购买或订购的零部件和设备。(2)实体名单中的华为及其附属公司作为买方、中间发货人、最终收货人或最终用户参与相关交易。
	美国商务部工业与安全局新增38家华为附属公司到"实体名单"。

资料来源:美国商务部网站(www.commerce.gov)。

41.15.5 华为可能面临更大的困难

"2020年,华为可能面临更大的困难,既要克服长期'实体名单'限制的挑战,也要应对疫情带来的影响"(董事长致辞,华为投资控股有限公司2019年年度报告,第9页)。2020年9月15日,美国"实体名单"的启动使得全球绝大多数芯片供应商停止了对华为供货,使华为持续发展遇到了多年未有的障碍。除非国内企业或其他外资企业在不使用一定比例的美国技术条件下能够继续为华为生产其设计的芯片,或者有些美资企业能够获得美国商务部的特批,华为主业会受到严峻的挑战。然而,"实体名单"的实施严格程度不会不受相关美资企业相应业务的下滑程度的影响,显而易见的收益不会不使"实体名单"的实施严格程度有所松动。

41.16 走出困境的战略选择

华为二十多年来心无旁骛、坚持不懈、奋斗不息地在科创领域不断超过和提升，成为全国最具科创精神的国内企业，成就显著。然而由于历史原因，我国整体科技自主度仍然较低，很多领域仍然不得不依赖国外的技术和知识产权，因此受制于人在所难免。从一定程度上讲，华为目前所面临的困境正是我们全国的困境。只有有效聚集全社会的智力、人力、物力和财力，才有可能在尽可能短的时间内找到走出困境的方法和途径。本节简单介绍笔者一些不够成熟的想法与读者共勉。

41.16.1　国内科创板以至整个股市急需旗舰企业领航

第37章介绍了资本市场对科创企业的至关重要性和国内科创板设立以来近一年的可喜成绩，有近两百家企业成功在科创板上市，其中很多企业在各自不同的领域都有一定的特色或创新潜能。但是这近两百家企业没有一家在国际专利和知识产权方面与华为可比。第22章也表明，今后多年我国科创板股市有着巨大的发展潜力，而潜力的发掘犹如舰队航行在未知的海域航行需要有很好的旗舰来领航。这个旗舰非华为莫属。即使华为分拆三分之一到一半的业务上市，也会形成市值超过万亿元的科创上市公司，会对国内科创板带来巨额的创新动力和引领力量，激励上市的和未上市的科创企业更大的科创热情的同时，也会吸引全社会对科创企业更大的关注，进而激发全社会对科创的兴趣和支持。另外，有着华为这个科创旗舰的引领，国内传统大盘股市也会随科创板而进入更加稳健的发展路径，创造出更大的金融资产，对国内消费的持续增长作出更大的贡献。

41.16.2　加速华为科技链条的必要扩充和5G相关应用领域的研发

即使美国放松"实体名单"实施的严格程度而批准一些美资企业继续为华为供货，华为持续发展的道路也不得不受到限制而变化。因此，今后以新的方式继续与外资合作的情况下，加速我国在芯片设计和封装等领域的自主能力成为全国今后多年的重大任务。为了在新的国内芯片产业格局中占有必要产业链份额以便今后更好地协作发展，华为仅凭自己的盈利难以达到此目标，必须借助资本市场的风帆在新的航线上扬帆起航。以华为的品牌，国际专利、业绩及创新力度等，即使将现有业务不到一半分拆上市也可容易地在国内科创板募集数千亿元的资金以投资参与国内芯片设计和封装制造，为今后在国内外芯片领域更好合作打下必要的基础。即使华为有巨大的国际知名度，仅凭自己的收益也难以在几年内达到此目标。

另外，在5G技术最大的应用领域人工智能和物联网等，全球巨额资本正在支持着众多科创企业争分夺秒地进行研发以在这些领域达到领先地位，进而在这些领域分享拓展的新市场。这些领域竞争激烈，没有大量研发资金作为后盾难以取得应有进展，同样自身有限的收益加上有效的债券市场融资与国际科技巨头坐垫下的国际资本根本不在一个平台上。只有借助国内资本市场才有望登上资本市场的平台以将自己5G技术的优势扩充到邻近的广阔应用市场。

41.16.3 提高市场透明度

多年来，国际上对华为有诸多批评和指控，几乎全是"欲加之罪"，而华为由于其独特的股权结构而"缺乏上市公司般的透明度"的批评却似乎有几分蛮缠的"道理"。2019年华为首次境内发行公募债券实际上在很大程度上就是通过债券公募提高透明度。然而债券公募只是在募集资金时向投资者公布市场所要求的信息，而非股市对上市公司要求的季度和半年的定期信息披露。将部分资产分拆上市除解决华为急需的延伸技术链和5G应用研发资金外，同时也以实际行动回应了国际上对华为透明度方面的批评，使得华为不再那么"另类"，为今后必要的国际合作解除了一些障碍。

41.16.4 其他潜在益处

华为有着几十万经过筛选、培训和实战历练的员工和管理团队，这个在华为精神的鼓舞和熏陶下有着忠诚实干和具备国际视野的竞争力和创新力。华为股权结构确实体现了任正非先生人力资源管理哲学理念，将中华智慧与国际最先进的管理理念汇聚一体，是华为精神的体现，也是华为战斗力的源泉。然而由于华为股权实际上一直未与资本市场连接，股权市值也未能以华为应有股市杠杆衡量。将部分资产分拆上市不仅可使华为股权显著扩大，为广大集团股东和市场股东带来更大的金融财富的同时，华为也有更大的余力实现自己与客户分享而共同发展的理念，也为国家总的金融财富的增长和消费刺激发挥应有的贡献。当然，高管对员工过早实现财富自由后斗志减退的担心也应该有其他的方法进行补救。

41.17 华为国际化对人民币国际化的启示

第22章和第38章相关实证结果显示，科技是影响以至决定贸易，进而影响外汇交易、经常项目、货币定价，最终影响货币国际化的核心因素。表3-5相关结果显示，2016—2019年，华为持续保持在全球研发投资最多的前10名之列唯一一家中资企业，而且排名从第8位提高到了第5位，同期研发投资年均复合增长率11.1%仅次于苹果和Alphabet两家企业相应的年均复合增长率13.8%和13.4%，表明华为毫无疑问地保持了我国研发力度最强而且科技水平最高的企业地位。因此，华为持续发展和对整个中国企业的引领作用将对我国科技国际化和科技自主度，进而对人民币国际化作出重要的贡献。

表 41-2 显示，2016—2019 年，我国大陆进入全球科研投资最多的企业数和总投资金额皆大幅度提高，显示出近年来我国企业对研发重视的可喜成就。但是，表 41-2 显示，2019 年我国进入全球科研投资最多的 2500 家企业总科研投资占比 11.7%，远低于同年我国产值世界占比 16.3%，而同年美国、欧盟、日本进入全球 2500 家科研投入最多的企业总科研投入世界占比 38.0%、25.3% 和 13.3%，分别显著超过其相应的国内产值占比 24.8%、21.1% 和 6.0%，显示出我国大中型企业总体科研投资不足；2016—2019 年进入全球前 2500 家科研投资最多企业的我国企业总投资强度从 2.5% 提高到了 3.0%，但离美国、欧盟、日本仍有明显的差距，同样显示我国大中型企业科研投入仍有显著的提升空间。要发挥我国 5G 技术在全球的引领作用，特别是凭借 5G 技术在其应用领域发挥应有的作用，我国需要培育更多的真正有实力的科技企业的同时，要加大现有的 507 家绝大数企业的科研投资力度以继续保持 5G 技术的优先程度，开拓 5G 技术应用的广阔市场以增多具有全球影响力的我国技术领先企业。

表 26-1 显示，1998 年以来的二十多年以外汇市场交易全球占比衡量的美元国际化程度保持 40% 以上，显著超过同期美国国内产值和贸易的全球占比 20% 以上和 10% 以上，甚至超过后两者占比总和，显示美元在全球垄断地位除经贸外还有其他支撑力。表 41-2 显示，2019 年美国主要企业（进入全球科研投资最多的 2500 家企业）在全球软件、硬件和设备及制药和健康三大领域的总投资全球占比分别高达 71.0%、56.1% 和 48.5%，皆显著超过了表 26-1 给出的 2016 年和 2019 年美元在全球外汇市场交易金额的平均比重 44.0%（由于表 26-1 中的占比是以双边计算的结果，因此需要除以 2），同时欧元区、日本和英国相应的科研投资占比平均皆低于表 26-1 中相应货币在全球外汇市场的占比，显示美国在高科技领域的领先程度是支撑美元国际垄断地位的重要力量；表 41-2 中我国在三项高科技领域的总投资全球平均占比 9.8% 也高于表 26-1 中 2019 年人民币在全球外汇市场的交易占比 2.6%，显示科技投资对人民币已经有了一定的支撑力。上文显示 2019 年 6 月我国 5G 专利全球占比 36.12%，显著高于美国、欧元区、日本和英国同期相应的占比 13.29%、12.56%、5.81% 和 0.02%，而且如果全球主要企业 5G 专利增量保持 2019 年 3 月到 6 月的速度，那么到 2021 年前后我国 5G 专利全球占比有望提高到四成以上甚至更高的水平，在全球的引领地位会进一步提高。以 5G 技术为基础，上文显示如果以 2016—2019 年我国主要企业在全球软硬件领域总科研投资年均复合增长率估算，到 2026 年和 2038 年，我国主要企业在软硬件两大领域的总投资全球占比将分别超过美国，科技对人民币国际化的支撑力度将更加显著。

上文提及早在2012年华为成为全球最大的电信设备供应商前,华为在美国收购3Com公司就受到了美国政府的限制,不仅收购失败而且收购前的合作也很快叫停;2018年"中华"两家企业占全球移动通信基础设施比重近40%,中兴公司就首先受到了美国的限制和"处罚",而且2019年5月华为等中资企业也受到了类似的限制。表26-1相应的数据显示,2010—2019年,人民币在全球外汇市场的活跃度持续显著提高,占比从1%左右提高到了6%上下,仍然较低,对主要货币的影响仍然较低。可以预测,在今后十年左右的时间内,人民币外汇交易全球占比再提高10%时,或者人民币国际地位提高到前三大国际货币前后,人民币国际化进程很可能会受到与"中华"企业相似的障碍或阻力,我们需要提前做好各种准备。

41.18 小结

思科前总裁钱伯斯多年前思科与华为相争时经常把华为的"安全"问题挂在嘴边,同样两字多年后仍挂在美国主要领导人嘴边。时过境迁,但语境和语言似乎并未改变多少。上文介绍的2019年8月下旬在曼谷举行的"日本与东盟媒体论坛"相关报道表明,大多南亚记者和职业人士对美国所谓的"安全"问题早就心知肚明。相信人类社会仍然有公正和良知,公平竞争的理念不会被"安全"的借口而取代。只有更好的技术,更好的市场环境才能真正为全人类作出更好的贡献。

任正非说过,优质的产品加上优质的售后服务,再加上合理的价格,这样的产品和服务不用只能说与自己过不去。凭借在5G技术的领先地位和继续开发的潜力,华为自信会在不久的将来重回美国市场。2019年5月21日,任正非在接受媒体采访时"但最终,我们还是要在山顶上拥抱,一起为人类社会作贡献"的语句代表着我国企业家的胸怀,也代表着人民币国家地位不断提高从而对人类社会作出更大贡献的心愿。

我国5G技术已经达到了引领全球的水平,为5G技术应用打下了必要的基础,5G应用有着广阔的前景,是主要国家和地区今后多年竞争的重中之重。虽然"中华"等我国4家企业和机构总5G专利占比超过三分之一,而且近年来我国研发投入增长迅速,但2019年我国进入全球2500家科研投入最多的企业总科研投入全球占比仅约一成,分别仅相当于日本、欧盟和美国相应占比的九成、一半和三成,显示出我国企业在科研投入方面仍需加速才可能在5G应用领域达到与我国5G技术领先水平相当。今后全国努力开拓引领5G各个主要领域的应用将对我国货物贸易、服务贸易等领域以至整个经济产生巨大的推动力,对人民币国际化注入更大的活力和底力,进而对人类命运共同体构建作出更大的贡献。

最后，美国对华为等中资企业的"实体名单"限制无疑将在短期甚至中期对华为等中资企业的科创和发展产生前所未有的影响。但是，作用力与反作用力永远并存。限制和打压也必然会产生正常市场环境下难以出现的更大的"自主合作"创新动力。我国巨大的市场潜力和持续发展潜力也必将给其他外资企业带来更好的合作和发展机遇。别人是靠不住的，但完全自己从头做起也不现实，即使历尽艰辛做出来了，回头来可能又与国际水平有了新的差距。任何研发投资都只有在更大市场范围内才能获取更大的回报率。离开了持续发展的全球市场，任何国家或跨国企业都难以维持持续发展的态势，因此谁也不会随意任意或轻而易举地放弃显而易见的盈利和持续发展的机遇。2020年9月下旬媒体报告的美国商务部允许两家美资企业继续为华为提供部分供货就证明了如上判断。相信这些显而易见的市场规律会在新的国际格局中随着竞争、合作、共赢、共享等理念而调整，不会因任何人的任性或随意而改变，全球化仍会在竞争、合作、共赢、共享的理念下继续迈进。限制和制裁总会在利益面前有所改变。

参考文献

[1] 曾剑秋. 5G 移动通信技术发展与应用趋势 [J]. 电讯工程技术与标准化，2017（2）.

[2] 孙力科. 任正非传 [M]. 杭州：浙江人民出版社，2017.

[3] 纳米科技. 全球 56 个国家布局 5G，25 个国家与华为签约，三张图看懂全球 5G 布局. 发布日期，2018：12 - 2018：32.

[4] 付容，张琴琴. 浅谈移动通信的发展和 5G 未来 [J]. 传播力研究，2018（26）.

[5] 杨奕健. 中美 4G 移动通信技术专利信息比较研究 [J]. 通讯世界，2016（6）.

[6] 中国信通院. 全球人工智能战略与政策观察（2019）[J]. 中国人工智能产业发展联盟，2019（8）.

[7] 张弓，"华为有个'蓝军部'整天研究如何打败华为"，12 时评，2019 年 7 月 11 日.

[8] http://www.gov.cn/guowuyuan/2018 - 10/14/content5330460.htm.

[9] Pankaj Sharma. Evolution of Mobile Wireless Communication Networks – 1G to 5G as well as Future Prospective of Next Generation Communication Network. IJC – SMC，Vol. 2，Issue. 8，August 2013.

［10］ Pulkit Gupta. EVOLVEMENT OF MOBILE GENERATIONS: 1G To 5G. International Journal For Technological Research In Engineering, Vol. 1, Issue. 3, November, 2013.

［11］ Jeffrey L. Funk. Book: Global Competition Between and Within Standards: The Case of Mobile Phones.

［12］ Bo Li, Dong Liang Xie. Recent advances on TD – SCDMA China. IEEE Communication Magazine, January 2005.

42 人民币国际化未来趋势和市场发展

42.1 风险管理工具和场所的必要性

多年来风险管理已经成为国际金融市场重要内容之一。本书介绍了传统的外汇风险管理工具，即外汇远期、互换、期货和期权市场。其他市场的风险管理工具包括基于利率、股票和商品及相关指数的各类远期、掉期、期货、期权、掉期期权等。尽管其中有些产品，如信用违约掉期，确实对国际金融危机有推波助澜的作用，而且其他一些产品在金融危机之前的几年内由于投机性过高也曾导致交易过度活跃的问题出现，但是场内衍生产品，即交易所交易的期货和期权在国际金融危机前后的全球范围内却并没有发生问题。由于国际金融危机的冲击，2008年和2009年全球交易所的衍生产品年成交额连续两年比前一年分别下降了3.3%和24.8%，而2010年和2011年成交金额虽然同比分别回升了19.7%和8.7%，2012年同比下降了26.4%，2013年和2014年又分别增长了18.4%和2.9%；2014—2019年，全球交易所期货和期权成交金额从1936.5万亿美元增长到了3199.94万亿美元，与同年全球GDP的比例从24.6倍提高到了35.71倍，与2007年相应39.8倍的比例仍有明显的差距，显示国际金融危机后全球场内衍生产品市场的投机泡沫下降后其风险管理功能还是不可否认的。

面临未知事件的冲击，市场永远有不确定性，因此市场参与者需要通过期货和期权来对冲他们所面临的风险，从而使风险可以通过这些风险管理工具在市场参与者之间分散或对冲。任何现货市场反映的只是即期的供求关系，而对未来的供求关系只能通过期货或者远期来反映。期货市场反映各类市场未来的供求关系，市场参与者可以用资金投票来确定未来价格、汇率、利率等"市场价格"，其他任何机制都难以提供更好的此类信息。同时，期权市场还可以反映各类市场中的另外一种未来信息：未来一定时间内价格、汇率、利率等市场因素的不确定性（通过市场期权价格可以计算出股票、汇率、利率等市场的波动率），这种信息是包括期货市场在内的其他任何市场都难以提供的，这些信息对风险管理必不可少。

经过近三十年的探讨和实践，我国商品期货市场已取得了可喜的成就，不仅商品期货产品种类越来越齐全，而且很多产品成交活跃。没有定价机制和场所，受制于人的状况难以摆脱。金融期货方面，股指期货于2010年4月推出以来，为广大的市场参与者提供了必要的避险工具和场所，同时也为投机者提供了投机的渠道；2013年9月国债期货恢复以来市场活跃度仍有待提高。包括商品市场在内，国内各类期货品种接近齐全，但是很多期权产品也仍然缺位或者不够活跃，风险管理难以有效实施。为了人民币国际化的稳步推进，股指期权、利率期权、期货期权等产品也应该逐步推出并完善以满足市场风险管理的需求。

42.2　场内外市场协调稳步发展

国际市场几十年来的发展经验表明，场内外市场（场内市场指交易所市场，场外市场主要指银行间的柜台市场）的协调发展是整个市场发展的重要特征。由于要满足客户的独特商业需求，场外市场个性化强，标准化程度较低，透明度也相对较低，但是产品创新的灵活性却强；而场内市场由于产品皆为标准化产品，而且也有交易所作为中央对手方，有效地降低了交易的信用风险，同时其流动性强，透明度也很高，自然成为场外市场交易头寸的对冲场所。因此，可以说没有场外市场的大量需求，场内市场就难以活跃起来；同时如果没有场内市场提供对冲工具，场外市场的风险将难以有效规避，因此也难以发展起来。总而言之，这两种市场互相促进，协调发展，缺一不可。当然，国际市场由于在国际金融危机之前存在杠杆过高和投机过度导致衍生产品交易增长过快并对国际金融危机起到了一定的推波助澜作用。我们不应该学习发达国家为了交易而交易，但是市场活跃度过低其市场定价功能就难以发挥。

没有利率和股指期权等场内市场品种，很多金融产品将会缺乏定价的可靠依据，相关市场风险也难以有效进行对冲和管理。利率市场化的推进将改变我国整个金融体系的市场化程度，相应的利率风险也将上升，这将为利率期权的推出创造好的政策环境，同时也将为场外利率风险管理工具的活跃创造更好的环境。相信我国场内外期货和期权等产品也会逐渐稳步推出和发展，场内外市场将进一步完善和健全，两个市场之间的互相协调和互相促进的格局将会最终形成，对国民经济的持续稳步发展会发挥更好的作用。

42.3　利率市场化的有序推动及其影响

利率是资本的机会成本，是影响经济整体和金融市场每个角落最重要的市场因素，利率市场化也是提高经济整体和金融市场每个部分市场化程度的必要举措。由于利率是各类外汇产品定价的基础，因此利率市场化是人民币市场定价的必要条件之一，是活跃境内外人民币产品市场的主要动力，也是推动金融机构创新的动力源泉。如果从 1996 年 6 月 1 日人民银行取消同业拆借利率上限作为我国利率市场化起步的标志，那么到现在人民币利率市场化已经有二十多个年头了，超过美国 16 年、日本和韩国各 17 年完成利率市场化的时间。如果以 2012 年 6 月存贷款利率上下限调整为我国利率市场化的起步时间，我国利率市场化的时间才刚刚过了 7 年，利率市场化已经接近尾声。

42.3.1 利率风险在全球金融市场风险中的重要性

利率不仅是固定收益类金融产品的主要定价因素，而且也是其他各类金融产品定价的重要因素。利率在整个国际金融体系中举足轻重的地位可以从全球利率期货和期权在全球场内交易的衍生产品比重中看到：1995—2019 年全球场内交易的期货成交总额中的利率期货成交金额占比 25 年平均高达 90.8%；相应的利率期权与全球场内期权成交金额的占比平均为 82.8%，利率期货和利率期权成交总额占所有期货和期权成交总额的平均比重为 88.5%（1995—2014 年的数据根据国际清算银行公布的数据计算得出，2015—2019 年外汇和利率期货以及期权数据根据国际清算银行网站公布的全球外汇和利率市场日均成交金额和全球交易所联盟协会网站给出的全球股指期货和期权及股票期货和期权数据计算得出），这些数据表明利率风险是国际市场上金融风险的重中之重。如果这个最重要的市场因素中市场化程度不够高，不仅直接导致固定收益类产品的市场交易不够活跃，而且其他诸如外汇类金融市场的交易也难以活跃起来。换句话说，只有利率市场化的提高，利率风险才会逐步释放，固定收益、外汇、资产并购等各类金融市场活跃度会随之提高，这些市场产品的定价功能也会随之增强。

42.3.2 利率市场化的重大举措

中国人民银行 2012 年 6 月 7 日决定，自 2012 年 6 月 8 日起，将金融机构存款利率浮动区间的上限调整为基准利率的 1.1 倍；同时将金融机构贷款利率浮动区间的下限调整为基准利率的 0.8 倍。允许金融机构存贷款利率在一定范围内上下调整，实际上就是利率市场化的正式启动。2013 年 7 月 19 日，经国务院批准，《中国人民银行关于进一步推进利率市场化改革的通知》发布。人民银行决定，自 2013 年 7 月 20 日取消金融机构贷款利率 0.7 倍的下限，由金融机构根据商业原则自主确定贷款利率水平，取消农村信用社贷款利率 2.3 倍的上限，由农村信用社根据商业原则自主确定对客户的贷款利率，全面放开了金融机构贷款利率管制。这是我国利率市场化的又一重大举措，对我国金融机构经营模式转变、产品创新、市场活跃和风险管控将产生重大的影响。

中国人民银行决定，自 2015 年 10 月 24 日起，下调金融机构人民币贷款和存款基准利率，以进一步降低社会融资成本。其中，金融机构一年期贷款基准利率下调 0.25 个百分点至 4.35%；一年期存款基准利率下调 0.25 个百分点至 1.5%。同时，对商业银行和农村合作金融机构等不再设置存款利率浮动上限，并抓紧完善利率的市场化形成和调控机制，加强央行对利率体系的调控和监督指导，提高货币政策传导效率（"中国人民银行决定下调存贷款基准利率并降低存款准备金率"，人民银行网站，2015 年 10 月 23 日）。

2019 年 8 月 17 日，为深化利率市场化改革，提高利率传导效率，推动降低实体经济融资成本，人民银行决定改革完善贷款市场报价利率（LPR）的形成机制（人民银行网站），央行公告不久，国内诸多媒体以国内利率市场化接近收官进行了报道，表明国内利率市场接近尾声。从存贷款利率上下限来看，我国利率市场化确实接近尾声，但是利率市场化的机制完善尚有很长的路要走。

42.3.3 利率市场化是金融创新的最大动力源泉

利率风险是整个金融市场中最主要的市场风险，管理利率风险对整个金融市场创新和发展产生巨大的影响。笔者 20 世纪 90 年代初开始在纽约金融界工作时，正逢国际金融创新的高潮，各类金融衍生产品，特别是千奇百怪的"奇异"衍生产品层出不穷。当时笔者边工作边学习研究，到 1997 年将当时流行于银行间市场加上自己设计出的近百种奇异期权的结构、定价公式和风险参数等整理汇集成《奇异期权》一书，二十年来在国际市场得到了一定的应用。几年前国内一批年轻金融专业人士用了几年的时间将笔者 20 年前在海外出版的 700 多页的英文专著 *Exotic Options（2nd Edition）* 翻译成了汉语［请参见张光平（2014），马晓娟等译］，并于 2014 年由机械工业出版社出版，译者邀我为中文版作序。作序之时回想当年在国际金融界工作初期国际市场金融产品的层出不穷，才联想到了 20 世纪 80 年代中期正是美国利率市场化和日本利率市场化接近尾声之时，国际利率风险得到了充分的释放，由于利率风险导致的债券、汇率、股票等资产风险规避的需求是金融产品层出不穷的根本动力。美国利率市场化是 20 世纪 80 年代中期到 90 年代中期十多年国际金融创新达到高潮的主要原因和动力源泉。随着人民币利率市场化进入收官阶段，人民币债券、外汇、股票、期货、期权等市场的活跃性将显著提高，人民币产品创新的高潮也将到来。

42.3.4 利率风险管理的必要性

近年来国内利率风险管理市场除利率互换市场保持了持续较快增长外，债券远期市场，特别是十多年来国际市场上日均成交金额占利率互换日均成交金额一半上下的远期利率协议在国内却没有一单交易，处于停滞状态；2014 年推出不久的银行间标准利率衍生产品成交金额不尽理想；2015—2019 年国债期货成交金额与同年我国国内生产总值比例从 8.7% 持续提高到了 15.0%，远低于国际市场上 1500% 上下的水平；即使近年来国内增长最快的利率风险管理市场——利率互换市场，2013—2019 年的成交金额占国际市场的比重也从 0.14% 提高到了 0.55%，而 2018—2019 年国内利率互换成交金额却同比下降了 15.6%。这些比例没有一个达到甚至接近国际市场 1% 的占比水平，与我国经贸在世界的占比皆显著超过一成的水平仍有巨大的差距，显示国内机构对利率风险意识仍有待显著增强。这些数据显示，我国广大的企业和金融机构或者仍不重视利率风险管理，或者仍不知道如何进行利率风险管理。如果说前些年来国内利率市场化程度较低，利率风险相对较低的环境下，不对利率风险进行管理问题还不太大的话，那么在当前利率市场化接近尾声之时，如果仍不重视利率风险管理，很多金融机构必将面临不可估量的利率风险损失。很多机构只有遭受到损失后才会开始重视利率风险的管理。

42.4　境内人民币外汇市场开放的最新举措

继 2015 年 7 月《中国人民银行关于境外央行、国际金融组织、主权财富基金运用人民币投资银行间市场有关事宜的通知》发布后不久，人民银行又公布首批境外央行类机构进入境内外汇市场、延长外汇交易时间和进一步引入合格境外主体进入境内外汇市场等，对进一步活跃境内外汇市场有着重要的推动作用。

42.4.1　境外央行类机构进入境内外汇市场

人民银行于 2015 年 11 月 25 日完成了首批境外央行类机构在中国外汇交易中心备案，正式进入中国银行间外汇市场。境外央行类机构进入境内外汇市场有利于稳步推动中国外汇市场对外开放。这些境外央行类机构包括香港金融管理局、澳大利亚储备银行、匈牙利国家银行、国际复兴开发银行、国际开发协会、世界银行信托基金和新加坡政府投资公司，涵盖了境外央行（货币当局）和其他官方储备管理机构、国际金融组织、主权财富基金三种机构类别。这些境外央行类机构各自选择了直接成为中国银行间外汇市场境外会员、由中国银行间外汇市场会员代理和由中国人民银行代理中的一种或多种交易方式，并选择即期、远期、掉期、货币掉期和期权中的一个或多个品种进行人民币外汇交易（"首批境外央行类机构进入中国银行间外汇市场"，人民银行网站，2015 年 11 月 25 日）。这些机构进入境内外汇市场不仅有利于活跃境内外汇现货市场，而且对人民币外汇远期、掉期、期权等外汇衍生产品市场也将有重要的推动作用。

2016 年 1 月 12 日，第二批境外央行类机构在中国外汇交易中心完成备案，正式进入中国银行间外汇市场。这些境外央行类机构包括印度储备银行、韩国银行、新加坡金管局、印度尼西亚银行、泰国银行、国际清算银行、国际金融公司。截至2019年8月底，共有41家境外央行类机构完成备案，正式进入中国银行间外汇市场（数据来源：中国外汇交易中心）。

42.4.2 延长外汇交易时间和进一步引入合格境外主体

除批准境外央行类机构参与境内外汇市场外，人民银行在2015年12月又采取了延长外汇交易时间和进一步引入合格境外主体的举措，进一步活跃境内外汇市场，促进形成境内外一致的人民币汇率，进而推动人民币国际化进程。

"随着人民币汇率市场化、可兑换和国际化进程的加快，加快国内外汇市场发展、特别是推动市场对外开放的需求日益上升。此次延长外汇交易时间和进一步引入合格境外主体，主要着眼于丰富境内外汇市场的参与主体、拓宽境内外市场主体的交易渠道，促进形成境内外一致的人民币汇率，这是深化外汇市场发展的改革举措"（"中国人民银行有关负责人就延长外汇交易时间和进一步引入合格境外主体有关问题答记者问"，人民银行网站，2015年12月23日）。

随着人民币国际化的进一步提高，欧洲以及美洲人民币中心也将进一步活跃，境内人民币外汇市场24小时连续交易的需求将会成为一个必需的制度安排。很多国际银行已经提出了相应的需求以满足其遍及全球客户人民币交易的需求。

42.5 全球主要货币经济母体产值全球占比变化预判

判断今后二十多年全球主要货币经济母体经济规模全球占比变化也是较为困难的问题，但是该预判却是判断主要货币国际化水平变迁的重要依据。根据国际货币基金组织2020年10月公布的全球主要经济体2019年及之前的更新数据和2020—2025年国内产值预测数据，我们可以对今后三十年主要货币发行体经济规模进行较为合理的预测。

42.5.1 新冠病毒对美中两大经济体明显的不同影响

根据国际货币基金组织2020年10月公布的中美两国2020年和2021年国内产值预测数据，我们可以计算出2020年中美两国名义国内产值分别上升3.33%和下降2.92%，2021年两国名义国内产值分别增长10.59%和5.36%；2019—2021年中美两国名义国内产值分别累计增长14.27%和2.28%，同期中美名义国内产值比例从68.7%提高8.1个百分点到76.8%，这8.1个百分点仅略低于2015—2019年4年两国相应比例累计增幅7.8个百分点还高出0.3个百分点，显示疫情对两大经济体的显著不同影响，也预示着两大经济体排名变化时间的加速提前。

42.5.2 美国名义国内产值 30 多年年均复合增长率及今后增长预判

预测未来的基础是历史数据，表 42－1 给出了 1980—1989 年、1989—1999 年、1999—2019 年和 2019—2025 年主要货币发行体以美元计价的名义国内产值年均复合增长率及后一时段与前一个时段年均增长率的比率。这些年均增长率及其相应的比率是我们估算不同经济体今后经济增长的重要依据。表 42－1 显示，1980—2019 年，尽管全球最大的美国经济 40 年来国内产值年均增长率持续下降，然而并未加速下降，表现在 1989—2019 年每后十年的年均增速与前十年年均增速比例从 70.0% 略增到了 75.4%，进而显著提高到了 97.1%，显示 2009—2019 年美国应对 2008 年国际金融危机的几次连续量化宽松政策对美国经济不仅没有副作用，反而使得美国经济下降的幅度显著减缓；即使 2020 年受疫情蔓延导致美国名义国内产值下降 4.3%，而且美国应对疫情新增数万亿美元的债务导致负债对今后美国经济增长压力增大，2019—2025 年美国名义国内产值年均增幅下降到 3.13%，与 2009—2019 年年均增幅 4.14% 比例 77.8% 却高于 1989—1999 年和 1999—2019 年年均增幅与之前年均增幅比例 70.0% 和 75.4% 的水平，表明国际货币基金组织对美国截至 2025 年的经济增长过于乐观。尽管如此，我们估算 2030—2050 年美国经济仍保持国际货币基金组织估算的 2019—2025 年年均增长率 3.13% 与截至 2019 年三个时段年均增幅平均比率 80.8% 的乘积，即 2.53% 的年均增幅的假设来计算，表 42－1 给出了相关预测结果。

表 42－1　前八大国际货币经济母体国内产值年均复合增长率及相关比率（1980—2025 年）　　　　　单位：%

经济体/增长率	1980—1989（A）	1989—1999（B）	1999—2009（C）	2009—2019（D）	2019—2025（E）	B/A	C/B	D/C	E/D
美国	7.85	5.49	4.14	4.02	3.13	70.0	75.4	97.1	77.8
欧元区	5.24	4.70	6.14	0.33	4.21	89.7	130.7	5.4	1256.8
日本	11.96	4.09	1.38	(0.29)	2.85	34.2	33.7	(21.3)	(972.8)
英国	5.85	5.26	3.70	1.58	2.88	90.0	70.2	42.8	182.1
澳大利亚	7.34	2.94	9.29	3.34	4.00	40.0	316.1	35.9	119.9
加拿大	8.33	1.81	7.33	2.35	3.97	21.7	405.9	32.1	169.0
瑞士	6.07	3.66	6.46	2.67	5.02	60.2	176.8	41.3	187.9
中国	4.70	9.04	16.68	11.21	7.78	192.3	184.5	67.2	69.3

数据来源：1980—2019 年年均复合增长率根据国际货币基金组织 2020 年 10 月更新和预测的不同经济体国内产值数据计算得出；2019—2025 年年均复合增长率根据国际货币基金组织同期公布的对不同经济国内产值预测数据计算得出；欧元区数据为欧元区 19 国国内产值总和计算得出。

42.5.3 其他主要经济体名义国内产值 30 多年年均复合增长率及今后增长预判

表42-1显示，1980—2019年欧元区、日本和英国这三大经济体后时段年均增幅与前时段年均增幅显著下降的态势表明，该三大经济体经济持续加速下滑；虽然加拿大、澳大利亚和瑞士1999—2009年年均增幅显著超过之前十年的增幅，然而该三国2009—2019年的十年年均增幅与之前十年的比例又平均重回到了1989—1999年与前段的比例更低的水平，表明该三国国内产值也在加速下降；考虑到整个欧洲受疫情严重影响的因素，特别是英国和诸多主要欧元区国家深受疫情影响等因素，国际货币基金组织对欧元区、日本和英国2019—2025年的预测数据及相应的增幅也似乎同样过于乐观。因此，我们以欧元区、日本、英国、澳大利亚、加拿大和瑞士这六大经济体2019—2025年年均增速乘以这些经济体截至2019年三个时间段后一个时段年均增速与前段年均增速比例平均值75.3%、15.5%、67.7%、65.3%、74.2%和96.5%，即分别以年均3.17%、0.44%、1.95%、2.61%、2.95%和4.84%的年均增速较为合理，表42-2给出了相应的预测结果，这与美国相应的年均增速假设一致。

42.5.4 中国名义国内产值 30 多年年均复合增长率及今后增长预判

表42-1显示，1980—1989年、1989—1999年、1999—2009年和2009—2019年以美元计价的我国国内产值年均增幅从4.70%分别提高到了9.04%、16.68%和11.21%，后者与前者的比例从192.3%分别下降到了184.5%和67.2%，显示40年来我国经济从低速到中速、从中速到高速，进而从高速到中高速的转变；2019—2025年，我国名义国内产值年均增速进一步下降到7.78%，与之前10年的年均增幅比例69.3%却略高于之前两个10年年均增速比例67.2%，而且也高于2013—2019年6年的年均增幅7.35%，显示国际货币基金组织对我国抗击疫情和复工复产复学等显著成就的认可，然而今后6年保持高于2013—2019年前6年年均增幅7.35%显然与我国在新时代推动经济高质量发展的中长期战略不尽一致。因此，我们假设2025—2035年和之后每5年我国名义国内产值年均增速分别为2019—2025年年均增速7.78%的70%、63%、56%、49%和42%，即分别以5.44%、4.90%、4.36%、3.81%和3.27%的年均增幅估算比较合理，表42-2给出了相应的结果。

42.5.5 2020—2050 年主要货币经济母体国内产值全球占比预测

利用国际货币基金组织2020年10月公布的全球主要经济体预测出的

2020—2025年国内产值数据和表42-1给出的主要经济体年均复合增长率及上文探讨的主要经济体国内产值今后年均变化的合理趋势,我们可以估算出2020—2050年全球八大货币经济母体国内产值全球占比,结果如表42-2所示。表42-2显示,保持国际货币基金组织2020年10月预测的八大经济体2020—2025年国内产值的估算结果,即使2025—2030年中国名义国内产值保持5.44%的年均增幅,那么到2030年中国经济也有望首次超过美国,重回全球第一大经济体。

表42-2　　全球前八大国际货币经济母体国内产值全球占比比较
(2019—2050年)　　　　　　　　　　　　单位：%

年份 经济体	2019	2020	2025	2030	2035	2040	2045	2050
美国	24.22	23.99	22.02	20.85	19.91	19.11	18.48	18.00
欧元区	15.10	14.66	14.61	14.57	14.35	14.21	14.17	14.24
日本	5.74	5.66	5.14	4.80	4.14	3.58	3.13	2.75
英国	3.20	3.04	2.87	2.68	2.49	2.32	2.18	2.07
澳大利亚	1.57	1.54	1.50	1.48	1.42	1.37	1.33	1.30
加拿大	1.96	1.85	1.87	1.85	1.80	1.76	1.74	1.73
瑞士	0.80	0.82	0.81	0.84	0.89	0.96	1.04	1.13
中国	16.65	17.55	19.72	20.86	22.34	23.42	24.09	24.34

数据来源：国际货币基金组织2020年10月更新的2019年及之前年份各个经济体国内产值的数据和对2020—2025年估算数据及表42-1给出的相应年均增幅及相关增幅比例估算得出；由于国际货币基金组织2020年10月公布的数据未包括2019—2025年全球总数据,表42-2各经济体名义产值全球占比根据该组织2020年4月公布的1991—2019年表42-4中八大经济体占全球比重年均降幅0.24%和2019年占比69.23%,并假设2020—2050年八大经济体名义国内产值全球占比每年下降1991—2019年年均降幅0.24%的一半估算得出。

42.6　主要货币发行体未来科技自主度预判

42.6.1　美国科技自主度预判

科技是影响经贸的主要动力,自然也是影响货币国际化的主要因素之一。因此,要对主要国际货币国际化今后走势有较为准确的预判必须首先对其科技自主度进行较为准确的预判。表22-1的相关数据显示,1992—1994年,美国科技自主度从81.15%提高到了82.03%的历史最高点,之后持续下降到了2002年的72.25%,年均降幅1.47%；2002—2011年又持续回升到了76.49%,年均增幅 0.69%；2011—2017 年又下降到了 72.68%，年均降幅 0.63%；2017—2019 年又略回升到了 73.31%，年均增幅 0.32%。这些结果表明，1994—2017 年美国科技自主度从降到升再到降的三个周期，每个周期近 8 年，而且后一个周期年均降幅 0.63% 显著低于前一个降幅 1.47%，后一个年均降幅为前一个降幅的 43.0%；以此判断，从 2017 年开始的 8 年，美国科技自主度应该进入下一个回升周期，2017—2019 年美国科技自主度年均增幅 0.32%，为上个回升周期年均增幅 0.69% 的 45.56%。为了反映美国科技全球垄断的独特优势（2018 年美国知识产权使用费顺差仍占全球总顺差比重接近六成），我们假设今后美国下降周期年均降幅为上个下降周期年均降幅的 35.0%，比前两个下降周期年均降幅 43.0% 略低的同时，而今后美国科技自主度回升周期年均回升幅度为上个回升周期回升的 55.0%，比前两个回升周期年均升幅比例 45.56% 略高，这样美国科技自主度总体下降的幅度较之前近 30 年更为缓和，表 42-3 给出了相关结果。

42.6.2　日本科技自主度预判

表 21-4 的相关数据显示，1979—2003 年，日本科技自主度从 20.13% 提高到了 52.72%，年均增幅 1.30%；2003—2015 年又持续提高到了 68.17% 的历史高位，年均增幅 1.19%，表明 1979—2015 年日本 30 多年内科技自主度几乎呈直线式上升的态势；然而 2015—2019 年却下降到了 64.09%，年均降幅 1.02%，特别值得关注的是，2019 年日本科技自主度比 2018 年下降了 3.60%，为 42 年来年度降幅最高，显示日本科技自主度达到接近七成的峰值后增长乏力，表明接近美国科技自主度时受到美国打压的力度在增加。由于日本截至 2016 年前 30 多年科技自主度持续显著增长，而 2015 年以来仅有 4 年下降，要判断今后 20 多年内日本科技自主度变化较为困难。以 2007—2019 年日本科技自主度年均增幅 0.49%，较为合适，那么十年内日本科技自主度有望首次超过美国科技自主度，表 42-3 给出了相关结果。

42.6.3　欧元区科技自主度预判

欧元区虽然有德国这个近年来知识产权使用费顺差略超过日本的科技大国，然而欧元区第二大国法国虽然十多年来科技自主度度略超 50%，但近年来法国其知识产权使用费顺差仅为 20 亿美元左右，仅相当于德国的十分之一，科技自主度也不是很高；而且意大利、西班牙和荷兰这三个欧元区大国科技自主度仍皆低于 50%，知识产权使用费皆为净逆差，特别是由于诸多特别税收等政策使得爱尔兰这个特殊的欧元区成员国多年来知识产权使用费逆差不仅为欧元区之首，而且超过中国大陆成为全球知识产权使用费逆差的最大国，导致近年来整个欧元区科技自主度仅为 40% 上下。另外，表 22-1 相关数据显示，2014—

2018年，德国科技自主度2014年在达到68.64%的历史峰值后也如日本一样出现了多年少有的下降，表明德国科技自主度在接近美国科技自主度时同样遇到了增长阻力；2006—2017年法国科技自主度年均下降1.16%，2007—2016年意大利科技自主度年均下降0.41%，2006—2018年荷兰科技自主度年均下降了0.99%，而2006—2017年西班牙科技自主度年均也仅增长率0.4%。考虑到德国科技自主度进一步下降受阻，法国、意大利和荷兰这三大欧元区国家十多年来科技自主度明显下降，仅有西班牙科技自主度略有提高等因素，今后整个欧元区科技自主度难以明显增长，因此我们假设今后欧元区总体科技自主度年均仅以2006—2015年的年均增幅0.06%的速度增长，表42-3给出了相关预测结果。

42.6.4 瑞士和英国科技自主度预判

瑞士和英国为仅次于美国、日本和德国三大科技大国后的全球第四和第五大科技大国，2008—2018年，瑞士知识产权使用费顺差年均132亿美元，超过同期英国年均108亿美元的顺差，显示瑞士科技总体水平略超英国。表22-1相关数据显示，2000—2007年，瑞士科技自主度年均下降了1.57%到49.00%，而2007—2017年年均增长了1.55%到64.53%；2000—2017年瑞士科技自主度年均增幅0.27%。我们假设今后每年瑞士科技自主度保持2017年前17年的年均增幅较为合适。同样，2000—2018年英国科技自主度年均增幅0.57%，比同期瑞士年均增幅0.27%高出0.30%。考虑到英国脱欧和今后美国对英国这个特殊盟国在科技方面的支持度降低等因素，假设今后英国科技自主度年均增幅为其2000—2018年年均增幅0.57%的一半，即0.29%，略高于2000—2017年瑞士科技自主度年均增幅较为合适，表42-3给出了瑞士和英国今后科技自主度变化的预测结果。

42.6.5 加拿大和澳大利亚科技自主度预判

加拿大和澳大利亚虽然多年来在全球前20大经济中保持在前15之列，而且该两国货币也长期以来跻身全球前七大货币之列，但该两国科技自主度却与主要发达经济体有着较大的差距。表22-1相关数据显示，2004—2018年，加拿大和澳大利亚科技自主度年均分别仅为30.4%和21.7%，为前七大国际货币发行体最低。我们可以2004—2018年该两国自主度年均降幅-0.30%和-0.19%来估算进口其科技自主度的变化，表42-3给出了相应的预测结果。

42.6.6 我国科技自主度预判

图22-2显示，2002—2016年，我国科技自主度年均仅为4.23%，几乎没

有多少变化；2016—2019年，年均增长了3.87%到16.22%，显示近年来我国科技自主能力持续提升的可喜态势。但是，2016—2019年三年的时间过短，难以以其作为今后多年我国科技自主度持续提高的依据。考虑到全国响应习近平总书记号召"抓科技创新，不能等待观望，不可亦步亦趋，当有只争朝夕的劲头"和第37章我国科创板市场仍有待为科技创兴发力的时间和第22章发现的国人赚"快钱"的惯性，特别是2019年开始美国对中国科技发展的限制和制裁等诸多正负因素，今后三十年内我国科技自主度年均略超1979—2015年日本科技自主度年均增幅1.33%达到1.50%的可能性有，但同时也有一定的困难度，超过德国2000—2009年年均1.82%的可能性也有，但困难会更大。

党的十九大报告明确提出"从二○二○年到二○三五年，科技实力将大幅跃升，跻身创新型国家前列"，2020年11月底结束的党的十九届五中全会公报指出到2035年"关键核心技术实现重大突破，进入创新型国家前列。"跻身或进入创新型国家前列至少要使我国科技自主能力达到相对自主水平50%，即知识产权使用费从逆差到顺差的质的转变，这需要从2020—2035年的15年内我国科技自主度年均至少提高2.00%；而真正进入全球创新国家前列，那么到2035年我国知识产权使用费顺差要达到表21-4给出的近年来日本和德国知识产权使用费顺差200亿美元上下的水平，或达到近年来日本和德国科技自主度67%左右的水平，需要2000—2035年我国科技自主度年均超过3%的增幅。

相信全国各界切实落实十九届五中全会规划蓝图，发扬伟大抗疫精神和作风，充分利用数字化科技和数字化管理，努力推动科创板股市等科技融资渠道畅通及一系列改革措施的实施到位，今后15～30年内容持续推动我国科技自主能力建设，科技自主度年均提高到2.00%上下（2000—2050年的30年年均提高2.7%到3.0%是不可能的，因为每年提高2.7%到3.0%，那么30年将累计提高81%～90%，加上2020年19%左右的基数就达到100%到110%，显然不可能），那么从2020年我国科技自主度20%（2020年上半年20.68%，前10个月累计回落到了18.67%）左右提高到50%分别需要20年和15年。表42-3给出了今后三十年内我国科技自主度年均增幅1.5%到3.0%的6种可能情景的相应结果。

42.6.7 全球主要货币经济母体科技自主度变化预判结果

根据上文介绍的各个主要货币发行体科技自主度及今后变化趋势，我们可以估算出主要货币发行体科技自主度变化，表42-3给出了相应的结果。表42-3显示，2035年前后日本科技自主度有望首次超过美国，而且到2050年前日本科技自主度有望首次超过八成，成为全球科技自主度最高的国家；如果今后三十年我国科技自主度年均分别增长 1.50%、1.75%、2.00%、2.25%、2.50%和 3.0%，那么分别到 2040 年、2037 年、2035 年、2033 年、2032 年和 2030 年我国科技才有望首次达到相对自主的 50%；而分别到 2051 年、2046 年、2043 年、2040 年、2038 年和 2035 年我国科技才有望达到近年来日本和德国 66%左右的自主度（对应的知识产权使用费顺差达到近年来日本和德国略超 200 亿美元的水平）；对应今后 30 年我国科技自主度年均增幅 1.50%、1.75%、2.00%和 2.25%，到 2050 年我国科技自主度有望分别达到 65.0%、72.5%、80.0%和 87.5%。今后 30 年科技自主度每年提高 2.00%有一定的困难度，而每年 1.50%到 2.00%的可能性较大。

表 42-3　　全球前八大国际货币经济母体国科技自主度变化
（2019—2050 年）　　　　　　　　　　　单位：%

经济体＼年份	2019	2020	2025	2030	2035	2040	2045	2050
美国	73.31	73.55	74.79	73.69	74.57	74.93	74.54	75.02
欧元区	41.40	41.50	42.20	42.70	43.20	43.70	44.20	44.70
日本	67.69	68.18	69.95	72.40	74.86	77.31	79.76	82.22
英国	65.45	65.74	66.89	68.32	69.75	71.18	72.60	74.03
澳大利亚	21.10	20.91	20.64	19.69	18.74	17.78	16.83	15.88
加拿大	29.04	28.74	28.12	26.60	25.08	23.56	22.04	20.52
瑞士	64.53	64.80	65.89	67.22	68.54	69.87	71.20	72.52
中国 1	16.22	20.00	27.50	35.00	38.75	45.00	51.25	57.50
中国 2	16.22	20.00	28.75	37.50	46.25	55.00	63.75	72.50
中国 3	16.22	20.00	30.00	40.00	50.00	60.00	70.00	80.00
中国 4	16.22	20.00	31.25	42.50	53.75	65.00	76.25	87.50
中国 5	16.22	20.00	32.50	45.00	57.50	70.00	82.50	95.00
中国 6	16.22	20.00	35.00	50.00	65.00	80.00	95.00	110.00

数据来源：根据表 21-4 和表 21-5 给出主要货币发行体自主度年均变化估算出的自主度变化，其中中国 1、中国 2、中国 3、中国 4、中国 5 和中国 6 分别对应假设 2020—2050 年中国科技自主度年均增长 1.50%、1.75%、2.00%、2.25%、2.50%和 3.00%相应的估算结果；表中对应年均 3.00%的 2050 年自主度超过 100%明显不合理，表明年均 3.00%的假设过高。

42.7　货币国际化预测的新方法

42.7.1　唯科技论对货币国际化影响的局限性

科技诚然是影响以至决定贸易、外汇交易和货币定价权的重要因素，但却不是唯一的因素。表 21-4 和表 21-5 的相关知识产权使用费数据显示，虽然十多年来德国科技自主度与日本和瑞士相当，而且略高于英国，但是整个欧元区科技自主度却显著低于日本、瑞士和英国，年均不到四成；尽管如此，欧元却远超日元和英镑稳居全球第二大货币的地位。欧元区科技自主度远低于日本和英国而欧元区持续保持全球第二大国际货币的主因无外乎欧元区的经贸规模远超日本和英国。因此，考虑科技自主度这个重要因素的同时，货币发行体经贸规模也是决定货币国际化的重要因素。

42.7.2 货币国际化预测的新方法简介

第 39 章的结果表明，贸易是全球外汇市场的主力军，因此是全球外汇市场和货币国际化的决定性力量；第 22 章、第 23 章和第 38 章的结果显示，科技自主度是出口和出口结算货币选择的决定性因素，因此科技自主度实际上代表了贸易出口；而进口的主要力量则是国家或地区购买力的主要反映。进口与出口密不可分，因此我们以不同货币发行体科技自主度与国内产值全球占比的乘积来衡量进出口贸易自主度（两者相加不能更好地反映进出口的高度依赖性），即货币在全球外汇市场的自主度，亦即货币国际化的自主度。该指标应该是预测货币国际化更好的方法，表 42-4 给出了 2013 年、2016 年、2019 年和 2020 年该方法估算出的主要货币国际化水平及与表 26-1 给出的以外汇交易全球占比度量的结果比较。

表 42-4　主要国际货币发行体科技自主度与产值全球占比乘积与外汇市场日均成交占比比较（2013—2020 年）　　单位：%

数据类型	国内产值占比与自主度乘积				乘积占八币总成绩比重				
年份／货币	2013	2016	2019	2020	2013	2016	2019	2020	年均
美元	1667.3	1799.6	1794.8	1825.4	52.2	54.3	52.2	51.3	52.5
欧元	644.3	656.8	631.9	629.5	20.2	19.8	18.4	17.7	19.0
日元	428.9	428.2	392.8	399.3	13.4	12.9	11.4	11.2	12.2
英镑	228.3	207.1	211.6	206.9	7.1	6.3	6.2	5.8	6.3
澳大利亚元	34.0	33.1	33.4	33.3	1.1	1.0	1.0	0.9	1.0
加拿大元	89.8	61.4	57.6	54.9	2.8	1.9	1.7	1.5	2.0
瑞士法郎	51.1	56.9	51.9	54.7	1.6	1.7	1.5	1.5	1.6
人民币	50.7	68.3	266.7	354.5	1.6	2.1	7.8	10.0	5.3
八种货币合计	3194.4	3311.5	3440.8	3558.1	100.0	100.0	100.0	100.0	

续表

货币	外汇日均成交额全球占比				日均成交金额占比占八种货币总比重				
年份	2013	2016	2019	2020	2013	2016	2019	2020	年均
美元	43.52	43.79	44.15	43.88	49.5	50.3	51.6	50.2	50.4
欧元	16.70	15.70	16.14	14.10	19.0	18.0	18.8	16.1	18.0
日元	11.52	10.81	8.40	10.51	13.1	12.4	9.8	12.0	11.8
英镑	5.91	6.40	6.40	5.90	6.7	7.3	7.5	6.8	7.1
澳大利亚元	4.32	3.44	3.38	3.45	4.9	3.9	4.0	4.1	4.2
加拿大元	2.28	2.57	2.52	2.82	2.6	3.0	2.9	3.2	2.9
瑞士法郎	2.58	2.40	2.48	3.59	2.9	2.8	2.9	3.9	3.2
人民币	1.12	1.99	2.16	3.15	1.3	2.3	2.5	3.6	2.4
八种货币合计	87.95	87.10	85.63	87.39	100.0	100.0	100.0	100.0	100.0
货币					乘积比重与日均交易占比比重比例				
美元					105.5	108.1	101.2	102.2	104.2
欧元					106.2	110.1	97.4	109.6	105.8
日元					102.5	104.2	116.3	93.3	104.1
英镑					106.4	85.1	82.3	86.1	90.0
澳大利亚元					21.7	25.3	24.6	23.7	23.6
加拿大元					108.4	62.8	57.0	47.8	69.0
瑞士法郎					54.6	62.3	52.2	37.5	52.0
人民币					125.1	90.1	307.2	276.6	199.8
八种货币合计					100.0	100.0	100.0	100.0	
八种货币乘积与外汇日均成交金额相关性	99.65	99.85	98.91	98.40					

数据来源：国内产值比重同表42-3，货币自主度根据表21-4和表21-5的数据计算得出；货币日均成交额占比数据同表26-1；2020年主要货币日均成交金额占比根据表32-7给出的2020年4月日均成交金额和国际清算银行表26-1给出的2007—2019年该八大货币4月日均成交金额全球占比86.47%到85.63%年均变化率-0.07%估算出的2020年该八大货币全球占比85.56%估算得出。

表42-4显示，美元、欧元和日元三大货币相应的货币发行母体产值全球占比与科技自主度乘积与外汇日均成交金额比例非常接近，前者比后者分别仅高出4.2%、5.8%和4.1%（欧元和日元乘积与其货币在外汇市场成交金额比例略高可

以理解为其部分进口能力如原油等进口由于受美元打压而不得不用美元结算导致的超常购买力对自主进口作用未能充分发挥），表明货币母体产值与科技自主度成绩是货币日均成交金额很好的替代参数；英镑、加拿大元和瑞士法郎三币乘积与外汇日均成交金额比例皆不同程度低于 100%，特别是澳大利亚元乘积与外汇日均成交金额比例年均 23.6%，不到四分之一的水平，表明这些货币经济母体的进出口能力不足以支撑其货币的国际地位，而这些货币之所以有过高的国际化地位是由于美元的支持（表 39-7 给出的美国净持有英国、加拿大、澳大利亚和瑞士长期债券即给出了美国支持相似依据）；而美国产值全球占比与科技自主度乘积与外汇日均成交金额略高于 100% 可以理解为美国支持其他"五眼联盟"货币所致。

另外，表 42-4 给出了 2013 年、2016 年，2019 年和 2020 年前八大国际货币母体产值全球占比与科技自主度乘积与外汇日均成交金额间年均超过 99% 的高度相关性也显示，货币母体产值全球占比与科技自主度乘积是货币外汇日均成交金额很好的替代品。

42.7.3 人民币乘积与人民币外汇日均成交金额比例不一致的解释

表 42-2 显示，2013 年、2016 年、2019 年和 2020 年，中国产值全球占比与科技自主度乘积与外汇日均成交金额比例分别为 125.1%、90.1%、307.2% 和 276.6%，4 年年均高达 199.8%，显著高于其他七币相应的比例。人民币比例显著超过 100% 可以理解为以国内产值作为购买力来估算自主进口对中国不合适，这是由于第 23 章分析的外资企业占我国进口比重较高所致，外资在我国的进口不是我国的自主进口，自然对人民币国际化没有多大的作用。另外，表 42-1 给出的 2016—2019 年，我国产值全球占比与科技自主度乘积与外汇日均成交金额比例从 90.1% 增长了两倍多到 307.2%，显示该三年我国科技自主度显著提高的结果，也为第 32 章分析 2019 年人民币国际化水平实际上比 2016 年提高了两位到第六位提供了另外的依据的同时，2019—2020 年我国产值全球占比与科技自主度乘积与外汇日均成交金额比例从 307.2% 略降到了 276.6% 也表明 2020 年人民币国际地位比 2019 年排名第六略降到第七位的结果与表 32-7 给出的相应的人民币国际化地位也比 2019 年略降的结果相一致。因此，用科技自主度和国内产值成绩的方法估算货币国际化与我们第九版和本版前文判断的 2019 年和 2020 年人民币国际化地位相吻合，为该方法的可靠性提供了依据。

42.8 未来全球主要货币国际化水平变迁预判

本书之前各版基于主要货币外汇市场历史日均成交金额和货币发行体经贸

规模预期主要货币国际化未来发展有明显的问题，问题在于该方法仅停留在外汇日均成交金额这个表象数据上，而未从影响和决定外汇日均成交金额的科技自主度和决定进口自主度的购买力数据出发。因此，仅用历史年均增速数据，今后在多大程度上保持选定的历史时段内增速在多长时间段保持等因素，均存在不同程度的主观因素，这些因素皆会影响预测结果，预测结果不确定性和误差难以避免。有了表42-1和表42-3给出的主要货币发行体国内产值全球占比预测数据和科技自主度预测数据，我们就可利用表42-4显示的国内产值全球占比与科技自主度乘积方法来预测货币国际化的变化。

42.8.1 国内产值占比与科技自主度乘积与之前货币国际化结果一致性协调

表42-4显示，尽管不同货币国内产值全球占比与科技自主度占比乘积与相应年份货币国际化之间有着很高的相关性，但两者量纲有很大的不同，因此根据两者乘积来预测货币今后国际化水平需要对两者乘积进行量纲调整。调整的方法是用货币之前年份货币国际化度量结果乘以国内产值全球占比和科技自主度乘积占八币总成绩比重，再除以表42-4给出的2020年两者乘积占八币总乘积比重即可。

42.8.2 全球主要货币国际化变化预测结果

利用表42-1给出的主要货币经济母体国内产值全球占比预测结果和表42-3给出的主要货币经济母体科技自主度预测结果，利用上文介绍的国内产值占比与科技自主度乘积与之前货币国际化结果一致性协调做法，我们可以利用表42-4给出的国内产值占比与科技自主度乘积方法预测出主要国际货币今后国际化的变化，表42-5给出了相应的结果。

表42-5　主要国际货币外汇市场成交占比预测（2020—2050年）　　单位：%

货币\年份	2019	2020	2021	2022	2025	2030	2035	2040	2045	2050
美元	44.15	43.88	43.65	43.14	40.77	36.98	34.60	32.24	29.97	28.27
欧元	16.14	14.10	13.39	13.86	13.38	13.96	13.47	13.04	12.71	12.43
日元	8.40	10.51	10.65	10.45	9.74	9.15	7.90	6.83	5.94	5.18
英镑	6.40	5.90	5.86	5.82	5.63	5.23	4.80	4.42	4.09	3.80
澳大利亚元	3.38	3.59	3.50	3.39	3.43	3.14	2.78	2.45	2.18	1.93
加拿大元	2.52	2.82	3.02	2.65	2.78	2.53	2.25	2.00	1.78	1.59
瑞士法郎	2.48	3.45	3.34	3.40	3.45	3.55	3.74	3.95	4.21	4.49

续表

年份 货币	2019	2020	2021	2022	2025	2030	2035	2040	2045	2050
人民币（1）	2.61	3.15	3.47	3.61	4.95	6.49	8.17	9.74	11.13	12.23
人民币（2）	2.61	3.15	3.51	3.69	5.17	6.95	8.89	10.71	12.34	13.64
人民币（3）	2.61	3.15	3.55	3.77	5.39	7.65	10.09	12.42	14.52	16.23
人民币（4）	2.61	3.15	3.59	3.85	5.62	7.88	10.33	12.66	14.76	16.46
人民币（5）	2.61	3.15	3.63	3.92	5.84	8.35	11.06	13.63	15.97	17.87
人民币（6）	2.61	3.15	3.71	4.08	6.29	9.27	12.50	15.58	18.39	20.70

数据来源：其他七种货币以国际清算银行2019年12月更新的2019年4月各个主要货币日均交易金额占比，2019年人民币占比来自表32-7中人民币；2020年八大货币日均成交金额占比以表32-9中的数据估算得出；各种货币2021年到2050年外汇交易占比根据表42-2给出的相应年份国内产值全球占比与表42-3给出的相应年份货币自主度成绩估算得出；人民币外汇全球日均成交金额全球占比的六种不同情景与表42-3中假设2020—2050年我国科技自主度每年分别提高1.50%、1.75%、2.00%、2.25%、2.50%和3.00%相对应的情景一致。

42.8.3 人民币成为全球第五国际货币的时间预判

表42-5显示，2021年人民币外汇交易占比3.47%有望分别超过同年瑞士法郎日均成交金额占比3.34%，重回第六大国际货币地位；2022年人民币日均成交金额占比3.61%有望超过同年瑞士法郎和澳大利亚元日均成交金额占比，成为全球排名第五大国际货币。

42.8.4 人民币成为全球第四和第三国际货币的时间预判

表42-5显示，2025年前后人民币外汇交易占比有望首次超过英镑的日均成交金额，成为全球排名第四大国际货币；而2032年前后人民币日均成交金额才有望首次超过日元成为全球第三大国际货币。

表42-5给出的2021—2050年人民币国际化与其他主要国际货币相对结果应该比较保守，其原因是表42-5估算出的2021年到2050年人民币国际化在中国科技自主度不同年均增幅的情况下，皆以表42-4给出的2020年中国国内产值全球占比与科技自主度乘积占八币成绩比重与2020年人民币在全球外汇市场的交易占比比例276.6%为基础（今后不同年份国内产值全球占比与科技自主度成绩占八币相应的总乘积比重除以该基础以达到与2020年以货币交易占比结果一致的目标），该比例比同期美元比例102.2%和欧元109.6%高出1倍多，反映出2020年由于科技自主度较低和国内产值反映的进口较低，人民币的潜在能力未能有效发挥。然而，随着中国科技自主度和货币自主度的稳步提高，该比例应该逐步下降到与美元和欧元相应比例较为接近的水平。因此，表42-5给出的

2021 年以来人民币国际化水平应该被明显低估,导致表 42-5 中人民币国际化的结果较为保守,下文结合主要国际货币历史变迁数据还会进一步讨论该问题。

42.8.5　人民币成为全球第二大国际货币的时间预判

表 42-5 显示,即使 2030 年我国国内产值首次超过美国,届时人民币日均成交金额仍与届时排名第二的欧元有显著的差距;即使到了 2040 年,只有在我国科技自主度年均增长接近 2.50% 的条件下,人民币才有望超过欧元,成为全球第二大国际货币,但这有较大的困难度,而 2040 年后几年人民币超过欧元的可能性更大。

42.8.6　2050 年人民币与美元国际化的差距

表 42-5 显示,即使 2020 年后 30 年我国科技自主度年均增长 3.00%,而且 2030 年我国国内产值首次超过美国后 20 年的 2050 年,人民币外汇日均成交金额全球占比 20.70% 才仅略超美元占比 28.27% 的七成多,而且上文也指出 2020—2050 年我国科技自主度不可能保持年均 3.00% 的增幅(表 42-3 显示该假设下 2050 年中国科技自主度 110.0% 不可能);表 42-3 给出的假设 2020—2050 年中国科技自主度年均增长 2.25% 到 2.50%,到 2050 年我国科技自主度将达到 87.50% 到 95.00% 也偏高;因此表 42-5 中假设今后 30 年中国科技自主度年均增长 2.00% 左右较为合理,届时人民币外汇日均成交金额占比 16.23% 仅相当于届时美元占比 28.27 的一半略多,显示人民币国际化水平离美元仍将有一定的差距。

42.9　主要国际货币国际地位变迁的历史回顾

上文得出的 2050 年中国经济超过美国后二十年,人民币国际化程度仍将与美元国际化水平有较大差距,而且届时人民币国际化排名还有可能不及欧元而继续排名全球第三(如果 2020—2050 年我国科技自主度年均增幅不到 1.59%,那么到 2050 年人民币国际化排名仍将低于欧元)。这看起来有些难以理解,但只要我们回顾一百多年来全球主要国际货币地位相对于经济的变迁历史,我们即可得到相关答案。

"储备货币来了又去。在过去 2500 年里全球有十几种储备货币,现在都已退出了历史舞台。英镑在 20 世纪上半叶失去了储备地位,美元将在 21 世纪上半叶失去储备地位……失去储备地位将导致美国一系列经济和政治危机(Persaud,2004)"。历史上诸多储备货币的历史对当今国际金融应该会有启示,但由于缺乏数据和资料,19 世纪前绝大多数国际货币相关介绍和研究或说法皆难以佐证,超出了本书的范围。

42.9.1 英镑国际地位的变迁及启示

由于英国引领全球工业革命和英国海上霸权使得英国成为世界最大的贸易国的同时，也使得英镑成为19世纪当之无愧的全球主要货币。数据显示，1860年英国吸收全球30%的出口，到了1890年该比例下降到了20%（Imla，1958）的同时，英国是全球最大的加工品和服务的出口国，也是全球食品和原材料的消费国；大量的进出口和再出口自然使得伦敦成为全球商品交易和远期/期货交易所的发起地和集中地，成为主要商品现货和远期价格的发现地，这些价格自然也是以英镑计价的。1860—1914年，大约有60%的世界贸易以英镑清算（Williams，1968），大量贸易使得英国成为全球最大的信贷国，伦敦也成为全球长期投资和融资中心，进而成为全球最大的金融中心。另外，大英帝国早在18世纪初就开始在整个帝国鼓励使用英镑以简化和标准化各类交易。英镑在全球的垄断地位到了"一战"开始前就有所下降，1913年英镑在全球储备的占比首次低于50%到48%（表1，Eichengreen，2005）；尽管英镑的国际地位从"一战"前就开始总体下降，但过了近半个世纪到了20世纪50年代末，英镑全球第一国际货币的地位才被美元取代。

42.9.2 英镑溢出效应及其启示

随着法国和德国等西欧国家的崛起，英国在全球贸易和货币的垄断地位逐步下降。历史数据显示（以1990 International Geary - Khamis dollars计价的产值），1871年德国统一后的第二年，即1873年德国产值799.81亿马克就首次超过了法国，到1899年德国产值超过法国31.9%，而1899年德国马克储备占比15%仍略低于法郎占比16%（表1，Eichengreen，2005，下同）；1908年德国产值首次超过英国1.4%，1913年德国产值分别超过英国和法国5.7%和64.3%，而同期马克储备占比却保持了其1899年的占比15%未变，分别比同年英镑和法郎占比48%和31%低33%和18%。这些结果显示，货币母体经贸规模并不是货币国际地位的唯一确定因素，货币的国际地位会滞后经济地位多年以至几十年。

42.9.3 美元的崛起和困境

美元取代英镑成为全球垄断货币是历史上最近一次，也是唯——次有史料记载的货币更替。尽管如此，美元取代英镑初期的数据仍不够详细准确。实际上，美国早在1872年，工业生产值达到1063.6亿美元（1900年国际Geary - Khamis dollars），就首次超过了英国1058.0亿美元，但是截至1913年的40多年内，美元还未进入全球前三大货币之列，其主要原因是期间美国还没有现代的中央银行设立。1914年美联储的设立提高了纽约市场的流动性和纽约国际金融中心地位，为美元在全球的推广和普及创造了必要的条件。研究表明，"一战"导致美国首次成了境外净债权国（Eichengreen，2000）；20世纪20年代和30年代，美国才取代马克成为较远落后于法郎的全球第三大货币［根据Triffin（1964）相关估算结果计算，1928年美元储备6亿美元，占比19.0%，分别低于同年英镑和法郎占比56.7%和24.3%，而同年美国产值分别为英国和法国的3.26倍和4.37倍；1933年由于金本位体系的崩溃，美元储备总额猛降到了0.6亿美元，占比猛降到了2.8%，分别低于同年英镑和法郎占比66.2%和28.4%，同年美国产值分别为英国和法国的2.46倍和3.39倍］。这些结果表明，1872年美国取代英国成为全球第一大经济体后六十多年，美元储备占比仍与排名第二的法郎有着巨大的差距。

"二战"后美国在全球军事、经贸、金融和科技等领域的领先地位显著超越了其他任何国家，但是美元的国际地位仍未自然与其军事和经贸地位一致。数据显示，1949年英镑占全球储备比重仍然超过一半，而到了1957年该比例才降到了36%，美元完全取代英镑成为全球头号储备货币到了20世纪50年代末才完成（Eichengreen，2005），而1959年，或美国取代英国成为全球最大经济体90年后，美国经济为英国4.67倍时美元才取代英镑成为全球最大的国际货币。1973年，美元储备占全球外汇储备比重84.5%，之后分别下降到了1987年和1995年的66.0%和56.4%，2002年回升到了64.8%（表2，Eichengreen，2005）。美元保持了半个多世纪全球支配货币的主要原因是其经贸规模，有深广度的资本市场和美军在全球的控制力使得石油等重要物资用美元交易等，但是20世纪90年代前，德国、日本和法国等主要发达国家考虑到自身经贸发展和金融市场稳定没有积极推动其货币国际化的政策也是美元保持其支配地位的重要原因（Eichengreen，2005，第10页，德国主要考虑到马克国际化对其通胀的控制的影响，日本主要考虑日元国际化对其直接融资体系的影响，法国主要考虑法郎国际化对其币值稳定的影响等）。

美元在全球金融体系的支配或垄断地位从2008年这个源自美国的国际金融危机之后十多年来美元地位不降反升的事实可以证明。2008年美元占全球储备比重63.8%几乎与危机前63.9%相差不大，2008—2013年美国退出量化宽松政策前一年，美元占比略降到了60.9%，但2015年又回升到了65.7%，高于2006年和2007年的65.1%和63.9%；与此同时，2008年国际金融危机后仅2010年美元在全球外汇市场交易占比42.43%略低于2007年的42.8%，而2013年、2016年和2019年的占比43.52%、43.79%和44.15%不仅皆超过2007年占比，而且还持续增长。

尽管美元的国际地位似乎难以撼动，但早在2005年，美国正处在2008年金融危机前引领全球化的增长高峰时（2005年美国名义内产值增长6.74%，为1990年以来最高），美国著名学者Eichengreen（2005）就对美元储备吸引力可持续性问题提出了质疑和担忧。Eichengreen先生担心的是美国欠全球债务超过美国国内产值25%和美国经常账户逆差与占国内产值的比例6%，而真正担心的是美国为了提高其负债与国内产值比例而不得不允许高通胀而使美元重蹈英镑失去国际储备的地位。Eichengreen先生2005年发表的文章应该是基于2004年的相关数据，当年美国政府债务与国内产值比例和美国欠全球债务比例分别仅为66.1%和6.2%，而2019年美国经常账户逆差与国内产值比例虽然回落到了略高于4.0%的同时，美国欠全球债务比重提高到了31.9%，美国政府债务与国内产值比例提高到了108.7%，而1990—2004年美国名义国内产值年均增幅5.25%下降到了2005—2019年的3.62%，经常账户逆差占比稳定在4%以上和名义国内产值增速下降到4%以下，将必然导致外国持有美国债券占美国国内产值的比例显著超过稳定比例（见Mussa，2004）。国际货币基金组织2020年10月更新的数据显示，2020年美国政府债务与国内产值比例比2019年提高了22.5%到131.2%，接近2004年65.4%的两倍，年度增幅22.5%比图27-2给出的日本2009年相应最大增幅17.6%高出4.9%，2020年11月底美国欠全球债务与2020年国内产值比例提高到了33.9%；以美国新任总统应对疫情刺激金额1.9万亿美元估算，2021年美国政府债务与国内产值比例很可能会超过140%。Eichengreen（2005）担心美国欠全球债务与国内产值达到四分之一，而该比例2020年已经超过了三分之一。美国政府债务高速增长不可能不对境外对美债的态度产生影响。2020年7月到11月，境外持有的美国政府债券确实出现了连续4个月下降，但累计金额仅为434亿美元，累计降幅仅为2020年7月总额7.1万亿美元的0.61%。我们需要密切关注相关市场数据显示的全球对美债态度的变化。

42.9.4　赢者通吃还是几币分享

1914年前和20世纪下半叶以来英镑和美元在全球储备货币的垄断地位使很多学者得出主要储备货币"赢者通吃"和"肥水不流外人田"，而且一旦获得这种垄断地位难以撼动的结论。"在任何历史时刻，总有一种货币占领全球储备的支配地位，而不是两个或更多"（Persaud，2004）。而Eichengreen（2005）却认为一种货币支配地位的说服力不够，几币共享全球储备地位的可能性更大，而且也被很多历史时期的数据所证明。实际上两种说法并不完全矛盾，在占支配地位的主要货币的地位明显下降时，分享就成为常态。

42.9.5　今后国际货币的趋势判断

Eichengreen（2005）考虑到欧元区经贸规模等因素，指出今后能与美元分享储备货币地位的只有欧元，而人民币分享全球储备功能的条件还不够成熟。Eichengreen先生的文章是2005年发表的，2004年中国国内产值仅为欧元区产值的19.2%，贸易也仅相当于同样的比重，而2018年中国国内产值首次超过了欧元区，而且2019年前者超过后者10.3%，而且中国贸易与欧元区的比例也接近一半；与此同时，2004年中国国内产值仅为美国的16.0%，贸易也仅为美国的73.7%，而2019年和2020年中国国内产值与美国产值比分别提高到了68.7%和73.2%，而且2014年以来中国贸易平均超过美国贸易总额。这些数据显示，相对于2004年人民币成为主要国际储备货币不够成熟的判断，现在应该成熟了很多。

上文结果表明，美国在1872年产值首次超过英国后近90年到20世纪50年代末，美元才取代英镑成为全球占支配地位的国际货币，即使减去1914年美联储设立前的42年，美国也用了近半个世纪才取代了英镑成为主要国际货币；另外，尽管德国在1873年和1908年产值分别超过了法国和英国，但1913年德国马克的国际储备地位仍离法郎和英镑有巨大的差距。这些结果表明，货币的国际地位要比经济的国际地位滞后至少40年，与表42-5给出的到中国经济超过欧元区32年和中国经济超过美国经济20年的2050年，人民币国际化排名可能仍低于欧元并与美元国际化水平有显著差距的结果基本一致。当然现代科技的发展使得全球金融市场发展的速度比百年前和半个世纪前要高出很多，货币国际化排名变化的速度也可能较前加速，同时经贸和科技外诸如货币使用惯性和资本项目管制等因素也对货币国际化产生重要的影响。本节给出的相关历史数据对我们判断今后主要货币国际化变迁有很大的启示。

42.9.6　克服"保守"因素更客观的人民币国际化预测结果

第42.8.4节显示，由于表42-4预测今后人民币国际化的基础（国内产值占比与空间自主度乘积与2020年人民币国际化比例276.6%）过高，或2020年中国科技自主度与国内产值乘积占八币相应的总乘积比重10.00%相对于2020年人民币国际化（人民币在全球外汇市场日均成交金额占比）3.15%比例276.6%"折扣"过高，导致以此为基准的表42-5给出的人民币国际化预测结果相对保守。为了克服该问题，我们可以今后不同时段中国科技自主度年均提高的幅度将该基础276.6%逐年下降，即如到2050年，以中国科技自主度年均分别提高1.50%、1.75%、2.00%、2.25%、2.50%和3.00%的幅度逐年下降，那么276.6%这个基础将分别下降到231.6%、224.1%、216.9%、209.6%、202.4%和187.9%，分别比表42-4给出的相应的2050年美元基础102.2%高出129.4%、121.9%、114.7%、107.4%和100.2%，表明如上以中国科技自主度年均增幅下调今后人民币国际化预测基础的做法仍然较为保守和客观。

用如上以中国科技自主度年均增幅下调今后人民币国际化预测基准并以这些下调的基准预测2021年以后人民币国际化水平更为客观。用该方法计算结果表明，人民币日均成交金额超过英镑、日元和欧元的时间分别比42-5给出的时间提前几年；而到2050年人民币日均成交金额全球占比与美元仍有差距，但差距却明显缩短。这些克服"保守"因素的结果应该更加客观，也与上文100多年来主要国际货币国际地位变迁的趋势相一致。

42.10 国际化货币圈迹象及未来变迁思考

主要国际货币也有相应的货币圈，这些圈内货币共同支持主要国际货币维持其国际地位。本节利用全球主要货币间相关性数据对主要国际货币进行分组画圈，进而判断这些货币圈今后的变化及对全球外汇市场的影响。表42-6给出了2001—2019年全球前22大货币国际化水平间的相关性。2001—2019年该22种货币在全球外汇市场的总成交金额占全球年均比重高达96.9%，在全球外汇市场有很好的代表性。

表42-6　　主要国际货币外汇市场日均成交金额间的相关性
（2001—2019年）　　　　　　　　　　　单位：%

货币＼货币	美元	欧元	日元	英镑	澳大利亚元	加拿大元	瑞士法郎	人民币	港元	新西兰元	瑞典克朗
美元		98.1	94.7	98.6	96.9	99.0	95.3	90.2	82.6	99.5	95.7
欧元	98.1		92.2	97.6	97.3	97.9	98.8	81.5	81.8	96.9	95.4
日元	94.7	92.2		90.1	97.6	92.9	87.7	82.0	60.5	94.2	86.0
英镑	98.6	97.6	90.1		93.8	97.5	96.5	87.8	85.4	98.6	97.9
澳大利亚元	96.9	97.3	97.6	93.8		95.0	94.8	79.0	70.0	95.7	89.3
加拿大元	99.0	97.9	92.9	97.5	95.0		94.6	90.4	83.2	97.9	95.9
瑞士法郎	95.3	98.8	87.7	96.5	94.8	94.6		75.0	81.2	94.8	95.8
人民币	90.2	81.5	82.0	87.8	79.0	90.4	75.0		81.9	90.3	85.5
港元	82.6	81.8	60.5	85.4	70.0	83.2	81.2	81.9		81.6	84.8
新西兰元	99.5	96.9	94.2	98.6	95.7	97.9	94.8	90.3	81.6		96.8
瑞典克朗	95.7	95.4	86.0	97.9	89.3	95.9	95.8	85.5	84.8	96.8	
韩元	95.3	92.3	82.7	95.2	85.7	96.7	88.5	94.7	92.2	94.1	93.6
新加坡元	97.9	94.1	90.6	96.2	90.9	98.5	89.2	95.9	95.9	98.4	95.0
挪威克朗	95.8	92.9	84.7	97.5	88.0	93.7	92.8	89.4	88.4	97.4	97.7
墨西哥比索	93.0	89.1	98.3	87.7	96.4	89.0	84.7	81.0	60.1	92.9	81.8
印度卢比	95.0	91.3	82.1	93.9	85.8	95.2	87.2	94.9	93.7	93.8	91.2
俄罗斯卢布	93.6	91.0	98.5	88.3	97.7	90.2	86.7	79.8	61.2	92.9	82.1
南非兰特	97.9	93.6	93.7	94.9	94.9	94.7	90.0	91.0	80.4	98.0	90.7
土耳其新里拉	92.7	87.1	97.4	86.8	92.1	89.2	80.2	89.3	61.2	92.0	82.9
巴西雷亚尔	96.2	92.0	95.7	91.6	94.7	95.2	86.0	92.4	75.2	95.7	86.8
新台币	91.8	86.8	77.3	91.5	80.3	92.4	82.2	96.0	93.8	90.6	88.5
丹麦克朗	93.1	87.4	95.6	90.4	91.6	89.6	84.2	86.2	63.4	95.4	88.9
平均	94.9	92.2	89.3	93.2	90.6	93.9	88.9	87.4	78.5	94.6	90.6

续表

货币＼货币	韩元	新加坡元	挪威克朗	墨西哥比索	印度卢比	俄罗斯卢布	南非兰特	土耳其新里拉	巴西雷亚尔	新台币	丹麦克朗
美元	95.3	97.9	95.8	93.0	95.0	93.6	97.9	92.7	96.8	91.8	93.1
欧元	92.3	94.1	92.9	89.1	91.3	91.0	93.6	87.1	92.0	86.8	87.4
日元	82.7	90.6	84.7	98.3	82.1	98.5	93.7	97.4	95.7	77.3	95.6
英镑	95.3	96.2	97.5	87.7	93.9	88.3	94.9	86.8	91.6	91.5	90.5
澳大利亚元	85.7	90.9	88.0	96.4	85.9	97.7	94.9	92.1	94.7	80.3	91.6
加拿大元	96.7	98.7	93.7	89.0	95.2	90.2	94.7	92.3	95.5	92.4	89.6
瑞士法郎	88.5	89.8	92.8	84.7	87.2	86.6	90.0	80.2	86.0	82.2	84.6
人民币	94.7	95.9	89.4	81.0	94.9	79.8	91.0	89.3	92.4	96.0	86.2
港元	92.2	85.0	88.4	60.1	93.7	61.6	80.4	61.2	75.2	93.8	63.4
新西兰元	94.1	97.5	97.4	92.9	93.8	92.9	98.0	92.0	95.5	90.6	95.4
瑞典克朗	93.6	95.0	97.7	81.8	91.2	82.1	90.7	82.9	86.8	88.5	88.9
韩元		98.2	93.9	79.5	99.0	80.4	91.6	85.3	91.5	98.7	82.3
新加坡元	98.2		94.8	87.5	97.2	87.8	95.3	92.9	96.1	95.6	90.5
挪威克朗	93.9	94.8		84.0	94.0	83.4	94.7	82.4	89.0	91.8	90.8
墨西哥比索	79.5	87.5	84.0		81.2	99.7	95.4	95.3	95.8	76.2	95.7
印度卢比	99.0	97.2	94.0	81.2		82.0	93.9	84.6	92.9	99.2	82.5
俄罗斯卢布	80.4	87.8	83.4	99.7	82.0		95.2	95.0	96.0	76.7	93.8
南非兰特	91.6	95.3	94.7	95.4	93.9	95.2		96.0	76.7	90.5	94.7
土耳其新里拉	85.3	92.9	82.4	95.3	84.6	95.0	96.0		97.2	81.7	93.9
巴西雷亚尔	91.5	96.1	89.0	95.8	92.9	96.0	76.7	97.2		89.8	92.9
新台币	98.7	95.6	91.8	76.2	99.2	76.7	90.5	81.7	89.8		78.7
丹麦克朗	82.3	90.5	90.8	95.7	82.5	93.8	94.7	93.9	92.9	78.7	
平均	91.0	93.7	91.3	87.8	91.0	88.2	92.6	88.5	91.4	88.1	88.7

数据来源：根据国际清算银行2019年12月公布的2001—2019年全球前22大货币外汇日均成交金额数据计算得出；其中平均为每种货币与其他21种货币相关性的算术平均值。

42.10.1 美元货币圈

表42-6显示，美元这个具有全球支配地位的头号货币与其他21种货币平均相关性高达94.9%，且为前22币最高，显示全球主要货币与美元间平均相关性最高，表明美元在全球外汇市场的支配地位普遍得到主要货币的支持；欧元和日元这两大仅次于美元的国际货币与美元的相关性98.1%和94.7%，分别略高和略低于美元与其他21种货币相关性平均值，而美元与加拿大元和新西兰元间的相关性分别竟高达99.0%和99.5%以上，美元与英镑的相关性也高达98.6%，美元与加拿大元、英镑、新西兰元和澳大利亚元4种"五眼联盟"货币相关性平均值也高达98.6%，高于美元与欧元和日元的相关性，更高于美元

与其他21种货币相关性平均值94.9%，表明美元和"五眼联盟"中其他4币为美元货币圈，"五眼联盟"的5币除新西兰元外，其他4币皆跻身全球前六大国际货币之列；2001—2019年，美元货币圈占全球外汇市场比重从58.0%略降到了57.5%，超过同期美元圈5币相应的总国内产值占全球比重28.2%到26.1%高出一倍多，显示美元货币圈为当前全球货币中最强大的国际货币圈；美元圈5币相互高度支持，在全球外汇市场发挥着相对垄断的作用。然而如表42-5所示，随着美元、英镑、澳大利亚元和加拿大元这四个美元圈货币今后几十年国际地位的持续下降，美元圈货币在全球外汇市场的总体地位将持续下降，其在全球外汇市场总占比与相应的总国内产值占比间的比例也会持续下降。

42.10.2 欧元货币圈

表42-6显示，欧元这个仅次于美元的全球第二大国际货币与其他21种货币相关性平均值92.2%，虽低于美元相应的平均值，但却高于上文美元货币圈外前10大国际货币相应的平均相关性，与欧元全球第二国际货币的地位相一致；欧元与日元相关性92.2%，与欧元与21种货币平均相关性相当，然而欧元与瑞士法郎、瑞典克朗和挪威克朗的相关性皆明显高于欧元与其他21种货币的总平均相关性，表明欧元区外3大主要欧洲货币与欧元的相互支持度也较高，这些货币可以看做欧元区货币圈。值得关注的是，丹麦克朗与欧元的相关性仅为87.4%，不仅低于丹麦克朗与其他21种货币平均相关性88.7%，也低于俄罗斯卢布与欧元相关性91.0%和挪威克朗与丹麦克朗间的相关性90.8%，表明欧元的辐射力还没有充分辐射到整个欧洲的主要货币；另外，考虑到丹麦克朗与欧元货币圈内挪威克朗间相关性90.8%相对较高，我们将欧元、瑞士法郎、瑞典克朗、挪威克朗和丹麦克朗这5种欧洲货币看做欧元圈货币；2001—2019年欧元圈5币占全球外汇市场总成交金额占比从24.7%明显下降到了20.5%，但仍明显高于同期该5币相应的总国内产值全球占比15.7%到13.1%，显示欧元为主的欧元货币圈在全球外汇市场的影响力明显下降的同时，在全球外汇市场的作用仍略高于其在全球经济中的作用。

42.10.3 人民币货币圈

表42-6显示，人民币与其他21种货币平均相关性仅为87.4%，不仅为前八大国际货币相应平均相关性最低，而且仅高于港元与其他21种货币平均相关性78.5%，显示人民币与全球绝大多数货币的相关性需要提高的问题，该问题实际上与人民币国际化需要显著提高到与中国经贸国际地位相近的问题是同样的问题；然而人民币与新台币、新加坡元和韩元相关性分别高达96.0%、95.9%和94.7%，显示该三种货币与人民币的密切关系；值得关注的是人民币

与港元相关性仅为81.9%，明显低于人民币与其他21种货币平均相关性87.4%的同时，却明显高于港元与其他21种货币平均相关性78.5%，与香港作为境外最大人民币中心的地位不够一致，也与香港这个全球重要的金融中心地位不够一致，显示两地货币合作需要进一步显著加强的同时，港元不合群（与其他21种货币平均相关性为22种货币最低）的问题也需要深刻反思（两个问题实际上应该是同一个问题，需要进一步进行研究和探讨）。由于香港与内地经贸关系的紧密程度和香港作为境外人民币最大中心等因素，随着内地与香港协调治理相关问题的妥善解决和完善，港元应该成为人民币货币圈的重要成员，而且人民币与以上三种东亚货币和港元平均相关性也高达92.1%。因此，港元、新台币、新加坡元和韩元是明显的以人民币为首的东亚货币圈货币；2001—2019年该五币占全球外汇市场比重从2.3%明显提高到了6.3%，但仍远低于该5种货币相应的总国内产值全球占比3.1%到10.3%，显示人民币货币圈今后在全球货币市场巨大的增长潜能。特别是表42-5显示的今后二十多年人民币国际地位的持续显著提高的同时，人民币货币圈其他货币有望在表42-6中的排名显著提高，有些甚至可能会进入全球前八大货币之列，人民币货币圈总的国际地位也会随之显著提高。

实际上，上文介绍的人民币货币圈其他四种货币正好是第22章介绍的"亚洲四小龙"的"四小龙货币"。由于"亚洲四小龙"在我国改革开放初期开始就与我国大陆经贸保持着密切的关系，随着近年来我国经贸和人民币国际地位的持续提高，该四币自然而然地与人民币保持着其他货币难以达到的密切程度。因此，上文介绍的人民币货币圈可以简称"龙币圈"。

另外，值得关注的是，表42-6显示，人民币与俄罗斯卢布的相关性仅为79.8%，不仅低于卢布与其他21种货币的平均相关性88.2%，也低于人民币与其他21种货币的平均相关性87.4%，与近年来中俄两国经贸等领域的紧密合作关系不够一致，表明两国货币合作仍有较大的提高空间；人民币与印度卢比的相关性高达94.9%，仅略低于人民币与新台币的相关性96.0%，而且高于卢比与美元、欧元、日元和英镑四大国际货币间的相关性，反映出十多年来中印两国经贸等领域的紧密合作的良好态势，显示中印两国经贸和货币密切合作的基础和广阔前景。如果人民币与卢布相关性提高到与两国经贸合作较为一致的水平，人民币与金砖国家货币（人民币与印度卢比、巴西雷亚尔和南非兰特的相关性皆超过90%）平均相关性将提高到九成以上，人民币在金砖合作机制中将发挥应有的作用。

42.10.4　日元货币圈和日元今后入圈的可能性

表42-6显示，日元与其他21种货币平均相关性仅为89.3%，为前七大货币最低，而且日元除与上文指出的美元圈和欧元圈主要货币相关性较高外，日

元与主要东亚经贸关系密切的人民币、港元、韩元和新台币相关性皆不够高，分别仅为 82.0%、60.5%、82.7% 和 77.3%，平均仅为 75.6%，显著低于上文美元圈五币、欧元圈五币和人民币圈五币之首与其他四币超过 90% 的相关性。如上数据显示，日元虽然是全球第三大国际货币，但日元除与美元圈和欧元圈主要货币相关性较高，日元与该两大货币圈内货币相关性却明显低于两大货币圈成员货币间的相关性，而且日元仅与进入全球排名第 13 位的亚洲货币新加坡元间的关系略超 90%。这些结果表明，日元确实脱亚而入了欧美，但却与主要东亚货币没有多高的关联度，日元并没有与自己国际地位相应的货币圈。

当然日元与其他发展中国家货币俄罗斯卢布、墨西哥比索、土耳其新里拉、巴西雷亚尔和南非兰特相关性皆超过 90%，平均高达 96.7%，明显高于美元和欧元与该五币平均相关性 94.8% 和 90.5%，也显著高于人民币与该 5 币的平均相关性 86.7%。这些结果表明日元与主要发展中国家的货币关系平均比美元和欧元还要密切，显示日元在主要发展中国家的独特地位；但由于这些主要发展中国家货币在全球外汇市场的总体占比仍然过低（2001—2019 年如上 5 种主要发展中国家货币占全球外汇市场比例仅从 1.4% 提高到了 3.0%），这些主要发展中国家货币不能当做日元货币圈货币。而提高人民币与这些主要发展中国家货币相关性正是人民币国际化的主要战略目标。

日本地处东亚，经贸也与东亚国家和地区有着密切的关系，但日元却游离于美元、欧元和人民币三大货币圈之外，在东亚处于相对孤立的状态。随着如表 42-5 所示 2030 年中国经济超过美国和美欧经贸在全球经贸中的占比持续明显下降及 2030 年之后几年人民币取代日元成为全球第三大国际货币等全球经贸和金融格局的变化，人民币与主要发展中国家货币的相关性会显著提高的同时，日元与人民币间的相关性逐步提高到超过 90% 的可能性会增大，而且日元与人民币相关性在 2030 年后超过日元与欧元和美元间相关性的可能性也会增加；或者说随着今后二十年左右全球经贸格局的变化，日元逐渐远离美元货币圈和欧元货币圈的同时，靠近甚至加入人民币货币圈的可能性也会增大。

42.11　境内外市场协调发展

境内外市场协调发展是国际货币的一个重要特征。境外市场活跃应用是货币国际化程度的反映，而境内市场是货币国际化的底力。境内市场流动性达不到必要的水平，境外市场也难以持续稳步增长。

42.11.1　主要国际货币境内外本币外汇交易比例

表 26-17 显示，2007—2019 年每 3 年有国际清算银行数据的年份，美元境

外外汇交易与美元境内外汇交易的比例分别为 4.23 倍、3.30 倍、3.15 倍、3.03 倍和 3.78 倍，显示 2008 年金融危机爆发后到 2016 年境外美元外汇交易与美国境内美元交易比例持续下降，而 2016 年到 2019 年该比重首次回升，但 2019 年比例 3.78 倍仍略低于 2007 年的比例 4.23 倍；同期境外欧元外汇交易与境内欧元外汇交易的比例从 5.10 倍持续下降到了 2016 年的 3.93 倍，而 2016 年到 2019 年欧元比例也回升到了 4.92 倍，与美元相似出现了回升，同样 2019 年比例 4.92 倍也略低于 2007 年的比例 5.10 倍；2007 年到 2010 年日元境外和境内外汇交易的比例从 2.23 倍略降到了 2.03 倍后，2013 年猛增到了 3.36 倍，2016 年和 2019 年虽比 2013 年下降，但却保持在显著高于 2007 年的水平；2007 年到 2013 年，英镑境外和境内外汇交易的比例从 0.68 倍持续下降到了 0.49 倍，虽然 2016 年略回到了 0.62 倍，但 2019 年又降到了 0.49 这个 2007 年以来最低的水平，另外，英镑境外交易与境内外汇交易比例在前 4 大货币中最低，但是比例仍在下降；同期澳大利亚元和加拿大元比例最高，而且境外交易与境内交易比例总体不降反升。

42.11.2　今后几年人民币境内外外汇交易比例的变化

表 26 - 17 显示，2010—2016 年，境外人民币日均成交金额与境内人民币日均成交金额比例从 0.25 倍持续提高到了 1.68 倍，显示同期境外人民币市场比境内市场增长更快的态势；然而 2016 年到 2019 年，境外人民币日均成交金额与境内比例略降到了 1.11，表明近三年来国内人民币外汇市场增速超过境外市场，境内市场对人民币国际化贡献度提高的良好态势，这与表 32 - 3 的数据显示 2016—2019 年，境内人民币外汇市场日均成交金额年均复合增长率 19.7%，比境外 7 大人民币中心总日均成交金额年均复合增长率 11.8% 高出 7.9% 的结果一致。境内市场贡献度提高是好事，但境外与境内比例却在前八大国际货币中仅高于英镑，表明人民币在境外市场增长潜能仍然显著。只有境内外人民币市场同步协调增长，人民币国际化水平才会持续稳步提高。

42.12　今后境内外汇市场的发展

表 42 - 5 给出的预测结果显示，到 2025 年、2035 年和 2045 年前后全球人民币分别成为全球第 4、第 3 和第 2 大国际货币，人民币在全球外汇市场全球占比将分别达到 5.39%、8.89% 和 14.52% 左右；以表 26 - 1 给出的相应 1998 年到 2019 年全球外汇日均成交金额年均复合增长率 7.22% 估算，到 2025 年、2035 年和 2045 年全球外汇日均成交金额将分别高达 9.34 万亿美元、18.76 万亿美元和 37.66 万亿美元，其中人民币外汇日均成交金额将分别高达 0.53 万亿美

元、1.94万亿美元和7.01万亿美元，分别为2019年人民币全球外汇日均成交金额的1.86倍、6.79倍和24.59倍。如此高的人民币日均成交金额将为境内外金融机构带来巨大的商机。由于今后多年境内外人民币外汇市场将保持协调高速增长，即使以2025年、2035年和2045年境外人民币外汇日均成交金额与境内人民币外汇市场日均成交金额2倍、2.5倍和3倍的比例估算，到2025年、2035年和2045年，境内人民币外汇市场日均成交金额将分别高达1764亿美元、5530亿美元和1875亿美元，分别比2019年境内人民币外汇市场日均成交金额高出0.4倍、3.3倍和12.7倍。境内的中外资金融机构和企业要为今后境内外汇市场持续显著增长做好准备。

42.13　外汇市场场外其他市场的发展潜力

第30章显示，虽然近年来境外人民币市场高速发展，但是发展最快的还是人民币外汇相关衍生产品，境外H股指数期货和期权虽然有一定的流动性，但却是以港元计价的产品，并非人民币产品；境外人民币利率互换的日均成交金额仅有几亿美元，与人民币外汇主要产品相比几乎可以忽略不计。因此，境外人民币外汇以外的其他人民币产品流动性仍然很低，我们主要介绍和预判今后境内银行间人民币外汇外的利率衍生产品的市场规模和年均增长率。

利率互换是近十年来境内银行间市场持续增长最快的市场。根据第5章和第7章相关数据，2007—2019年，境内利率互换和外汇掉期成交金额年均复合增长率分别高达44.5%和39.0%，前者高于后者15.5%，然而2019年境内外汇掉期总成交金额高达16.38万亿美元，而利率互换成交金额仅为2.63万亿美元，后者相当于前者的16%。随着人民币国际化水平的持续提高，境内利率风险管理市场也需跟上外汇市场的发展步伐。

另外，上文介绍了境内与国际市场最大落差的是境内债券期货或利率期货市场。表11-5显示，2015—2019年境内利率期货市场成交金额年均复合增长率高达21.3%，但是2019年成交金额与国内生产总值比例仅为0.15倍，不到同年世界市场19.9倍的1%，显示境内债券期货市场急需发展以服务国内金融市场改革和人民币国际化的战略目标。

42.14　跨境资金流动监测监控的必要性

虽然人民币国际化的重要条件是人民币可自由使用，然而资本项目与可自由使用密切相关。资本项目多开放一项，跨境资金流动就多一条渠道。因此，对跨境资金的有效监测和监管是人民币资本项目可兑换趋势下重大的挑战。笔者从十多年前第一本关于人民币衍生产品的书就开始持续关注和研究该问题。人民银行公布的数据显示，由于美国量化宽松政策的退出，2014年7月到2016年11月的29个月中我国外汇储备有24个月下降了，2014年第三季度到2016年第三季度的9个季度中我国外汇储备有8个季度下降；特别值得关注的是2014年第三季度到2015年第一季度，我国外汇储备下降的额度占全球同期外汇储备下降幅度的比重分别高达47.1%、26.4%和72.3%，2015年第二季度全球外汇储备增长了290亿美元，而我国外汇储备却下降了362亿美元，2015年第三季度和第四季度，我国外汇储备下降的额度占全球比重分别高达66.1%和69.4%；2016年第一季度全球外汇储备增长了878亿美元，而我国外汇储备却下降了1177.8亿美元；2016年下半年，我国外汇储备下降了2926.6亿美元，占同期全球外汇储备下降额3232.8亿美元的90.53%。这些数据显示，美国退出量化宽松政策对我国跨境资金流动和外汇储备产生了巨大的影响。尽管2017年以来，我国外汇储备变化方向大多与国际总外汇储备变化方向一致，而且我国变化占全球的比重也下降到了三成以下的较为合理的水平，但是，跨境资金撤离我国成为一个严重的问题，如何有效管控跨境资金流动的同时尽可能减少相关措施对人民币国际化的负面影响已经成为当前和今后多年的重大任务。

42.14.1　十多年来流入我国的跨境资金规模

虽然多年来对有多少跨境资金或"热钱"流入我国多有争论，但是十多年来我国货币被动快速发行导致货币存量与GDP比例持续升高而且存款保证金率居高不下的事实表明，流入的跨境资金不是数百亿美元至数千亿美元能够解释的。

跨境资金流入的规模研究是一项非常复杂的问题，然而利用1989—2015年我国公布的与香港的贸易数据和香港公布的与内地的贸易数据间的明显差异计算出26年来两地虚假贸易规模的结果应该找到了近年来跨境资金流出、流入到再流出的问题所在，跨境资金流动规模显著，与国内货币发行密切相关[请参见张光平（2016）第54章相关结果]。

42.14.2　我国资本项目开放拟考虑的因素

第42.9节介绍和研判主要国际货币一百多年来地位变迁的相关历史表明，可兑换对货币国际化有很大的影响。"一战"开始时，虽然美国超过英国经济已经40多年了，但是当时美元仍然未进入全球前三大货币之列（主要因为当时1913年12月美联储才刚刚设立）；德国在"一战"开始时就叫停了马克与黄金的兑换，法国在1915年也禁止了法郎与黄金的兑换，英国在1917年也对黄金出口开始限制，而美国虽然1917年宣战参与"一战"，美国却仍然保持了美元与黄金的可兑换，对"一战"后美元国际地位的大幅度提升以取代马克成为当时全球仅次于英镑和法郎的第三货币发挥了重要的作用（Eichengreen，2005）。1944年布雷顿森林体系的建立到1968年美元保持与黄金可兑换是美元成功取代英镑的重要条件之一。因此，逐步取消资本项目管制以提高可兑换性对货币国际化非常重要，但在货币国际化的不同阶段应采取不同的策略逐步放松管制。

首先，资本项目开放确实不能等到利率市场化和汇率自由化条件完全成熟再进行，但是资本项目开放不能不考虑利率和汇率市场化的进展程度，必须协调发展；同时资本项目的开放还必须考虑到我国企业和金融机构"走出去"金融风险管理的技能是否适应的情况，即与我国企业国际风险管理水平的提高相适应的程度。其次，必须考虑我国金融市场的发展程度，特别是风险对冲金融衍生产品市场的提高程度及境内金融机构和企业对这些市场的熟悉应用程度。最后，必须考虑到第27章介绍的我国宏观经济政策，特别是货币政策的应对程度等。否则，境内金融机构和企业"走出去"既可能不服境外水土，对境内产品创新和以金融衍生产品为主的市场也难以得心应手，既要防范境内由于金融"四化"（利率市场化、汇率市场化、资本项目自由化和人民币国际化）的推动带来的新的风险，又要在境外适应还很不熟悉的国际市场风险。2013—2019年我国对外直接投资累计增长了217.1%，而同期我国境外净资产年均却仅提高2.7%，与日本境外资产管理效率形成了很大的反差，不得不令人反思对"走出去"节奏的把握和效率的提高。

42.14.3 人民币跨境结算对国内外汇储备的影响

跨境人民币结算业务试点是人民币国际化的必然举措，也是六年多来人民币国际化取得进展最大的领域。然而，跨境人民币结算逐步实施以后，间接地给国际游资进入和流出开放了新的渠道。2004—2007年我国贸易顺差年均增长率超过100%的事实使得越来越多的学者和专家认识到，在没有大力推动人民币跨境结算的情况下，资金通过我国开放的贸易项目大量地流入境内将推高相应年份我国的固定资产投资水平（李东平，2008）。但是，在2008年第四季度、2009年第一季度和2014年下半年以来资金转向撤离，我国经济又受到一定程度的影响。

人民币跨境结算和境外直接投资业务启动后，跨境资金流动又多了新的渠道。因此，在稳步推进人民币结算业务的过程中，需要不断完善人民币管理体制，逐步启动和加强相关配套措施的建设，建立跨境资金流动的监测体系和防范机制，以加强对资金跨境流动的驾驭能力。在今后资本项目逐渐开放的情况下，资金跨境流动的渠道将逐渐增多，建立跨境资金流动的监测体系和防范机制将是今后多年的任务。即使在今后若干年人民币资本项目已经完全开放，跨境资金流动的监控体系也将是保证我国经济平稳运行不可或缺的常设机制。

42.15 国际货币基金组织对跨境资金流动的监控态度

42.15.1 国际组织监管态度的转变

传统国际金融理论认为,对跨境资金流动的管控会扭曲资本在全球范围内配置效率,因此不仅不应该鼓励,还应该禁止。然而20世纪90年代以来众多新兴经济体遭受国际金融危机冲击的事例说明资本项目自由化并未对经济和金融体系的稳定提供支持,而且实证研究也难以找到资本项目自由化与经济增长之间密切的互动性。直到最近,传统金融理论仍然主导着国际金融监管体系,发展中国家对资本流动的任何管控举措经常轻则被批评为不必要,重则常被扣上金融保护主义的帽子。国际货币基金组织(IMF)被授权对国际金融体系的稳定负有责任。亚洲金融危机爆发前后,IMF解救各个成员国经常附加的前提条件是要求被解救国家放开资本管制,促进资本自由流动,进行体制改革从而促进贸易自由。这些做法多年来受到广泛的批评,尽管如此,IMF的态度和做法并没有显著改变。2008年国际金融危机爆发以来,国际社会指出IMF在国际金融危机爆发前没有对国际金融危机爆发提出任何预警,从而对其功能的发挥提出诸多质疑。因此,IMF组织了一系列相关研究,并从2010年底以来先后公开相关研究成果,为后来出台对跨境资金的流动管控做法提供支持和建议。2011年4月5日,IMF正式公布了该组织对管理资本流动态度的转变并提出了适用不同国家和地区的政策工具的建议。这一明显的转变对国际经济、贸易和金融体系的稳定会发挥一些作用。

42.15.2 国际货币基金组织"管理跨境资金流动"框架意见书的主要内容和主要政策建议

长达97页的实证研究报告《近年来管理跨境资金流动的经验——相关议题和潜在政策框架》中(IMF,2011a),IMF通过对二十年来对除中国外几十个全球主要新兴市场跨境资金流动对流入国经济和金融市场的影响和冲击研究的基础上得出对跨境资金管控的主要思路和政策建议。跨境资金的流入会首先推动流入国家或地区投资和经济的增长,进而促进流入国外汇储备的增长、货币的升值、物价的增长,同时跨境资金的撤离会对流入国经济和金融体系稳定带来不同程度的冲击,严重的会达到产生危机的后果。

IMF公布的《管理跨境资金流动——采用哪些工具》报告,对管控跨境资金流动提供了审慎监管和资本控制两大类型的政策性措施。审慎监管措施的目的是提高金融机构承受更大风险的能力，或者为金融机构承担额外风险设定上限。审慎监管措施可以分为外汇相关审慎监管和其他审慎监管措施，前者主要是针对境内银行业。外汇审慎监管措施主要是对不同货币区别对待，而不是对交易涉及双方在哪个国家采取措施。常用的做法是对银行外币投资净头寸占总资本的比例设限，其他还包括限制银行外币贷款等。其他审慎监管措施的主要目的是降低系统性风险，这些措施包括控制境内金融体系贷款增长率、设定贷款/市值比例上限、对资产和行业贷款集中度过高的领域设置上限和反周期资本要求等。报告涉及了很多其他的措施，这里不再一一介绍，有兴趣的读者可以参考张光平（2015）。

42.15.3 跨境资金监管政策实施措施和资本项目可兑换性的关系

IMF 在 2011 年 4 月 5 日公布的对跨境投机资金管控的指引是第二次世界大战以来此类指引的第一次，具有划时代的意义。它首次提出了对跨境投机性资金进行管控的必要性，而且提出了管控的指引和具体政策建议，标志着该组织对跨境投机资金审慎管控的认可和接受。虽然指引和相关附件及研究报告没有直接指出不同的管控措施对资本项目可兑换性的直接影响，但从指引的目的和出发点可以判断，必要的管控措施对可兑换性的影响是可以理解、认可、接受的。由于很多细节问题还需要进一步讨论，指引的实施还需要一定的时间，很多问题日后会更加明了。

42.16 建立我国跨境资金预警和监测体系

早在 2008 年 5 月国际金融危机还没有爆发之前，时任国务院副总理王岐山就明确指出应该"改进外汇管理方式，完善外汇管理的法律法规，强化对跨境资本流动的监管"（2008 年陆家嘴论坛主题演讲）。国际金融危机期间，资金撤离对我国经济产生的冲击表明了监控跨境资金对维护经济和金融体系的稳步发展的重要性。"防范发生系统性区域性金融风险"是"十三五"规划中提出的今后五年我国金融业的一项重要任务。随着人民币跨境业务的进一步推进，我国跨境资金监控会面临更多的新任务和新要求。

42.16.1 人民币跨境贸易结算和直接投资启动进一步增加了跨境资金流动性监控的难度

"人民币结算和人民币境外投资启动后，跨境资金流动又多了新的渠道，增加了跨境资金监管的难度。跨境人民币业务的启动和迅猛增长将人民币也纳入了跨境资金流动的管理，有效区分跨境人民币经常项目交易和资本项目交易，相应项目资金来源等问题变得比监管外币更加困难，监管的难度加大"（张大龙，2011）。"绝大多数境外居民获取人民币并存在香港的最主要目的就是赌人民币升值"（王庆，2011），境外人民币储蓄的高速增长加大了今后跨境资金流动监管的难度。长期以来跨境资金流动以外汇及外汇收支作为监管的主要内容。人民币跨境结算和直接投资实施后，"应考虑将长期以来以外汇及外汇收支作为监管内容的外汇管理框架转变为对跨境资金流动的监管，从制度安排、监管设计上将人民币的跨境流动及境外资金负债纳入监管监测体系并作为重要的监管内容"（杨小平，2011）。

资本项目每放开一个领域，跨境资金流动也会增加一个渠道，所以如果到时相应地对跨境资金流动的监控没有到位，这种放开的渠道将对未放开的渠道发挥一定的替代作用，降低还未开放的资本项目的管制效果。我们不仅要在这些方面进行深入研究，还要准备好相应的应急措施，从而减少外来因素对我国金融体系和宏观经济的冲击。

42.16.2　国际资金2003—2007年大幅度流入美国的启示

跨境资金流动的监管对于像美国这样的发达国家都是相当棘手的问题。2011年2月美联储主席伯南克（2011）在提交给法国召开的20国集团会议的一份长达38页的研究报告中称，2003—2007年国际资金大量流入美国购买美国政府债券和按揭证券化证券，导致美国利率下降是美国金融危机爆发的重要原因之一。美国的跨境资金监管尚且出现不到位的情况，对其他国家特别是发展中国家来说，跨境资金流动的监测和监管就显得更加重要。

跨境资金流动的监控体系是一个涉及面相当广泛的系统。在当前积极推进跨境人民币结算之初，对亚洲金融危机爆发至今跨境资金如何流入、流出中国及其流动规模进行深入、系统和扎实的研究显得非常必要。这是因为如果对新的资金流动渠道开通之前的简单情况都做不到心中有数、防范到位，那么在更多的新资金流动渠道开通之后，问题势必更加复杂，防范也一定会更加困难。2009年3月美国开始实施第一次量化宽松到2014年10月底美国宣布四次量化宽松政策退出，美联储总共给市场注入3.63万亿美元的资金，其中大部分流入发展中国家和地区。美联储宣布退出量化宽松政策后，全球几乎所有的货币，特别是发展中国家货币皆对美元出现了不同程度的贬值，表明资金回流美国趋势明显。在美国经济复苏，2015年12月美元加息和2015年继续加息的预期下，资金回流美国，特别是加速撤离新兴市场国家。资金撤离对新兴市场会产生巨大的影响甚至冲击，对东亚经济和金融市场的影响应该与1997年东南亚金融危机相似，必须提前防范相应的风险。

42.16.3　建立跨境资金流动监测体系

跨境资金流动渠道繁多、方法各异。有效的监测体系应该对不同渠道流动的情况有及时的反应。我国跨境资金监测体系拟对外币贷款、银行涉外支付、股票市场、股票指数期货、人民币境内外债券市场、贸易信贷、贸易真实度、商品期货、外汇远期结售汇和外汇远期交易、外汇互换、外汇期权、境外人民币无本金交割远期、境外人民币无本金交割期权、境外人民币无本金交割互换、人民币跨境贸易结算、人民币境外投资、反洗钱和地下钱庄等领域进行及时监测，从而及时把握跨境资金的流动情况，为系统和全面分析跨境资金流动提供了基础资料和数据。

不算笔者 2004—2016 年《人民币衍生产品》4 个版本中反复提及防范跨境资金流动相关内容，本书从 2010 年首版到现在每版都不厌其烦地强调跨境资金监测和管控的重要性。但是，2014 年下半年以来跨境资金持续撤离导致我国外汇储备持续下降及国家持续收紧资本项目管控来看，国家跨境资金监测和管控体系仍未建成。收紧资本项目对减缓资金外流诚然必要，但是对人民币跨境业务、自贸区发展及境外人民币市场的发展必然产生不同程度的副作用。今后跨境资金还会继续流动，建立我国跨境资金监测和管控的长效机制非常必要，不然每当资金流出就加强资本项目管控，对人民币国际化将产生不可避免的副作用，人民币国际化难以持续有效推动。

42.16.4　外资在华巨大资产的机遇和风险

第 40 章估算出的截至 2019 年外资在华超过 20 万亿美元的金额资产，占同期我国总财富的三分之一上下。如此巨大的在华外资资产显示外资企业对我国持续开放的信心，也是外资企业继续在我国发展的基础。继续推动对外开放才能使中外企业在华共同发展并共同分享我国发展红利的同时，也共同相互激励推动科技创新，我国有望成为全球外资企业申请专利最多的国家，为我国科技自主度持续更上一层楼创造更好的环境。

第 40 章也简析了今后 20 年不会有其他任何市场超过我国国内市场规模，因此外资难以找到我国外其他任何市场可以持续发展。尽管如此，在华外资资产规模相当于近年来美国国内产值的规模也不是没有风险的，较小比例的外流将会对国内金融市场和经贸产生显著的影响。因此，摸清这些资产的不同地区和领域的分布的同时，加速提高国家治理和治理能力现代化，继续完善我国营商环境会使得中外资企业都能更好地发挥各自的优势，这是防范相关风险的最好做法。

42.17 全球知识产权使用费顺差中科技和货币贡献度简析

知识产权使用费进出口数据包括专利和著作权等在内的所有知识产权主要量化信息,而且知识产权使用费以货币为单位,可以直接地比较,因此知识产权使用费数据是比国际专利更全面的科技自主度度量数据。本版第22章直接利用相关数据定义的科技自主度和优化的科技国际化参数都是应用这些数据进行研究的。科技自主度和科技国际化是我们比较不同国家科技水平的很好指数,而且科技自主度与知识产权使用费顺逆差有着直接的关系,但是科技自主度反映的是不同国家和地区科技水平的高低,但却未能准确地反映不同国家和地区科技和货币对知识产权使用费净出口的贡献程度。由于科技在整个经贸和金融市场的重要性,在本书结束前,我们专门分析科技和货币对主要货币发行体知识产权使用费净出口金额的贡献度。

42.17.1 全球知识产权使用费顺差分布

第21章介绍全球主要国家和地区知识产权使用费数据显示,全球200多个国家和地区仅有美国、日本、德国、瑞士、英国、瑞典、法国、芬兰、丹麦和以色列十个国家知识产权使用费有不同规模的顺差,或者全球仅有该十个国家的科技自主度超过50%,其他所有的发达国家和所有的发展中国家知识产权使用费皆为逆差,或者其他国家和地区科技自主度皆低于50%,而且美国知识产权使用费顺差多年来保持在十个知识产权使用费总顺差一半以上的水平。表42-7给出了2007—2019年主要知识产权使用费顺差国顺差金额分布。

表42-7 主要知识产权使用费顺差国顺差金额分布和相关增长率比较
(2007—2019年) 单位:亿美元,%

年份\国家	美国	日本	德国	瑞士	英国	瑞典	法国	丹麦	以色列	芬兰	合计
2006	479.2	46.0	-5.9	77.5	100.1	41.7	30.7	5.4	0.3	-2.4	772.6
2007	598.8	65.5	-23.8	104.3	94.7	50.7	44.4	7.2	-0.1	-1.8	940.0
2008	619.1	73.9	-18.3	98.6	100.5	44.6	53.7	9.7	0.5	-5.9	976.4
2009	563.1	48.6	2.2	149.9	86.9	47.5	52.5	12.0	1.4	4.2	968.4
2010	638.5	79.1	11.5	167.5	96.8	57.9	36.1	7.0	-0.7	10.2	1103.9
2011	741.4	98.2	33.3	206.7	110.9	66.4	48.3	10.7	3.2	17.2	1336.1
2012	728.1	119.9	39.0	162.1	92.8	75.5	39.7	8.7	4.1	17.1	1287.1

续表

年份\国家	美国	日本	德国	瑞士	英国	瑞典	法国	丹麦	以色列	芬兰	合计
2013	785.3	137.6	164.6	117.6	98.8	78.3	21.0	5.7	9.8	16.2	1434.8
2014	788.2	163.9	225.2	116.7	104.1	91.9	18.2	8.3	9.8	14.9	1541.3
2015	759.7	194.4	171.8	121.2	129.4	88.5	6.9	2.8	10.6	16.2	1501.6
2016	710.1	188.9	213.4	111.0	119.5	71.3	23.2	6.1	11.6	19.1	1474.2
2017	737.4	203.4	213.8	102.7	120.4	75.2	16.2	23.9	12.8	23.1	1528.9
2018	749.4	237.9	210.2	98.4	126.3	70.3	4.5	34.0	16.1	26.7	1503.0
2019	746.7	206.8	206.6	94.3	132.6	65.7	4.3	48.4	17.6	30.9	1554.0
2006—2008年年均复合增长率	13.66	26.81	76.57	12.84	0.18	3.36	32.21	34.68	29.32	57.12	12.42
2008—2014年年均复合增长率	4.11	14.21	51.99	2.84	0.59	12.82	-16.47	-2.63	65.31	16.70	7.91
2014—2019年年均复合增长率	-1.08	4.76	-1.72	-4.16	4.95	-6.49	-24.97	42.27	12.47	15.74	0.16

数据来源：同表21-5；比利时2007—2017年的11年内有6年知识产权使用费为逆差，而且年均顺差仅不到2亿美元，因此我们没有将该国列入表中。

表42-7显示，美国不仅为全球知识产权使用费顺差最大国，而且2007年和2008年美国知识产权使用费顺差占全球总顺差比重超过七成；2009—2013年，占比略降但仍超六成；2014—2017年美国知识产权使用费顺差虽然总体继续略降，但占总顺差比重仍然超过56%，显示美国知识产权在全球的垄断地位；2014—2017年，德国知识产权使用费顺差年均超过200亿美元，成为仅次于美国的第二大知识产权出口国，2015—2017年日本知识产权使用费顺差接近200亿美元，成为全球第三大知识产权出口国；2007—2017年，瑞士知识产权使用费顺差年均132.6亿美元，超过同期日本和德国的年均水平，然而近年来瑞士知识产权使用费年均顺差仅为德国和日本的一半左右，因此瑞士应该排名全球第四大知识产权出口国；2007—2017年英国知识产权使用费年均顺差超过100亿美元，略低于瑞士，而且近年来顺差也与瑞士相当，因此英国应该排名全球第五大知识产权出口国；2007—2017年瑞典知识产权使用费年均顺差68.0亿美元，排名第六位；2007—2009年法国知识产权使用费年均顺差与瑞典相当，但2010年以来却出现了明显的下滑趋势，2017年法国知识产权使用费顺差甚至降到了低于丹麦和芬兰的水平，然而由于2007—2017年法国年均知识产权使用费32.7亿美元明显高于丹麦、芬兰和以色列，法国应该排名第七大知识产权出口

国；按照2007—2017年知识产权使用费年均顺差排名，丹麦、以色列和芬兰分别排名第八到第十位知识产权出口国。

与表42-7给出的全球前10大知识产权使用费总顺差持续超过1200亿美元对应的是该十国外其他所有发达经济体和所有其他国家和地区的知识产权使用费逆差。数据显示，2013年以来欧元区和我国大陆知识产权使用费逆差保持在200亿美元以上，分别排名前两位，其次分别为印度、加拿大、新加坡、澳大利亚和泰国，近年来知识产权使用费逆差在50亿~80亿美元。表42-3显示，2020—2040年前后随着我国科技自主度的持续提高到首次超过相对自主的50%，我国科技将迎来知识产权使用费从逆差向顺差的质变，之后知识产权使用费顺差会持续增长，逐步跻身世界创新型国家前列。

42.17.2 美国量化宽松政策对知识产权使用费顺差的影响

表42-7显示，2006—2008年、2008—2014年和2014—2019年，美国知识产权使用费顺差年均复合增长率分别为13.66%、4.11%和-1.08%，表明2008年国际金融危机前美国知识产权使用费顺差高速增长，而金融危机后到2014年美国退出量化宽松政策期间美国知识产权使用费顺差增速却显著下降，而且2014年美国退出量化宽松政策后美国知识产权使用费进一步下降到了负增长。这些结果明显表明美国应对危机的货币政策或美元国际化对美国知识产权使用费顺差有着明显的影响，或者说知识产权使用费顺差不仅反映知识产权本身，而且与货币政策或货币国际化有着密切的关系。

42.17.3 主要知识产权使用费顺差国间默默无闻的竞争

仔细研究表42-7的数据我们发现，2006—2008年，十大知识产权净出口总顺差年均增长12.42%，略低于美国同期的增速13.66%，2008—2014年十大知识产权净出口国总顺差年均复合增长率高达7.91%却几乎为同期美国增速4.11%的一倍，而且2014—2019年总顺差年均增幅0.16%也明显高出美国同期年均增速-1.08%；另外，如上三个时段表42-7美国外其他九大知识产权使用费总顺差年均复合增长率分别为10.36%、13.23%和1.40%，前两个时段年均增速分别为同期美国年均增速的0.76倍和3.22倍，而最后一个时段超过美国年均增速2.48%。这些结果表明2008年国际金融危机对美国知识产权使用费顺差产生了重大影响的同时，也给了美国外其他知识产权使用费顺差国顺差显著增长的难得机会。美国外其他九大知识产权出口国知识产权使用费总顺差增长率在2008年国际金融危机后以显著高于美国增长率的结果也表明，金融危机后十多年来美国这个全球科技龙头也面临着其他知识产权净出口国的总体巨大的竞争压力,这种竞争与十大知识产权使用费顺差国外其他国家或地区几乎没有多大的关系(所有发展中国家和表 42 - 7 中十大知识产权出口国外所有其他发达经济体皆为知识产权使用费逆差国,皆为十大知识产权出口国贡献顺差)。

42.17.4 科技和货币对知识产权使用费顺差贡献度简析

上文表明,知识产权使用费顺差不仅反映知识产权本身,而且与主要知识产权出口国的货币政策或国际化水平也有着明显的关系。实际上,第 38.8 节科技国际化和货币国际化相互影响程度结果表明,前者对后者(对应表 26 - 1 为准的传统货币国际化)平均影响度为 69.79% 的同时,而后者对前者平均影响度为 30.21%;对应最佳货币国际化度量(表 38 - 5 中折扣 "24.2%" 的货币国际化度量结果)前者对后者平均影响度为 66.91%,后者对前者平均影响度为 33.09%。

因此,我们直观感觉表 42 - 7 中各个知识产权使用费顺差国的顺差中科技的贡献应该用顺差直接乘以科技贡献度 69.79% 或者 66.91% 即可得到科技的贡献,而分别乘以 30.21% 或 33.09% 即可获得相应的货币贡献。这个直观实际上并不正确。第 38.8 节给出的科技国际化和货币国际化间 66.91% 和 33.09% 的相互影响程度是 2007 年到 2019 年八大主要国际货币与其科技自主度间总体平均相互影响度,货币国际化程度高的货币对其发行体知识产权使用费顺差的贡献应该更大,或者说货币国际化程度越高,货币国际化在知识产权使用费顺差中的贡献应该越高,不同货币对其发行体知识产权使用费贡献度应该不同。

42.17.5 主要货币发行体知识产权使用费顺差中科技和货币贡献度分析

以表 26 - 1 给出的主要货币日均成交金额全球占比数据换算成百分比乘以表 42 - 7 给出的相应货币发行体知识产权使用费顺差金额,我们可以计算出 2007 年到 2019 年五个有货币国际化数据年份的主要知识产权使用费顺差国货币对顺差的贡献金额,表 42 - 8 给出了相应的结果。表 42 - 8 显示,2007 年到 2019 年,美元、欧元(德国、法国和芬兰三国总和)、日元、英镑和瑞士法郎这五大货币对其相应的货币发行体知识产权使用费顺差贡献分别为 29.66%、27.50%、28.24%、26.27% 和 26.72%,五年平均 27.52%,略低于上文对应传统货币国际化度量货币的平均贡献度 30.21%。因此,将表 26 - 1 给出的主要货币日均成交金额全球占比均提高 30.21%/27.52 = 1.0978 倍的同时,重复上文的计算,我们可以获得 2007 年到 2019 年,美元、欧元、日元、英镑和瑞士法郎这五大货币对其相应的货币发行体知识产权使用费顺差平均贡献 30.21%,表 42 - 8 给出了相应的结果。

表42-8 全球主要货币发行体知识产权使用费顺差中货币和科技对知识产权使用费顺差分布（2007—2019年）

单位：亿美元，%

利用表26-1给出的货币国际化对应的结果									
年份 \ 国家和地区	美国	日本	德国	瑞士	英国	法国	芬兰	欧元区	合计
2007	256.3	5.6	-4.4	3.6	7.0	8.2	-0.3	3.5	276.7
2010	270.9	7.5	2.3	5.3	6.2	7.0	2.0	11.3	301.9
2013	341.8	15.9	27.5	3.0	5.8	3.5	2.7	33.7	400.9
2016	310.9	20.4	33.5	2.7	7.6	3.6	3.0	40.1	382.6
2019	329.7	17.4	33.3	2.3	8.5	0.7	5.0	39.0	397.6
货币贡献合计	1509.6	66.8	92.2	16.9	35.2	23.1	12.4	127.6	1759.6
合计顺差	3479.4	677.9	572.3	594.8	542.4	128.9	74.7	775.9	6394.3
货币贡献占比	43.39	9.86	16.11	2.84	6.50	17.92	16.55	16.45	27.52
科技贡献合计	1969.8	611.1	480.1	577.9	507.1	105.8	62.3	648.2	4634.7
科技贡献占比	56.61	90.14	83.89	97.16	93.50	82.08	83.45	83.55	72.48
科技贡献占十国比重	42.50	13.19	10.36	12.47	10.94	2.28	1.34	13.99	97.63

利用表26-1给出的货币国际化均乘以1.0978对应的结果									
年份 \ 国家和地区	美国	日本	德国	瑞士	英国	法国	芬兰	欧元区	合计
2007	281.4	6.2	-4.8	3.9	7.7	0.8	-0.4	3.8	303.8
2010	297.4	8.2	2.5	5.8	6.8	0.7	2.2	12.4	331.4
2013	375.2	17.4	30.2	3.3	6.4	0.8	3.0	37.0	440.1
2016	341.3	22.4	36.8	2.9	8.4	0.8	3.3	44.1	420.0
2019	361.9	19.1	36.6	2.6	9.3	0.7	5.5	42.9	436.5
货币贡献合计	1657.2	73.4	101.2	18.5	38.7	3.8	13.6	140.1	1931.7
合计顺差	3479.4	677.9	572.3	594.8	542.4	324.0	74.7	775.9	6394.3
货币贡献占比	47.63	10.82	17.68	3.12	7.13	1.18	18.17	18.06	30.21
科技贡献合计	1822.2	604.6	471.1	576.3	503.7	320.1	61.1	635.7	4574.9
科技贡献占比	52.37	89.18	82.32	96.88	92.87	98.82	81.83	81.94	69.79
科技贡献占十国比重	39.83	13.21	10.30	12.60	11.01	7.00	1.32	13.72	96.37

续表

利用表38-5给出的相应最佳货币国际化对应的结果									
年份 \ 国家和地区	美国	日本	德国	瑞士	英国	法国	芬兰	欧元区	合计
2007	353.1	8.8	-6.7	5.8	10.1	0.8	-0.5	5.3	383.9
2010	346.2	10.2	3.3	6.9	8.7	0.7	2.9	16.4	389.1
2013	440.3	24.1	38.0	3.5	7.4	0.8	3.7	46.6	522.7
2016	428.6	29.9	46.5	3.2	10.6	0.9	4.2	55.8	528.9
2019	473.3	25.8	46.8	3.1	11.8	0.7	7.0	54.8	569.5
货币贡献合计	2041.4	98.9	127.9	22.5	48.6	3.8	17.3	178.9	2394.2
合计顺差	3479.4	677.9	572.3	594.8	542.4	324.0	74.7	775.9	6394.3
货币贡献占比	58.67	14.59	22.35	3.79	8.96	1.18	23.19	23.05	37.44
科技贡献合计	1438.0	579.0	444.3	572.3	493.8	320.1	57.4	597.0	4112.5
科技贡献占比	41.33	85.41	77.65	96.21	91.04	98.82	76.81	76.95	62.56
科技贡献占十国比重	34.97	14.08	10.80	13.92	12.01	7.78	1.39	14.52	86.63
利用表38-5给出的相应最佳货币国际化均乘以0.8839对应的结果									
年份 \ 国家和地区	美国	日本	德国	瑞士	英国	法国	芬兰	欧元区	合计
2007	312.1	7.8	-5.9	5.1	8.9	0.7	-0.4	4.7	339.3
2010	306.0	9.1	2.9	6.1	7.7	0.6	2.6	14.5	343.9
2013	389.2	21.3	33.6	3.1	6.5	0.7	3.3	41.2	462.0
2016	378.9	26.4	41.1	2.8	9.4	0.8	3.7	49.3	467.5
2019	418.3	22.8	41.4	2.8	10.4	0.6	6.2	48.4	503.4
货币贡献合计	1804.4	87.4	113.1	19.9	43.0	3.4	15.3	158.1	2116.2
合计顺差	3479.4	677.9	572.3	594.8	542.4	324.0	74.7	775.9	6394.3
货币贡献占比	51.86	12.90	19.76	3.35	7.92	1.04	20.49	20.38	33.09
科技贡献合计	1675.0	590.5	459.2	574.9	499.4	320.6	59.4	617.8	4390.5
科技贡献占比	48.14	87.10	80.24	96.65	92.08	98.96	79.51	79.62	66.91
科技贡献占十国比重	36.61	12.91	10.04	12.57	10.92	7.01	1.30	13.50	92.49

数据来源：货币国际化数据同表26-1和表38-5对应的最佳货币国际化，知识产权使用费顺差数据同表42-7；欧元区数据为德国、法国和芬兰三个欧元区知识产权使用费顺差国相应数据相加而得。

表42-8显示，将传统货币国际化乘以1.0978倍使得前五大货币国际化对知识产权使用费贡献平均达到30.21%，相应的美元对美国知识产权使用费平均贡献高达47.63%，比2007—2019年美元平均国际化43.34%高出

4.29%，也比相应的八大货币总平均货币贡献度30.21%高出13.13%；同期欧元对知识产权使用费贡献度18.06%，比2007—2019年欧元平均国际化17.32%略高出0.74%，但却比相应的八大货币总平均货币贡献度30.21%低12.89%；另外，同期日元和英镑对知识产权使用费贡献平均分别为10.82%和7.13%，分别比2007—2019年该两货币平均国际化水平9.77%和6.52%高出1.05%和0.61%，但却分别比相应的八大货币总平均货币贡献度30.21%低20.54%和23.69%。这些结果明显显示，仅有美元这个全球垄断货币对美国知识产权使用费贡献度超过八币平均贡献度，而欧元、日本和英镑等货币对其发行体知识产权使用费贡献度虽略超其货币国际化水平，但却远低于八币对科技国际化平均贡献度，表明美元外其他主要货币发行体知识产权使用费顺差主要靠其科技水平取得。

42.17.6 主要货币发行体货币和科技对知识产权使用费顺差贡献度分析

上文介绍的是对应于传统货币国际化度量货币和科技对主要货币发行体知识产权使用费顺差的贡献度。由于第38章结果显示，最佳货币国际化度量结果与科技国际化相关性更为合理，因此，最佳货币国际化对应主要货币国际化对其货币发行体知识产权使用费贡献也应该更为合理。表42-8给出了利用表38-5给出的仅将外汇衍生产品日均成交金额24.2%计入外汇日均成交金额相应的最佳货币国际化对应的结果。表42-8显示，直接利用最佳货币国际化结果计算出的美国、日本、瑞士和英国及三个有知识产权使用费顺差的欧元国家货币对知识产权使用费顺差平均贡献度37.44%，超过相应的货币与科技相互影响评价贡献度33.09%，因此需要以33.09%/37.44% = 0.8839的比例同比对最佳货币国际化度量结果下调以使总体货币贡献与目标贡献33.09%一致。表42-8给出的将最佳货币国际化乘以0.8839倍使得前五大货币国际化对知识产权使用费贡献平均达到33.09%，相应的美元对美国知识产权使用费平均贡献竟高达51.86%，比相应的八大货币总平均货币贡献度33.09%高出18.76%，比表42-8给出相应的传统货币国际化高出的幅度17.42%略高；相应的欧元、日元和英镑对知识产权使用费贡献度20.38%、12.90%和7.92%，分别比相应的八大货币总平均货币贡献度33.09%低12.72%、20.20%和25.17%，分别略低于表42-8中相应的传统货币度量对应的幅度12.15%、19.39%和23.08%。

综上结果，对应最佳货币国际化度量结果，由于美元在全球货币市场的相对垄断性，美元对美国知识产权使用费顺差的贡献度不仅显著高于其他任何国际货币，而且也略超美国科技对美国知识产权使用费的贡献度，再次显示美元对美国科技及对全球科技和金融的重要影响度；即使美元略超美国科技对美国知识产权使用费的贡献度，美国科技对美国知识产权使用费顺差贡献占十大知识产权使用费顺差国总科技贡献比重仍高达 36.61%，不仅显著超过相应的欧元、日元和英镑的科技贡献占比 13.50%、12.91% 和 10.92%，而且接近该三大货币发行体总的科技贡献占比之和 37.33%。如果加上第 23.6 节介绍和表 40-6 给出的美资企业在日本、德国、法国、英国、瑞士、爱尔兰等国家的研发投资及这些研发投资对这些国家科技的贡献，那么境内外美国科技对前十大知识产权使用费顺差国总科技贡献占比将不仅超过上文欧元、日元和英镑的科技贡献占比总和，而且也会超过该三币加上瑞士法郎相应的总占比，显示美国科技在全球的垄断和引领力度。相关细节超过了本书的范围，这里不宜细述。

42.18 小结

在美国退出量化宽松政策和美国经济复苏导致人民币对美元持续贬值的环境下，人民币国际化大多指标下降或徘徊不前，虽然境外人民币市场增速放缓，但仍高于其他主要货币，显示境外市场对人民币的接受度仍在提高；同时境内人民币外汇市场保持了显著高于全球市场的增速，境内外人民币外汇市场总体增速超过其他所有主要货币，人民币国际化排名从 2016 年的第 8 位提高到了 2019 年的第 6 位确实是难得的喜讯，然而 2020 年人民币国际化地位不增反降的事实明显地显示由于我国科技对外依赖较高导致国内外汇市场降速超过其他主要货币所致。努力提高我国科技自主能力已经成为当务之急的头等大事。

受中美贸易摩擦的直接影响，2019—2020 年，国内人民币外汇市场日均成交金额下降的幅度超过同期所有其他主要货币的同时，也超过七大外汇市场的降幅的事实也使我们应该清醒地认识到由于科技自主度有待提高，我国贸易和货币自主性仍然较低，同样受中美贸易摩擦而国内人民币外汇市场日均成交金额降幅显著超过了同期美国国内美元和美国国内外汇市场的降幅。这些结果为我国加速提高科技自主度提供了外汇市场上的必要性证据。本章利用不同货币发行体科技自主度与国内产值全球占比乘积作为货币国际化的预测指标有一定的创新意义，对未来货币国际化水平预测更有依据。表 42-5 的相关预测结果表明，科技自主度持续提高的幅度对相应货币国际化有重要的影响，这也从另外一个侧面证明了科技对货币以至整个金融市场的巨大影响力。

本章分析主要货币发行体货币对知识产权使用费顺差贡献度相关结果表明，美元这个全球垄断货币对美国知识产权使用费顺差的贡献度略超过美国科技对其知识产权使用费顺差的贡献度的同时，美国科技对知识产权使用费顺差的贡献仍然超过欧元、日元、英镑和瑞士法郎这些主要国际货币发行体科技对其知识产权使用费顺差贡献度占比总和，表明受美国科技支撑的美元和美国科技同时在全球具有垄断作用，科技自主能力和科技自主度确实是支撑货币以至整个金融市场的重要支柱。这些结果实际上在一定程度上解释了2019年美国三次连续降息，而美元指数不仅没有下降反而略升的同时，2020年美国政府债券增长了4万多亿，美元指数却仅下降了一个百分点略多。美元在全球市场的韧性在很大程度得益于美国科技对全球经贸和整个金融市场的掌控。

人民币国际化的持续提高不仅对境内外人民币市场的发展，而且对境内外资本市场的深度和广度也同样提出了更高的要求。人民币国际化需要人民币利率和汇率市场化程度逐渐达到更高的程度，同时为了使人民币成为可自由使用也对人民币资本项目开放提出了更高的要求，而资本项目进一步开放使得境内外人民币市场联动和互动更为紧密。人民币利率和汇率市场化的进一步推动在活跃国内外债券和外汇市场的同时，利率和汇率市场风险也将显著释放，境内外人民币利率和汇率市场风险管理的需求也将显著增大，导致境内外人民币利率和汇率衍生品市场进一步活跃。

早在2013年，习近平总书记就明确指出"实施创新驱动发展战略是一项系统工程，涉及方方面面的工作，需要做的事情很多。最为紧迫的是要进一步解放思想，加快科技体制改革步伐，破除一切束缚创新驱动发展的观念和体制机制障碍"（《在十八届中央政治局第九次集体学习时的讲话》，2013年9月30日）。2018年4月10日，习近平主席在博鳌亚洲论坛的主旨演讲为我国新一轮对外开放指明了方向，也为今后人民币国际化增添了新的动力。习主席在讲话中宣布大幅度放宽市场准入、创造更有吸引力的投资环境、加强知识产权保护和主动扩大进口四方面重大举措对推动我国新一轮对外开放，进而对加速境内外人民币市场发展都将产生新的市场动力。科技创新是一项系统工程，而人民币国际化确是包括科技创新、经贸和金融市场在内的更大的系统工程，需要我们系统设计，各个环节协调一致发展。

另外，科技水平及其影响下的经贸规模确实是决定货币国际化进程的主要因素，但是，历史经验表明，决定货币国际化水平的还有货币使用的惯性和可兑换等诸多其他因素，美国和德国经济规模与美元和马克国际化排名等历史经验表明，货币国际化排名与相应的经济国际排名可能会滞后数十年的时间。因此，在今后十年内我国经济超过美国后二十年以至更长的时间内，人民币与美元的国际化程度很可能还会有不同程度的差距，最终结果取决于我国科技自主度持续提高的速度和其他相关领域深化改革的进展。相信随着我国科技自主能力的持续提高、我国国家治理和治理能力现代化的持续提高、营商环境的持续完善和国内金融市场的持续深化改革，特别是国内科创板的持续发展，人民币国际化水平也会随之持续提高，"一带一路"建设和人类命运共同体构建也会有更加坚实的国际化本币支撑。

学习追赶目标明确，规则已定，可奋起直追，也可弯道超车，相对容易。即使如此，一百多年的世界近代史上也仅有屈指可数的几个国家达到了追赶的目标。超越引领则难上加难，不仅没有方向目标可锚定，也没有轨道规则可参照，更没有行路赶场的交通工具，甚至闻所未闻或思所未思，比学习追赶的难度要高出至少一个层次。唯有对新领域有超常的好奇心，并在好奇心驱使下不断求索探寻新领域的新规律，进而归纳总结出新知识，最后在新知识的引导下发现新应用或新产品，才能最终达到些许引领创新的目的。唯此，别无它道。

参考文献

［1］许江山．从国外经验看中国利率市场化［N］．期货日报，2011 - 03 - 10．

［2］张光平．人民币国际化和产品创新（第九版）［M］．北京：中国金融出版社，2019．

［3］张光平，马晓娟，等译．奇异期权［M］．北京：机械工业出版社，2014．

［4］Chan, Norman T. L., 2014, "Opening Remarks at the Second Hong Kong - Australia RMB Trade and Investment Dialogue", 22 May 2014, Hong Kong Monetary Authority.

［5］Federal Reserve Bank of New York, "The Foreign Exchange and Interest Rate Derivatives Markets: Turnover in the United States", April 2001 to April 2013.

［6］Barry Eichengreen, 2005, "STERLING'S PAST, DOLLAR'S FUTURE: HISTORICAL PERSPECTIVES ON RESERVE CURRENCY COMPETITION", NATIONAL BUREAU OF ECONOMIC RESEARCH, 1050 Massachusetts Avenue, Cambridge, MA 02138, May 2005, Working Paper 11336, http://www.nber.org/papers/w11336.

［7］Barry Eichengreen, 2000, "From Benign Neglect to Malignant Preoccupation: U. S. Balance of Payments Policy in the 1960s", in George L. Perry and James Tobin eds., *Economic Events, Ideas and Policies: The 1960s and After*, Washington, D. C.: The Brookings Institution, pp. 185 - 242.

［8］Inlah, Albert, 1958, Economic Elements in the Pax Britannica, Cambridge, Mass.: Harvard University Press.

[9] Mussa, Michael (2004), "Exchange Rate Adjustments Needed to Reduce Global Payments Imbalances", in C. Fred Bergsten and John Williamson, *Dollar Adjustment: How Far? Against What?* Washington, D. C. : Institute for International Economics, eds. , pp. 113 – 138.

[10] Perasud, Avinash, 2004, "When Currency Empires Fall", www. 321gold. com/editorials (11 October).

[11] Triffin, Robert (1964), "The Evolution of the International Monetary System: Historical Reappraisal and Future Perspectives", Princeton Studies in International Finance no. 12, International Finance Section, Department of Economics, Princeton University.

[12] Willianms, David, 1968, "The Ecolution of the Sterling System", in C. R. Whitlesey and J. S. G Wilson, eds. , Essays in Money and Banking, Oxford: Oxford University Press, pp. 266 – 297.

致　谢

笔者多年来一直得到诸多境内外业界专业人士、专家和领导的鼓励、支持和帮助，使笔者能够持续坚持此项与人民币国际化一起成长的工作。由于本版不仅基于之前《人民币国际化和产品创新》九版的主要内容，而且基于拙作2016年出版的《人民币衍生产品》第四版的相关内容，要对《人民币国际化和产品创新》前九版和《人民币衍生产品》第四版超过300万字内容相关人士进行感谢需要一个很长的名单，一时难以完成。尽管如此，笔者需要表明的是，没有相关专家、领导和业界同仁持续的鼓励和支持，这项工作确实难以为继。感谢感恩之情永存心底。

笔者首先要感谢的是星展银行（中国）财资市场部杨睿博士对本版原有内容进行了精心的更新和分析校对，对所有的新增内容也进行了确认核实工作，表现出了很高的专业性和敬业精神；感谢浦发硅谷银行陆钰行长对本版新增相关内容给予的建议和评估；感谢大华银行（中国）资金部杨瑞琪总经理和钟卫先生对本版知识产权使用费等数据收集和分析给予的支持和帮助；感谢荷兰安智银行邹江磊博士和徐晨先生对本版国际贸易领域提供的数据。还要特别感谢吴红兴先生在多个研究报告的写作中激发出的思路，李思扬先生和任文先生在本版协作过程中给予作者的相关建议。

最后，笔者要特别感谢中国金融出版社领导多年来对笔者数版书持续的支持，特别感谢张智慧和王雪珂两位责任编辑，感谢她们扎实认真的工作作风，对本版数次校稿提出了修改意见，特别感谢她们对作者持续多次新增的内容保持难得的容忍度。没有她们这种认真负责的精神，本版难以做到保质保量按时出版，也不会达到如此及时齐全的内容。

2020年2月6日